2024

TRIGÉSIMA SÉTIMA
EDIÇÃO

Julio Fabbrini Mirabete
Renato N. Fabbrini

2
MANUAL *de* DIREITO PENAL

PARTE ESPECIAL
ARTIGOS 121 a 234-B do CP

Dados Internacionais de Catalogação na Publicação (CIP) de acordo com ISBD

R672m   Mirabete, Julio Fabbrini

Manual de direito penal: parte geral arts. 121 a 234-B do cp / Julio Fabbrini Mirabete, Renato N. Fabbrini. - 37. ed. - Indaiatuba, SP : Editora Foco, 2024.

672 p. ; 17cm x 24cm. – (v.2)

Inclui índice e bibliografia.

ISBN: 978-65-5515-999-8

1. Direito. 2. Direito penal. 3. Manual. I. Fabbrini, Renato N. II. Título.

2023-3680   CDD 345   CDU 343

Elaborado por Odilio Hilario Moreira Junior - CRB-8/9949

Índices para Catálogo Sistemático:

1. Direito penal 345

2. Direito penal 343

TRIGÉSIMA SÉTIMA
EDIÇÃO

Julio Fabbrini Mirabete
Renato N. Fabbrini

2

MANUAL *de* DIREITO PENAL

PARTE ESPECIAL
ARTIGOS 121 a 234-B do CP

2024 © Editora Foco

Autores: Julio Fabbrini Mirabete e Renato N. Fabbrini
Diretor Acadêmico: Leonardo Pereira
Editor: Roberta Densa
Assistente Editorial: Paula Morishita
Revisora Jurídica: Patricia Camargo Bergamasco
Capa Criação: Leonardo Hermano
Diagramação: Ladislau Lima e Aparecida Lima
Impressão miolo e capa: DOCUPRINT

DIREITOS AUTORAIS: É proibida a reprodução parcial ou total desta publicação, por qualquer forma ou meio, sem a prévia autorização da Editora FOCO, com exceção do teor das questões de concursos públicos que, por serem atos oficiais, não são protegidas como Direitos Autorais, na forma do Artigo 8º, IV, da Lei 9.610/1998. Referida vedação se estende às características gráficas da obra e sua editoração. A punição para a violação dos Direitos Autorais é crime previsto no Artigo 184 do Código Penal e as sanções civis às violações dos Direitos Autorais estão previstas nos Artigos 101 a 110 da Lei 9.610/1998. Os comentários das questões são de responsabilidade dos autores.

NOTAS DA EDITORA:

Atualizações e erratas: A presente obra é vendida como está, atualizada até a data do seu fechamento, informação que consta na página II do livro. Havendo a publicação de legislação de suma relevância, a editora, de forma discricionária, se empenhará em disponibilizar atualização futura.

Erratas: A Editora se compromete a disponibilizar no site www.editorafoco.com.br, na seção Atualizações, eventuais erratas por razões de erros técnicos ou de conteúdo. Solicitamos, outrossim, que o leitor faça a gentileza de colaborar com a perfeição da obra, comunicando eventual erro encontrado por meio de mensagem para contato@editorafoco.com.br. O acesso será disponibilizado durante a vigência da edição da obra.

Impresso no Brasil (1.2024) – Data de Fechamento (1.2024)

2024
Todos os direitos reservados à
Editora Foco Jurídico Ltda.
Rua Antonio Brunetti, 593 – Jd. Morada do Sol
CEP 13348-533 – Indaiatuba – SP
E-mail: contato@editorafoco.com.br
www.editorafoco.com.br

*À Neyde,
companheira de todas as horas,
sem a qual nada teria sentido.*

NOTA À 37ª EDIÇÃO

O *Manual de Direito Penal*, de **Julio Fabbrini Mirabete**, foi concebido pelo autor como obra destinada aos acadêmicos que pela primeira vez entram em contato com o Direito Penal e aos candidatos a concursos públicos em que essa matéria é obrigatória.

Embora se tenha adotado na estrutura do crime a teoria finalista da ação, vencedora na doutrina e inspiradora das legislações modernas, segue a obra uma linha de exegese do direito positivo brasileiro.

A 36ª edição da Parte Geral, a 37ª edição do Volume 2 e a 34ª edição do Volume 3, que compõem a Parte Especial, publicadas, agora pela **Editora Foco**, resultam de uma integral revisão e atualização da obra, encontrando-se em conformidade com o texto vigente do Código Penal, observadas todas as leis que alteraram o Estatuto.

Os livros estão atualizados também em face dos textos vigentes da Constituição Federal, da Lei de Execução Penal e do Código de Processo Penal, bem como de outros diplomas que contêm normas de natureza penal ou que geram reflexos sobre a vigência e interpretação de normas penais e processuais penais.

As constantes alterações dos estatutos e a profusão de leis extravagantes nos últimos anos têm exigido especial atenção do estudante e do operador do Direito Penal. Com a preocupação de manter o leitor permanentemente atualizado, procedemos ao exame das inovações em suas relações com o Código Penal.

Essas últimas edições dos três volumes do *Manual de Direito Penal* foram elaboradas com atenção, também, às mudanças de orientação verificadas, nos últimos anos, na jurisprudência pátria, principalmente do Supremo Tribunal Federal e do Superior Tribunal de Justiça, a respeito de diversas questões de natureza penal e processual penal.

Com o objetivo de propiciar maior fluidez à leitura, as referências jurisprudenciais constam de listagem organizada por capítulos, inserida ao final do livro. Em notas de rodapé, mantêm-se as citações doutrinárias e os comentários considerados de interesse mais imediato para o leitor.

Pedem-se desde já desculpas pelas eventuais imperfeições do texto, aceitando-se com humildade as críticas que possam caber a este trabalho.

Renato N. Fabbrini

SUMÁRIO

NOTA À 37ª EDIÇÃO VII

PARTE I
INTRODUÇÃO

1. PARTE GERAL E PARTE ESPECIAL 3

    1.1   Generalidades 3

        1.1.1   Distinção 3

        1.1.2   Teoria Geral da Parte Especial 4

    1.2   Classificação da Parte Especial 5

        1.2.1   Critérios 5

        1.2.2   Classificação 6

2. O TIPO PENAL 7

    2.1   Estrutura do tipo penal 7

        2.1.1   Generalidades 7

        2.1.2   Elementos do tipo penal 7

        2.1.3   A conduta 8

        2.1.4   O tipo subjetivo 8

        2.1.5   O erro de tipo 10

        2.1.6   O crime culposo 10

        2.1.7   Crimes qualificados pelo resultado 11

        2.1.8   Sujeito ativo 11

        2.1.9   Sujeito passivo 12

    2.2   Outras questões sobre o tipo 13

        2.2.1   Consumação e tipo penal 13

        2.2.2   Tentativa e tipo penal 14

3. TEMAS E QUESTÕES GERAIS DA PARTE ESPECIAL 15

    3.1   Meios e modos de execução 15

        3.1.1   Generalidades 15

        3.1.2   A violência 15

	3.1.3	A ameaça	17
	3.1.4	A fraude	18
	3.1.5	Arma	19
3.2		Outros temas gerais	20
	3.2.1	Condições objetivas de punibilidade	20
	3.2.2	O perdão judicial	21
	3.2.3	Crime continuado	22

PARTE II
DOS CRIMES CONTRA A PESSOA

4. DOS CRIMES CONTRA A VIDA			27
4.1		Homicídio	27
	4.1.1	Generalidades	27
	4.1.2	Conceito	27
	4.1.3	Objetividade jurídica	28
	4.1.4	Sujeito ativo	28
	4.1.5	Sujeito passivo	29
	4.1.6	Tipo objetivo	30
	4.1.7	Tipo subjetivo	31
	4.1.8	Consumação e tentativa	31
	4.1.9	Homicídio privilegiado	33
	4.1.10	Homicídio qualificado	36
	4.1.11	Aumento de pena	47
	4.1.12	Distinção	51
	4.1.13	Concurso	51
	4.1.14	Homicídio culposo	51
	4.1.15	Crimes de trânsito	52
	4.1.16	Homicídio culposo qualificado	53
	4.1.17	Concurso	55
	4.1.18	Perdão judicial	55
	4.1.19	Ação penal	56
4.2		Induzimento, instigação ou auxílio a suicídio ou a automutilação	57
	4.2.1	Conceito	57
	4.2.2	Objetividade jurídica	58
	4.2.3	Sujeito ativo	58
	4.2.4	Sujeito passivo	58

	4.2.5	Tipo objetivo	59
	4.2.6	Tipo subjetivo	61
	4.2.7	Consumação e tentativa	62
	4.2.8	Formas qualificadas e aumento de pena	63
	4.2.9	Distinção	66
4.3	Infanticídio		66
	4.3.1	Conceito	66
	4.3.2	Objetividade jurídica	67
	4.3.3	Sujeito ativo	67
	4.3.4	Sujeito passivo	69
	4.3.5	Tipo objetivo	69
	4.3.6	Tipo subjetivo	70
	4.3.7	Consumação e tentativa	71
	4.3.8	Distinção	71
	4.3.9	Concurso	71
4.4	Aborto		71
	4.4.1	Conceito	71
	4.4.2	Objetividade jurídica	72
	4.4.3	Sujeito ativo	72
	4.4.4	Sujeito passivo	72
	4.4.5	Tipo objetivo	73
	4.4.6	Tipo subjetivo	74
	4.4.7	Consumação e tentativa	75
	4.4.8	Autoaborto e aborto consentido	75
	4.4.9	Aborto provocado por terceiro	76
	4.4.10	Aborto consensual	76
	4.4.11	Aborto qualificado	77
	4.4.12	Aborto necessário	77
	4.4.13	Aborto sentimental	78
	4.4.14	Aborto eugenésico	80
	4.4.15	Aborto social e aborto *honoris causa*	80
	4.4.16	Distinção	81
	4.4.17	Concurso	82

5. DAS LESÕES CORPORAIS ... 83

5.1	Lesão corporal		83
	5.1.1	Generalidades	83

5.1.2	Conceito		83
5.1.3	Objetividade jurídica		83
5.1.4	Sujeito ativo		83
5.1.5	Sujeito passivo		84
5.1.6	Tipo objetivo		85
5.1.7	Tipo subjetivo		86
5.1.8	Exclusão do crime		87
5.1.9	Consumação e tentativa		88
5.1.10	Lesão corporal leve		88
5.1.11	Lesão corporal grave		89
5.1.12	Lesão corporal gravíssima		92
5.1.13	Lesão corporal seguida de morte		95
5.1.14	Lesão corporal agravada contra menor ou idoso		97
5.1.15	Lesão corporal praticada por milícia ou grupo de extermínio		97
5.1.16	Lesão corporal privilegiada		98
5.1.17	Violência doméstica		98
5.1.18	Violência doméstica e familiar contra a mulher		100
5.1.19	Lesão corporal contra integrante das forças armadas ou de órgão da segurança pública		102
5.1.20	Lesão corporal culposa		103
5.1.21	Concurso		104
5.1.22	Distinção		104

6. DA PERICLITAÇÃO DA VIDA E DA SAÚDE 105

6.1 Perigo de contágio venéreo 105

6.1.1	Generalidades		105
6.1.2	Conceito		106
6.1.3	Objetividade jurídica		106
6.1.4	Sujeito ativo		106
6.1.5	Sujeito passivo		106
6.1.6	Tipo objetivo		107
6.1.7	Tipo subjetivo		108
6.1.8	Consumação e tentativa		109
6.1.9	Concurso		109
6.1.10	Ação penal		109

6.2 Perigo de contágio de moléstia grave 110

6.2.1	Conceito	110
6.2.2	Objetividade jurídica	110
6.2.3	Sujeitos do delito	110
6.2.4	Tipo objetivo	110
6.2.5	Tipo subjetivo	111
6.2.6	Consumação e tentativa	111
6.2.7	Concurso	111
6.3	Perigo para a vida ou saúde de outrem	111
6.3.1	Conceito	111
6.3.2	Objetividade jurídica	112
6.3.3	Sujeitos do delito	112
6.3.4	Tipo objetivo	112
6.3.5	Tipo subjetivo	113
6.3.6	Consumação e tentativa	113
6.3.7	Aumento de pena por transporte irregular	114
6.3.8	Distinção	114
6.3.9	Concurso	115
6.4	Abandono de incapaz	115
6.4.1	Conceito	115
6.4.2	Objetividade jurídica	115
6.4.3	Sujeito ativo	115
6.4.4	Sujeito passivo	116
6.4.5	Tipo objetivo	117
6.4.6	Tipo subjetivo	117
6.4.7	Consumação e tentativa	117
6.4.8	Formas qualificadas e aumento de pena	118
6.4.9	Distinção	118
6.5	Exposição ou abandono de recém-nascido	119
6.5.1	Conceito	119
6.5.2	Objetividade jurídica	119
6.5.3	Sujeito ativo	119
6.5.4	Sujeito passivo	119
6.5.5	Tipo objetivo	120
6.5.6	Tipo subjetivo	120
6.5.7	Consumação e tentativa	121

	6.5.8	Formas qualificadas	121
	6.5.9	Distinção	121
6.6		Omissão de socorro	121
	6.6.1	Conceito	121
	6.6.2	Objetividade jurídica	121
	6.6.3	Sujeito ativo	121
	6.6.4	Sujeito passivo	122
	6.6.5	Tipo objetivo	123
	6.6.6	Tipo subjetivo	125
	6.6.7	Consumação e tentativa	125
	6.6.8	Exclusão do crime	125
	6.6.9	**Aumento de pena**	125
	6.6.10	Distinção	126
6.7		Condicionamento de atendimento médico-hospitalar emergencial	126
	6.7.1	Conceito	126
	6.7.2	Objetividade jurídica	127
	6.7.3	Sujeito ativo	127
	6.7.4	Sujeito passivo	127
	6.7.5	Tipo objetivo	127
	6.7.6	Tipo subjetivo	128
	6.7.7	Consumação e tentativa	128
	6.7.8	Aumento de pena	128
	6.7.9	Distinção	128
6.8		Maus-tratos	129
	6.8.1	Conceito	129
	6.8.2	Objetividade jurídica	129
	6.8.3	Sujeito ativo	129
	6.8.4	Sujeito passivo	130
	6.8.5	Tipo objetivo	130
	6.8.6	Tipo subjetivo	132
	6.8.7	Consumação e tentativa	132
	6.8.8	Exclusão do crime	132
	6.8.9	Formas qualificadas e aumento de pena	132
	6.8.10	Distinção	133
	6.8.11	Concurso	134

| 7. DA RIXA | 135 |

| 7.1 | Rixa | 135 |

	7.1.1	Conceito	135
	7.1.2	Objetividade jurídica	135
	7.1.3	Sujeito ativo	135
	7.1.4	Sujeito passivo	136
	7.1.5	Tipo objetivo	136
	7.1.6	Tipo subjetivo	137
	7.1.7	Consumação e tentativa	137
	7.1.8	Exclusão do crime	137
	7.1.9	Rixa qualificada	138
	7.1.10	Distinção	139
	7.1.11	Concurso	139

8. DOS CRIMES CONTRA A HONRA 141

| 8.1 | Calúnia | 141 |

	8.1.1	Generalidades	141
	8.1.2	Conceito	142
	8.1.3	Objetividade jurídica	142
	8.1.4	Sujeito ativo	142
	8.1.5	Sujeito passivo	143
	8.1.6	Tipo objetivo	144
	8.1.7	Tipo subjetivo	145
	8.1.8	Consumação e tentativa	146
	8.1.9	Exclusão do crime	146
	8.1.10	Propalação e divulgação	146
	8.1.11	Exceção da verdade	147
	8.1.12	Distinção	148
	8.1.13	Concurso	148

| 8.2 | Difamação | 149 |

	8.2.1	Conceito	149
	8.2.2	Objetividade jurídica	149
	8.2.3	Sujeito ativo	149
	8.2.4	Sujeito passivo	149
	8.2.5	Tipo objetivo	151
	8.2.6	Tipo subjetivo	152

	8.2.7	Consumação e tentativa	153
	8.2.8	Exceção da verdade	153
	8.2.9	Distinção	153
	8.2.10	Concurso	154
8.3	Injúria		154
	8.3.1	Conceito	154
	8.3.2	Objetividade jurídica	154
	8.3.3	Sujeito ativo	154
	8.3.4	Sujeito passivo	154
	8.3.5	Tipo objetivo	155
	8.3.6	Tipo subjetivo	156
	8.3.7	Consumação e tentativa	156
	8.3.8	Distinção	157
	8.3.9	Provocação e retorsão	157
	8.3.10	Injúria real	157
	8.3.11	Injúria por preconceito	158
8.4	Disposições gerais nos crimes contra a honra		158
	8.4.1	Formas qualificadas	158
	8.4.2	Exclusão do crime	160
	8.4.3	Retratação	164
	8.4.4	Pedido de explicações	166
	8.4.5	Ação penal	166

9. DOS CRIMES CONTRA A LIBERDADE INDIVIDUAL 169

9.1	Constrangimento ilegal		169
	9.1.1	Generalidades	169
	9.1.2	Conceito	169
	9.1.3	Objetividade jurídica	170
	9.1.4	Sujeito ativo	170
	9.1.5	Sujeito passivo	170
	9.1.6	Tipo objetivo	170
	9.1.7	Tipo subjetivo	171
	9.1.8	Consumação e tentativa	172
	9.1.9	Formas qualificadas	172
	9.1.10	Distinção	172
	9.1.11	Concurso	172

	9.1.12	Exclusão do crime	173
9.2		Intimidação sistemática	174
	9.2.1	Conceito	174
	9.2.2	Objetividade Jurídica	174
	9.2.3	Sujeito ativo	174
	9.2.4	Sujeito Passivo	174
	9.2.5	Tipo objetivo	174
	9.2.6	Tipo subjetivo	175
	9.2.7	Consumação e tentativa	176
	9.2.8	Intimidação sistemática virtual (*cyberbullying*)	176
	9.2.9	Distinção	176
9.3		Ameaça	176
	9.3.1	Conceito	176
	9.3.2	Objetividade jurídica	177
	9.3.3	Sujeito ativo	177
	9.3.4	Sujeito passivo	177
	9.3.5	Tipo objetivo	177
	9.3.6	Tipo subjetivo	179
	9.3.7	Consumação e tentativa	179
	9.3.8	Distinção	180
	9.3.9	Ação penal	180
9.4		Perseguição	180
	9.4.1	Conceito	180
	9.4.2	Objetividade Jurídica	180
	9.4.3	Sujeito ativo	180
	9.4.4	Sujeito Passivo	180
	9.4.5	Tipo Objetivo	180
	9.4.6	Tipo Subjetivo	182
	9.4.7	Consumação e Tentativa	182
	9.4.8	Aumento de pena	182
	9.4.9	Ação Penal	182
9.5		Violência psicológica contra a mulher	183
	9.5.1	Conceito	183
	9.5.2	Objetividade jurídica	183
	9.5.3	Sujeito ativo	183

	9.5.4	Sujeito passivo	183
	9.5.5	Tipo Objetivo	183
	9.5.6	Tipo Subjetivo	184
	9.5.7	Consumação e Tentativa	184
	9.5.8	Distinção	184
9.6		Sequestro e cárcere privado	185
	9.6.1	Conceito	185
	9.6.2	Objetividade jurídica	185
	9.6.3	Sujeito ativo	185
	9.6.4	Sujeito passivo	185
	9.6.5	Tipo objetivo	186
	9.6.6	Tipo subjetivo	187
	9.6.7	Consumação e tentativa	187
	9.6.8	Formas qualificadas	188
	9.6.9	Distinção	189
	9.6.10	Concurso	190
	9.6.11	Exclusão do crime	191
9.7		Redução a condição análoga à de escravo	191
	9.7.1	Conceito	191
	9.7.2	Objetividade jurídica	191
	9.7.3	Sujeito ativo	192
	9.7.4	Sujeito passivo	192
	9.7.5	Tipo objetivo	192
	9.7.6	Tipo subjetivo	194
	9.7.7	Consumação e tentativa	194
	9.7.8	Cerceamento ao trabalhador com o fim de retenção no local de trabalho	194
	9.7.9	Aumento de pena	195
	9.7.10	Distinção	195
	9.7.11	Concurso	196
	9.7.12	Ação penal	196
9.8		Tráfico de Pessoas	196
	9.8.1	Conceito	196
	9.8.2	Objetividade jurídica	196
	9.8.3	Sujeito ativo	197
	9.8.4	Sujeito passivo	197

	9.8.5	Tipo objetivo	197
	9.8.6	Tipo subjetivo	197
	9.8.7	Consumação e tentativa	199
	9.8.8	Aumento de pena	200
	9.8.9	Diminuição de pena	200
	9.8.10	Distinção	201
	9.8.11	Concurso	201
9.9	Violação de domicílio		201
	9.9.1	Conceito	201
	9.9.2	Objetividade jurídica	202
	9.9.3	Sujeito ativo	202
	9.9.4	Sujeito passivo	202
	9.9.5	Tipo objetivo	203
	9.9.6	Tipo subjetivo	205
	9.9.7	Consumação e tentativa	206
	9.9.8	Formas qualificadas	206
	9.9.9	Exclusão da antijuridicidade	207
	9.9.10	Distinção	207
	9.9.11	Concurso	208
9.10	Violação de correspondência		208
	9.10.1	Conceito	208
	9.10.2	Objetividade jurídica	208
	9.10.3	Sujeito ativo	208
	9.10.4	Sujeito passivo	209
	9.10.5	Tipo objetivo	209
	9.10.6	Tipo subjetivo	210
	9.10.7	Elemento normativo	210
	9.10.8	Consumação e tentativa	211
	9.10.9	Concurso	211
	9.10.10	Pena	211
9.11	Sonegação ou destruição de correspondência		211
	9.11.1	Conceito	211
	9.11.2	Objetividade jurídica	212
	9.11.3	Sujeitos do delito	212
	9.11.4	Tipo objetivo	212

9.11.5	Tipo subjetivo		212
9.11.6	Elemento normativo		212
9.11.7	Consumação e tentativa		212
9.11.8	Concurso		213

9.12 Violação de comunicação telegráfica, radioelétrica ou telefônica 213

9.12.1	Conceito	213
9.12.2	Objetividade jurídica	213
9.12.3	Sujeitos do delito	213
9.12.4	Tipo objetivo	213
9.12.5	Elemento subjetivo	214
9.12.6	Consumação e tentativa	214

9.13 Impedimento de telecomunicação 215

9.13.1	Conceito	215
9.13.2	Objetividade jurídica	215
9.13.3	Sujeitos do delito	215
9.13.4	Tipo objetivo	215
9.13.5	Tipo subjetivo	215
9.13.6	Consumação e tentativa	215

9.14 Instalação ou utilização ilegais 216

9.14.1	Conceito e revogação	216
9.14.2	Tipo objetivo	216

9.15 Disposições diversas 217

9.15.1	Forma qualificada e aumento de pena	217
9.15.2	Ação penal	217

9.16 Correspondência comercial 218

9.16.1	Conceito	218
9.16.2	Objetividade jurídica	218
9.16.3	Sujeito ativo	218
9.16.4	Sujeito passivo	218
9.16.5	Tipo objetivo	219
9.16.6	Tipo subjetivo	219
9.16.7	Consumação e tentativa	219
9.16.8	Ação penal	219
9.16.9	Concurso	219

9.17 Divulgação de segredo 220

	9.17.1	Conceito		220
	9.17.2	Objetividade jurídica		220
	9.17.3	Sujeito ativo		220
	9.17.4	Sujeito passivo		220
	9.17.5	Tipo objetivo		220
	9.17.6	Elemento normativo		221
	9.17.7	Tipo subjetivo		221
	9.17.8	Consumação e tentativa		222
	9.17.9	Divulgação de informações sigilosas ou reservadas		222
	9.17.10	Distinção		223
	9.17.11	Ação penal		223
	9.17.12	Concurso		223
9.18	Violação do segredo profissional			223
	9.18.1	Conceito		223
	9.18.2	Objetividade jurídica		224
	9.18.3	Sujeito ativo		224
	9.18.4	Sujeito passivo		225
	9.18.5	Tipo objetivo		225
	9.18.6	Elemento normativo		225
	9.18.7	Tipo subjetivo		226
	9.18.8	Consumação e tentativa		226
	9.18.9	Ação penal		227
9.19	Invasão de dispositivo informático			227
	9.19.1	Conceito		227
	9.19.2	Objetividade jurídica		227
	9.19.3	Sujeito ativo		227
	9.19.4	Sujeito passivo		227
	9.19.5	Tipo objetivo		228
	9.19.6	Tipo subjetivo		228
	9.19.7	Consumação e tentativa		229
	9.19.8	Crime assemelhado		229
	9.19.9	Forma qualificada e aumento de pena		230
	9.19.10	Distinção		231
9.20	Ação penal no crime de invasão de dispositivo informático			232
	9.20.1	Ação penal		232

PARTE III
DOS CRIMES CONTRA O PATRIMÔNIO

10. DO FURTO 235

    10.1   Furto 235

        10.1.1   Generalidades 235

        10.1.2   Conceito 235

        10.1.3   Objetividade jurídica 235

        10.1.4   Sujeito ativo 236

        10.1.5   Sujeito passivo 236

        10.1.6   Tipo objetivo 236

        10.1.7   Tipo subjetivo 238

        10.1.8   Consumação e tentativa 238

        10.1.9   Distinção 239

        10.1.10   Concurso 239

        10.1.11   Furto de uso 240

        10.1.12   Furto de energia 241

        10.1.13   Furto noturno 242

        10.1.14   Furto privilegiado 242

        10.1.15   Furto qualificado 244

        10.1.16   Furto de veículo automotor 248

        10.1.17   Furto de animal 248

        10.1.18   Furto com o emprego de explosivo ou artefato análogo 249

        10.1.19   Furto de substâncias explosivas 250

        10.1.20   Furto mediante fraude cometido por meio de dispositivo eletrônico ou informático 250

    10.2   Furto de coisa comum 252

        10.2.1   Conceito 252

        10.2.2   Objetividade jurídica 252

        10.2.3   Sujeito ativo 252

        10.2.4   Sujeito passivo 252

        10.2.5   Tipo objetivo 253

        10.2.6   Tipo subjetivo 253

        10.2.7   Exclusão do crime 253

        10.2.8   Ação penal 254

11. DO ROUBO E DA EXTORSÃO 255

    11.1   Roubo 255

	11.1.1	Conceito	255
	11.1.2	Objetividade jurídica	255
	11.1.3	Sujeitos do delito	255
	11.1.4	Tipo objetivo	255
	11.1.5	Tipo subjetivo	256
	11.1.6	Consumação e tentativa	257
	11.1.7	Roubo impróprio	257
	11.1.8	Roubo agravado	259
	11.1.9	Roubo com emprego de arma	260
	11.1.10	Roubo com emprego de explosivo	262
	11.1.11	Roubo e lesão corporal grave	263
	11.1.12	Roubo e morte (latrocínio)	263
	11.1.13	Distinção	266
	11.1.14	Concurso	267
	11.1.15	Competência	268
11.2	Extorsão		268
	11.2.1	Conceito	268
	11.2.2	Objetividade jurídica	269
	11.2.3	Sujeito ativo	269
	11.2.4	Sujeito passivo	269
	11.2.5	Tipo objetivo	269
	11.2.6	Tipo subjetivo	270
	11.2.7	Consumação e tentativa	270
	11.2.8	Extorsão qualificada e aumento de pena	271
	11.2.9	Distinção	272
	11.2.10	Concurso	273
11.3	Extorsão mediante sequestro		274
	11.3.1	Conceito	274
	11.3.2	Objetividade jurídica	274
	11.3.3	Sujeito ativo	274
	11.3.4	Sujeito passivo	275
	11.3.5	Tipo objetivo	275
	11.3.6	Tipo subjetivo	275
	11.3.7	Consumação e tentativa	276
	11.3.8	Formas qualificadas	276
	11.3.9	Redução de pena	278
11.4	Extorsão indireta		278

11.4.1	Conceito	278
11.4.2	Objetividade jurídica	279
11.4.3	Sujeito ativo	279
11.4.4	Sujeito passivo	279
11.4.5	Tipo objetivo	279
11.4.6	Tipo subjetivo	280
11.4.7	Consumação e tentativa	280
11.4.8	Concurso	280

12. DA USURPAÇÃO 283

12.1	Alteração de limites	283
12.1.1	Generalidades	283
12.1.2	Conceito	283
12.1.3	Objetividade jurídica	283
12.1.4	Sujeito ativo	283
12.1.5	Sujeito passivo	284
12.1.6	Tipo objetivo	284
12.1.7	Tipo subjetivo	284
12.1.8	Consumação e tentativa	285
12.1.9	Concurso	285
12.1.10	Ação penal	285
12.2	Usurpação de águas	285
12.2.1	Conceito	285
12.2.2	Objetividade jurídica	285
12.2.3	Sujeito ativo	286
12.2.4	Sujeito passivo	286
12.2.5	Tipo objetivo	286
12.2.6	Tipo subjetivo	286
12.2.7	Consumação e tentativa	287
12.2.8	Concurso e distinção	287
12.2.9	Ação penal	287
12.3	Esbulho possessório	287
12.3.1	Conceito	287
12.3.2	Objetividade jurídica	287
12.3.3	Sujeito ativo	287
12.3.4	Sujeito passivo	288

	12.3.5	Tipo objetivo	288
	12.3.6	Tipo subjetivo	288
	12.3.7	Consumação e tentativa	289
	12.3.8	Distinção	289
	12.3.9	Concurso	289
	12.3.10	Ação penal	289
12.4		Supressão ou alteração de marca em animais	290
	12.4.1	Conceito	290
	12.4.2	Objetividade jurídica	290
	12.4.3	Sujeito ativo	290
	12.4.4	Sujeito passivo	290
	12.4.5	Tipo objetivo	290
	12.4.6	Tipo subjetivo	291
	12.4.7	Consumação e tentativa	291
	12.4.8	Concurso	292

13. DO DANO 293

13.1		Dano	293
	13.1.1	Generalidades	293
	13.1.2	Conceito	293
	13.1.3	Objetividade jurídica	293
	13.1.4	Sujeito ativo	293
	13.1.5	Sujeito passivo	294
	13.1.6	Tipo objetivo	294
	13.1.7	Tipo subjetivo	295
	13.1.8	Consumação e tentativa	295
	13.1.9	Distinção	296
	13.1.10	Dano qualificado	296
	13.1.11	Ação penal	297
13.2		Introdução ou abandono de animais em propriedade alheia	297
	13.2.1	Conceito	297
	13.2.2	Objetividade jurídica	297
	13.2.3	Sujeito ativo	298
	13.2.4	Sujeito passivo	298
	13.2.5	Tipo objetivo	298
	13.2.6	Elemento normativo	299

	13.2.7	Tipo subjetivo	299
	13.2.8	Consumação e tentativa	299
	13.2.9	Ação penal	299
13.3		Dano em coisa de valor artístico, arqueológico ou histórico	299
	13.3.1	Conceito	299
	13.3.2	Objetividade jurídica	300
	13.3.3	Sujeito ativo	300
	13.3.4	Sujeito passivo	300
	13.3.5	Tipo objetivo	300
	13.3.6	Tipo subjetivo	301
	13.3.7	Consumação e tentativa	301
	13.3.8	Concurso	301
	13.3.9	Distinção	301
	13.3.10	Ação penal	301
13.4		Alteração de local especialmente protegido	302
	13.4.1	Conceito	302
	13.4.2	Objetividade jurídica	302
	13.4.3	Sujeito ativo	302
	13.4.4	Sujeito passivo	302
	13.4.5	Tipo objetivo	302
	13.4.6	Elemento normativo	303
	13.4.7	Tipo subjetivo	303
	13.4.8	Consumação e tentativa	303
	13.4.9	Concurso	303
	13.4.10	Ação penal	303
14. DA APROPRIAÇÃO INDÉBITA			305
14.1		Apropriação indébita	305
	14.1.1	Generalidades	305
	14.1.2	Conceito	305
	14.1.3	Objetividade jurídica	305
	14.1.4	Sujeito ativo	305
	14.1.5	Sujeito passivo	306
	14.1.6	Tipo objetivo	306
	14.1.7	Tipo subjetivo	309
	14.1.8	Consumação e tentativa	309

	14.1.9	Distinção	310
	14.1.10	Concurso	311
	14.1.11	Aumento de pena	311
	14.1.12	Apropriação indébita privilegiada	312
	14.1.13	Ação penal	313
14.2	Apropriação indébita previdenciária		313
	14.2.1	Conceito	313
	14.2.2	Sujeitos do delito	313
	14.2.3	Tipo objetivo	313
	14.2.4	Tipo subjetivo	314
	14.2.5	Consumação e tentativa	314
	14.2.6	Crimes assemelhados	314
	14.2.7	Formas privilegiadas	315
	14.2.8	Suspensão da pretensão punitiva e extinção da punibilidade	315
	14.2.9	Perdão judicial ou pena de multa	316
14.3	Apropriação de coisa havida por erro, caso fortuito ou força da natureza		316
	14.3.1	Conceito	316
	14.3.2	Objetividade jurídica	317
	14.3.3	Sujeito ativo	317
	14.3.4	Sujeito passivo	317
	14.3.5	Tipo objetivo	317
	14.3.6	Tipo subjetivo	318
	14.3.7	Consumação e tentativa	318
	14.3.8	Forma privilegiada	318
	14.3.9	Distinção	318
14.4	Apropriação de tesouro		319
	14.4.1	Conceito	319
	14.4.2	Objetividade jurídica	319
	14.4.3	Sujeito ativo	319
	14.4.4	Sujeito passivo	319
	14.4.5	Tipo objetivo	319
	14.4.6	Tipo subjetivo	320
	14.4.7	Consumação e tentativa	320
14.5	Apropriação de coisa achada		320
	14.5.1	Conceito	320

14.5.2	Objetividade jurídica	320
14.5.3	Sujeito ativo	320
14.5.4	Sujeito passivo	321
14.5.5	Tipo objetivo	321
14.5.6	Tipo subjetivo	322
14.5.7	Consumação e tentativa	322
14.5.8	Forma privilegiada	322

15. DO ESTELIONATO E OUTRAS FRAUDES 323

15.1	Estelionato		323
	15.1.1	Generalidades	323
	15.1.2	Conceito	323
	15.1.3	Fraude penal e fraude civil	323
	15.1.4	Objetividade jurídica	325
	15.1.5	Sujeito ativo	325
	15.1.6	Sujeito passivo	325
	15.1.7	Tipo objetivo	325
	15.1.8	Tipo subjetivo	328
	15.1.9	Consumação e tentativa	329
	15.1.10	Distinção e concurso	329
	15.1.11	Estelionato privilegiado	330
15.2	Disposição de coisa alheia como própria		331
	15.2.1	Conceito	331
	15.2.2	Sujeito ativo	331
	15.2.3	Sujeito passivo	331
	15.2.4	Tipo objetivo	331
	15.2.5	Tipo subjetivo	333
	15.2.6	Consumação e tentativa	333
	15.2.7	Distinção	333
15.3	Alienação ou oneração fraudulenta de coisa própria		333
	15.3.1	Conceito	333
	15.3.2	Sujeito ativo	333
	15.3.3	Sujeito passivo	334
	15.3.4	Tipo objetivo	334
	15.3.5	Tipo subjetivo	335
	15.3.6	Consumação e tentativa	336

	15.3.7	Distinção	336
15.4	Defraudação de penhor		336
	15.4.1	Conceito	336
	15.4.2	Sujeito ativo	336
	15.4.3	Sujeito passivo	336
	15.4.4	Tipo objetivo	336
	15.4.5	Tipo subjetivo	337
	15.4.6	Consumação e tentativa	337
15.5	Fraude na entrega da coisa		337
	15.5.1	Conceito	337
	15.5.2	Sujeito ativo	338
	15.5.3	Sujeito passivo	338
	15.5.4	Tipo objetivo	338
	15.5.5	Elemento normativo	338
	15.5.6	Tipo subjetivo	338
	15.5.7	Consumação e tentativa	339
	15.5.8	Distinção	339
15.6	Fraude para recebimento de indenização ou valor de seguro		339
	15.6.1	Conceito	339
	15.6.2	Sujeito ativo	339
	15.6.3	Sujeito passivo	339
	15.6.4	Tipo objetivo	340
	15.6.5	Tipo subjetivo	340
	15.6.6	Consumação e tentativa	340
	15.6.7	Distinção e concurso	341
15.7	Fraude no pagamento por meio de cheque		341
	15.7.1	Conceito	341
	15.7.2	Objetividade jurídica	341
	15.7.3	Sujeito ativo	342
	15.7.4	Sujeito passivo	342
	15.7.5	Tipo objetivo	343
	15.7.6	Tipo subjetivo	344
	15.7.7	Consumação e tentativa	345
	15.7.8	Distinção	347
	15.7.9	Forma privilegiada	347
	15.7.10	Fraude Eletrônica	347
15.8	Estelionato agravado		348

15.8.1	Conceito	348
15.8.2	Ação Penal	348

15.9 Fraude com a utilização de ativos virtuais, valores mobiliários ou ativos financeiros ... 349

15.9.1	Conceito	349
15.9.2	Objetividade jurídica	350
15.9.3	Sujeito ativo	350
15.9.4	Sujeito passivo	350
15.9.5	Tipo objetivo	350
15.9.6	Tipo subjetivo	351
15.9.7	Consumação e tentativa	351
15.9.8	Distinção e concurso	352

15.10 Duplicata simulada ... 352

15.10.1	Conceito	352
15.10.2	Objetividade jurídica	353
15.10.3	Sujeito ativo	353
15.10.4	Sujeito passivo	353
15.10.5	Tipo objetivo	353
15.10.6	Tipo subjetivo	354
15.10.7	Consumação e tentativa	354
15.10.8	Distinção	355

15.11 Falsificação do registro de duplicatas ... 356

15.11.1	Conceito	356
15.11.2	Sujeito ativo	356
15.11.3	Sujeito passivo	356
15.11.4	Tipo objetivo	356
15.11.5	Consumação e tentativa	356
15.11.6	Distinção e concurso	356

15.12 Abuso de incapazes ... 357

15.12.1	Conceito	357
15.12.2	Objetividade jurídica	357
15.12.3	Sujeito ativo	357
15.12.4	Sujeito passivo	357
15.12.5	Tipo objetivo	358
15.12.6	Tipo subjetivo	358
15.12.7	Consumação e tentativa	359
15.12.8	Distinção	359

15.13 Induzimento à especulação.. 360

    15.13.1 Conceito.. 360

    15.13.2 Objetividade jurídica... 360

    15.13.3 Sujeito ativo... 360

    15.13.4 Sujeito passivo... 360

    15.13.5 Tipo objetivo.. 360

    15.13.6 Tipo subjetivo.. 361

    15.13.7 Consumação e tentativa... 362

15.14 Fraude no comércio.. 362

    15.14.1 Conceito.. 362

    15.14.2 Objetividade jurídica... 362

    15.14.3 Sujeito ativo... 362

    15.14.4 Sujeito passivo... 363

    15.14.5 Tipo objetivo.. 363

    15.14.6 Tipo subjetivo.. 364

    15.14.7 Consumação e tentativa... 364

    15.14.8 Fraude no comércio de metais ou pedras preciosas....... 364

    15.14.9 Fraude no comércio privilegiada....................................... 364

    15.14.10 Distinção.. 364

15.15 Outras fraudes... 365

    15.15.1 Conceito.. 365

    15.15.2 Objetividade jurídica... 365

    15.15.3 Sujeito ativo... 365

    15.15.4 Sujeito passivo... 365

    15.15.5 Tipo objetivo.. 366

    15.15.6 Tipo subjetivo.. 366

    15.15.7 Consumação e tentativa... 366

    15.15.8 Distinção... 367

    15.15.9 Ação penal.. 367

    15.15.10 Perdão judicial.. 367

15.16 Fraude na fundação de sociedade por ações.................................. 367

    15.16.1 Conceito.. 367

    15.16.2 Sujeito ativo... 368

    15.16.3 Tipo objetivo.. 368

    15.16.4 Tipo subjetivo.. 369

    15.16.5 Consumação e tentativa... 369

    15.16.6 Concurso... 369

15.17 Fraudes e abusos na administração de sociedades por ações 369

    15.17.1 Generalidades.. 369

    15.17.2 Fraude sobre as condições econômicas....................................... 371

    15.17.3 Falsa cotação de ações ou títulos... 372

    15.17.4 Empréstimo ou uso indevido de bens ou haveres 373

    15.17.5 Compra e venda ilegais de ações... 373

    15.17.6 Caução e penhor ilegais 374

    15.17.7 Distribuição de lucros ou dividendos fictícios............................ 374

    15.17.8 Aprovação fraudulenta de conta ou parecer.............................. 375

    15.17.9 Crime de representante de sociedade estrangeira 375

    15.17.10 Negociação de voto por acionista... 375

    15.17.11 Distinção 376

15.18 Emissão irregular de conhecimento de depósito ou *warrant* 376

    15.18.1 Conceito.. 376

    15.18.2 Objetividade jurídica.. 376

    15.18.3 Sujeito ativo 376

    15.18.4 Sujeito passivo 377

    15.18.5 Tipo objetivo.. 377

    15.18.6 Tipo subjetivo 378

    15.18.7 Consumação e tentativa.. 378

    15.18.8 Distinção 378

15.19 Fraude à execução 378

    15.19.1 Conceito.. 378

    15.19.2 Objetividade jurídica.. 378

    15.19.3 Sujeito ativo 379

    15.19.4 Sujeito passivo 379

    15.19.5 Tipo objetivo.. 379

    15.19.6 Tipo subjetivo 380

    15.19.7 Consumação e tentativa.. 380

    15.19.8 Distinção 380

    15.19.9 Concurso... 380

    15.19.10 Ação penal 380

16. DA RECEPTAÇÃO 383

16.1 Receptação 383

    16.1.1 Conceito.. 383

	16.1.2	Objetividade jurídica	383
	16.1.3	Sujeito ativo	383
	16.1.4	Sujeito passivo	384
	16.1.5	Tipo objetivo	384
	16.1.6	Tipo subjetivo	386
	16.1.7	Consumação e tentativa	387
	16.1.8	Distinção	387
	16.1.9	Concurso	388
	16.1.10	Receptação qualificada pelo objeto material	388
	16.1.11	Receptação qualificada na atividade comercial ou industrial	388
	16.1.12	Receptação dolosa privilegiada	389
	16.1.13	Receptação culposa	390
	16.1.14	Perdão judicial	391
	16.1.15	Ação penal	391
16.2	Receptação de animal		391
	16.2.1	Conceito	391
	16.2.2	Objetividade jurídica	392
	16.2.3	Sujeito ativo	392
	16.2.4	Sujeito passivo	392
	16.2.5	Tipo objetivo	392
	16.2.6	Tipo subjetivo	393
	16.2.7	Consumação e tentativa	394
	16.2.8	Distinção	394
	16.2.9	Concurso	395

17. IMUNIDADES NOS CRIMES CONTRA O PATRIMÔNIO ... 397

17.1	Imunidades absolutas		397
	17.1.1	Generalidades	397
	17.1.2	Conceito	398
	17.1.3	Cônjuge	398
	17.1.4	Ascendente e descendente	398
17.2	Imunidades relativas		399
	17.2.1	Conceito	399
	17.2.2	Cônjuges	399
	17.2.3	Irmãos	399
	17.2.4	Tio e sobrinho	400

17.2.5	Primo e espólio	400
17.3	Exclusão das imunidades	400

PARTE IV
DOS CRIMES CONTRA A PROPRIEDADE IMATERIAL

18. DOS CRIMES CONTRA A PROPRIEDADE INTELECTUAL 405

18.1	Violação de direito autoral	405
	18.1.1 Generalidades	405
	18.1.2 Conceito	406
	18.1.3 Objetividade jurídica	406
	18.1.4 Sujeito ativo	407
	18.1.5 Sujeito passivo	407
	18.1.6 Tipo objetivo	407
	18.1.7 Formas qualificadas de violação de direito autoral	408
	18.1.8 Tipo subjetivo	410
	18.1.9 Consumação e tentativa	411
	18.1.10 Ação penal	411

PARTE V
DOS CRIMES CONTRA A ORGANIZAÇÃO DO TRABALHO

19. DOS CRIMES CONTRA A ORGANIZAÇÃO DO TRABALHO 415

19.1	Atentado contra a liberdade de trabalho	415
	19.1.1 Generalidades	415
	19.1.2 Conceito	415
	19.1.3 Objetividade jurídica	416
	19.1.4 Sujeitos do delito	416
	19.1.5 Tipo objetivo	416
	19.1.6 Tipo subjetivo	417
	19.1.7 Consumação e tentativa	417
	19.1.8 Distinção	417
	19.1.9 Concurso	417
	19.1.10 Competência	417
19.2	Atentado contra a liberdade de contrato de trabalho e boicotagem violenta	417
	19.2.1 Conceito	417
	19.2.2 Atentado contra a liberdade de contrato de trabalho	418
	19.2.3 Boicotagem violenta	418

	19.2.4	Concurso	418
19.3	Atentado contra a liberdade de associação		419
	19.3.1	Conceito	419
	19.3.2	Objetividade jurídica	419
	19.3.3	Sujeitos do delito	419
	19.3.4	Tipo objetivo	419
	19.3.5	Tipo subjetivo	419
	19.3.6	Consumação e tentativa	419
	19.3.7	Concurso	420
19.4	Paralisação de trabalho, seguida de violência ou perturbação da ordem		420
	19.4.1	Conceito	420
	19.4.2	Objetividade jurídica	420
	19.4.3	Sujeitos do delito	420
	19.4.4	Tipo objetivo	420
	19.4.5	Tipo subjetivo	421
	19.4.6	Consumação e tentativa	421
	19.4.7	Concurso	421
19.5	Paralisação do trabalho de interesse coletivo		421
	19.5.1	Conceito	421
	19.5.2	Objetividade jurídica	421
	19.5.3	Sujeitos do delito	421
	19.5.4	Tipo objetivo	422
	19.5.5	Tipo subjetivo	422
	19.5.6	Consumação e tentativa	422
19.6	Invasão de estabelecimento industrial, comercial ou agrícola – sabotagem		422
	19.6.1	Conceito	422
	19.6.2	Objetividade jurídica	423
	19.6.3	Sujeitos do delito	423
	19.6.4	Invasão e ocupação	423
	19.6.5	Sabotagem	423
	19.6.6	Tipo subjetivo	423
	19.6.7	Distinção	424
19.7	Frustração de direito assegurado por lei trabalhista		424
	19.7.1	Conceito	424
	19.7.2	Objetividade jurídica	424

19.7.3	Sujeitos do delito	424
19.7.4	Tipo objetivo	424
19.7.5	Tipo subjetivo	425
19.7.6	Consumação e tentativa	425
19.7.7	Coação para compra de mercadorias	425
19.7.8	Retenção de documentos	426
19.7.9	Aumento de pena	426
19.7.10	Distinção	426
19.8	Frustração de lei sobre a nacionalização do trabalho	427
19.8.1	Conceito	427
19.8.2	Objetividade jurídica	427
19.8.3	Sujeitos do delito	427
19.8.4	Tipo objetivo	428
19.8.5	Tipo subjetivo	428
19.8.6	Consumação e tentativa	428
19.8.7	Concurso	428
19.9	Exercício de atividade com infração de decisão administrativa	428
19.9.1	Conceito	428
19.9.2	Objetividade jurídica	428
19.9.3	Sujeitos do delito	428
19.9.4	Tipo objetivo	429
19.9.5	Tipo subjetivo	429
19.9.6	Consumação e tentativa	429
19.9.7	Distinção	429
19.10	Aliciamento para fim de emigração	429
19.10.1	Conceito	429
19.10.2	Objetividade jurídica	429
19.10.3	Sujeitos do delito	430
19.10.4	Tipo objetivo	430
19.10.5	Tipo subjetivo	430
19.10.6	Distinção	430
19.10.7	Consumação e tentativa	430
19.11	Aliciamento de trabalhadores de um local para outro do território nacional	431
19.11.1	Conceito	431
19.11.2	Objetividade jurídica	431
19.11.3	Sujeitos do delito	431

19.11.4	Tipo objetivo	431
19.11.5	Tipo subjetivo	431
19.11.6	Consumação e tentativa	431
19.11.7	Recrutamento de trabalhadores	432
19.11.8	Forma agravada	432

PARTE VI
DOS CRIMES CONTRA O SENTIMENTO RELIGIOSO E CONTRA O RESPEITO AOS MORTOS

20. DOS CRIMES CONTRA O SENTIMENTO RELIGIOSO		435
20.1	Ultraje a culto e impedimento ou perturbação de ato a ele relativo	435
	20.1.1 Generalidades	435
	20.1.2 Conceito	436
	20.1.3 Objetividade jurídica	436
	20.1.4 Sujeitos do delito	436
	20.1.5 Ultraje por motivo de religião	436
	20.1.6 Impedimento ou perturbação de cerimônia ou culto	437
	20.1.7 Vilipêndio de ato ou objeto de culto	438
	20.1.8 Aumento de pena	438
21. DOS CRIMES CONTRA O RESPEITO AOS MORTOS		439
21.1	Impedimento ou perturbação de cerimônia funerária	439
	21.1.1 Conceito	439
	21.1.2 Objetividade jurídica	439
	21.1.3 Sujeitos do delito	439
	21.1.4 Tipo objetivo	439
	21.1.5 Tipo subjetivo	440
	21.1.6 Consumação e tentativa	440
	21.1.7 Forma qualificada	440
21.2	Violação de sepultura	440
	21.2.1 Conceito	440
	21.2.2 Objetividade jurídica	440
	21.2.3 Sujeitos do delito	440
	21.2.4 Tipo objetivo	441
	21.2.5 Tipo subjetivo	441
	21.2.6 Consumação e tentativa	441
	21.2.7 Distinção	441

21.2.8	Concurso	442
21.3	Destruição, subtração ou ocultação de cadáver	442
21.3.1	Conceito	442
21.3.2	Objetividade jurídica	442
21.3.3	Sujeitos do delito	442
21.3.4	Tipo objetivo	442
21.3.5	Tipo subjetivo	443
21.3.6	Consumação e tentativa	443
21.3.7	Distinção	444
21.3.8	Concurso	444
21.4	Vilipêndio a cadáver	444
21.4.1	Conceito	**444**
21.4.2	Objetividade jurídica	444
21.4.3	Sujeitos do delito	445
21.4.4	Tipo objetivo	445
21.4.5	Tipo subjetivo	445
21.4.6	Consumação e tentativa	445
21.4.7	Concurso	446

PARTE VII
DOS CRIMES CONTRA A DIGNIDADE SEXUAL

22. DOS CRIMES CONTRA A LIBERDADE SEXUAL		449
22.1	Estupro	449
22.1.1	Generalidades	449
22.1.2	Conceito	452
22.1.3	Objetividade jurídica	453
22.1.4	Sujeito ativo	453
22.1.5	Sujeito passivo	455
22.1.6	Tipo objetivo	455
22.1.7	Tipo subjetivo	458
22.1.8	Consumação e tentativa	459
22.1.9	Estupro qualificado pela idade da vítima	460
22.1.10	Estupro qualificado por lesão grave ou morte	460
22.1.11	Distinção	465
22.1.12	Concurso	465

22.2	Violação sexual mediante fraude		467
	22.2.1	Conceito	467
	22.2.2	Objetividade jurídica	467
	22.2.3	Sujeito ativo	467
	22.2.4	Sujeito passivo	468
	22.2.5	Tipo objetivo	468
	22.2.6	Tipo subjetivo	470
	22.2.7	Consumação e tentativa	471
	22.2.8	Distinção	471
22.3.	Importunação sexual		471
	22.3.1	Conceito	471
	22.3.2	Objetividade jurídica	472
	22.3.3	Sujeito ativo	472
	22.3.4	Sujeito passivo	472
	22.3.5	Tipo objetivo	472
	22.3.6	Tipo subjetivo	473
	22.3.7	Consumação e tentativa	474
	22.3.8	Distinção	474
	22.3.9	Concurso	475
22.4	Assédio sexual		475
	22.4.1	Conceito	475
	22.4.2	Objetividade jurídica	475
	22.4.3	Sujeito ativo	475
	22.4.4	Sujeito passivo	475
	22.4.5	Tipo objetivo	476
	22.4.6	Tipo subjetivo	476
	22.4.7	Consumação e tentativa	476
	22.4.8	Distinção	476
	22.4.9	Aumento de pena	477
22.5	Registro não autorizado da intimidade sexual		477
	22.5.1	Conceito	477
	22.5.2	Objetividade jurídica	478
	22.5.3	Sujeito ativo	478
	22.5.4	Sujeito passivo	478
	22.5.5	Tipo objetivo	478
	22.5.6	Tipo subjetivo	479
	22.5.7	Consumação e tentativa	479

	22.5.8	Distinção	479
	22.5.9	Crime assemelhado	479

23. DOS CRIMES SEXUAIS CONTRA VULNERÁVEL 481

23.1 Estupro de vulnerável 481

    23.1.1 Generalidades 481

    23.1.2 Conceito 482

    23.1.3 Objetividade jurídica 483

    23.1.4 Sujeito ativo 483

    23.1.5 Sujeito passivo 483

    23.1.6 Tipo objetivo 484

    23.1.7 Tipo subjetivo 487

    23.1.8 Consumação e tentativa 487

    23.1.9 Formas qualificadas 487

    23.1.10 Distinção 488

    23.1.11 Concurso 489

23.2 Corrupção de menores 490

    23.2.1 Conceito 490

    23.2.2 Objetividade jurídica 490

    23.2.3 Sujeito ativo 490

    23.2.4 Sujeito passivo 491

    23.2.5 Tipo objetivo 491

    23.2.6 Tipo subjetivo 492

    23.2.7 Consumação e tentativa 492

    23.2.8 Distinção 492

23.3 Satisfação de lascívia mediante presença de criança ou adolescente 492

    23.3.1 Conceito 492

    23.3.2 Objetividade jurídica 492

    23.3.3 Sujeito ativo 493

    23.3.4 Sujeito passivo 493

    23.3.5 Tipo objetivo 493

    23.3.6 Tipo subjetivo 493

    23.3.7 Consumação e tentativa 493

    23.3.8 Distinção 493

23.4 Favorecimento da prostituição ou de outra forma de exploração sexual de criança ou adolescente ou de vulnerável 494

    23.4.1 Conceito 494

23.4.2	Objetividade jurídica	494
23.4.3	Sujeito ativo	494
23.4.4	Sujeito passivo	494
23.4.5	Tipo objetivo	495
23.4.6	Tipo subjetivo	496
23.4.7	Consumação e tentativa	496
23.4.8	Crimes assemelhados	496
23.4.9	Distinção	497

23.5 Divulgação de cena de estupro ou de cena de estupro de vulnerável, de cena de sexo ou de pornografia 497

23.5.1	Conceito	497
23.5.2	Objetividade jurídica	498
23.5.3	Sujeito ativo	498
23.5.4	Sujeito passivo	498
23.5.5	Tipo objetivo	499
23.5.6	Tipo subjetivo	501
23.5.7	Consumação e tentativa	501
23.5.8	Aumento de pena	502
23.5.9	Exclusão da ilicitude	502
23.5.10	Distinção	502
23.5.11	Concurso	503

24. DISPOSIÇÕES COMUNS AOS CRIMES CONTRA A LIBERDADE SEXUAL E AOS CRIMES SEXUAIS CONTRA VULNERÁVEL 505

24.1 Ação penal 505

24.1.1	Generalidades	505
24.1.2	Ação penal na lei anterior	505
24.1.3	Ação penal na lei vigente	508

24.2 Aumento de pena 509

24.2.1	Concurso	509
24.2.2	Parentesco e autoridade	510

25. DO LENOCÍNIO E DO TRÁFICO DE PESSOA PARA FIM DE PROSTITUIÇÃO OU OUTRA FORMA DE EXPLORAÇÃO SEXUAL 513

25.1 Mediação para servir a lascívia de outrem 513

25.1.1	Generalidades	513
25.1.2	Conceito	514
25.1.3	Objetividade jurídica	514

	25.1.4	Sujeito ativo	514
	25.1.5	Sujeito passivo	514
	25.1.6	Tipo objetivo	515
	25.1.7	Tipo subjetivo	516
	25.1.8	Consumação e tentativa	516
	25.1.9	Formas qualificadas	516
	25.1.10	Distinção	516
25.2		Favorecimento da prostituição ou outra forma de exploração sexual	517
	25.2.1	Conceito	517
	25.2.2	Objetividade jurídica	517
	25.2.3	Sujeito ativo	518
	25.2.4	Sujeito passivo	518
	25.2.5	Prostituição e outras formas de exploração sexual	519
	25.2.6	Tipo objetivo	522
	25.2.7	Tipo subjetivo	522
	25.2.8	Consumação e tentativa	523
	25.2.9	Formas qualificadas	523
	25.2.10	Distinção	523
25.3		Casa de prostituição	524
	25.3.1	Conceito	524
	25.3.2	Objetividade jurídica	524
	25.3.3	Sujeito ativo	524
	25.3.4	Sujeito passivo	525
	25.3.5	Tipo objetivo	525
	25.3.6	Tipo subjetivo	526
	25.3.7	Consumação e tentativa	526
	25.3.8	Distinção	526
25.4		Rufianismo	527
	25.4.1	Conceito	527
	25.4.2	Objetividade jurídica	527
	25.4.3	Sujeito ativo	527
	25.4.4	Sujeito passivo	527
	25.4.5	Tipo objetivo	528
	25.4.6	Tipo subjetivo	528
	25.4.7	Consumação e tentativa	529
	25.4.8	Formas qualificadas	529
	25.4.9	Distinção	529

	25.4.10	Concurso	529
25.5	Promoção de migração ilegal		530
	25.5.1	Conceito	530
	25.5.2	Objetividade jurídica	530
	25.5.3	Sujeito ativo	530
	25.5.4	Sujeito passivo	530
	25.5.5	Tipo objetivo	530
	25.5.6	Tipo subjetivo	531
	25.5.7	Consumação e tentativa	532
	25.5.8	Crime assemelhado	532
	25.5.9	Aumento de pena	533
	25.5.10	Distinção	533
	25.5.11	Concurso	533
	25.5.12	Competência	534

26. DO ULTRAJE PÚBLICO AO PUDOR 535

26.1	Ato obsceno		535
	26.1.1	Generalidades	535
	26.1.2	Conceito	535
	26.1.3	Objetividade jurídica	536
	26.1.4	Sujeito ativo	536
	26.1.5	Sujeito passivo	536
	26.1.6	Tipo objetivo	536
	26.1.7	Tipo subjetivo	537
	26.1.8	Consumação e tentativa	538
	26.1.9	Exclusão do crime	538
	26.1.10	Concurso	538
26.2	Escrito ou objeto obsceno		538
	26.2.1	Conceito	538
	26.2.2	Objetividade jurídica	539
	26.2.3	Sujeito ativo	539
	26.2.4	Sujeito passivo	539
	26.2.5	Tipo objetivo	539
	26.2.6	Tipo subjetivo	541
	26.2.7	Consumação e tentativa	542
	26.2.8	Concurso	542
	26.2.9	Crimes previstos no Estatuto da Criança e do Adolescente	542

27. DISPOSIÇÕES COMUNS AOS CRIMES CONTRA A DIGNIDADE SEXUAL 545

27.1 Aumento de pena e segredo de justiça 545

27.1.1 Generalidades 545

27.1.2 Aumento de pena 546

27.1.3 Segredo de justiça 547

REFERÊNCIAS JURISPRUDENCIAIS 549

Capítulo 3 549

Capítulo 4 549

Capítulo 5 552

Capítulo 6 555

Capítulo 7 556

Capítulo 8 556

Capítulo 9 559

Capítulo 10 561

Capítulo 11 563

Capítulo 12 566

Capítulo 13 567

Capítulo 14 567

Capítulo 15 569

Capítulo 16 572

Capítulo 17 573

Capítulo 18 573

Capítulo 19 573

Capítulo 20 574

Capítulo 21 574

Capítulo 22 574

Capítulo 23 576

Capítulo 24 576

Capítulo 25 576

Capítulo 26 577

BIBLIOGRAFIA 579

ÍNDICE REMISSIVO 585

PARTE I
INTRODUÇÃO

1

PARTE GERAL E PARTE ESPECIAL

1.1 GENERALIDADES

1.1.1 Distinção

Tanto na doutrina como nos códigos, distinguem-se no Direito Penal a Parte Geral e a Parte Especial. Da primeira, composta de um corpo de disposições genéricas, fazem parte as normas de aplicação da lei penal, do crime, da responsabilidade, do concurso de agentes, das penas, das medidas de segurança, da ação penal e da extinção da punibilidade. Na Parte Especial, em que se situam os preceitos que tratam das infrações penais em espécie (normas incriminadoras) e das sanções correspondentes, incluem-se também regras particulares ou mesmo de exceções a princípios gerais (dispositivos sobre ação penal, casos de isenção de pena, escusas absolutórias etc.), bem como normas explicativas (conceito de "casa", no art. 150, § 4º, de "funcionário público", no art. 327 etc.).

A Parte Especial precedeu historicamente a Parte Geral por uma exigência de ordem prática. As leis eram elaboradas à medida que surgiam os fatos de natureza nociva à ordem pública e que exigiam, por isso, a repressão penal. Não estavam elas, assim, organizadas em sistema, pois o interesse primordial do Estado era o de fixar o que deveria ser considerado crime e a sanção cabível ao autor do fato. O desenvolvimento dos estudos sobre as questões particulares de certas figuras penais mais importantes, como o homicídio, por exemplo, levou porém à formação de institutos (causalidade, dolo, culpa, tentativa, legítima defesa etc.) que iriam constituir mais tarde, através de lenta e progressiva evolução da cultura e do apuramento das construções jurídicas, os princípios da Parte Geral.

A Parte Especial, por seu turno, com o aperfeiçoamento da técnica legislativa, ganhou mais precisão, iniciando-se a organização sistemática dos preceitos incriminadores. Não se obteve, contudo, uma estrutura dogmática equivalente àquela alcançada pela Parte Geral, o que levou José Frederico Marques a afirmar "o predomínio da exegese pura e simples, na parte que a ciência jurídico-penal dedica à regulamentação dos crimes em espécie".[1]

---

1. *Tratado de direito penal*: parte especial. São Paulo: Saraiva, 1961. v. 4, p. 9.

É possível observar que muitas vezes não há na lei penal um liame lógico entre as duas partes (Geral e Especial), mas uma sistematização das normas incriminadoras em compartimentos estanques, autônomos e muitas vezes divorciados uns dos outros. Tal situação obriga a constantes remissões e repetições, causando por vezes perplexidades ao intérprete.

1.1.2 Teoria Geral da Parte Especial

Surgiu então a ideia de se estruturar uma teoria geral da Parte Especial "destinada ao estudo de elementos comuns aos diversos tipos de delito, como uma teoria geral dos tipos".[2] Estaria ela destinada a ligar as normas da Parte Geral às leis incriminadoras, tendo a finalidade de criar um sistema jurídico lógico entre as disposições incriminadoras e não incriminadoras.[3] Tal posição, todavia, poderá levar a generalizações e classificações tecnicamente úteis, mas não constituiria ainda o estudo da Parte Especial, representando apenas uma *ponte* entre a Parte Geral e a Parte Especial, facilitando o estudo desta última.[4] Formulou Grispigni um programa de estudo científico da Parte Especial com a elaboração de uma teoria geral do elemento objetivo do crime. A observação realmente mostra que há grupos de crimes que se caracterizam por elementos comuns em sua estrutura objetiva, mas o caráter fragmentário da Parte Especial deriva da própria natureza da matéria de que se ocupa. A ilicitude penal é descontínua e a casuística e os elementos diferenciais próprios a cada figura penal impedem um critério de absoluto rigor na formulação de princípios ou fórmulas gerais.

Não há, a rigor, uma "teoria geral da Parte Especial", e sim uma teoria geral dos delitos em espécie, que pode ser exposta, na Parte Geral, por meio do estudo aprofundado da tipicidade.[5] Ensina Frederico Marques: "A tipicidade penal deve constituir o fulcro da teoria geral dos crimes em espécie; e isto pela simples razão de que as normas penais incriminadoras, que definem crimes e infrações penais, na Parte Especial, contêm, sempre, a descrição de uma figura típica. Isso não é obstáculo, porém, a que outros traços gerais dos vários delitos sejam sistematizados pela doutrina penal." [6] Dessa forma, embora seja geralmente reconhecida a necessidade de aprofundamento técnico da substância da Parte Especial, afastam-se os modernos doutrinadores, como Maurach e Antolisei, por exemplo, da construção de uma Parte Geral da Parte Especial, em favor de uma sistematização relativa da matéria.[7]

---

2. FRAGOSO, Heleno Cláudio. *Lições de direito penal*: parte especial. 3. ed. São Paulo: José Bushatsky, 1976. v. 1, p. 10.
3. JESUS, Damásio E. de. *Direito penal*: parte especial. 4. ed. São Paulo: Saraiva, 1982. v. 2, p. 4.
4. FRAGOSO, *Lições*. Ob. cit. v. 1, p. 10.
5. MARQUES, José Frederico. *Tratado*. Ob. cit. v. 4, p. 13.
6. *Tratado*. Ob. cit. v. 4, p. 14.
7. Nesse sentido: BRUNO, Aníbal. *Crimes contra a pessoa*. 3. ed. São Paulo: Rio Gráfica, 1975. p. 27-33; MARQUES. *Tratado*. Ob. cit. v. 4, p. 10-14; e FRAGOSO. *Lições*. Ob. cit. v. 1, p. 10-11.

1.2 CLASSIFICAÇÃO DA PARTE ESPECIAL

1.2.1 Critérios

Embora pertença ao Estado o *jus puniendi* (direito de punir), não é este discricionário, mas autolimitado pelo princípio do *nullum crimen, nulla poena sine lege*. Em decorrência desse princípio, é necessário que a lei descreva os fatos que devem constituir infrações penais, estabelecendo as penas a que ficam sujeitos aqueles que infringirem a norma penal. Essas descrições de fatos compõem a Parte Especial que, por isso mesmo, é o segmento de maior importância do Direito Penal. São elas chamadas de normas incriminadoras ou normas de direito penal em sentido estrito.

Essa discriminação dos tipos penais deve obedecer a uma ordem lógica, não só por um imperativo de construção legislativa, mas também por uma verdadeira exigência científica, possibilitando a sistematização de melhores condições para o estudo da matéria.

Vários foram os critérios utilizados pelos legisladores para a sistematização dos crimes na Parte Especial. Por muito tempo vigorou a divisão estabelecida pelo Direito Romano (*crimina publica* e *delicta privata*), com base no processo, na jurisdição ou na pena. Posteriormente, surgiu o sistema de iniciarem-se as descrições típicas com os crimes contra o Estado. Júlio Claro, no entanto, desprezando qualquer critério sistemático, preferiu a ordem alfabética.[8] Por influência canônica, passaram a figurar nos códigos em primeiro lugar os crimes contra Deus e a religião. As classificações modernas, com base na gravidade do crime, tiveram origem no século XVIII.

Hoje, a Parte Especial do Código Penal brasileiro está sistematizada de acordo com a natureza e importância do objeto jurídico tutelado pelos tipos penais (vida, integridade corporal, honra, patrimônio etc.). Inicia-se com as figuras típicas que atentam contra bens ou interesses individuais até chegar aos crimes contra os interesses do Estado como poder administrativo e o Estado Democrático de Direito. A adoção do critério que tem base na objetividade jurídica do delito justifica-se diante do conceito material de crime. Sendo o crime a conduta que lesa ou expõe a perigo um bem jurídico tutelado pela lei penal, é curial que a classificação se fundamente no objeto jurídico.

Lembra ainda Hungria que "a ordem de classificação adotada pelo Código não só corresponde à ordem de *apresentação histórica* dos crimes (os atentados contra a pessoa foram, presumivelmente, as formas primitivas da criminalidade), mas também atende ao critério metodológico de partir do mais simples para atingir o mais complexo".[9]

---

8. FRAGOSO. *Lições*. Ob. cit. v. 1, p. 5.
9. HUNGRIA, Nelson, FRAGOSO, Heleno Cláudio. *Comentários ao código penal*. 5. ed. Rio de Janeiro: Forense, 1979. v. 5, p. 12.

1.2.2 Classificação

A Parte Especial do CP é dividida em 12 Títulos: I – Dos Crimes contra a pessoa; II – Dos crimes contra o patrimônio; III – Dos crimes contra a propriedade imaterial; IV – Dos crimes contra a organização do trabalho; V – Dos crimes contra o sentimento religioso e contra o respeito aos mortos; VI – Dos crimes contra a dignidade sexual; VII – Dos crimes contra a família; VIII – Dos crimes contra a incolumidade pública; IX – Dos crimes contra a paz pública; X – Dos crimes contra a fé pública; XI – Dos crimes contra a administração pública; XII – Dos Crimes conta o Estado Democrático de Direito.

Os Títulos, por seu turno, estão divididos em Capítulos. No Título I, em que se relacionam os *Crimes contra a pessoa*, por exemplo, há seis Capítulos: I – Dos crimes contra a vida; II – Das lesões corporais; III – Da periclitação da vida e da saúde; IV – Da rixa; V – Dos crimes contra a honra; e VI – Dos crimes contra a liberdade individual.

Por fim, certos Capítulos estão divididos em Seções, como o *Dos crimes contra a liberdade individual,* que abrange: I – Dos crimes contra a liberdade pessoal; II – Dos crimes contra a inviolabilidade do domicílio; III – Dos crimes contra a inviolabilidade de correspondência; e IV – Dos crimes contra a inviolabilidade dos segredos.

2

O TIPO PENAL

2.1 ESTRUTURA DO TIPO PENAL

2.1.1 Generalidades

Tipo penal é o conjunto dos elementos descritivos do crime contidos na lei penal (*Manual*, P. G., item 3.1.9). O fato que configura o crime não é somente a ação que contraria uma norma de Direito, mas "aquele que, além disso, ou primordialmente, se ajusta, nas suas condições elementares, a uma das fórmulas em que a lei descreve os crimes em espécie".[10] Enquanto o estudo da tipicidade cabe necessariamente na Parte Geral, é na Parte Especial que se individualiza o tipo, que se descreve precisamente o fato a que o caso concreto deve ajustar-se para constituir crime. Assim, o estudo da Parte Especial concentra-se principalmente no exame da construção dos tipos, ou seja, de seus elementos, e que devem estar presentes no fato concreto para configurar-se como infração penal.

Indiscutível a importância do estudo dos tipos penais. Como bem diz José Cirilo de Vargas, o jurista tem de pensar e de se orientar por meio de tipos penais. Diz o autor: "O ponto de partida deve ser sempre um tipo 'legal' porque somente a lei escrita (emanação do Parlamento) é fonte do tipo. Sobretudo do chamado tipo incriminador, que descreve a conduta considerada proibida." [11]

2.1.2 Elementos do tipo penal

Sendo o tipo a descrição do comportamento ilícito e compreendendo as características ou elementos objetivos (*tipo objetivo*) e subjetivos (*tipo subjetivo*) do fato punível, o exame destes é o fulcro do estudo dos crimes em espécie. Por essa razão, ao discorrer sobre a matéria referente à Parte Especial, dividimos os capítulos em itens correspondentes aos elementos objetivos (conduta, objeto material etc.) e ao elemento subjetivo, além de destacar a objetividade jurídica e os sujeitos do delito, a consumação e a tentativa e, eventualmente, as questões de distinção com outros delitos (concurso aparente de normas), concurso de crimes, ação penal etc.

---

10. BRUNO, Aníbal. *Crimes contra a pessoa*. 3. ed. São Paulo: Rio Gráfica, 1975. p. 23-24.
11. *Introdução ao estudo dos crimes em espécie*. Belo Horizonte: Del Rey, 1993. p. 90.

2.1.3   A conduta

A conduta (ação ou omissão), que é o comportamento humano consciente dirigido a determinada finalidade, é representada por um verbo que constitui o *núcleo* do tipo e indica também, por vezes, o resultado ou evento (efeito natural da ação que configura a conduta típica) a ela ligado pela relação de causalidade. Isso não ocorre nos crimes formais ou de mera conduta em que não se exige ou não há evento naturalístico.

A conduta traduz-se em ação ou em omissão (*Manual*, P. G., item 3.2.7). A conceituação da omissão punível, tida pela teoria naturalística como realidade de forma de comportamento causal, é essencialmente normativa, surgindo o dever de agir apenas quando devido ou imposto por uma norma, de qualquer natureza. O *dever de agir* é essencial à omissão punível, pois esta, como diz Fragoso, "surge de um juízo que constata que a ação esperada, dentro de certo ponto de vista, não se realizou".[12]

Nos crimes omissivos *próprios* (ou puros), o dever de agir encontra-se no próprio comando penal. Nos crimes omissivos *impróprios* (ou *comissivos por omissão*), a omissão é a transgressão de um dever jurídico de impedir o resultado, instituído por norma que se situa paralelamente ao tipo penal (*Manual*, P. G., item 3.2.7).

Por vezes, o tipo penal abriga várias modalidades de conduta, em alguns casos fases do mesmo fato criminoso, caracterizando-se o que se denomina de crime de ação múltipla ou de conteúdo variado. Nesses casos, o agente responderá apenas por um delito, embora pratique duas ou mais condutas típicas. É o caso, por exemplo, daquele que não só instiga, mas também auxilia materialmente o suicida (art. 122). Há tipos, porém, que contêm diversas modalidades de conduta, respondendo o agente pelos vários delitos em concurso; são os chamados tipos *mistos cumulativos*. É o que ocorre, por exemplo, em certos crimes contra a propriedade industrial[13] (art. 183 da Lei nº 9.279, de 14-5-1996).

Fala-se em crimes de *forma livre* quando a conduta prevista no tipo pode ser praticada de maneiras diversas. O homicídio, por exemplo, pode ser praticado por ação ou por omissão, a tiros, por envenenamento etc. Já nos crimes de *forma vinculada*, a lei descreve a conduta de forma particularizada, constituindo esta uma atividade delimitada. No crime de fraude no comércio, por exemplo, engana-se o adquirente ou consumidor no exercício da atividade comercial "vendendo, como verdadeira ou perfeita, mercadoria falsificada ou deteriorada" ou "entregando uma mercadoria por outra" (art. 175).

2.1.4   O tipo subjetivo

O tipo subjetivo compreende o dolo e os elementos subjetivos do injusto ou a culpa em sentido estrito.

---

12.   FRAGOSO, Heleno Cláudio, HUNGRIA, Nelson. *Comentários ao código penal*. 5. ed. Rio de Janeiro: Forense, 1978. v. 1, t. 2, p. 514.
13.   Nesse sentido: FRAGOSO, Heleno Cláudio. *Lições de direito penal*: parte especial. São Paulo: José Bushatsky, 1977. v. 2, p. 207.

Dolo é a consciência e vontade de realização da conduta típica. Compreende o conhecimento do fato e a vontade de realizar a ação, abrangendo não só os resultados visados pelo agente, como também os meios utilizados e as consequências secundárias da conduta (*Manual*, P. G., item 3.7.2).

O dolo pode ser direto ou indireto.

No primeiro, o agente quer determinado resultado. No caso do *dolo indireto*, em que o resultado não é definido, ou preciso, fala-se em dolo alternativo ou dolo eventual. Dolo *alternativo* existe quando o agente tem a representação de dois ou mais resultados possíveis, atuando com a vontade de causar um entre eles. Assim, pode agir querendo *matar* ou *ferir*. No dolo *eventual*, não quer o agente, especificamente, o resultado, mas, conscientemente, aceita-o como possível. Prevê ele que sua conduta poderá causar aquele resultado e, na dúvida quanto a sua superveniência, arrisca-se a produzi-lo. A dúvida do agente gira em torno da futura ocorrência do resultado, mas pode referir-se a outro elemento do tipo. Há, assim, dolo eventual na conduta do agente que sabe que pode matar se agir, mas que se arrisca a causar o resultado morte. Há também dolo eventual, contudo, na conduta daquele que se arrisca por estar em dúvida quanto à idade da vítima no crime de corrupção de menores (art. 218) ou no de estupro de vulnerável (art. 217-A).[14]

Pela lei brasileira, considera-se o crime doloso quando o agente quis o resultado (dolo direto e alternativo) ou assumiu o risco de produzi-lo (dolo eventual).

O dolo abrange também a consciência dos elementos normativos do tipo, que exigem uma apreciação particular, um juízo de valor por parte do julgador. Assim, deve o agente ter consciência de que devassa "indevidamente" a correspondência dirigida a outrem (art. 151); que viola o segredo profissional "sem justa causa" (art. 154) etc.

O tipo penal, porém, contém, muitas vezes, além dos elementos objetivos e normativos, elementos subjetivos, que se referem, normalmente, ao atuar do agente, a sua intenção, *o fim por ele visado com a conduta criminosa*. São estes chamados de elementos subjetivos do tipo ou *elementos subjetivos do injusto*. Como as ações dos tipos de crime doloso não podem ser compreendidas sem que se considere a direção da vontade do agente, deve-se concordar com Fragoso quando afirma que "o tipo subjetivo dos crimes dolosos compõe-se do dolo e, eventualmente, de outros elementos subjetivos de que depende a ilicitude".[15] Esses elementos subjetivos do tipo aparecem nos crimes que exigem um especial fim de agir (que a doutrina tradicional denomina dolo *específico*, para distingui-lo do dolo *genérico*, que é a vontade de praticar a conduta típica), nos crimes em que se exige certa tendência subjetiva da ação (como, por exemplo, o fim de satisfazer a própria lascívia em alguns crimes sexuais) ou ainda como certas caracterís-

---

14. A dúvida com relação à honestidade da mulher nos crimes de posse sexual mediante fraude (art. 215) e rapto (art. 219) era também mencionada como hipótese de dolo eventual, antes da vigência da Lei nº 11.106, de 28-3-2005, que modificou o primeiro e revogou o último dispositivo.

15. *Comentários*. Ob. cit. v. 1, t. 2, p. 542.

ticas particulares do ânimo com que o agente atua, tais como certos motivos (motivo fútil ou torpe) ou certas formas de ação (crueldade ou perversidade).[16]

2.1.5 O erro de tipo

Pode ocorrer que o agente incida em erro sobre um dos elementos do tipo, objetivo ou normativo. Como o dolo é a consciência e a vontade de realização da conduta típica, o erro de tipo, se escusável, o exclui e, se inescusável, pode fazer subsistir a punibilidade a título de culpa. É o que preceitua o art. 20, *caput*, do CP (*Manual*, P. G., item 3.11.2). Também é erro sobre elemento do tipo o engano sobre circunstâncias qualificadoras do crime, respondendo o agente, no caso de ser ele escusável, tão somente pelo tipo básico. O mesmo ocorre com relação às agravantes genéricas, que devem estar sempre cobertas pelo dolo do agente, respondendo este pelo fato sem agravação no caso de erro.[17]

O erro sobre as circunstâncias atenuantes ou sobre os elementos que tornam o crime privilegiado (quando não sejam de natureza subjetiva) é irrelevante.[18]

Quando o erro é inescusável, o agente responde por crime culposo (art. 20, § 1º).

2.1.6 O crime culposo

Tem a doutrina conceituado *crime culposo* como a conduta voluntária (ação ou omissão) que produz um resultado antijurídico, não querido, mas previsível (culpa inconsciente), e excepcionalmente previsto (culpa consciente), que podia, com a devida atenção, ser evitado (*Manual*, P. G., item 3.8.1).

Para a teoria finalista, os crimes dolosos e culposos constituem duas categorias independentes, com estruturas próprias. Na doutrina tradicional, a culpa (em sentido estrito), como forma de culpabilidade, está fundada na previsibilidade do resultado, tendo neste seu elemento fundamental. Para a teoria finalista, o fulcro do crime culposo não é o resultado, e sim o *desvalor da ação*, que é a violação do cuidado objetivo exigível, ou seja, a inobservância do dever de diligência, do cuidado objetivo configurado na imprudência, imperícia ou negligência. Observa Fragoso: "Não é possível que se afirme antijuridicidade de um comportamento apenas porque sobreveio certo resultado. A inexistência de culpa nos casos em que o agente revelou o cuidado exigível no âmbito de relação pressupõe a exclusão da ilicitude."[19] Assim, embora a ação nos crimes culposos também contenha a vontade, dirigida a um fim, este está fora do tipo. Não há, no crime culposo, vontade dirigida ao resultado, sendo a conduta típica culposa indicada de forma genérica. Em suma, há crime culposo quando o agente, por meio de negligência,

---

16. FRAGOSO, HUNGRIA. *Comentários*. Ob. cit. v. 1, t. 2, p. 547.
17. O erro de tipo distingue-se do erro de proibição, referido na lei como erro sobre a ilicitude do fato. Enquanto o primeiro exclui o dolo, o segundo afasta a compreensão da ilicitude do fato. Inexiste, nessas hipóteses, um dos elementos da culpabilidade, ou seja, a possibilidade de conhecimento do injusto (art. 21, *caput*, 2ª parte).
18. FRAGOSO, HUNGRIA. Comentários. Ob. cit. v. 1, t. 2, p. 567-568.
19. FRAGOSO, HUNGRIA. Comentários. Ob. cit. v. 1, t. 2, p. 552.

imprudência ou imperícia, viola o dever de cuidado, atenção ou diligência a que estava obrigado, e causa um resultado típico.

2.1.7 Crimes qualificados pelo resultado

São crimes qualificados pelo resultado aqueles em que a lei, ao tipo básico, fundamental, acrescenta elementos que constituem um evento mais grave que o previsto no tipo simples, cominando ao fato pena mais severa. Normalmente, utilizou-se o legislador de parágrafo em que inscreve as expressões "se resulta lesão corporal de natureza grave", ou "morte" etc. Esse resultado mais grave do que o contido no tipo básico pode ocorrer por dolo direto (se o agente o quer), por dolo indireto (se o agente assume o risco de produzi-lo), por culpa (se o agente não prevê o resultado mais grave ou, prevendo-o, não o aceita como provável), ou unicamente pela existência do nexo causal (quando não há dolo ou culpa do agente).

Não se referia a lei anterior ao elemento subjetivo quanto ao resultado mais grave, mas se entendia que esse evento somente poderia ser atribuído ao agente quando tivesse ele atuado ao menos com culpa, configurando-se, nessa hipótese, o chamado crime preterdoloso, ou preterintencional. Esse tipo consiste, portanto, num fato em que há dolo no antecedente (conduta do tipo básico) e culpa no consequente (resultado mais grave).[20][21]

Dispõe, porém, agora o art. 19 do CP, com a nova redação, que, "pelo resultado que agrava especialmente a pena, só responde o agente que o houver causado ao menos culposamente". Ficou, portanto, totalmente superada a discussão a respeito dos crimes qualificados pelo resultado. O agente somente responderá pelo evento mais grave se o quiser (dolo direto ou eventual) ou se for ele previsível (culpa em sentido estrito).

2.1.8 Sujeito ativo

Sujeito ativo é quem pratica o crime, seja como autor único, coautor ou partícipe (*Manual*, P. G., item 3.3.1). Quando o crime pode ser praticado por qualquer pessoa, é chamado de crime *comum*; quando a conduta exige a prática por pessoa revestida de certas qualidades, denomina-se crime *próprio* ou *especial*. Essa qualidade específica pode advir de uma *posição jurídica* (funcionário, testemunha, cônjuge, proprietário etc.) ou *posição de fato* (homem, gestante etc.). Fala-se, entre eles, do crime de *mão*

---

20. Nesse sentido: FRAGOSO, HUNGRIA. *Comentários*. Ob. cit. v. 1, t. 2, p. 140; NORONHA, E. Magalhães. *Direito penal*. São Paulo: Saraiva, 1978. v. 1, p. 154-155; JESUS, Damásio E. de. *Direito penal*. Ob. cit. São Paulo: Saraiva, 1979. v. 1, p. 296-297; MARQUES, José Frederico. *Tratado do direito penal*. São Paulo: Saraiva, 1961. v. 4, p. 222; e FRAGOSO, Heleno Cláudio. *Lições de direito penal*: parte geral. 4. ed. São Paulo: Saraiva, 1980. p. 180.

21. Notava, porém, A. J. da Costa e Silva que "a intenção do legislador foi, sem dúvida, contentar-se com a simples relação de causalidade material" (Lesões corporais. In: *Justitia*, v. 52, p. 81), no que era acompanhado por Euclides Custódio da Silveira (*Direito penal*: Crimes contra a pessoa. 2. ed. São Paulo: Revista dos Tribunais, 1973. p. 151).

própria, em que é indispensável que a conduta-núcleo do tipo seja praticada pela pessoa qualificada, como nos casos de falsidade ideológica de atestado médico (art. 302) e de falso testemunho ou falsa perícia (art. 342) etc. Os crimes *próprios*, inclusive os de *mão própria*, admitem, porém, a participação, respondendo o *extraneus* pelo crime em decorrência do princípio de que as circunstâncias subjetivas ou pessoais, se elementares, se comunicam aos partícipes (art. 30).

Ressalta Fragoso que a qualidade do agente exigida pela lei deve ser presente no momento da ação e o agente deve ter consciência da mesma, sendo essencial o erro a esse respeito.[22]

Há casos em que o tipo exige a conduta de dois ou mais agentes, chamados tais delitos de *crimes plurissubjetivos* ou de *concurso necessário*. Fala-se na existência de várias formas de crimes plurissubjetivos: "Há crimes de condutas paralelas, de condutas convergentes e de condutas contrapostas. No primeiro, há condutas de auxílio mútuo, tendo os agentes a intenção de produzirem, o mesmo evento, como acontece no crime de associação criminosa. No segundo, as condutas se manifestam na mesma direção e no mesmo plano, mas tendem a encontrar-se com o que se constitui a figura típica, como na bigamia.[23] Na terceira forma, os agentes cometem condutas contra a pessoa que, por sua vez, comporta-se da mesma maneira e é também sujeito ativo do delito. É o caso da rixa." [24]

Nos crimes plurissubjetivos, pouco importa, para a complementação do número mínimo indispensável à caracterização do delito (três na rixa e na associação criminosa, quatro na constituição de organização criminosa etc.), que um ou vários agentes sejam inimputáveis (menores, doentes mentais etc.).

Por vezes, a lei, atendendo à maior gravidade do fato, à menor possibilidade de defesa da vítima e à maior facilidade para a execução do crime, torna o delito qualificado quando praticado por duas ou mais pessoas. Ora exige a presença de todos nos atos de execução (art. 146, § 1º, por exemplo), ora se contenta com a simples participação no delito, sem exigir que o terceiro sequer esteja presente quando da execução da conduta típica (art. 155, § 4º, inciso IV, art. 157, § 2º, inciso II etc.).

2.1.9 Sujeito passivo

Sujeito passivo do crime (vítima, ofendido) é o titular do bem jurídico lesado ou ameaçado pela conduta criminosa (*Manual*, P. G., item 3.4.1). Nada impede que, em um único delito, haja dois ou mais sujeitos passivos, pois é possível que várias pessoas sejam lesadas ou ameaçadas em seus bens jurídicos tutelados na lei penal.

---

22. *Lições:* parte geral. Ob. cit. p. 276.
23. O adultério também constituía exemplo de crime plurissubjetivo de condutas convergentes antes da Lei nº 11.106, de 28-3-2005, que revogou o art. 240 do CP.
24. JESUS, Damásio E. de. *Direito penal.* Ob. cit. v. 1, p. 364.

Distingue-se o sujeito passivo *constante* ou *formal*, que é sempre o Estado, do sujeito passivo *eventual* ou *material*, o titular do interesse penalmente protegido.

Não se confunde a figura do sujeito passivo com a do *prejudicado* pelo crime, pessoa que sofre, indiretamente, algum prejuízo com o ilícito penal.

Por vezes, a lei exige uma capacidade especial, ou seja, uma posição jurídica ou de fato também com relação ao sujeito passivo, sem a qual não existirá o fato típico ou ocorrerá outro delito. É o caso do recém-nascido no crime de infanticídio (art. 123), do filho menor em idade escolar no delito de abandono intelectual (art. 246) etc. Nesses crimes, é indispensável que o agente tenha consciência da qualidade exigida pela lei, que esteja ela coberta pelo dolo, pois, caso contrário, haverá erro de tipo que o exclui. Fala-se em crime *biprópio* quando tanto o sujeito ativo como o sujeito passivo exigem condições especiais (mãe e recém-nascido no infanticídio etc.). Por vezes, o titular do bem jurídico violado não é uma ou mais pessoas determinadas, mas uma coletividade destituída de personalidade jurídica, como a família, o público, a comunidade, a sociedade etc. Quando o sujeito passivo é uma dessas coletividades, é o fato conhecido como *crime vago*. Exemplos destes são os delitos contra o respeito aos mortos (arts. 209 ss).

Fala-se também em crimes de *dupla subjetividade passiva*. São os que têm, em razão do tipo, obrigatoriamente, dois sujeitos passivos. Cite-se o exemplo de Damásio: o delito de violação de correspondência (art. 151), em que são sujeitos passivos, a um tempo, o remetente e o destinatário.[25]

2.2 OUTRAS QUESTÕES SOBRE O TIPO

2.2.1 Consumação e tipo penal

O crime se consuma quando nele se reúnem todos os elementos de sua definição legal (art. 14, inciso I), ou seja, quando está ele inteiramente realizado (*Manual*, P. G., item 3.10.1). Em sua maioria, os crimes exigem um resultado externo, naturalístico, algo que caracterize uma modificação no mundo exterior. São os chamados crimes *materiais* que, para sua consumação, exigem esse resultado (a morte no homicídio, a subtração no furto etc.). Inexistindo o resultado reclamado pelo tipo, haverá, desde que iniciada a execução, tentativa punível.

Há casos, entretanto, em que é dispensável a ocorrência dessa modificação exterior ao agente, embora ela possa ocorrer como consequência da conduta do agente. São os crimes *formais*, em que a consumação se dá com a prática da conduta, contentando-se o legislador com a possibilidade eventual do resultado. Por essa razão são eles chamados também de crimes de *consumação antecipada*.

---

25. *Direito penal.* Ob. cit. v. 1, p. 197.

Distinguem-se dos crimes formais os chamados crimes de *mera conduta*, em que não existe o resultado naturalístico, a modificação no mundo exterior. Consuma-se a infração com a simples atividade (conduta) do agente.

Nos crimes *permanentes*, a consumação se protrai, se prolonga no tempo, dependente da conduta do sujeito ativo. Pode ela ser interrompida por obra de terceiro.

Nos delitos *habituais*, a consumação se dá com a reiteração de atos, com a habitualidade, já que cada um deles, isoladamente, é indiferente à lei penal (exercício ilegal da medicina, rufianismo etc.). Há caso, entretanto, que uma só atividade poderá constituir-se no crime que, normalmente, se consuma com a reiteração.

Nos crimes *omissivos puros*, a consumação ocorre no local e momento em que o sujeito ativo deveria agir, mas não o fez.

2.2.2 Tentativa e tipo penal

Diz-se o crime tentado quando, iniciada a execução, não se consuma por circunstâncias alheias à vontade do agente; é a tentativa, portanto, a realização incompleta da figura penal, do tipo. Esse tipo penal caracteriza-se pela exigência da consumação; não havendo esta, responderá o agente apenas pela tentativa (*Manual*, P. G., item 3.10.2).

Não é possível a tentativa nos crimes *unissubsistentes*, uma vez que são estes constituídos de um só ato. A ação física, no caso, é uma e indivisível, não podendo ser fracionada. São os casos, por exemplo, dos delitos que podem ser praticados verbalmente (injúria, ameaça etc.). Nesses casos, não sendo fracionável a conduta, não se pode dizer que ocorreu início de execução; ou foi ela praticada, e há crime consumado, ou não se iniciou a conduta (ficou na fase de cogitação), não se podendo falar em tentativa.

Os crimes *omissivos puros* também não admitem tentativa. Desde que o agente deixou escoar o prazo que lhe era concedido para agir (variável segundo o tipo penal), ocorreu a consumação; se ainda há tempo, e ele age antes de ultrapassado o termo final do prazo, não há omissão criminosa.

Nos crimes *preterdolosos* não é possível a tentativa quando não se consuma o resultado agregado ao tipo fundamental. Entende-se, também, que o *crime habitual* não admite tentativa, pois ou há reiteração de atos e consumação, ou não há essa habitualidade e os atos são penalmente indiferentes e, embora seja possível falar, em tese, em tentativa de *contravenção*, a lei expressamente exclui a punibilidade nesses casos (art. 4º da LCP). (*Manual*, P.G, item 3.10.5).

3

TEMAS E QUESTÕES GERAIS DA PARTE ESPECIAL

3.1 MEIOS E MODOS DE EXECUÇÃO

3.1.1 Generalidades

Em diversos tipos penais, exclui a lei determinados elementos que constituem meios ou modos de execução, tornados estes circunstâncias qualificadoras ou causas de aumento de pena. *Meios de execução* são os *instrumentos* de que se serve o agente para a prática da conduta criminosa (arma, veneno etc.). *Modos de execução* são as diversas *formas de conduta empregadas* pelo agente que, conforme o caso, podem modificar o tipo penal ou também se constituir em qualificadoras ou causas de aumento de pena (violência, ameaça, fraude etc.).

A inexistência de um desses elementos, relacionados aos meios ou modos de execução e a outros (circunstâncias temporais, como as da noite, do repouso noturno, ou de local, como a de lugar ermo), pode implicar a desclassificação do crime. Não haverá homicídio qualificado se o meio empregado não for reconhecido como veneno; não existirá o infanticídio, mas homicídio, se a conduta não for praticada durante o parto ou logo após; haverá furto e não roubo quando não se caracterizar a violência etc.

A fim de evitar inúteis repetições na exposição da matéria, examinaremos a seguir os elementos mais comuns nos tipos penais referidos na Parte Especial do Código Penal.

3.1.2 A violência

A violência é prevista em muitos casos como elemento constitutivo do crime (arts. 146, 157, 158 etc.) ou como circunstância qualificadora do delito (arts. 150, § 1º, 163, parágrafo único, inciso I etc.). Em sentido estrito, a *violência* (*vis physica*) consiste no "desenvolvimento de força física para vencer resistência, real ou suposta",[26] ou "o emprego de força material cometida contra uma pessoa".[27] Existe violência, em sentido próprio, quando são empregados meios físicos, aplicados sobre a pessoa da vítima,

---

26. FRAGOSO, Heleno Cláudio. *Lições de direito penal*: parte especial. 3. ed. São Paulo: José Bushatsky, 1976. v. 1, p. 23.
27. MARQUES, José Frederico. *Tratado de direito penal*. São Paulo: Saraiva, 1961. v. 4, p. 194.

não só quando resulta morte (homicídio), dano anatômico ou ofensa à saúde (lesões corporais), como também quando não ocorrem tais resultados (vias de fato). Constitui vias de fato "todo ato agressivo material que não cause à integridade corporal da vítima dano capaz de ser definido como lesão corporal".[28] Exemplos delas são a bofetada, o empurrão, a rasteira e os atos de amarrar a vítima, imobilizá-la com algemas etc. Assim, embora na lei, por vezes, haja referência expressa a ambas (art. 140, § 2º), o conceito de violência abrange as vias de fato. Haverá roubo se a vítima, por exemplo, for amarrada pelo agente, se for empurrada por este etc. Tem-se entendido, porém, que, ao se referir à cumulação de penas (concurso material), no caso de violência, a lei refere-se apenas aos crimes (homicídio, lesões etc.), e não à contravenção de via de fato.[29] O melhor entendimento seria o de se incluírem também no concurso, quando da cumulação de penas, as vias de fato (art. 21 da LCP), a não ser quando expressamente a lei as distinga, como faz no art. 140, § 2º.

Lembre-se, também, que a qualificadora ou causa especial de aumento de pena decorrente da prática de violência só existe, em alguns delitos, quando desta resulta lesão corporal grave ou morte (arts. 157, § 3º, 158, § 2º, 159, §§ 2º e 3º etc.).

A violência pode ter por objeto não só a pessoa (*vis corporalis*), mas também a coisa. Embora, na maioria dos casos, a lei se refira à violência à pessoa tão somente por vezes inclui a violência à coisa (violência *real*), como nos casos dos arts. 150, § 1º, e 203.

Nota-se que a violência à pessoa pode também configurar-se por meio da violência à coisa, "quando esta se reflete diretamente sobre a pessoa, operando como coação pessoal (violência *indireta*)".[30] Citam-se os casos de retirar-se ao deficiente físico o meio de locomoção (cadeira de rodas, muletas etc.) e o disparo de tiros no pneu do automóvel para forçar o motorista a parar o veículo.

Pode haver violência na omissão, ocorrendo aquela quando o omitente tem o dever de agir, como no caso do médico que não permite a saída do doente que já obteve alta no hospital ou manicômio etc.

Tem-se tentado incluir no conceito legal de violência o emprego de narcóticos, bebidas alcoólicas, inebriantes ou o uso da hipnose. Chama-a, Damásio, de violência *imprópria*.[31] Entretanto, quando as substâncias são ministradas sub-reptícia ou fraudulentamente, não há que se reconhecer a violência, já que inexiste uma agressão física, mecânica (item 3.1.4).

Também não se insere no conceito legal em estudo a chamada *violência moral* (*vis compulsiva*), constituindo-se esta em *grave ameaça*.

---

28. BRUNO, Aníbal. *Crimes contra a pessoa*. 3. ed. São Paulo: Rio Gráfica, 1975. p. 304.
29. JESUS, Damásio E. de. *Direito penal*: parte especial. 4. ed. São Paulo: Saraiva, 1982. v. 2, p. 413; FRAGOSO. *Lições*. Ob. cit. v. 1, p. 238; NORONHA, E. Magalhães. *Direito penal*. 13. ed. São Paulo: Saraiva, 1977. v. 2, p. 167 e 327; BRUNO, Aníbal. *Crimes contra a pessoa*. Ob. cit. p. 348.
30. Fragoso. *Lições*. Ob. cit. v. 1, p. 25.
31. *Direito penal*. Ob. cit. v. 2, p. 259.

3 • TEMAS E QUESTÕES GERAIS DA PARTE ESPECIAL **17**

Por vezes, atendendo a certas circunstâncias, a lei presume a violência para a constituição de um elemento do tipo penal. Assim, ainda que no fato concreto não esteja presente a agressão física, pode a lei presumir a ocorrência da violência (violência *presumida*).[32]

3.1.3 A ameaça

Ameaça, denominada também violência *moral* (*vis compulsiva* ou *vis animo illata*), é a promessa da prática de um mal a alguém, dependente da vontade do agente, perturbando-lhe a liberdade psíquica e a tranquilidade. A ameaça é crime em si mesma no caso de se referir a promessa de mal injusto e grave (art. 147), mas em geral é prevista como forma de conduta para a obtenção de um resultado que é o objeto do delito. Quando empregada para obrigar alguém a fazer algo, é constrangimento ilegal (art. 146), quando utilizada para obter coisa alheia móvel, é roubo (art. 157) etc. Nesse caso, quando praticada em sentido instrumental, é ela componente do crime complexo ou circunstância qualificadora do delito.

É necessário, para a existência de ameaça, que o mal prenunciado seja *certo* (não vago), *verossímil* (passível de ocorrer), *iminente* (que está para ocorrer e não previsto para futuro longínquo) e *inevitável* (que o ameaçado não possa evitar).

O mal pode referir-se a dano material sobre o corpo ou lesão de caráter moral, econômico, profissional ou familiar.

Não importa que o agente tenha ou não a intenção de executar a ameaça, ou seja, de praticar o mal enunciado, ou tenha condições de fazê-lo. Basta que o prenúncio do mal seja hábil a intimidar. A ameaça com arma simulada ou os disparos com cartuchos de pólvora seca são idôneos à intimidação. Mesmo a ameaça incapaz de executar-se por estar fora das possibilidades humanas será idônea, se o paciente a considera realizável e, assim, é intimidado.[33] Por outro lado, a maior resistência da vítima não elide a ameaça quando esta é idônea.

A ameaça pode ser praticada na presença da vítima ou na ausência desta por qualquer meio que o faça chegar a seu conhecimento (telefone, rádio, bilhete, desenho etc.). Pode-se, assim, ameaçar por palavra, escrito ou gesto, ou outro meio simbólico.

Para a ocorrência do crime de ameaça é necessário que o mal prometido seja *injusto* (art. 147), o que se torna dispensável quando a ameaça é elemento do tipo simples ou qualificado (arts. 146, 157, 158, 163, parágrafo único, inciso I, 213 etc.). Em um caso ou outro, porém, deve a ameaça referir-se a promessa de prática de um mal *grave*, ou seja, relevante e considerável. Consideram-se, para a aferição da gravi-

---

32. O Código Penal, por exemplo, previa no art. 224, revogado pela Lei nº 12.015, de 7-8-2009, a presunção de violência nos crimes contra a liberdade sexual, nas hipóteses de ter a vítima não mais do que 14 anos, ser alienada ou débil mental, e o agente conhecer essa circunstância, ou não poder, por qualquer outra causa, oferecer resistência.

33. BRUNO, Aníbal. *Crimes contra a pessoa*. Ob. cit. p. 344.

dade, as condições particulares da pessoa do paciente (idade, sexo, estado de saúde, posição social etc.).

Pratica-se ameaça de omissão quando o agente prenuncia que não executará ato a que está obrigado, como no caso, por exemplo, da enfermeira que se recusa a ministrar o remédio ao doente.

A ameaça é *indireta* quando não se dirige contra a vítima titular do bem jurídico principal tutelado pelo tipo, mas contra terceiro a que aquela está ligada por relações de parentesco ou amizade.

3.1.4 A fraude

Fraude é o expediente utilizado pelo agente para levar alguém a erro a fim de que este atue com uma falsa representação da realidade. O meio enganoso determina a vítima a praticar uma ação que, sem a fraude, não praticaria. Meio fraudulento é todo aquele capaz de iludir alguém que supõe atuar em uma situação diversa da realidade.

A fraude, que pode apresentar-se em todas as manifestações humanas, é produzida por *artifício* (meio predominante material), *ardil* (meio predominante moral), ou qualquer ato insidioso, clandestino, enganoso. A simples *mentira*, desacompanhada de qualquer *mise en scène*, pode constituir-se no embuste capaz de iludir. Mesmo o silêncio daquele que tem o dever de dizer a verdade ou alertar terceiro para que não seja induzido ou mantido em erro é meio fraudulento.

Discute-se se o uso de narcóticos, entorpecentes ou inebriantes constitui-se em violência ou fraude. Caso a substância seja ministrada pela submissão da vítima em decorrência de uma agressão física, caracterizada estará a *vis physica*. Assinala bem Fragoso, todavia, que "a subministração não violenta de narcóticos e inebriantes apresenta-se como emprego de um meio que é fraudulento ou astucioso, mas não representa agressão física nem coação pessoal externa".[34] Nesse caso, poder-se-á, então, falar em fraude. De qualquer forma, o emprego dessas substâncias constitui meio de reduzir a possibilidade de resistência da vítima, caracterizando-se, assim, como elemento de vários tipos penais (arts. 146, 157 etc.). O mesmo se diga com relação à hipnose, que jamais pode ser violenta. Referindo-se ao crime de roubo, entendeu o mestre Hungria que "aos meios violentos é equiparado todo aquele pelo qual o agente, embora sem emprego de força ou incutimento de medo, consegue privar à vítima o *poder* de *agir, v. g.*: narcotizando-a à *son insu* ou dissimuladamente, hipnotizando-a, induzindo-a a ingerir bebida alcoólica até a embriaguez etc.".[35]

A fraude é elemento constitutivo e característico do estelionato, mas, eventualmente, é exigida em outros tipos penais, expressa ou implicitamente, ora como integrante do tipo básico (arts. 175, 215, 236), ora como qualificadora (arts. 227, § 2º, 228, § 2º etc.).

---

34. *Lições*. Ob. cit. v. 1, p. 25.
35. HUNGRIA, Nelson, FRAGOSO, Heleno Cláudio. *Comentários ao código penal*. 5. ed. Rio de Janeiro: Forense, 1981. v. 8, p. 55.

3.1.5 Arma

Arma é todo instrumento normalmente destinado ao ataque ou defesa (arma *própria*) como qualquer outro idôneo a ser empregado nessas circunstâncias (arma *imprópria*). São próprias as *armas de fogo* (revólveres, pistolas, fuzis etc.), as *armas brancas* (punhais, estiletes etc.) e os *explosivos* (bombas, granadas etc.). São impróprias as facas de cozinha, canivetes, barras de ferro, fios de aço etc. Foram consideradas como "arma", por exemplo, uma "garrafa empunhada pelo agente",[1] uma chave de fenda[2] e um "pedaço de madeira",[3] um canivete,[4] um caco de vidro[5] e um gargalo de garrafa quebrada.[6] Pouco importa, para o Direito Penal, porém, se se trata de arma própria ou imprópria, proibida ou não. Assim, não se distingue para qualificar o roubo uma "faca" de um "estilete".[7] A lei não define o que é arma, mas em vários tipos penais menciona seu emprego como fator de qualificação do crime (arts. 146, § 1º, 157, §§ 2ª, VII, 2º-A, inciso I, e 2º-B etc.), casos em que ela serve de instrumento para a prática da conduta típica. Em outros casos, é suficiente que o agente a tenha consigo ou a porte (art. 288, parágrafo único). O emprego de arma não só denota a maior periculosidade do agente, como também é uma ameaça maior à incolumidade física da vítima.

Entende a maioria dos doutrinadores que o emprego da arma simulada (ou de brinquedo) ou ineficiente (descarregada, com defeito), por ser idôneo a intimidar a vítima, desconhecedora dessa circunstância (simulação, ineficiência etc.), constitui a qualificadora quando mencionada na lei o emprego de arma. Nesse sentido, é também a jurisprudência dominante, inclusive no Supremo Tribunal Federal.[8] Rezava, por isso, a Súmula 174 do STJ: "No crime de roubo, a intimidação feita com arma de brinquedo autoriza o aumento da pena." Há corrente ponderável na doutrina, porém, que nega a possibilidade de ocorrência da circunstância qualificadora quando se trata de arma simulada.[36] Realmente, não só a "arma" simulada não é arma em sentido jurídico, como não corre a vítima maior perigo por seu emprego para a prática da intimidação. Serve ela para ameaçar e, por essa razão, configura-se o roubo, constrangimento ilegal etc., mas não está apta para causar danos à integridade física da vítima. Nesse sentido, já existia corrente minoritária da jurisprudência.[9] De qualquer forma, em sessão de 24 de outubro de 2001, o STJ, ao julgar o REsp 213.054-SP, revogou a Súmula 174, conforme publicação no *DOU* de 6-11-2001. Realmente, não se pode considerar como "arma" a sua imitação ou um simples brinquedo, pois não são idôneos a um ataque que ponha em risco a vida ou a integridade corporal da vítima.

A Lei nº 9.437, de 20-2-1997, revogada pela Lei nº 10.826, de 22-12-2003, definia como crime em seu art. 10, § 1º, II, a conduta de "utilizar arma de brinquedo, simulacro de arma capaz de atemorizar outrem, para o fim de cometer crimes", com pena de um a dois anos de detenção e multa. Aplicada tal lei, a prática pelo agente de crime de roubo utilizando arma simulada, por exemplo, configurava um concurso formal de crimes (art. 157, *caput*, do CP, e art. 10, § 1º, II, da Lei nº 9.437/97, c.c. o art. 70, 1ª parte, do 1º

---

36. FRAGOSO. *Lições*. Ob. cit. v. 1, p. 328; JESUS. *Direito penal*. Ob. cit. v. 2, p. 355-356.

estatuto), afastando-se a qualificadora do emprego de arma (antes prevista no revogado inciso I do § 2º do art. 157 do CP). Dessa forma, tratando-se de roubo com arma verdadeira, o crime era qualificado (art. 157, § 2º, I, do CP); se utilizado simulacro de arma, o agente devia responder por roubo simples, em concurso formal com o novo ilícito, uma vez que, com a mesma conduta, praticou os dois ilícitos. Tratava-se de concurso formal porque com uma só conduta o agente estaria praticando dois crimes, o roubo e o delito especial. Na Jurisprudência, porém, persistia a orientação de que, no caso, havia apenas um crime de roubo qualificado,[10] desprezada a aplicação do art. 10, § 1º, II, da Lei nº 9.437, ao se considerar que este ilícito é meio para a prática do crime de roubo (item 11.1.8). O tipo penal previsto na lei especial não podia ser aplicado em qualquer delito em que ocorresse a ameaça com emprego de arma, pois tal entendimento levaria à conclusão inaceitável de que seria mais grave o crime praticado com esse instrumento simulado do que aquele em que utilizasse uma arma verdadeira. Assim, só tinha incidência quando o crime praticado pelo agente com a arma de brinquedo fosse legalmente qualificado pelo emprego de arma. A Lei nº 10.826, de 22-12-2003, porém, eliminou a controvérsia ao revogar no art. 36 a Lei nº 9.437, não incluindo entre os crimes que define (arts. 12 a 18) a conduta prevista no art. 10, § 1º, II, do antigo estatuto.

Já quanto à arma descarregada ou defeituosa, tem-se aceitado aplicação da qualificadora, acentuando-se que, no caso, a inidoneidade para vulnerar é apenas acidental,[11] mas também se tem decidido em sentido inverso.[12]

3.2 OUTROS TEMAS GERAIS

3.2.1 Condições objetivas de punibilidade

Não registra a lei penal brasileira disposição genérica expressa a respeito das chamadas condições objetivas de punibilidade. Há casos, porém, em que a punibilidade, por razões de política criminal, está na dependência do aperfeiçoamento de elementos ou circunstâncias não encontradas na descrição típica do crime e exteriores à conduta. São chamadas de condições *objetivas* porque independem, para serem consideradas como condições para a punibilidade, de estarem cobertas pelo dolo do agente. Discute-se se essas condições são necessárias para a integração jurídica do crime, fazendo parte integrante do tipo penal, ou se são elas elementos exteriores do fato típico.

Como o conceito de punibilidade, como elemento integrante do delito, está intimamente ligado ao de evento, a solução pode ser encontrada na colocação que se dê ao resultado do crime na sistemática penal. Assim pensa Marcelo Fortes Barbosa: "Aqueles que consideram o resultado como naturalístico (entre nós, José Frederico Marques, E. de Magalhães Noronha, Manoel Pedro Pimentel, João Bernardino Gonzaga, entre outros), forçosamente terão de entender e colocar as condições de punibilidade, bem como a própria punibilidade, como elementos exteriores ao delito. Aqueles que entendem o resultado como jurídico, identificando-o com o evento (Nélson Hungria, Aníbal Bruno, Basileu Garcia), evidentemente acabarão por concluir que as condições objetivas da punibilidade, por ser a punibilidade a nota característica do delito, são elementos intrínsecos ao fato punível."[37] Entendemos que, constituindo-se a condição objetiva de punibilidade de acontecimento futuro e incerto, não coberto pelo dolo do agente, é ela exterior ao tipo e, em consequência, ao crime. Exemplo de condição objetiva de punibilidade é a *sentença que decreta a falência ou que concede a recuperação judicial ou extrajudicial* em relação aos crimes descritos na Lei de Falências (art. 180 da Lei nº 11.101, de 9-2-2005).[38]

Não se confundem as condições objetivas de punibilidade com as condições de procedibilidade, referentes às questões ligadas à ação penal (entrar o agente no território nacional e ser o fato punível também no país em que foi praticado – art. 7º, § 2º, *a* e *b* –, nos processos referentes aos crimes cometidos no estrangeiro; o trânsito em julgado da sentença que anula o casamento, no crime definido no art. 236 etc.). Na ausência de condição de procedibilidade, não se permite o julgamento do mérito, sendo nulo o processo. Na inexistência de condição objetiva de punibilidade, resolve-se o mérito do processo pela absolvição do agente, se o processo for instaurado.

3.2.2 O perdão judicial

Perdão judicial é um instituto por meio do qual o juiz, embora reconhecendo a coexistência dos elementos objetivos e subjetivos que constituem o delito, deixa de aplicar a pena desde que presentes determinadas circunstâncias previstas na lei e que tornam desnecessária a imposição da sanção. Trata-se de uma faculdade do magistrado, que pode concedê-lo ou não, segundo seu critério, e não de direito do réu.[39] Pode ser concedido, por exemplo, nos crimes de homicídio culposo (art. 121, § 5º), lesões corporais culposas (art. 129, § 8º), receptação culposa (art. 180, § 3º) etc.

Divergem os autores quanto à natureza jurídica do perdão judicial, e essa discussão reflete-se consequentemente na definição da natureza jurídica da sentença em que é ele concedido. Essa conceituação é necessária a fim de se determinarem quais os efeitos da decisão concessiva do perdão. Para uns o perdão é mera causa de não aplicação da pena privativa de liberdade. Outros a consideram como causa de extinção do crime, escusa absolutória ou causa de extinção da punibilidade. Dessas posições decorrem as várias orientações a respeito da natureza da sentença em que é concedido o perdão judicial.

Para a *primeira corrente*, predominante na doutrina e na jurisprudência, e por nós aceita, a sentença que concede o perdão judicial é *condenatória*, subsistindo todos os

---

37. Condições objetivas de punibilidade. In: *Justitia* 85/139.
38. A respeito do assunto, vide: Mirabete, Julio Fabbrini. *Processo Penal*. 18. ed. São Paulo: Atlas, 2006, item 16.1.2.
39. Nesse sentido pronunciam-se JESUS, Damásio E. de. *Direito penal*. Ob. cit. v. 2, p. 91. COSTA, Álvaro Mayrink. *Direito Penal*, v. I, t. III – Parte Geral. 6. ed. Rio de Janeiro: Forense, 1998, p. 2113. *RT* 538/374; *JTACRIM* 68/452, 56/231; *RJDTACRIM* 5/156. Em sentido contrário: BITENCOURT, Cezar Roberto. *Manual de Direito Penal*. 6. ed. São Paulo: Saraiva, 2000, p. 669. JESUS, Damásio E. de. *Código Penal Anotado*. 15. ed. São Paulo: Saraiva, 2004, p. 393.

seus efeitos secundários (lançamento do nome do réu no rol dos culpados e pagamento das custas).[13] [40]

A *segunda* corrente é aquela em que se afirma ser a sentença *condenatória*, embora libere o sentenciado de todos os efeitos.[14] Para uma *terceira* corrente, a sentença que concede o perdão é *absolutória*.[15] [41] Em uma *quarta* posição, a sentença não é condenatória nem absolutória, mas de *exclusão facultativa de punibilidade*.[16] [42] Por fim, numa *quinta* corrente, entende-se que se trata de sentença *declaratória* de extinção da punibilidade.[17] [43]

Na lei nova, o perdão judicial foi incluído entre as causas extintivas da punibilidade (art. 107, IX). Entretanto, dispondo expressamente o art. 120 que a sentença que conceder perdão judicial não será considerada para efeitos da reincidência, admite, *a contrario sensu*, que os demais efeitos da sentença permanecem (*Manual*, P. G., item 12.2.12). Mesmo na vigência da Lei nº 7.209/84, o STF continuou decidindo pela não exclusão dos efeitos secundários da sentença condenatória.[18] Entretanto, o STJ, consolidando jurisprudência própria, editou a Súmula 18, com a seguinte redação: "A sentença concessiva de perdão judicial é declaratória da extinção da punibilidade, não subsistindo qualquer efeito condenatório."

3.2.3 Crime continuado

Caracteriza-se o crime continuado, nos termos do art. 71, quando o agente, mediante duas ou mais condutas, pratica delitos da mesma espécie, nas mesmas condições de tempo, lugar, maneira de execução e outras semelhantes, que indicam ser cada um deles continuação do anterior (*Manual*, P. G., item 7.6.4).

No Supremo Tribunal Federal, decidia-se pela não continuidade delitiva quando os crimes, contra vítimas diversas, atingiam exclusivamente bens personalíssimos (vida, integridade corporal, honra, liberdade individual, liberdade sexual etc.), orientação que levou à Súmula 605, em que se nega continuação nos crimes contra a vida. Já se admitia, contudo, a continuação quando se tratava de unidade de sujeito passivo[19] ou quando não se atingia, exclusivamente, objetividades jurídicas pessoais, como na hipótese de roubos.[20]

---

40. Nesse sentido: JESUS, Damásio E. de. *Questões criminais*. São Paulo: Saraiva, 1981. p. 230-234; NORONHA. *Direito penal*. Ob. cit. v. 2, p. 526; HUNGRIA, FRAGOSO. *Comentários*, v. 7, p. 279; GODOY, Luiz Antonio de. Individualização da pena e perdão judicial. *Justitia* 102/121-146; COGAN, Arthur. O perdão judicial. *Justitia* 84/231-234.

41. É a posição isolada, na doutrina, de GARCIA, Basileu. *Instituições de direito penal*. 5. ed. São Paulo: Max Limonad, 1980. v. 1, t. 2, p. 742-744.

42. SILVEIRA, E. Custódio da. *Direito penal*: crimes contra a pessoa. 2. ed. São Paulo: Revista dos Tribunais, 1973. p. 253-254.

43. Assim pensam: PACHECO, Wagner Brússolo. O perdão judicial no direito brasileiro. *RT* 533/283-297, 39/20-47; e *Jurispenal* 39/20-24; e DELMANTO, Celso Perdão judicial e seus efeitos. *RT* 524/311-314; e *Justitia* 102/203-207. Sobre o assunto, exaustivo estudo de TUCCI, Rogério Lauria. Isenção de pena no direito penal brasileiro e seu equívoco tratamento como "perdão judicial". *RT* 559/285-297.

De outro lado, os tribunais estaduais não excluíam a possibilidade de continuidade delitiva ainda que os crimes atingissem, exclusivamente, bens personalíssimos de vítimas diversas.[21] Essas decisões fundamentavam-se ora no fato de não existir referência expressa à exclusão dos delitos que atingem bens jurídicos pessoais, ora na dispensabilidade da existência de unidade de desígnio para a caracterização do crime continuado tal qual se apresenta na lei penal brasileira. Tal posição ganhou reforço na Lei nº 7.209, uma vez que se faz referência expressa, na hipótese de crime continuado, aos delitos "contra vítimas diferentes, cometidos com violência ou grave ameaça à pessoa" (art. 71, parágrafo único), e já recebeu o beneplácito do Pretório Excelso, que admitiu a continuidade entre tentativas de homicídio de vítimas diversas[22] e do Superior Tribunal de Justiça, duplo homicídio.[23]

Quanto à unidade de desígnio, porém, a jurisprudência de nossos tribunais não é pacífica. O Superior Tribunal de Justiça, por exemplo, tem decidido: "Para que os crimes consequentes possam ser havidos como continuação do primeiro, não basta a homogeneidade das condutas típicas, no que diz com as condições de tempo, lugar e maneira de execução. Impende considerar o elemento subjetivo do agente. Se os delitos resultaram de deliberações autônomas não se pode afirmar existente o nexo de continuidade".[24] Nesse sentido há decisões do STF e STJ.[25]

PARTE II
DOS CRIMES CONTRA A PESSOA

4

DOS CRIMES CONTRA A VIDA

4.1 HOMICÍDIO

4.1.1 Generalidades

No Título I da Parte Especial são definidos os crimes que atingem a pessoa humana em seu aspecto físico ou moral. Como ao Estado incumbe a proteção do indivíduo, este é o ponto de partida de toda a tutela penal. A pessoa humana, "como centro do universo jurídico, constitui objeto de preponderante relevo na tutela que o Estado exerce através do Direito Penal".[1] O homem é sujeito de direitos e entre estes estão os chamados direitos de personalidade, em seus múltiplos aspectos, físico e moral, individual e social. São direitos essenciais "porque se não existissem, a pessoa não poderia ser concebida como tal".[2]

Na lei penal, a tutela sobre os direitos de personalidade estão nas normas incriminadoras contidas no Título I, que se refere aos "crimes contra a pessoa", dividido em seis capítulos: I – Dos crimes contra a vida; II – Das lesões corporais; III – Da periclitação da vida e da saúde; IV – Da rixa; V – Dos crimes contra a honra; VI – Dos crimes contra a liberdade individual.

No primeiro capítulo, referente aos crimes contra a vida, são definidos os delitos de homicídio (art. 121), induzimento, instigação ou auxílio a suicídio ou a automutilação (art. 122), infanticídio (art. 123) e aborto (arts. 124 a 128). O homicídio pode ser doloso (simples, privilegiado e qualificado) e culposo (simples e qualificado).

4.1.2 Conceito

O homicídio, punido desde a época dos direitos mais antigos, era definido por Carrara como a destruição do homem injustamente cometida por outro homem,[3] por Carmignani como a ocisão violenta de um homem injustamente praticada por outro homem[4] e por Antolisei como a morte de um homem ocasionada por outro homem

---

1. MARQUES, José Frederico. *Tratado de direito penal*: parte especial. São Paulo: Saraiva, 1961. v. 4, p. 53.
2. MARQUES. *Tratado*. Ob. cit. v. 4, p. 55.
3. *Programa curso de derecho criminal*: parte especial. Buenos Aires: Palma, 1945. v. 1, § 1.087, p. 42.
4. HUNGRIA, Nelson, FRAGOSO, Heleno Cláudio. *Comentários ao código penal*. 5. ed. Rio de Janeiro: Forense, 1979. v. 5, p. 27.

com um comportamento doloso ou culposo e sem o concurso de causa de justificação.[5] Levando-se em conta, todavia, que a antijuridicidade e a culpa são ínsitas a todo crime e que nem sempre a morte da vítima é obtida por meio de violência (há envenenamento, meios morais etc.), essas definições contêm o supérfluo e não são precisas. A antijuridicidade e a culpabilidade não devem vir mencionadas, aliás, na definição, porque se pressupõe, sempre, ter havido um fato ilícito culpável. Pode-se, por isso, aceitar a lição de Euclides Custódio da Silveira: "Como a eliminação da vida humana endouterina caracteriza o crime de aborto (art. 122 ss do Código Penal), poder-se-ia definir o homicídio mais precisamente como a eliminação da vida humana extrauterina praticada por outrem." [6] Tal conceito evita a confusão com o delito de aborto e com o suicídio.

No Código Penal, o homicídio simples, tipo básico, fundamental, é previsto no art. 121, *caput*, com a seguinte redação: "Matar alguém: Pena – reclusão, de seis a vinte anos." Por força da Lei nº 8.930, de 6-9-1994, que deu nova redação ao art. 1º da Lei nº 8.072, de 25-7-1990, o homicídio simples consumado ou tentado, quando praticado em atividade típica de grupo de extermínio, ainda que cometido por um só agente, é considerado como "crime hediondo", sujeitando seu autor, portanto, aos ditames dessa última lei. Já se tem afirmado que se trata, na hipótese, de um homicídio *condicionado*, eis que é necessário o reconhecimento da existência daquela circunstância para que se tenha por hediondo o ilícito.

4.1.3 Objetividade jurídica

Tutela-se com o dispositivo o mais importante bem jurídico, a vida humana, cuja proteção é um imperativo jurídico de ordem constitucional (art. 5º, *caput*, da CF). Tem a vida a primazia entre os bens jurídicos, sendo indispensável à existência de todo direito individual porque "sem ela não há personalidade e sem esta não há cogitar de direito individual".[7] Consta do art. 4º da Convenção Americana sobre Direitos Humanos (Pacto de São José da Costa Rica), da qual o Brasil é signatário: "Toda pessoa tem o direito de que se respeite sua vida. Esse direito deve ser protegido pela lei e, em geral, desde o momento da concepção. Ninguém pode ser privado da vida arbitrariamente." Protege-se a vida humana extrauterina, considerada esta como a que passa a existir a partir do início do parto. Na eliminação da vida intrauterina, há aborto.

4.1.4 Sujeito ativo

O homicídio, como crime comum que é, pode ser praticado por qualquer pessoa. O ser humano, só ou associado a outros, empregando ou não armas, é o sujeito ativo do crime. São excluídos os que atentam contra a própria vida, uma vez que nem a tentativa

---

5. ANTOLISEI, Francesco. *Manuale di diritto penal*: parte especial. 1954. v. 1, p. 12.
6. *Direito penal*: crimes contra a pessoa. 2. ed. São Paulo: Revista dos Tribunais, 1973. p. 24, nota 46.
7. SILVEIRA, Euclides Custódio da. Ob. cit. p. 17.

de suicídio é fato punível. A mãe que mata o filho, durante o parto ou logo após, sob a influência do estado puerperal, pratica infanticídio (art. 123) e não homicídio.

4.1.5 Sujeito passivo

Figura como sujeito passivo do crime *alguém*, ou seja, qualquer ser humano, sem distinção de idade, sexo, raça, condição social etc. O início da existência da pessoa humana, a partir do qual pode ser vítima de homicídio, é estabelecido a partir da definição do infanticídio, que nada mais seria do que um homicídio privilegiado especial. Referindo-se a lei, no art. 123, ao fato praticado "durante o parto", em que a eliminação do nascente já constitui infanticídio, a conclusão é a de que pode ocorrer homicídio a partir do início do parto.[1] Variável, porém, é o que se entende por início do parto: fala-se em rompimento do saco amniótico,[8] em dores da dilatação, às quais normalmente se segue o rompimento do saco amniótico,[9] dilatação do colo do útero[10] e desprendimento do feto no álveo materno.[11] A destruição do feto antes do início do parto não configura homicídio ou infanticídio, e sim aborto.

Para que ocorra homicídio não é necessário que se trate de vida viável. Existirá homicídio ainda que se comprove não ter havido possibilidade de sobrevivência do neonato, bastando a prova de que nasceu ele vivo. A prova do nascimento com vida é fornecida com a comprovação da respiração pela docimasia (hidrostática de Galeno, hidrostática de Icard, óptica de Icard, química radiográfica de Bordas, gastrointestinal de Breslau, auricular de Vreden, Wendt e Gelé etc.).[12] Observe-se que o neonato apneico ou asfíxico não deixa de estar vivo pelo fato de não respirar. "Mesmo sem a respiração – afirma Hungria – a vida pode manifestar-se por outros sinais, como sejam o *movimento circulatório*, as *pulsações do coração* etc." [13]

Por outro lado, se a ação tendente a matar alguém atinge um cadáver, não há que se falar em homicídio consumado ou tentado, mas em crime impossível (*Manual*, P. G., item 3.10.9).

Há homicídio também na morte de ser monstruoso, uma vez que é pessoa humana todo ser nascido de mulher; de moribundos ou de condenados à pena de morte quando lhes são suprimidos minutos de vida; e daqueles que consentem na morte, já que a vida é um bem indisponível.

Afirma-se que, no caso de siameses ou xifópagos, há duplo homicídio doloso, em concurso material, ainda que o agente tenha pretendido matar apenas um deles

---

8. HUNGRIA, FRAGOSO. *Comentários*. Ob. cit. v. 5, p. 38.
9. HUNGRIA, FRAGOSO. *Comentários*. Ob. cit. v. 5, p. 520-521. Nesse sentido, TACRSP: *RT* 729/571.
10. NORONHA, E. Magalhães. *Direito penal*. 13. ed. São Paulo: Saraiva, 1977. v. 2, p. 24 e 54.
11. SILVEIRA, Euclides Custódio da. Ob. cit. p. 19.
12. FÁVERO, Flamínio. *Medicina legal*. São Paulo: Martins, 1962. v. 2, p. 312-331.
13. *Comentários*. Ob. cit. v. 5, p. 38.

diante da existência de dolo eventual em relação ao outro.[14] A rigor, porém, trata-se de concurso formal próprio, já que não se pode falar, no caso, de desígnios autônomos (art. 70, primeira parte).

4.1.6 Tipo objetivo

A conduta típica é *matar* alguém, ou seja, eliminar a vida de uma pessoa humana. Tratando-se de crime de ação livre, pode o homicídio ser praticado através de qualquer meio, direto ou indireto, idôneo a extinguir a vida. São meios *diretos* os utilizados pelo agente ao atingir a vítima de imediato (disparo de arma de fogo, golpe de arma branca, propinação de veneno etc.). São *indiretos* os que operam mediatamente através de outra causa provocada pelo ato inicial do agente: açular um cão ou um louco contra a pessoa que se quer matar; coagir alguém ao suicídio; deixar a vítima em situação de não poder sobreviver (no deserto, na floresta, ao alcance de uma fera etc.).

Os meios podem ser *físicos* (disparos de revólver, golpes de punhal etc.), *químicos* (uso de veneno ou de açúcar contra diabéticos etc.), *patogênicos* ou *patológicos* (transmissão de moléstia por meio de vírus ou bactérias etc.) ou ainda *psíquicos* ou *morais*, consistentes na provocação de emoção violenta a um cardíaco, na comunicação determinante de intensa dor moral ou pavor, ou na simples palavra daquele que, nos exemplos de Noronha, conduz o cego ao abismo ou faz o apoplético explodir em estrondosa gargalhada após lauta refeição.[15]

O homicídio pode ser praticado por *ação* (comissão) (disparos, golpes com barra de ferro etc.) ou *omissão* (mãe que não alimenta o filho de tenra idade, médico que não ministra o antídoto ao envenenado etc.). Nesses casos, é indispensável que exista o dever jurídico do agente de impedir o resultado morte. Já se decidiu pela existência de participação criminosa daquele que, estando ao lado do filho menor, que portava revólver, nada fez para impedir que ele disparasse a arma, alvejando mortalmente a vítima com quem havia brigado.[2] Havendo contribuição material pelo comportamento omissivo, que define a adesão, subjetiva e psicológica, à intenção do agente, há concorrência para o crime, sendo dispensável o ajuste prévio de vontades.[3]

Evidentemente, é indispensável, como em qualquer delito, a existência do nexo causal entre a conduta e o resultado, obedecida a teoria da equivalência dos antecedentes adotada no art. 13. Decidiu-se pela existência do nexo causal na morte da vítima atingida pelo agente que faleceu do choque anestésico e consequente síncope cardíaca. [4] No caso, a causa superveniente, relativamente independente da conduta do agente, estava no desdobramento normal do fato (*Manual*, P. G., item 3.2.11).

---

14. Nesse sentido: MANZINI, Vincenzo. *Trattato di diritto penale italiano*. Turim: Torinese, 1931. v. 8, p. 9; HUNGRIA, FRAGOSO. *Comentários*. Ob. cit. v. 5, p. 37, nota 14; FARIA, Bento de. *Código penal brasileiro comentado*. Rio de Janeiro: Record, 1959. v. 4, p. 9; SILVEIRA, Euclides Custódio da. *Crimes contra a pessoa*. Ob. cit. p. 27.
15. *Direito penal*. Ob. cit. v. 2, p. 24-25.

4.1.7 Tipo subjetivo

O dolo do homicídio é a vontade consciente de eliminar uma vida humana, ou seja, de matar (*animus necandi* ou *occidendi*), não se exigindo nenhum fim especial. A finalidade ou motivo determinante do crime pode, eventualmente, constituir uma qualificadora (motivo fútil ou torpe etc.) ou uma causa de diminuição de pena (relevante valor moral ou social etc.).

Admite-se perfeitamente homicídio com dolo eventual, reconhecido pela jurisprudência nos seguintes casos: *roleta-russa*;[5] motorista que imprimiu maior velocidade ao veículo que dirigia, para impedir que vítima dele descesse, vindo esta a cair e morrer;[6] motorista que efetua manobras violentas, fazendo com que caísse o ciclista que atropelara e que fora projetado sobre o capô do automóvel.[7] Há também homicídio com dolo eventual na conduta dos motoristas que se envolvem em corridas de automóveis em vias públicas ("rachas"), causando a morte de alguém que os acompanham ou assistem a essas irresponsáveis competições, pois é evidente que assumiram conscientemente o risco do resultado.[8] O mesmo ocorre quando o agente em estado de embriaguez dirige veículo em ziguezague, procurando brincar com pedestres, para assustar ou brincar, atropelando e matando um deles.[9] Há dolo eventual de homicídio na conduta do agente que pratica o coito ou doa sangue quando sabe ou suspeita ser portador do vírus da AIDS (Síndrome de Deficiência Imunológica Adquirida), causando, assim, a morte do parceiro sexual ou do receptor. Enquanto não ocorre a morte, ao agente pode ser imputada a prática do crime de lesão corporal grave (art. 129, § 2º, II), já que é inadmissível a tentativa de homicídio com tal espécie de dolo. Entretanto, nada impede que o agente deseje a morte da vítima em decorrência da contaminação, revelando-se então a tentativa de homicídio.

4.1.8 Consumação e tentativa

O homicídio é um crime material e se consuma com a morte da vítima. Não há um único sinal que se possa considerar como definitivo da ocorrência da morte. Fala-se em *morte clínica* (paralisação da função cardíaca e respiratória), em *morte cerebral* (registrada pela linha reta no eletroencefalograma por ausência de impulsos elétricos cerebrais) e em *morte biológica* (deterioração celular). Para a realização dos transplantes, em que se exige prova *incontestável* da morte (Lei nº 9.434, de 4-2-1997), o assunto é de grande interesse diante dos casos de *morte aparente* (*síncope*, várias formas de *asfixia, anestesia, comoção cerebral*). Ocorrendo apenas a morte cerebral, com perda da consciência, é possível a vida vegetativa (*coma prolongado*), e se o paciente, com lesão total do sistema nervoso central, por inatividade do centro respiratório, está submetido a aparelhos ventiladores (*coma ultrapassado*), a suspensão do aparelho ventilador poderá determinar a morte. Deve-se, por isso, aceitar o ensinamento de A. Almeida Jr. e J. B. O. Costa Jr.: "A nosso ver, dar-se-á (a morte) não apenas quando houver silêncio cerebral, revelado pelo eletroencefalógrafo mas, também, quando ocorrer concomitantemente a parada circulatória e respiratória em caráter definitivo. Isso, entretanto, não significa permitir que num corpo humano, descerebrado funcionalmente, continue a circular o sangue e o ar unicamente por processo artificial, depois de inúteis e prolongadas tentativas, sem que haja reanimação espontânea. Essa situação admite, sem violência aos preceitos éticos, o aproveitamento de órgãos para transplante, quando se vislumbra uma esperança de sucesso, mas não tolera a especulação científica *in anima nobili*. Assim sendo, diagnosticar-se-á a morte após a cessação do funcionamento cerebral, circulatório e respiratório." [16] Considerando-se ainda que a morte é a "desintegração irreversível da personalidade", surgiu o conceito de *morte cerebral* e, ante um corpo aparentemente vivo, mas definitivamente impossibilitado de estabelecer contato inteligente com o meio exterior, firmar-se-á um *prognóstico* de absoluta impossibilidade de retorno à vida. "Nessas condições – diz José Adriano Marrey Neto – especialmente conscientes Médicos e Peritos, da extrema gravidade e da enorme responsabilidade assumida, máxime em se tratando de morte cerebral – poder-se-á constatar o estado de morte real de determinado indivíduo, pela conclusão segura da impossibilidade absoluta de seu retorno à vida autônoma." [17] Dispondo sobre a retirada e transplante de tecidos, órgãos e partes do corpo humano, a Lei nº 9.434, de 4-2-1997, refere-se à "morte encefálica", que deve ser constatada e registrada por dois médicos não participantes das equipes de remoção e transplante, mediante a utilização de critérios clínicos e tecnológicos definidos por resolução do Conselho Federal de Medicina (art. 3º).[18] Na Resolução nº 2.173, de 23-11-2017, do Conselho Federal de Medicina, os procedimentos para determinação da morte encefálica estão descritos no art. 1º.[19]

A prova do homicídio é fornecida pelo laudo de exame de corpo de delito (necroscópico). Quando não é possível o exame direto (o corpo da vítima não é encontrado ou desaparece), permite-se a constituição do corpo de delito *indireto* por testemunhas, por exemplo, não o suprindo a simples confissão do agente (arts. 158 e 167 do CPP).

Admite o homicídio a tentativa quando, iniciada a execução com o ataque ao bem jurídico vida, não se verifica a ocorrência morte por circunstâncias alheias à vontade do agente. Como não se pode penetrar no foro íntimo do agente, a demonstração de que houve vontade de matar e não a de apenas ferir deve ser deduzida indiretamente de conjecturas ou circunstâncias exteriores (a arma utilizada, a sede das lesões etc.).

É comum o agente efetuar apenas um disparo quando ainda dispõe de munição na arma. Nesses casos, tem-se decidido pela desistência voluntária, respondendo o agente apenas por eventuais lesões corporais e não por tentativa de homicídio.[(10)]

---

16. ALMEIDA JR., A., COSTA JR., J. B. *Lições de medicina legal.* 14. ed. São Paulo: Nacional, 1977. p. 233-234.
17. *A morte e seu diagnóstico (aspectos legais).* RJDTACRIM 2/9-14.
18. Sobre o assunto, MARREY NETO, José Adriano. *Transplante de órgãos – nova disciplina – Lei Federal nº 8.489, de 18-11-92.* RJDTACRIM 16/15-41. PEREIRA, Victor, MARREY NETO, José Adriano. *O momento da morte.* RJDTACRIM 14/15.
19. Pela Resolução nº 1.826, de 24-10-2007, do Conselho Federal de Medicina, considera-se conforme a ética médica a suspensão dos procedimentos de suportes terapêuticos quando determinada a morte encefálica de paciente não doador de órgãos.

A distinção entre a tentativa de homicídio e o delito de lesões corporais é dada apenas pelo elemento subjetivo, ou seja, pela existência ou não do *animus necandi*, embora este possa ser deduzido por circunstâncias objetivas (violência dos golpes, profundidade das lesões etc.). Mas, como assinala Hungria, "revelar a intenção de matar não é o mesmo que estar tentando matar. Só se pode falar em crime tentado quando há um efetivo *ataque* ao bem jurídico sob tutela penal. Só então se evidencia a violação da lei penal. Não basta a intenção inequívoca: é preciso que se apresente uma situação de *hostilidade* imediata ou direta ao bem jurídico".[20]

Ocorre tentativa *branca* ou *incruenta* (*Manual*, P. G., item 3.10.3) quando o agente dispara contra a vítima, mas não a atinge. Tratando-se de *conatus*, a gravidade ou não das lesões são irrelevantes para a caracterização do fato, não sendo pertinentes as disposições referentes ao crime de lesão corporal (art. 129 e seus parágrafos).

4.1.9 Homicídio privilegiado

No § 1º do art. 121, é definido o crime de homicídio privilegiado, não delito autônomo, mas um caso de diminuição de pena, em virtude de circunstâncias especiais que se ajuntam ao fato típico fundamental: "Se o agente comete o crime impelido por motivo de relevante valor social ou moral, ou sob o domínio de violenta emoção, logo em seguida a injusta provocação da vítima, o juiz pode reduzir a pena de um sexto a um terço." Afirma-se na Exposição de Motivos que a redução da pena é uma faculdade atribuída ao julgador e assim pensa a maioria dos doutrinadores.[21] Na jurisprudência, porém, tem prevalecido a decisão que considera a redução obrigatória,[(11)] mas há decisões em sentido contrário.[(12)] Diante da redação dada à lei, em que se inscreve que o juiz *pode* reduzir a pena, melhor se nos afigura a orientação de que a redução é facultativa.

As duas primeiras figuras típicas contempladas no art. 121, § 1º, como formas privilegiadas do homicídio, estão presas aos motivos determinantes do crime. Inicialmente, tem-se a causa especial de diminuição de pena quando o crime é praticado por relevante valor *social*. Os motivos que dizem respeito aos interesses ou fins da vida coletiva revelam menor desajuste e diminuta periculosidade. Para Ferri sugerem eles a existência de uma paixão social merecedora de benevolência da lei. Estariam incluídos como privilegiados no exemplo sugerido pela Exposição de Motivos, da morte causada por patriotismo ao traidor da pátria, e a eliminação de um perigoso bandido para que se assegure a tranquilidade da comunidade.

O segundo caso é o do homicídio praticado por relevante valor *moral*, que diz respeito aos interesses individuais, particulares, do agente, entre eles os sentimentos

---

20. *Comentários*. Ob. cit. v. 5, p. 68.
21. MARQUES. *Tratado*. Ob. cit. v. 4, p. 95; FRAGOSO, Heleno Cláudio. *Lições de direito penal*: parte especial. 3. ed. São Paulo: José Bushatsky, 1976. v. 1, p. 53-54; JESUS, Damásio E. de. *Direito penal*. 4. ed. São Paulo: Saraiva, 1982. v. 2, p. 69-70; NORONHA. *Direito penal*. Ob. cit. v. 2, p. 34-35; MORAIS, Paulo Heber de. *Homicídio*. Curitiba: Juruá, p. 22.

de piedade e compaixão. Assim, o autor do homicídio praticado com o intuito de livrar um doente, irremediavelmente perdido, dos sofrimentos que o atormentam (eutanásia) goza de privilégio da atenuação da pena.[22] O Código Penal brasileiro não reconhece a impunibilidade do homicídio eutanásico, haja ou não o consentimento do ofendido, mas, em consideração ao motivo, de relevante valor moral, permite a minoração da pena. É punível a *eutanásia* propriamente dita (ação ou omissão do sujeito ativo que, por sua natureza ou intenção, causa a morte, por ação ou omissão, com a finalidade de evitar a dor) e mesmo a ortotanásia (emprego de remédios paliativos, acompanhamento médico sem procedimento de cura etc.), mas discute-se a possibilidade de não se falar em homicídio quando se interrompe uma vida mantida artificialmente por meio de aparelhos.[23] Já no anteprojeto da Parte Especial do Código, de 1984, no § 3º do art. 121, pela primeira vez no país se previa a isenção de pena à conduta eutanásica do "médico que, com o consentimento da vítima, ou, na sua impossibilidade, de ascendente, descendente, cônjuge ou irmão, para eliminar-lhe o sofrimento, antecipa morte iminente e inevitável, atestada por outro médico".[24] O projeto foi abandonado e, em comissões posteriores, formadas para reformar a Parte Especial, não se chegou a um consenso a respeito do assunto. Em muitos países, aliás, discute-se a legalização da eutanásia, tendo sido ela aprovada na Holanda.

A última figura de homicídio privilegiado é a daquele praticado sob violenta emoção logo em seguida a injusta provocação da vítima. O chamado homicídio *emocional* tem como requisitos: (a) a existência de uma emoção absorvente; (b) a provocação injusta por parte da vítima; e (c) a reação imediata. A emoção é um estado afetivo que produz momentânea e violenta perturbação ao psiquismo do agente com alterações somáticas e fenômenos neurovegetativos e motores. Para compor o homicídio privilegiado, todavia, afirma Hermínio A. Marques Porto, "aceitas são unicamente as excitações de determinada índole e especiais 'motivos determinantes' ou 'fator preponderante', ficando de fora 'o passionalismo homicida' e as expressões patológicas".[25] Deve a emoção ser *violenta*, intensa, absorvente, atuando o homicida em verdadeiro choque emocional, pois quem reage quase com frieza não pode invocar o privilégio. Existindo apenas a *influência* da emoção, ocorre somente a atenuante prevista no art. 65, III, *c*, do CP.[(13)] Necessário ainda que o estado emotivo tenha-se apresentado em decorrência de injusta

---

22. SILVA, A. J. da Costa e Do homicídio. *Justitia* 42/22. No mesmo sentido: Exposição de Motivos do CP, item 39; FRAGOSO. *Lições*. Ob. cit. v. 1, p. 55; SILVEIRA, Euclides Custódio da. *Direito Penal*: Crimes contra a pessoa, 2. ed. São Paulo: Revista dos Tribunais, 1973, p. 45-46; NORONHA. *Direito penal*. Ob. cit. v. 2, p. 28.

23. O Conselho Federal de Medicina deliberou ser compatível com os deveres profissionais e o desempenho ético da Medicina a conduta do médico que limita ou suspende procedimentos e tratamentos que prolonguem a vida do doente em fase terminal, de enfermidade grave e incurável, em respeito à vontade do paciente ou de seu representante legal, conforme Resolução nº 1.805, de 9-11-2006 (*DOU* de 28-11-2006, p. 169). O Código de Ética Médica proíbe ao médico utilizar, em qualquer caso, meios destinados a abreviar a vida do paciente, ainda que a pedido deste ou de seu responsável legal (art. 41).

24. SOUSA, Deusdedith. Eutanásia, ortotanásia e distanásia. *RT* 706/283. Ainda sobre o assunto: PEDROSO, Fernando de Almeida. Homicídio privilegiado. *RT* 695/279-287.

25. Homicídio privilegiado. Violenta emoção. *Justitia* 41/22.

provocação da vítima. "A potencialidade provocadora – afirma Bento de Faria – deve ser apreciada com critério relativo, tendo em vista as qualidades pessoais de quem se pretende provocado, as do provocador, as relações anteriores entre ambos, a educação, as circunstâncias de lugar, tempo etc." [26]

Por mais grave que seja a provocação e que dela haja resultado violenta emoção, somente ocorrerá a causa minorante se for aquela *injusta*, ou seja, antijurídica ou sem motivo razoável.[(14)] Decidiram-se jurados e tribunais pela ocorrência de homicídio privilegiado na conduta do réu cuja filha menor fora seduzida e corrompida por seu ex--empregador,[(15)] do que fora provocado e mesmo agredido momentos antes pela vítima[(16)] ou do que sofrera injúria real.[(17)] Pode ocorrer também o homicídio emocional quando o marido surpreende a mulher em flagrante adultério, eliminando-a e ao amante em evidente exaltação emocional.[27] O Supremo Tribunal Federal, porém, por unanimidade, firmou entendimento de que a tese da legítima defesa da honra é inconstitucional nessa hipótese por violar os princípios constitucionais da dignidade da pessoa humana, da proteção à vida e da igualdade de gênero.[28] Aliás, nesses casos, em que o marido mata a esposa adúltera, mesmo nos tribunais populares já vinha prevalecendo a orientação de que não há a excludente da antijuridicidade.

Exige-se também que o crime deve ser cometido logo em seguida à provocação, embora não seja possível determinar *a priori* o tempo dessa duração. Não se configura o privilégio quando se verifica um hiato, um *intermezzo* entre a provocação e o crime, que só será privilegiado se ocorrer enquanto durar a exasperação do agente. Só assim, pode-se dizer que ocorreu logo após a provocação.[(18)] Ensina, contudo, A. J. da Costa e Silva: "O número de horas transcorridas ou o fato de passar a outros quefazeres (atos estranhos) são poderosos meios de prova contra a existência da emoção; mas não devem ser elevados à categoria de presunções. Ao critério dos juízes deve ser deixada a decisão. É o que fez o nosso legislador." [29] Não existe a causa de diminuição da pena, porém, se o agente, após a provocação, se dedica a outros afazeres, só posteriormente executando o homicídio.[(19)]

Persiste a causa de diminuição da pena, porém, quando o fato já está tanto distanciado no tempo, mas só foi levado ao conhecimento do agente momentos antes do crime, como também no caso de "provocação erroneamente suposta, desde que o erro seja escusável" (Carrara, § 1.289).[30]

Fala-se em *homicídio passional* para conceituar-se o crime praticado por amor, mas a paixão somente informa um homicídio privilegiado quando este for praticado por relevante valor social ou moral ou sob a influência de violenta emoção. A emoção violenta é, às vezes, a exteriorização de outras paixões mais duradouras que se

---

26. Código penal brasileiro. Ob. cit. p. 15.
27. SILVEIRA, Euclides Custódio da. Ob. cit. p. 48; HUNGRIA, FRAGOSO. *Comentários*. Ob. cit. v. 5, p. 162.
28. ADPF 779-DF, j. em 1º-8-2023, *DJe* de 10-8-2023.
29. Do homicídio. *Justitia* 42/21.
30. FRAGOSO. *Lições*. Ob. cit. v. 1, p. 57.

sucedem, se alternam ou se confundem: o ódio, a honra, a ambição.[31] Mas a paixão pode apresentar-se, "e esta é a sua conceituação verdadeiramente científica e exata – como a sistematização de uma ideia que se instala morbidamente no espírito e exige tiranicamente a sua conversão em ato", podendo constituir até uma doença mental.[32] Inexistindo, porém, a violenta emoção ou a insanidade mental do agente, o chamado homicídio passional não é merecedor de nenhuma contemplação. A morte por ciúme e a vingança pelo abandono da pessoa amada não constituem homicídio privilegiado, mesmo porque, na maioria dos casos, se trata "de uniões ilegais ou maridos relapsos, relaxados, descumpridores de seus deveres conjugais, dados à violência e ausências prolongadas do lar; enfim, maridos de segunda ou terceira classe".[33] Muitas vezes, o denominado crime passional nada mais é do que aquilo que Leon Rabinowicz denomina a vingança do "amor próprio ofendido".[34] As recentes alterações legislativas, aliás, têm determinado punições mais severas para os crimes cometidos com violência contra a mulher, entre as quais a Lei nº 13.104, de 9-3-2015, que criou o *feminicídio* como forma qualificada do homicídio (item 4.1.10).

4.1.10 Homicídio qualificado

Em seu § 2º, o art. 121 contém as formas qualificadas do homicídio, cominando para elas as penas de reclusão de 12 a 30 anos. São casos em que os motivos determinantes, os meios empregados ou os recursos empregados demonstram maior periculosidade do agente e menores possibilidades de defesa da vítima, tornando o fato mais grave do que o homicídio simples.

É qualificado, em primeiro lugar, o homicídio cometido "mediante paga ou promessa de recompensa, ou por outro motivo torpe" (inciso I). O chamado homicídio *mercenário* ocorre quando o agente ou recebe um pagamento para praticá-lo ou o comete apenas porque obteve a promessa de ser recompensado pelo ato. A recompensa, segundo alguns doutrinadores, deve ser uma vantagem econômica, podendo consistir não só em dinheiro, como também em perdão de dívida, promoção em emprego etc.[35] Afirma Costa e Silva, porém, que não constitui condição essencial da recompensa ter valor patrimonial, lembrando, para prova da asserção, a promessa de futuro casamento, com a própria pessoa instigadora ou com terceiro.[36] A redação do dispositivo, como a análise do histórico da agravação, leva-nos a apoiar, porém, a primeira tese.

---

31. VERGARA, Pedro. *Delito de homicídio*. Jacinto, 1943. v. 1, p. 492.
32. Idem. p. 164.
33. FUHRER, Maximilianus C. A. O homicídio passional. *Justitia* 59/97 e *RT* 392/44.
34. *O crime passional*. 2. ed. Coimbra: Armenio Amado, 1961. p. 110.
35. Nesse sentido: HUNGRIA, FRAGOSO. *Comentários*. Ob. cit. v. 5, p. 164; NORONHA. *Direito penal*. Ob. cit. v. 2, p. 31; MARQUES. *Tratado*. Ob. cit. v. 4, p. 104; FRAGOSO. *Lições*. Ob. cit. v. 1, p. 63.
36. Do homicídio. *Justitia*, 42/26. Damásio inclina-se para essa solução. Direito penal. Ob. cit. v. 2, p. 72.

4 • DOS CRIMES CONTRA A VIDA

Responde pelo crime qualificado não só quem recebe, mas também o mandante, o que paga ou promete a recompensa.[37] Assim já se decidiu: O motivo torpe se caracteriza pela singela ocorrência de paga e, não obstante seja circunstância de caráter pessoal, comunica-se ao mandante, por ser elementar do crime (art. 30 do CP),[20] bem como a qualquer outro coautor.[21]

Refere-se o dispositivo também a qualquer *motivo torpe*, ou seja, ao motivo abjeto, repugnante, ignóbil, desprezível, vil, profundamente imoral, que se acha mais abaixo na escala dos desvalores éticos e denota maior depravação espiritual do agente. Como melhores exemplos são citados os homicídios praticados por cupidez (para receber uma herança, por rivalidade profissional etc.) ou para satisfazer desejos sexuais. Reconheceu-se haver motivo torpe nos seguintes casos: do réu que, após desferir golpe fatal contra a vítima, a violou ainda em vida; do acusado que eliminou a vítima com quem praticava atos de pederastia, por desejar esta interrompê-los; dos que, despeitados pela fama de valente da vítima, numa demonstração de vaidade criminal, resolveram matá-la para tentar mostrar maior valentia que ela;[22] do jovem que matou a namorada ao ter conhecimento de que a mesma já não era virgem; do que agiu por luxúria e despeito.[23] Também há motivo torpe na vingança decorrente de desentendimentos anteriores entre o agente e a vítima[24] ou no delito contra a amásia que o desprezou.[25] Nem sempre a vingança qualifica o delito, pois é necessário que ela esteja eivada de torpeza, seja ignominiosa, repulsiva a qualquer sentido ético.[26] Mas pode constituir a qualificadora, dependendo do motivo que a originou.[27] Não se tem considerado praticado por motivo torpe o homicídio cometido por ciúme.[28] O Supremo Tribunal Federal, ao julgar ação direta de inconstitucionalidade por omissão, declarou a aversão odiosa à orientação sexual, como nos casos de condutas homofóbicas e transfóbicas, reais ou supostas, configura motivo torpe que qualifica o crime, nos termos do art. 121, § 2º, I.[38]

Não impede o reconhecimento da qualificadora, para a classificação do crime, a insanidade mental do agente.[29]

Qualificado é também o homicídio cometido por motivo *fútil* (inciso II). Fútil é o motivo sem importância, frívolo, leviano, a ninharia que leva o agente à prática desse grave crime, na inteira desproporção entre o motivo e a extrema reação homicida.[30] Entende-se que a futilidade da motivação deve ser apreciada sob um caráter eminentemente objetivo, e não de acordo com o ponto de vista do réu. Já se defendeu, contudo, a tese de que as circunstâncias da motivação têm *caráter eminentemente subjetivo*, e do ponto de vista subjetivo devem ser analisadas.[39]

---

37. FARIA, Bento de. *Código penal*. Ob. cit. v. 4, p. 18; JESUS, Damásio E. de. *Direito penal*. Ob. cit. v. 2, p. 72; FRAGOSO. *Lições*. Ob. cit. v. 1, p. 62; MARQUES. *Tratado*. Ob. cit. v. 4, p. 103.
38. STF: ADO 26-DF, j. em 13-6-2019, *DJe* de 6-10-2020.
39. LOBÃO, José Augusto de Azerêdo. Enfoque subjetivo do motivo fútil no crime de homicídio. *Justitia* 83/153-155.

Não se deve confundir o motivo fútil com o motivo injusto, pois, em muitos casos, um motivo que traz em si a aparência de frívolo projeta-se como relativamente suficiente, exonerando a qualificadora da futilidade.[31]

Nossos tribunais têm reconhecido o motivo fútil nas discussões banais e habituais entre marido e mulher,[32] no rompimento de namoro,[33] nas discussões familiares de somenos importância,[34] no fato de a vítima pedir para que o agente não bata na esposa, no ter a vítima rido do acusado,[35] no desentendimento banal e corriqueiro[36] etc. A causa ignorada do crime ou a ausência de motivo já foram equiparadas ao motivo fútil,[37] mas já se tem decidido também em sentido contrário.[38] O ciúme, como fator endógeno da individualidade, constitui antecedente psicológico não desproporcionado, se bem que injusto, e motivo forte para o crime, não caracterizando a futilidade, em sua acepção legal.[39]

Não se configura a qualificadora quando o crime é precedido de acalorada discussão,[40] quando o agente julga-se traído[41] ou quando mata ao saber que a vítima pretendia fugir com sua amásia.

Tem-se entendido que a embriaguez, por suas consequências quanto ao psiquismo do agente, exclui o reconhecimento do motivo fútil,[42] mas há decisões em sentido contrário,[43] especialmente quando a ebriedade é incompleta.[44]

Pelo inciso III qualifica-se o homicídio pelo emprego de "veneno, fogo, explosivo, asfixia, tortura ou outro meio insidioso ou cruel, ou de que possa resultar perigo comum". Nesses casos, a conduta do agente denota maior periculosidade, dificulta a defesa da vítima ou põe em risco a incolumidade pública.

Veneno, segundo a doutrina, é toda substância mineral, vegetal ou animal que, introduzida no organismo, é capaz de, mediante ação química, bioquímica ou mecânica, lesar a saúde ou destruir a vida. Podem ser eles sólidos, líquidos e gasosos, e administrados por via bucal, nasal, retal, vaginal, hipodérmica, intravenosa etc.[40] Incluem-se, segundo Hungria, como veneno as substâncias inócuas que podem, por circunstâncias especiais, causar a morte da vítima: o açúcar ao diabético, o "sal de cozinha propinado a quem haja ingerido calomelano (subcloreto e mercúrio)".[41] Acreditamos, porém, que nesses casos só impropriamente podemos falar em veneno, motivo que nos leva a incluir o emprego de tais substâncias entre os outros meios insidiosos.

Pacífica a doutrina no sentido de que a qualificadora só ocorre quando o meio é utilizado sub-repticiamente, insciente ou iludida a vítima.[42] O envenenamento violento, porém, pode configurar a qualificadora de emprego de meio cruel.

---

40. COSTA E SILVA. Ob. cit. Do homicídio. *Justitia* 42/27.
41. *Comentários.* v. 5, p. 165.
42. HUNGRIA, FRAGOSO. *Comentários.* Ob. cit. v. 5, p. 165; SILVEIRA, Euclides Custódio da. Ob. cit. p. 63; MARQUES. *Tratado.* Ob. cit. v. 4, p. 105; NORONHA. *Direito penal.* Ob. cit. v. 2, p. 32; FARIA, Bento de. *Código penal brasileiro.* Ob. cit. p. 32; FARIA, Bento de. *Código penal brasileiro.* v. 4, p. 21; JESUS, Damásio E. de. *Direito penal.* Ob. cit. v. 2, p. 73; FRAGOSO. *Lições.* Ob. cit. v. 1, p. 65.

Indispensável é a prova de que a causa da morte foi a substância venenosa ministrada, devendo acompanhar o exame necroscópico e o exame toxicológico quando restarem os vestígios do envenenamento.

O uso de *fogo* qualifica, também, o homicídio, por ser meio cruel e, eventualmente, causador de perigo comum (incêndio). Há muitos registros de casos, entre as classes menos favorecidas, em que o agente ateou fogo às vestes da vítima depois de embebidas em querosene ou álcool.

O *explosivo*, segundo Sarrau, citado por Hungria, "é qualquer corpo capaz de se transformar rapidamente em gás à temperatura elevada".[43] Provocando detonação que atinge não só a vítima, mas também os que a rodeiam, o explosivo é mais utilizado nos crimes políticos e atos de terrorismo.

A *asfixia* – impedimento da função respiratória – é também meio cruel e pode ser conseguida por *esganadura* (constrição do pescoço da vítima com as mãos), *enforcamento* (constrição pelo próprio peso da vítima), *estrangulamento* (constrição, muscular com fios, arames, cordas etc. seguros pelo agente), *sufocação* (uso de objetos como travesseiros, mordaças etc.), *soterramento* (submersão em meio sólido), *afogamento* (submersão em meio líquido) ou *confinamento* (colocação em local em que não penetre o ar). O emprego de substâncias tóxicas pode causar asfixia, mas o delito já poderá ser tido como qualificado pelo emprego de veneno.

A *tortura* é a inflição de mal desnecessário para causar à vítima dor, angústia, amargura, sofrimento. Pode ser ela física (aplicação de ferro em brasa, mutilações etc.) ou moral (homicídio provocado pelo terror, por exemplo). A Constituição Federal de 1988, em seu art. 5º, XLIII, considerou inafiançáveis e insuscetíveis de graça ou anistia a prática da tortura, o tráfico ilícito de entorpecentes, o terrorismo e os crimes definidos como hediondos. A Lei nº 8.072, de 25-7-1990, determina serem insuscetíveis de anistia, graça, indulto e fiança a tortura e outros crimes que especifica, não incluindo, a princípio, os crimes em que ela é mera qualificadora ou circunstância agravante, e não crime autônomo.[44] Contudo, o homicídio qualificado, inclusive o praticado mediante tortura (art. 121, § 2º, III), foi inserido entre os crimes hediondos pela Lei nº 8.930, de 6-9-1994, que deu nova redação ao art. 1º da Lei nº 8.072/90. De acordo com a Convenção contra a Tortura e outros Tratamentos ou Penas Cruéis, Desumanos ou Degradantes, adotado pela ONU, em 10-12-1984, aprovada pelo Dec. Legislativo nº 4, de 23-5-1989, e promulgada pelo Dec. Presidencial nº 40, de 15-2-1991, define-se a tortura por "qualquer ato pelo qual dores ou sofrimentos agudos, físicos ou mentais, são infligidos intencionalmente a uma pessoa [...] por um funcionário público ou outra pessoa, no exercício de funções públicas, ou por sua instigação, ou com o seu

---

43. *Comentários*. Ob. cit. v. 5, p. 166.
44. Nesse sentido: JORGE, William Wanderley. Contributo à noção do crime de tortura. *RT* 665/391-392; LEAL, João José. A convenção da ONU sobre a tortura. *RT* 671/398-401; MONTEIRO, Antonio Lopes. *Crimes Hediondos*. São Paulo: Saraiva, 1991. p. 77-78; FRANCO, Alberto Silva. *Crimes hediondos*. São Paulo: Revista dos Tribunais, 1991. p. 43.

consentimento ou aquiescência", o que leva a considerar que se refere apenas a tortura policialesca ou inquisitorial e a institucional, utilizada por motivo político-ideológico. Em termos de lei ordinária, porém, a tortura foi definida como crime autônomo, em tipo mais abrangente, pela Lei nº 9.455, de 7-4-1997, que, inclusive, revogou o art. 233 da Lei nº 8.069, de 13-7-1990 (Estatuto da Criança e do Adolescente). Para o crime de tortura qualificado pela morte da vítima é cominada a pena de 8 a 16 anos de reclusão (art. 1º, § 3º) (*Manual*, v. 3, item 14.15.9).

Refere-se a lei, ainda, genericamente, a outros meios *insidiosos*, aqueles constituídos de fraude, clandestinos, desconhecidos da vítima, que não sabe estar sendo atacada. O que qualifica o homicídio não é propriamente o meio escolhido ou usado para a prática do crime, e sim o modo insidioso com que o agente o executa, empregando, para isso, recurso que dificulte ou torne impossível a defesa.[45] Cita Maggiore alguns exemplos: uma armadilha; a sabotagem de um motor de automóvel ou de aeroplano; o carregar um objeto de uma corrente elétrica de alta tensão, fazendo-o tocar na vítima; o fazer experimentar uma arma de fogo cuja explosão, por um desconserto do maquinismo, volve contra quem a usa.[45]

Também qualifica o homicídio o emprego de qualquer meio *cruel*, que sujeite a vítima a graves e inúteis vexames ou sofrimentos físicos ou morais. É o meio bárbaro, martirizante, brutal, que aumenta, inutilmente, o sofrimento da vítima.[46] Reconheceu-se a existência de qualificadora na agressão a pontapés e pisoteamento da vítima[47] e na morte ocasionada por 13 punhaladas.[48] Não há meio cruel, porém, na reiteração de golpes de faca, ou de tiros, já que a qualificadora só existe quando há padecimento físico inútil ou mais grave do que o necessário para produzir a morte.[49] Também não se reconheceu a qualificadora no caso em que, após alvejar a vítima, o agente desferiu-lhe coronhadas.[50] A crueldade só pode ser reconhecida quando partida de um ânimo calmo que permita a escolha dos meios capazes de infligir o maior padecimento desejado à vítima.[51] Os atos praticados após a morte da vítima (mutilações, esquartejamento) não qualificam o homicídio, mas podem constituir o crime de destruição ou vilipêndio a cadáver (arts. 211 e 212).

Além do fogo e do explosivo, qualifica-se o homicídio pelo uso de qualquer meio que possa causar perigo comum, como a provocação de desabamento ou de inundação, a sabotagem dos trilhos de ferrovia ou metrô etc. Nesse caso, ocorrerá concurso formal do homicídio qualificado e do crime de perigo comum.[46] Na inexistência de dolo com relação ao homicídio, ocorrerá a forma qualificada do crime de perigo comum (art. 258).

Qualifica também o homicídio a prática do crime "à traição, de emboscada, ou mediante dissimulação ou outro recurso que dificulte ou torne impossível a defesa

---

45. COSTA e SILVA. Do homicídio. *Justitia*, 42/27.
46. HUNGRIA. *Comentários*. Ob. cit. v. 5, p. 167-168; SILVEIRA, Euclides C. da. Ob. cit. p. 65; MARQUES. *Tratado*. Ob. cit. v. 4, p. 106; JESUS, Damásio. *Direito penal*. Ob. cit. v. 2, p. 73-74; BRUNO, Anibal. *Crimes contra a pessoa*. 3. ed. São Paulo: Rio Gráfica, 1975. p. 82.

do ofendido" (inciso IV). São circunstâncias que levam à prática do crime com maior segurança para o agente, que se vale da boa-fé ou desprevenção da vítima, e revelam a covardia do autor.

A *traição* consubstancia-se essencialmente na quebra de confiança depositada pela vítima do agente, que dela se aproveita para matá-la. É qualificado o homicídio pela traição quando há insídia, não pela natureza do meio empregado, mas pelo modo da atividade executiva, demonstrando o agente maior grau de criminalidade.[52] São os casos de perfídia e deslealdade em que se atinge a vítima descuidada e confiante.[53] Reconheceu-se haver traição na conduta do agente que eliminou a esposa, esganando-a durante o amplexo sexual,[54] bem como em casos de tiros pelas costas.[55]

Configura a *emboscada* a espera, por parte do agente, da passagem ou chegada da vítima descuidada, para feri-la de improviso.[56] É a denominada tocaia dos sertões brasileiros, nada impedindo sua ocorrência em qualquer local.

A *dissimulação* é o emprego de recurso que distrai a atenção da vítima do ataque pelo agente. São exemplos dela o disfarce, referido expressamente pela lei anterior, como qualquer ato que iluda a vítima da agressão iminente, em especial no que se relacione ao porte da arma.

Como fórmula genérica, inclui-se qualquer outro recurso que dificulte ou impossibilite a defesa da vítima. Sugere-se como exemplo a dissimulação da borda de um poço para que nele caia a vítima.

A *surpresa* pode qualificar o delito quando, efetivamente, tenha ela dificultado ou impossibilitado o agente de se defender,[57] não bastando que a vítima não espere a agressão.[58] Assim, só se caracteriza quando o ato é completamente inesperado para a vítima por ter o agente dissimulado o propósito homicida.[59]

Reconheceu-se a qualificadora em estudo nos seguintes casos: quando a vítima estava dormindo[60] ou repousando;[61] no uso de uma faca que o agente sacou da bota;[62] no gesto repentino que não deu oportunidade à vítima para se defender;[63] quando a vítima não podia prever a inesperada agressão;[64] ou quando, despreocupada, conversava ela com outrem.[65]

Por outro lado, não se reconheceu a qualificadora da surpresa na morte da mulher pelo marido quando viviam em constantes brigas;[66] quando já haviam ocorrido divergências anteriores entre agente e vítima;[67] e quando a vítima tinha motivos para desconfiar da agressão.[68] Também não se qualifica o delito pela simples superioridade de armas[69] ou pelo concurso de agentes.[70]

O homicídio é também qualificado se praticado "para assegurar a execução, a ocultação, a impunidade ou vantagem de outro crime" (inciso V).

Essas circunstâncias, que configurariam a rigor motivo torpe, originam casos de conexão teleológica ou consequencial. A conexão *teleológica* ocorre quando o homicídio é perpetrado como meio para executar outro crime (homicídio para poder provocar um incêndio). A conexão *consequencial* ocorre quando é praticado ou para *ocultar* a prática de outro delito (homicídio contra o perito que vai apurar apropriação indébita do agente), ou para assegurar a *impunidade* dele (homicídio da testemunha que pode identificar o agente como autor de um roubo), ou para fugir à prisão em flagrante,[71] ou para garantir a *vantagem* do produto, preço ou proveito de crime (homicídio contra o coautor de roubo ou furto para apossar-se da *res furtiva*).

A vantagem pode não ser econômica, mas moral, figurando Paulo Heber de Morais o seguinte exemplo: "Pedro mata João, que descobrira sua falsa identidade, para continuar passando por Ricardo, que sequestrara, a fim de, por ele, receber um título honorífico." [47] O "outro crime", de que fala o dispositivo, pode ter sido praticado por outra pessoa.[48]

O *feminicídio* é uma nova forma qualificada do homicídio, acrescentada pela Lei nº 13.104, de 9-3-2015.[49] Configura-se o feminicídio, nos termos da lei, se o crime é praticado contra a mulher por razões da condição de *sexo feminino* (inciso VI). Porque somente se configura o feminicídio se o sujeito passivo é *mulher*, no sentido biológico do termo, estão excluídos os homens, homossexuais, travestis ou transexuais. Tratando-se de norma penal incriminadora, é vedado o recurso à analogia e não é recomendada interpretação que confira ao dispositivo alcance mais abrangente, mesmo na hipótese de transexualismo, de quem se submeteu a cirurgia de redesignação de gênero, se não houver decisão judicial determinando a retificação ou modificação de sexo no registro civil.

Com relação, porém, às *medidas protetivas* previstas na Lei Maria da Penha, em recente decisão, o STJ, entendeu que a Lei se aplica aos casos de violência doméstica ou familiar contra mulheres transexuais, por objetivar a Lei a proteção da mulher em virtude do gênero e não em razão do sexo.[50]

Não há restrição legal, porém, com relação ao sujeito ativo, que pode ser tanto o homem como a mulher. Não é suficiente, no entanto, que a vítima seja mulher, exigindo-se que o crime seja cometido por *razões da condição de sexo feminino*. Há essas razões, nos expressos termos do novo § 2º-A, se o crime *envolve violência doméstica e familiar* (inciso I) ou *menosprezo ou discriminação à condição de mulher* (inciso II).

Configura-se o *feminicídio*, primeiramente, se o crime é praticado com violência doméstica ou familiar contra a mulher, cujo conceito é encontrado na lei específica (art. 5º da Lei nº 11.340/2006 – Lei Maria da Penha). Há violência doméstica e familiar contra a mulher se a conduta é baseada no gênero e praticada no âmbito da família, do convívio doméstico ou de relação íntima de afeto, atual ou pretérita. A exigência legal

---

47. *Homicídio*. Ob. cit. p. 35.
48. COSTA e SILVA. Do homicídio. *Justitia* 42/29.
49. Distinguem-se o *feminicídio* e o *femicídio*, termo este utilizado para designar, genericamente, independentemente das razões do crime, o homicídio de uma mulher.
50. O número do processo não foi divulgado em razão de segredo judicial, acesso em 1º-6-2023: https://www.stj.jus.br/sites/portalp/Paginas/Comunicacao/Noticias/05042022-Lei-Maria-da-Penha-e-aplicavel-a-violencia-contra-mulher-trans--decide-Sexta-Turma.aspx.

de que a conduta seja *baseada no gênero*, deve ser compreendida como a necessidade de que a violência empregada pelo agente guarde relação com a situação de maior vulnerabilidade da vítima decorrente de sua condição de mulher, razão justificadora da especial proteção legal.[72] A lei especial define âmbito doméstico e familiar e dispõe que por relação íntima de afeto há de ser entendida aquela "na qual o agressor conviva ou tenha convivido com a ofendida, independentemente de coabitação" (art. 5º, incisos I a III) (v. itens 5.17 e 5.18 e Súmula 600 do STJ). Há o crime qualificado, por exemplo, se o agente, homem ou mulher, mata a filha por não lhe ter servido o jantar a contento ou a ex-companheira em razão do fim do relacionamento amoroso. A orientação sexual da vítima ou do agente é irrelevante para a incidência da qualificadora, conforme, aliás, dispõe expressamente o art. 5º, parágrafo único, da Lei nº 11.340/2006. No reconhecimento da qualificadora afasta-se a incidência da agravante prevista no art. 61, II, *h*, última parte, sob pena de indevido *bis in idem*.

A segunda razão que conduz à configuração do feminicídio é a de envolver o crime menosprezo ou discriminação à condição de mulher. *Menosprezo* é a falta de estima, apreço ou consideração, o desdém ou desprezo, a diminuição da importância ou do valor da vítima como ser humano decorrente da simples condição de pessoa do sexo feminino. *Discriminação*, no sentido do dispositivo, é o sentimento de intolerância ou preconceito nutrido em face das mulheres em geral e relacionado a aspectos da vida social. Exige-se para a incidência da qualificadora que um dos sentimentos esteja presente, envolvido, como fator determinante, ainda que não exclusivo, na motivação do crime. Há feminicídio, por exemplo, no crime motivado por pura misoginia ou no caso de resultar da intolerância do agente por exercer a vítima alguma atividade (trabalhar em certa função, frequentar determinados ambientes, conduzir veículos etc.), que, por preconceito seu, deveriam ser exclusivas do sexo masculino. É incompatível com a forma privilegiada (§ 1º) o feminicídio reconhecido com fundamento no inciso II do § 2º-A, por se *tratar de circunstância de natureza subjetiva*. [51]

Dado o seu caráter pessoal, a circunstância não se comunica ao coautor ou partícipe (art. 30).

Preveem-se no § 7º causas de aumento de pena aplicáveis exclusivamente ao feminicídio (item 4.1.11).

O feminicídio foi inserido expressamente no rol dos crimes hediondos (art. 1º, inciso I, da Lei nº 8.072/1990). Por conter normas penais mais severas, a Lei nº 13.104, de 9-3-2015, em sua integralidade, é irretroativa.

Inserida pela Lei nº 13.142, de 6-7-2015, prevê-se maior punição para o crime praticado "contra autoridade ou agente descrito nos arts. 142 e 144 da Constituição Federal, integrantes do sistema prisional e da Força Nacional de Segurança Pública, no

---

51. Decidiu, porém, o STJ que são compatíveis a qualificadora do motivo torpe (circunstância subjetiva) e a qualificadora do feminicídio (circunstância objetiva), por não possuírem a mesma natureza, inexistindo, assim, *bis in idem* (STJ: HC 430222-MG, j. em 15-3-2018, *DJe* de 22-3-2018).

exercício da função ou em decorrência dela, ou contra seu cônjuge, companheiro ou parente consanguíneo até terceiro grau, em razão dessa condição". Na ausência de *nomen juris*, tem-se sugerido a denominação *homicídio funcional*. A intenção do legislador é a de conferir maior proteção aos funcionários públicos incumbidos da manutenção da segurança pública ou da repressão penal que estão mais diretamente expostos às ações criminosas e sujeitos a eventuais vinganças ou retaliações que por vezes atingem também seus familiares. Incluem-se, nos termos do inciso, além dos que compõem a Força Nacional e o sistema prisional, as autoridades ou agentes que integram as Forças Armadas e os quadros das polícias civil e militar, federal, rodoviária e ferroviária, além dos corpos de bombeiros militares e das guardas municipais, todos estes mencionados nos arts. 142 e 144 da CF. Incluem-se, assim, o delegado de polícia e o escrivão, o oficial e o soldado da polícia militar, o secretário da segurança pública, o agente penitenciário, as polícias penais etc. Estão excluídos da especial proteção legal outras autoridades e agentes de órgãos públicos que não estejam relacionados no inciso, mesmo que exerçam funções afins, como promotores e procuradores de justiça, juízes, desembargadores, ministros de tribunais superiores etc. A natureza penal da norma impede a analogia *in malam partem* e a redação do dispositivo, que elenca os diversos sujeitos passivos em fórmula fechada, não possibilita o recurso à interpretação analógica. Exige-se para a incidência da qualificadora o nexo funcional, ou seja, que a vítima esteja no desempenho de sua atividade funcional ou que o crime seja praticado em razão de seu exercício. Pune-se mais severamente, assim, tanto o agente que mata o policial quando este realizava uma prisão em flagrante ou cumpria um mandado judicial, como aquele que, por vingança decorrente de anterior prisão, executa o funcionário em sua casa durante o repouso noturno. A ignorância ou erro sobre a circunstância afasta o dolo com relação à qualificadora. O homicídio também é qualificado se o crime é praticado contra o cônjuge, companheiro ou parente consanguíneo até terceiro grau. Incluem-se, portanto, além do cônjuge ou companheiro, os pais, filhos, avós, bisavós, netos, bisnetos, irmãos e sobrinhos. Foram excluídos, incompreensivelmente, os filhos adotivos do funcionário, além de todos os demais que com ele tenham parentesco civil (art. 1.593 do CC). Exige a lei que o crime seja praticado em razão desse parentesco da vítima com o funcionário.

A forma qualificada do homicídio prevista no inciso VII foi expressamente incluída entre os crimes hediondos pela Lei nº 13.142, de 6-7-2015, que deu nova redação ao art. 1º, inciso I, da Lei nº 8.072/1990. Assim como no feminicídio, as novas normas, que têm natureza penal, são irretroativas porque mais severas.

A qualificadora do inciso VIII, inserida pela Lei nº 13.964, de 24-12-2019[52], trata do emprego de arma de fogo de uso restrito ou proibido na violência praticada como meio para o homicídio. A circunstância justifica a exasperação por denotar não só a maior periculosidade do agente, como, também, por implicar um risco agravado à vida da vítima.

---

52. O inciso foi inicialmente vetado pelo Presidente da República mas, posteriormente, em 30-4-2021, o veto foi derrubado pelo Congresso Nacional.

A última qualificadora do homicídio, prevista no inciso IX, inserido pela Lei nº 14.344, de 24-5-2022, prevê uma punição maior para o crime de homicídio praticado contra menor de 14 anos. O novo dispositivo colide com a regra contida no art. 121, § 4º, que determina o aumento de um terço se o crime é praticado contra menor de 14 anos, porque uma mesma circunstância não pode simultaneamente qualificar e agravar o delito, e, consequentemente, há que se ter essa norma como tacitamente revogada pela Lei nº 14.344/2022. Reconhecida a qualificadora, afasta-se, também, a incidência da agravante prevista no art. 61, II, h, primeira parte, sob pena de indevido *bis in idem*. Cuidando-se de circunstância subjetiva, o homicídio fundado no inciso IX é incompatível com a forma privilegiada do homicídio (§ 1º). Por seu caráter pessoal, a circunstância não se comunica ao coautor ou partícipe (art. 30).

A *premeditação* não constitui mais circunstância qualificadora de homicídio. Diz Damásio: "Nem sempre a preordenação criminosa constitui circunstância capaz de exasperar a pena do sujeito diante do maior grau de censurabilidade de seu comportamento. Muitas vezes, significa resistência à prática delituosa. Entretanto, tal circunstância não é irrelevante diante da pena, podendo agravá-la nos termos do art. 59, *caput*, do CP (circunstância judicial)." [53]

O *parricídio*, que no direito antigo era punido com rigor exemplar, não é ele próprio qualificado, considerado na lei apenas como homicídio agravado (art. 61, inciso II, letra *e*). O mesmo se diga do matricídio, fratricídio e uxoricídio, em que ocorre apenas a agravante de ter sido praticado o crime contra o ascendente, irmão, exceto quando menor de 14 anos, diante da vigência da Lei nº 14.344/2022 e, cônjuge quando configurado o feminicídio, diante da vigência da Lei nº 13.104/2015.

Tratar-se-á do crime de *genocídio* se o homicídio for praticado com a intenção de destruir, no todo ou em parte, grupo nacional, étnico, racial ou religioso (art. 1º da Lei nº 2.889, de 1º-10-1956).

Afirma Hungria que as circunstâncias (do homicídio privilegiado ou qualificado) comunicam-se aos coautores, sejam elas objetivas ou subjetivas (pessoais).[54] Ensina, porém, Euclides Custódio da Silveira que, tratando-se de "circunstância subjetiva *acidental*, em vez de elementar ou constitutiva de um tipo delitivo autônomo, não pode comunicar-se ao copartícipe que a ignora ou não tenha agido por igual motivo próprio".[55] Por seu turno, Damásio afirma que as circunstâncias de caráter pessoal não se comunicam, e que as objetivas só se comunicam quando entrarem na esfera de conhecimento do coautor ou partícipe.[56] Parece-nos mais correta tal orientação, sob pena de consagrar-se a responsabilidade objetiva.

---

53. *Direito penal*. Ob. cit. v, 2, p. 71.
54. *Comentários*. Ob. cit. v. 1, t. 2, p. 437.
55. Ob. cit. p. 62, nota 122. No mesmo sentido, quanto ao homicídio privilegiado, MARQUES, Frederico. *Tratado*. Ob. cit. v. 4, p. 93-96.
56. *Direito penal*. Ob. cit. v. 2, p. 64-65.

Divergências existem, também, sobre a possibilidade de coexistência de homicídio qualificado e privilegiado, ou seja, de aplicarem-se, conjuntamente, os §§ 1º e 2º do art. 121.

A primeira opinião é a da total impossibilidade de ser considerado privilegiado qualquer crime de homicídio qualificado, seja a circunstância qualificadora objetiva ou subjetiva, diante da disposição técnica do Código e de ser o privilégio mera causa de diminuição de pena.[(73) 57]

A segunda orientação é a de que existe possibilidade legal da coexistência de circunstâncias qualificadoras objetivas com o homicídio privilegiado (como o praticado por relevante valor moral com veneno; o cometido por violenta emoção por meio de esganadura; e eutanásia praticada com asfixia etc.).[(74) 58] Embora teoricamente essa deva ser a melhor posição, por ser a mais justa, a colocação dos parágrafos no art. 121 favorece a primeira orientação.

Numa terceira posição, em que se admite o concurso de circunstâncias qualificadoras objetivas e das que autorizam a diminuição de pena (são todas de caráter pessoal), tem-se afirmado que prevalecem estas últimas, por serem preponderantes nos termos do art. 67 do CP.[(75) 59] Nesse caso, poder-se-ia entender que estará excluída a qualificadora, devendo haver a diminuição da pena (de um sexto a um terço) daquela que seria aplicada ao homicídio simples. O art. 67, porém, refere-se expressamente a circunstâncias agravantes e atenuantes e não a qualificadoras, não sendo aplicável à hipótese.

Pacífica e indiscutível, porém, a regra de que é inadmissível a coexistência de homicídio privilegiado e qualificado por circunstâncias de natureza subjetiva (violenta emoção e motivo fútil, relevante valor social ou moral e motivo torpe etc.).[(76)]

Nos termos do art. 1º da Lei nº 8.072, de 25-7-1990, em sua redação atual, inclui-se entre os crimes hediondos o homicídio qualificado por circunstâncias objetivas ou subjetivas, consumado ou tentado. A classificação não alcança, porém, o homicídio qualificado privilegiado, para quem admite tal classificação. Isto porque não se pode ter por "hediondo" um crime cometido nas circunstâncias subjetivas mencionadas no § 1º do art. 121. Há verdadeira incompatibilidade entre a hediondez e o relevante valor social ou moral e quem pratica o crime por violenta emoção logo após injusta provocação da vítima não está agindo com aquele desvalor necessário para que se configure aquela classificação. Não podendo haver contradição na lei, a classificação de hediondo não alcança os autores de homicídio privilegiado ainda que praticado numa das circunstâncias previstas no § 2º do art. 121 do CP. [60]

---

57. Nesse sentido: NORONHA. *Direito penal*. Ob. cit. v. 2, p. 35-37; SILVEIRA, Euclides Custódio da. Ob. cit. p. 44-46, notas 93; MARQUES. *O júri no direito brasileiro*. São Paulo: Saraiva, 1955. p. 260; PORTO, Hermino A. Marques. *Júri*. 2. ed. São Paulo: Revista dos Tribunais, 1980. p. 176.

58. JESUS, Damásio E. de. *Direito penal*. Ob. cit. v. 2, p. 70; BRUNO, Aníbal. *Crimes contra a pessoa*. Ob. cit. p. 126.

59. FRAGOSO. *Lições*. Ob. cit. v. 1, p. 59.

60. Nesse sentido: LEAL, João José. Homicídio como crime hediondo, um ano depois. *RT* 719/361-371. Contra: SANTOS, Edgard de Oliveira Cardoso. A nova lei sobre crimes hediondos. *RT* 711/287-291.

4.1.11 Aumento de pena

No § 2º-B, também inserido pela Lei nº 14.344/2022, são previstas causas de aumento de pena que determinam o acréscimo de *um terço até a metade*, se a vítima menor de 14 anos é pessoa com deficiência ou com doença que implique o aumento de sua vulnerabilidade (inciso I) e de dois *terços* se o autor do crime é ascendente, padrasto ou madrasta, tio, irmão, cônjuge, companheiro, tutor, curador, receptor ou empregador da vítima ou por qualquer outro título tiver autoridade sobre ela (inciso II) ou se o crime for praticado em instituição de educação básica pública ou privada (inciso III, acrescentado pela Lei 14.811, de 12-1-2024).

O homicídio de menor de 14 anos é crime hediondo (art. 1º, inciso I, da Lei nº 8.072/1990), com a redação dada também pela Lei nº 14.344/2022.

As normas, contidas no § 2º, IX, e no § 2º-B do art. 121 são irretroativas em sua integralidade, porque mais gravosos os dispositivos.

A Lei nº 14.344/2022, denominada Lei Henry Borel, também criou mecanismos para a prevenção e o enfrentamento da violência doméstica e familiar contra a criança e o adolescente. À semelhança do que prevê a Lei nº 11.340/2006 (Lei Maria da Penha), configura violência doméstica e familiar contra a criança e o adolescente, nos termos da Lei nº 14.344/2022, qualquer ação ou omissão, que cause morte, lesão, sofrimento físico, sexual, psicológico ou dano, no âmbito do domicílio ou da residência, compreendida como o espaço de convívio permanente de pessoas, com ou sem vínculo familiar, inclusive as esporadicamente agregadas; no âmbito da família, compreendida como a comunidade formada por indivíduos que compõem a família natural, ampliada ou substituta, por laços naturais, por afinidade ou por vontade expressa; em qualquer relação doméstica e familiar na qual o agressor conviva ou tenha convivido com a vítima, independentemente de coabitação (art. 2º). Além da previsão das medidas protetivas de urgência (arts. 15 a 19 e 21) e das providências a serem adotadas pela autoridade policial (arts. 11 a 14), preve-em-se normas penais e processuais penais. Vedam-se a aplicação de pena de pagamento de cesta básica ou outra de prestação pecuniária e a substituição por multa isolada (art. 226, § 6º do ECA). Independentemente da pena cominada, também não se aplica o rito sumaríssimo disciplinado na Lei nº 9.099/95 (art. 226, § 1º do ECA).

A Lei nº 14.811, de 12-1-2024, instituiu medidas de proteção à criança e ao adolescente contra a violência nos estabelecimentos educacionais ou similares, estabelecendo a Política Nacional de Prevenção e Combate ao Abuso e Exploração Sexual da Criança e do Adolescente.

O § 4º do art. 121 foi modificado pelo art. 263 da Lei nº 8.069, de 13-7-1990 (Estatuto da Criança e do Adolescente), e, posteriormente, pelo art. 110 da Lei nº 10.741, de 1º-10-2003 (Estatuto da Pessoa Idosa), que deu à parte final do artigo a sua atual redação. De acordo com o dispositivo, "sendo doloso o homicídio, a pena é aumentada de 1/3 (um terço) se o crime é praticado contra pessoa menor de 14 (quatorze) ou maior de 60 (sessenta) anos". Instituiu-se, assim, uma espécie de homicídio agravado por considerar-se que a vítima, nessas hipóteses, tem maiores dificuldades em se defender, além da maior censurabilidade que cerca esse crime quando tem por sujeito passivo uma criança ou uma pessoa idosa. A agravação, de caráter objetivo, é obrigatória e refere-se a qualquer homicídio doloso (simples, privilegiado ou qualificado), consumado ou tentado. Em obediência ao princípio *non bis in idem*, não cabe nesse homicídio qualificado em sentido amplo a aplicação do art. 61, II, *h*, com a redação dada pela Lei nº 10.741 (crime contra "criança" ou contra "maior de 60 (sessenta) anos"). Pode haver no caso erro sobre a circunstância que, se inteiramente justificado, exclui a agravação. Não é hediondo o homicídio doloso praticado nas condições do § 4º do Código Penal, que não é qualificado *em sentido estrito*, mas meramente agravado.

No § 6º do art. 121 prevê-se como causa que determina o aumento de um terço a metade da pena a circunstância de ser o homicídio praticado por milícia privada, sob o pretexto de prestação de serviço de segurança, ou por grupo de extermínio. O dispositivo foi acrescentado pela Lei nº 12.720, de 27-9-2012, que em sua ementa enuncia, equivocadamente, que o diploma dispõe sobre o crime de *extermínio de seres humanos*. O engano decorre do fato de que pelo projeto original tipificavam-se determinadas condutas como crimes autônomos sob esse *nomen juris*. De acordo, porém, com texto afinal aprovado, além da inserção daquele dispositivo, a lei limitou-se a alterar a redação do art. 129, § 7º, e a incluir o art. 288-A, que define o crime de constituição de milícia privada.

A lei não explicita o conceito de milícia privada. Nas acepções tradicionais do termo, milícia designa agrupamentos militares ou tropas auxiliares do exército, bem como as polícias militares dos estados. Por milícias privadas são referidas as associações ou organizações não oficiais, constituídas à margem da legalidade, integradas por civis ou militares, comumente armadas, que se estruturam e atuam em moldes que guardam semelhanças com os das organizações militares, utilizando-se de meios coativos e da prática de infrações penais para a obtenção de proveitos próprios indevidos. Em geral, essas associações são criadas e atuam em locais onde é frágil a presença do Estado e praticam as infrações penais sob o pretexto de suprirem a omissão do poder público. Para a incidência da causa de aumento de pena não basta que o homicídio inclua-se entre as ações decorrentes dessa forma de organização criminosa, exigindo-se, também, que o crime seja praticado a pretexto da prestação de serviços de segurança. Por serviços de segurança, no dispositivo, devem-se entender, de forma ampla, aqueles que têm como objeto a vigilância e a proteção da vida, integridade física, bens ou direitos de terceiros, que podem ser pessoas determinadas ou um elevado número de membros de uma comunidade. O homicídio é agravado, portanto, se o agente que integra a milícia o pratica sob o falso argumento ou motivo apenas aparente de agir com o fim de promover a proteção desses direitos. É o que pode ocorrer, por exemplo, no caso de milícias que "vendem" serviços de segurança, muitas vezes mediante extorsão de comerciantes ou moradores, que são constrangidos ao pagamento de uma "taxa" de proteção, se um de seus integrantes mata alguém porque supostamente representaria uma ameaça para aqueles, por ser autor de infrações penais, como roubos, estupros, tráfico de entorpecentes etc. Incide também a causa de aumento de pena na hipótese de homicídio praticado por membros de milícia sob a falsa alegação de defenderem terras, fazendas ou outras propriedades particulares, mas que foram constituídas ou contratadas, não para a defesa de direitos, mas para a afirmação, mediante meios coativos, de interesses ilegais, como a expansão dos limites da propriedade, a expulsão de quem tem posse legítima, o cerceamento da utilização de servidão civil ou administrativa etc. Evidentemente, não há que se reconhecer a majorante em qualquer homicídio praticado durante a prestação de serviços de vigilância ou segurança privada por pessoa ou empresa contratada por particulares para essas finalidades exclusivas. A mera informalidade ou a irregularidade na prestação desses serviços perante os órgãos públicos ou as normas legais também não é suficiente para a incidência da norma. Nesses casos, em princípio, além de não se caracterizar a existência de milícia, os serviços de segurança são o real objeto das atividades executadas, e não mero pretexto para a prática de infrações penais.

De acordo, ainda, com o § 6º, outra circunstância que enseja a elevação da pena é a de ser o homicídio praticado por grupo de extermínio. A ausência de um conceito legal de grupo de extermínio dificulta mas não impede a aplicação do dispositivo. Pode-se reconhecer a existência do grupo de extermínio na associação de no mínimo três pessoas com a finalidade de matar um número indeterminado de pessoas, as quais, de acordo com o entendimento adotado pelos membros da organização, devem ser eliminadas por ostentarem determinados atributos, qualidades ou condições pessoais ou sociais. Não responde, porém, pelo homicídio agravado o agente que mata com a intenção de aniquilamento, total ou parcial, de grupo nacional, étnico, racial ou religioso, porque nessas hipóteses o crime é o de genocídio, previsto na Lei nº 2.889, de 1º-10-1956. Os casos mais frequentes que autorizam a incidência da majorante são os homicídios praticados por grupos ou esquadrões, organizados para a matança de supostos criminosos, muitas vezes integrados, inclusive, por militares ou outros agentes públicos, que se arrogam a condição de "justiceiros" com a missão de promover a "limpeza social". Não há razão, porém, para se afastar a regra na hipótese inversa, de grupos formados por criminosos para a eliminação de policiais ou agentes públicos por ostentarem as vítimas tal condição. Aplica-se a norma, ainda, aos casos de grupos constituídos com a finalidade de eliminar integrantes de determinados segmentos sociais tidos como indesejáveis pelos membros da organização, como mendigos, prostitutas, homossexuais etc. É irrelevante para o aumento da pena que o grupo atue exclusivamente por motivação própria ou mediante paga ou recompensa, caso em que também incidirá a qualificadora correspondente (art. 121, § 2º, I).

Em razão de sua posição no artigo e da ausência de incompatibilidade, a causa de aumento de pena é aplicável ao homicídio doloso simples ou qualificado. Na hipótese de ser a vítima menor de 14 ou maior de 60 anos, há a incidência cumulativa das duas causas previstas no artigo.

O homicídio, na forma simples, praticado por grupo de extermínio é também crime hediondo, por força do disposto no art. 1º, I, da Lei nº 8.072, de 25-7-1990. Não o é, porém, o homicídio simples praticado por milícia, em razão da ausência de expressa previsão legal. A circunstância, porém, pode ensejar o reconhecimento do motivo torpe, que qualifica o crime, tornando-o também hediondo (art. 121, § 2º, I).

No § 7º, incluído pela Lei nº 13.104, de 9-3-2015, são previstas as causas que no feminicídio determinam o aumento da pena de um terço até a metade. Majora-se a pena se o crime é praticado durante a gestação ou nos três meses posteriores ao parto (inciso I). Para a incidência da majorante é necessário que tenha o agente conhecimento da circunstância. A redação do dispositivo, porém, cria dificuldades para sua aplicação. Se atuou com dolo com relação à morte do feto, configura-se o crime de aborto e o agente deve responder por feminicídio em concurso com o crime previsto no art. 125, hipótese para a qual, aliás, a lei comina penas mais brandas, mesmo quando há desígnios autônomos.[61] Pode-se entender que a pena é agravada no feminicídio não em proteção à vida em formação, intrauterina, a qual já é tutelada no crime de aborto, mas em razão da consequência da morte da vítima para o filho nascente, que da mãe seria privado ainda no primeiro período de vida, em que maior é a dependência dos cuidados maternos. É o que justificaria a equiparação no mesmo dispositivo da condição de gestante à de ter a vítima filho nascido há menos de três meses.[62] A incidência da causa de aumento de pena afasta a agravante genérica prevista no art. 61, II, *h* (1ª e última circunstâncias).

De acordo com o inciso II, que teve sua redação alterada pela Lei nº 13.771, de 19-12-2018, e, posteriormente, pela Lei nº 14.344, de 24-5-2022, a pena é aumentada se a vítima é pessoa maior de 60 anos, com deficiência ou com doenças degenerativas que acarretem condição limitante ou de vulnerabilidade física ou mental. A primeira circunstância também agrava a pena no homicídio (§ 4º). No feminicídio, porém, o acréscimo é mais rigoroso por não ser fixo, de um terço, podendo elevar a pena de até a metade. O conceito de pessoa com deficiência é dado pela lei específica (Lei nº 13.146, de 6-7-2015 – Estatuto da Pessoa com Deficiência).

A causa de aumento de pena do feminicídio prevista no inciso III é a de ter sido o crime cometido na presença de descendente ou de ascendente da vítima. Por força de alteração introduzida pela Lei nº 13.771, de 19-12-2018, abrange o dispositivo tanto a presença física, como também a virtual, propiciada pelos modernos meios tecnológicos de transmissão eletrônica. Justifica-se a exasperação pela consequência traumática decorrente do crime para o filho, neto, pai ou qualquer parente da vítima em linha reta. Exige-se que este esteja no local do crime ao tempo em que é praticado. Não é necessário, porém, que assista ou observe diretamente a execução do crime.

---

61. É possível que a intenção do legislador fosse a de afastar no feminicídio contra gestante o crime de aborto, prevendo o mesmo tratamento legal para as hipóteses de morte do feto e nascimento do filho e deixando a critério do juiz a adequação da pena às circunstâncias do caso concreto mediante a dosagem do acréscimo devido à causa de aumento de pena. A deficiente técnica legislativa impede, no entanto, a solução.
62. A solução, porém, também implicaria, na existência do dolo, o afastamento do aborto tentado.

4 • DOS CRIMES CONTRA A VIDA   **51**

A última causa de aumento de pena está prevista no inciso IV, introduzido pela citada Lei nº 13.771, de 19-12-2018. A pena é majorada se o feminicídio é praticado com descumprimento das medidas protetivas de urgência previstas na Lei nº 11.340/2006.

4.1.12 Distinção

O homicídio diferencia-se do aborto porque este só pode ocorrer quando a conduta é exercida antes do início do parto, e do infanticídio, pela circunstância de que neste o sujeito passivo é o que está nascendo ou o recém-nascido e a agente é a mãe, que atua sob a influência do estado puerperal.

Não se confunde o homicídio com o delito de lesão corporal seguida de morte por exigir aquele o *animus necandi*, ao contrário do que ocorre com este, em que está presente apenas o *animus laedendi*.

Responde por homicídio o agente que induz, instiga ou presta auxílio ao suicida, se a vítima é menor de 14 anos ou se por enfermidade mental ou qualquer outra razão não pode oferecer resistência, conforme antes já se entendia na doutrina e na jurisprudência, por se tratar de hipótese de autoria mediata, e, agora, por força do que expressamente dispõe o art. 122, § 7º.

4.1.13 Concurso

Pode haver concurso material de homicídio com outros delitos, como o de lesões corporais em terceiro, a ocultação de cadáver etc.

O Supremo Tribunal Federal não admitia a continuação nos crimes contra a vida, por ser este um bem personalíssimo (Súmula 605),[63] embora tribunais estaduais e mesmo o STJ reconhecessem essa possibilidade.[77] O Pretório Excelso, entretanto, diante da redação do art. 71, parágrafo único, do CP, que prevê a continuação em crimes contra vítimas diversas cometidos com violência ou ameaça, vem admitindo a continuidade delitiva nessa hipótese.[78]

Negou-se o reconhecimento de concurso formal próprio de homicídio e aborto no caso do acusado que matara a mulher, sabendo-a grávida, por se entender que havia desígnios próprios e autônomos.[79] Na decisão, porém, diz-se que o agente assumiu o risco de produzir o aborto e, constituindo tal situação o dolo eventual, não há que falar em dualidade de desígnios.

4.1.14 Homicídio culposo

Registra a lei o homicídio culposo no art. 121, § 3º. Culpa, na definição de Maggiore, é "a conduta voluntária (ação ou omissão) que produz um resultado antijurídico não

---

63. Ver JESUS, DAMÁSIO E. de. *Decisões anotadas do STF em matéria criminal.* São Paulo: Saraiva, 1978. p. 71-72, e *Questões criminais.* São Paulo: Saraiva, 1981. p. 68-72, de Damásio E. de Jesus.

querido, mas previsível, ou excepcionalmente previsto, de tal modo que podia, com a devida atenção, ser evitado".[64] (item 2.1.6)

Reconheceu-se a ocorrência de homicídio culposo nos seguintes casos de provocação da morte: na aplicação de soro antitetânico na vítima sem, antes, submetê-la aos testes de sensibilidade;[80] no disparo do agente que atingiu o amigo durante a caçada;[81] no disparo ocorrido quando o agente engraxava ou manejava a arma;[82] na eletrificação de viveiro de pássaros em sítio de passagem obrigatória;[83] na aplicação de injeção em pessoa alérgica, o que provocou choque anafilático;[84] no fato de manter aberta caixa d'água no quintal, permitindo a queda de criança;[85] no empurrão que causou a queda e morte da vítima sem intenção lesiva por parte do agente;[86] no deixar arma ao alcance de crianças;[87] na derrubada de árvore sem cautelas;[88] na entrega das chaves do automóvel ao filho não habilitado;[89] no permitir que funcionários executassem trabalhos reconhecidamente perigosos sem equipamentos apropriados.[90] O erro de diagnóstico e terapia, provocado pela omissão de procedimentos recomendados ante os sintomas exibidos pelo paciente, acarreta responsabilidade médica, nos termos do art. 13, § 2º, *b*, do CP, e o profissional só pode ser excluído de responsabilidade se houver prova plena de que não comprometeu as chances de vida e integridade da vítima.[91] De outro lado, se a moléstia é de difícil diagnóstico, por ausência de sintomas específicos, não pode ser responsabilizado quem atuou de forma a socorrer devidamente a vítima.[92]

4.1.15 Crimes de trânsito

Os veículos motorizados, como parte integrante da vida contemporânea, tornaram-se fator poderoso de riscos para a segurança da vida e integridade corporal dos cidadãos. Atingindo os fatos lesivos causados sobretudo pelo automóvel cifras verdadeiramente alarmantes, já havia movimentos em favor da elaboração de lei penal especial para cuidar dos crimes culposos ocorridos no trânsito e que já têm a denominação de delito do automóvel ou crime automobilístico. Como "o agente criminoso, no tráfego, não tem classe social, não se subordina a nenhuma classificação já tentada nem a critérios de definição já esboçados", por ser ele o "homem eticamente considerado normal, ou, mais precisamente, 'ajustado', o que ocorre em regra",[65] a proposta é válida. De qualquer forma, já se tem acentuado que "só a criação de tipos penais descrevendo ilícitos de circulação não basta para resolver e pôr cobro ao número avultado de acidentes".[66]

Finalmente, os denominados crimes de trânsito, inclusive o homicídio e a lesão corporal culposos, passaram a ser definidos nos arts. 302 e 303 do Código de Trânsito Brasileiro (Lei nº 9.503, de 23-9-1997).

Nesses delitos, a culpa, em regra, consubstancia-se numa infração às normas regulamentares do trânsito, mas essa transgressão, por si só, não é suficiente para a caracte-

---

64. *Diritto penale*: parte geral. v. 1, p. 460.
65. ROSA, Fabio Bittencourt da. Pena e culpa nos delitos culposos. *RT* 352/311.
66. PINHEIRO, Geraldo Faria Lemos. Os automotores e suas implicações com o direito. *JTACrSP* 67/19.

rização do crime culposo. Não prevendo a lei a culpa presumida, necessário se torna a prova de que houve, no caso concreto, a culpa do agente, com todos os seus elementos (*Manual*, P. G., item 3.8.8). Segundo Enrique Altavilla, pode haver, por outro lado, a responsabilidade a título de culpa "ainda quando se observem os regulamentos", desde que, "por especiais circunstâncias, se imponham mais amplos deveres de diligência".[67] Obviamente, também a inobservância de regras técnicas não mencionadas nas normas regulamentares do trânsito pode constituir a culpa do agente que não atuou com os cuidados exigíveis no caso.

São regras que devem ser observadas e que, não obedecidas, podem revelar a existência de culpa: imprimir velocidade inadequada às condições do local e demais circunstâncias pertinentes ao trânsito; transitar na contramão de direção; ultrapassar outro veículo sem condições de visibilidade; não redobrar as atenções nos cruzamentos; dirigir alcoolizado; dirigir veículo que apresenta falhas mecânicas ou não possui equipamentos indispensáveis; não manter razoável distância do veículo que segue à frente etc.

Nossos tribunais têm reconhecido a existência de conduta culposa nos seguintes casos: a conversão à esquerda sem cautelas especiais;[93] a embriaguez do motorista;[94] a falta de distância de segurança com o veículo imediatamente à frente;[95] a ultrapassagem sem perfeitas condições de visibilidade e cautelas especiais;[96] a velocidade inadequada às condições do local e do tempo;[97] a marcha à ré em coletivo ou veículo de carga sem redobradas cautelas;[98] e o ingresso, sem maiores cuidados, em rodovia de intenso movimento.[99] Também se tem decidido haver culpa, por ser previsível um evento lesivo: na derrapagem ou colisão em estrada arenosa,[100] em dias chuvosos,[101] ou em estrada mal cuidada;[102] no ofuscamento por faróis[103] ou pela luz do sol;[104] na queda de passageiro quando o coletivo trafega com a porta aberta;[105] na saída de pedestre pela frente de ônibus estacionado[106] etc.

Por outro lado, isenta-se de responsabilidade o motorista quando há culpa exclusiva da vítima que atravessa pista de alta velocidade,[107] correndo,[108] ou a rodovia, de madrugada,[109] ou quando sai ela correndo de trás de veículos estacionados.[110] Não exclui a responsabilidade, porém, a culpa recíproca.[111]

A ocorrência de morte no trânsito pode constituir homicídio com dolo eventual. A jurisprudência tem aceitado essa tese quando se verifica que: o agente estava totalmente alcoolizado;[112] estava sob influência alcoólica, dirigindo em velocidade inadequada e na contramão de direção;[113] era deficiente, não tinha habilidade e dirigia em alta velocidade[114] etc.

4.1.16 Homicídio culposo qualificado

É qualificado o homicídio culposo "se o crime resulta de inobservância de regra técnica de profissão, arte ou ofício, ou se o agente deixa de prestar imediato socorro à

---

67. MARQUES. *Tratado*. Ob. cit. v. 4, p. 254.

vítima, não procura diminuir as consequências do seu ato, ou foge para evitar a prisão em flagrante" (art. 121, § 4º). A primeira circunstância refere-se à norma de natureza técnica que, embora não deva constar obrigatoriamente do regulamento da profissão, arte ou ofício, não se confunde com a simples conduta contravencional.[115] "No caso da agravante", afirma Euclides Custódio da Silveira, "o agente conhece a regra técnica que não observou, ao contrário do que acontece na imperícia, que pressupõe inabilidade ou insuficiência profissional, genérica ou específica".[68] Exemplos da circunstância seriam o médico não esterilizar os instrumentos que vai utilizar na cirurgia ou empregar técnica não usual na execução desta, o motorista dirigir com apenas uma das mãos no volante etc.

Também qualificará o crime o fato de o agente não prestar socorro à vítima, deixando, por exemplo, de transportá-la a um hospital. A prestação de assistência à vítima é obrigação legal e o descumprimento da regra acarreta o aumento da pena. Não responderá o agente, porém, pelo delito de omissão de socorro, como ocorre com aquele que, não sendo o autor do crime, deixa de prestar atendimento à vítima lesionada (art. 135).

Caso fique comprovado que o agente poderia evitar a morte da vítima, socorrendo-a, responderá ele por homicídio doloso diante do que dispõe o art. 13, § 2º, "c", do Código Penal (*Manual*, P. G., item 3.2.7).

A última causa de aumento de pena é a fuga para evitar a prisão em flagrante. Procura-se com o dispositivo evitar o desaparecimento do culpado, o que impediria, muitas vezes, sua identificação. Não há que se reconhecer a qualificadora quando se comprova que o agente deixou de socorrer a vítima ou abandonou o local em decorrência de ameaça de represálias por parte de populares, ou se, tendo também sofrido lesões, foi em busca de socorro.[116] Não há também o aumento da pena na omissão do agente quando a vítima foi socorrida por terceiros.[117]

No homicídio culposo praticado na condução de veículo automotor (art. 302 do CTB), deixar o agente de prestar socorro à vítima do acidente, quando possível fazê-lo sem risco pessoal, também constitui causa de aumento de pena (art. 302, § 1º, inciso III), mas a fuga do local do acidente para evitar responsabilidade penal ou civil que lhe possa ser atribuída é descrita como crime autônomo (art. 305). Proíbe o Código de Trânsito a prisão em flagrante do agente que prestar à vítima pronto e integral socorro (art. 301). Se o agente, na condução do veículo, pratica o homicídio culposo sob influência do álcool ou substância psicoativa que determine dependência, o crime é qualificado (art. 302, § 3º).

A Lei nº 14.071, de 13-10-2020, incluiu o art. 312-B que determina não se aplicar aos crimes de homicídio culposo e lesão corporal culposa, descritos nos arts. 302, § 3º e 303, § 2º do CTB, a substituição da pena privativa de liberdade por restritiva de direitos prevista no art. 44, I do CP.

---

68. Ob. cit. p. 75.

4.1.17 Concurso

Havendo mais do que uma vítima fatal, ocorre concurso formal homogêneo de homicídio culposo. Resultando em outra vítima lesões corporais, haverá concurso formal heterogêneo. Em qualquer caso, aplicar-se-á o art. 70, primeira parte.

Divergências existiam quanto à existência de concurso ou absorção pelo homicídio culposo quanto à contravenção de falta de habilitação para dirigir veículo (art. 32 da LCP). Havia uma orientação de que, por ser infração de mera conduta, não poderia a contravenção do art. 32 da LCP ser absorvida pelo delito culposo, eis que já aperfeiçoada quando da ocorrência desta, havendo, pois, concurso.[118] Havia uma corrente no sentido de que, havendo imprudência que redunda em crime, este absorvia a contravenção, cuja essência, na verdade, se inseria na infração maior.[119] Mas já se decidira, também, que a contravenção de falta de habilitação não era absorvida por subsequente delito culposo de trânsito, ainda que o elemento subjetivo deste fosse a imperícia,[120] com o que concordávamos. Não se podia negar, todavia, que o fato de haver sido absolvido da imputação do crime culposo não impedia fosse o motorista condenado por infração ao art. 32 da LCP[121] ou que a falta de habilitação não absorvia o crime culposo subsequente.[122] Nos termos da Súmula 720 do STF, porém, o art. 309 do Código de Trânsito Brasileiro derrogou o art. 32 da LCP no tocante à direção sem habilitação em vias terrestres.

Diante do Código de Trânsito Brasileiro, praticado o homicídio culposo, a circunstância de não possuir o agente permissão para dirigir ou carteira de habilitação constitui causa de aumento de pena, nos termos do art. 302, § 1º, inciso I, restando absorvido o crime previsto no art. 309 do mesmo estatuto ("dirigir veículo automotor, em via pública, sem a devida permissão para dirigir ou habilitação ou, ainda, se cassado o direito de dirigir, gerando perigo de dano"). Para o homicídio culposo na direção de veículo automotor, comina o CTB a pena de suspensão ou proibição de se obter a permissão ou a habilitação para dirigir veículo automotor, que pode ser aplicada pelo prazo de dois meses a cinco anos (arts. 293 e 302). Prevê, porém, a lei, também, que a inabilitação para dirigir veículos é consequência administrativa da condenação por crime culposo. Preceitua o art. 160 do Código de Trânsito Brasileiro, que "o condutor condenado por delito de trânsito deverá ser submetido a novos exames para que possa voltar a dirigir, de acordo com as normas estabelecidas pelo CONTRAN, independentemente do reconhecimento da prescrição, em face da pena concretizada na sentença". A medida decorre da simples condenação transitada em julgado, não representando pena acessória ou medida de segurança.[69]

4.1.18 Perdão judicial

Prevista está no homicídio culposo a possibilidade de concessão do perdão judicial (item 3.2.2.) "se as consequências da infração atingiram o próprio agente de forma tão

---

69. Sobre o assunto: PINHEIRO, Geraldo de Faria Lemos. Apreensão da carteira nacional de habilitação, para renovação de exames, quando houve ocorrência de acidente grave. *JTASCrSP* 57/9.

grave que a sanção penal se torne desnecessária" (art. 121, § 5º). Tem-se reconhecido como causa para a não aplicação da pena o grave sofrimento físico ou moral. Exemplos são a ocorrência de ferimento grave no próprio agente;[123] a morte da esposa e filho,[124] ou só da esposa,[125] ou do pai,[126] ou de primo e companheiro dileto;[127] ou de sobrinho com quem o agente tinha forte convivência e amizade;[128] e lesões no agente e em sua noiva.[129]

A aplicação do perdão judicial[70] deve ser feita com prudência e cuidado para que não se transforme, contra seu espírito, em instrumento de impunidade e, portanto, de injustiça.[130] Não se trata de benefício legal a ser concedido indiscriminadamente, em todo caso de crime culposo no qual a vítima seja parente próximo do condenado.[131] Uma das cautelas é considerar o grau de gravidade das lesões sofridas pelo réu.[132] Por essa razão já se tem negado o benefício quando o agente sofreu apenas lesões leves,[133] ainda que tenham sido atingidas, também levemente, a esposa[134] e a sogra,[135] ou a noiva.[136] Inexistindo qualquer relacionamento afetivo entre o condenado e a vítima, não se aplica o dispositivo.[137] Não se pode concordar, todavia, com a solução draconiana de que as lesões corporais graves ou morte de namorada, amigos ou conhecidos não têm o condão de se erigir em isenção de pena a motorista causador de acidente de trânsito.[138] O que deve ser examinado é se existem os requisitos exigidos pelo § 5º do art. 121, de caráter objetivo e subjetivo, e quanto a este exige a presunção da dor moral causada pela morte da vítima quando, entre esta e o agente, há ligações de caráter afetivo.[139] Para isso é necessário que reste cumpridamente provado nos autos que as consequências do crime atingiram de forma grave o agente de forma que a sanção penal é desnecessária.[140] No concurso formal de infrações, o perdão judicial, quando cabível, não pode ser concedido parcialmente, mas deve ser estendido à totalidade do resultado alcançado com aquela ação única do agente.[141] Se a sanção penal é desnecessária, não há por que aplicar qualquer pena ao autor do fato.

4.1.19 Ação penal

Por se tratar de crime doloso contra a vida, cabe quanto ao homicídio ação penal pública incondicionada com processo pelo rito especial estabelecido para os crimes de competência do júri (arts. 406 ss do CPP). É permitida também, no caso de homicídio doloso, a prisão temporária quando preenchidos os pressupostos legais (Lei nº 7.960, de 21-12-1989). Por força do art. 29, X, da CF, o Prefeito Municipal é julgado, inclusive nos crimes dolosos contra a vida, pelo Tribunal de Justiça do Estado.[71]

---

70. Ver a propósito do assunto: SOUZA, José Guilherme de. O perdão judicial nos delitos de circulação. *RT* 574/464-470.

71. Diante do disposto no art. 129, I, da CF, que atribui privativamente ao MP a titularidade da ação penal pública, ficou revogada a Lei nº 4.611, de 2-4-1965, quanto à instauração do processo por portaria no caso de homicídio culposo.

4.2 INDUZIMENTO, INSTIGAÇÃO OU AUXÍLIO A SUICÍDIO OU A AUTOMUTILAÇÃO

4.2.1 Conceito

O suicídio é a eliminação direta da própria vida ou mais precisamente, no dizer de Euclides C. da Silveira, "é a deliberada destruição da própria vida".[72] Por razões que se prendem à impossibilidade de punição do suicídio e à política criminal não se incrimina a prática do suicídio. Como a pena não pode passar da pessoa do delinquente (art. 5º, XLV, da CF), seria impossível sua aplicação ao suicida. Ademais, a cominação da pena não serviria de prevenção, porque quem quer morrer não se importa com a ameaça da sanção, seja ela qual for. Mesmo quanto à tentativa, "o Estado renuncia à punição, por motivos políticos e de ordem ética, de piedade, de caridade humana, que o impede de agravar com a pena a amargura de quem já se lançou em busca da morte".[73]

O suicídio, porém, por atingir um bem indisponível e não ser o exercício de nenhum direito subjetivo, é fato ilícito, tanto que a lei permite a coação para impedi-lo (art. 146, § 3º, inciso II). Assim, a lei incrimina fatos em que qualquer pessoa vá colaborar no suicídio de outrem. Não existem, aqui, as mencionadas razões de política criminal ou os motivos que impedem a aplicação da pena.

O induzimento, instigação ou auxílio a automutilação passou a integrar a descrição típica do art. 122 por força da alteração introduzida pela Lei nº 13.968, de 26.12.2019, editada em face da constatação de significativo incremento em incentivos e estímulos à sua prática, principalmente por crianças e adolescentes e por meio da *internet* e das redes sociais virtuais.

A automutilação é a autolesão, ação de provocar um dano à própria integridade física, agressão deliberadamente infligida ao próprio corpo, sem o intuito de suicídio. A automutilação é uma prática que se tem verificado com maior incidência no meio social e que tem sido associada a um distúrbio psíquico ainda insuficientemente compreendido na psiquiatria e na psicologia, mas que, mais frequentemente, tem início na adolescência, entre 13 e 14 anos, podendo perdurar por curtos períodos ou décadas, para a qual diversos fatores desencadeantes podem concorrer (que comumente se traduzem em sensação de abandono, rejeição, culpa ou vazio) e que tem sido associada a outras comorbidades, inclusive, eventualmente, alterações funcionais e neurológicas (como na produção de substâncias neurotransmissoras) e a transtornos psiquiátricos diferenciados (transtornos depressivo, de ansiedade, obsessivo compulsivo etc.). Como motivações mais frequentes para a prática da automutilação, mencionam-se na literatura especializada o desejo de fazer cessar *alguns estados cognitivos ou emocionais indesejados*, como nos casos de pensamentos ruins, dores emocionais, sentimentos

---

72. Ob. cit. p. 76.
73. MARREY, Adriano. Induzimento, instigação e auxílio ao suicídio. *RJTJESP* 5/9.

de culpa, raiva sentida contra outros etc. (reforço automático negativo); *de gerar um estado desejável,* como para sentir alguma coisa (reforço automático positivo); de *ter a atenção de outros* para que *vejam como eu me sinto* (reforço social positivo); ou de *fugir de alguma responsabilidade,* como por exemplo *para não ir à escola.* Nos estudos tem-se observado, também, a associação existente entre a automutilação e tentativas de suicídio, pretéritas ou futuras, o que autoriza a equiparação das condutas para o fim da repressão penal.[74]

De acordo com sua nova definição, tipifica-se no art. 122 o crime de induzimento, instigação ou auxílio ao suicídio ou a automutilação: "Induzir ou instigar alguém a suicidar-se ou a praticar automutilação ou prestar-lhe auxílio material para que o faça: Pena – reclusão, de 6 (seis) meses a 2 (dois) anos."

4.2.2 Objetividade jurídica

Protegem-se com o dispositivo a vida humana, bem indispensável, e a integridade física do indivíduo, bem também indisponível. Não existe, portanto, de acordo com a norma objetiva, o "direito de morrer" de que falava Ferri.

4.2.3 Sujeito ativo

Qualquer pessoa pode ser sujeito ativo do crime em estudo, excluindo-se, evidentemente, aquele que se suicida ou se mutila ou tenta matar-se ou mutilar-se. Quem pratica um dos atos (induzimento, instigação ou auxílio material) colabora com uma causa para a morte do suicida ou para a automutilação. No caso, o agente concorre para o evento lesivo, mas não pratica o ato consumativo da morte ou da automutilação, que cabe à própria vítima.

4.2.4 Sujeito passivo

É sujeito passivo a pessoa induzida, instigada ou auxiliada a praticar o suicídio ou a automutilação. Antes da vigência da Lei nº 13.968/2019, se a capacidade de resistência do sujeito passivo fosse nula, nos casos de menoridade ou deficiência mental, o sujeito ativo responderia sempre por homicídio e não pelo delito do art. 122, por se tratar de hipótese de autoria mediata em que a vítima é também o próprio instrumento do crime. De acordo com a nova disciplina da matéria, preveem-se soluções distintas com relação aos termos da responsabilização do agente que levam em consideração tanto a idade e a capacidade da vítima como a gravidade do evento lesivo (v. item 4.2.8).

---

74. Vide a respeito do tema o excelente estudo: GIUSTI, Jackeline Suzie, Automutilação: características clínicas e comparação com pacientes com transtorno obsessivo-compulsivo, tese apresentada à Faculdade de Medicina da Universidade de São Paulo para obtenção do título de Doutor em Ciências – Programa de Psiquiatria (2013). https://www.teses.usp.br/teses/disponiveis/5/5142/tde-03102013-113540/publico/JackelineSuzieGiusti.pdf. Acesso em 9-11-2020.

É indispensável para a ocorrência do crime em estudo que a vítima seja pessoa determinada. A conduta deve ter como destinatário uma ou várias pessoas certas, determinadas ou passíveis de determinação, não ocorrendo o ilícito quando se trata de induções ou instigações de caráter meramente geral e indeterminado. Não há crime quando, por exemplo, um autor de obra literária leva leitores ao suicídio, pela influência das ideias de suas personagens, como ocorreu após a publicação de *Werther*, de Goethe, e *René*, de Chateaubriand.[75]

4.2.5 Tipo objetivo

As condutas previstas no art. 122 são *induzir, instigar* ou *prestar auxílio* material a suicídio ou a automutilação. O suicídio é ação de tirar a própria vida, causar a morte a si próprio. A automutilação é a ação de ofender a própria integridade corporal. A prática da automutilação se dá, mais frequentemente, por meio de arranhões, cortes na pele, reabertura de ferimentos, mordidas etc., sempre auto-infligidas, podendo consistir, porém, em casos mais graves, em castração ou amputação de extremidades, membros ou partes do corpo.

Chama-se ao induzimento e à instigação de *participação* ou *concurso moral*, e ao auxílio material de *participação* ou *concurso físico*.

Embora o induzimento e a instigação sejam situações semelhantes, pode-se distinguir o ato de *induzir*, que traduz a iniciativa do agente, criando na mente da vítima o desejo do suicídio ou da automutilação quando esta ainda não pensara nele, do ato de *instigar*, que se refere à conduta de reforçar, acoroçoar, estimular a ideia preexistente.[142] Em ambos os casos é necessário que o meio seja idôneo, capaz de influir moralmente sobre a vítima, sendo pelo menos uma das causas do suicídio ou da automutilação. Caso contrário, não estará caracterizado o nexo causal.

A *fraude* pode ser meio do crime de induzimento, como no exemplo de Bento de Faria: "Marido e mulher resolvem, sob juramento, morrer na mesma ocasião. Este, com o propósito de se desfazer dela, faz constar ou finge que morreu. Esta, fiel ao juramento, põe termo à vida. Não há como negar que tal marido concorreu para esse suicídio." [76] Mas a fraude pode ser meio para o homicídio. Suponha-se a conduta daquele que entrega a outrem um revólver, dizendo-o descarregado, quando ocorre o contrário, e convence a vítima a puxar o gatilho após apontar a arma contra a própria cabeça. Há homicídio e não induzimento a suicídio porque o ofendido não pretendia matar-se. Há homicídio, também, se a vítima se suicida por coação do agente; se o constrangimento for resistível, haverá induzimento.[77]

---

75. SILVEIRA, Euclides C. da. Ob. cit. p. 80-81; NORONHA. *Direito penal*. Ob. cit. v. 2, p. 48; MARQUES. *Tratado*. Ob. cit. v. 4, p. 127.
76. *Código penal brasileiro*. Ob. cit. v. 4, p. 37. Exemplos semelhantes são os de MANZINI. *Trattato*. Ob. cit. v. 8, p. 100, nota 1; e HUNGRIA, FRAGOSO. *Comentários*. Ob. cit. v. 5, p. 233-234.
77. HUNGRIA, FRAGOSO. *Comentários*. Ob. cit. v. 5, p. 234.

Para que se fale em suicídio é necessário o elemento intencional da vítima de pôr termo à vida, não bastando que ela "aceite" a morte. Não há suicídio no ato do "herói que se sacrifica pela defesa da pátria ou do mártir que sucumbe na reafirmação da fé, ou do que se deixa matar por um ideal, ou, ainda, do homem abnegado, que dá sua vida em defesa de seu semelhante".[78] Assim, a conduta de quem induz, instiga ou auxilia a prática desses atos não constitui fato punível.

Pratica crime ainda quem *auxilia* o sujeito passivo na prática do suicídio ou da automutilação. Em regra, o auxílio consubstancia-se em uma contribuição material direta, como no fornecimento da arma ou do veneno,[(143)] mas haverá auxílio também no ministrar instruções sobre o modo de empregar os meios para matar-se, no criar as condições de viabilidade do suicídio, no frustrar a vigilância de outrem, no impedir ou dificultar o imediato socorro.[79] Em todos esses casos, o agente prestou auxílio, ajudou, favoreceu, facilitou a prática do suicídio.

É possível que a conduta do agente que pretende auxiliar o suicida acabe caracterizando um *homicídio consentido*. Há auxílio a suicídio quando o ato consumativo da morte for praticado pela própria vítima; há homicídio típico quando o agente pratica ou colabora *diretamente* no próprio ato executivo do suicídio. Responderá nos termos do art. 121 aquele que puxa a corda ou a cadeira para o enforcamento, segura o punhal contra o qual a vítima se projeta etc.

Se o agente pratica duas condutas (induz e presta auxílio, por exemplo), responderá, evidentemente, por um delito apenas, revelando sua conduta um dolo mais intenso. Há no caso um crime de ação múltipla ou de conteúdo variado (item 2.1.3).

Os maus-tratos sucessivos que levam a vítima a suicidar-se somente comporão o ilícito quando criarem "uma situação de tamanho amargor que a vítima, desesperada, se convença de que só pela morte poderá escapar-lhe, e o perseguidor, pelo menos, *prevê essa consequência e aceita o risco de provocá-la*".[80]

Discutida é a possibilidade da prática do crime por omissão. Tradicionalmente, na doutrina se tem admitido a ocorrência de instigação e induzimento na forma omissiva. Ensina Hungria: "Neste último caso, o crime só se apresenta quando haja um *dever jurídico* de impedir o suicídio. Exemplo: o pai deixa, propositadamente, que o filho menor, acusado de um fato desonroso, ponha termo à vida; o indivíduo que seduziu uma jovem e a abandonou em estado de gravidez assiste, impassível, ao seu suicídio; o diretor da prisão deliberadamente não impede que o sentenciado morra pela *greve de fome*; o enfermeiro que, percebendo o desespero do doente e seu propósito de suicídio, não lhe toma a arma ofensiva de que está munido e com que vem, realmente, a matar-se.

---

78. MARREY, Adriano. Induzimento, instigação e auxílio ao suicídio. *RJTJESP* 5/9-13.
79. Exemplos de FARIA, Bento de. *Código penal brasileiro*. Ob. cit. p. 36; e HUNGRIA, FRAGOSO. *Comentários*. Ob. cit. v. 5, p. 232.
80. BRUNO, Aníbal. *Crimes contra a honra*. Ob. cit. p. 138. Os grifos são nossos.

4 • DOS CRIMES CONTRA A VIDA **61**

Já não se apresentará, entretanto, o crime, por exemplo, no caso da moça que, não obstante o protesto de suicídio da parte de um jovem sentimental, deixa de responder-lhe a *missiva de paz* e dá causa, assim, a que o tresloucado se mate. Não há, aqui, o descumprimento de um dever jurídico." [81]

Nada há que se possa objetar à tese com relação ao crime por omissão nos casos de induzimento ou instigação ao suicídio ou à automutilação e, em certos casos, além do descumprimento do dever jurídico de impedir o resultado, o que já torna o omitente responsável diante do conceito normativo da omissão, a inatividade é *causa* do evento (a ideia de suicídio ou da automutilação do filho é reforçada pela omissão do pai quando a vítima, no íntimo, aguarda a intervenção paterna no sentido de impedir seu gesto).

Quanto à possibilidade de auxílio por omissão, comungam da opinião de Hungria outros doutrinadores como Aníbal Bruno[82] e Noronha.[83] Entende a maioria, contudo, que não há auxílio por omissão.[84] Fragoso, depois de apoiar essa tese, incompreensivelmente afirma que "de auxílio por omissão só se poderia cogitar naqueles casos em que o agente tem o dever jurídico de impedir o resultado como em todo crime comissivo por omissão".[85]

Significativo, no caso, o exemplo do enfermeiro, de Altavilla; em um hospital, é internado um doente que sofre atrozmente e manifesta propósitos de suicídio. O enfermeiro, violando a norma do regulamento que manda recolher as armas de toda pessoa internada, deixa-lhe o revólver, para que ele (o doente) possa realizar seu desígnio.[86] Essa omissão não configura induzimento ou instigação, mas auxílio ao suicídio.

4.2.6 Tipo subjetivo

O dolo do crime é a vontade de induzir, instigar ou auxiliar a vítima na prática do suicídio ou da automutilação. A opinião de que no suicídio o desejo de que a vítima morra constitui o denominado dolo específico (elemento subjetivo do injusto)[87] não nos parece correta, pois quem quer induzir, instigar ou auxiliar o suicida automaticamente também tem a vontade de que ele obtenha o resultado a que se propõe ou ao menos assume o risco de sua superveniência.[88]

---

81. *Comentários*. Ob. cit. 232 e 233.
82. Crimes contra a pessoa. Ob. cit. p. 140.
83. *Direito penal*. Ob. cit. v. 2, p. 44.
84. Nesse sentido: MARQUES. *Tratado*. Ob. cit. v. 4, p. 130; JESUS, Damásio E. de. *Direito penal*. Ob. cit. v. 2, p. 107; FARIA, Bento de. *Código penal brasileiro comentado*. Rio de Janeiro: Record, 1969, v.4, p. 37; SILVEIRA, Euclides C. da. *Crimes contra a pessoa*. p. 82.
85. FRAGOSO. *Lições*. Ob. cit. v. 1, p. 114.
86. *Delitti contra la persona*. p. 17, citado por COSTA E SILVA. Induzimento, instigação e auxílio ao suicídio. *Justitia* 43/17, nota 9.
87. Nesse sentido: MARQUES, José Frederico. *Tratado*. Ob. cit. v. 4, p. 131; SILVEIRA, Euclides C. da. Ob. cit. p. 88; MANZINI, *Trattato*. v. 8, p. 108, § 2.906.
88. Repudia a existência do elemento subjetivo do tipo (dolo específico). JESUS, Damásio E. de. *Direito penal*. Ob. cit. v. 2, p. 107-108.

Necessária é a prova de que realmente houve uma relação de causalidade entre a conduta do agente e o suicídio ou a automutilação, o que não ocorre, por exemplo, quando a instigação em nada acresceu na vontade da suicida, ou quando alguém, por exemplo, fornece um revólver e a vítima se elimina por enforcamento.[89]

Nada impede a prática do crime com dolo eventual. São exemplos: a conduta do marido que pratica sevícias contra a esposa, não obstante conhecer a intenção de que ela virá a suicidar-se em caso de reiteração das agressões,[90] a do pai que expulsa de casa a filha desonrada, tendo poderosas razões para supor que ela se suicidará;[91] a do carcereiro que não toma providência alguma quanto a greve de fome do presidiário etc.

Não há forma culposa do crime de participação em suicídio ou em automutilação, nem se configura o homicídio culposo quando o agente, por culpa, faz com que alguém se suicide. Já se decidiu, aliás, que "o simples rompimento de um namoro não pode jamais ser havido *de per si*, como ato tendente a induzir ou instigar o parceiro a cometer o suicídio".[(144)]

Ensina Fragoso, apoiado em Vannini, que "comete o crime de homicídio quem dolosamente impede o socorro, se o suicida se arrepende".[92]

4.2.7 Consumação e tentativa

Na redação original do dispositivo, o crime descrito no art. 122 se aperfeiçoava com a morte do suicida ou a ocorrência de lesão grave decorrente de sua tentativa, porque ambos os resultados eram elementos do tipo[93] e, portanto, a ocorrência de um ou outro era imprescindível à existência do crime. Tratava-se de circunstância elementar do crime e não de condição objetiva de punibilidade como entendiam alguns autores[94]. Assim, se apesar do induzimento, instigação ou auxílio a vítima não sofresse lesão alguma ou fosse esta de natureza leve, não haveria a fato a ser punido.

Na nova sistemática, o delito se consuma com a prática pela vítima de ato tendente ao suicídio ou à automutilação que tenha sido induzido ou instigado pelo sujeito ativo ou para o qual tenha este prestado auxílio. O crime se consuma mesmo na hipótese de lesão leve ou de nenhuma lesão se o sujeito passivo praticou os atos que objetivavam a própria morte ou automutilação, resultados que somente não ocorreram por cir-

---

89. NORONHA. *Direito penal*. Ob. cit. v. 2, p. 48; BRUNO, Aníbal. *Crimes contra a pessoa*. Ob. cit. p. 142; JESUS, Damásio E. de. *Direito penal*. Ob. cit. v. 2, p. 108; FRAGOSO. *Lições*. Ob. cit. v. 1, p. 118.
90. Exemplo de JESUS, Damásio E. de. *Direito penal*. Ob. cit. v. 2, p. 93-94.
91. Exemplo de NORONHA. *Direito penal*. Ob. cit. v. 2, p. 48.
92. *Lições*. Ob. cit. v. 1, p. 116.
93. Assim pensam: NORONHA. *Direito penal*. Ob. cit. v. 2, p. 45-46, MARQUES. *Tratado*. Ob. cit. v. 4 p. 123-124; COSTA E SILVA. Induzimento, instigação e auxílio ao suicídio. *Justitia* 43/18; JESUS, Damásio E. de. *Direito penal*. Ob. cit. v. 2, p. 104-105; FRAGOSO. *Lições*. Ob. cit. v. 1, p. 113; SILVEIRA, Euclides C. da. Ob. cit. p. 86, nota 165.
94. Nesse sentido: HUNGRIA, FRAGOSO. *Comentários*. Ob. cit. v. 5, p. 235; e MANZINI. *Trattato*. Ob. cit. v. 8, p. 106, § 2.904, item II.

cunstâncias alheias. No caso de se verificar lesão grave, gravíssima ou morte, o crime é qualificado (v. item 4.2.8).

A tentativa é, em tese, possível, se apesar da realização da conduta típica, a vítima não chega a dar início à prática do ato. Configura-se, por exemplo, o *conatus* no caso de o agente, conscientemente, fornecer o revólver com o qual a vítima pretendia cometer o suicídio, sendo ela, porém, obstada, por perceberem os seus pais a tempo a sua intenção.

4.2.8 Formas qualificadas e aumento de pena

Nos novos §§ 1º e 2º do art. 122, descrevem-se formas qualificadas do delito, relacionadas com a gravidade do resultado lesivo. Na redação original do dispositivo, não se punia o agente se de sua conduta não decorria para a vítima lesão alguma ou se dela resultava lesão corporal de natureza leve. Assim se verificava, porque os resultados de lesão grave e morte eram descritos como elementares do tipo penal. Nos termos da lei vigente, nessas hipóteses responde o agente nos termos do tipo fundamental (art. 122, *caput*), para o qual se prevê a pena de 6 meses a 2 anos de reclusão.

Se da tentativa de suicídio ou da automutilação decorre lesão corporal de *natureza grave* (art. 129, § 1º) ou *gravíssima* (art. 129, § 2º), a pena cominada é de 1 a 3 anos de reclusão, conforme expressamente ora se prevê no art. 122, § 1º. Se resulta *morte*, a pena é de 2 a 6 anos de reclusão, de acordo com o art. 122, § 2º.

Essas regras são, porém, excepcionadas pelo que dispõem os §§ 6º e 7º do art. 122, que preveem mais severa repressão nos casos de lesão gravíssima ou morte se a vítima é *menor de 14 anos* ou é pessoa portadora de *enfermidade ou deficiência mental* que lhe retira o necessário discernimento para a prática do ato, suicídio ou automutilação, ou está impedida, por qualquer outra causa, de oferecer resistência à instigação ou ao induzimento praticados pelo agente. Nesses dispositivos determina-se que o agente deve responder nos termos do art. 129, § 2º, se gravíssima a lesão, e do art. 121, se ocorre a morte. Essas regras estão em consonância com o entendimento, que já existia na lei anterior, no sentido de que nas hipóteses de vítima com capacidade nula de resistência, em razão da pouca idade ou outra circunstância, o agente deveria responder pelos crimes de lesão corporal ou homicídio, porque caracterizada, então, hipótese de autoria mediata (v. itens 4.1.5 e 5.1.5).

As circunstâncias previstas nos §§ 6º e 7º consistem em fórmulas já utilizadas em outros tipos penais como o de estupro de vulnerável (v. item. 23.1.6). No caso de menor de 14 anos, cuida-se de presunção de natureza absoluta, que independe de avaliação no caso concreto da capacidade de discernimento para resistir à conduta do agente. Tratando-se de pessoa portadora de enfermidade ou deficiência mental, para caracterização da hipótese legal impõe-se a aferição no caso concreto, normalmente por perícia psiquiátrica, tanto da existência da enfermidade ou deficiência mental como da decorrente incapacidade de discernimento da vítima com relação à prática do suicídio ou da automutilação instigada ou induzida pelo agente. Pela última circunstância, refere-se o legislador à vítima que, por qualquer outra causa que não as anteriores, está impossibilitada de se opor à influência do agente, como nos casos de se encontrar em estado de embriaguez completa, sob influência de drogas ou hipnose etc.

No § 3º do art. 122 preveem-se duas qualificadoras que determinam a aplicação da pena em dobro, relativas ao motivo do crime e à menoridade ou reduzida capacidade da vítima de se contrapor à influência do agente. São elas "I – se o crime é praticado por motivo egoístico, torpe ou fútil; e II – se a vítima é menor ou tem diminuída, por qualquer causa, a capacidade de resistência" (art. 122, § 3º).

No primeiro caso, exige-se elemento subjetivo do tipo (dolo específico), composto pelo fim que revela profundo desprezo do agente pela vida alheia ao sobrepor-lhe interesses pessoais. Agem por motivo egoístico – diz Hungria – tanto aquele que induz, instiga ou ajuda o suicídio de outrem, colimando o recebimento de uma herança ou de um seguro, quanto aquele que o faz visando à eliminação de um rival em amores ou um competidor de negócios.[95] Incluem-se não só os crimes praticados pelo interesse em proveito material próprio, como os casos de vingança, ódio ou maldade. Não ocorre a qualificadora quando o agente "procede por motivos dignos de apreço, como evitar a vergonha ou a miséria".[96] O motivo torpe e o fútil já foram objeto de exame porque também qualificam o homicídio (v. item 4.1.10).

No inciso II refere-se a lei, em primeiro lugar, à vítima menor. Na vigência da lei anterior, entendiam os doutrinadores que o Código se referia àqueles que tiverem entre 14 e 18 anos[97], porque se tivessem idade inferior o crime seria o de homicídio e por serem essas as idades mencionadas em outros dispositivos penais.[98] Entendia Fragoso que essa orientação é relativa, valendo apenas como uma orientação genérica, pois, "é possível que um menor de 18 anos, por suas condições de desenvolvimento e maturidade, não justifique a agravação quando vítima deste crime".[99]

Na lei vigente, porém, a questão ganhou contornos diversos porque, agora, embora claro que no caso de vítima menor de 14 anos responderá o agente por homicídio ou lesão corporal gravíssima, por força de expressas disposições contidas nos §§ 6º e 7º do art. 122, são estas aplicáveis somente nas hipóteses de lesão gravíssima ou morte. Assim, na nova sistemática da matéria, há que se entender que o inciso II do § 3º, há de ser aplicado a todos casos de vítimas menores de 18 anos, desde que do crime não resulte lesão ou dele decorra lesão leve ou grave. Entendimento diverso levaria ao absurdo de se prever punição mais severa no caso de vítima com 14 anos ou mais do que na hipótese de ter ela menos de 14 anos.

Assim, tratando-se vítima menor de 14 anos, se do crime resulta lesão gravíssima ou morte, responde o agente nos termos do § 6º cc o art. 129, § 2º, ou do § 7º cc o art.

---

95. *Comentários*. Ob. cit. v. 5, p. 238.
96. COSTA E SILVA. Induzimento, instigação e auxílio ao suicídio. *Justitia* 43/19.
97. JESUS, Damásio E. de. *Direito penal*. Ob. cit. v. 2, p. 1111; NORONHA. *Direito penal*. Ob. cit. v. 2, p. 49.
98. COSTA E SILVA eleva o limite até 21 anos. Induzimento, instigação e auxílio ao suicídio. *Justitia* 43/19.
99. *Lições*. Ob. cit. v. 1, p. 117.

121; se a lesão é nenhuma ou leve, aplica-se o *caput* cc o § 3º, II; se a lesão é grave, incide o § 1º cc o § 3º, II.

Tratando-se de vítima que tem entre 14 e 18 anos, se ocorre lesão grave ou gravíssima, aplica-se o § 1º cc o § 3º, II; se resulta morte, incide o § 2º cc o § 3º, II; se a lesão é leve ou nenhuma, aplica-se o *caput* cc o § 3º, II.

O inciso II, em sua segunda parte, refere-se à vítima que "tem diminuída, por qualquer causa, a capacidade de resistência", mantendo-se, também aqui, a redação original do texto legal. Impõe-se, porém, ponderar, diante da generalidade da expressão utilizada, que nela estão compreendidas todas as vítimas que não têm a plena capacidade de oferecer resistência à conduta do agente, seja em razão de enfermidade ou deficiência mental, como mencionado nos §§ 6º e 7º, seja em decorrência de outra causa que impeça ou dificulte o discernimento para o ato ou a atuação concreta de um dissenso interior. Assim como verificamos com relação à idade, há que se reconhecer também para a segunda parte do inciso II, por interpretação extensiva e sistemática, um alcance ampliado em relação àquele que era próprio do mesmo texto na anterior redação do artigo, para abranger a vítima que tem capacidade nula de discernimento ou de resistência, entendendo-se, portanto, por reduzida a capacidade que não é plena, sob pena de se excluir da maior proteção aqueles que estão em situação mais gravosa em relação ao que tem algum grau de discernimento, nas hipóteses de inexistência de lesão e de lesão leve ou grave.

Nos §§ 4º e 5º do art. 122 são previstas duas causas de aumento de pena. A pena é majorada até o dobro "se a conduta é realizada por meio da rede de computadores, de rede social ou transmitida em tempo real" (§ 4º). Refere-se a lei ao induzimento ou instigação ao suicídio ou à automutilação que possam ser praticados por meio da internet, como no caso de textos, áudios ou vídeos gravados e disponibilizados na rede, seja por meio de redes sociais virtuais (*Facebook, Instagram, WhatsApp* etc.) ou, ainda, por transmissões em tempo real (*Live*). A razão da majoração da pena nesses casos reside na facilidade que a internet propicia para um acesso imediato a um número maior de pessoas, o que favorece a disseminação da ideia do suicídio e da automutilação.

Deve-se observar, porém, que no crime descrito no art. 122 o sujeito passivo deve ser pessoa determinada (v. item 4.2.4) e que a sua consumação somente ocorre se a vítima, no mínimo, dá início à pratica do ato tendente à realização do suicídio ou da mutilação (v. item 4.2.7). Assim, a simples postagem de um texto, áudio ou vídeo em uma rede social ou sua transmissão em tempo real pelos quais alguém sustenta as "vantagens" morais ou psicológicas da prática da automutilação ou o "heroísmo" ou a "coragem" do suicida, por si sós, não configuram o crime. É necessária a existência do vínculo causal entre a conduta do agente e o comportamento da vítima que concretamente pratica o suicídio ou a automutilação ou que, pelo menos, dá início à sua realização. Se a intenção do legislador fosse, prioritariamente, a de criminalizar a simples divulgação de ideias suicidas ou de automutilação, de forma genérica, pela *internet*, mais adequada do que a previsão de uma causa de aumento de pena no art. 122 seria a descrição de fato típico específico, à semelhança do que prevê, por exemplo, o art. 218-C. De acordo com o §

5º, a pena é aplicada em dobro "se o autor é líder, coordenador ou administrador de grupo, de comunidade ou de rede virtual, ou por estes é responsável". Pune-se mais severamente aquele que por sua posição no grupo ou na rede virtual possui maior poder de discriminação dos membros e dos temas que neles possam se inserir.

Tanto a forma simples (induzir ou instigar alguém a suicidar-se ou a praticar automutilação ou prestar-lhe auxílio material para que o faça) como a qualificada do § 4º (se a conduta é realizada por meio da rede de computadores, de rede social ou transmitida em tempo real) foram expressamente incluídas entre os crimes hediondos pela Lei nº 14.811, de 12-1-2024, que deu nova redação ao art. 1º, inciso I, da Lei nº 8.072/1990.

4.2.9 Distinção

Haverá homicídio, e não o delito em estudo, se o agente impelir a vítima à prática do ato com fraude, como, por exemplo, afirmando falsamente estar descarregada a arma que faz com que o ofendido aponte para a própria cabeça, disparando o projétil. Como se exige que a vítima tenha alguma capacidade de discernimento, haverá homicídio no caso em que o ofendido não tem nenhuma capacidade de resistência moral, como o de pessoa de idade bem reduzida, do doente mental grave, dos que estão totalmente embriagados, conforme, aliás, ora dispõe expressamente o art. 122, § 7º, etc.

Nos casos de *duelo americano* ou *roleta-russa,* os sobreviventes responderão pelo crime definido no art. 122, embora já se tenha decidido pela ocorrência de homicídio com dolo eventual (item 4.1.7).

No caso de *suicídio a dois* ou *pacto de morte*, os sobreviventes responderão por homicídio quando tiverem praticado o ato consumativo, e por participação em suicídio se induziram, instigaram ou auxiliaram o suicida. Se o parceiro não morrer, no primeiro caso haverá tentativa de homicídio e, no segundo, responderá nos termos do art. 122, *caput*, e se houver lesão grave ou gravíssima, conforme o art. 122 § 1ª.

4.3 INFANTICÍDIO

4.3.1 Conceito

O infanticídio é definido, no Código vigente, nos seguintes termos: "Matar, sob a influência do estado puerperal, o próprio filho, durante o parto ou logo após: Pena – detenção, de dois a seis anos" (art. 123).

O infanticídio seria, na realidade, um *homicídio privilegiado, cometido pela mãe* contra o filho em condições especiais. Entendendo o legislador, porém, que é ele fato menos grave que aqueles incluídos no art. 121, § 1º, e na linha de pensamento de Beccaria e Feuerbach, definiu-o em dispositivo à parte, como delito autônomo e denominação jurídica própria, cominando-lhe pena sensivelmente menor que a do homicídio privilegiado.

Em vez de, seguindo a lei anterior, adotar o *sistema psicológico*, fundado no motivo de honra (*honoris causa*), que é o temor à vergonha da maternidade ilegítima, optou o legislador pelo *sistema fisiopsicológico* ou *fisiopsíquico*, apoiado no estado puerperal. Essa orientação tem merecido críticas contundentes por se entender não comprovada a suposta problemática influência do estado puerperal no psiquismo da parturiente, a ponto de Dirceu de Mello propugnar por "seu cancelamento como agir criminoso autônomo".[100 (145)]

4.3.2 Objetividade jurídica

Protege-se, ainda uma vez, a vida humana, não só a do recém-nascido (neonato), como também a daquele que está nascendo (nascente). Trata-se, neste último caso, da transição entre a vida endouterina e a extrauterina.

4.3.3 Sujeito ativo

O infanticídio é um crime próprio, praticado pela mãe da vítima, já que o dispositivo se refere ao "próprio filho" e ao "estado puerperal".

Ensinam A. Almeida Jr. e J. B. O. Costa Jr.: "Puerpério (*de puer* e *parere*) é o período que vai da dequitação (isto é, do deslocamento e expulsão da placenta) à volta do organismo materno às condições pré-gravídicas" (R. Briquet). Sua duração é, pois, de seis a oito semanas (Lee), "conquanto alguns limitem o uso da expressão 'puerpério' ao prazo de seis a oito dias, em que a mulher se conserva no leito".[101] Fenômeno não bem definido, o estado puerperal é por vezes confundido com perturbações da saúde mental, sendo até negada sua existência por alguns autores. Merece ser transcrita a explicação dos autores já citados: "Nele se incluem os casos em que a mulher, mentalmente sã, mas abalada pela dor física do fenômeno obstétrico, fatigada, enervada, sacudida pela emoção, vem a sofrer um colapso do senso moral, uma liberação de impulsos maldosos, chegando por isso a matar o próprio filho. De um lado, nem alienação mental, nem semialienação (casos estes já regulados genericamente pelo Código). De outro, tampouco frieza de cálculo, a ausência de emoção, a pura crueldade (que caracterizariam, então, o homicídio). Mas a situação intermédia, podemos dizer até normal, da mulher que, sob o trauma da parturição e dominada por elementos psicológicos peculiares, se defronta com o produto talvez não desejado, e temido, de suas entranhas." [102]

Isso não quer significar que o puerpério sempre acarrete uma perturbação psíquica, pois, "na grande maioria dos casos, se processa normalmente, sem sensível diminuição da capacidade da parturiente de determinar-se livremente".[103] Nos termos da Exposição de Motivos, "é preciso que fique averiguado ter esta (perturbação psíquica) realmente sobrevindo em consequência daquele (estado puerperal), de modo a diminuir a capacidade e entendimento ou de autoinibição da parturiente" (item 40). Não demonstrada

---

100. Infanticídio. Algumas questões suscitadas por toda uma existência (do delito) de discrepâncias e contrastes. In: *RT* 455/296-297.
101. *Lições de medicina legal*. Ob. cit. p. 381.
102. *Lições de medicina legal*. Ob. cit. p. 382.
103. SILVA, A. J. da Costa e. Infanticídio. *Justitia* 44/8.

ou inocorrente perturbação em decorrência do estado puerperal, não há que se reconhecer infanticídio e sim homicídio.[146] Já se tem entendido, todavia, que a lei presume a existência de uma perturbação psíquica especial, sendo necessária prova contrária para se descaracterizar o infanticídio e punir-se a agente por homicídio, uma vez que "a influência do estado puerperal é efeito normal e corriqueiro de qualquer parto, e, dada a sua grande frequência, deverá ser admitida sem maiores dificuldades".[147]

Não há que se confundir o estado puerperal, de simples desnormalização psíquica, com as denominadas *psicoses puerperais* (ou *sintomáticas*) que configuram doenças mentais, levando-se o fato a exame nos termos de inimputabilidade da agente por força do art. 26, *caput*.

Mesmo no infanticídio, não se exclui a possibilidade da existência de perturbação da saúde mental que leva à diminuição de pena, nos termos do art. 26, parágrafo único, invocando Noronha a compatibilidade entre o estado puerperal e o desenvolvimento mental incompleto.[104] Frederico Marques adverte, porém, que não se pode invocar a redução da pena "sob o fundamento de diminuição da imputabilidade advinda da 'influência do estado puerperal': é que essa causa de semi-imputabilidade já está compreendida no tipo".[105]

Problema exaustivamente discutido é o de se saber se responde por infanticídio ou homicídio aquele que colabora na prática de um infanticídio.

Fundados no art. 30, que faz estender ao coautor ou partícipe circunstância pessoal do agente, quando elementar no crime (no caso, a qualidade de mãe e o estado puerperal), opinam pela responsabilidade pelo infanticídio vários doutrinadores.[106]

Entendem outros que por ser o estado puerperal condição de natureza *personalíssima*, incomunicável, não têm aplicação no caso os arts. 29 e 30 do CP, respondendo o coautor ou partícipe por homicídio.[107]

Em uma solução mista, preconizando a punição por homicídio se o agente pratica ato executório consumativo, e por infanticídio se apenas é partícipe (participação *acessória* na antiga denominação), pronuncia-se uma terceira corrente.[108] Hungria,

---

104. *Direito penal*. Ob. cit. v. 2, p. 52-53. No mesmo sentido: HUNGRIA, FRAGOSO. *Comentários*. Ob. cit. v. 5, p. 251-253; JESUS, Damásio E. de. *Direito penal*. Ob. cit. v. 2, p. 118-119; SILVEIRA, Euclides C. da. Ob. cit. p. 96; MARREY, Adriano. O crime de infanticídio – o conceito de crime próprio e o problema da coautoria no crime de infanticídio. *Justitia* 43/11.

105. *Tratado*. Ob. cit. v. 4, p. 114.

106. NORONHA. *Direito penal*. Ob. cit. v. 2, p. 58; JESUS, Damásio E. de. *Direito penal*. Ob. cit. v. 2, 121-125; FRAGOSO. *Lições*. Ob. cit. v. 1, p. 88; DELMANTO. *Código penal anotado*. 2. ed. São Paulo: Saraiva, 1981. p. 1117.

107. SILVEIRA, Galdinho. *Tratado de direito penal*: parte especial. 1921. v. 3, nº 777, p. 58; BRUNO, Aníbal. *Crimes contra a pessoa*. Ob. cit. p. 151-152; COSTA E SILVA. Infanticídio. *Justitia* 44/9; MARREY, Adriano. O crime de infanticídio – o conceito de crime próprio e o problema da coautoria no crime de infanticídio. *Justitia*, 43/7-9; FRAGOSO, contra o que expõe nas *Lições, Comentários*, p. 541-542.

108. FARIA, Bento de. *Código penal brasileiro*. Ob. cit. p. 39; SILVEIRA, Euclides C. da. Ob. cit. p. 97-100; MARQUES. *Tratado*. Ob. cit. v. 4, p. 141.

que se manifestara pela incomunicabilidade, voltou atrás na última edição de sua obra, adotando a primeira posição.[109]

Endossamos a primeira orientação, por ser inegável a comunicabilidade das condições pessoais quando elementares no crime, a não ser que a lei disponha expressamente em contrário. Aliás, um mesmo fato somente pode ser punido de modo diverso com relação aos que dele participam quando a lei o determina (como nos casos do aborto consentido e o praticado por outrem com o consentimento da gestante, o do peculato doloso e peculato culposo, o da corrupção ativa e corrupção passiva etc. e na hipótese do art. 29, § 2º, do CP). Mais adequado, portanto, seria prever expressamente a punição por homicídio do terceiro que auxilia a mãe na prática do infanticídio, uma vez que não militam em seu favor as circunstâncias que levaram a estabelecer uma sanção de menor severidade para a autora do crime previsto no art. 123 em relação ao definido no art. 121.

4.3.4 Sujeito passivo

Vítima do delito é o filho nascente ou recém-nascido, tendo a lei penal antecipado o início da personalidade. Não é necessário, assim, que se comprove tenha havido sinal de vida extrauterina. Diz bem Adriano Marrey: "O recém-nascido apneico isto é, que ainda não respirou o ar ambiente, pode ser vítima desse crime, desde que nasceu vivo, verificada a função vital pelo batimento do coração. Do contrário, não haveria crime sempre que se suprimisse a vida no breve instante entre o nascimento e o em que a aspiração se devesse iniciar." [110] Aliás, a existência de lesão pode comprovar a circulação sanguínea e, por via de consequência, a vida do recém-nascido, configurando-se, assim, o infanticídio.[148]

Comumente, a prova da existência de vida é feita por meio das docimasias. Não se exige, também, que o recém-nascido tenha vitalidade, havendo infanticídio ainda que se comprove que iria ele morrer de causas naturais logo depois do parto (item 4.1.5).

4.3.5 Tipo objetivo

A conduta típica é *matar*, como no homicídio, sendo comum o crime cometido por sufocação ou ocasionado por fratura de crânio decorrente de golpes com objetos contundentes. Perfeitamente admissível é o delito de infanticídio praticado por omissão: ausência de alimentação, falta de ligadura do cordão umbilical etc. É da jurisprudência: "Responde por infanticídio progenitora que, após o nascimento do filho, não presta os cuidados indispensáveis à criança, deixando de fazer a ligadura do cordão umbilical seccionado".[149]

---

109. *Comentários*. Ob. cit. v. 5, p. 266.
110. O crime de infanticídio – o conceito de crime próprio e o problema da coautoria no crime de infanticídio. *Justitia* 43/6.

O feto abortado, absolutamente inviável por imaturidade, não é sujeito passivo de infanticídio, que exige ser nascente ou recém-nascido. Assim, a morte dele não configura nenhum crime.[111] Tratando-se, porém, de parto prematuro, provocado ou não, a morte do produto que alcançou vida extrauterina, pela mãe, configura infanticídio. Se a conduta da agente foi praticada sobre um natimorto, há crime impossível por absoluta impropriedade do objeto.

Embora a prova pericial de vida extrauterina autônoma comprove a existência de infanticídio, não é ela indispensável, podendo ser suprida por outros elementos quando, desaparecidos os vestígios, impossível o exame direto. Porém, se não existe nenhuma prova de um parto a tempo, não se pode falar em cadáver e, consequentemente, em infanticídio.[150]

É necessário para a caracterização do infanticídio não só que a mãe tenha agido sob a influência do estado puerperal (item 4.3.3), mas que o fato ocorra durante o parto ou logo após. O parto, como já se afirmou, inicia-se com a contração do útero e o descolamento do feto (item 4.1.5) e termina com a expulsão da placenta.

Não fixa a lei o limite de prazo após o parto em que ocorre infanticídio e não homicídio. Almeida Jr., que se referia a um prazo preciso, de até sete dias, passou a admitir que se deve deixar a interpretação ao julgador.[112] Bento de Faria refere-se ao prazo de oito dias, em que ocorre a queda do cordão umbilical.[113] Flamínio Fávero também se inclina para a orientação de deixar ao julgador a apreciação.[114] Costa e Silva afirma que "logo após" quer dizer "enquanto perdura o estado emocional".[115] Damásio estende o prazo até enquanto perdurar a influência do estado puerperal.[116] Na jurisprudência, tem-se entendido que, se apresentando de relativo valor probante a conclusão para a verificação do estado puerperal e assumindo relevo as demais circunstâncias que fazem gerar a forte presunção do *delictum exceptum*,[151] o prazo se estende durante o estado transitório de desnormalização psíquica.[152]

4.3.6 Tipo subjetivo

O dolo é a vontade de causar a morte do filho nascente ou recém-nascido (dolo direto), como a de assumir conscientemente o risco do êxito letal (dolo eventual).

Não existe forma culposa de infanticídio: se a mãe, por culpa, causar a morte do filho, responderá por homicídio culposo, ainda que tenha praticado o fato sob a influência do estado puerperal. A afirmação de Damásio de que, nesse caso, não haverá crime,[117] parece-nos improcedente. A influência do estado puerperal não equivale à incapacidade psíquica e a puérpera responde pelo ato culposo, qualquer que seja ele.

---

111. HUNGRIA, FRAGOSO. *Comentários*. Ob. cit. v. 5, p. 265; NORONHA. *Direito penal*. Ob. cit. v. 2, p. 57.
112. *Lições de medicina legal*. Ob. cit. p. 384.
113. *Código penal brasileiro*. Ob. cit. p. 42.
114. *Medicina legal*. Ob. cit. p. 309.
115. Infanticídio. *Justitia* 44/9.
116. *Direito penal*. Ob. cit. v. 2, p. 119-120.
117. *Direito penal*. Ob. cit. v. 2, p. 120.

4.3.7 Consumação e tentativa

Consuma-se o delito com a morte do nascente ou recém-nascido. Como já se acentuou, não é necessário que tenha ocorrido vida extrauterina, bastando a prova de que se tratava de feto vivo. Evidentemente, sendo o infanticídio crime plurissubsistente, é possível a tentativa.

4.3.8 Distinção

Distingue-se o infanticídio do aborto porque este somente pode ocorrer antes do início do parto.

Não se verificando que a mãe tirou a vida do filho recém-nascido sob a influência do estado puerperal, a morte praticada se adequará à figura típica do homicídio.[153] Por outro lado, o simples fato de demorar o recém-nascido para morrer não desnatura, por si só, o delito de infanticídio.[154] Quando a mãe expõe ou abandona o recém-nascido, para ocultar desonra própria, estando ou não sob a influência do estado puerperal, ocorre o crime de exposição ou abandono de recém-nascido, qualificado quando resultar lesão corporal de natureza grave ou morte (art. 134 e seus parágrafos).

4.3.9 Concurso

Quando a mãe, coautor ou partícipe ocultarem o cadáver da vítima, ocorrerá concurso material com o crime definido no art. 211.[155]

4.4 ABORTO

4.4.1 Conceito

Aborto é a interrupção da gravidez com a destruição do produto da concepção. É a morte do ovo (até três semanas de gestação), embrião (de três semanas a três meses) ou feto (após três meses), não implicando necessariamente sua expulsão. O produto da concepção pode ser dissolvido, reabsorvido pelo organismo da mulher ou até mumificado, ou pode a gestante morrer antes de sua expulsão. Não deixará de haver, no caso, o aborto.

Preferem alguns o termo *abortamento* para a designação do ato de abortar, uma vez que a palavra *aborto* se referiria apenas ao produto da interrupção da gravidez. Outros entendem que o termo legal – aborto – é melhor, quer porque está no gênio da língua dar preferência às formas contraídas, quer porque é o termo de uso corrente, tanto na linguagem popular como na erudita, quer, por fim, porque nas demais línguas neolatinas, com exceção do francês, diz-se aborto.[118]

---

118. MARREY, Adriano. O crime de aborto. *RT* 329/7.

O aborto pode ser *espontâneo* ou *natural* (problemas de saúde da gestante), *acidental* (queda, atropelamento etc.) ou *provocado* (aborto criminoso). As causas da prática do aborto criminoso podem ser de natureza *econômica* (mulher que trabalha, falta de condições para sustentar mais um filho etc.), *moral* (gravidez extramatrimônio, estupro etc.) ou *individual* (vaidade, egoísmo, horror à responsabilidade etc.).

Apontam-se várias razões para a liberação do aborto: um país que não pode manter seus filhos não tem o direito de exigir seu nascimento; a ameaça penal é ineficaz porque o aborto raramente é punido; a proibição leva a mulher a entregar-se a profissionais inescrupulosos; a mulher tem o direito de dispor do próprio corpo etc.[119] Atualmente, grande número de países não mais incrimina o aborto quando provocado até o terceiro ou quarto mês de gravidez (Suécia, Dinamarca, Finlândia, Inglaterra, França, Alemanha, Áustria, Hungria, Japão, Estados Unidos etc.). O Código Penal brasileiro não contempla sequer o chamado aborto *honoris causa* como tipo de crime privilegiado.

Prevê a lei vigente os crimes de autoaborto e consentimento no aborto (art. 124), aborto sem consentimento da gestante (art. 125) e aborto com o consentimento da gestante (art. 126).

4.4.2 Objetividade jurídica

Tutela-se nos artigos em estudo a vida humana em formação, a chamada vida intrauterina, uma vez que desde a concepção (fecundação do óvulo) existe um ser em germe, que cresce, se aperfeiçoa, assimila substâncias, tem metabolismo orgânico exclusivo e, ao menos nos últimos meses da gravidez, se movimenta e revela uma atividade cardíaca, executando funções típicas de vida. Protege-se também a vida e a integridade corporal da mulher gestante no caso do aborto provocado por terceiro sem seu consentimento. Na Itália, o aborto é crime contra a continuidade da estirpe.

4.4.3 Sujeito ativo

No caso do art. 124, o sujeito ativo é a gestante, tratando-se, assim, de crime especial ou próprio. Nos demais dispositivos, qualquer pessoa pode ser o autor do delito.

4.4.4 Sujeito passivo

Segundo a doutrina, o sujeito passivo é o feto, ou seja, o produto da concepção, recordando-se que a lei civil resguarda os direitos do nascituro (art. 2º do CC).[120] Não é o feto, porém, titular de bem jurídico ofendido, apesar de ter seus direitos de natureza

---

119. Sobre o assunto, ELUF, Luiza Nagib. Prática do aborto. *RT* 691/285-292; REIS, Dagma Paulino. Aborto; a polêmica interrupção voluntária ou necessária da gravidez – uma questão criminal ou de Saúde Pública? *RT* 709/277-284.

120. JESUS, Damásio E. de. *Direito penal*. Ob. cit. v. 2, p. 130; DELMANTO. *Código penal anotado*. Ob. cit. p. 19; SILVEIRA, Euclides C. da. Ob. cit. p. 108; MARQUES. *Tratado*. Ob. cit. v. 4, p. 160.

civil resguardados. Sujeito passivo portanto é o Estado ou a comunidade nacional.[121] Vítima também é a mulher quando o aborto é praticado sem seu consentimento.

4.4.5 Tipo objetivo

O objeto material do delito é o produto da fecundação (ovo, embrião ou feto). Segundo a doutrina, a vida intrauterina se inicia com a fecundação[122] ou constituição do ovo,[123] ou seja, a concepção.[124] Já se tem apontado, porém, como início da gravidez, a implantação do óvulo no útero materno (nidação).[125] Considerando que é permitida no País a venda do DIU e de pílulas anticoncepcionais cujo efeito é acelerar a passagem do ovo pela trompa, de modo que atinja ele o útero sem condições de implantar-se, ou transformar o endométrio para criar nele condições adversas à implantação do óvulo, forçoso é concluir-se que se deve aceitar a segunda posição, tendo em vista a lei penal. Caso contrário, dever-se-á incriminar como aborto o resultado da ação das pílulas e dos dispositivos intrauterinos que atuam após a fecundação. No âmbito do STF, porém, já foi proferida decisão no sentido de que, nos crimes previstos nos arts. 124 e 126, a interrupção voluntária da gestação realizada no primeiro trimestre não configura o crime de aborto, porque entendimento contrário violaria direitos sexuais e reprodutivos da mulher e o princípio da proporcionalidade.[126]

O estado de gravidez, em que ocorre o aborto, termina com o início do parto (item 4.1.5).

Não há crime na interrupção da gravidez *extrauterina* (tubárica, ovárica etc.) ou *molar* (patológica). No primeiro caso, a gravidez não pode chegar ao termo e, no segundo, a *mola*, produto degenerado da fecundação de um óvulo, não tem possibilidade de destino humano.

Já se decidiu que não importa ter havido prática tipicamente abortiva se o laudo pericial concluiu que a gravidez não era viável por se tratar de uma concepção frustrada que gerou embrião degenerado, inapto para produzir uma nova vida.[(156)]

As condutas previstas nos arts. 124 a 126 referem-se à provocação do aborto, ou seja, a qualquer ação de produzir, promover, causar, originar o aborto, interrompendo

---

121. Nesse sentido, FRAGOSO. *Lições*. Ob. cit. v. 1, p. 127.
122. HUNGRIA, FRAGOSO. *Comentários*. Ob. cit. v. 5, p. 290.
123. JESUS, Damásio E. de. *Direito penal*. Ob. cit. v. 2, p. 130.
124. MARREY, Adriano. O crime de aborto. *RT* 329/10.
125. FRAGOSO. *Lições*. Ob. cit. v. 1, p. 127-128.
126. STF: HC 124306-RJ, j. em 9-8-2016, *DJe* de 17-3-2017. O STJ, em decisão recente, trancou uma ação penal que apurava o crime de aborto provocado pela própria gestante, em razão da ilicitude da prova, por entender que houve a quebra do sigilo profissional entre o médico e a paciente, que teria aproximadamente 16 semanas de gravidez. Durante o atendimento, o médico suspeitou que o quadro fosse provocado pela ingestão de remédio abortivo e, por isso, decidiu acionar a Polícia Militar. O número deste processo não foi divulgado em razão de segredo judicial, decisão de 14-3-2023: https://www.stj.jus.br/sites/portalp/Paginas/Comunicacao/Noticias/2023/14032023-Sexta-Turma-tranca-acao-penal-por-aborto-ao-ver-quebra-de-sigilo-profissional--entre-medico-e-paciente.aspx.

a gravidez com a morte do feto. A morte do produto da concepção pode ocorrer no útero ou fora dele (no caso de expulsão com vida).[157]

Os processos utilizados podem ser químicos, orgânicos, físicos ou psíquicos. São substâncias que provocam a intoxicação do organismo da gestante e o consequente aborto, o fósforo, o chumbo, o mercúrio, o arsênico (*químicos*), e a quinina, a estricnina, o ópio, a beladona etc. (orgânicos). Os meios *físicos* são os *mecânicos* (traumatismo do ovo com punção, dilatação do colo do útero, curetagem do útero, microcesária), *térmicos* (bolsas de água quente, escalda-pés etc.) ou *elétricos* (choque elétrico por máquina estática). Os meios *psíquicos* ou *morais* são os que agem sobre o psiquismo da mulher (sugestão, susto, terror, choque moral etc.).

Sendo o meio empregado inteiramente ineficaz, como ocorre na aplicação de injeção sem efeito abortivo, haverá crime impossível.[158] Há também tentativa inidônea, diante da impropriedade absoluta do objeto, nas manobras abortivas praticadas em mulher que não se encontra grávida ou dirigidas a feto já morto.

Já se tem negado a possibilidade da prática do crime de aborto por omissão.[127] Nada, porém, a impede; responde por aborto o médico, parteira ou enfermeiro que, dolosamente, não toma medidas para evitar o aborto espontâneo ou acidental uma vez que têm eles o dever jurídico de impedir esse resultado.

Ausente a prova do estado fisiológico da gravidez, não há que cogitar-se do crime de provocação do aborto.[159] Também, tem-se exigido a prova de vida do feto,[160] mas esta normalmente é presumida quando se verifica ter sido *provocada* a expulsão do feto.

O aborto é crime que deixa vestígios, sendo indispensável a comprovação de sua existência material por meio de exame de corpo de delito.[161] Não sendo possível o exame pericial direto, por terem desaparecido os vestígios, a prova testemunhal ou documental poderá suprir-lhe a falta,[162] ressalvando-se que a palavra da gestante não basta, por si só, para tal finalidade.[163]

4.4.6 Tipo subjetivo

O aborto é um crime doloso. É necessário que o agente queira o resultado ou assuma o risco de produzi-lo. Age com dolo eventual aquele que agride a mulher sabendo do estado de gravidez.[164] Haverá, no caso, um concurso formal de delitos. A tentativa de suicídio de mulher grávida não é punível como tentativa de aborto.[128]

Não há crime de aborto culposo e, assim, a imprudência de mulher grávida que causa a interrupção da gravidez não é conduta punível. O terceiro que, culposamente, causa o aborto, responde por lesão corporal culposa.

---

127. MARREY, Adriano. O crime de aborto. *RT* 329/11.
128. FRAGOSO. *Lições*. Ob. cit. v. 1, p. 129.

4.4.7 Consumação e tentativa

Consuma-se o aborto com a interrupção da gravidez e a morte do feto, desnecessária a existência da expulsão.[165]

Não há necessidade, para se compor o delito, que haja prova da viabilidade fetal.

A tentativa existe quando as manobras abortivas não interrompem a gravidez ou provocam apenas aceleração do parto, com a sobrevivência do neonato. Morto este após o nascimento, ocorrerá infanticídio, se a autoria do crime couber à mãe, e homicídio se a terceiro. Em ambos os casos, pode dar-se "um concurso material de crimes – de aborto tentado (pois o feto não morreu por via deste) e de homicídio ou infanticídio consumado".[129] "Se o feto nasce vivo e viável, diz Frederico Marques, e vem a perecer, ulteriormente, em consequência das manobras abortivas, o crime de aborto se consuma; mas se a morte resultou de causa independente, existirá apenas tentativa de aborto." [130]

4.4.8 Autoaborto e aborto consentido

O art. 124, em sua primeira parte, descreve o chamado autoaborto: "provocar aborto em si mesma". Trata-se de crime especial, só podendo praticá-lo a mulher gestante.

Na segunda parte do artigo, é disciplinado o *aborto consentido*, em que a agente é incriminada por "consentir que outrem lho provoque" (o aborto). No caso, a gestante não pratica o aborto em si mesma, mas consente que o agente o realize. Este, que provoca o aborto, responde pelo crime previsto no art. 126, em que se comina pena mais severa.

Dúvidas surgem com relação à possibilidade de concurso de agentes nos casos de autoaborto e aborto consentido. Para uma primeira posição, pode dar-se o concurso, "ainda que moral, de terceiros, no incitamento ao aborto, na propiciação dos meios necessários a ele, ou na ministração de instruções, ou, ainda, tornando possível o delito, mesmo que dele diretamente não participem".[131] [166] O partícipe somente responderia pelo crime previsto no art. 126 (item 4.4.10) quando participasse do ato executivo, ou seja, quando interviesse na execução ou no emprego do meio abortivo. Para outra corrente, quem participa do fato, ainda que apenas induzindo ou auxiliando a agente, por exemplo, responde sempre como partícipe do crime do art. 126 do Código Penal.[167] A melhor orientação é a de determinar a posição do partícipe pela verificação de sua atividade: se se refere ao ato praticado pela gestante ou àquele executado pelo terceiro que o provoca. Responderá pelo delito do art. 124 aquele que intervier na conduta praticada pela gestante. Concordamos integralmente com a observação de Damásio: "De ver-se que ela (gestante) *consente* na provocação e o terceiro o *provoca*." Os verbos dos tipos

---

129. MARREY, Adriano. O crime de aborto. *RT* 329/11.
130. *Tratado.* Ob. cit. v. 4, p. 164.
131. MARREY, Adriano. O crime de aborto. *RT* 329/13. No mesmo sentido: NORONHA. *Direito penal.* Ob. cit. v. 2, p. 66; MARQUES. *Tratado.* Ob. cit. v. 4, p. 166; HUNGRIA, FRAGOSO. *Comentários.* Ob. cit. v. 4, p. 302; SILVEIRA, Euclides C. da. Ob. cit. p. 118-120.

são consentir (art. 124, 2ª parte) e *provocar* (art. 126). Se o sujeito intervém na conduta de a gestante *consentir*, aconselhando, *v. g.*, deve responder como partícipe do crime do art. 124. Agora, se, de qualquer modo, concorrer no fato do terceiro provocador, responderá como partícipe do crime do art. 126 do CP. [132]

Deve-se observar que é necessário que o consentimento da gestante seja válido.

4.4.9 Aborto provocado por terceiro

No art. 125, a pena cominada é mais grave (reclusão, de três a dez anos), porque o agente provoca o aborto sem o consentimento da gestante, no caso também vítima do crime.

Haverá esse delito, e não o do art. 126, quando for empregada pelo agente a força (violência), a ameaça ou a fraude. Exemplos desta última seriam os casos de convencer a gestante de que se está praticando uma intervenção cirúrgica para remover um tumor ou de fazê-la ingerir um abortivo supondo que se trata de um medicamento.

Presume-se não haver o consentimento da gestante, aplicando-se o dispositivo em estudo, quando a gestante "não é maior de quatorze anos, ou é alienada ou débil mental, ou se o consentimento é obtido mediante fraude, grave ameaça ou violência" (art. 126, parágrafo único). A menor de 14 anos, presume-se, tem desenvolvimento mental incompleto, não podendo consentir validamente. Também não é válido o consentimento da alienada (que sofre de doença mental) e da débil mental (com desenvolvimento mental retardado).

4.4.10 Aborto consensual

Define-se no art. 126 a provocação do aborto com o consentimento da gestante. Esta responderá pelo crime previsto no art. 124 (item 4.4.8) e aquele que pratica as manobras abortivas ou causa o aborto de outra forma será punido pelo crime em estudo, com pena mais severa.

O consentimento, que pode ser expresso ou tácito, deve existir desde o início da conduta até a consumação do crime, respondendo pelo art. 125 o agente quando a gestante revoga seu consentimento durante a execução do aborto. Ensina Fragoso que "a passividade e a tolerância da mulher equivalem ao consentimento tácito".[133] Quem participa da conduta do provocador responde pelo crime de aborto consensual (item 4.4.8).

O erro do agente, supondo justificadamente que há consentimento da gestante, quando isso não ocorre, é erro de tipo, devendo ser ele responsabilizado pelo art. 126 e não pelo art. 125.

---

132. Decisões anotadas do STF em matéria criminal. Ob. cit. p. 10.
133. *Lições*. Ob. cit. P. E. v. 1, p. 132.

4.4.11 Aborto qualificado

O art. 127 contém as formas qualificadas pelo resultado: "As penas cominadas nos dois artigos anteriores são aumentadas de um terço se, em consequência do aborto ou dos meios empregados para provocá-lo, a gestante sofre lesão corporal de natureza grave; e são duplicadas, se, por qualquer dessas causas, lhe sobrevém a morte."

É evidente que o resultado mais grave (lesão corporal grave ou morte), condição de maior punibilidade, não deve ter sido querido, nem mesmo eventualmente, pelo agente, pois nesses casos deverá ele responder por crimes de lesões corporais ou homicídio, em concurso com o aborto. O art. 127 refere-se ao crime preterdoloso, em que o agente não quer o resultado – lesão grave ou morte (item 2.1.7).

Referindo-se a lei não só ao aborto, mas aos meios empregados para provocá-lo, responderá o agente pela tentativa de aborto qualificado quando não se consumar a morte do feto, embora ocorra lesão grave ou morte da gestante.[134]

Aplica-se o dispositivo referente às formas qualificadas apenas aos autores dos crimes previstos nos arts. 125 e 126, excluída a gestante. Não responderá, também, pela qualificadora o partícipe quando lhe for imputado o crime previsto no art. 124.[135] Há os que sustentam que responderão eles por lesões corporais culposas ou homicídio culposo,[136] mas, a nosso ver, trata-se de solução forçada, respondendo o agente por aborto simples, uma vez que não participou do ato de execução.

Não ocorre a qualificadora quando houver lesão grave *necessária* para o aborto (lesão do útero, por exemplo). Nesses casos, é ela consequência normal do fato.

4.4.12 Aborto necessário

Prevê o art. 128 casos de *aborto legal*, quando ocorrem circunstâncias que tornam lícita a prática do fato. "Não se pune o aborto praticado por médico: I – se não há outro meio de salvar a vida da gestante; II – se a gravidez resulta de estupro e o aborto é precedido de consentimento da gestante ou, quando incapaz, de seu representante legal."

São causas excludentes da criminalidade, embora a redação do dispositivo pareça indicar causas de ausência de culpabilidade ou punibilidade.

No primeiro caso, está previsto o aborto *necessário* (ou *terapêutico*) que, no entender da doutrina, caracteriza caso de estado de necessidade (que não existiria no caso de perigo futuro). Para evitar qualquer dificuldade, deixou o legislador consignada

---

134. Nesse sentido: FRAGOSO. *Lições*. Ob. cit. v. 1, p. 135; BRUNO, Aníbal. *Crimes contra a pessoa*. Ob. cit. p. 168-169, HUNGRIA, FRAGOSO. *Comentários*. Ob. cit. v. 5, p. 304; SILVEIRA, Euclides C. da. Ob. cit. p. 123; Ob. cit. MARQUES. *Tratado*. Ob. cit. v. 4, p. 171.

135. Assim pensam SILVEIRA, Euclides C. da. Ob. cit. p. 118-119, e NORONHA. *Direito penal*. Ob. cit. v. 2, p. 68-69.

136. HUNGRIA, FRAGOSO. *Comentários*. Ob. cit. v. 5, p. 304; FRAGOSO. *Lições*. Ob. cit. v. 1, p. 134; MARQUES. *Tratado*. Ob. cit. v. 4, p. 171.

expressamente a possibilidade de o *médico* provocar o aborto se verificar ser esse o único meio de salvar a vida da gestante. No caso, não é necessário que o perigo seja atual, bastando a certeza de que o desenvolvimento da gravidez poderá provocar a morte da gestante. O risco de vida pode decorrer de anemias profundas, diabetes, cardiopatias, tuberculose pulmonar, câncer uterino, má conformação da mulher etc. Tais riscos, porém, atualmente podem ser superados tendo em vista a evolução da medicina e cirurgia. Almeida Jr., citando Raul Briquet, afirma: "O aborto terapêutico provém ou da deficiência de conhecimentos médicos, ou da não observância dos princípios da assistência pré-natal."[137] Num país como o Brasil, todavia, em que é elevado o nível de pobreza, precário o atendimento médico do Estado e inexistentes as condições de saúde e higiene, especialmente em lugares distantes, não é descabida a justificativa legal.

Afirma Adriano Marrey que "depende o aborto necessário do consentimento da gestante, pois não se equipara à intervenção cirúrgica, que pode ser levada a efeito contra a vontade do paciente",[138] mas na verdade o médico não necessita do consentimento para intervir,[139] já que a este somente se refere o inciso II. Cabe ao médico decidir sobre a necessidade do aborto a fim de ser preservado o bem jurídico que a lei considera mais importante (a vida da mãe) em prejuízo do bem menor (a vida intrauterina).

Caso o aborto seja praticado por pessoa não habilitada legalmente (a lei refere-se apenas ao médico), poder-se-á alegar estado de necessidade, nos termos do art. 24, se se tratar da existência de perigo atual para a vida da mulher.

A pessoa que auxilia o médico não responde por crime de aborto porque o fato não é criminoso.

Absolvida a gestante por ter agido em estado de necessidade, a decisão deve estender-se ao corréu.

Decidiu-se pela existência do estado de necessidade no aborto praticado por moça solteira, que engravidara, sob a alegação de que, sendo admitidos os meios anticoncepcionais, não se compreende que o aborto também não o seja pelo menos nos primeiros dias da concepção, antes que o feto manifeste vida.[(168)] O argumento, que se justifica de *lege ferenda*, não se mantém diante da lei vigente, que não cogita do aborto *honoris causa*.

4.4.13 Aborto sentimental

Pelo inciso II do art. 128 está autorizado o *aborto sentimental* (ou *ético*, ou *humanitário*), que é aquele que pode ser praticado por ter a gravidez resultado de estupro. Tem-se entendido que, no caso, há, também, estado de necessidade ou causa de não exigibilidade de outra conduta. Justifica-se a norma permissiva porque a mulher não

---

137. *Lições de medicina legal*. Ob. cit. p. 365-366.
138. O crime de aborto. *RT* 329/14.
139. Nesse sentido: NORONHA. *Direito penal*. Ob. cit. v. 2, p. 71; FARIA, Bento de. *Código penal brasileiro*. Ob. cit. p. 60; FRAGOSO. *Lições*. Ob. cit. v. 1, p. 137; JESUS, Damásio E. de. *Direito penal*. Ob. cit. v. 2, p. 138; HUNGRIA, FRAGOSO. *Comentários*. v. 5, p. 311; SILVEIRA, Euclides C. da. Ob. cit. p. 128.

deve ficar obrigada a cuidar de um filho resultante de coito violento, não desejado. Além disso, frequentemente o autor do estupro é uma pessoa degenerada, anormal, podendo ocorrer problemas ligados à hereditariedade. Resultando a gravidez não de estupro, mas de atentado violento ao pudor, antes descrito no art. 214, aplicava-se o dispositivo, isentando-se o agente, pela aplicação da analogia *in bonam partem*.[140] Desnecessário se tornou o recurso à analogia, porque a partir da Lei nº 12.015/2009 pune-se como *estupro* a prática de outros atos libidinosos que não a conjunção carnal nos termos dos arts. 213 e 217-A.

Para que o médico pratique o aborto não há necessidade, evidentemente, de existência da sentença condenatória contra o autor do estupro nem mesmo de autorização judicial. Deve ele submeter-se apenas ao Código de Ética Médica, admitindo como prova elementos sérios a respeito da ocorrência do estupro (boletim de ocorrência, declarações, atestados etc.).[141] Não havendo menção na lei à necessidade de autorização judicial para a prática do aborto sentimental, não há legítimo interesse num pedido com tal finalidade. Além disso, como bem observa Geraldo Batista de Siqueira, a autorização judicial, erroneamente requerida, e, às vezes, concedida, é relevante como causa obstativa da persecução penal contra o médico e a gestante, no caso de falsidade do estupro, por não concorrer para a formação de coisa julgada.[142] Já se negou a autorização judicial para o aborto requerido em caso de expressa e inequívoca deliberação da mulher estuprada por implicar perigo de vida para a gestante diante do adiantado estado da gravidez.[(169)]

Se o médico for induzido a erro inevitável por parte da gestante ou de terceiro sobre a ocorrência do estupro, que não se verificou, não responderá pelo crime de aborto (erro de tipo permissivo).

Antes da vigência da Lei nº 12.015, de 7-8-2009, tratando-se de estupro com violência presumida, nos termos do revogado art. 224, bastava para se ter como configurado o aborto sentimental a prova da causa legal (menoridade, alienação mental etc.). Solução semelhante deve ser adotada em face da lei vigente, que não prevê a violência como circunstância elementar do tipo no crime de estupro de vulnerável, o qual se consuma com a simples prática de conjunção carnal ou outro ato libidinoso com pessoa que ostenta aquela condição (art. 217-A). É suficiente, assim, para a caracterização de aborto sentimental nessa hipótese, que se comprove que a vítima do estupro é menor de 14 anos. A mesma lei passou a prever a gravidez resultante de crimes sexuais como causa de aumento de pena, nos termos do art. 234-A, III.

O dispositivo refere-se exclusivamente ao aborto e por isso o infanticídio praticado pela mulher estuprada ou a seu pedido é criminoso.

---

140. Nesse sentido: NORONHA. *Direito penal.* Ob. cit. v. 2, p. 72; JESUS, Damásio E. de. *Direito penal.* Ob. cit. v. 2, p. 138; SILVEIRA, Euclides C. da. Ob. cit. p. 129, nota 247.
141. No âmbito do Sistema Único de Saúde (SUS), Portaria de Consolidação nº 5, de 28-9-2017, do Ministério da Saúde (arts. 694 a 700) disciplina o procedimento de justificação e autorização da interrupção da gravidez na hipótese de aborto sentimental ou humanitário.
142. Aborto humanitário: autorização judicial. *RT* 675/299-303.

4.4.14 Aborto eugenésico

Tem-se entendido que não há excludente de criminalidade no chamado aborto *eugenésico* (ou *eugênico*) que é o "executado ante a suspeita de que o filho virá ao mundo com anomalias graves, por herança dos pais."[143] Há décadas, surgiu o problema do nascimento de crianças com graves deformações em virtude da utilização pela mãe, durante a gestação, da substância conhecida como *thalidomide*. Escreve a respeito Basileu Garcia: "Se há um caso característico de abortamento eugênico em que a punição seria desaconselhada pela piedade, esse é o trazido a debate pela Thalidomide." Demonstra o autor serem lacunosos os Códigos que, tendo eliminado a repressão a título de crime do abortamento sentimental e em certa medida do terapêutico, consideram suscetível de pena o abortamento eugênico. Há, entretanto, uma tendência à descriminação do aborto eugênico em hipóteses específicas. Com o válido argumento de que não se deve impedir o aborto em caso de grave anomalia do feto, que o incompatibiliza com a vida, de modo definitivo, já se têm concedido centenas de alvarás judiciais para abortos em casos de anencefalia (ausência ou má formação de cérebro),[170] má conformação congênita do feto,[171] psicológicos, agenesia renal (ausência de rins), abertura de parede abdominal e síndrome de Patau (em que há problemas renais, gástricos e cerebrais gravíssimos). A inviabilidade da vida extrauterina do feto e os danos psicológicos à gestante justificam tal posição, apoiando-se alguns na tese da existência da possibilidade de aborto terapêutico e outros no reconhecimento da excludente de culpabilidade de inexigibilidade de conduta diversa. A questão foi amplamente debatida no Supremo Tribunal Federal. O Tribunal, por maioria de votos, julgou procedente arguição de descumprimento de preceito fundamental para declarar a inconstitucionalidade da interpretação segundo a qual a interrupção da gravidez de feto anencéfalo é conduta tipificada nos arts. 124, 126, 128, incisos I e II, do Código Penal.[144, 145]

4.4.15 Aborto social e aborto *honoris causa*

Pune-se, inquestionavelmente, o *aborto social* (ou *econômico*), realizado para impedir que se agrave a situação de penúria ou miséria da gestante, bem como o *honoris causa*, praticado em decorrência da gravidez *extramatrimonium*. Pune-se, ainda, o aborto que visa preservar a saúde da gestante quando não corre ela risco de vida, "mesmo quando verificada a necessidade, do ponto de vista médico e ainda que, por motivo a ela relacionado ou por outras especiais condições não possa a paciente levar avante sua gravidez, sem risco de sua integridade física ou mental".[146]

---

143. GARCIA, Basileu. Thalidomide e abortamento. *RT* 324/9. Pela possibilidade do aborto em caso de anencefalia fetal, com exclusão da culpabilidade diante da inexigibilidade de conduta diversa: sentença do Dr. José Henrique Rodrigues Torres, in *Revista de Ciências Criminais* 8/239-246.
144. ADPF-QO 54, Plenário, j. em 12-4-2012, *DJe* de 30-4-2013.
145. Com amparo nessa decisão, o Conselho Federal de Medicina estabeleceu diretrizes a serem observadas no diagnóstico da anencefalia e na antecipação terapêutica do parto (Resolução nº 1.989, de 10-5-2012).
146. MARREY, Adriano. O crime de aborto. *RT* 329/14.

4.4.16 Distinção

O aborto distingue-se do infanticídio porque somente pode ocorrer antes do início do parto.

Responde por aborto aquele que agride a mulher que sabe estar grávida, assumindo o risco de produzir o resultado. Haverá concurso formal, no caso, somando-se as penas quando o agente deseja os dois resultados (lesões e aborto). Caso o agente desconheça a gravidez, não responderá por lesão corporal gravíssima (art. 129, § 2º, inciso V).

Praticadas manobras abortivas que geram a expulsão do feto, que acaba sobrevivendo, não se consuma o aborto, havendo apenas o *parto acelerado*. Respondem o agente e a gestante, se consentiu no ato, por tentativa de aborto. Se o intuito era apenas a aceleração do parto (para receber herança, por exemplo), o terceiro responderá por lesões corporais na mãe, mas esta não será punida por não constituir a autolesão fato típico. Inexistente a gravidez, a prática das manobras abortivas que levaram à morte da vítima constituirão apenas homicídio culposo, já que inexiste objeto próprio para o delito de aborto (crime impossível).

Eventual ocorrência de lesão corporal de natureza leve no aborto criminoso não acarreta aumento de pena por estar ela absorvida por esse crime.

Anúncio de meio abortivo é contravenção (art. 20 da LCP). Punia-se, também, quem anunciava processo, substância ou objeto destinado a evitar a gravidez. Era uma medida de caráter profilático, destinada a evitar o interesse pela prática anticoncepcional, eliminada pela Lei nº 6.734, de 4-12-1979.

O descarte de embrião obtido a partir da fertilização *in vitro* por técnicas de reprodução assistida não configura o crime de aborto, por não se tratar de vida intrauterina.[147] O embrião assim formado, porém, pode ser objeto de outros crimes. A Lei nº 11.105, de 24-3-2005, no art. 5º, permite a utilização de células-tronco embrionárias obtidas por tais meios, para fins de pesquisa e terapia, observadas determinadas condições, entre as quais a inviabilidade dos embriões ou o seu congelamento por mais de três anos. A utilização de embriões com violação destas condições configura crime punido com detenção de um a três anos e multa (art. 24). A mesma lei pune a prática de engenharia genética em célula germinal humana, zigoto humano ou embrião humano (art. 25), a realização de clonagem humana (art. 26) e a liberação ou descarte de organismo geneticamente modificado no meio ambiente em desacordo com as normas da CTNBio – Comissão Técnica Nacional de Biossegurança – (art. 27). Prevê, também, a Lei que a comercialização do material biológico de tal natureza constitui o crime previsto no art. 15 da Lei nº 9.434, de 4-2-1997. Ao julgar improcedente ação direta de inconstitucionalidade proposta pelo Procurador-Geral da República, que impugnava, na íntegra, o art. 5º da Lei nº 11.105/2005, sob os argumentos de que o embrião humano é vida humana e de

---

147. Nesse sentido: Pedro Franco de Campos... (et al.) *Direito Penal aplicado*: parte especial do código penal. 2. ed. São Paulo: Saraiva, 2009. p. 26-27.

que a pesquisa com células-tronco embrionários está em desacordo com os princípios da inviolabilidade da vida e da dignidade da pessoa humana, o STF afirmou a constitucionalidade do dispositivo legal, ressaltando, entre outros fundamentos, que a prática não configura o crime de aborto, por não se cuidar de interrupção de gravidez humana.[148]

4.4.17 Concurso

Quando a morte do feto ocorre em virtude do homicídio da gestante, o agente que estiver ciente da gravidez responderá também pelo crime previsto no art. 125.[172] Contra tal orientação insurge-se Fragoso. Assiste razão ao citado autor, porém, quando afirma que "a pluralidade de fetos não implica em concurso de crimes" porque "o feto não é sujeito passivo do crime",[149] embora já se tenha decidido pela existência, no caso, de concurso formal.[173] Também na hipótese de feminicídio responderá o agente pelo aborto em concurso formal (v. item 4.1.10)

---

148. ADIn 3510-DF, j. em 29-5-2008, *DJe* de 28-5-2010.
149. *Lições.* Ob. cit. v. 1, p. 125.

5

DAS LESÕES CORPORAIS

5.1 LESÃO CORPORAL

5.1.1 Generalidades

Após a definição dos crimes contra a vida, volta-se a lei para os fatos que atingem a integridade física ou psíquica do ser humano. No art. 129 e em seus parágrafos, estão definidas as várias modalidades do crime de lesão corporal.

5.1.2 Conceito

O delito de lesão corporal pode ser conceituado como a ofensa à integridade corporal ou à saúde, ou seja, como o "dano ocasionado à normalidade funcional do corpo humano, quer do ponto de vista anatômico, quer do ponto de vista fisiológico ou mental" (E. M.). Define-o o art. 129: "Ofender a integridade corporal ou a saúde de outrem: Pena – detenção, de três meses a um ano." Registra o dispositivo as modalidades dolosa e culposa. Entre as primeiras estão as lesões corporais leves (*caput*), graves (§ 1º), gravíssimas (§ 2º), seguidas de morte (§ 3º), privilegiadas (§§ 4º e 5º), agravadas (§ 7º), decorrentes de violência doméstica (§§ 9º a 11 e 13) e praticadas contra autoridade ou agente incumbido da segurança pública (§ 12). As culposas (§ 6º) contemplam a forma agravada (§ 7º) e a possibilidade do perdão judicial (§ 8º).

5.1.3 Objetividade jurídica

Tutela-se com os dispositivos em estudo a integridade física ou psíquica do ser humano, bem individual e social. Nos termos da Convenção Americana sobre Direitos Humanos (Pacto de São José da Costa Rica), promulgada pelo Decreto nº 678, de 6-11-1992, "toda pessoa tem o direito de que se respeite sua integridade física, psíquica e moral" (art. 5º).

5.1.4 Sujeito ativo

A lesão corporal é crime comum e, assim, qualquer pessoa pode praticá-lo. Não pune a lei, porém, a *autolesão* pelas mesmas razões de política criminal referidas na justificativa para a não incriminação da tentativa de suicídio ou de automutilação (item

4.2.1). Com a autolesão o agente pode cometer, porém, o delito de fraude para recebimento de indenização ou valor de seguro (art. 171, § 2º, inciso V) ou de criação ou simulação de incapacidade física para furtar-se à incorporação militar (art. 184 do CPM).

5.1.5 Sujeito passivo

Sujeito passivo é, nos termos da lei, *outrem*, ou seja, qualquer pessoa humana que não o agente. Refere-se a lei ao homem vivo, a partir do início do parto (item 4.1.5).

A "agressão" a um cadáver poderá caracterizar outro delito, como o de destruição de cadáver (art. 211).

Existe o crime ainda quando haja o consentimento da vítima, pois a integridade fisiopsíquica constitui bem indispensável.[150] Afirma-se, na Exposição de Motivos, que, fora os casos em que o dissenso do sujeito passivo é necessário a existência do crime, "o consentimento do lesado não pode elidir o crime ou a pena, pois solução diversa estaria em contraste com o caráter eminente público do direito penal" (item 16). Mas, como bem assinala Moacyr de Oliveira, "o Estado pode consentir na lesão de um bem por ele tutelado sempre que não destrua as condições de convívio social".[151] Por essa razão permitem-se atos de disposição da integridade física "no tratamento médico--cirúrgico, nas lutas corporais de competições esportivas (o boxe, a luta livre) e em intervenções ou providências destinadas a favorecer ou a cooperar no tratamento de outrem (transfusão de sangue)".[152] Vai ganhando corpo, porém, ponto de vista favorável à livre disposição da integridade corporal, "particularmente por influência da doutrina e da legislação alemã, mais em consonância – diz Fragoso – com as exigências culturais de nosso tempo".[153] Segundo Aníbal Bruno, "há nisso a manifestação de um espírito individualista que rege em certos setores o pensamento penalista". "A restrição que se lhe impõe – continua o doutrinador – é a de que não ofenda os bons costumes, a que se junta a de que não ponha em perigo a saúde pública ou a segurança comum." [154] Nos termos, porém, do Código Civil, instituído pela Lei nº 10.406, de 10-1-2002, proíbe-se expressamente a disposição do próprio corpo em vida, salvo por exigência médica ou para fins de transplante na forma da lei, "quando importar diminuição permanente da integridade física ou contrariar os bons costumes" (art. 13).

Nos casos de cirurgia, tem-se afirmado que não há tipicidade por não existir o dano à integridade corporal ou à saúde, melhorando-a ou mesmo sem alterá-la.[155] Falam outros em falta de antijuridicidade e em consentimento da vítima, mas há no caso evidente exclusão da antijuridicidade pelo exercício regular de direito (quando

---

150. FARIA, Bento de. *Código penal brasileiro anotado*. Rio de Janeiro: Record, 1959. v. 4, p. 75-82.
151. A lesão consentida no direito comparado. *RT* 410/29.
152. MARQUES, José Frederico. *Tratado de direito penal*: parte especial. São Paulo: Saraiva, 1961. v. 4, p. 185.
153. *Lições de direito penal*: parte especial. 3. ed. São Paulo: José Bushatsky, 1976. v. 1, p. 146.
154. *Crimes contra a pessoa*. 3. ed. São Paulo: Rio Gráfica, 1975. p. 189.
155. FRAGOSO. *Lições*. Ob. cit. v. 1, p. 145.

5 • DAS LESÕES CORPORAIS **85**

a cirurgia é consentida) ou estado de necessidade (nos casos em que se afasta perigo atual mesmo contra a vontade do paciente ou responsável).

Há crime se um irresponsável (menor, insano mental) ou uma pessoa totalmente embriagada causa lesão gravíssima em si mesmo por instigação do agente, respondendo este pelo delito descrito no art. 129, § 2º, nos termos do que agora dispõe o art. 122, § 6º.

A tatuagem em menor, ainda que com seu consentimento, mas à revelia dos pais, constitui forma de lesão corporal, de natureza deformante e permanente.[1]

Responde também pelas lesões corporais o agente quando a vítima se fere ao se defender da agressão ou ao fugir desta.

5.1.6 Tipo objetivo

Ensina Aníbal Bruno: "Entende-se por lesão corporal qualquer alteração desfavorável produzida no organismo de outrem, anatômica ou funcional, local ou generalizada, de natureza física ou psíquica seja qual for o meio empregado para produzi-la." [156]

O núcleo do tipo é *ofender* a integridade corporal ou a saúde de outrem, incluindo, pois, toda a conduta que causar mal físico, fisiológico ou psíquico à vítima. A ofensa pode causar um dano *anatômico* interno ou externo (ferimentos, equimoses,[2] hematomas, fraturas, luxações, mutilações). Há normalmente derramamento de sangue, interno ou externo, mas não é ele indispensável à composição do tipo penal. Desnecessária é, também, a presença da dor, exigida em legislação anterior. Por outro lado, a simples existência da dor não constitui o crime de lesão corporal,[3] classificando-se a agressão física como contravenção de vias de fato.[4]

Tem-se entendido que é lesão corporal o corte da barba e dos cabelos, desde que praticado com o dissenso da vítima e não se trate de remoção ou arrancamento de parte insignificante.[5][157] Na verdade, não há, no caso, dano à integridade fisiopsíquica, podendo-se reconhecer o delito de injúria real (art. 140, § 2º) ou a contravenção de vias de fato.

Pode a ofensa atingir a *saúde* da vítima, prejudicando-lhe o equilíbrio funcional do organismo. São crimes de lesões corporais a transmissão voluntária de qualquer moléstia e a provocação de outros distúrbios fisiológicos como vômitos, estados de inconsciência, insônia etc. Inclui-se, ainda, o dano mental, ou seja, o distúrbio psíquico. Um golpe ou a ingestão de substâncias diversas podem produzir paralisias, neuroses, insanidade mental, choque nervoso, convulsões, estados confusionais e outras manifestações de perturbação nervosa ou psíquica.

Não se tem considerado como lesão corporal, porém, o estado de semi-inconsciência ou a crise nervosa, sem comprometimento,[6] eritematoses, consistentes de simples

---

156. *Crimes contra a pessoa.* Ob. cit. p. 183.
157. BRUNO, Aníbal. *Crimes contra a pessoa.* Ob. cit. p. 186; e FRAGOSO. *Lições.* Ob. cit. v. 1, p. 147.

rubores da pele da vítima,[7] desmaio,[8] a náusea transitória e a tontura passageira.[158] Não se pune o dano insignificante.[9] Afirma Aníbal Bruno: "Não caberia, evidentemente, punir como lesão corporal uma picada de alfinete, um beliscão ou pequena arranhadura, um resfriado ligeiro, uma dor de cabeça passageira.[159] Em tais casos, não haveria, como bem acentua Fragoso, ofensa ao interesse juridicamente tutelado.[160] Aplica-se, na hipótese, *o princípio da insignificância* (*Manual*, P. G., item 3.2.13).

É crime não só causar a alteração anatômica ou funcional, mas agravar "ou fazer persistir uma alteração já existente".[161]

Vários ferimentos causados à mesma vítima em uma mesma conduta (disparos, golpes de faca, socos, pedradas etc.) perfazem uma unidade, constituindo crime único.[10]

Nos tribunais, vinha-se decidindo pela absolvição nos casos de lesões corporais praticadas pelo marido contra a mulher, como medida de política criminal, quando se verificava a existência de uma vida harmônica e se positivada a reconciliação durante o transcorrer do processo,[11] condenando-se o agressor, entretanto, quando o fato se revestia de certa intensidade e repercussão, especialmente no caso de agressões reiteradas.[12] As Leis nº 10.886, de 17-6-2004, e nº 11.340, de 7-8-2006, acrescentando os §§ 9º a 11 ao art. 129, e recentemente a Lei nº 14.188, de 28-7-2021 incluiu o § 13, passaram a prever, porém, punição mais severa nos casos de *violência doméstica* (item 5.1.17).

Pode-se praticar o crime por meio de violência *física* (socos, golpes com armas ou qualquer objeto etc.) *ou moral* (ameaças, provocação de sustos, terror etc.).

O crime será praticado por omissão quando o sujeito tem o dever jurídico de impedir o resultado (art. 13, § 2º), como no caso de "privação de alimentos a um dependente".[162] Pode ainda ser cometido por ação indireta, como no caso em que o agente atrai a vítima a local em que será ferida por animal ou qualquer meio mecânico.

Não positivado um dano ao corpo ou à mente da vítima, poder-se-á falar em tentativa de lesões corporais (item 5.1.9) ou contravenção de vias de fato.[13] Estas se constituem de empurrões, sacudidelas etc. A bofetada, normalmente, configurará injúria real (art. 140, § 2º).

5.1.7 Tipo subjetivo

O dolo do crime de lesões corporais é a vontade de produzir um dano ao corpo ou à saúde de outrem ou, pelo menos, de assumir o risco desse resultado. É o denominado

---

158. SILVEIRA, Euclides C. da. *Direito penal*: crimes contra a pessoa. 2. ed. São Paulo: Revista dos Tribunais, 1973. p. 136.
159. *Crimes contra a pessoa*. Ob. cit. p. 185.
160. *Lições*. Ob. cit. v. 1, p. 144.
161. BRUNO, Aníbal. *Crimes contra a pessoa*. Ob. cit. p. 184. No mesmo sentido: FARIA, Bento de. *Código penal brasileiro*. Ob. cit. v. 4, p. 68; NORONHA. *Direito penal*. 13. ed. São Paulo: Saraiva, 1977. v. 2, p. 68; SILVA, A. J. da Costa e. Lesões corporais. *Justitia* 42/74.
162. FRAGOSO. *Lições*. Ob. cit. v. 1, p. 144.

animus laedendi ou *nocendi*, que diferencia o delito de lesão corporal da tentativa de homicídio, em que existe a vontade de matar (*animus necandi*).

Inexistente o dolo (ou a culpa em sentido estrito), como no exemplo citado por Noronha, não há crime na ação daquele que dá um forte abraço no amigo, ignorando que ele tem uma ferida nas costas e agravando-a.[163]

5.1.8 Exclusão do crime

Como já se afirmou anteriormente, há exercício regular de direito nas intervenções cirúrgicas, embora alguns opinem pela atipicidade do fato ou pela ausência de antijuridicidade em decorrência do consentimento da vítima.

Tem-se discutido a possibilidade da remoção de órgãos genitais externos de transexual, entendendo alguns ser ela cirurgia mutiladora e, portanto, lesão corporal de natureza grave, admitindo outros essa cirurgia como fato jurídico. A sintomatologia do transexualismo[164] "cinge-se em reconhecer, num ente humano, com genitais externos de tipo masculino, uma personalidade de tipo nitidamente feminino".[165] O Conselho Federal de Medicina decidiu pela inadmissibilidade ética da intervenção cirúrgica em um caso em que o paciente era menor e não apresentava as características acima mencionadas.[166] Por outro lado, reformando sentença condenatória, o Tribunal de Justiça de São Paulo, por maioria de votos, absolveu famoso cirurgião que praticara essa intervenção, afirmando: "Não age dolosamente o médico que, através de cirurgia, faz a ablação de órgãos genitais externos de transexual, procurando curá-lo ou reduzir seu sofrimento físico ou mental. Semelhante cirurgia não é vedada pela lei, nem mesmo pelo Código de Ética Médica".[(14)] A cirurgia, realmente, não era ilícita, uma vez que, no caso, ficara comprovado que o paciente era portador de "transexualismo primário", "com personalidade inteiramente feminina", possuindo "todas as características de pessoa do sexo feminino".[167] Na Alemanha, Inglaterra, Suíça, Dinamarca, Suécia, França e nos EUA, a conversão sexual é permitida quando uma junta médica reconhece sua necessidade.

Dispunha a Lei nº 8.489, de 18-11-1992, a respeito de cirurgia para transplantes. Foi ela, entretanto, revogada pela Lei nº 9.434, de 4-2-1997, que passou a dispor sobre a remoção de órgãos, tecidos e partes do corpo humano para fins de transplante e tratamento. Tipifica o referido diploma legal vários ilícitos penais, relacionados com a irregular remoção de tecidos, órgãos ou partes do corpo de pessoa ou cadáver, sua compra ou venda, a realização de transplantes em desacordo com as disposições legais,

---

163. *Direito penal*. Ob. cit. v. 2, p. 77.
164. A Resolução 2.265, de 9-1-2020, do Conselho Federal de Medicina, dispõe sobre o cuidado específico à pessoa com incongruência de gênero ou transgênero.
165. CARVALHO, Hilário Veiga de. Transexualismo. *RT* 545/293.
166. SALGADO, Murilo Rezende. O transexual e a cirurgia para a pretendida mudança de sexo. *RT* 491/241-247.
167. CARVALHO, Hilário Veiga de. Transexualismo. *RT* 545/289-298; e FRAGOSO, Heleno Cláudio. Transexualismo. *RT* 545/299-304.

a falta de recomposição de cadáver, a publicação irregular de anúncio ou apelo público etc. (arts. 14 a 20). A lei está regulamentada pelo Decreto nº 9.175, de 18-10-2017.

5.1.9 Consumação e tentativa

Consuma-se o delito quando resulta uma lesão à integridade física ou psíquica da vítima.

Já se entendeu que "é juridicamente impossível a tentativa de lesões corporais porque tal figura, coincidindo inteiramente à definição de vias de fato, não passa deste modesto ilícito".[15] Tal orientação, contudo, é isolada, opinando a doutrina pela possibilidade da tentativa, indiscutível quando o agente, pretendendo causar um ferimento ou dano à saúde, não o consegue por circunstâncias alheias a sua vontade. É praticamente pacífica a jurisprudência nesse sentido.[16] Mesmo quando se trata de lesão corporal de natureza grave, é possível distinguir-se a tentativa quando o resultado qualificador for querido (deformidade permanente, por exemplo).[168] O STF já se pronunciou nesse sentido,[17] mas há decisões em contrário.[18] A dificuldade de prova não serve de obstáculo à conclusão a favor da possibilidade de tentativa. Como diz Fragoso, "é certo que podem surgir dúvidas, no caso de tentativa de lesão leve ou grave, quanto à idoneidade do meio ou ao dolo do agente, dúvidas que devem ser resolvidas a favor do réu, conforme a regra geral".[169]

5.1.10 Lesão corporal leve

O conceito de lesão leve é dado por exclusão. Prevendo o art. 129, nos §§ 1º, 2º e 3º, os crimes de lesões graves, gravíssimas e seguidas de morte, configuram o tipo básico, no *caput*, as lesões que não causarem qualquer dos resultados mencionados nos citados parágrafos. Nesse caso, a pena é de três meses a um ano de detenção. Tratando-se, porém, de lesão corporal leve decorrente de *violência doméstica*, o crime é qualificado nos termos do § 9º, acrescido pela Lei nº 10.886, de 17-6-2004, e modificado pela Lei nº 11.340, de 7-8-2006, e, também, nos termos do § 13, acrescido pela Lei nº 14.188, de 28-7-2021 (item 5.1.17).

Por força do art. 88 da Lei nº 9.099, de 26-9-1995, que dispõe sobre os Juizados Especiais Cíveis e Criminais, no crime de lesão corporal, quando leves as lesões, a instauração de inquérito policial e a ação penal passaram a depender de representação da vítima.

---

168. Nesse sentido: COSTA E SILVA. Lesões corporais. *RT* 42/84; FRAGOSO. *Lições*. Ob. cit. v. 1, p. 145; HUNGRIA, Nelson, FRAGOSO, Heleno Cláudio. *Comentários ao código penal*. 5. ed. 1979. v. 5, p. 327-328; NORONHA. *Direito penal*. Ob. cit. v. 2, p. 78-79, JESUS, Damásio E. de. *Direito penal*: parte especial. 4. ed. São Paulo: Saraiva, 1982. v. 2, p. 144-145.

169. *Lições*. Ob. cit. v. 1, p. 145.

5.1.11 Lesão corporal grave

Relaciona a lei, nos §§ 1º e 2º, os resultados que tornam graves as lesões. Para diferenciar as referidas em cada dispositivo, fala-se em lesões *graves* em sentido estrito (§ 1º) e em lesões *gravíssimas* (§ 2º).

As consequências ou resultados previstos nos parágrafos não constituem crimes autônomos, mas *condições de maior punibilidade*.

Perante a lei anterior já se entendia que esses resultados deviam ser atribuídos, no mínimo, à culpa do agente, só presente quando previsível o evento mais grave.[170] Euclides C. da Silveira afirmava existir no caso uma hipótese de responsabilidade objetiva.[171] Fragoso, porém, afirmava: "O resultado mais grave é imputado ao agente em vista de seu propósito de causar ofensa física à vítima e da evidente possibilidade de resultar uma lesão mais grave de qualquer violência pessoal. Não se trata, todavia, de responsabilidade objetiva ou pela simples causação material do evento mais grave. A imprevisibilidade do resultado ou o caso fortuito excluem a configuração da lesão corporal grave. O agente responderia, nesses casos, pela lesão simples".[172] Diante da nova redação dada à Parte Geral, o agente somente responderá pelo resultado mais grave quando podia prever sua ocorrência (art. 19). Eliminou-se, assim, qualquer possibilidade de responsabilidade objetiva, ou seja, pela simples ocorrência do evento.

A primeira consequência que torna grave a lesão corporal é a de ter resultado "incapacidade para as ocupações habituais, por mais de trinta dias" (art. 129, § 1º, inciso I). A referência à ocupação habitual não tem o mesmo sentido de trabalho diário, como previsto na lei anterior. Por ocupações habituais não se deve entender apenas as de natureza executiva e econômica. A lei tem em vista também a atividade funcional habitual do indivíduo, *in concreto*, pouco importando que seja economicamente improdutiva[19] De outro modo, a lei não alcançaria os casos em que a vítima não tem ocupação econômica (crianças, aposentados etc.). É pacífico que ocupações habituais abrangem a frequência à escola, passeios etc., incluindo as crianças[20] e o débil mental que não exerce atividade remunerada.[21]

Alcança a lei também a incapacidade psíquica e a meramente relativa (em que a vítima pode executar algumas de suas tarefas habituais, mas não todas). Por isso, a fratura de ossos longos já é suficiente para caracterizar o resultado mencionado na lei.[22]

Por outro lado, o conceito de incapacidade não se confunde com a ausência de cura. Pode a lesão não estar devidamente curada, estando a vítima recuperada para suas ocupações habituais antes do término do prazo de 30 dias, caso em que não se terá a lesão por grave.[23] A lesão será considerada como grave, contudo, quando a vítima retorna a suas ocupações habituais com sacrifícios por não estar ainda em condições de

---

170. JESUS, Damásio E. de. *Direito penal*. Ob. cit. v. 2, p. 148-149.
171. Ob. cit. p. 137.
172. *Lições*. Ob. cit. v. 1, p. 149.

desempenhálas.[24] Adverte, porém, Damásio: "A relutância, por vergonha, de praticar as ocupações habituais por mais de 30 dias não agrava o crime de lesão corporal. Exemplo: o sujeito deixar de trabalhar por mais de 30 dias em face de apresentar ferimentos no rosto." [173]

Nos termos do art. 168 e parágrafos do CPP, a gravidade da lesão deve ser comprovada por exame complementar a ser realizado no dia seguinte ao 30º da data do fato, contando-se o dia do início por se tratar de prazo de direito penal. A ausência ou deficiência do exame complementar pode ser suprida por prova testemunhal,[25] mas o mero prognóstico dos peritos quando do primeiro exame é insuficiente para a caracterização da lesão grave.[26] Por isso, tem-se decidido pela desclassificação para lesão leve na ausência de laudo complementar.[27]

Não fica comprovada a incapacidade quando o exame complementar é realizado antes de 30 dias do fato.[28]

Diante do art. 168, § 2º, do CPP, não exige a lei seja o exame complementar de sanidade feito logo após os 30 dias do fato criminoso.[29] Apenas não se admite o transcurso de longo tempo, de modo que se impeça o fornecimento aos peritos de elementos outros que não a palavra da vítima.[30] Já se tem decidido, porém, que o exame feito a destempo (60 ou 50 dias após o fato) deve ser considerado como perícia não realizada, impondo-se, em consequência, a desclassificação das lesões para leves.[31]

Ensinam os doutrinadores que deve tratar-se de ocupação *lícita*, não havendo gravidade quando a vítima se dedica a atividades criminosas (rufiões, receptadores etc.).[174] Evidentemente, porém, somente não se reconhecerá a gravidade da lesão se o ofendido estiver incapacitado para a atividade ilegal, podendo desempenhar, porém, as demais.[175] Afirma Frederico Marques que também não ampara a lei as ocupações *imorais*, embora não ilícitas, pois a tolerância da lei não significa que se vá proteger vícios e imoralidades.[176] Ousamos discordar do ilustre autor já que não sendo proibida a atividade imoral ou viciosa deve a vítima ter assegurado o seu direito de desempenhá-la. Tem a jurisprudência reconhecido a gravidade no caso de meretrizes.[32]

No inciso II do § 1º, o art. 129 refere-se à ocorrência de "perigo de vida".

Toda lesão corporal apresenta, a rigor, a possibilidade de complicações que podem ameaçar a vida do paciente (infecções, gangrena etc.). A lei penal refere-se, porém, ao perigo *efetivo*, *concreto*, constatado em exame pericial, como a existência de peritonite, hemorragia grave, choque traumático, coma etc. "Perigo de vida – afirma Hungria – é a probabilidade concreta e presente do resultado letal." Trata-se de um

---

173. *Direito penal*. Ob. cit. v. 2, p. 150.
174. HUNGRIA, FRAGOSO. *Comentários*. Ob. cit. v. 5, p. 330, e JESUS, Damásio E. de. *Direito penal*. Ob. cit. v. 2, p. 150.
175. Nesse sentido: SILVEIRA, Euclides C. da. Ob. cit. p. 141-142; BRUNO, Aníbal. *Crimes contra a pessoa*. 3. ed. São Paulo: Rio Gráfica, 1975. p. 204-205; e MARQUES. *Tratado*. Ob. cit. v. 4, p. 203-204.
176. *Tratado*. Ob. cit. v. 4, p. 204.

conceito objetivo-subjetivo: é necessária uma realidade objetiva em que se fundamente um *juízo de probabilidade*. No curso do processo patológico consequente à lesão, deve haver um momento, por mais fugidio, em que, pelo estado do paciente, resulte provável sua morte.[177] Como diz, em sentença lapidar, Costa e Silva: "Perigo de vida é o mesmo que probabilidade da morte." [178] Na jurisprudência, tem-se reconhecido a existência do perigo de vida nos seguintes casos: perfuração do estômago, alças intestinais e veia calibrosa,[33] estado de choque e hemorragia,[34] projétil que penetrou no tórax e se alojou na espinha,[35] perfuração do hemitórax com a existência de pneumotórax e estado de choque,[36] hemorragia retroperitonial,[37] perfuração da pleura,[38] secção da veia jugular externa e choque hemorrágico,[39] transfixação do fígado,[40] derrame pleural,[41] edema traumático nas regiões frontal e do tórax, com necessidade de laparotomia,[42] cirurgia abdominal com risco de infecção hospitalar[43] etc.

Para o reconhecimento do perigo de vida não basta o simples prognóstico do perito.[44] Exige-se um diagnóstico, devendo o experto fundamentar sua conclusão.[45]

Embora já se tenha afirmado que são presumidamente perigosas as lesões que se aproximam do coração,[46] que se constituem em fratura do crânio com afundamento do parietal[47] ou que causam compressão cerebral,[48] é quase pacífica a inadmissibilidade do reconhecimento de perigo de vida apenas tendo em vista a sede ou extensão da lesão.[49] Devem os peritos fundamentar o laudo, descrevendo os sintomas relacionados com o afirmado perigo de vida.[50]

É desnecessária, entretanto, a realização de exame complementar para confirmação posterior ao primeiro exame da ocorrência do perigo de vida.[51]

A lesão corporal com perigo de vida não se confunde com a tentativa de homicídio. "Se o agente quer a probabilidade da morte, trata-se de caso típico de tentativa de homicídio." [179] Diz bem Alberto Marino Jr.: "Se o ofensor considerou, por um momento sequer, a possibilidade de matar o ofendido, teremos configurada a tentativa de homicídio." [180]

No inciso III, a lei considera grave a lesão que causa "debilidade permanente de membro, sentido ou função". Debilidade significa uma redução na capacidade funcional, uma diminuição das possibilidades funcionais da vítima. *Membros* são os apêndices do corpo, superiores (braços) e inferiores (pernas). *Sentidos* são todas as funções perceptivas do mundo exterior, ou seja, os mecanismos sensoriais por meio dos quais percebemos o mundo exterior (visão, audição, olfato, gosto e tato). *Função* é a atividade desempenhada por vários órgãos (respiratória, circulatória, digestiva, secretora, locomotora, reprodutora, sensitiva etc.). *Órgão* é a parte do corpo humano que tem determinada capacidade funcional.[181]

---

177. *Comentários*. Ob. cit. v. 5, p. 331.
178. Lesões corporais. *Justitia* 52/76.
179. JESUS, Damásio E. de. *Questões criminais*. São Paulo: Saraiva, 1981. p. 268.
180. O perigo de vida no delito de lesões corporais. *RT* 340/21.
181. COSTA e SILVA. Lesões corporais. *Justitia* 52/77.

Ocorre a causa agravadora, portanto, quando o membro ou sentido torna-se menos funcional em decorrência da lesão. Caracteriza também a debilidade a perda de um órgão duplo, como a de um olho,[52] a de um dedo ou parte deste[53] ou a lesão de seus flexores provocando sua rigidez.[54] A perda de dentes enfraquece a função mastigatória;[55] mas se exige que fique comprovada a redução da capacidade funcional.[56] Isto ocorre porque "a perda de alguns dos elementos de um sistema funcional complexo não pode chegar a constituir debilidade permanente de função, compensada a sua ausência pela ação conjunta dos demais"[57] e "só a apreciação objetiva de cada caso, em tais circunstâncias, permitirá julgar da gravidade da lesão".[182]

Não importa que o enfraquecimento possa atenuar-se ou reduzir-se com aparelhos de prótese, persistindo a gravidade ainda que a vítima recupere suas funções com o auxílio destes.

Em relação à debilidade de membro, sentido ou função, não há necessidade de realização de exame complementar logo que decorridos 30 dias da data do fato.[58]

No último inciso menciona-se na lei a "aceleração de parto". É grave a lesão quando há antecipação do parto, ou seja, quando o feto é expulso antes do termo final da gravidez, conseguindo sobreviver. Almeida Júnior faz um reparo à redação do Código: "Acelera-se aquilo que já está em movimento. Portanto, quando se diz que a lesão produziu aceleração do parto, parece subentender-se que o parto já se processava. Está claro que não é isso, e sim a antecipação do parto, que o legislador quis punir." [183]

Essa causa torna grave a lesão porque o parto prematuro é perigoso tanto para a criança como para a mãe. Não se configura a qualificadora, porém, se o agente desconhecia o estado de gravidez da vítima e se sua ignorância a respeito era plenamente escusável,[59] já que é necessário ao menos culpa com relação ao resultado que agrava especialmente a pena (art. 19 do CP). Se há aborto, a lesão é gravíssima (art. 129, § 2º, inciso V), mas se a morte ocorrer depois do nascimento, caracteriza-se a lesão grave em estudo.[60]

5.1.12 Lesão corporal gravíssima

Embora com a mesma denominação legal de lesão corporal grave, no art. 129, § 2º, estão relacionados os resultados que agravam ainda mais as penas. Por essa razão, fala-se, na doutrina, de lesão corporal *gravíssima*.

No inciso I, é mencionada a "incapacidade permanente para o trabalho". Agora, a lei não se refere às ocupações habituais, mas à atividade profissional remunerada. Distingue-se o que a lei menciona como lesão *permanente*, em que há uma previsão de que a vítima não vai se restabelecer, daquilo que é *perpétuo*, em que se comprova que

---

182. BRUNO, Aníbal. *Crimes contra a pessoa*. Ob. cit. p. 207.
183. *Lições de medicina legal*. 14. ed. São Paulo: Nacional, 1977. p. 225.

5 • DAS LESÕES CORPORAIS

não houve o restabelecimento. Contenta-se a lei, assim, com o simples diagnóstico de que a vítima não mais poderá trabalhar.

É praticamente pacífico na doutrina que a lei se refere a *qualquer* trabalho e não à atividade *específica* da vítima.[184] Não haverá gravidade na lesão se, por exemplo, um pianista perde a destreza em decorrência de uma lesão em um dos dedos, podendo substituir seus recitais por aulas etc. Certamente, porém, a lesão acarretará um dos demais resultados previstos no mesmo parágrafo.

Refere-se o inciso II à "enfermidade incurável". Enfermidade, sinônimo de doença ou moléstia para a lei penal, é "qualquer estado mórbido de evolução lenta", nos termos expostos por Almeida Júnior.[185] Incurável, no sentido legal, é a moléstia que, nos termos atuais da Medicina, não apresenta maiores probabilidades de cura integral, bastando, pois, um prognóstico negativo do perito para que se configure a causa majorativa. Não está obrigada a vítima a tentar a cura por meio de tratamentos excepcionais ou intervenções cirúrgicas arriscadas.[186] A transmissão da Aids (Síndrome de Deficiência Imunológica Adquirida), pelo coito ou por transfusão, enquanto não ocorre a morte da vítima, é crime de lesão corporal grave, que pode ser integrado por dolo direto ou eventual (item 4.1.7).

A "perda ou inutilização de membro, sentido ou função" são os resultados mencionados no inciso III. Equipara-se a *perda* de um membro por *mutilação* (causada por uma violência) ou *amputação* (por cirurgia) com a *inutilização*, em que o membro ou órgão, apesar de ligado ao corpo, não mais tem capacidade funcional. A perda de um dedo não acarreta o reconhecimento de perda de um membro, configurando apenas a debilidade do membro correspondente.[61]

"É gravíssima a lesão que produz a impotência *generandi* (em um ou outro sexo) ou a *coeundi*."[187] A ablação dos órgãos sexuais em um transexual, porém, é aceita (item 5.1.8). Com fundamento no art. 226, § 7º, da CF, que diz competir ao Estado propiciar recursos científicos para o exercício do planejamento familiar pelo casal, e em razão de leis municipais que preveem o pagamento pela municipalidade de profissionais médicos que realizem a chamada ligação das trompas de Falópio (laqueadura) e a vasectomia, entende-se que não configuram crimes tais procedimentos com o consentimento do submetido à intervenção. Entretanto, passou-se a incriminar a conduta de induzir ou instigar dolosamente a prática de esterilização cirúrgica, ação que caracteriza o genocídio quando for ela praticada "contra a coletividade" (art. 17 e parágrafo único, da Lei

---

184. Nesse sentido: HUNGRIA, FRAGOSO. *Comentários*. Ob. cit. v. 5, p. 336; SILVEIRA, Euclides C. da. Ob. cit. p. 144; FARIA, Bento de. *Código penal brasileiro*. Ob. cit. p. 84; BRUNO, Aníbal. *Crimes contra a pessoa*. Ob. cit. p. 208; FRAGOSO. *Lições*. Ob. cit. v. 1, p. 154. COSTA E SILVA. Lesões corporais. *RT* 52/78; JESUS, Damásio E. de. *Direito penal*. Ob. cit. v. 2, p. 153; MARQUES. *Tratado*. Ob. cit. v. 4, p. 215.

185. *Lições de medicina legal*. Ob. cit. p. 228.

186. Nesse sentido: SILVEIRA, Euclides C. da. *Crimes contra a honra*. p. 144; JESUS, Damásio E. de. *Direito penal*. Ob. cit. v. 2, p. 153; NORONHA. *Direito penal*. Ob. cit. v. 2, p. 81; MARQUES. *Tratado*. Ob. cit. v. 4, p. 216.

187. COSTA e SILVA. Lesões corporais. *RT* 52/78, e MARQUES. *Tratado*. Ob. cit. v. 4, p. 217.

nº 9.263, de 12-1-1996). É crime também, nos termos da mesma lei, deixar o médico de notificar à autoridade sanitária as esterilizações cirúrgicas que realizar (art. 16). O rompimento do hímen, que não é dotado de qualquer função orgânica, não acarreta a gravidade da lesão,[188] embora já se tenha defendido entendimento contrário.[189]

É gravíssima ainda a lesão quando resultar "deformidade permanente" (inciso IV). A deformidade, sob o aspecto médico-legal e jurídico, diz Arnaldo A. Ferreira, "é o prejuízo estético adquirido, visível, indelével, oriundo da deformação de uma parte do corpo".[190] É necessário, portanto, que a modificação no corpo da vítima seja permanente e visível, causando um dano estético de certa monta e capaz de causar impressão de desagrado, vexatório para a vítima.[62] Pouco importa a sede da lesão, desde que seja ela perceptível, visível num sentido amplo: "Assim, por exemplo, os costumes modernos dos banhos de mar ou de piscina, das práticas de natação e de atletismo, de frequência às praias reduziram de muito as regiões do corpo que não são visíveis." [191]

Além de ser aparente, facilmente visível, é necessário que seja ela irreparável naturalmente,[63] "uma vez que, como uma torrente, doutrinam os autores, não pode a vítima ser obrigada a submeter-se a soluções cirúrgicas".[192] Embora não esteja a vítima obrigada à cirurgia,[64] submetendo-se a ela e desaparecendo a deformidade, a lesão passa a ser leve.[193]

Persiste a gravidade ainda que a vítima possa dissimular a deformidade com artifícios (cremes, perucas, próteses, indumentárias adequadas etc.).[65]

A tendência moderna é a de cada vez menos pensar-se em termos de pura estética pessoal, para se tomar em crescente apreço, compreensivamente, o prejuízo da vítima em suas funções sociais: diminuição do decoro ou respeitabilidade, redução no prestígio, na capacidade de ganho, na de inspirar simpatia ou de atrair sexualmente.[194] Caracterizam a gravidade das lesões as marcas que causam desgosto a seu portador ou lembram a qualquer desconhecido terem sido elas produzidas em uma contenda em que foi ele derrotado e humilhado.[66]

Além das cicatrizes, constituem deformidades as amputações, como a de partes do pavilhão auricular.[67]

Como é necessário que ocorra um dano estético considerável, causador de enfeamento, não se têm considerado como resultados agravadores: a perda de um dente,[68]

---

188. Nesse sentido: HUNGRIA, FRAGOSO. *Comentários*. Ob. cit. v. 5, p. 336; NORONHA. Direito penal. Ob. cit. v. 2, p. 82; MARQUES. *Tratado*. Ob. cit. v. 4, p. 217.

189. RIBEIRO, Gilberto Quintanilha. Lesão corporal do hímen. *Justitia* 54/177-179.

190. O conceito de deformidade no Código Penal de 1940. In: *RT* 325/7.

191. BRUNO, Aníbal. *Crimes contra a pessoa*. Ob. cit. p. 211.

192. FRANCESCHINI, José Luiz Vicente de Azevedo. Anotações sobre o conceito forense de deformidade permanente. RT 377/47-69 e *Justitia* 56/101-131.

193. SILVEIRA, Euclides C. da. Ob. cit. p. 145; e JESUS, Damásio E. de. *Direito penal*. Ob. cit. v. 2, p. 154.

194. SILVEIRA, Euclides C. da. Ob. cit. p. 146.

pequenas cicatrizes em homens[69] ou mesmo em mulher;[70] queimadura no rosto;[71] a perda do lóbulo da orelha de trabalhador braçal, rurícola[72] etc.

A deformidade permanente deve ser positivada por meio de exame pericial, e tem-se entendido que é recomendável, ou mesmo imprescindível, a documentação da lesão por meio de fotografias.[73] Não é necessário, porém, que eventual exame complementar seja realizado no prazo de 30 dias, já que o art. 168, § 2º, do CPP, somente se refere no art. 129, § 1º, I, do Código Penal.

Por último, no § 2º, a lei refere-se à ocorrência de "aborto" (inciso V). É o caso do denominado *aborto preterintencional*. O agente quer apenas causar lesões corporais, mas faz com que a vítima aborte. Evidentemente, se o agente deseja aborto ou assume o risco de produzi-lo, responde por esse crime em concurso com o de lesões corporais (item 4.4.6).

Já se defendia na doutrina, diante da lei anterior, a conclusão de que, "se o agente ignorava a gravidez da ofendida e não tinha razão alguma para conhecê-la", a solução deve ser idêntica à que já formulamos no caso de lesão de que resulte aceleração do parto: o agente, tendo incidido em *insuperável* erro de fato, não deve responder por lesão qualificada pelo resultado "aborto".[195] Euclides C. da Silveira defendia tese oposta.[196] Perante o art. 19 do CP, com a redação da Lei nº 7.209, a primeira solução é a correta. Não tendo o agente conhecimento da gravidez ou nenhuma razão para supô-la existente, não se lhe poderá atribuir o resultado "aborto", pois tal resultado, nessa hipótese, era imprevisível.

Para a caracterização da qualificadora necessário se torna a prova da gravidez anterior:[74] não basta afirmarem os peritos a mera probabilidade de ela ter existido.[75]

Não se pode falar em tentativa de lesão corporal de que resulta aborto, pois se o agente desejar esse resultado, responderá pelo crime previsto no art. 125, na forma tentada.

Quando o agente provoca lesões corporais de natureza grave e outras de natureza gravíssima, pratica um crime único, pela capitulação mais grave, pois só há uma agressão, desdobrada em vários atos, contra uma só vítima. Não há que se falar, no caso, em concurso formal.[76]

5.1.13 Lesão corporal seguida de morte

No art. 129, § 3º, descreve-se o chamado *homicídio preterdoloso* ou *preterintencional*, com a rubrica de *lesão corporal seguida de morte*: "Se resulta morte e as circunstân-

---

195. HUNGRIA, FRAGOSO. *Comentários*. Ob. cit. v. 5, p. 341. No mesmo sentido: JESUS, Damásio E. de. *Direito penal*. Ob. cit. v. 2, p. 154-155; NORONHA. *Direito penal*. Ob. cit. v. 2, p. 83; FRAGOSO. *Lições*. Ob. cit. v. 1, p. 155; MARQUES. *Tratado*. Ob. cit. v. 4, p. 219-220.
196. Ob. cit. p. 147.

cias evidenciam que o agente não quis o resultado, nem assumiu o risco de produzi-lo: Pena – reclusão, de quatro a doze anos."

Caso alguém lesione outrem para ocasionar-lhe a morte, ou assumindo o risco de produzir esse resultado, responderá por homicídio consumado se lograr êxito. Mas, se o agente não quis o resultado, nem assumiu seu risco, desejando apenas provocar lesões corporais, responderá, ocorrendo o evento letal, pelo delito previsto no art. 129, § 3º. Necessário, porém, é que haja o nexo de causalidade, ou seja, que se comprove ter a morte decorrido direta ou indiretamente da lesão. Havendo dúvida acerca do nexo causal entre o ato do agente e a morte da vítima, descaracteriza-se o ilícito, respondendo o acusado apenas pelas lesões corporais sofridas pelo ofendido.[77]

Inclina-se a doutrina no sentido de que se trata de crime preterintencional, exigindo-se dolo no antecedente (quanto à lesão) e culpa no consequente (previsibilidade quanto à morte da vítima) (item 2.1.7), enquanto alguns viam no caso uma situação de responsabilidade objetiva, pela produção do simples resultado.[197] Diante do art. 19 do CP, é indispensável a previsibilidade do resultado, ou seja, a culpa com relação ao resultado morte.

Na jurisprudência, tem-se reconhecido a lesão corporal seguida de morte no caso de empurrão e queda da vítima que sofre fratura de crânio,[78] de soco que causa o mesmo resultado,[79] nas pauladas na cabeça,[80] nas facadas na perna que seccionam artéria.[81] Persiste o nexo causal e responsabiliza-se o agente se a morte foi ocasionada pela longa imobilidade em cama do hospital.[82] Ao contrário, não responde o agente pelo resultado letal se este ocorre após cirurgia fácil sem objetivo de afastar perigo de vida provocado pela lesão, mas tão só corrigir o defeito resultante no rosto da vítima,[83] em virtude de derrame cerebral dias após a agressão,[84] por insuficiência cardíaca ou colapso cardíaco decorrente da violenta emoção seguida às lesões corporais[85] ou, genericamente, na ausência de culpa com relação ao resultado mais grave.[86]

A diferença entre a lesão corporal e o homicídio culposo decorre de que na primeira o antecedente é um delito doloso e, no segundo, um fato penalmente indiferente ou, quando muito, contravencional. Assim, se a morte for consequência de simples vias de fato (empurrão que causa a queda da vítima e a lesão mortal), haverá homicídio culposo.[87]

Não pode haver tentativa de lesão corporal seguida de morte e sim homicídio tentado se o agente desejar a morte da vítima. Como bem assinala Djalma Lúcio Gabriel Barreto, "constituindo-se, o crime preterintencional, do dolo no antecedente e culpa no consequente, e inexistindo tentativa na modalidade culposa, é óbvio que, igualmente, não poder-se-ia falar em tentativa de delito preterintencional".[198]

---

197. SILVEIRA, Euclides C. da. Ob. cit. p. 151-157; COSTA E SILVA. Lesões corporais. *Justitia* 52/80-81 e notas 25 e 26.
198. Da lesão corporal seguida de morte. *Justitia* 38/111.

5.1.14 Lesão corporal agravada contra menor ou idoso

O art. 129, § 7º, foi modificado pela Lei nº 8.069, de 13-7-1990 (Estatuto da Criança e do Adolescente), e pela Lei nº 12.720, de 27-9-2012. De acordo com a atual redação: "Aumenta-se a pena de 1/3 (um terço) se ocorrer qualquer das hipóteses dos §§ 4º e 6º do art. 121 deste Código". O art. 121, § 4º, com a redação que lhe foi conferida pela Lei nº 10.741, de 1º-10-2003 (Estatuto da Pessoa Idosa), dispõe atualmente em sua parte final: "Sendo doloso o homicídio, a pena é aumentada de 1/3 (um terço) se o crime é praticado contra pessoa menor de 14 (quatorze) ou maior de 60 (sessenta) anos." Assim, com relação à lesão corporal dolosa (leve ou grave) praticada contra pessoa menor de 14 ou maior de 60 anos, deve ser aumentada obrigatoriamente a pena de um terço. Criou-se uma hipótese de lesão corporal agravada por considerar-se que a vítima, nesses casos, tem maiores dificuldades em se defender do que um adulto, além de haver maior censurabilidade na conduta de quem pratica essa infração penal tendo por sujeito passivo uma criança ou uma pessoa idosa. O erro invencível a respeito da idade da vítima, que, por suas condições pessoais, aparenta idade superior ao limite de 14 ou inferior ao de 60 anos, exclui a agravação. Havendo um mínimo de possibilidade de dúvida quanto à idade da vítima, exige-se a comprovação da circunstância por meio de documento idôneo.[88]

Classificada a lesão corporal agravada pela idade da vítima, não cabe a aplicação do art. 61, II, *h* (crime contra "criança" ou contra "maior de 60 anos") diante do princípio *non bis in idem*.

Os casos de violência praticada contra idosos são de notificação compulsória pelos serviços de saúde públicos e privados, nos termos do art. 19 do Estatuto da Pessoa Idosa, com a redação dada pela Lei nº 12.461, de 26-7-2011.

5.1.15 Lesão corporal praticada por milícia ou grupo de extermínio

De acordo com a nova redação dada ao § 7º do art. 129, pela Lei nº 12.720, de 27-9-2012, também determina o *aumento da pena* no crime de lesão corporal dolosa a circunstância prevista no § 6º do art. 121, inserido pelo mesmo diploma.

Se o crime de lesão corporal é praticado por milícia privada, a pretexto da prestação de serviço de segurança, ou por grupo de extermínio, a pena deve ser majorada de um terço. Essa circunstância já foi examinada por ocasião do estudo do homicídio (v. item 4.1.11). O dispositivo aplica-se tanto à lesão dolosa simples (art. 129, *caput*), como às formas qualificadas (art. 129, §§ 1º e 2º) e à lesão corporal seguida de morte (129, § 3º).

No crime praticado por milícia ou grupo de extermínio contra menor de 14 ou maior de 60 anos de idade, tratando-se de homicídio, há a incidência cumulativa das duas majorantes, previstas em normas distintas (art. 121, §§ 4º e 6º). Na hipótese, porém, de lesão corporal, o § 7º do art. 129 autoriza uma única elevação, sempre de um terço da pena, prevista para a ocorrência de *qualquer* das hipóteses descritas nos §§ 4º e 6º do art. 121, o que indica alternatividade. Se era intenção do legislador conferir à lesão dolosa tratamento similar ao dispensado ao homicídio, a deficiente redação do dispositivo impede a dupla agravação. Nem mesmo por interpretação sistemática se pode concluir em contrário, porque limitado o aumento da pena pelo dispositivo a um acréscimo fixo, ainda que as circunstâncias, por suas naturezas, não guardem entre si qualquer relação que justificasse logicamente a alternatividade.

O crime de lesão corporal praticado por grupo de extermínio não é crime hediondo, por se referir a Lei nº 8.072, de 25-7-1990, somente ao homicídio decorrente das ações dessa forma de organização criminosa.

5.1.16 Lesão corporal privilegiada

"Se o agente comete o crime impelido por motivo de relevante valor social ou moral ou sob o domínio de violenta emoção, logo em seguida a injusta provocação da vítima, o juiz pode reduzir a pena de um sexto a um terço" (art. 129, § 4º). Assim como no homicídio, o crime de lesões corporais (leves, graves, gravíssimas ou seguidas de morte) tem formas privilegiadas, com a consequente redução de penas (item 4.1.9). São causas de redução da pena, portanto, as paixões sociais (patriotismo, sentimento filial etc.) e a agressão por provocação injusta da vítima que provoca violenta emoção. [89] Curiosas as decisões em que se reconheceu a minorante por ter o agente agredido o árbitro de futebol que por inépcia havia desgostado e enervado toda a assistência, ou porque marcara uma penalidade máxima.[90]

Mais do que a simples redução da pena, permite a lei também a sua substituição por outra menos grave, nos casos mencionados, desde que as lesões sejam leves: "O juiz, não sendo graves as lesões, pode ainda substituir a pena de detenção pela de multa: I – se ocorre qualquer das hipóteses do parágrafo anterior; II – se as lesões são recíprocas" (art. 129, § 5º).

É possível, pois, a substituição nos casos de lesão corporal leve praticada por relevante valor social ou moral e por violenta emoção, bem como no caso de ter o agente sofrido também lesões corporais. Evidentemente, no último caso, só se pode aplicar o privilégio quando os dois contendores forem condenados. Caso um tenha sido absolvido por legítima defesa, o agressor não se beneficiará com a substituição da pena porque foram jurídicas as lesões que a vítima lhe causou. Há, porém, decisões em sentido contrário.[91]

Nada impede, também, a aplicação do dispositivo a um só dos contendores condenados,[92] deixando-se sem o privilégio o provocador.[93]

Deve-se notar que, não sendo possível determinar qual dos dois deu início à agressão, tratando-se de lesões corporais recíprocas, impõe-se não a aplicação do dispositivo, mas a absolvição de ambos por falta de provas.[94]

5.1.17 Violência doméstica

Os §§ 9º e 10 do art. 129 foram inseridos pela Lei nº 10.886, de 17-6-2004, sob o *nomen juris* "violência doméstica", prevendo punição mais severa para o crime de lesão corporal dolosa (leve, grave, gravíssima ou seguida de morte) praticado em determinadas circunstâncias que revelam desrespeito a relações de parentesco, conjugais ou de convívio familiar ou doméstico. Tratando-se de lesão corporal leve, as circunstâncias mencionadas no § 9º qualificam o crime. As penas, que eram de seis meses a um ano de detenção, foram alteradas pela Lei nº 11.340, de 7-8-2006, para três meses a três anos de detenção. A mesma lei acrescentou ao art. 129 o § 11, que prevê como causa de aumento de pena, na hipótese do § 9º, a circunstância de ser a vítima pessoa portadora de deficiência.

Nas hipóteses de lesão grave, gravíssima ou seguida de morte, as mesmas circunstâncias previstas no § 9º constituem causa de aumento de pena, determinando acréscimo de um terço (§ 10).

As circunstâncias descritas no § 9º, em sua maioria, já foram examinadas porque também são previstas como agravantes genéricas no art. 61, II, *e* (contra ascendente, descendente, irmão ou cônjuge) e *f* (prevalecendo-se o agente de relações domésticas, de coabitação ou de hospitalidade) (*Manual*, P. G., item 7.5.3). Presente uma dessas circunstâncias no crime de lesão corporal, não se aplica a agravante genérica correspondente.

Prevê, porém, a lei como circunstância que também qualifica ou agrava o crime de lesão corporal ser ele praticado contra *companheiro* do agente ou contra pessoa *com quem conviva ou tenha convivido*. Aplicam-se, assim, os §§ 9º e 10 do art. 129, certamente, às hipóteses de união estável ou concubinato, atual ou pretérito, e de estarem os cônjuges divorciados ou separados, judicialmente ou de fato, situações em que, por ausência de expressa previsão legal ou porque não mais subsistente, no rompimento da vida em comum, a necessária relação de fidelidade, proteção e apoio mútuo, muitas vezes afastaram os tribunais a incidência do art. 61, II, *e* (cônjuge).[199] Mas ao se referir a lei a pessoa com a qual o agente conviva *ou tenha convivido* deve-se incluir também a vítima com quem desfrutava o agente de um convívio doméstico, de natureza diversa da relação conjugal ou de união estável, porque o cônjuge e o companheiro já são expressamente mencionados no dispositivo. Embora preocupado o legislador, sobretudo, com a violência contra a mulher, as agressões à esposa ou companheira muitas vezes se estendem aos seus familiares, filhos, cunhados, genitores, e, de forma mais amiúde, em relação a estes a violência principia após a saída do homem do lar conjugal. Essa forma de violência é invariavelmente mera decorrência ou substitutivo da violência contra o antigo cônjuge ou companheiro, frequentemente tem como antecedente um período de convívio familiar e certamente se insere no rol de preocupações que conduziu o legislador à alteração do Código Penal. Assim, responde nos termos dos §§ 9º e 10º do art. 129 aquele que, mesmo sem se prevalecer de relações domésticas ou de coabitação, pratica o crime na via pública ou no local de trabalho contra o enteado, o sogro, o ex- -cunhado ou qualquer outra pessoa com quem compartilhe ou tenha compartilhado o convívio doméstico. Exclui-se do sentido da norma a convivência na acepção mais ampla do termo, de simples contato diário ou frequente (como o existente entre cole-

---

199. *RT* 678/386, 649/310; *JTACRIM* 32/416, 41/317, 69/487, 72/251, 96/68.

gas de trabalho), porque, tratando-se de *violência doméstica*, é evidente o intuito do legislador de restringir a proteção especial à esfera da vida privada.

As normas relativas à violência doméstica previstas nos §§ 9º a 11 do art. 129 aplicam-se independentemente do sexo do ofendido.[95] O crime praticado com violência doméstica contra mulher, criança, adolescente, idoso, enfermo ou pessoa com deficiência autoriza a decretação da prisão preventiva como medida destinada a garantir a execução de medidas protetivas, independentemente da pena máxima cominada para o delito (art. 313, III, do CPP). Tratando-se de *violência doméstica e familiar contra a mulher*, aplicam-se também as regras especiais contidas na Lei nº 11.340, de 7-8-2006. Nas mesmas hipóteses, a lei determina a prioridade na realização do exame de corpo de delito (art. 158, parágrafo único, do CPP, incluído pela Lei nº 13.721, de 2-10-2018).

A mesma circunstância que qualifica o homicídio como feminicídio (art. 121, § 2º, VI, e § 2º-A, I) (v, item 4.1.10), passou também a qualificar o crime de lesão corporal, por força da Lei nº 14.188, de 28-7-2021, [200] que inseriu o § 13 no art. 129, elevando a pena para a de reclusão de um a quatro anos. Evidentemente, deve-se entender que a qualificadora há de ser aplicada somente à hipótese de lesão corporal leve, prevista no *caput* do artigo. As demais formas qualificadas pela violência doméstica, praticada contra a mulher ou outra pessoa (§ 9º), são mais severamente punidas (art. 129, §§ 1º a 3º cc. §§ 9º e 10).

5.1.18 Violência doméstica e familiar contra a mulher

Nos termos da Lei nº 11.340, de 7-8-2006 (Lei Maria da Penha), configura violência doméstica e familiar contra a mulher qualquer forma de violência, por ação ou omissão, baseada no gênero e praticada no âmbito da família, do convívio doméstico ou de relação íntima de afeto, atual ou pretérita, ainda que ausente a coabitação, que cause *morte, lesão, sofrimento físico, sexual ou psicológico e dano moral ou patrimonial* (arts. 5º e 7º). No sentido da desnecessidade de coabitação consolidou-se no STJ o entendimento: "Para a configuração da violência doméstica e familiar prevista no artigo 5º da Lei n. 11.340/2006 (Lei Maria da Penha) não se exige a coabitação entre autor e vítima" (Súmula 600).

Se o crime, de qualquer natureza, constitui forma de violência doméstica e familiar contra a mulher, além das medidas protetivas de urgência (arts. 18 a 24) e das providências a serem adotadas pela autoridade policial (arts. 10 a 12-C), devem-se observar outras normas, de natureza penal ou processual penal: incide a agravante genérica prevista no art. 61, II, *f* (última parte), do Código Penal, se ausente qualificadora correspondente; vedam-se a aplicação de pena de pagamento de cesta básica ou outra de prestação pecuniária e a substituição por multa isolada (art. 17); a renúncia

---

200. A Lei nº 14.188, de 28-7-2021, prevê o programa de cooperação Sinal Vermelho contra a Violência Doméstica, destinado ao enfrentamento e à prevenção da violência doméstica e familiar contra a mulher.

ao direito de representação, que deve ser entendida como retratação da representação, deve ser exercida perante o juiz, em audiência especialmente designada para essa finalidade (art. 16)[201] (v. *Manual*, P. G., item 11.1.3); admite-se a prisão preventiva para garantir a execução de medida protetiva (art. 42 e art. 313, III, do CPP); nos casos de risco à integridade física da ofendida ou da efetividade de medida protetiva, não deve ser concedida a liberdade provisória (art. 12-C, § 2º); a competência para o processo, ressalvadas as regras especiais constitucionais e legais, é do Juizado de Violência Doméstica e Familiar contra a Mulher ou, na inexistência deste, das varas criminais, com competência cumulativa para as questões cíveis e criminais (arts. 14 e 33); afastam-se, nas infrações de menor potencial ofensivo, a competência dos Juizados Especiais Criminais e o rito sumaríssimo disciplinado na Lei nº 9.099/95 (art. 41). Prevê, também, a Lei nº 13.340/2006, o direito da mulher vítima de violência doméstica de atendimento policial e pericial especializado, ininterrupto e prestado preferencialmente por agentes do sexo feminino (art. 10-A, inserido pela Lei nº 13.505, de 8-11-2017). Entre outros dispositivos, a Lei nº 13.894, de 29-10-2019, inovou ao oferecer à ofendida a possibilidade de propor ação de divórcio ou de dissolução de união estável no Juizado de Violência Doméstica e Familiar contra a Mulher (art. 14-A).

Tratando-se de lesão corporal leve, ainda que o crime seja qualificado pela violência doméstica (§ 9º) e constitua forma de violência doméstica e familiar contra a mulher nos termos da lei especial, a ação penal dependeria de representação da vítima.[96] Possível seria, também, a suspensão condicional do processo, por força do disposto nos arts. 88 e 89 da Lei nº 9.099/95. Embora o art. 41 da Lei nº 11.340/2006 determine a não aplicação da Lei nº 9.099/95, a norma não alcança os citados dispositivos, que têm caráter geral e não guardam vinculação com o conceito de infração de menor potencial ofensivo, com a competência dos Juizados Especiais Criminais ou com o procedimento sumaríssimo regulado nesse estatuto.[202] No entanto, após reconhecer a constitucionalidade do dispositivo legal (art. 41 da Lei nº 11.340/2006),[97] o STF, fundando-se sobretudo em razões de política criminal, decidiu que na hipótese de crime de lesão corporal praticado com violência doméstica contra a mulher, a ação penal pública é sempre incondicionada.[98] No mesmo sentido, foi editada a Súmula nº 542 do STJ. Já havia decidido também aquela Corte que a norma contida no mencionado art. 41 aplica-se, inclusive, à hipótese de contravenção penal.[99] Tem-se decidido, também, que, em qualquer delito praticado com violência doméstica e familiar contra a mulher não se aplicam os institutos despenalizadores previstos

---

201. O STJ, em decisão recente fixou a seguinte tese: "A audiência prevista no art. 16 da Lei 11.340/2006 tem por objetivo confirmar a retratação, não a representação, e não pode ser designada de ofício pelo juiz. Sua realização somente é necessária caso haja manifestação do desejo da vítima de se retratar trazida aos autos antes do recebimento da denúncia" (Resp 1964293-MG, j. em 8-3-2023, *DJe* de 29-3-2023).

202. No mesmo sentido: Pedro Franco de Campos (et. al.). Ob. cit. p. 37. Em sentido contrário, o de se tratar de hipótese de ação pública incondicionada e de ser incabível a suspensão condicional do processo na hipótese de violência familiar e doméstica contra a mulher: DELMANTO, Celso et. al. *Código penal comentado*. 7. ed. Rio de Janeiro: Renovar, 2007. p. 387.

na Lei nº 9.099/95, como a transação e a suspensão condicional do processo.[100] A orientação cristalizou-se no STJ nos termos da Súmula 536. É também entendimento firme no STJ o do não cabimento da substituição da pena privativa de liberdade por restritiva de direitos no caso de crime ou contravenção praticado com violência ou grave ameaça contra a mulher no ambiente doméstico, nos termos da Súmula nº 588. Por fim, assentou-se no mesmo tribunal a orientação no sentido da inaplicabilidade do princípio da insignificância nos mesmos casos de violência doméstica contra a mulher, conforme Súmula 589.

A Lei nº 10.778, de 24-11-2003, regulamentada pelo Decreto nº 5.099, de 3-6-2004, prevê como objeto de notificação compulsória os casos, com indícios e constatados nos serviços de saúde públicos ou privados, de violência física, sexual ou psicológica contra a mulher, inclusive em decorrência de discriminação ou desigualdade étnica, que tenha ocorrido no âmbito público ou das relações domésticas (art. 1º, § 1º), os quais serão obrigatoriamente comunicados à autoridade policial no prazo de 24 horas para as providências cabíveis e para fins estatísticos (art. 1º , § 4º).

A partir da vigência da Lei nº 13.104, de 9-3-2015, o homicídio praticado com violência doméstica e familiar contra a mulher passou a configurar o *feminicídio*, forma de homicídio qualificado, nos termos do art. 121, § 2º, VI, e § 2º-A, I (item 4.1.10).

5.1.19 Lesão corporal contra integrante das forças armadas ou de órgão da segurança pública

No § 12 do art. 129, inserido pela Lei nº 13.142, de 6-7-2015, prevê-se como causa que determina o *aumento da pena* de um a dois terços, a circunstância de ter sido praticado "contra autoridade ou agente descrito nos arts. 142 e 144 da Constituição Federal, integrantes do sistema prisional e da Força Nacional de Segurança Pública, no exercício da função ou em decorrência dela, ou contra seu cônjuge, companheiro ou parente consanguíneo até terceiro grau, em razão dessa condição".

A mesma circunstância é prevista como qualificadora no homicídio (art. 121, inciso VII) e já foi examinada (v. item 4.1.10).

Incide a majorante na lesão corporal dolosa, leve, grave, gravíssima ou seguida de morte. É ela incompatível com o privilégio (§ 4º) e a forma culposa (§ 6º). Não há impedimento à aplicação cumulativa com as causas de aumento de pena previstas no § 7º.

Por força da Lei nº 13.142, de 6-7-2015, incluíram-se entre os *crimes hediondos* os de lesão corporal dolosa de *natureza gravíssima* (art. 129, § 2º) e lesão corporal *seguida de morte* (art. 129, § 3º), quando praticados contra uma das referidas autoridades ou agentes públicos, se presente o nexo funcional, ou contra seu cônjuge, companheiro ou parente consanguíneo até terceiro grau, em razão dessa condição (art. 1º, I-A, da Lei nº 8.072/90).

5.1.20 Lesão corporal culposa

Pune a lei também a lesão corporal causada culposamente (art. 129, § 6º). Assim, se da imprudência, negligência ou imperícia do agente derivou não a morte, mas lesão corporal na vítima, o agente é punido com pena de detenção de dois meses a um ano. No caso de lesão corporal culposa, não importa sua gravidade,[101] e a consequência maior somente será levada em conta na fixação da pena (art. 59). Aplica-se o *princípio da bagatela*, porém, se a lesão causada é insignificante, conforme já decidiu o *STJ*.[102] É essa, aliás, a jurisprudência dominante.[103]

Quanto à conduta culposa, é a mesma do homicídio (itens 4.1.14 e 4.1.15) e, além dos casos já mencionados, anotam-se na jurisprudência os seguintes: fumar próximo a depósito de pólvora e dinamite provocando explosão;[104] avaliar erroneamente o médico radiografia, não percebendo fraturas que ocasionaram deformidade ao paciente;[105] agir com culpa *in custodiendo* na guarda de cão que agride transeunte;[106] e negligenciar na guarda do cão bravio, que ataca a vítima, não o mantendo preso sob severa vigilância.[107]

Nada impede a coautoria no crime de lesão corporal culposa, já se tendo punido aquele que entregou as chaves do automóvel a pessoa não habilitada que causou culposamente lesões à vítima.[108] Nesse caso, porém, é indispensável que se verifique a existência da previsibilidade quanto ao resultado, respondendo o agente apenas pelo crime previsto no art. 310 do Código de Trânsito Brasileiro (Lei nº 9.503, de 23-9-1997) quando não lhe era possível prevê-lo. Decidiu o STJ, aliás, a respeito desse dispositivo que se cuida de crime de perigo abstrato (Súmula nº 575 do STJ).

Aumenta-se a pena também na lesão corporal culposa se ocorre qualquer das hipóteses do art. 121, § 4º (art. 129, § 7º), já examinadas anteriormente (item 4.1.16). Relembre-se que não há lesão corporal qualificada quando a vítima é socorrida por terceiros,[109] está levemente ferida, não necessitando de atendimento rápido,[110] ou não está ao desamparo.[111]

É possível também a concessão do perdão judicial, se as consequências da infração atingiram o próprio agente de forma tão grave que a sanção penal se torne desnecessária (art. 129, § 8º, que se refere ao art. 121, § 5º) (item 4.1.18).

A ação penal no caso de lesão corporal culposa deve obedecer ao rito sumário previsto nos arts. 394, § 1º, II, e 531 ss do CPP, quando processada perante o juízo comum (art. 538). Entretanto, por força da Lei nº 9.099, de 26-9-1995, que dispõe sobre os Juizados Especiais Cíveis e Criminais, a lesão corporal culposa passou a estar na competência do Juizado Especial Criminal (arts. 60 e 61), obedecendo-se, nesse juízo, o rito sumaríssimo. Além disso, assim como no caso da lesão corporal dolosa leve, é objeto de ação penal pública condicionada à representação da vítima (art. 88). A ação penal por crime de lesão corporal culposa praticada na direção de veículo automotor também depende de representação da vítima, por força do disposto no art. 291, § 1º, do CTB, exceto se presente uma das circunstâncias previstas nos incisos I a III do mesmo dispositivo, casos que determinam a ação pública incondicionada.

5.1.21 Concurso

As lesões praticadas para a consecução de outro crime são por este absorvidas quando se tratar de crime complexo (arts. 157, 158 etc.), a não ser que haja disposição expressa em contrário (arts. 163, parágrafo único, 227, § 2º, 228, § 2º etc.).

A lesão corporal *grave* torna alguns crimes qualificados pelo resultado (arts. 157, § 3º, I, 158, § 2º, 159, § 2º, 213, § 1º etc.).

Se o agente pratica abuso de autoridade (Lei nº 13.869, de 5-9-2019), produzindo lesões corporais na vítima, há concurso formal,[112] mas há decisões reconhecendo no caso o concurso material[113] ou a absorção do crime comum[114] ou do crime especial.[115]

Há também possibilidade do reconhecimento de crime continuado ainda que se tratando de vítimas diversas,[116] apesar de decisões em sentido contrário.[117]

5.1.22 Distinção

A lesão corporal culposa causada na direção de veículo automotor passou a caracterizar novo delito, o previsto no art. 303 da Lei nº 9.503, de 23-9-1997 (Código de Trânsito Brasileiro). As demais, ainda que ocorridas no trânsito, continuam submetidas ao art. 129, § 6º, do Código Penal.

Distingue-se a tentativa de lesão corporal dolosa do crime de perigo de vida, definido no art. 132, uma vez que, neste, o agente atua apenas com a vontade de causar perigo e não dano. Não se confunde a lesão corporal, ainda, com o delito de maus-tratos, em que o agente visa corrigir a vítima.[118] Distingue-se, também, da contravenção das vias de fato por não haver, nesta, ofensa à integridade corporal ou à saúde.[119] Haverá aborto quando o agente causa a lesão para provocar a interrupção da gravidez ou assumindo o risco de produzi-la.[203] Ocorre injúria real quando o agente provoca a lesão com *animus injuriandi*, aplicando-se também a pena da violência (art. 140, § 2º).

Havendo tortura, o crime, preenchendo os requisitos previstos no tipo penal, será o definido no art. 1º e seus parágrafos da Lei nº 9.455, de 7-4-1997.

Em certas hipóteses, a tentativa de lesão corporal configura crime autônomo: "é o que se dá com a prática do coito para transmitir moléstia venérea (art. 130, § 1º), ou com a prática de ato destinado, intencionalmente, a transmitir moléstia grave".[204]

---

203. JESUS, Damásio E. de. *Direito penal*. Ob. cit. v. 2, p. 154.
204. MARQUES, Frederico. *Tratado*. Ob. cit. v. 4, p. 190.

6

DA PERICLITAÇÃO DA VIDA E DA SAÚDE

6.1 PERIGO DE CONTÁGIO VENÉREO

6.1.1 Generalidades

Estão contidos no Capítulo III os crimes de periclitação da vida e da saúde, também denominados na doutrina de crimes de perigo individual. Trata-se de infrações subsidiárias pelas quais responde o agente quando o fato não se constitui em crime mais grave. Os crimes de perigo são, normalmente, subsidiários dos crimes de dano, mas isso não elimina a possibilidade de aplicação do princípio da especialidade para resolver, por vezes, o conflito aparente de normas.

Três são as correntes a respeito da conceituação do perigo.

Na primeira, subjetivista, entende-se que o perigo é mera criação do espírito do homem, simples prognóstico da ocorrência de uma lesão. Os objetivistas, porém, consideram o perigo um trecho da realidade, um estado de fato concreto, real. Na terceira corrente (objetivo-subjetivista), o perigo é considerado como uma realidade que exige um juízo mental para a apuração de sua existência.

Ensina Hafter, citado por Costa e Silva, que "perigo é o estado (*Zustand*) que nos faz esperar e recear como provável uma lesão a interesse juridicamente protegido".[205]

Fala-se em crimes de perigo *abstrato* nos casos em que na lei se presume ser o fato perigoso, independentemente da comprovação do risco no caso concreto, tendo em vista que a experiência demonstrou ser ele um fator de criação de probabilidade de lesão ao bem jurídico. No crime de perigo *concreto,* já se exige a demonstração de ter o fato causado realmente a situação de probabilidade de dano.

Referem-se os doutrinadores, também, à distinção entre dolo de *dano* (vontade de causar lesão efetiva) e dolo de *perigo* (vontade de causar apenas o perigo), embora a diferença não tenha grande interesse doutrinário, uma vez que, em ambos, o que se pretende é causar um resultado, que pode ser de dano ou de perigo.

Há crimes de perigo *individual* quando o fato se relaciona a uma ou mais pessoas determinadas. Estão estes, em sua maioria, definidos no capítulo em estudo. Há crimes

---

205. Delitos de contágio. *Justitia* 54/5.

de perigo *comum* ou *coletivo* quando o fato se refere ao risco corrido por um número indeterminado de pessoas. Estão definidos a partir do art. 250.

São crimes de perigo individual constantes do Capítulo III os de: perigo de contágio venéreo (art. 130), perigo de contágio de moléstia grave (art. 131), perigo para a vida ou saúde de outrem (art. 132), abandono de incapaz (art. 133), exposição ou abandono de recém-nascido (art. 134), omissão de socorro (art. 135), condicionamento de atendimento médico-hospitalar emergencial (art. 135-A) e maus-tratos (art. 136).

6.1.2 Conceito

O crime de perigo de contágio venéreo, definido no art. 130, é assim conceituado: "Expor alguém, por meio de relações sexuais ou qualquer ato libidinoso, a contágio de moléstia venérea, de que sabe ou deve saber que está contaminado: Pena – detenção, de três meses a um ano, ou multa." Trata-se de inovação da lei penal brasileira que não resultou justificada e já se cogita de eliminar esse tipo penal em eventual reforma do Código vigente.

6.1.3 Objetividade jurídica

Protege-se com o dispositivo a saúde da pessoa humana. As moléstias venéreas podem ter consequências graves, e algumas, como a sífilis, são hereditárias. O mal da contaminação, como se afirma na Exposição de Motivos, não fica circunscrito a uma pessoa determinada, criando-se a possibilidade de um contágio extensivo (item 44). Com o intuito de evitar a contaminação, o legislador criou o tipo penal, embora o fato pudesse eventualmente ser considerado como tentativa de lesão corporal ou, ocorrendo o contágio, como lesões corporais dolosas ou culposas.

6.1.4 Sujeito ativo

Qualquer homem ou mulher pode praticar o crime previsto no art. 130. Caso seja ele praticado pelo marido contra a mulher, ou vice-versa, há causa para a separação judicial (adultério como injúria grave). O fato de ser a agente meretriz não a isenta de responsabilidade.

6.1.5 Sujeito passivo

Vítima do delito é a pessoa com quem o agente, estando contaminado, pratica o ato libidinoso. É irrelevante que a vítima saiba ou possa supor que o parceiro está contaminado, ou mesmo que por este seja alertada sobre o perigo. Aceitando o risco pode a vítima sofrer graves danos à saúde, e a integridade corporal e a sanidade física e mental são também bens sociais. Além disso, a vítima, contaminada, poderá transformar-se em veículo de contágio com relação a terceiros. Contra esse entendimento

6 • DA PERICLITAÇÃO DA VIDA E DA SAÚDE   **107**

se pronuncia Costa e Silva, alegando que não ocorrerá o crime se a vítima conhecia a situação de contágio e podia validamente consentir em assumir o risco.[206] Ainda que assim não se entenda, a vítima pode impedir a apuração do crime, uma vez que a lei exige, para a ação penal, sua representação.

Também a prostituta pode ser sujeito passivo do delito. Está protegida sua saúde, embora esteja ela disponível para qualquer pessoa no que se relaciona às relações sexuais.

6.1.6 Tipo objetivo

A conduta típica resume-se na prática de relações sexuais ou de qualquer ato libidinoso, seja ele ou não sucedâneo da cópula carnal, com a vítima. Ato libidinoso é todo aquele que se destina a satisfazer a concupiscência do agente ou do paciente, incluindo, portanto, o beijo. Atos libidinosos, de que a cópula é o padrão máximo, e que abrange as relações homossexuais, "são todos os fatos carnais que, movidos pela concupiscência sexual, se apresentam objetivamente capazes de produzir a vigília e a excitação da sexualidade, no mais amplo sentido".[207] Deve haver o contato corporal entre o agente e a vítima, um contato direto ou imediato. Não responde, pois, por outro crime o agente quando a vítima contaminada, por exemplo, contagia terceiro em posterior relação sexual. Exigindo a lei a prática de ato libidinoso, o contágio de moléstia venérea por outro meio não configura o crime em estudo, mas, eventualmente, os delitos definidos nos arts. 131 e 132.

Esclarece-se na Exposição de Motivos: "Não se faz enumeração taxativa das *moléstias venéreas* (segundo a lição científica, são elas: a *sífilis*, a *blenorragia*, o *ulcus molle* e o *linfogranuloma inguinal*), pois isso é mais próprio de regulamento sanitário" (item 44). A AIDS (Síndrome de Insuficiência Imunológica Adquirida), embora possa ser transmitida por atos libidinosos, não é moléstia venérea, respondendo o transmissor por homicídio (item 4.1.7) ou lesão corporal grave (art. 129, § 2º, II) (item 5.1.12).

Com a comprovação da prática de relações sexuais ou ato libidinoso qualquer do agente com a vítima presume-se o perigo. Trata-se, porém, de presunção *juris tantum*, que admite prova em contrário. Ensina Hungria: "Assim, se se averiguar que o sujeito passivo é pessoa com especial imunidade ao contágio ou já contagiada (de moléstia da mesma natureza, e afastada a hipótese de uma possível recrudescência), inexiste o crime: o mais que se poderá reconhecer é uma *tentativa inadequada*." [208]

Segundo a jurisprudência, é necessário o exame do acusado para a comprovação de que foi ele o causador da transmissão da moléstia à vítima que se positivou infectada.[1]

---

206. Delito de contágio. *Justitia* 54/8.
207. HUNGRIA, Nelson, FRAGOSO, Heleno Cláudio. *Comentários ao código penal*. 5. ed. Rio de Janeiro: Forense, 1979. v. 5, p. 407.
208. *Comentários*. Ob. cit. v. 5, p. 408.

6.1.7 Tipo subjetivo

Nos termos da primeira parte do art. 130, o dolo é a vontade de praticar o ato libidinoso, expondo a vítima a perigo, sabendo o agente que está contaminado. Tem ele, então, a consciência de que está criando um risco de transmissão da moléstia.

Na segunda parte, incrimina-se aquele que *deve saber* que está contaminado. É quase unânime a opinião de que a lei prevê, no caso, um crime culposo.[209] Ensina Fragoso que "só haverá culpa se o agente, em face das circunstâncias, devesse conhecer o seu estado, sendo injustificável a sua ignorância do mesmo".[210] Nos tribunais tem-se decidido: "Para a configuração do delito do art. 130 do CP não basta que o agente contagie a vítima ou a exponha a contágio de moléstia venérea. É mister que saiba ou que deva saber que está contaminado".[(2)]

Contra esse entendimento pronuncia-se Costa e Silva: "A frase 'devia saber' não passa de uma regra probatória, de uma presunção: Se as circunstâncias fazem acreditar na existência de uma infecção; se o agente as conhecia, conclui a lei que tinha o agente conhecimento da infecção. Razões de ordem prática explicam semelhante regra. Ela completa a prova do dolo, assaz difícil em certos casos. Tal regra não tem valor absoluto. Cede diante de prova em contrário." [211]

Evidentemente, a dúvida do agente, configurando o dolo eventual, perfaz o delito. Merece críticas a lei por ter equiparado, para efeito de punição, as formas dolosa e culposa.

Pelo § 1º, a pena é bem mais severa "se é intenção do agente transmitir a moléstia". Há aqui um crime de perigo em que se exige o dolo de dano, ou seja, deve o agente querer o resultado lesivo. Esse delito qualificado é incompatível com o dolo eventual, respondendo o agente nesse caso pelo crime simples. Informa-se na Exposição de Motivos que o fato, a rigor, comporia uma tentativa de lesão corporal elevada à categoria de crime autônomo por suas consequências possíveis, não havendo despropósito, porém, "em classificar o fato entre os *crimes de perigo* contra a pessoa".

É possível o erro de tipo excludente. Ensina Bento de Faria: expondo alguém ao perigo do contágio o agente não tem razões para suspeitar sequer do seu estado, como no caso de, sendo casado, o mal de que é portador lhe tenha sido transmitido pela própria mulher, não há responsabilidade penal a menos que o estado da moléstia seja evidente.[212]

---

209. Nesse sentido: HUNGRIA, FRAGOSO. *Comentários*. Ob. cit. v. 5, p. 405; NORONHA, E. Magalhães. *Direito penal*. 13. ed. São Paulo: Saraiva, 1977. v. 2, p. 91; FARIA, Bento de. *Código penal brasileiro comentado*. Rio de Janeiro: Record, 1959. v. 4, p. 115-116; MARQUES, José Frederico. *Tratado de direito penal*: parte especial. São Paulo: Saraiva, 1961. v. 4, p. 292; SILVEIRA, Euclides C. da. *Direito penal*: crimes contra a pessoa. 2. ed. São Paulo: Revista dos Tribunais, 1973. p. 165; JESUS, Damásio E. de. *Direito penal*: parte especial. 4. ed. São Paulo: Saraiva, 1982. v. 2, p. 166.
210. *Lições de direito penal*: parte especial. 3. ed. São Paulo: José Bushatsky, 1976. v. 1, p. 164.
211. Delitos de contágio. *RT* 54/8. No mesmo sentido, GARCIA, Basileu. Delito de contaminação. *RF* 94/231-232.
212. *Código penal brasileiro*. Ob. cit. v. 4, p. 117.

6.1.8 Consumação e tentativa

Estará consumado o delito com a exposição da vítima ao perigo do contágio por meio do ato libidinoso, independentemente de contaminação.

Ocorrendo o dano, ou seja, o contágio, as opiniões dividem-se. Entende Euclides C. da Silveira que haverá o crime de "lesão corporal, dolosa ou culposa, conforme a predisposição espiritual do agente, a ciência ou ignorância da contaminação".[213] Por seu turno, afirma Fragoso: "Se do ponto de vista subjetivo houve apenas dolo de perigo ou culpa, o agente responderá por lesões corporais culposas tão somente se o contágio se opera." [214] Tal solução afronta a lógica, pois a pena pelas lesões corporais culposas é inferior à prevista no art. 130. Punir-se-ia assim mais severamente o agente quando não houvesse o contágio. Deve-se entender que, ocorrendo o contágio e a consequente lesão corporal de natureza *leve*, prevalece no concurso aparente de normas o art. 130, se o agente não pretendia transmitir a moléstia. Resultando lesões graves no caso de dolo, passa o fato a reger-se pelo art. 129, §§ 1º e 2º. Havendo morte, aplica-se o ensinamento de Hungria: "Se o agente procedeu com dolo de perigo ou dolo de dano, o fato ser-lhe-á imputado a título de 'lesão corporal seguida de morte' ou 'homicídio preterintencional' (art. 129, § 3º). Se o *antecedente*, porém, era simplesmente culposo, responderá por *homicídio culposo* (art. 121, § 3º).[215]

Tratando-se de crime plurissubsistente, é possível a tentativa desde que haja dolo, já que a forma culposa não admite o *conatus*.

6.1.9 Concurso

Era indiscutível a possibilidade de concurso formal com os crimes sexuais, anteriormente à alteração do Código Penal que redefiniu os crimes contra a dignidade sexual.[3] Todavia, por força da Lei nº 13.718, de 24-9-2018, prevê-se no art. 234-A, IV, como causa de aumento de pena aplicável aos crimes sexuais, a circunstância de o agente transmitir à vítima doença sexualmente transmissível de que sabe ou deveria saber ser portador. Assim, praticado o delito sexual e havendo, como resultado, a transmissão da doença, responde o agente pelo crime sexual na forma agravada, que absorve o delito do art. 130. Todavia, se não há o contágio, deve-se reconhecer o concurso entre o crime sexual e o de perigo de contágio venéreo.

6.1.10 Ação penal

Nos termos do § 2º, a ação penal depende de representação. Leva a lei em consideração os interesses da vítima, deixando-lhe a iniciativa da ação penal, porque pode esta preferir o silêncio a respeito dos fatos por receio das consequências do *strepitus judicii*.

---

213. Ob. cit. p. 168.
214. *Lições*. Ob. cit. v. 1, p. 165.
215. *Comentários*. Ob. cit. v. 5, p. 407.

Nada impede que a vítima que consentiu no ato libidinoso, embora sabedora da possibilidade de contágio, represente contra o agente. O consentimento na prática do fato não elide o crime nem retira à vítima a possibilidade de tomar a iniciativa processual.

6.2 PERIGO DE CONTÁGIO DE MOLÉSTIA GRAVE

6.2.1 Conceito

Define a lei, no art. 131, o crime de perigo de contágio de moléstia grave: "Praticar, com o fim de transmitir a outrem moléstia grave de que está contaminado, ato capaz de produzir o contágio: Pena – reclusão, de um a quatro anos, e multa."

6.2.2 Objetividade jurídica

Protege a lei, ainda uma vez, a incolumidade física e a saúde da pessoa humana.

6.2.3 Sujeitos do delito

Sujeito ativo do crime é qualquer pessoa contaminada por moléstia grave que pratica o ato com a intenção de transmiti-la a outrem.

Vítima é a pessoa com quem o agente pratica o ato capaz de transmitir a moléstia.

6.2.4 Tipo objetivo

Configura a conduta típica qualquer ato praticado pelo agente que possa transmitir à vítima a moléstia. Pode ocorrer com o contato corporal direto (aperto de mão, aleitamento, beijo etc.) ou mesmo por meio de objetos ou instrumentos (alimentos, bebidas, injeções, roupas etc.).

Refere-se a lei à moléstia grave, aguda ou crônica, mas não necessariamente incurável. A moléstia deve ser grave (que provoca séria perturbação da saúde) e contagiosa (transmissível por contágio), como a tuberculose, morfeia, varíola, difteria, covid-19, causada pelo SARS-Cov-2, etc. Trata-se, como no crime previsto no art. 130, de uma norma penal em branco, cabendo aos regulamentos da Saúde Pública a indicação de ser a moléstia contagiosa. A prática de relações sexuais do portador do vírus da AIDS com o fim de transmitir a moléstia constitui o delito, em não havendo o contágio; ocorrendo este, o crime é mais grave, conforme as circunstâncias (homicídio consumado ou tentado, lesão corporal de natureza grave). Já entendeu o STJ que na hipótese de transmissão dolosa de doença incurável, a conduta deverá será apenada conforme previsão do art. 129, § 2º, II do Código Penal. [4]

Incluem-se as moléstias venéreas quando a exposição ao perigo de contágio não ocorre por meio de ato libidinoso.

Exige-se o exame pericial para a comprovação de estar o agente contaminado e a prova de que o meio era capaz de provocar o contágio.

6.2.5 Tipo subjetivo

Consiste o dolo na vontade de praticar o ato. Exige-se o elemento subjetivo do tipo, ou seja, querer o agente o contágio (dolo específico).[5] Não há esse crime, assim, quando o agente atua com dolo eventual em que, não querendo o contágio, assume o risco de provocá-lo. Residualmente, poderá ocorrer o crime de lesão corporal.

Não prevendo a lei a forma culposa, se ocorrer o contágio por culpa do agente, caracterizar-se-á o delito de lesões corporais culposas ou homicídio culposo quando advier a morte da vítima.

6.2.6 Consumação e tentativa

O crime de perigo de contágio de moléstia grave é um delito formal, de consumação antecipada e de perigo com dolo de dano. A consumação opera-se, portanto, com a prática do ato, independentemente de contágio que, se ocorrer, será o exaurimento do crime.

Provocando o contágio lesão grave, responderá o agente apenas pelo crime em estudo. Aqui, se trata de norma especial, como se deduz pela referência da lei à moléstia *grave*. Entretanto, ocorrendo morte, prevalece o art. 129, § 3º, aplicando-se a regra da subsidiariedade, se não assumiu o risco do evento letal, e por homicídio em caso contrário.[216]

Haverá crime impossível se o agente não estiver contaminado, supondo o contrário, ou se a pessoa que o agente quer contagiar já for portadora da doença, não sendo possível sequer sua agravação. Também haverá crime impossível se o ato praticado não é hábil a contagiar, apesar de ser transmissível a moléstia.

Nada impede a tentativa. Iniciada a execução do ato e sendo o agente impedido de levá-lo avante, ocorre o *conatus*.

6.2.7 Concurso

Caso o agente deseje ou assuma o risco de causar epidemia, ocorre concurso formal com o crime definido no art. 267 ou o descrito no art. 268.

6.3 PERIGO PARA A VIDA OU SAÚDE DE OUTREM

6.3.1 Conceito

No art. 132, a lei define um crime de perigo em fórmula genérica, incriminando todo fato que coloca em risco a vida ou a saúde da pessoa humana. Trata-se, como se afirma na Exposição de Motivos, de crime eminentemente subsidiário. Citam-se como

---

216. Nesse sentido: JESUS, Damásio E. de. *Direito penal*. Ob. cit. v. 2, p. 173; e MARQUES. *Tratado*. Ob. cit. v. 4, p. 300-301.

exemplos o caso do empreiteiro que, para poupar-se ao dispêndio com medidas técnicas de prudência, na execução da obra, expõe o operário ao risco de grave acidente, e o de quem dispara uma arma de fogo na direção de outrem, desde que não constitua o fato tentativa de homicídio.

O crime vem descrito em forma bastante abrangente, incluindo elementos constitutivos de outros ilícitos penais como se fosse o gênero e os demais, espécies: "Expor a vida ou a saúde de outrem a perigo direto e iminente: Pena – detenção, de três meses a um ano, se o fato não constitui crime mais grave" (art. 132).

6.3.2 Objetividade jurídica

Tutela a lei a vida e a saúde de qualquer pessoa, colocadas em risco pela conduta dolosa do agente.

6.3.3 Sujeitos do delito

Pode cometer o crime qualquer pessoa, não se exigindo qualquer relação jurídica entre os sujeitos do delito.

Sujeito passivo é qualquer pessoa cuja vida ou saúde é posta em risco pela conduta do agente. Deve ser pessoa ou pessoas determinadas;[6] a criação do risco para pessoas indeterminadas pode constituir crime de perigo comum (arts. 250 ss). Não se responsabilizou o agente acusado desse crime de perigo que energizou uma cerca em sua casa, para afugentar ladrões, causando perigo *erga omnes* e não dirigido a pessoa determinada.[7]

6.3.4 Tipo objetivo

A conduta típica é criar por qualquer meio uma situação em que a vida ou saúde de outrem fique exposta ao perigo. Já se decidiu pela configuração do crime: no dirigir em alta velocidade, fazendo "cavalo de pau", e embriagado;[8] no "fechar" deliberadamente automotor, forçando-o a subir sobre a calçada e causando a colisão contra poste e outro veículo;[9] no transportar trabalhadores sentados nas laterais da carroceria de caminhão;[10] no interromper cortejo fúnebre, abalroando um dos veículos que acompanham o enterro;[11] nas brincadeiras com automóvel na estrada;[12] no disparo contra veículo em movimento;[13] no disparo em direção a policiais ou outras pessoas para amedrontá-los;[14] no disparo dentro de local habitado,[15] contra aposento ocupado[16] ou contra a mesa junto à qual se encontra a vítima.[17]

Trata-se de crime de perigo *concreto*, exigindo-se a demonstração de ter a vida ou a saúde da vítima sofrido um risco direto e iminente.[18] Não bastam, pois, simples conjeturas ou possibilidades indiretas ou remotas de dano.

É necessário que se trate de perigo *direto*, ou seja, que se relaciona a determinadas pessoas.[19] Deve ser, assim, individual, exigindo-se uma vítima certa que esteja sendo visada pelo réu.[20] Além disso, indispensável que se trate de perigo *iminente*, em que a lesão pode ocorrer em seguida, imediatamente.

Há casos, porém, em que o risco é inerente a uma atividade profissional, sendo esta permitida pelas normas de cultura. Assinala Aníbal Bruno que para a existência do crime "é preciso que o ato de que resulta o risco seja contrário às normas de cultura, aos princípios que regulam a vida social".[217] Inexiste crime, portanto, quando o perigo é inerente à prestação do contrato de trabalho (piloto de prova, operário de fábrica de explosivos, enfermeiro etc.) ou o agente tem o dever legal de suportar o perigo (policiais, bombeiros etc.). São fatos que constituem ações socialmente adequadas; "pela sua conformidade com as normas gerais de comportamento, embora prefigurem um tipo penal, não permitem que essa tipicidade seja indício de antijuridicidade".[218]

6.3.5 Tipo subjetivo

Trata-se de crime doloso, em que, necessariamente, o agente quer o perigo ou assume o risco de produzi-lo. Se o agente, porém, quer o dano à vida ou à saúde e este não ocorrer, haverá tentativa de homicídio ou de lesões corporais e não o crime de perigo. Ensina Bento de Faria: "Não há perigo ou risco sem a possibilidade de suas consequências. Entretanto, se esse resultado ocorrer, o crime há de ser outro. Por conseguinte, a espécie delituosa, em apreço, é expressiva tão somente do *risco causado*, e, ainda assim, quando não configure modalidade de outra prática reprimida com maior rigor".[219]

Assumindo o agente o risco de causar perigo para a vida ou a saúde de outrem, responde pelo crime previsto no art. 132 com *dolo eventual*.[21] Por isso, sustentamos que não há possibilidade de se reconhecer tentativa branca[220] de homicídio ou de lesões corporais com dolo eventual. Querer o perigo ou aceitar o risco de sua ocorrência equivale a consentir no risco do resultado (morte ou lesão corporal), constituindo-se apenas no dolo eventual do crime de perigo e não no elemento subjetivo que informa a tentativa de homicídio ou de lesões corporais.

Não há forma culposa desse crime de perigo.[22] Se o agente provoca um perigo para outrem por simples culpa, poderá ocorrer, eventualmente, outro delito (arts. 31 e 36 da LCP etc.). Resultando dano da conduta culposa, ocorrerão lesões corporais ou homicídios culposos.

6.3.6 Consumação e tentativa

Consuma-se o delito com a prática do ato e a ocorrência do perigo concreto. Possível a tentativa por se tratar de crime plurissubsistente.

---

217. *Crimes contra a pessoa*. 3. ed. São Paulo: Rio Gráfica, 1975. p. 221.
218. BRUNO, Aníbal. *Crimes contra a pessoa*. Ob. cit. p. 221.
219. *Código penal brasileiro*. Ob. cit. v. 4, p. 122.
220. Na tentativa branca não há concreta lesão ao bem jurídico tutelado.

6.3.7 Aumento de pena por transporte irregular

Criou a Lei n° 9.777, de 29-12-1998, uma causa de aumento de um sexto a um terço da pena para o crime previsto no art. 132 do CP, acrescentando o parágrafo único a esse artigo, que incide "se a exposição da vida ou da saúde de outrem a perigo decorre do transporte de pessoas para a prestação de serviços em estabelecimentos de qualquer natureza, em desacordo com as normas legais". Evidentemente, teve o legislador em vista, principalmente, mas não exclusivamente, o transporte de trabalhadores rurais (boias-frias) que são submetidos ao traslado para fazendas em caminhões e outros veículos sem os cuidados indispensáveis para evitar acidentes. As normas legais mencionadas no novo dispositivo, que devem ser obedecidas, são não só as referentes à circulação de qualquer veículo, como também as destinadas a sua segurança, inscritas no Código de Trânsito Brasileiro e na legislação complementar. Resulta claro da letra do parágrafo único do art. 132 que à incriminação penal não basta a desobediência a tais normas, sujeita a sanções administrativas, exigindo-se a ocorrência de perigo concreto para a vida ou saúde de outrem para a caracterização do crime agravado.

6.3.8 Distinção

O delito do art. 132 é eminentemente subsidiário, isto é, só deve ser reconhecido quando o fato não constituir crime mais grave.[23] Observa Noronha que, sendo ele subsidiário, não pode ser invocado "sempre que o caso estiver especificamente previsto em outra figura, ainda que com pena mais branda, como se dá com o delito do art. 136, ou com idêntica punição, como ocorre com o art. 130".[221] Na jurisprudência, tem-se decidido que haverá crime de lesões corporais se os disparos ferem a vítima[24] e que o arremesso de objetos em direção à vítima com *animus vulnerandi* caracteriza tentativa do crime previsto no art. 129.[25] A conduta de "disparar arma de fogo ou acionar munição em lugar habitado ou em suas adjacências, em via pública ou em direção a ela, desde que essa conduta não tenha como finalidade a prática de outro crime", configura o crime previsto no art. 15 da Lei n° 10.826, de 22-12-2003. Se essa conduta não causa perigo concreto ou se o perigo criado decorre de culpa, afasta-se o crime do art. 132 em razão de sua própria definição e da não previsão da forma culposa. Se o agente, porém, efetua o disparo nas mencionadas condições com a finalidade de criar o perigo para outrem, responderá, segundo a norma especial, pelo crime do art. 132, porque exige o art. 15 da Lei n° 10.826 para a configuração do delito que a conduta não tenha como finalidade a prática de *outro crime*, que inclui os de menor gravidade. Há que se ponderar, porém, que o crime definido na lei especial, mais gravemente punido, é de perigo *abstrato*, presumindo a lei de modo absoluto que a conduta é perigosa, e que interpretação literal do dispositivo implicaria punição mais severa a quem efetua o disparo de arma de fogo sem a intenção e sem provocar situação concreta de perigo, do que ao agente

---

221. *Direito penal*. Ob. cit. v. 2, p. 95.

que, nas mesmas condições (lugar habitado, via pública etc.), intencionalmente cria o perigo para outrem. O Código de Trânsito Brasileiro prevê crimes de perigo praticados na condução de veículo que também afastam o crime do art. 132 (arts. 306, 309, 311). Já se decidiu, antes da vigência do CTB, que não responde pelo crime em estudo, mas pela contravenção do art. 34 da LCP, aquele que dirige perigosamente veículo em via pública, ainda que fugindo de perseguição policial, porque não o anima a intenção de criar perigo para pessoa determinada.[26]

Como o perigo criado deve ser individual na hipótese do art. 132, ensina Hungria que, "se ocorre perigo *comum*, isto é, extensivo a um indeterminado número de pessoas, o crime passará a ser 'contra a incolumidade pública', salvo se não é especialmente previsto como tal (caso em que se admitirá a função supletiva do art. 132)".[222]

6.3.9 Concurso

Tratando-se de crime subsidiário, é excluída a possibilidade de concurso formal. Nem a existência de duas ou mais vítimas acarreta a aplicação do art. 70.[27] Mas já se decidiu que, não fazendo o art. 70 diferença entre crimes de dano e crimes de perigo, é possível o concurso formal do delito em estudo quando há pluralidade de vítimas.[28]

6.4 ABANDONO DE INCAPAZ

6.4.1 Conceito

Dispõe o art. 133 sobre o delito de abandono de incapaz: "Abandonar pessoa que está sob seu cuidado, guarda, vigilância ou autoridade, e, por qualquer motivo, incapaz de defender-se dos riscos resultantes do abandono: Pena – detenção, de seis meses a três anos."

6.4.2 Objetividade jurídica

Protege-se, ainda uma vez, a vida e a saúde da pessoa, zelando-se, no caso específico, pela segurança daqueles que mais dificuldades têm em se defender.

6.4.3 Sujeito ativo

Sujeito ativo do crime é aquele que tem o dever de zelar pela vítima. Trata-se, assim, de delito próprio, exigindo-se uma relação de dependência entre o sujeito ativo e a vítima do abandono. Aquele assume a posição de *garantidor* em decorrência da *lei* (Código Civil, Estatuto da Criança e do Adolescente, Estatuto da Pessoa Idosa, Estatuto da Pessoa com Deficiência etc.), de *contrato* ou *convenção* (enfermeiros, médicos,

---

222. *Comentários*. Ob. cit. v. 5, p. 418-419.

amas, babás, diretores de colégio etc.) e de *qualquer fato* lícito ou ilícito (recolhimento de pessoa abandonada, condução do incapaz em viagem, caçada etc.).

Refere-se a lei a cuidado, guarda, vigilância e autoridade. Vale reproduzir a lição de Hungria: "*Cuidado* significa a assistência a pessoas que, de regra, são capazes de valer a si mesmas, mas que, acidentalmente, venham a perder essa capacidade (ex.: o marido é obrigado a *cuidar* da esposa enferma e *vice-versa*). Guarda é a assistência a pessoas que não prescindem dela, e compreende necessariamente a *vigilância*. Esta importa zelo pela segurança pessoal, mas sem o rigor que caracteriza a *guarda*, a que pode ser alheia (ex.: o guia alpino *vigia* pela segurança de seus companheiros de ascensão, mas não os tem sob sua *guarda*). Finalmente, a assistência decorrente da relação de *autoridade* é a inerente ao vínculo de *poder* de uma pessoa sobre outra, quer a *potestas*, seja de direito público, quer de direito privado".[223] Decidiu-se pela ocorrência do crime de abandono de incapaz, em concurso com o definido no art. 155, na conduta da acusada que deixou a sós as crianças que estavam sob sua guarda, após furtar a residência na qual era empregada doméstica.[29]

Ocorre o crime ainda que o dever de guarda seja por tempo breve, como no exemplo citado por Noronha de se conduzir uma criança à escola ou levá-la à casa de um parente.[224]

6.4.4 Sujeito passivo

Refere-se a lei ao *incapaz*, mas não trata exclusivamente da incapacidade de Direito Civil. São sujeitos passivos do delito aqueles que, por *qualquer motivo* (idade, doença, situação especial), não têm condições de cuidar de si próprios, de se defenderem dos riscos resultantes do abandono. São vítimas os menores, doentes físicos e mentais, idosos, escolares, paralíticos, cegos, ébrios[30] etc. Essa incapacidade pode ser, portanto, *absoluta*, inerente à condição da vítima (crianças de tenra idade, p. ex.) ou *relativa* ou *acidental* (pelo modo, lugar ou tempo de abandono). Pode ser ainda *durável* (menores, paralíticos etc.) ou *temporária* (enfermidade aguda, ebriedade etc.).

É indiferente à composição do crime o consentimento da vítima ao ser abandonada pelo sujeito ativo, já que são protegidos bens indisponíveis. Não haverá abandono, no sentido jurídico penal, porém, "se é o próprio beneficiário da assistência que se subtrai a esta, de sua espontânea iniciativa, pouco importando que o obrigado à assistência não vá ao seu encalço".[225] Inexiste crime, também, se a pessoa abandonada é, apesar de menor de idade, por exemplo, capaz de se defender dos riscos do abandono. Saber se está a pessoa em condições de cuidar de si é questão relativa e circunstancial a ser apreciada pelo juiz no caso concreto.

---

223. *Comentários*. Ob. cit. v. 5, p. 429-430.
224. *Direito penal*. Ob. cit. v. 2, p. 98-99.
225. HUNGRIA, FRAGOSO. *Comentários*. Ob. cit. v. 5, p. 429.

6.4.5 Tipo objetivo

A conduta típica é abandonar, que significa deixar sem assistência, desamparar, largar. São duas as formas que pode assumir o abandono: "ou no conduzir-se a vítima para fora do ambiente de proteção em que se encontrava, deixando-a sem meios de protege-se – caso em que se procede trasladando-se a pessoa a ser abandonada; ou afastando-se o próprio sujeito ativo, do ambiente de proteção, mantendo ali o abandonado".[226] Em regra, o crime é praticado por omissão, deixando o sujeito ativo de prestar os cuidados que o incapaz necessita ao se afastar da casa em que reside. Possível, porém, o crime por comissão, caso em que a vítima é levada e abandonada em local em que ocorre o perigo.

Indispensável para a caracterização do crime é que a vítima fique em situação de perigo concreto, não se podendo presumir a ocorrência do risco. É necessário uma *separação no espaço*, como diz Hungria, uma separação física entre os sujeitos do crime. Não há crime se, abandonado o sujeito passivo, fica o responsável, a distância ou disfarçadamente, na expectativa de que alguém o encontre e recolha. Não ocorre, aí, perigo concreto.

Esclarece Fragoso que o abandono pode ser temporário ou definitivo. "Sua *duração* é indiferente, desde que seja por espaço de tempo juridicamente relevante (capaz de pôr em risco o bem jurídico tutelado)." [227]

Protege-se no dispositivo apenas o direito aos cuidados *materiais,* e não aos morais. O abandono material ou moral poderá caracterizar, porém, outro delito (arts. 244 a 247).

6.4.6 Tipo subjetivo

O abandono de incapaz é um crime exclusivamente doloso. O dolo é a vontade de abandonar a vítima, ciente de que por ela é responsável e do perigo que pode correr. O erro a tal respeito exclui o crime. Não há que se exigir o dolo específico como já se entendeu.[31] Nada impede, contudo, que o sujeito ativo proceda com dolo eventual, quer por estar em dúvida quanto a seu dever de cuidar da vítima, quer por assumir o risco de causar-lhe o perigo.

Caso o sujeito deseje a morte da vítima, responderá por fato mais grave, como tentativa de homicídio ou infanticídio.

6.4.7 Consumação e tentativa

Como crime de perigo concreto, o abandono de incapaz está consumado com o risco corrido pelo ofendido. Trata-se de crime instantâneo de efeitos permanentes e, se após o abandono e consequente exposição ao perigo, o agente "reassume o dever de

---

226. MARQUES. *Tratado.* Ob. cit. v. 4, p. 313.
227. *Lições.* Ob. cit. v. 1, p. 172.

assistência, não fica excluída a infração penal de perigo, uma vez já atingida a fase de consumação."[228]

Possível a ocorrência de tentativa, apesar de opiniões em contrário, quando se tratar de conduta comissiva.

6.4.8 Formas qualificadas e aumento de pena

Qualifica-se o delito pelos resultados de lesão corporal de natureza grave ou morte (art. 133, §§ 1º e 2º) em que as penas são elevadas (reclusão de um a cinco anos ou de quatro a doze anos, respectivamente). Havendo dolo de dano, estarão configurados os delitos de lesão corporal grave ou homicídio.

Tanto para as formas simples, do *caput*, como para as qualificadas pelo resultado, as penas são aumentadas de um terço: "I – se o abandono ocorre em lugar ermo; II – se o agente é ascendente ou descendente, cônjuge, irmão, tutor ou curador da vítima; III – se a vítima é maior de 60 (sessenta) anos" (com a redação dada pela Lei nº 10.741, de 1º-10-2003).

No primeiro caso, trata-se do abandono em lugar deserto, solitário, isolado (habitual ou acidentalmente). No segundo, a razão do agravamento da pena é estar a vítima ligada ao sujeito ativo por um dever mais imperioso, decorrente de parentesco mais íntimo ou do exercício de atividades consideradas importantes. Na última hipótese, o rigor punitivo decorre da especial proteção legal dispensada à pessoa idosa, mesmo quando não esteja vinculada ao agente pelas relações mencionadas no inciso anterior. A enumeração é taxativa, mas, quanto ao disposto no inciso II, hoje os filhos, havidos ou não da relação de casamento, ou por adoção, têm os mesmos direitos e qualificações, proibidas quaisquer designações discriminatórias relativas à filiação (arts. 227, § 6º, da CF e 1.596 do CC). Assim, existe a qualificadora nos casos de filho adotivo. Não se configura ela, entretanto, quando se trata de crime contra simples enteado.

6.4.9 Distinção

Se o sujeito ativo não dá assistência à vítima por não estar esta em relação de dependência para com aquele, pode ocorrer o crime de omissão de socorro (art. 135). Caso o motivo do abandono seja o de ocultar desonra própria e a vítima recém-nascida, haverá o crime previsto no art. 134. Distingue-se o abandono de incapaz do crime de abandono material (art. 244) porque neste não se exige a ocorrência de perigo para a vida ou saúde da vítima. Abandonar a pessoa idosa ou com deficiência em hospitais, casas de saúde, entidades de longa permanência ou congêneres configura um dos delitos previstos no art. 98, 1ª parte, da Lei nº 10.741, de 1º-10-2003, e no art. 90 da Lei nº 13.146, de 6-7-2015.

---

228. JESUS, Damásio E. de. *Direito penal*. Ob. cit. v. 2, p. 182.

6.5 EXPOSIÇÃO OU ABANDONO DE RECÉM-NASCIDO

6.5.1 Conceito

Em íntima afinidade com o delito de abandono de incapaz, do qual é uma espécie privilegiada autônoma, o crime de exposição ou abandono de recém-nascido é definido no art. 134: "Expor ou abandonar recém-nascido, para ocultar desonra própria: Pena – detenção, de seis meses a dois anos."

6.5.2 Objetividade jurídica

Tem em vista a lei tutelar a segurança do recém-nascido.

6.5.3 Sujeito ativo

Trata-se também de crime próprio, como o anterior, podendo ser praticado não só pela mãe na gravidez *extra matrimonium*, como pelo pai, em caso de filho adulterino ou incestuoso.[229] Contesta essa posição Euclides C. da Silveira, alegando, a nosso ver sem razão, que ao pai adulterino ou incestuoso "não cabe o direito de invocar desonra própria, como é intuitivo".[230]

Quem abandona recém-nascido para esconder a desonra de outrem, sem a participação deste, cometerá o crime previsto no art. 133.

6.5.4 Sujeito passivo

Sujeito passivo do delito é o *recém-nascido*. Hungria afirma que "o limite de tempo da noção de recém-nascido é o momento em que a *délivrance* se torna conhecida de outrem, fora do círculo da família".[231] O que não se ajusta ao tipo penal. Noronha opina pelo prazo de poucos dias, Flamínio Fávero o fixa em sete e Fragoso em 30 dias.[232] A melhor solução, porém, é a de se considerar a criança como recém-nascida até a queda do cordão umbilical.[233]

---

229. Nesse sentido: FARIA, Bento de. *Código penal brasileiro*. Ob. cit. v. 4, p. 131-132; NORONHA. *Direito penal*. Ob. cit. v. 2, p. 102; MARQUES. *Tratado*. Ob. cit. v. 4, p. 323; FRAGOSO. *Lições*. Ob. cit. v. 1, p. 175-176; HUNGRIA, FRAGOSO. *Comentários*. Ob. cit. v. 5, p. 437; JESUS, Damásio E. de. *Direito penal*. Ob. cit. v. 2, p. 186.
230. Ob. cit. p. 183.
231. *Comentários*. Ob. cit. v. 5, p. 438.
232. Respectivamente: *Direito penal*. Ob. cit. v. 2, p. 103; *Medicina legal*. 7. ed. São Paulo: Martins, 1962. v. 2, p. 307; e *Lições*. Ob. cit. v. 1, p. 176.
233. Nesse sentido: FRANCO, Ary. *Dos crimes contra a pessoa*. p. 226; FARIA, Bento de. *Código penal brasileiro*. Ob. cit. v. 4, p. 132; MARQUES. *Tratado*. Ob. cit. v. 4, p. 322; JESUS, Damásio E. de. *Direito penal*. Ob. cit. v. 2, p. 186.

6.5.5 Tipo objetivo

As condutas inscritas na lei são as de *expor* ou *abandonar*, a primeira advinda da antiga fórmula francesa. Salienta Noronha que há redundância no art. 134, e que "*abandono* é expressão ampla, que compreende também a exposição" e, "se assim não fosse, a oração do art. 133 seria deficiente".[234] Deve-se entender que a lei quis evitar qualquer dúvida quanto à conduta, preferindo ser redundante.[235]

Trata-se, também, de crime de perigo *concreto*, exigindo-se para a configuração do crime que a vítima fique exposta a risco de vida ou de saúde por tempo juridicamente relevante.

6.5.6 Tipo subjetivo

A vontade de abandonar o recém-nascido, ciente o sujeito de que está ocasionando o perigo, constitui o dolo do crime. Exige-se, porém, o elemento subjetivo do injusto que é o fim de ocultar a própria desonra (dolo específico).

Pratica a conduta aquele que quer esconder o nascimento do filho, fruto de relações extramatrimoniais. Cuida-se da honra exclusivamente de natureza sexual, que deve ser encarada no aspecto subjetivo ou psicológico: atende-se ao estado de angústia oriundo do drama íntimo da mulher engravidada ilegitimamente ou fora do matrimônio, a qual se encontra entre a infâmia e a morte de um ser incapaz de sentir-lhe os males.[(32)]

Há uma presunção *juris tantum* "em qualquer caso de prole aviltante (ilegítima, espúria, adulterina), ainda mesmo que a concepção do recém-nascido tenha resultado do estupro".[236] Mas não se deve reconhecer a causa privilegiadora quando o motivo é apenas uma questão de amor-próprio ou de injustificado orgulho, como, "por exemplo, o caso da esposa que abandonasse o filho somente por ter sido fruto de antecipação do *debitum conjugalis*, ou no de uma intercorrente anulação do casamento".[237]

Exige-se que o nascimento seja sigiloso, mas a circunstância de ser ele conhecido por algumas pessoas não afasta o propósito de ocultar a desonra.[(33)] Evidentemente não aproveita o dispositivo a meretriz ou mulher de vida manifestamente licenciosa, por não haver, nesses casos, honra sexual a salvaguardar. Responderá ela pelo crime previsto no art. 133.

A circunstância de ser pai ou mãe da vítima, elementar no crime, comunica-se ao partícipe ou coautor.

---

234. *Direito penal*. Ob. cit. v. 2, p. 103.
235. Nesse sentido: LYRA, Roberto. *Noções de direito criminal*: parte especial, v. 1, p. 168; e MARQUES. *Tratado*. Ob. cit. v. 4, p. 320.
236. HUNGRIA, FRAGOSO. *Comentários*. Ob. cit. v. 5, p. 437.
237. SILVEIRA, Euclides C. da. Ob. cit. p. 188.

6.5.7 Consumação e tentativa

O delito de abandono de recém-nascido consuma-se desde que, deixada a vítima a si mesma, fique exposta a perigo de vida ou de saúde, cuidando-se, pois, de crime instantâneo.[34]

Possível é a tentativa quando se tratar da forma comissiva, como no caso de ser a mãe surpreendida no momento em que está deixando o filho recém-nascido ao desamparo.

6.5.8 Formas qualificadas

Qualifica-se o crime pelo resultado de lesão corporal de natureza grave ou morte (art. 134, §§ 1º e 2º), cominando-se, respectivamente, penas de detenção, de um a três anos e de dois a seis anos.

6.5.9 Distinção

Distingue-se o abandono de recém-nascido com morte dos delitos de infanticídio ou de homicídio por exigirem estes o dolo de dano, ou seja, a vontade de causar a morte da vítima ou, ao menos, de assumir o risco de produzi-la.

Não havendo motivo de honra, não sendo o agente pai ou mãe da vítima, ou não sendo esta mais recém-nascido, existirá o delito de abandono de incapaz (art. 133).

O abandono material que não se ajuste ao art. 134 pode configurar um delito contra a assistência familiar (arts. 244 a 247).

6.6 OMISSÃO DE SOCORRO

6.6.1 Conceito

O dever moral de solidariedade humana de amparar aqueles que necessitam de socorro é convertido em dever legal geral pela regra do art. 135, que define o crime de omissão de socorro: "Deixar de prestar assistência, quando possível fazê-lo sem risco pessoal, a criança abandonada ou extraviada, ou a pessoa inválida ou ferida, ao desamparo ou em grave e iminente perigo; ou não pedir, nesses casos, o socorro da autoridade pública: Pena – detenção, de um a seis meses, ou multa."

6.6.2 Objetividade jurídica

Protege-se com o dispositivo a vida e a saúde da pessoa por meio da tutela da segurança individual.

6.6.3 Sujeito ativo

Qualquer pessoa pode praticar o delito, não havendo obrigatoriedade de qualquer vinculação anterior entre os sujeitos do delito.[35] Existindo essa relação, que impõe um dever jurídico de proteção, poderá ocorrer crime mais grave.

Em regra, deve o sujeito estar próximo à vítima no momento em que esta necessita do auxílio. Mas pondera Aníbal Bruno: "O ausente tem o dever jurídico de prestar socorro quando, por aviso feito com a precisa seriedade, venha a ter conhecimento do grave perigo em que se encontra alguém e saiba que a sua intervenção é necessária e que da sua ausência resultará para a vítima um risco de dano quase irremovível. É o caso, por exemplo, do único médico que se encontra nas proximidades e cujos serviços são solicitados para salvar o ferido." [238] Aliás, já se decidiu que comete o crime de omissão de socorro o médico que, embora solicitado, deixa de atender de imediato a paciente que, em tese, corre risco de vida, omitindo-se em seu dever de facultativo.[36]

O delito do art. 135 exige, como um dos elementos formadores da omissão de socorro, que o autor da situação de perigo não seja o próprio causador (doloso ou culposo) das lesões.[37] Não comete o crime em questão aquele que, depois de ferir outrem *vulnerandi* ou *necandi animo* ou culposamente, deixa-o privado de socorro. Responderá, conforme o caso, por lesão corporal (dolosa ou culposa), ou tentativa de homicídio, ou se a vítima vem a morrer, por homicídio (doloso, preterdoloso ou culposo) tão somente.[38] No caso de homicídio ou lesões culposos, a omissão de socorro por parte do agente caracteriza apenas a qualificadora prevista nos arts. 121, § 4º, e 129, § 7º. Responde pela omissão, porém, nos termos do art. 304 do CTB, o motorista que não presta assistência após ter dado causa, sem culpa, à lesão.[39] Ocorrendo a morte e comprovado que o omitente poderia evitá-la, caracteriza-se o homicídio doloso porque criou ele com seu comportamento anterior o risco da ocorrência desse resultado (art. 13, § 2º, *c*).

6.6.4 Sujeito passivo

Indica-se no dispositivo, em primeiro lugar, como sujeito passivo do crime a criança abandonada ou extraviada. Não fixou o Código limite de idade, considerando-se *criança* a pessoa que não tem condições de autodefesa por imaturidade. Criança *abandonada* é a que foi vítima de um dos crimes mencionados anteriormente, e *extraviada* a que, tendo perdido o contato com os pais ou responsáveis, não pode, sem auxílio, retornar a sua esfera de proteção.

Menciona o dispositivo, em seguida, a pessoa *inválida*, aquela que, "por condição pessoal, de ordem biológica, física ou psíquica, como doença, defeito orgânico, debilidade da velhice, não dispõe de forças para dominar o perigo".[239]

Em seguida, refere-se a lei à pessoa *ferida*, ou seja, àquela que apresenta uma lesão a sua integridade corporal. Embora mencione a lei grave e iminente perigo, que é algo que está por acontecer, não se exige que se trate de grave ferimento.[40]

---

238. *Crimes contra a pessoa.* Ob. cit. p. 240. No mesmo sentido: SILVEIRA, Euclides C. da. Ob. cit. p. 190; GONZAGA, João Bernardino. *O crime de omissão de socorro.* São Paulo: Max Limonad, 1957. p. 142; FRAGOSO. *Lições.* Ob. cit. v. 1, p. 577-578. Contra: NORONHA. *Direito penal.* Ob. cit. v. 2, p. 104-105.

239. BRUNO, Aníbal. *Crimes contra a pessoa.* Ob. cit. p. 241.

É necessário que a vítima esteja ao desamparo que, "precisando de auxílio que a livre do perigo à incolumidade pessoal, é deixada entregue a si mesma, ao acaso",[240] ou em grave e iminente perigo. É grave e iminente o perigo que ameaça a vítima de modo notável de um resultado lesivo, que está para ocorrer, de risco imediato.

Tem-se entendido que basta estar a pessoa em perigo, não sendo necessário que seja ela inválida ou ferida. Afirma Damásio: "A melhor interpretação do art. 135 do CP é aquela que indica qualquer pessoa em grave e iminente perigo como sujeito passivo de omissão de socorro, não se exigindo que seja inválida ou esteja ferida. Exs.: pessoa que resvalou por uma encosta e está prestes a cair no abismo; pessoa que está presa num apartamento incendiado etc." [241] Pondera, todavia, Aníbal Bruno: "Mas por mais conforme que pareça essa conclusão com o espírito que inspira a atitude do Direito, na hipótese, a redação do dispositivo legal não permite esse entendimento. Ao desamparo e em grave e iminente perigo são condições que qualificam pessoa inválida ou ferida." [242]

Não desfigura o crime a circunstância de não consentir a vítima em ser socorrida. Já se decidiu que inadmissível é o abandono de pessoa gravemente enferma a sua própria sorte, ainda com eventual recusa da vítima em receber tratamento, uma vez que, na hipótese, teria o acusado a obrigação de levar o fato ao conhecimento da autoridade pública para as devidas providências.[(41)]

6.6.5 Tipo objetivo

Estuda-se um crime omissivo puro. A primeira conduta omissiva prevista no dispositivo é a de não prestar assistência à vítima. Assistência, nos termos expostos por Alimena, é "toda forma de auxílio ou socorro adequado".[243]

O dever de assistência é, naturalmente, limitado pela *possibilidade* e *capacidade* individual,[244] determinando-se estas diante das circunstâncias do caso concreto. Não se responsabilizou médico por não realizar intervenção obstétrica por estar com lesão em uma das mãos.[(42)] O socorro a que está obrigado o sujeito é somente aquele que, por sua capacidade e as circunstâncias vigentes, lhe for possível prestar. Não exige a lei, evidentemente, que o sujeito pratique ato privativo de profissão que não possui. [(43)] Não se pode responsabilizar o médico, por exemplo, pela morte da vítima se esta necessitava de tratamento especializado, impossível de lhe ser ministrado no hospital em que ele trabalhava[(44)] Não se inculpou também a recepcionista de nosocômio que, não sendo funcionária com conhecimento capaz de perceber se um doente precisava

---

240. SILVA, A. J. da Costa e. *Omissão de socorro. Justitia* 32/8.
241. *Direito penal.* Ob. cit. v. 2, p. 193. No mesmo sentido: GONZAGA, João Bernardino. *O crime de omissão de socorro.* Ob. cit. p. 121; e MARQUES. *Tratado.* Ob. cit. v. 4, p. 331.
242. *Crimes contra a pessoa.* Ob. cit. p. 241. Assim também para SILVEIRA, Euclides C. da. Ob. cit. p. 191-192.
243. COSTA E SILVA. Omissão de socorro. *Justitia* 32/8.
244. FARIA, Bento de. *Código penal brasileiro.* Ob. cit. v. 4, p. 137.

ou não de socorro imediato e se encontrava em iminente perigo de vida, não lhe deu assistência necessária.[45]

Praticam crime aqueles que, vendo a vítima ferida na estrada, não lhe prestam nenhum auxílio nem avisam terceiros do fato.[46] e os que se recusam a transportar em seus veículos, para ser socorrida, pessoa gravemente ferida.[47]

O socorro deve ser imediato, pois a demora ou a dilação importa o descumprimento do dever imposto por lei.[48] Não se escusa aquele que se afasta do local, sob a alegação de ter tido a vítima morte instantânea, pois essa circunstância só será passível de constatação depois de exame necroscópico.[49]

A segunda conduta omissiva é a de não pedir o socorro da autoridade pública. Não se trata de equivalente ou alternativa à primeira figura. Ensina Noronha: "O comportamento do agente é ditado pelas circunstâncias. Há casos em que o pedido de socorro à autoridade é absolutamente inócuo e, em tal hipótese, se ele podia prestar assistência, cometerá o crime, não obstante o apelo de socorro".[245]

A autoridade pública citada na lei é quem deve cuidar do fato ou pode fazê-lo, devendo ser avisados a Delegacia de Polícia, o Pronto-socorro, o Corpo de Bombeiros etc.

Não exige a lei que o sujeito arrisque sua vida ou integridade corporal a fim de auxiliar a vítima, podendo escusar-se aquele que comprovar que, no caso de agir, sofreria *risco pessoal*. Não deixa de ser um caso de estado de necessidade inserido como elemento normativo do tipo. O risco, porém, como o que por vezes corre o motorista que, tendo atropelado a vítima sem culpa, teme represálias, deve ser justificado e demonstrado.[50]

Limita-se a lei a excluir o dever de assistência quando se tratar de risco *pessoal*. Persiste o dever de agir no caso de risco a outro bem jurídico (patrimonial, moral etc.).

Quando duas ou mais pessoas omitem o socorro, todas respondem pelo crime, mas, se uma delas o presta, as outras se desobrigam, não respondendo pela omissão.[51] Entretanto, não se isenta aquele que se omite no socorro apenas porque, posteriormente, terceiro socorreu a vítima.[52]

Não há crime quando estiver ausente o risco à incolumidade *física* da pessoa, uma vez que o delito de omissão de socorro está no capítulo dos delitos contra a vida e a saúde. Não há omissão criminosa em não se libertar vítima de sequestro, desde que não haja perigo imediato para a vida ou saúde do sequestrado, ou em não se auxiliar a salvação de bem patrimonial etc. Não há necessidade, porém, de a vítima estar correndo risco de vida, uma vez que o perigo descrito no tipo penal também diz respeito à saúde e à incolumidade física da pessoa.[53]

O crime de omissão de socorro é de perigo. Ensina Hungria: "Nas hipóteses de 'criança abandonada ou extraviada' e de 'pessoa inválida ou ferida, ao desamparo', o perigo é presumido *juris et de jure*; ao passo que, na hipótese restante, o perigo deve ser

---

245. *Direito penal*. Ob. cit. v. 2, p. 106.

apreciado *in concreto*, isto é, cumpre seja demonstrado que a pessoa se encontra 'em grave e iminente perigo." [246] Contra esse entendimento, afirmando ser sempre necessária a efetiva superveniência do perigo, manifesta-se João Bernardino Gonzaga.[247]

6.6.6 Tipo subjetivo

O dolo é a vontade de não prestar assistência, podendo fazê-lo sem risco pessoal, ou, na impossibilidade desta, de não pedir auxílio. É necessário, porém, que o sujeito tenha consciência do perigo.[54] Não existindo essa consciência, não se pode falar em dolo, direto ou eventual. Não configura o crime a omissão decorrente de um erro de diagnóstico.[55]

6.6.7 Consumação e tentativa

Consuma-se o crime quando o sujeito deixou de agir, ou seja, "no instante em que, presentes os seus pressupostos, o sujeito omite a prestação de socorro".[248]

O delito é instantâneo e não se elide pelo retorno do autor ao local onde, de começo, ficara a vítima ao desamparo.[56] Mas ponderam Euclides C. da Silveira e J. B. Gonzaga "que o delito pode ser *eventualmente permanente*, como nos seguintes exemplos: a) a mãe deixa de alimentar o filho, até matá-lo de inanição, sem que a empregada, que vive na mesma casa, tome as providências cabíveis; b) habitando num único quarto duas pessoas, uma delas contrai gravíssima enfermidade, que a prende ao leito durante dias seguidos, enquanto o seu companheiro a deixa desamparada, sem se dar ao trabalho de lhe prestar o menor auxílio; c) o caçador, em plena floresta, ouve durante a noite toda uma criança chorar, à porta de sua cabana, enquanto ele se mantém impassivelmente deitado".[249]

Tratando-se de crime omissivo puro, não há que se falar em tentativa.[57] Ou o sujeito pratica o ato necessário no momento adequado, e por nada responde, ou deixa de o fazer, e está consumado o delito.

6.6.8 Exclusão do crime

A existência de risco pessoal só se relaciona, nos termos do tipo, à primeira figura. Caso o sujeito não possa pedir o auxílio da autoridade policial por risco pessoal, poderá alegar o estado de necessidade genérico (art. 24).

6.6.9 Aumento de pena

"A pena é aumentada de metade, se da omissão resulta lesão corporal de natureza grave, e triplicada, se resulta a morte" (art. 135, parágrafo único).

---

246. *Comentários*. Ob. cit. v. 5, p. 442. No mesmo sentido: MARQUES. *Tratado*. Ob. cit. v. 4, p. 334; JESUS, Damásio E. de. *Direito penal*. Ob. cit. v. 2, p. 196; FRAGOSO. *Lições*. Ob. cit. p. 181-182.
247. O crime de omissão de socorro. Ob. cit. p. 103.
248. SILVEIRA, Euclides C. da. *Crimes contra a pessoa*. Ob. cit. p. 193.
249. *Crimes contra a pessoa*. Ob. cit. p. 193-194.

Na verdade, a lesão grave ou a morte *não resultam* da omissão, mas para que se configure o crime agravada é preciso que se comprove que o sujeito ativo, se atuasse, poderia evitar esses resultados.[58] É, assim, dispensável a prova do nexo causal natural entre a morte da vítima e a conduta do agente, bastando tão somente a existência da possibilidade de que a atuação deste poderia evitar o evento letal.[59] Diga-se, aliás, que o crime de omissão se caracteriza não apenas quando o agente não intervém para evitar o evento lesivo, mas também quando deixa de esgotar todos os meios de que dispõe para prestar auxílio à vítima.[60]

Já se decidiu pelo afastamento da circunstância agravadora quando "o faleci-mento da vítima não sobreveio da falta de imediata assistência, mas das próprias lesões sofridas".[61]

As formas agravadas do crime de omissão de socorro independem da quantidade de lesões graves ou mortes.[62]

6.6.10 Distinção

Se o omitente tem o dever jurídico de cuidar da vítima por uma relação jurídica anterior ao fato (art. 13, § 2º), poderá ocorrer outro crime (homicídio, lesões culposas, abandono de incapaz etc.). Já se decidiu que comete o delito de homicídio culposo e não o de omissão o médico que, negligenciando no atendimento do paciente, com o qual sequer manteve contato pessoal, e limitando-se a receitar-lhe medicamento por intermédio de enfermeira, contribuiu de forma eficaz para sua morte.[63] A omissão de socorro do condutor de veículo, em caso de acidente de trânsito, se o fato não constituir elemento de crime mais grave, tipifica o crime previsto no art. 304 do Código de Trânsito Brasileiro. Se a vítima é pessoa com idade igual ou superior a 60 anos, a conduta pode configurar o crime previsto no art. 97 da Lei nº 10.741, de 1º-10-2003 (Estatuto da Pessoa Idosa), para o qual se preveem penas mais severas e formas agravadas. Cuidando-se de omissão no atendimento emergencial médico-hospitalar por condicionamento de sua prestação a uma garantia de dívida ou ao preenchimento de formulários, configura-se tipo específico, previsto no art. 135-A, inserido pela Lei nº 12.653, de 28-5-2012. Deixar, o pai, mãe ou responsável legal, de comunicar à autoridade pública o desaparecimento de criança ou adolescente tipifica o delito do art. 244-C do Estatuto da Criança e do Adolescente, inserido pela Lei nº 14.811, de 12-1-2024.

6.7 CONDICIONAMENTO DE ATENDIMENTO MÉDICO-HOSPITALAR EMERGENCIAL

6.7.1 Conceito

No art. 135-A, inserido pela Lei nº 12.653, de 28-5-2012, a lei define o crime de condicionamento de atendimento médico-hospitalar emergencial: "Exigir cheque--caução, nota promissória ou qualquer garantia, bem como o preenchimento prévio de formulários administrativos, como condição para o atendimento médico-hospitalar emergencial: Pena – detenção, de 3 (três) meses a 1 (um) ano, e multa." No parágrafo único é prevista a forma agravada: "A pena é aumentada até o dobro se da negativa de atendimento resulta lesão corporal de natureza grave, e até o triplo se resulta a morte."

6.7.2 Objetividade jurídica

Tutelam-se no dispositivo a vida e a saúde da pessoa humana. Entendeu o legislador que a proteção imediata a esses bens, quando em situação de risco eminente, deve preponderar sobre quaisquer razões burocráticas ou interesses de ordem econômica das pessoas ou entidades que prestam atendimento médico-hospitalar.

6.7.3 Sujeito ativo

Trata-se de crime próprio, que somente pode ser praticado por quem se encontra em posição de exigir a garantia financeira ou o preenchimento de formulário como condição para o atendimento emergencial médico-hospitalar. Podem ser sujeitos ativos, assim, os sócios, administradores, gestores, médicos, enfermeiros, atendentes, empregados administrativos do hospital etc. Se atua o agente em cumprimento a regulamento interno ou ordens superiores, há concurso de pessoas, respondendo também pelo delito os que lhe prescreveram a exigência.

6.7.4 Sujeito passivo

Sujeito passivo é a pessoa que necessita do atendimento médico-hospitalar emergencial, inclusive na hipótese de exigência formulada a terceiro, parente ou alguém que lhe presta auxílio, por se tutelar no dispositivo a vida e a saúde da pessoa humana.

6.7.5 Tipo objetivo

A conduta típica é a de exigir, ou seja, impor, a prestação de uma garantia ou o preenchimento de formulários como condição para o atendimento médico-hospitalar emergencial. A exigência pode ser formulada por diferentes formas, verbalmente, por escrito, mediante a imposição de um contrato etc. Como garantias menciona a lei o cheque-caução e a nota promissória, fazendo-o, porém, de forma exemplificativa. A exigência de outro título de crédito ou qualquer outra garantia de dívida vinculada aos serviços a serem prestados também configura o ilícito. Não se caracteriza o crime na mera solicitação, se a esta não é condicionado o atendimento. Somente ocorre o crime se o atendimento médico-hospitalar é *emergencial*, isto é, se o estado em que se encontra o paciente, pela natureza e gravidade do mal que o acomete, reclama cuidados imediatos, urgentes, sem os quais haveria sério risco à vida ou à saúde, física ou psíquica, ou poderia se agravar o risco preexistente. Constatado que não há a premência no atendimento, o qual pode ser prestado em outro momento ou local sem qualquer perigo ou risco adicional para o paciente, o fato é atípico. O crime pode ser praticado enquanto perdurar a situação emergencial. Cessada a emergência, a exigência feita visando à continuidade da internação ou do tratamento médico não configura o delito.

6.7.6 Tipo subjetivo

O dolo é a vontade de praticar o ato de exigir a garantia ou o preenchimento dos formulários como condição para o atendimento médico-hospitalar, com a consciência de seu caráter emergencial. É possível o dolo eventual na hipótese de o agente formular a exigência na dúvida a respeito da situação de emergência. Se o condicionamento do atendimento decorre da errônea avaliação dessa circunstância pelo profissional, médico, enfermeiro etc., que, incorrendo em negligência ou imperícia ou incidindo em *erro profissional*, a supõe inexistente, o fato é atípico. Não prevê a lei a forma culposa do ilícito.

6.7.7 Consumação e tentativa

Trata-se de crime formal, que se consuma no momento em que o agente formula a exigência como condição para o atendimento, independentemente de ser ou não prestada a garantia ou preenchidos os formulários pelo sujeito passivo ou terceiro ou de se agravar ou não o estado de saúde do sujeito passivo. Na hipótese de superveniência de lesão grave ou morte, a pena é agravada (item 6.7.8). Embora de difícil caracterização, é possível a tentativa, desde que a exigência não seja feita verbalmente.

6.7.8 Aumento de pena

Descrevem-se no parágrafo único do artigo duas formas agravadas do delito. Tratando-se de crime de perigo, prevê-se punição mais rigorosa para a hipótese de ocorrência de eventos lesivos. Exige-se para a majoração a efetiva recusa do atendimento emergencial e que dessa negativa decorra para o paciente lesão grave ou morte. Aplica-se o dispositivo, portanto, na hipótese de não receber o paciente o atendimento por não haver cedido, ele ou terceiro, à exigência da prestação da garantia ou do preenchimento dos formulários. Há, também, a forma agravada na hipótese de a morte ou lesão corporal decorrer do retardamento no atendimento em razão da exigência feita para a sua prestação. A negativa a que se refere o dispositivo há de ser verificada no momento em que o atendimento é devido e não a final, após haver cedido o paciente ou o terceiro à imposição do agente. Para a incidência da norma é necessária a demonstração de que, se tivesse sido prestado no momento devido, o atendimento poderia ter evitado o resultado agravador. É indispensável, também, que atue o agente ao menos culposamente com relação à ocorrência do evento lesivo (art. 19).

6.7.9 Distinção

O condicionamento de atendimento médico-hospitalar constitui-se em uma forma específica de omissão de socorro. Negado o atendimento emergencial por razão outra, que não a recusa da prestação da garantia ou do preenchimento de formulários, configura-se o delito previsto no art. 135. Se o sujeito passivo é pessoa portadora de deficiência, ocorre delito mais grave, punido com reclusão de dois a cinco anos, previsto no art. 8º, IV, da Lei nº 7.853, de 24-10-1989, com a redação dada pela Lei nº 13.146, de 6-7-2015. Se a vítima é pessoa com idade igual ou superior a 60 anos, a conduta pode configurar o crime previsto no art. 100, III da Lei nº 10.741, de 1º-10-2003 (Estatuto da Pessoa Idosa), para o qual se preveem penas mais severas.

Assim como ocorre em relação ao crime de omissão de socorro (art. 135), não se pode afastar a possibilidade de responder o agente por delito mais grave se o atendimento médico não é prestado e ocorre a morte ou lesão corporal (item 6.6.10). Se apesar de recusada a exigência, o paciente é admitido e a ele não é prestado o atendimento devido, pode se configurar o delito de homicídio ou lesão corporal, doloso ou culposo, por haver o agente assumido a posição de garantidor da não ocorrência do evento lesivo (art. 13, § 2º).

6.8 MAUS-TRATOS

6.8.1 Conceito

O último dos crimes previstos no Capítulo III está definido no art. 136, sob o *nomen juris* de maus-tratos: "Expor a perigo a vida ou a saúde de pessoa sob sua autoridade, guarda ou vigilância, para fim de educação, ensino, tratamento ou custódia, quer privando-a de alimentação ou cuidados indispensáveis, quer sujeitando-a a trabalho excessivo ou inadequado, quer abusando de meios de correção ou disciplina: Pena – detenção, de dois meses a um ano, ou multa."

6.8.2 Objetividade jurídica

A incolumidade da pessoa é ainda o objeto jurídico do crime, reprimindo-se com o dispositivo os abusos correcionais e disciplinares que a expõem a perigo.

6.8.3 Sujeito ativo

O crime de maus-tratos é um delito próprio, exigindo como pressuposto a existência de uma relação jurídica preexistente entre os sujeitos ativo e passivo. Só quem tem essa legitimação especial, de autoridade (pública ou privada) ou de titular de guarda ou vigilância, pode cometer o crime.

Essa dependência deve relacionar-se com educação, ensino, tratamento ou custódia. É insuperável a lição de Hungria: "*Educação* compreende toda a atividade docente destinada a aperfeiçoar, sob o aspecto intelectual, moral, técnico ou profissional, a capacidade individual. *Ensino* é tomado, aqui, em sentido menos amplo que o de educação: é a ministração de conhecimentos que devem formar o fundo comum de cultura (ensino primário, ensino propedêutico). *Tratamento* abrange não só o emprego de meios e cuidados no sentido da cura de moléstias, como o fato continuado de prover a subsistência de uma pessoa. Finalmente, *custódia* deve ser entendida em sentido estrito: refere-se à detenção de uma pessoa para fim autorizado em lei. Assim, o crime em questão é praticável por pais,[64] tutores, curadores, diretores de colégio ou de institutos profissionais, professores,[65] chefes de oficina ou contramestres, enfermeiros, carcereiros etc."[250]

6.8.4   Sujeito passivo

Sujeito passivo do crime é quem se acha sob autoridade, guarda ou vigilância do agente. São, correspondentemente, os filhos, tutelados, curatelados, alunos, aprendizes, empregados, presos etc. Já se tem decidido que estando a vítima sob a guarda e tratamento do agente, embora não seja este seu tutor ou responsável, o abuso dos meios de correção caracteriza o crime de maus-tratos.[66]

Na falta de relação de dependência, o ato, embora possa ter um fim educativo ou corretivo, escapa ao conceito de maus-tratos, podendo constituir outro crime (arts. 132, 129 etc.). Assim, a mulher, por não estar sob a autoridade do marido, sendo deste companheira e auxiliar, não pode ser sujeito passivo do crime com relação àquele.[67]

6.8.5   Tipo objetivo

A conduta típica é *expor* a perigo a vida ou saúde da vítima pelo abuso voluntário do agente, que deve exercer sua autoridade ou poder de correção e disciplina com prudência e moderação.

Segundo o tipo penal, maus-tratos são as condutas que expõem a vida ou saúde da vítima por meio de uma das formas previstas expressamente no dispositivo. Caso as ações ou omissões não se ajustem às modalidades típicas, o fato constituirá outra infração penal.

A primeira conduta típica é a de *privar a vítima de alimentos indispensáveis*, ou seja, a de não lhe proporcionar o responsável alimentação adequada. Não se trata de privação completa de alimentação, que poderia denunciar inclusive o *animus necandi*, mas a restrição que pode causar perigo para a vida ou saúde do ofendido. Não constitui o crime, pois, a supressão da sobremesa ou uma imposição de dieta adequada; não há aí o abuso nem o perigo.

Comete o crime também quem priva o ofendido de outros *cuidados indispensáveis* ao dependente. Refere-se o dispositivo, nesse passo, à privação de cama, de roupa, de higiene, de assistência médica, de medicamentos etc.

---

250. *Comentários*. Ob. cit. v. 5, p. 450.

É conduta típica também a de sujeitar a vítima a *trabalho excessivo* (que produz fadiga extraordinária ou não pode ser suportado sem grande esforço) ou *inadequado* (impróprio ou inconveniente para o trabalhador). Em ambos os casos, é necessário que se verifiquem as condições da vítima para se concluir pela existência ou não do crime. Pode não haver o delito quando o trabalho é destinado a um musculoso estivador e configurar-se o crime se a pessoa é franzina ou débil; não existirá se for o trabalhador maior e adulto, e ocorrerá se for menor de idade e a tarefa defesa a este por lei em decorrência dos perigos que encerra.

Por fim, também se comete o crime pelo *abuso dos meios de correção e disciplina*. O poder disciplinar pode ser exercido por quem tem o encargo legal ou convencional de educar, tratar, custodiar etc., mas é vedado o abuso que pode causar dano à vida ou saúde. Não mais são admitidas as "varas de marmelo" e as "palmatórias"; não se colocam mais crianças ajoelhadas sobre grãos de milho ou detentos a "pão e água" etc. A reprovação da violência, como meio de educação, generalizou-se pelas nações civilizadas, pois que irrita ou deprime, em vez de manter o afeto e a confiança; fomenta a hipocrisia, atrofia a dignidade, paralisa a vontade, ocasiona, em suma, uma verdadeira ruína psíquica (e às vezes também física), da qual bem poucos podem refazer-se depois de libertos de tão bestial e furibunda disciplina.[68] Nesse sentido, contém o ECA normas que vedam o uso de castigo físico, como forma de correção, que resulte em sofrimento físico ou lesão.[251] Porque, porém, admite-se ao pai punir o filho e os limites do direito de corrigir não são rígidos,[69] já se decidiu que o castigo físico imposto pelo pai a filho menor, com moderação, adequação às circunstâncias e com finalidade pedagógica não configura o crime.[70] Configura-se, porém, o crime na surra,[71] espancamento,[72] paulada,[73] no uso do relho ou chicote,[74] no colocar ou fazer colocar formigas sobre o corpo de aluno, a título de castigo[75] etc. Nas escolas, há tempos, já não são admissíveis os castigos corporais.[76]

Noronha refere-se também à violência *moral*, de que são exemplos "as ameaças, as intimidações, o impedimento do sono, a coação a fadigas excessivas" [...], "o terror a coerção e visões terríficas ou repugnantes etc., sempre se tendo em conta a idade ou outras condições pessoais do sujeito passivo".[252]

Deve-se observar, porém, sempre, que se o castigo não traz *perigo à vida ou à saúde*, não há crime de maus-tratos.[77]

Ensina Hungria: "O texto legal fala em *correção* ou *disciplina*. Se todo meio de correção é disciplinar, nem todo meio disciplinar é corretivo, podendo limitar-se à *coercisão*, sem nenhum fim de emenda."[253]

---

251. "A criança e o adolescente têm o direito de ser educados e cuidados sem o uso de castigo físico ou de tratamento cruel ou degradante, como formas de correção, disciplina, educação ou qualquer outro pretexto, pelos pais, pelos integrantes da família ampliada, pelos responsáveis, pelos agentes públicos executores de medidas socioeducativas ou por qualquer pessoa encarregada de cuidar deles, tratá-los, educá-los ou protegê-los" (art. 18-A do ECA).

252. *Direito penal*. Ob. cit. v. 2, p. 112.

253. *Comentários*. Ob. cit. v. 5, p. 453. No mesmo sentido: MARQUES. *Tratado*. Ob. cit. v. 4, p. 343.

6.8.6 Tipo subjetivo

O crime de maus-tratos é exclusivamente doloso, exigindo a vontade de praticar qualquer uma das condutas referidas no tipo. Somente se compõe o delito, porém, quando existir o *animus corrigendi* ou *disciplinandi*. Não se exige, porém, intenção lesiva, mas apenas a consciência do agente que está pondo a risco a saúde física ou psicológica da vítima.[78]

Entende Euclides C. da Silveira que não se exige a consciência do abuso,[254] mas é ela indispensável sob pena de existir o erro. Já se decidiu, assim, que se "exige, para a sua caracterização, a manifestação clara e insofismável de que o agente se porta com nítida consciência de estar cometendo um ato antissocial".[79] Reconheceu-se a ausência de dolo, também, nos casos em que homem trabalhador e de boa conduta, além de rústico, retém ou aplica castigos físicos contra filho alienado mental.[80]

6.8.7 Consumação e tentativa

Consuma-se o crime com a criação do perigo.[81] Algumas das condutas exigem habitualidade, não se configurando o delito o fato de se privar a criança, por exemplo, de uma das refeições. Em outras, basta apenas uma ação ou omissão, como as de obrigar uma criança a passar a noite ao relento sob a chuva, ou surrar um jovem provocando-lhe lesões sérias, ainda que não graves.

A tentativa é possível quando se tratar de conduta comissiva, como ocorre na interrupção do ato do agente que está pronto a espancar a vítima com instrumento vulnerante após tê-la amarrado a uma árvore.

6.8.8 Exclusão do crime

Pode ocorrer a exclusão da criminalidade pela existência de estado de necessidade, o que levou à absolvição da mãe, que não tendo quem cuidasse do filho traquinas e adoidado, enquanto trabalhava fora do lar para sustentá-lo, acorrentava-o ao pé da cama para que não saísse de casa[82] e do homem rústico e desprovido de recursos que mantinha o filho acorrentado durante o horário de trabalho, visando apenas à salvaguarda de sua vida e saúde.[83] Por outro lado, não foi reconhecida qualquer excludente quanto ao indivíduo que para evitar a fuga da vítima, sua sobrinha, amarrava-lhe os pés com cordas,[84] ou no simples fato de tratar-se o agente de pessoa humilde e rude ao infligir castigo que refoge aos limites do *jus corrigendi vel disciplinandi*.[85]

6.8.9 Formas qualificadas e aumento de pena

Ocorre o crime de maus-tratos qualificado quando resulta lesão corporal de natureza grave, quando a pena será de reclusão, de um a quatro anos (art. 136, § 1º), ou morte, com pena de reclusão, de quatro a doze anos (art. 136, § 2º).

---

254. Ob. cit. p. 202-203.

O art. 263 da Lei nº 8.069, de 13-7-1990 (Estatuto da Criança e do Adolescente), acrescentou um parágrafo ao art. 136, o 3º, com a seguinte redação: "Aumenta-se a pena de um terço, se o crime é praticado contra pessoa menor de catorze anos." As razões que determinaram o dispositivo são as mesmas daquelas que inspiraram a alteração do § 4º do art. 121 (item 4.1.11), sendo de notar, entretanto, que no crime de maus-tratos a vítima está sempre sujeita à pessoa do agente, muitas vezes dependente deste.

A pouca idade da vítima não constitui elemento do tipo, tanto que, nos termos do art. 136, não somente as crianças podem ser sujeitos passivos da infração.[86] Mas, diante do princípio *non bis in idem*, se o crime é praticado contra vítima menor de 14 anos, aumentada a pena de um terço não cabe a agravante do crime praticado contra "criança", prevista no art. 61, II, *h*. Também não há que se falar na agravante prevista pelo art. 61, II, *e*, no crime praticado pelo pai contra filho, pois o parentesco se constitui em elemento do tipo.[87]

6.8.10 Distinção

Distingue-se o crime de maus-tratos da lesão corporal por ser esta delito de dano, enquanto o do art. 136 é de perigo.[88] Inexistindo, aliás, o *animus* de ofender a integridade física ou a saúde do filho, mas tão só a intenção de aplicar-lhe um corretivo, não se cogita da configuração da lesão corporal, mas do delito de maus-tratos.[89] Há maus-tratos e não sequestro se a finalidade do encerramento foi corretiva, ainda quando ocorra excesso.[90] No crime em estudo, o abuso de autoridade é elemento integrante do tipo, de modo que não prevalece, na espécie, a circunstância agravante prevista no art. 61, II, *f*, do CP.[91] O ato de correção ou disciplina pode ser vexatório, caso em que não se pode falar de maus-tratos e sim de injúria[92] ou o do art. 232 do ECA.

Se a vítima é criança ou adolescente, os maus-tratos podem, ainda, configurar o crime de tortura, antes previsto no art. 233 do *ECA*. Se há abuso nos meios de coerção, que cause intenso sofrimento físico e mental, caracteriza-se o crime mais grave: "submeter alguém, sob sua guarda, poder ou autoridade, com emprego de violência ou grave ameaça, a intenso sofrimento físico ou mental, como forma de aplicar castigo pessoal ou medida de caráter preventivo" (art. 1º, II, da Lei nº 9.455, de 7-4-1997), desde que presentes os elementos do tipo penal.

Maus-tratos a pessoa idosa, que consistam na sua submissão a condições desumanas ou degradantes ou a trabalho excessivo ou inadequado, ou, ainda, na privação de alimentos ou cuidados indispensáveis a que estava o agente obrigado a prestar, configuram o crime tipificado no art. 99 da Lei nº 10.741, de 1º-10-2003 (*Estatuto da Pessoa Idosa*), em que se cominam penas idênticas para as mesmas formas qualificadas previstas no art. 136, §§ 1º e 2º. Não prover as necessidades básicas de pessoa com deficiência quando obrigado, por lei ou mandado, é crime tipificado no Estatuto da Pessoa com Deficiência (art. 90, parágrafo único, da Lei nº 13.146, de 6-7-2015).

6.8.11 Concurso

Embora já se tenha decidido pelo concurso formal de maus-tratos e lesões corporais,[93] na verdade, as lesões, quando leves, são absorvidas por aqueles.[94] Havendo lesões corporais graves ou morte, haverá crime qualificado por resultado: "se a menor vítima estava sob os cuidados e guarda da acusada, que a ela infligia constantes maus-tratos, provocando-lhe a morte, o delito a ser cogitado na espécie é o do art. 136, § 2º, e não o do art. 129, § 3º, ambos do CP".[95]

7

DA RIXA

7.1 RIXA

7.1.1 Conceito

Inovação do Código Penal vigente, o crime de rixa traduz-se na briga ou contenda entre três ou mais pessoas, com vias de fato ou violências físicas recíprocas. Evita-se com o dispositivo a impunidade por falta de provas, a dificuldade em determinar, na confusão da luta, a responsabilidade individualizada por lesões corporais. A rixa pressupõe, portanto, uma confusão quanto à atividade das várias pessoas envolvidas; é tumulto, algazarra, sururu, sarilho, banzé, celeuma, desordem, rolo, baderna, chinfrim, fuzuê, exigindo desforço físico ou atos que provoquem perigo, como socos, tapas, empurrões, pontapés, lançamento de pedras ou objetos, disparos etc.

Define o crime o art. 137, estabelecido à parte, em capítulo próprio, mas que poderia estar incluído entre os crimes de perigo individual. Sua redação é a seguinte: "Participar de rixa, salvo para separar os contendores: Pena – detenção, de quinze dias a dois meses, ou multa."

7.1.2 Objetividade jurídica

Tutela-se ainda uma vez a incolumidade da pessoa, mas, por via indireta, está-se protegendo também a ordem pública e a disciplina da convivência civil.

7.1.3 Sujeito ativo

A rixa é um crime plurissubjetivo (de concurso necessário), só existindo se houver pluralidade de participantes. Exige-se, no caso, três ou mais pessoas, pois um desforço entre duas pessoas configurará vias de fato ou lesões corporais recíprocas.[255] A opinião

---

255. Nesse sentido: NORONHA, E. Magalhães. *Direito penal*. 13. ed. São Paulo: Saraiva, 1977. v. 2, p. 114-115; SILVEIRA, Euclides C. da. *Direito penal*: crimes contra a pessoa. 2. ed. São Paulo: Revista dos Tribunais, 1973. p. 209; HUNGRIA, Nelson, FRAGOSO, Heleno Cláudio. *Comentários ao código penal*. Rio de Janeiro: Forense. v. 6, 1980, p. 14-18; BRUNO, Aníbal. *Crimes contra a pessoa*. 3. ed. São Paulo: Rio Gráfica, 1975. p. 253; JESUS, Damásio E. de. *Direito penal*: parte especial. 4. ed. São Paulo: Saraiva, 1982. v. 2, p. 203. FRAGOSO, Heleno Cláudio. *Lições de direito penal*: parte especial. 3. ed. São Paulo: José Bushatsky, 1976. v. 1, p. 190.

de Valdir Sznick, da possibilidade de rixa com duas pessoas,[256] embora amparada em Carrara e Manzini, entre outros, não se sustenta, já que seus exemplos são casos de lesões corporais em que se impõe a absolvição por falta de provas sobre quem iniciou a agressão ou coautoria e outros crimes ou contravenções. Pune-se, aliás, a participação e não a autoria; com apenas duas pessoas só impropriamente se poderia falar em participação.[1]

Para perfazer o número mínimo estão incluídos os participantes que, por circunstâncias pessoais, não são punidos (menores, irresponsáveis etc.).[2] A opinião de Fragoso, em sentido contrário,[257] *data venia* não é a melhor. É o inimputável participante, e sua atividade pode impedir a identificação do crime de lesões corporais recíprocas ou da contravenção de vias de fato.

Também não importa que um ou mais dos participantes não seja identificado, respondendo normalmente os demais. Exclui-se, porém, do número mínimo os que vão separar os contendores, já que não praticam aqueles um fato típico.

7.1.4 Sujeito passivo

Vítimas são os próprios rixentos, uns das condutas dos demais, ou ainda a pessoa que é diretamente atingida ou tem sua vida ou saúde posta em risco. Também o Estado, secundariamente, é sujeito passivo do crime.

7.1.5 Tipo objetivo

A conduta típica é *participar* da rixa, ou seja, praticar violência física contra outras pessoas. Ensina Fragoso: "A participação na rixa é, realmente, distinta da participação no crime de rixa. Ali o agente empreende a agressão e participa da luta; aqui apenas contribui, secundariamente, para a rixa, instigando, auxiliando ou ajudando materialmente os contendores. Em face do art. 29 do CP, não há diferença entre qualquer das modalidades de participação." [258] Não há, assim, qualquer interesse prático na distinção.

Para ser responsabilizado, basta que o agente participe dos fatos em qualquer momento, pouco importando que chegue depois de iniciada a contenda ou saia antes de estar ela encerrada. Participa da rixa aquele que, tendo ingressado no tumulto para separar os contendores, passa a tomar parte na contenda. Não há rixa se for possível identificar a agressão de um grupo contra outro ou entre ambos.[3] Se não houve confusão tumultuário-obstativa da identificação das pessoais responsabilidades em entrevero, notadamente quanto à autoria das lesões afinal exibidas pelos vulnerados, não há crime de rixa.[4]

---

256. Do delito de rixa a dois. *RT* 424/279-295 e *Justitia* 71/127-135.
257. *Lições*. Ob. cit. v. 1, p. 190-191.
258. *Lições*. Ob. cit. v. 1, p. 191.

A participação na rixa implica desforço físico, exigindo, no mínimo, vias de fato, mas não há necessidade de contato corporal; constitui rixa o arremesso de objetos, o disparo de arma de fogo etc.

Distingue-se na doutrina a rixa *ex improviso* (a que surge subitamente) e a *ex proposito* (proposital, preparada),[259] embora na jurisprudência se tenha aceitado a tese de que são características da rixa, que a extremam da agressão em geral, o imprevisto, a subitaneidade, a ausência de acordo ou concerto.[(5)]

Na rixa, há presunção *juris et de jure* da existência de perigo; decorre este da simples existência material da contenda.

7.1.6 Tipo subjetivo

O dolo do delito é a vontade de participar da rixa (*animus rixandi*). Participando o agente com o intuito de matar ou de ferir, responderá por eventuais delitos consumados ou tentados de homicídio ou lesão corporal.

Não existe rixa culposa. Aquele que, por sua imprudência, negligência ou imperícia, dá causa à rixa, não responde por esta se dela não participa dolosamente.

7.1.7 Consumação e tentativa

A rixa não se consuma quando cessa a atividade dos contendores, como quer Noronha,[260] mas instantaneamente, quando cada indivíduo entra na contenda para nela voluntariamente tomar parte, ou seja, "entra em uma luta que, pelo número dos contendores e o seu caráter violento e tumultuário, venha a configurar aquela espécie punível".[261]

Opinam alguns doutrinadores pela possibilidade da tentativa,[262] enquanto outros consideram impossível por ser a rixa crime unissubsistente e de perigo.[263] É inadmissível a tentativa porque a conduta e o evento se exaurem simultaneamente, e o exemplo citado de grupos que se vão defrontar indica atos preparatórios ou tentativa de lesões corporais.[264]

7.1.8 Exclusão do crime

Controvertida é a possibilidade da existência de legítima defesa do rixento. Manzini a reconhece no seguinte exemplo: "Se dois indivíduos lutam a socos e,

---

259. HUNGRIA, FRAGOSO. *Comentários*. Ob. cit. v. 4, p. 19-20; NORONHA. *Direito penal*. Ob. cit. v. 2, p. 117; JESUS, Damásio E. de. *Direito penal*. Ob. cit. v. 2, p. 206; SILVEIRA, Euclides C. da. Ob. cit. p. 210-211.
260. *Direito penal*. Ob. cit. v. 2, p. 117.
261. BRUNO, Aníbal. *Crimes contra a pessoa*. Ob. cit. p. 258.
262. Nesse sentido: NORONHA. *Direito penal*. Ob. cit. v. 2, p. 117; FRAGOSO. *Lições*. Ob. cit. v. 1, p. 192; JESUS, Damásio E. de. *Direito penal*. Ob. cit. v. 2, p. 208.
263. SILVEIRA, Euclides C. da. Ob. cit. p. 213; SILVA, A. J. da Costa e. Da rixa. *Justitia* 50/48; SANTOS, Geraldino Rosa dos. Do delito de rixa. *Justitia* 110/41.
264. SZNICK, Valdir. Do delito de rixa a dois. *RT* 424/282.

num dado momento, um deles empunha o cutelo, o outro tem certamente o direito de salvar-se com um meio adequado e suficiente." [265] Nesse caso, porém, além de se falar em apenas dois participantes, é preciso observar que o delito de rixa já se consumara para ambos.

Em tese, porém, há possibilidade de reconhecimento da legítima defesa, quando o agente que a invoca cumpre os requisitos da excludente.[6] Aceite-se a lição de Valdir Sznick: "Cabe legítima defesa na rixa, mas é preciso salientar: daqueles que estão fora da rixa e entram apenas para defender direito seu ou de terceiro. O que inexiste é legítima defesa dos corrixantes.[7] [266] É lição da jurisprudência: "Reconhecer o direito de legítima defesa em favor de uns, para absolvê-los, condenando-se somente alguns dos participantes, é desfigurar a feição jurídica do delito de rixa".[8]

7.1.9 Rixa qualificada

Dispõe o art. 137, parágrafo único: "Se ocorre morte ou lesão corporal de natureza grave, aplica-se, pelo fato da participação na rixa, a pena de detenção, de seis meses a dois anos." Esses resultados mais graves são condições de maior punibilidade, e todos os participantes da rixa respondem pelo crime qualificado. Não há que se cogitar de dolo ou culpa de cada agente com relação ao resultado mais grave, estabelecendo-se na lei, de modo explícito, que a pena se aplica "pelo fato da participação na rixa". Explica Euclides C. da Silveira: "O resultado funciona como simples circunstância agravadora, tal qual as demais *accidentalia delicti*, vale dizer: objetivamente." [267]

Segundo a Exposição de Motivos, haverá concurso com os delitos de homicídio e lesão corporal: "A pena cominada à rixa em si mesma é aplicável separadamente da pena correspondente ao resultado lesivo (homicídio ou lesão corporal), mas serão ambas aplicadas cumulativamente (como no caso de concurso material) em relação aos contendores que concorrem para a produção desse resultado" (item 48). Identificado entre os rixadores o autor da lesão, responderá ele – e somente ele – pelos crimes de rixa qualificada e lesão grave, em concurso material, e os demais apenas pelo primeiro crime qualificado.[9]

A morte ou lesão grave devem ocorrer *durante* a rixa ou em *consequência* dela.

Praticamente pacífica a opinião de que responderá pela qualificadora inclusive aquele que sofreu a lesão grave. Não se trata de puni-lo pelo mal que sofreu, mas por ter tomado parte na rixa cuja particular gravidade é atestada precisamente pela lesão que lhe foi infligida.[10]

---

265. Exemplo citado por SILVEIRA, Euclides C. da. Ob. cit. p. 214-215. Exemplo idêntico é o de BRUNO, Aníbal. *Crimes contra a pessoa*. Ob. cit. p. 258.
266. Do delito de rixa a dois. *RT* 424/279-285 e *Justitia* 71/127-135.
267. Ob. cit. p. 217.

7 • DA RIXA

139

A qualificadora é atribuída àquele que já deixara o local da rixa quando da causação da lesão grave ou morte,[268] solução afastada por Bento de Faria, que vê o agente como responsável apenas pelo crime básico.[269] Não é possível fracionar-se o crime, a rixa é uma só e por seus resultados responde o agente que esteve nela engajado, contribuindo assim para seu desenvolvimento. Já o mesmo não ocorre com aquele que intervém posteriormente aos resultados morte ou lesão grave, pois não há aí nexo causal entre sua atuação e tais eventos.[270]

Várias mortes qualificam apenas *uma* rixa, devendo o juiz considerar as consequências mais graves na aplicação da pena (art. 59). Se a morte foi causada por um agente em legítima defesa (no caso já exposto), a rixa ainda é qualificada, apesar de lícita a conduta quanto ao homicídio. Qualifica a rixa a lesão grave ou morte de um rixoso, assistente, estranho ou daquele que pretende separar os contendores, bastando que haja nexo causal entre a rixa e aqueles eventos.

7.1.10 Distinção

A rixa pressupõe confusão, tumulto e dificuldade em apurar o papel que cada participante teve na agressão. Tratando-se de dois grupos de pessoas absolutamente distintos, com objetivos definidos, que participam do entrevero, não há cogitar do delito em apreço, mas de lesões corporais.[11] Assim, se está perfeitamente apurada, nos autos, a posição de cada participante, não há que se falar em rixa.[12] De outro lado, mesmo que a briga se tenha iniciado por desentendimento entre dois grupos distintos, caracteriza-se a rixa se, em seu desenrolar, há participação generalizada de outras pessoas, tornando-se impossível determinar quem lutava contra quem.[13]

A agressão que não passa do terreno verbal não dá corpo à rixa, que só se estabelece quando os contendores "vêm às mãos".[14]

7.1.11 Concurso

Eventuais delitos praticados durante a rixa constituem crimes autônomos (lesões, desacato, injúria etc.), ocorrendo concurso material. Assim, reconhecido o dolo de homicídio de um dos participantes, responde ele por esse delito e não por simples rixa.[15] Assinala Noronha, oportunamente, que são absorvidos o crime de ameaça e a contravenção de vias de fato.[271]

Afirma Euclides C. da Silveira, com base em Vanini, que "ao corrixoso autor e responsável pelo homicídio ou lesão corporal grave não se pode aplicar a pena de rixa

---

268. Nesse sentido: NORONHA. *Direito penal.* Ob. cit. v. 2, p. 120; FRAGOSO. *Lições.* Ob. cit. v. 1, p. 192; BRUNO, Aníbal. *Crimes contra a pessoa.* Ob. cit. p. 257; COSTA e SILVA. Da rixa. *Justitia* 50/49; SZNICK, Valdir. Do delito de rixa a dois. *RT* 424/281; SANTOS, Geraldo Rosa dos. Do delito de rixa. *Justitia* 110/40-41.

269. *Código penal brasileiro comentado.* Rio de Janeiro: Record, 1959. v. 4, p. 156.

270. SANTOS, Geraldo Rosa dos. Do delito de rixa. *Justitia* 110/41.

271. *Direito penal.* Ob. cit. v. 2, p. 118.

agravada, por força do princípio *ne bis in idem*", respondendo ele "pelo crime de homicídio ou lesão corporal grave em concurso material com o de participação em rixa simples".[272] Mas a doutrina inclina-se em sentido contrário, uma vez que há no caso um desdobramento volitivo do agente, com relação à participação na rixa e à causação da lesão ou morte.[273]

---

272. Ob. cit. p. 217-218.
273. JESUS, Damásio E. de. *Direito penal*. Ob. cit. v. 2, p. 211; NORONHA. *Direito penal*. Ob. cit. v. 2, p. 117-118; BRUNO, Aníbal. *Crimes contra a pessoa*. Ob. cit. p. 260; SANTOS, Geraldo Rosa dos. Do delito de rixa. *Justitia* 110/39.

8

DOS CRIMES CONTRA A HONRA

8.1 CALÚNIA

8.1.1 Generalidades

No Capítulo V, estão definidos os crimes que atentam contra a honra, ou seja, os que atingem a integridade ou incolumidade moral da pessoa humana. A honra pode ser conceituada como o conjunto de atributos morais, intelectuais e físicos referentes a uma pessoa ou, no dizer de Noronha, como o "complexo ou conjunto de predicados ou condições da pessoa que lhe conferem consideração social e estima própria".[274] Nos termos do art. 11 da Convenção Americana sobre Direitos Humanos (Pacto de São José da Costa Rica), promulgada pelo Decreto nº 678, de 6-11-1992, "toda pessoa tem direito ao respeito de sua honra e ao reconhecimento de sua dignidade".

Como a honra é um valor da própria pessoa, é difícil reduzi-la a um conceito unitário, o que leva os estudiosos a encará-la a partir de vários aspectos.

Tem-se distinguido a honra *dignidade*, que representa o sentimento da pessoa a respeito de seus atributos morais, de honestidade e bons costumes, da honra *decoro*, que se refere ao sentimento pessoal relacionado aos dotes ou qualidades do homem (físicos, intelectuais e sociais), qualidades indispensáveis à vida condigna no seio da comunidade. Atinge-se a honra dignidade quando se afirma que alguém é estelionatário ou que praticou determinado furto; macula-se a honra decoro quando se diz que a vítima é um aleijão, ignorante, sovina etc.

Distinguem os autores a honra *subjetiva*, que se traduz no apreço próprio, na estima a si mesmo, o juízo que cada um faz de si, que pensa de si, em suma, o autorrespeito, da honra *objetiva*, que é a consideração para com o sujeito no meio social, o juízo que fazem dele na comunidade. Em sentido contrário à distinção, pronuncia-se Fragoso, afirmando que a honra é a pretensão "ao respeito da própria personalidade" e que os delitos a serem estudados atingem essa pretensão, "interpenetrando-se os aspectos sentimentais e ético-sociais da dignidade humana".[275] Embora se admita essa simbiose, a distinção esquemática pode ser útil à compreensão do conteúdo dos tipos penais.

---

274. *Direito penal*. 13. ed. São Paulo: Saraiva, 1977. v. 2, p. 122.
275. *Lições de direito penal*: parte especial 3. ed. São Paulo: José Bushatsky, 1976. v. 1, p. 201.

Fala-se, por fim, em honra *comum*, peculiar a todos os homens, e em honra *especial* ou *profissional*, que é aquela referente a determinado grupo social ou profissional, cuja sensibilidade, às vezes, se reveste de contornos diversos da média. Há crimes que atingem essas pessoas em relação a seus deveres particulares, profissionais, em seus peculiares *pontos de honra*. Assim, como diz Marcelo Fortes Barbosa, "é algo de muito mais sério chamar-se um militar de covarde, do que referir-se dessa maneira a um cidadão do povo, que não tem no destemor nenhum centro de convergência de atividades".[276] O mesmo, dizer-se que um advogado é "coveiro de causas", que o médico é um "açougueiro", que um motorista é um "barbeiro" etc.

Os crimes contra a honra previstos no Código Penal são a calúnia (art. 138), a difamação (art. 139) e a injúria (art. 140). Estão eles previstos, ainda, no Código Penal Militar (arts. 214 a 219); no Código Eleitoral (arts. 324 a 326); e no Código Brasileiro de Telecomunicações (art. 53, letra *i*). Tal diversidade de formas, que por vezes considera o sujeito ativo e o sujeito passivo especiais, torna difícil a aplicação desses princípios legais, o que levou Roberto de Oliveira Costa, judiciosamente, a propor, excluídos os crimes definidos no Código Penal, a unificação dos chamados delitos de comunicação "em uma só lei, ou seja, na própria Lei de Imprensa, afastando-se, portanto, a numerosa legislação que regula a matéria".[277] A Lei de Imprensa (Lei nº 5.250, de 9-2-1967), que previa os crimes contra a honra nos arts. 20 a 22, foi declarada inconstitucional, em sua integralidade, pelo Supremo Tribunal Federal.[278]

8.1.2 Conceito

Calúnia é a falsa imputação de fato criminoso a outrem. Define-a o art. 138: "Caluniar alguém, imputando-lhe falsamente fato definido como crime: Pena – detenção, de seis meses a dois anos, e multa."

8.1.3 Objetividade jurídica

O objeto jurídico é a incolumidade moral, a integridade do ser humano, no caso, a honra objetiva do sujeito passivo.

8.1.4 Sujeito ativo

A calúnia é crime comum, podendo ser praticada por qualquer pessoa.

---

276. A denunciação caluniosa e os crimes contra a honra. *Justitia* 110/13.
277. A comunicação social e os crimes contra a honra. *Justitia* 103/17.
278. ADPF 130-7, j. em 30-4-2009, *DOU* de 12-5-2009, p. 1.

8.1.5 Sujeito passivo

Só pode ser sujeito passivo o homem, pois somente ele pode cometer o crime e a ele se imputar uma conduta delituosa. Afasta-se, assim, desde logo, a possibilidade da prática de calúnia contra a pessoa jurídica[1] (item 8.2.4). Nada impede, porém, que as pessoas que dirigem o ente coletivo possam ser atingidas, individualmente, e acusadas injustamente, passando a sujeitos passivos do delito. Discute-se se a pessoa jurídica pode ser sujeito passivo do crime de calúnia quando lhe imputa o agente a prática de crime contra o meio ambiente, diante da previsão constitucional e legal da possibilidade de sua responsabilização penal por delito dessa natureza (art. 225, § 3º, da CF, e art. 3º da Lei nº 9.605, de 12-2-1998). Deve-se ponderar, no entanto, que no art. 138, refere-se o Código Penal a *alguém*, portanto à pessoa humana e não à pessoa jurídica.

Tem-se afirmado que os doentes mentais e menores não podem ser vítimas de calúnia, por não cometerem eles *crimes* ou por lhes faltar imputabilidade penal. Entende Hungria, porém, que "quando a ofensa diz com a honra subjetiva, a existência do crime deve ser condicionada à capacidade de perceber a injúria por parte do sujeito passivo; quando, porém, a ofensa diz com a honra objetiva, o crime existe sempre, pois não se pode deixar de reconhecer que os incapazes em geral têm, ou conservam uma certa reputação, que a lei deve proteger" e que "pouco importa, em qualquer caso, a inimputabilidade do sujeito passivo".[279] Damásio, por entender que os menores e loucos praticam crime, embora não sejam culpados, admite a calúnia contra eles.[280] Considerando inexistente a distinção entre honra objetiva e subjetiva, afirma Fragoso que a criança e o inimputável também são protegidos "porque como pessoas humanas devem ser respeitadas na esfera social e moral, tendo a pretensão ao respeito inerente à personalidade humana, ainda que disto não tenham consciência", havendo equívoco na suposição de que a criança e o doente mental não *sentem* a ofensa que lhes é feita".[281] Para nós, mencionando a lei não a prática "de crime", mas de "fato definido como crime", é possível o cometimento do crime de calúnia contra menor ou alienado mental que possua algum entendimento.

Não estão excluídos, também, da proteção legal os já desonrados, infames, depravados, prostitutas ou criminosos, aos quais sempre resta uma parcela de honra, um "oásis moral" (*oasi morali*, na feliz expressão de Manzini), podendo ser atingidos pela ofensa.[282] Há crime em imputar-se falsamente um furto ao homicida ou um homicídio ao ladrão.

Como a honra é bem disponível, havendo consentimento prévio ou contemporâneo da vítima, não ocorre o delito. A condescendência posterior pode configurar não a descaracterização do crime, mas a renúncia ao direito de queixa ou o perdão.

---

279. *Comentários ao código penal*. Rio de Janeiro: Forense. v. 4, p. 49.
280. *Direito penal*: parte especial 4. ed. São Paulo: Saraiva, 1982. v. 2, p. 220.
281. *Lições*. Ob. cit. v. 1, p. 204-205.
282. *Trattato di diritto penale italiano*. Turim: Torinese, 1951. v. 8. nº 3.002, v. 5, p. 355.

Nos termos do art. 138, § 2º, "é punível a calúnia contra os mortos". Evidentemente, o morto não pode ser sujeito passivo do crime, já que, não sendo titular de direitos, não tem mais o atributo da honra, que não sobrevive a seu titular. A ofensa é feita, portanto, não à pessoa do morto, mas à sua memória, e os sujeitos passivos serão os parentes, interessados na preservação do bom nome do morto pelo reflexo que podem sofrer pela ofensa.

8.1.6 Tipo objetivo

A conduta típica é imputar, ou seja, atribuir a alguém a prática do ilícito. É afirmar falsamente que o sujeito passivo praticou determinado delito.

O tipo é composto de três elementos: a imputação da prática de determinado fato; a característica de ser esse fato um crime (fato típico); e a falsidade da imputação. Assim, há calúnia tanto quando o fato não ocorreu como quando ele existiu, mas a vítima não é seu autor. A falsidade da imputação é presumida, mas se admite que o agente prove a veracidade de sua afirmação por meio da exceção da verdade. Por outro lado, a imputação por fato verdadeiro nos casos em que não se admite a exceção da verdade constitui calúnia punível (item 8.1.11).

A acusação caluniosa pode ser feita na ausência do ofendido e admite vários meios de execução: palavra, escrito, desenho e até gestos (mímica) ou meios simbólicos ou figurativos.

É necessário para a configuração da calúnia que a imputação verse sobre fato determinado, concreto, específico.[2] Não se exige, porém, que o agente o descreva com minúcias, pormenores.[3] Haverá calúnia na imputação falsa a João de ter subtraído a carteira de José, não sendo necessário que o agente mencione a data ou local exato do fato. Inexistirá calúnia e sim injúria se José for chamado de *ladrão*.

A imputação falsa de *contravenção* não constitui calúnia, já que o tipo se refere exclusivamente a *crime*, mas pode constituir o delito de difamação quando ofensivo à reputação da vítima.[4] Também só haverá difamação no caso de o fato imputado ser desonroso, mas *atípico* (prática de incesto, etc.).

A autocalúnia não é, de *per si*, crime, mas pode configurar o delito de autoacusação falsa (art. 341).

A imputação caluniosa pode ser *equívoca* ou *implícita*, como no caso de alguém afirmar na frente de um funcionário público ou de um bancário que não vive de desfalques dos cofres públicos ou de bancos.

Pode a calúnia ser *reflexa*, atribuindo-se a alguém a prática de crime que envolve também a participação de terceiro, como no afirmar-se a prática de suborno do policial rodoviário em ação fiscalizadora, a provocação de um aborto consentido pela gestante etc. Estes últimos, o policial e a gestante, são vítimas de calúnia reflexa.

8.1.7 Tipo subjetivo

Indispensável para a ocorrência do delito é o dolo, ou seja, a vontade de imputar, a outrem, falsamente, a prática de crime. Para alguns autores, basta essa vontade, não se exigindo a de atingir a honra do sujeito passivo.[283] Exigem outros a consciência e vontade de ofender a honra alheia, que alguns chamam de dolo específico.[284] Dizem bem Damásio, Fragoso e Euclides C. da Silveira que, na verdade, não há que se falar em dolo específico, mas em elemento subjetivo do injusto: o *animus injuriandi vel diffamandi*, que significa o intuito de ofender a honra alheia, integrante da conduta.[285]

Não existirá a calúnia quando o agente atuar com *animus jocandi*, ou seja, vontade de gracejar, pilheriar, caçoar;[5] com *animus consulendi* (vontade de aconselhar ou informar, espontaneamente ou por solicitação de outrem); com *animus narrandi* (vontade de relatar o fato singelamente, sem a intenção de ofender),[6] tal como nos casos de testemunha judicial[7] ou na CEI (Comissão Especial de Inquérito)[8] ou de solicitação de providências à Polícia, indicando suspeitos ou testemunhas com vista ao esclarecimento do crime que tem interesse em ver apurado,[9] ou, ainda, de postulação em inquérito administrativo para denunciar fiscal de tributos a superior hierárquico;[10] de *animus defendendi*, de se defender em processo,[11] em especial ao ser interrogado.[12] Não configura calúnia, também, a mera ciência ou informação a respeito de crime prestada pelo servidor ao superior ou à autoridade competente para a apuração, quando tiver conhecimento do fato em razão de suas funções, conforme, aliás, passou a dispor expressamente o Estatuto dos Funcionários Públicos (art. 126-A, inserido pela Lei nº 12.527, de 18-11-2011). Não há na hipótese, igualmente, o elemento subjetivo do injusto, por agir o servidor com a intenção de cumprir com seu dever funcional.

Em resumo, se o ânimo, desígnio ou móvel que impele à manifestação do pensamento representa, de algum modo, o exercício regular de direito ou o cumprimento de dever jurídico (*animus defendendi* no debate judiciário; *animus corrigendi vel disciplinandi* no exercício do pátrio poder, tutela, instrução ou educação; *animus consulendi* na liberdade de crítica, ou no dever de informar ou dar parecer etc.), não haverá crime contra a honra a punir.[13]

Também já se tem decidido que, sendo a ofensa à honra fruto de incontinência verbal, provocada por explosão emocional ocorrida em acirrada discussão, não se configuram os delitos previstos nos arts. 138, 139 e 140 do CP.[14]

Não se deve, porém, adotar a liberal teoria psicológica da difamação, proposta por Florian, que parte da *libertas conviciandi* (liberdade de censura) para afirmar a inexis-

---

283. BRUNO, Aníbal. *Crimes contra a pessoa*. 3. ed. São Paulo: Rio Gráfica, 1975. p. 282; e FARIA, Bento de. *Código penal brasileiro comentado*. Rio de Janeiro: Record, 1959. v. 4, p. 167.
284. HUNGRIA, FRAGOSO. *Comentários*. Ob. cit. v. 6, p. 53; e NORONHA. *Direito penal*. Ob. cit. v. 2, p. 126.
285. Respectivamente: *Direito penal*. Ob. cit. v. 2, p. 223-224; *Lições*. Ob. cit. v. 1, p. 206-207; e *Direito penal*: crimes contra a pessoa. 2. ed. São Paulo: Revista dos Tribunais, 1973. p. 236-237.

tência de crime contra a honra quando os motivos do agente são sociais. Os motivos não são constitutivos do crime e não permitem a imputação falsa.

A certeza, ou fundadas suspeitas, mesmo errôneas, que tem o agente de que seu relato corresponde à verdade, afasta o dolo do delito de calúnia.[15] Trata-se de erro de tipo, atuando o agente de boa-fé.

A dúvida a respeito da autenticidade do fato relatado, contudo, caracteriza o dolo eventual, sendo suficiente para autorizar a condenação.[16][286] Não nos parece procedente a alegação de Marcelo Fontes Barbosa de que, exigindo-se o elemento subjetivo do injusto (ou dolo específico), é incompatível com a calúnia o dolo eventual.[287] O assumir o risco (agir na dúvida), para a lei equivale ao querer.

8.1.8 Consumação e tentativa

Consuma-se o crime quando qualquer pessoa, que não a vítima, toma conhecimento da imputação, ou seja, quando ela é ouvida, lida ou percebida por pessoa diversa do sujeito passivo.[17]

Embora se trate de crime formal, que se configura independentemente do resultado danoso à honra da vítima, pode ocorrer tentativa, como no caso de carta ou bilhete contendo a falsa imputação que é interceptado pela vítima. A calúnia praticada por meio de telegrama, porém, consuma-se no local de sua expedição quando a imputação falsa chega ao conhecimento do funcionário, apesar do dever deste de manter sigilo.[18]

8.1.9 Exclusão do crime

"Desde que o advogado aja e fale representando os seus clientes e dentro dos limites do mandato que lhe foi outorgado, não pode responder em coautoria por delitos contra a honra por acaso existentes na notificação realizada",[19] ou na inicial.[20]

8.1.10 Propalação e divulgação

Incorre nas mesmas penas da calúnia quem "sabendo falsa a imputação, a propala ou divulga" (art. 138, § 1º). *Propalar* é propagar, espalhar; *divulgar* é tornar público. São, portanto, praticamente sinônimos. Mas afirma Hungria: "propalar refere-se mais propriamente ao relato verbal, enquanto *divulgar* tem acepção extensiva, isto é, significa relatar por qualquer meio".[288] Em qualquer caso, porém, basta que terceiro tome conhecimento do fato e estará consumado o delito nessas modalidades.

---

286. HUNGRIA, FRAGOSO. *Comentários*. Ob. cit. v. 6, p. 53; SILVEIRA, Euclides C. da. Ob. cit. p. 247; JESUS, Damásio E. de. *Direito penal*. Ob. cit. v. 2, p. 224; NORONHA. *Direito penal*. Ob. cit. v. 2, p. 127-128; e BRUNO, Aníbal. *Crimes contra a pessoa*. Ob. cit. p. 291.
287. A denunciação caluniosa e os crimes contra a honra. *Justitia* 110/19.
288. *Comentários*. Ob. cit. v. 6, p. 73.

Pune-se, assim, não só o autor original da falsa imputação, o criador da falsidade, mas também aquele que repete o que ouviu, sabendo que o sujeito passivo é inocente, que não praticou o fato a ele imputado. Não importa que, para se isentar de responsabilidade, o agente garanta não acreditar na afirmação. É, na feliz imagem de Hungria, "o *sopro da barata*, o bater de asas com que o vampiro suaviza a mordedura",[289] mero artifício que não elide a responsabilidade.

Afirmou-se haver propalação da calúnia na leitura de documentos contendo calúnia no plenário da Câmara Municipal,[21] mas o simples fato de alguém dar circulação à calúnia não constitui crime, a menos que tenha o divulgador agido com plena consciência da falsidade do fato lesivo à reputação de outrem.[22] Isto porque, ao contrário do que ocorre no tipo básico, a lei exige agora a certeza sobre a falsa imputação, ou seja, o dolo direto. Havendo dúvida (dolo eventual), inexiste o crime.

8.1.11 Exceção da verdade

Admite a lei a prova da verdade a respeito do fato imputado (art. 138, § 3º). Sendo verdadeiro o fato atribuído, não há que se falar em calúnia.[23] Pode, assim, o acusado isentar-se de responsabilidade por meio da arguição de exceção da verdade, demonstrando que o fato imputado por ele ao sujeito passivo é verdadeiro. A exceção da verdade há de ser submetida ao contraditório,[24] mas pode ser alegada e comprovada em qualquer fase processual, inclusive ao ensejo das razões de apelação.[25] Provado pelo excipiente a prática pelo excepto do crime que lhe imputou, a consequência é o acolhimento da *exceptio veritatis*, com sua absolvição, quanto ao crime de calúnia, por ausência de tipicidade.[26]

Ainda quando não consiga provar o *exceptio veritatis*, não há que reconhecer caracterizado o delito quando inexistir para o agente a consciência da falsidade da acusação.[27]

Persiste o crime, entretanto, ainda que verdadeiros os fatos imputados, se não for possível opor-se a exceção da verdade, nos termos do art. 138, § 3º. É vedada a *exceptio veritatis*, em primeiro lugar, "se, constituindo o fato imputado crime de ação privada, o ofendido não foi condenado por sentença irrecorrível" (inciso I). No caso, tratando-se de crimes em que se consideram relevantes os interesses da vítima, não permite a lei que sejam eles objeto de referência por parte de terceiros. Haveria o *strepitus judicii*, que a vítima tenta evitar.

Não se admite, também, a exceção da verdade, "se o fato é imputado a qualquer das pessoas indicadas no nº I do art. 141" (inciso II). Estão protegidos, portanto, o Presidente da República e o chefe de Governo estrangeiro (soberano, presidente, primeiro-ministro) quer pela dignificante função que exercem, quer pelas repercussões internas ou externas do fato. Não se admite, sequer, a prova de que realmente cometeram o ilícito que lhes é imputado pelo agente.

---

289. *Comentários*. Ob. cit. v. 6, p. 66.

Por último, também se pune por calúnia, ainda que verdadeira a imputação, "se do crime imputado, embora de ação pública, o ofendido foi absolvido por sentença irrecorrível" (inciso III). Transitada em julgado uma decisão que inocente o réu, não se pode permitir ao agente que pretenda provar ser verdadeira a acusação que fez contra ele.

8.1.12 Distinção

Caso o fato imputado, apesar de desonroso, não se configure como crime, pode haver difamação (art. 139) e não calúnia. Havendo a imputação não de um fato determinado, mas de uma qualidade negativa, ocorre injúria (art. 140). A falsa imputação que dá origem à instauração de inquérito policial, procedimento investigatório judicial, processo judicial, processo administrativo disciplinar, inquérito civil ou improbidade administrativa é denunciação caluniosa (art. 339), a que já se tem dado o nome de "calúnia qualificada". Quando ambos os delitos estiverem fundados no mesmo fato, a calúnia, como crime menor, é absorvida pela denunciação caluniosa, crime mais grave. [28] Assim, não pode ser recebida queixa quando há imputação da prática de crime ao querelante em requerimento de instauração de inquérito policial ou em testemunho,[29] podendo o fato constituir, se a imputação for falsa, respectivamente, os crimes de denunciação caluniosa (art. 339) ou falso testemunho (art. 342).

Os crimes contra a honra praticados pela imprensa, rádio ou televisão estavam sujeitos à Lei de Imprensa (Lei nº 5.250, de 9-2-1968) e ao Código de Telecomunicações (Lei nº 4.117, de 27-8-1962), pouco importando tratar-se de matéria paga.[30] Já se decidiu que, se o ilícito penal está previsto nas duas leis, rege-se o fato pela lei especial, mormente prevendo esta pena mais grave.[31] Também se entendeu, porém, que, se os fatos incriminados foram posteriormente divulgados por meio da imprensa, não se afasta a lei comum, pois a tipicidade criminal correspondente consumou-se no primeiro momento.[32] Era também considerada crime de imprensa a ofensa praticada através de um meio de comunicação, mesmo que não tendo sido o autor profissional de imprensa. [33] Declarada, porém, pelo STF a inconstitucionalidade da Lei de Imprensa,[290] a ofensa à honra praticada por meio da imprensa configura crime descrito no Código Penal, incidindo a causa de aumento de pena prevista no art. 141, III (item 8.4.1).

8.1.13 Concurso

Tem-se admitido a continuidade delitiva com outros delitos contra a honra, por ofenderem o mesmo bem jurídico.[34] Não é a melhor solução, porém, a de que, em ensejo único, difamação e calúnia constituem-se em "crime progressivo", como já se decidiu. [35] No mínimo, poder-se-ia falar, no caso, em concurso formal ou crime continuado.

---

290. Os arts. 20 a 23, entre outros dispositivos, da Lei nº 5.250, de 9-2-1967, tiveram a sua vigência suspensa por medida liminar concedida e ratificada pelo Plenário do STF 27-02-2008 (*DJe* de 7-11-2008). Posteriormente, em julgamento realizado em 30-4-2009, o STF declarou que a Lei de Imprensa, em sua integralidade, não foi recepcionada pela Constituição Federal de 1988 (ADPF 130-7, *DOU* de 12-5-2009, p. 1).

8.2 DIFAMAÇÃO

8.2.1 Conceito

A difamação é a imputação a alguém de fato ofensivo a sua reputação. Distingue-se da calúnia porque nesta o fato imputado é previsto como crime, devendo ser falsa a imputação, em regra, o que não ocorre quanto à difamação. O tipo está definido no art. 139: "Difamar alguém, imputando-lhe fato ofensivo à sua reputação: Pena – detenção, de três meses a um ano, e multa."

8.2.2 Objetividade jurídica

Tutela-se, ainda, a honra objetiva (externa), ou seja, a reputação, o conceito do sujeito passivo no contexto social.

8.2.3 Sujeito ativo

Como a calúnia, a difamação é crime comum, podendo ser praticado por qualquer pessoa.

8.2.4 Sujeito passivo

Pode ser sujeito passivo do crime o ser humano, pessoa determinada, incluindo-se os menores e doentes mentais, como já ficou assinalado quando do estudo da calúnia (item 8.1.5).

No que tange à pessoa jurídica, porém, são exigidos novos esclarecimentos. Discordantes são as opiniões a respeito da possibilidade de serem elas sujeitos passivos do crime de difamação. De início, saliente-se a dificuldade na exata definição da natureza das pessoas coletivas, geradora de dois grupos principais, o das teorias da ficção e o das teorias organicistas. Evidentemente, para os adeptos do primeiro grupo não poderia uma ficção ser sujeito passivo de crime de difamação por não possuir existência real e, assim, reputação. Para os seguidores das teorias organicistas, sendo a pessoa jurídica realidade viva, confunde-se ela com o ser humano, podendo ser vítima do delito. Modernamente, porém, aceita-se que a pessoa jurídica é uma realidade técnica ou jurídica, sendo capaz de todos os direitos, salvo aqueles que resultam "de fatos jurídicos em cujo suporte fático há elementos que ela não pode satisfazer".[291] Dessa forma, justifica-se a conclusão de Gabriel Nettuzzi Perez: "Por conseguinte, por não ser incompatível com a noção de pessoa jurídica, a qual tem a honra objetiva, sua reputação pode ser atacada por imputação difamatória." [292] Assim entende a doutrina.[293] Assim já se tem decidido,

---

291. MIRANDA, Pontes de. *Tratado de direito privado*: parte especial. Rio de Janeiro: Borsói, 1954. v. 1, p. 288.
292. *Crime de difamação*. São Paulo: Tributária, 1976. p. 189.
293. FRAGOSO. *Lições*. Ob. cit. v. 2, p. 202-203; SILVEIRA, Euclides C. da. Ob. cit. p. 226-228; e JESUS, Damásio E. de. *Direito penal*. Ob. cit. v. 2, p. 221-222.

por vezes, na jurisprudência.[36] Observa acertadamente Noronha, porém, que "o Código, em seu Título I ('Dos crimes contra a pessoa') refere-se tão só à criatura humana".[294] Na verdade, se, em tese, podemos reconhecer que a pessoa jurídica tem como atributo a reputação, não se pode incluí-la como sujeito passivo do crime definido no art. 139 do Código Penal. Nelson Pizzotti Mendes resume as razões dessa conclusão: "As pessoas jurídicas não podem ser sujeitos passivos dos delitos contra a honra: 1. Porque carecem do bem jurídico honra, cuja titularidade é exclusiva da pessoa humana à qual é inerente; 2. Porque o Código Penal brasileiro não contém nenhuma disposição, de caráter constitutivo, que expressamente admita as pessoas jurídicas como sujeitos passivos de Difamação e Injúria; 3. No Direito brasileiro, tais delitos são considerados crimes contra a Pessoa; 4. As ofensas dirigidas contra as Pessoas Jurídicas não ficam impunes, pois lesam a honra das pessoas físicas que as compõem, dirigem ou representam." [295] Concordamos, em parte, com tais afirmações. Pode-se falar em *reputação* da pessoa jurídica, o que equivale ao conceito de honra objetiva, mas o Código Penal refere-se a *alguém* (pessoa humana) e não à pessoa jurídica. Nesse sentido, é majoritária a jurisprudência.[37] Admitir-se-ão como sujeitos passivos as pessoas que representam a pessoa coletiva se a difamação atingi-las de maneira que possam ser elas identificadas no contexto da ofensa.

A tendência moderna, porém, é de incriminar fatos que atingem a reputação da pessoa jurídica, órgãos coletivos ou entidades concretas ou abstratas. É o que ocorre com relação ao art. 35 da Lei nº 5.700, de 1º-9-1971 (que pune o desrespeito à forma e à apresentação dos símbolos nacionais), com a redação dada pela Lei nº 6.913, de 27-5-1981, ao art. 53, *c*, do Código de Telecomunicações (em que se fala em "honra nacional"), ao art. 219 do Código Penal Militar (ofensa às forças armadas) etc. Quanto à antiga Lei de Imprensa, em especial ao art. 23, III (que admite crime contra *órgão* ou autoridade que exerce autoridade pública), nossos tribunais vinham decidindo pela admissibilidade do crime de difamação tendo como sujeito passivo uma pessoa jurídica.[38]

Tratando-se de vítima pessoa jurídica, porém, pode ocorrer apenas o crime de difamação, em que se imputa fato ofensivo a sua reputação, mas não os de calúnia, porque não se lhe pode imputar falsamente a prática de "crime", ou de injúria, que ofende apenas a honra subjetiva, inexistente na pessoa coletiva. Nesse sentido se tem decidido.[39] [296]

Não repetiu a lei o dispositivo referente à punibilidade da ofensa contra os mortos, devendo concluir-se que é atípica a difamação contra pessoa morta. Por isso, não podemos concordar com a afirmação de Gabriel Nettuzzi Perez, se bem que construída com inteligência, de que "embora não haja referência legal expressa à difamação aos mortos, esta se acha incriminada na cabeça do art. 139 do Código Penal, porquanto

---

294. *Direito penal.* Ob. cit. v. 2, p. 133.
295. As pessoas jurídicas como sujeitos passivos de crimes contra a honra. *Justitia* 103/41.
296. Contra-argumentando com a possibilidade de crimes de calúnia e injúria contra pessoa jurídica: MIRANDA, Darcy de Arruda. Calúnia também pode atingir pessoa jurídica. *O Estado de S. Paulo*, 5 dez. 1990, Justiça, p. 20.

qualquer denegrição à sua memória atinge a honra dos vivos, em cujo conceito se incluem as demais qualidades inerentes de sua personalidade, sendo que esta se torna também o patrimônio ético herdado dos ancestrais".[297] Não se poderá negar, porém, que, atingidos diretamente pela difamação um ou mais parentes do morto, há ilícito punível. A lei de imprensa incriminava qualquer ofensa à memória dos mortos (art. 24 da Lei nº 5.250, de 9-2-1967).

O consentimento do sujeito passivo exclui o crime por ser a honra bem disponível. Deve ele, entretanto, ser anterior ou concomitante ao fato, pois, se posterior, será tolerância (casos de renúncia ou perdão do ofendido).

Não podem consentir os absolutamente incapazes (art. 3º do CC).

8.2.5 Tipo objetivo

Configura-se o crime com a imputação, ou seja, com a atribuição a alguém de um fato desonroso, o qual, diversamente da calúnia, não é criminoso. Deve também ser fato concreto, específico,[(40)] embora não se exija que o agente o descreva em suas minúcias. Haverá difamação no dizer que certa mulher mantém relações com um homem, sejam eles casados ou solteiros;[298] que determinado jovem mantém relações libidinosas com seu companheiro de pensão; que certa pessoa pratica o incesto com a irmã etc. Não responde por difamação e sim por injúria quem enuncia fato preciso, mas faz relato vago e indeterminado.[(41)]

Inclui-se no âmbito da difamação a imputação da prática de *contravenção* que possa acarretar dano à reputação de alguém. Será difamação afirmar que determinada pessoa, de reputação ilibada, se embriagou em uma festa, causando escândalo (art. 62 da LCP); que alguém fabrica gazuas (art. 24 da LCP); que a vítima explora jogos de azar etc., mas não a afirmação de que determinada pessoa dirige veículo sem habilitação legal, já que tal fato, apesar de constituir contravenção, não é infamante.

Ao contrário do que ocorre com a calúnia, não é necessário que a imputação seja falsa. Há crime de difamação ainda que verdadeiro o fato imputado, se desabonador ao sujeito passivo. Justifica Hungria a impossibilidade da prova da verdade: "Desde que não se trate de imputação de um crime, como na calúnia, o interesse social deixa de ser o de facilitar o descobrimento da verdade, para ser o de impedir que um cidadão se arvore em censor de outro, com grave perigo para a paz social." [299]

Como a lei silenciou a respeito da propalação da difamação, entende Noronha que a divulgação desta não é crime. De outro lado, Euclides C. da Silveira afirma que "é tão difamador o que imputa, inicialmente, o fato ofensivo à reputação alheia, quanto

---

297. *Crime de difamação*. Ob. cit. p. 188.
298. No caso de um deles ser casado, antes da revogação do art. 240 do CP haveria calúnia, por imputação do crime de adultério.
299. *Comentários*. Ob. cit. v. 6, p. 86.

aquele que o transmite *urbe et orbe*" e que "no núcleo de tipo (imputar) se contém o divulgar ou propalar", para afinal concluir, sem coerência, que, não cogitando o art. 139 da propalação ou divulgação, "não responde por crime quem propala ou divulga a difamação, ainda quando ciente da falsidade da imputação".[300]

Parece-nos correta a observação de Gabriel Nettuzzi Perez: "O certo, porém, é que o propalador do fato infamante comete outra difamação, aliás, autônoma, embora possa haver conexão instrumental entre elas, nos termos do art. 76, nº III, do Código de Processo Penal. É irrefutável que, integrando novamente todos os elementos de sua definição legal a propalação da difamação anterior torna a ferir a reputação do afeta-do." [301] Explica o mesmo autor que, quanto à calúnia, o dispositivo se fez necessário para incluir-se o elemento subjetivo consistente *no saber o agente da falsidade da imputação*, dispensável no crime de difamação, em que ocorre o ilícito, ainda que verdadeiro o fato imputado à vítima. Conclui: "Conseguintemente, na calúnia, uma vez julgue verídica a imputação que propalou, inexiste fato típico praticado pelo propalador, ao passo que, na difamação, é irrelevante o que vai no foro íntimo do agente, que, a título nenhum, pode arvorar-se em censor do próximo." [302]

Embora a atribuição difamatória deva encontrar suporte em fato determinado, não se exige sua individualização em todas as suas circunstâncias, nada impedindo a prática de difamação implícita.[42]

Registre-se, aliás, que há palavras que, dispondo de dois sentidos, um próprio e outro figurado ou popular, podem ser ofensivas e configuradoras do delito de difamação.[43]

8.2.6 Tipo subjetivo

O dolo é a vontade de imputar, atribuir fato desonroso a alguém, seja verdadeiro ou não. Exige-se, porém, o *animus diffamandi*,[44] elemento subjetivo do tipo, que "se expressa no cunho de seriedade que o sujeito imprime à sua conduta".[303] Inexiste o delito, pois, quando o agente atua com *animus jocandi, narrandi, consulendi, defendendi* etc. Decidiu-se pela inexistência do crime na crítica desfavorável, desenvolvida em linguagem elevada e serena,[45] nas informações prestadas sobre a idoneidade alheia, fornecendo declaração pública desabonadora de quem foi convidado pela Justiça para prestá-las,[46] nas palavras desabonadoras de empregado, no interesse exclusivo da empresa[47] e na explosão emocional ocorrida em acirrada discussão.[48]

Evidentemente, não se exige que o agente tenha consciência da falsidade da imputação, posto que a afirmação verdadeira desabonadora constitui também difamação punível. Assim, o erro a respeito do fato relatado não elide a responsabilidade do agente, e nada impede a prática do crime com dolo eventual.

---

300. Respectivamente: *Direito penal*. Ob. cit. v. 2, p. 131-132; Ob. cit. p. 248 e 250.
301. *Crime de difamação*. Ob. cit. p. 109.
302. Ibidem.
303. JESUS, Damásio E. de. *Direito penal*. Ob. cit. v. 2, p. 239-240.

8.2.7 Consumação e tentativa

Consuma-se o delito com o conhecimento, por terceiro, da imputação.[49] Não é necessário que fique ciente uma pluralidade de pessoas, bastando a ciência de qualquer uma, além da ofendida.[50] Não se considerou caracterizado o crime de difamação quando o fato considerado ofensivo constava de correspondência lacrada, encaminhada à própria vítima, não a terceiros, com o propósito de solucionar possível pendência judicial.[51]

Admissível é a tentativa de difamação que não seja praticada oralmente. Exemplo é o da carta ou bilhete interceptado pelo sujeito passivo.

8.2.8 Exceção da verdade

Embora, regra geral, constitua difamação a imputação de fato verdadeiro, permite a lei excepcionalmente a exceção da verdade, excluindo a antijuridicidade do fato quando julgada procedente, "se o ofendido é funcionário público e a ofensa é relativa ao exercício de suas funções" (art. 139, parágrafo único). O dispositivo abrange o funcionário público conceituado em seu sentido mais amplo para o direito penal (art. 327).

Ensina Noronha que "a *exceptio veritatis* encontra fundamento na razão de fiscalização ou crítica, que todos têm, a respeito do exercício das funções públicas".[304] A prova da verdade não cabe no caso de o fato se relacionar com a vida privada do funcionário ou se este deixou o cargo ou as funções. É esta a interpretação que se extrai do dispositivo.

Afirma Hungria: "O Código considera à parte, destacado da classe dos funcionários públicos em geral, o Presidente da República (arts. 138, § 3º, e 141), de modo que a este não é extensível o parágrafo único do art. 139." [305]

8.2.9 Distinção

A narração de fato desonroso em depoimento judicial, se não constituir falso testemunho, pode constituir o crime de difamação quando visível a intenção de ofender.[52]

Cartas contendo difamação enviadas e juntadas posteriormente a autos de ação civil por si sós constituem o instrumento do delito do art. 139, que nada tem que ver com uma possível imputação de falso testemunho, decorrente do fato de seus signatários terem reproduzido em Juízo os mesmos conceitos referidos nas epístolas.[53]

Distingue-se a difamação da injúria porque nesta não se imputa fato determinado, mas algo vago ou qualidades negativas do sujeito passivo.[54]

"Divulgar a condição do portador do HIV ou de doente de aids, com intuito de ofender-lhe a dignidade", é crime especial, previsto na Lei nº 12.984, de 2-6-2014, para o qual são cominadas pena de reclusão de um a quatro anos e multa (art. 1º, V).

---

304. *Direito penal.* Ob. cit. v. 2, p. 134.
305. *Comentários.* Ob. cit. v. 6, p. 90.

8.2.10 Concurso

Nada impede a continuação entre crimes de calúnia e difamação.[(55)]

8.3 INJÚRIA

8.3.1 Conceito

A injúria é a ofensa à dignidade ou decoro de outrem. "Na sua essência, é a injúria uma manifestação de desrespeito e desprezo, um juízo de valor depreciativo capaz de ofender a honra da vítima no seu aspecto subjetivo." [306]

Define-a o art. 140: "Injuriar alguém, ofendendo-lhe a dignidade ou o decoro: Pena – detenção, de um a seis meses, ou multa."

8.3.2 Objetividade jurídica

Trata-se ainda de proteger a integridade moral do ofendido, mas, ao contrário do que ocorre com a calúnia e a difamação, na injúria está protegida a honra subjetiva (interna), ou seja, o sentimento que cada qual tem a respeito de seus atributos. Na injúria, pode ser afetada, também, a reputação (honra objetiva) da vítima, desprestigiada perante o meio social, mas esse resultado é indiferente à caracterização do crime.

8.3.3 Sujeito ativo

Qualquer pessoa pode cometer o crime de injúria, uma vez que se trata na espécie de crime comum. Não existe autoinjúria como fato típico, mas pode ela constituir crime se, ultrapassando da órbita da personalidade do agente, vem ela a atingir terceiro. Há crime no afirmar alguém ser filho de uma prostituta ou marido traído, sendo os sujeitos passivos a mãe e a esposa do agente.

8.3.4 Sujeito passivo

Qualquer pessoa pode ser vítima de injúria, excetuando os doutrinadores, aqueles que não têm consciência da dignidade ou decoro, como os menores de tenra idade, os doentes mentais etc. Segundo Bento de Faria, incluem-se "os irresponsáveis, porque a falta de capacidade de querer e entender não os exclui de proteção contra a ofensa".[307] Reconhecendo-se a existência de uma estima própria só verificável naqueles que têm algum discernimento a respeito da dignidade ou decoro, não se pode concordar com essa segunda posição.

---

306. BRUNO, Aníbal. *Crimes contra a pessoa*. Ob. cit. p. 315.
307. *Código penal brasileiro*. Ob. cit. v. 4, p. 189. Nesse mesmo sentido pronuncia-se FRAGOSO. *Lições*. Ob. cit. v. 1, p. 204.

Afirma-se que é impossível a ocorrência de injúria contra pessoa jurídica, por não possuir ela honra subjetiva,[56] mas nada impede que uma ofensa venha a atingir os diretores ou responsáveis da pessoa coletiva.[57] Também não menciona a lei a injúria contra os mortos, e o fato poderá compor, conforme o caso, o crime de vilipêndio a cadáver (art. 212). Nada impede, todavia, que se injurie o vivo, denegrindo o morto, dizendo-se, como no exemplo de Noronha, que ele era rufião da esposa falecida.[308]

8.3.5 Tipo objetivo

Injuriar alguém, de acordo com a conduta típica, é ofender a honra subjetiva do sujeito passivo, atingindo seus atributos morais (dignidade) ou físicos, intelectuais e sociais (decoro). Atinge-se a dignidade de alguém ao se dizer que é ladrão, estelionatário[58] etc. e o decoro ao se afirmar que é estúpido, ignorante, grosseiro etc.

Na injúria, não há imputação de fatos precisos e determinados como na calúnia e na difamação. Refere-se ela à manifestação de menosprezo, ao conceito depreciativo; mencionam-se vícios ou defeitos do sujeito passivo, ou mesmo fatos vagos e imprecisos desabonadores que não chegam a integrar outro crime contra a honra. Como lembra bem Aníbal Bruno, "isso não impede, porém, que a injúria se concretize na alegação de fato dessa ordem (fato preciso desonroso), estando o agente a sós com o ofendido, isto é, sem as condições necessárias à tipificação da difamação ou da calúnia".[309]

Tem-se reconhecido o crime de injúria na atribuição vaga de fato contravencional, no afirmar-se que o desafeto é um "farsante",[59] que a professora é uma "vagabunda",[60] que o prefeito é "incompetente para o cargo",[61] que a vítima é "incompetente e ignorante"[62] ou "cornuda".[63]

Pode a injúria ser praticada pelos mais variados meios, como por escritos, desenhos, gestos, meios simbólicos, comportamentos etc. Responde pelo delito quem, com a intenção de ferir a dignidade alheia, atira conteúdo de copo de bebida no rosto da vítima[64] ou despeja saco de lixo à porta do apartamento vizinho, conspurcando-a com detritos inservíveis.[65] Até por omissão pode-se injuriar: não apertar a mão de quem a estende, em cumprimento; não responder, acintosamente, a um cumprimento em público etc.

Afirma Hungria: "Para aferir do cunho injurioso de uma palavra, tem-se às vezes de abstrair o seu verdadeiro sentido léxico, para tomá-la na acepção postiça que assume na gíria. Assim, os vocábulos 'cornudo', 'veado', 'trouxa', 'banana', 'almofadinha', 'galego' etc." [310] Mas a lei não protege a suscetibilidade exagerada, o amor próprio em demasia, a autoestima exacerbada. Não há injúria quando não for ofendido o mínimo de respeito a que todos têm direito, como nos casos de meras expressões deselegantes, vivazes ou descorteses ao juiz[66] ou de críticas em forma jurídica de peça dos autos.[67]

---

308. *Direito penal.* Ob. cit. v. 2, p. 139.
309. Crimes contra a pessoa. Ob. cit. p. 302.
310. *Comentários.* Ob. cit. v. 6, p. 92.

Pode a injúria ser *imediata*, proferida pelo próprio agente, ou *mediata*, quando se vale ele de outra forma (uma criança, um gravador, um papagaio etc.).

A injúria pode ser *oblíqua* (referir-se a alguém a quem o ofendido ama ou estima), *indireta* ou *reflexa* (ofender a vítima ou insultar outrem), *equívoca* (expressões veladas ou ambíguas), *irônica, interrogativa, condicionada, truncada, simbólica* (como o de pendurar chifres à porta da casa de um casal) e *implícita* (subentendida).

Tem-se afirmado, por vezes, que na injúria por palavras faladas ou gestos se requer a presença da pessoa visada.[311] Entretanto, não distingue a lei os meios injuriosos, sendo irrelevante que a injúria seja proferida na presença ou ausência do sujeito passivo; basta que seja ela transmitida a este, por qualquer meio. Assim tem-se decidido.[68]

Não se admite a exceção da verdade na injúria, não sendo possível, pois, provar que o que se disse corresponde à realidade.[69] Não se permite provar que a vítima é ignorante, grosseira etc.

8.3.6 Tipo subjetivo

O dolo da injúria, como nos demais crimes contra a honra, deve vir informado do *animus infamandi* ou *injuriandi*.[70] Inexiste injúria quando presentes os demais *animii* (*jocandi, narrandi* etc. – item 8.1.7). Críticas enérgicas e veementes podem não assumir conotação ofensiva quando integradas ao contexto em que foram proferidas.[71]

Tem-se decidido pela inexistência de dolo nas expressões proferidas no calor de uma discussão,[72] no depoimento como testemunha[73] etc.

8.3.7 Consumação e tentativa

Consuma-se o delito quando o sujeito passivo toma conhecimento do insulto, ou seja, quando ouve, vê ou lê a ofensa, em sua percepção.[74] Não é preciso, porém, que o sujeito passivo sinta realmente a ofensa, bastando que seja ela idônea a ofender. A injúria é crime formal, em que se prescinde do resultado danoso para sua configuração. Não há necessidade de divulgação do escrito injurioso encaminhado ao ofendido para caracterizar o crime de injúria, pois sua publicidade serviria apenas como figura qualificadora (art. 141, III, CP).[75]

Afirma-se que a tentativa é possível quando se tratar de injúria por escrito, mas não na oral. Pode-se sugerir, contudo, a hipótese de alguém proferir o insulto na presença de terceiros, para que levem estes o fato ao conhecimento da vítima, o que não ocorre por circunstâncias alheias à vontade do agente. Haveria, no caso, tentativa de injúria oral. A questão é despicienda, entretanto, porque se trata de crime que se apura mediante ação privada, exigindo-se assim o conhecimento do ofendido a respeito da ofensa.

---

311. SILVEIRA, Euclides C. da. Ob. cit. p. 251.

8.3.8 Distinção

A injúria distingue-se da difamação e da calúnia por não conter a imputação de fato preciso e determinado, criminoso ou não.[76] A injúria cometida contra funcionário público no exercício de suas funções constitui desacato (art. 331). Atingindo o corpo do morto, pode constituir-se em vilipêndio a cadáver (art. 212).

8.3.9 Provocação e retorsão

O art. 140, § 1º, consigna dois casos de perdão judicial: "O juiz pode deixar de aplicar a pena:

I – quando o ofendido, de forma reprovável, provocou diretamente a injúria;

II – no caso de retorsão imediata, que consista em outra injúria."

O primeiro caso, de provocação do ofendido, refere-se ao ato reprovável da vítima da injúria que, antes dela, provocou o agente. Essa provocação, que pode constituir-se em um ilícito (lesão, dano etc.) ou não (gracejo à esposa do agente etc.), deve ter sido efetuada na presença do autor da injúria.

A segunda hipótese refere-se à retorsão; é a injúria como resposta à injúria proferida pela vítima. Aquele que é injuriado em primeiro lugar pode ser isentado de pena desde que pratique o crime imediatamente após ter sido ofendido. Deve haver a contemporaneidade das injúrias,[77] pois na ausência desta, ocorrerá simples reciprocidade de crimes, que não admite o perdão judicial. Lembra Hungria a possibilidade de retorsão no caso de injúrias escritas: dois desafetos, à mesa de refeição de um hotel, trocam, por intermédio do garçom, bilhetes injuriosos.[312] Quem toma a iniciativa dos vitupérios não pode, evidentemente, invocar retorsão de injúrias.[78]

Nas duas hipóteses em que se admite o perdão judicial, não há *compensação* das injúrias, mas isenção da pena àquele que, por irritação ou ira justificada, ofende o provocador ou injuriador. Mas não é de se conceder o perdão judicial apriorística e independentemente de qualquer indagação a respeito da culpa do acusado da injúria. Há que se verificar a culpa, uma vez que o delito não pode ser presumido e muito menos a condenação.[79]

8.3.10 Injúria real

A injúria real está prevista no art. 140, § 2º, que reza: "Se a injúria consiste em violência ou vias de fato, que, por sua natureza ou pelo meio empregado, se considerem aviltantes: Pena – detenção, de três meses a um ano, e multa, além da pena correspondente à violência."

---

312. *Comentários*. Ob. cit. v. 6, p. 106.

Refere-se a lei à injúria em que há prática de violência (chicotadas, marcação a faca ou a ferro em brasa etc.) ou vias de fato. Podem ser elas aviltantes em si mesmas: "a bofetada, o corte ou puxão de barba, *cavalgar* o ofendido, pintar-lhe a cara com pixe, virar-lhe o paletó pelo avesso etc.".[313] Podem as vias de fato ou violência ser aviltantes pelo meio empregado: bater com rebenque ou chicote, atirar excremento ou outra imundície etc. Reconheceu-se como injúria real o corte de cabelo com intenção aviltante, expondo a vítima à humilhação, o atirar objeto no rosto de outro,[80] e o atirar-se bebida ao rosto da vítima.[81] A apalpação de certas partes do corpo e o levantar as saias de uma mulher ou rasgar-lhe as vestes podem configurar injúria real na ausência de fim libidinoso, mas, presente este, ocorrerá o crime de importunação sexual (art. 215-A).

Enquanto há concurso material entre a injúria e a violência (lesões etc.), as vias de fato são absorvidas como meio para a prática da injúria real.[82]

8.3.11 Injúria por preconceito

No § 3º do art. 140, com a redação dada pela Lei nº 14.532, de 11-1-2023, o crime de injúria é qualificado "se a injúria consiste na utilização de elementos referentes a religião ou à condição de pessoa idosa ou com deficiência."[314]

O crime de injúria qualificada consiste, portanto, em ultrajar outrem, ofendendo-lhe a dignidade ou decoro, por qualquer meio, com a utilização de elementos depreciativos atinentes à religião ou condição de pessoa idosa ou deficiente da vítima.

Se a conduta consistir em "desdenhar, humilhar, menosprezar ou discriminar pessoa idosa, por qualquer motivo", configura-se o crime previsto no art. 96, § 1º, do mesmo Estatuto. Mas o delito é o de injúria qualificada se, ainda que por tais condutas, há ofensa a honra subjetiva da vítima com idade igual ou superior a 60 anos pela utilização de elementos referentes à sua condição de idoso.

8.4 DISPOSIÇÕES GERAIS NOS CRIMES CONTRA A HONRA

8.4.1 Formas qualificadas

As penas dos crimes de calúnia, difamação e injúria são aumentadas de um terço, nos termos do art. 141, em quatro hipóteses de crimes qualificados.

A primeira qualificadora ocorre quando o crime é praticado "contra o Presidente da República, ou contra chefe de governo estrangeiro" (inciso I). Incluem-se, além dos

---

313. Exemplos de HUNGRIA, FRAGOSO. *Comentários*. Ob. cit. v. 6, p. 109.

314. O § 3º do art. 140 foi acrescentado ao Código pela Lei nº 9.459, de 13-5-1997, prevendo como qualificadora a utilização na injúria de elementos referentes a raça, cor, etnia, religião ou origem. O dispositivo foi alterado pelo Estatuto da Pessoa Idosa que acrescentou às circunstâncias a referência a condição de pessoa idosa ou portadora de deficiência. Em sua atual redação excluíram-se as menções aos preconceitos por raça, cor, etnia e origem. A injúria praticada em razão dessas circunstâncias está hoje prevista nos termos do art. 2º-A da Lei nº 7.716 , de 5-1-1989, com a redação dada pela mesma Lei nº 14.532, de 11-1-2023.

presidentes da república de países estrangeiros, os soberanos, primeiros-ministros, presidentes de conselho, chefes de Estado ou qualquer autoridade que tenha tal dignidade constitucional. A relevância e dignidade desses cargos, a necessidade de serem mantidos intactos seu prestígio e autoridade e a consideração devida àquele que encarna a soberania e a honorabilidade de qualquer país impõem o acatamento a normas de convivência entre os povos e, entre elas, a maior proteção a essas pessoas.

A segunda qualificadora ocorre quando o crime é praticado "contra funcionário público, em razão de suas funções, ou contra os Presidentes do Senado Federal, da Câmara dos Deputados ou do Supremo Tribunal Federal" (inciso II), por força da alteração promovida pela Lei nº 14.197, de 1º-9-2021. Na primeira hipótese deve-se observar que não se trata de ofensa praticada na presença do funcionário público que desempenha suas funções ou motivada por elas, pois, nesses casos, há o crime mais grave de desacato (art. 331). O dispositivo visa proteger o respeito devido à função exercida e não à pessoa do funcionário, mas esse respeito se comunica necessariamente àquele que a desempenha no cumprimento do dever. Deve haver uma relação de causa e efeito entre a ofensa e a função, não bastando que ela ocorra *por ocasião* do desempenho das funções públicas. Não se aplica o dispositivo quando a ofensa se relaciona com a vida privada do funcionário ou mesmo quando os fatos são contemporâneos ao exercício da função pública que não é mais exercida pelo sujeito passivo.[83] A mesma circunstância não é exigida na segunda parte do dispositivo, que se refere como bastante para a sua incidência que o crime seja cometido contra os presidentes do Senado, da Câmara dos Deputados e do Supremo Tribunal Federal.

Como terceira hipótese qualificada do art. 141 está o crime cometido "na presença de *várias* pessoas, ou por meio que facilite a divulgação da calúnia, da difamação ou da injúria" (inciso III). São casos em que o dano será normalmente maior, embora não se exija a ocorrência desse resultado. Ao se referir a várias pessoas, a lei tem em conta pelo menos três, pois, quando são suficientes duas, os dispositivos são expressos (arts. 150, § 1º, 155, § 4º etc.).[315] Não procedem, *data venia*, as alegações de Euclides C. da Silveira e Bento de Faria, que se contentam com duas pessoas.[316] Pondera com precisão Hungria que nesse número mínimo não entram o próprio ofendido, nem o copartícipe do crime, o cego (tratando-se de ofensa por gestos ou atos), o surdo ou o estrangeiro insciente do nosso idioma (tratando-se de ofensa verbal), o louco, a criança etc.[317] Necessário, também, que o agente tenha consciência da multiplicidade de testemunhas para ocorrer a qualificadora.

Entre os meios que facilitam a divulgação dos crimes contra a honra, cuja utilização também qualifica o crime, estão os jornais, revistas e periódicos. Declarado pelo STF que

---

315. Nesse sentido: HUNGRIA, FRAGOSO *Comentários*. Ob. cit. v. 6, p. 112-113; JESUS, Damásio E. de. *Direito penal*. Ob. cit. v. 2, p. 250; FRAGOSO. *Lições*. Ob. cit. v. 2, p. 219; e NORONHA. *Direito penal*. Ob. cit. v. 2, p. 146.
316. Respectivamente: Ob. cit. p. 263; e *Código penal brasileiro*. Ob. cit. v. 4, p. 212.
317. *Comentários*. Ob. cit. v. 6, p. 113.

a Lei de Imprensa não foi recepcionada pela Constituição Federal de 1988,[318] os crimes contra a honra praticados por meio da imprensa passaram a ser punidos nos termos do Código Penal. Haverá a agravação, também, quando forem utilizados alto-falantes, impressos, discos, fotografias, filmes etc.

A última forma qualificada, prevista no inciso IV, inserido pela Lei nº 10.741, de 1º-10-2003 e posteriormente alterado pela Lei nº 14.344, de 22-5-2022, consiste na circunstância de ter sido o crime cometido "contra criança, adolescente, pessoa maior de 60 (sessenta) anos ou pessoa com deficiência, exceto na hipótese prevista no § 3º do art. 140 deste Código". Agrava-se a pena em razão da maior censurabilidade do crime por ostentar o sujeito passivo condição limitante que justifica respeito e consideração e a existência de normas especiais de proteção, mas que para o agente não se mostrou motivo relevante para reprimir a prática da conduta. Não se aplica o dispositivo ao crime de injúria qualificada nos termos do art. 140, § 3º, conforme regra expressa contida no referido inciso IV,(item 8.3.11).

Havendo interesse pecuniário por parte do agente, a pena é duplicada: "se o crime é cometido mediante paga ou promessa de recompensa, aplica-se a pena em dobro" (art. 141, § 1º). Trata-se de motivo torpe que, no caso, constitui uma qualificadora e não mera circunstância agravante genérica. Paga é o recebimento efetivo de dinheiro ou qualquer bem econômico; *promessa* é a oferta, o compromisso de pagar pelo crime.

Se o crime é cometido ou divulgado em quaisquer modalidades das redes sociais da rede mundial de computadores, aplica-se em triplo a pena (art. 141, § 2º, incluído pela Lei nº 13.964, de 24-12-2019). Refere-se o parágrafo a atos que sejam praticados por meio da *internet*, como no caso de textos, áudios ou vídeos gravados e disponibilizados na rede, seja por meio de redes sociais virtuais (*Facebook, Instagram, WhatsApp* etc.) ou, ainda, por transmissões em tempo real (*Live*).

8.4.2 Exclusão do crime

Três são as causas de exclusão de crimes contra a honra previstas no art. 142. São casos em que inexiste o elemento subjetivo do injusto (*animus injuriandi vel diffa-mandi*) ou de exclusão de ilicitude, que eliminam a antijuridicidade[319] e não a simples punibilidade.[320] Entendendo haver exclusão da antijuridicidade, tem-se decidido na jurisprudência no sentido de ser possível reconhecer-se a falta de justa causa para a ação penal, por meio de *habeas corpus*, nesses casos,[84] embora também existam decisões em sentido contrário.[85]

---

318. ADPF 130-7, *DOU* de 12-5-2009, p. 1.
319. Nesse sentido: BRUNO, Aníbal. *Crimes contra a* pessoa. Ob. cit. p. 313-315; SILVEIRA, Euclides C. da. Ob. cit. p. 256; FRAGOSO. *Direito penal*: Ob. cit. v. 2, p. 221; e JESUS, Damásio E. de. *Direito penal*. Ob. cit. v. 2, p. 250-251.
320. Como querem HUNGRIA, FRAGOSO. *Comentários*. Ob. cit. v. 6, p. 116; e NORONHA. *Direito penal*. Ob. cit. v. 2, p. 143.

8 • DOS CRIMES CONTRA A HONRA   **161**

O primeiro caso de exclusão da antijuridicidade é o da chamada *imunidade judiciária*, que se refere à "ofensa irrogada em juízo, na discussão da causa, pela parte ou por seu procurador" (inciso I). No intuito de assegurar às partes a maior liberdade na defesa judicial de seus interesses, concede-lhes a lei a imunidade, extensiva a seus procuradores. Além disso, ao interesse particular sobreleva a necessidade, muitas vezes imperiosa e inadiável, de travar-se o debate até mesmo com acrimônia ou deselegância, no afã de desvendar-se a verdade e ensejar julgamentos tanto quanto possível justos.[86] Justifica-se, ainda, a exceção no interesse de se assegurar que os direitos que se procura garantir no debate perante o juízo não tenham sua defesa inibida pelo temor de represálias no campo penal.

Abrangendo as partes ou procuradores, a imunidade é garantida ao autor, réu, opoente, litisconsorte, interveniente, assistente, o chamado à autoria, o terceiro prejudicado que recorre, o devedor e o credor na falência, os interessados no inventário etc. O representante do Ministério Público, tanto nos processos criminais como civis, como parte formal, detém a imunidade.[87] Procurador é não só o advogado constituído por meio de mandato, como o dativo ou o *ad hoc*, bem como o provisionado e o solicitador ou estagiário.

Prevalecendo apenas entre as partes litigantes e seus procuradores, a imunidade não alcança o juiz nem os que intervêm na atividade processual em desempenho de função pública, como no caso dos escrivães, peritos, oficiais de justiça, delegados de polícia etc.[88] Poderão alegar estes, se for o caso, a imunidade referida no art. 142, inciso III, ou o exercício regular de direito (art. 23, inciso III).

A imunidade não se limita à ofensa à parte contrária, já que não há nenhuma limitação na lei, não se excluindo, portanto, a injúria ou difamação a testemunha, perito, terceiro[89] etc.[321] Já se entendeu, porém, que a imunidade só vige entre as partes litigantes, incriminando-se quem ofendeu delegado de polícia.[90]

Afirma Hungria, também, que não se pode ofender impunemente a autoridade judiciária sob o fundamento de que está ela no desempenho de função pública.[322] Por outro lado, Euclides C. da Silveira entende ser possível a imunidade na ofensa ao juiz.[323] Serrano Neves admite a ofensa ao magistrado nos casos em que há exceção de suspeição, em que o juiz vive, episodicamente, a situação de parte,[91] e "quando o juiz ultrapassa os limites do 'dever legal' e o advogado, contragolpeando-o, faz uso do *jus retorquendi*".[324] Ponderadas são as palavras de Gabriel N. Perez: "O que se há de considerar, com pertinência à imunidade judiciária, é a necessidade ou utilidade do debate judicial para o esclarecimento da verdade e que, nessa medida, se confere certa liberdade às partes e

---

321. Nesse sentido: HUNGRIA, FRAGOSO. *Comentários*. Ob. cit. v. 6, p. 119; NORONHA. *Direito penal*. Ob. cit. v. 2, p. 144; JESUS, Damásio E. de. *Direito penal*. Ob. cit. v. 2, p. 251; BRUNO, Aníbal. *Crimes contra a pessoa*. Ob. cit. p. 316; e FARIA, Bento de. *Código penal brasileiro*. Ob. cit. v. 4, p. 223.
322. HUNGRIA, FRAGOSO. *Comentários*. Ob. cit.
323. SILVEIRA, Euclides C. da. Ob. cit. p. 256-257.
324. *Imunidade penal*: libertas conviciandi. Guanabara: Alla, p. 66 a 70.

aos seus patronos. Se as *necesitas vel utilitas litis*, portanto, reclamam sejam o juiz e os serventuários envolvidos nos debates, não há como nem por que deixar-se de estender a imunidade judiciária aos ofensores dos referidos funcionários." [325] Para a jurisprudência, porém, a imunidade prevista no art. 142, inciso I, não é aplicável quando a ofensa é feita ao magistrado.[92] Também já se entendeu que não prevalece a imunidade nas ofensas irrogadas contra quem intervém no processo não como parte, mas no exercício de função pública, como nas hipóteses de ofensas ao representante do Ministério Público atuando no processo como *custos legis*[93] e de oficial de justiça.[94]

A ofensa estará acobertada pela imunidade, seja ela oral (debates no júri, alegações em audiência etc.) ou escrita (alegações finais, razões de recurso etc.), desde que deduzida em juízo (comum, especial, singular, coletivo, civil, penal ou administrativo,[95] arbitral, de jurisdição voluntária etc.) em qualquer causa ou procedimento em que seu presidente disponha do poder jurisdicional.[96] Já se decidiu pela imunidade nas ofensas deduzidas "perante o Tribunal de Justiça Desportiva da Confederação Brasileira de Judô".[97]

Não há imunidade, porém, quando a ofensa é irrogada não em Juízo, mas no recinto do foro[98] ou consta de representação dirigida ao Conselho Superior da Magistratura[99] ou a qualquer órgão administrativo.[100]

A imunidade judiciária somente existe quando for proferida a ofensa "na discussão da causa". Não é a causa de imunidade absoluta ou ilimitada e a ofensa deve estar de algum modo relacionada com o direito de defesa, que é o tutelado pelo dispositivo. Caso a ofensa não tenha a menor correlação com essa finalidade de defesa, não gozará o agente da imunidade.[101]

É de se acrescentar, porém, apesar da posição doutrinária e jurisprudencial até aqui citadas, que a imunidade do advogado passou a ter um sentido mais amplo diante do art. 133 da Constituição Federal, que consagrou a inviolabilidade por seus atos e manifestações no exercício da profissão.

A Lei nº 8.906, de 4-7-1994 (Estatuto da Advocacia e da OAB), no revogado art. 7º, § 2º, preceituava: "O advogado tem imunidade profissional, não constituindo injúria, difamação ou desacato puníveis, qualquer manifestação de sua parte, no exercício de sua atividade, em juízo ou fora dele, sem prejuízo das sanções disciplinares perante a OAB, pelos excessos que cometer." Não se referindo o dispositivo estritamente à "discussão da causa", mas ao "exercício de sua atividade", a ofensa poderia não ter ligação direta com os temas que forem objeto do processo, estando, apesar disso, acobertada pela imunidade. Não haveria também necessidade de que a ofensa ocorresse nos autos do processo ou durante a prática de ato processual específico. Também não se limitaria a imunidade à ofensa proferida em juízo, como deixa claro o dispositivo, protegendo o advogado em qualquer local em que esteja desempenhando sua atividade profissional. Por fim, não se poderia fazer qualquer distinção quanto à vítima, seja ela parte ou não

---

325. *Crime de difamação.* Ob. cit. p. 236.

no processo, nem se excluiria da imunidade a ofensa ao juiz.[102] Assim, tais disposições, em conjunto com o princípio da plenitude da defesa (art. 5º, LV, da CF), exigiriam uma "interpretação conforme à Constituição, garantindo ao cidadão defesa plena, assegurada pela inviolabilidade plena do advogado, quer em face do *ex adverso* quer em face do juiz, quando em atuação profissional.[326] Inicialmente, o dispositivo foi declarado inconstitucional somente com relação o crime de desacato pelo STF.[327] Posteriormente, o § 2º do art. 7º do EOAB foi revogado pela Lei 14.365, de 2-6-2022.

Com a revogação do dispositivo e a inexistência de lei disciplinando a matéria, o alcance da norma constitucional deve ser delimitado em consonância com os demais princípios constitucionais, entre os quais o da inviolabilidade da honra. Assim, há que se excluir da imunidade a utilização de linguagem excessiva e desnecessária fora de limites razoáveis da discussão da causa e da defesa de direitos. É, aliás, o que já se vinha decidindo mesmo antes da revogação da referida norma legal.[103]

Nos expressos termos do inciso I, a excludente só alcança a injúria e a difamação e não o crime de calúnia.[104]

A segunda causa excludente de crime é "a opinião desfavorável da crítica literária, artística ou científica, salvo quando inequívoca a intenção de injuriar ou difamar" (inciso II). Tutela-se o elevado interesse da cultura, que é o de "resguardar a liberdade de crítica em relação às ciências, artes e letras, indispensável ao aperfeiçoamento dessas manifestações superiores do espírito e à segurança do julgamento histórico sobre elas".[328] O ator, pintor, escritor etc., que apresenta sua obra ao público, expõe-se ao risco da crítica; é o que se pode denominar de *risco profissional*. E o crítico, "ao manifestar-se sobre uma obra trazida a público, exercita um direito seu, que em sua plenitude vige, a despeito de não tê-lo autorizado a tal o autor da mesma".[329]

Pode a crítica ser severa, mas não se exime de responsabilidade aquele que resvala para o agravo pessoal, com a finalidade evidente de atingir a honra profissional ou comum do sujeito passivo. Há no caso o *animus injuriandi vel diffamandi*, e a ressalva do dispositivo em estudo seria até desnecessária, mesmo porque, não repetida nos demais incisos, pode levar à conclusão de que os excessos, no caso de imunidade judiciária ou da causa prevista no inciso III, estão protegidos pela lei.

Não há crime, também, no "conceito desfavorável emitido por funcionário público, em apreciação ou informação que preste no cumprimento de dever do ofício" (inciso III). Ensina, a propósito, Aníbal Bruno: "Os funcionários públicos, nas suas informações, pareceres, conclusões, despachos, podem ser conduzidos ao uso de termos ou expressões de sentido ofensivo, mas que são necessários para a fiel exposição dos fatos

---

326. LOPES, Gilberto Siqueira. Inviolabilidade do advogado no exercício da profissão. *RT* 710/253-5. No mesmo sentido: BATOCHIO, José Roberto. A inviolabilidade do advogado em face da Constituição de 1988. *RT* 688/401-407.
327. ADIn nº 1.127-8, j. em 17-5-2006, *DOU* de 26-5-2006.
328. BRUNO, Aníbal. *Crimes contra a pessoa*. Ob. cit. p. 316.
329. PEREZ, Gabriel Nettuzzi. *Crime de difamação*. Ob. cit. p. 251.

ou argumentos. Assim empregados, como meio adequado a um fim de Direito, deixam de constituir crime, embora configurem difamação ou injúria".[330]

Trata-se de caso expresso de estrito cumprimento do dever legal. Apesar disso, Fragoso, certamente por não conter a lei ressalva idêntica à do inciso II, afirma que "a concorrência do *animus infamandi* é irrelevante".[331]

O funcionário público a que se refere a lei é conceituado no art. 327, incluindo-se os vereadores[105] e deputados,[106] mas não a simples testemunha.[107] Em sentido contrário, entendendo que o art. 327 se refere apenas aos crimes funcionais, pronuncia-se Fernando de A. Prado.[332]

Tratando-se da imunidade judiciária e do conceito desfavorável de funcionário público, "responde pela injúria ou pela difamação quem lhe dá publicidade" (art. 142, parágrafo único). Como bem esclarece Fragoso, "a imunidade nesses casos diz respeito a interesse restrito e não poderia subsistir fora do âmbito em que tem uma função a cumprir".[333] [108] Não haverá crime, porém, quando a publicação se fizer em virtude da lei, como na hipótese de comunicação reservada de notificação encaminhada à Junta Comercial envolvendo questão societária.

Além das imunidades previstas no Código Penal, há que se mencionar as imunidades parlamentares dos senadores, deputados e vereadores, por suas opiniões, palavras e votos, previstas constitucionalmente (*Manual*, P. G., itens 2.4.3 a 2.4.7). Dispõe o art. 53, *caput,* da CF, por força da Emenda Constitucional nº 35, promulgada em 20-12-2001: "Os Deputados e Senadores são invioláveis, civil e penalmente, por quaisquer de suas opiniões, palavras e votos." O art. 27, § 1º, da CF determina a aplicação da mesma regra de imunidade aos deputados estaduais. Os vereadores, que estavam protegidos pelo art. 142, III, do CP, passaram a ter o amparo da Constituição Federal, desde que no exercício das atividades parlamentares e na circunscrição de seu Município, nos termos do art. 29, VIII, da CF. Não responde o parlamentar por crime contra a honra se a conduta, ainda que fora do estrito exercício do mandato, deste é consequência.[109]

8.4.3 Retratação

Nos termos do art. 143, "o querelado que, antes da sentença, se retrata cabalmente da calúnia ou da difamação, fica isento de pena". Trata-se de causa de extinção da punibilidade (art. 107, inciso VI). Retratar-se significa desdizer-se, declarar que errou, retirar o que disse. Funda-se a isenção de pena no propósito do agente em dar satisfação à vítima, reparando o dano, embora esse ressarcimento não seja, normalmente, absoluto.

---

330. Crimes contra a pessoa. Ob. cit. p. 317.
331. *Lições.* Ob. cit. v. 1, p. 225.
332. Queixa-crime por difamação e injúria contra vereador. *Justitia* 59/207.
333. *Lições.* Ob. cit. v. 1, p. 226.

Não nos parece justificável, entretanto, a exclusão da isenção quanto à injúria. Embora nesta não haja um fato definido a ser desmentido, na retratação há um pedido de desculpas e uma confissão de erro que reparariam o mal praticado. A lei, porém, refere-se apenas à difamação e à calúnia.[110] Como o dispositivo se refere apenas ao *querelado,* não abrange a isenção os casos em que se procede mediante ação penal pública (crime contra funcionário no exercício de suas funções).[111] Está envolvido no caso o interesse do Estado que aconselha a não se admitir a retratação.[112]

Exige-se, para a retratação, que seja ela feita pelo querelado, não aproveitando os coautores. É preciso também que ela seja completa, irrestrita, incondicional, em suma, cabal.[113] Não tem nenhum efeito a retratação parcial ou condicional. Deve, também, ser apresentada antes da sentença de primeira instância, não valendo aquela praticada durante a fase de eventual recurso. Poderá constituir-se, nesse caso, em atenuante.

A retratação, como bem pondera Emeric Levai em exaustiva apreciação a respeito do tema, não se confunde com a mera negativa do fato, já que o instituto tem como pressuposto o reconhecimento de uma afirmação que se confessa errada, inverídica.[334]

A retratação independe de formalidade essencial, podendo ser manifestada por meio de petição nos autos da ação penal, assinada pelo querelado se não possuir o procurador poderes especiais. Não só não há necessidade de termo específico a esse respeito, como também pode ser oferecida no interrogatório do querelado.[114] Não depende também da aceitação do ofendido.[115]

Não se exigia, também, outra publicidade senão aquela decorrente de seu registro nos autos da ação penal.[116] Nos termos, porém, do parágrafo único do art. 143, nos casos em que o querelado tenha praticado a calúnia ou a difamação utilizando-se de meios de comunicação, a retratação dar-se-á, se assim desejar o ofendido, pelos mesmos meios com que se praticou a ofensa. O dispositivo foi inserido pela Lei nº 13.188, de 11-11-2015, que passou a disciplinar o direito de resposta assegurado na Constituição Federal (art. 5º, V) em face de matéria ofensiva à honra, ou com violação à reputação, intimidade, nome, marca ou imagem de pessoa física ou jurídica, que seja divulgada, publicada ou transmitida por veículo de comunicação social. Após regrar o exercício, nas vias administrativa e judicial, por rito especial, do direito de resposta ou retificação do ofendido, que, nos termos da norma constitucional há de ser proporcional ao agravo, estabelece a lei que esse exercício não é prejudicado pelo ajuizamento da ação penal ou civil. A regra contida no citado parágrafo único não faz depender a retratação penal do exercício do direito de resposta pela nova lei tampouco condiciona a sua eficácia ao que na esfera cível ou administrativa restar decidido. Estabelece a lei penal tão somente o direito do ofendido de que a retratação feita nos autos seja divulgada, publicada ou transmitida pelo mesmo meio de comunicação pelo qual se realizou a ofensa à honra. Manifestado pelo ofendido, nos autos da ação penal, o seu desejo de que a retratação assim se realize, deverá o querelado providenciá-la, valendo-se, para tanto, da mídia

---

334. Retratação penal. *Revista de Processo.* São Paulo, nº 21, p. 143, 1982.

adequada, escrita, televisiva, radiofônica, internet etc., sem o que não há causa para a isenção de pena. Permanece, porém, a critério do juiz a avaliação da suficiência dos termos e dos meios utilizados na retratação.

8.4.4 Pedido de explicações

Dispõe o art. 144: "Se, de referências, alusões ou frases, se infere calúnia, difamação ou injúria, quem se julga ofendido pode pedir explicações em juízo. Aquele que se recusa a dá-las ou, a critério do juiz, não as dá satisfatórias, responde pela ofensa."

O pedido de explicações é uma medida preparatória e facultativa para o oferecimento da queixa quando, em virtude dos termos empregados ou do verdadeiro sentido das frases, não se mostra evidente a intenção de caluniar, difamar ou injuriar, causando dúvida quanto ao significado da manifestação do autor. Somente cabe nos casos de "ofensas equívocas" e não nos casos em que, à simples leitura, nada há de ofensivo à honra alheia.[117] Também cabe o pedido para verificar a que pessoas foram dirigidas as ofensas.[335]

Recusando-se o agente a prestar informações ou as prestando de modo insatisfatório, deverá responder pela ofensa. A determinação do art. 144 não é a de que o juiz condene o agente mesmo porque o pedido de explicações é mera medida cautelar e preparatória. Diante do pedido de explicações, o juízo não profere decisão, salvo quanto à admissibilidade do pedido, deferindo ou indeferindo, sendo inadmissível apreciação sobre o mérito da ofensa irrogada.[118] Aliás, a expressão "a critério do juiz" refere-se ao magistrado perante o qual é proposta a ação penal subsequente, e não ao do pedido de explicações.[119] Ao ser oferecida a queixa, o juiz competente para sua apreciação a rejeitará se entender que as explicações apresentadas nos autos da providência preparatória são satisfatórias, eis que falta justa causa para a ação penal.[120] Por outro lado, o fornecimento de explicações insatisfatórias não deve ser confundido com reiteração do crime original de maneira a estabelecer-se uma continuidade delitiva.[121]

O prazo de decadência, por não estar sujeito à suspensão, ou interrupção, não é afetado pelo pedido de explicações.[122]

O pedido de explicações, por ser medida cautelar preparatória da ação penal, desde que requerido contra pessoa que detém foro por prerrogativa de função, deve ser formulado perante o Tribunal competente para processar e julgar originariamente o requerido. Assim, se este for membro do Congresso Nacional, o pedido deve ser apresentado ao Supremo Tribunal Federal.[123]

8.4.5 Ação penal

Nos crimes contra a honra, somente se procede mediante queixa, "salvo, quando no caso do art. 140, § 2º, da violência resulta lesão corporal" (art. 145). Como o delito

---

335. Nesse sentido: MIRANDA, Darcy Arruda. *Dos abusos na liberdade de imprensa.* p. 256-257; e TUCCI, Rogério Lauria. Pedido de explicações. *RT* 538/297.

8 • DOS CRIMES CONTRA A HONRA **167**

de lesões corporais se apura mediante ação pública, lógica a disposição que determina essa mesma ação pública para aquela cumulada com injúria. Tal dispositivo é mais um elemento a indicar a inutilidade do art. 101 (*Manual*, P. G., item 11.1.6).

A ação penal também é pública, agora condicionada, nos três casos do art. 145, parágrafo único. O primeiro deles refere-se aos crimes cometidos contra o Presidente de República ou contra chefe de governo estrangeiro, em que se exige a requisição do Ministro da Justiça (salvo quando se tratar de crime contra a segurança nacional).

O segundo caso em que a ação penal depende de representação do ofendido, é o do crime praticado contra funcionário público, em razão de suas funções. O dispositivo abrange qualquer funcionário,[124] mesmo perito,[125] vereador,[126] Prefeito Municipal,[127] Juiz do Trabalho,[128] Governador de Estado.[129] Cuidando-se de ofensa atribuída a funcionário público em decorrência do exercício de suas funções, a ação é pública condicionada, pouco importando que, no momento, já se encontre aposentado,[130] ou deixado o exercício da função pública.[131] Nos termos, porém, da Súmula 714 do STF, "é concorrente a legitimidade do ofendido, mediante queixa, e do Ministério Público, condicionada à representação do ofendido, para a ação penal por crime contra a honra de servidor público em razão do exercício de suas funções". Embora esse entendimento ampare-se em interpretação histórica e em análise da evolução da jurisprudência a respeito da matéria e na garantia de inviolabilidade da honra prevista no art. 5º, X, da CF,[132] há que se ponderar, em sentido contrário, que, nos termos do art. 100, *caput*, do CP, a regra geral é a da ação penal pública, exigindo-se para a ação penal privada *exclusiva* expressa previsão legal. A única exceção, em que se permite a ação penal privada mesmo quando prevista para a hipótese a ação penal pública, é estabelecida na própria Constituição Federal (art. 5º, LIX) e no Código Penal (art. 100, § 3º) e consiste na admissibilidade da ação privada *subsidiária*, que pressupõe a inércia do Ministério Público, titular exclusivo da ação penal pública (art. 129, I, da CF).[133] O entendimento adotado na Súmula, portanto, implica a criação, não prevista na Constituição ou na lei, de uma nova espécie de ação penal privada, que não seria *exclusiva* tampouco *subsidiária*, mas *alternativa*, porque se concede ao ofendido a faculdade de optar entre o ajuizamento da ação e o oferecimento da representação ao Ministério Público (*Manual*, P.G., item 11.2.3).

Não há como equiparar-se a funcionário público aquele que exerce apenas um múnus público e não função pública. Assim, cabe ação privada para apuração de ofensa a comissário concordatário.[134] Caso a ofensa seja praticada contra funcionário público, mas não tenha relação com suas funções, somente se procede mediante queixa.[135]

Como a ação penal somente se instaura com o recebimento regular do requisitório público, dispõe-se que "a representação será irretratável, depois de oferecida a denúncia" (art. 25 do CPP). Assim, retirada a representação do ofendido antes da instauração da ação penal, desaparece a razão de ser da persecução criminal.[136]

Tratando-se, no caso, de ação penal pública, é descabido notificar o acusado para responder por escrito aos termos na denúncia, não se aplicando o art. 514 do CPP, que se refere aos delitos funcionais, ou o art. 520 do mesmo Estatuto, que prevê a audiência de conciliação, reservada à ação privada.[137]

O terceiro e último caso previsto no art. 145, parágrafo único, alterado pela Lei nº 12.033, de 29-9-2009, é o de injúria qualificada pelo preconceito, prevista no § 3º do art. 140. Praticada a injúria mediante a utilização de elementos referentes a religião ou a condição de pessoa idosa ou com deficiência, a ação penal também será pública condicionada à representação do ofendido (item 8.3.11).

9

DOS CRIMES CONTRA A LIBERDADE INDIVIDUAL

9.1 CONSTRANGIMENTO ILEGAL

9.1.1 Generalidades

Tutela o Código, em seu Capítulo VI da Parte Especial, a liberdade individual, não como uma concepção abstrata, mas em seu conceito jurídico que, no dizer de Bluntschli, citado por Fragoso, é "a faculdade de exercer a própria vontade, nos limites do direito".[336] É assim a faculdade que tem o homem de exercer as próprias atividades sem violar o direito dos demais, consagrada em vários dispositivos da Constituição Federal (art. 5º, incisos II, IV, V, VI, VIII, IX, X, XI etc.). Os crimes contra a liberdade individual estão divididos, no Código, em crimes contra a liberdade pessoal (arts. 146 a 149), contra a inviolabilidade do domicílio (art. 150), contra a inviolabilidade de correspondência (arts. 151 e 152) e contra a inviolabilidade dos segredos (arts. 153 a 154-B). Da Secção I, dos crimes contra a liberdade pessoal, fazem parte o constrangimento ilegal (art. 146), a ameaça (art. 147), o sequestro e cárcere privado (art. 148) e a redução à condição análoga à de escravo (art. 149).

Há outros crimes em que a liberdade pessoal é também atingida, mas o fato é apenas meio para a consecução de fins diversos, como econômicos (roubo, extorsão etc.), libidinosos (estupro) etc., em que o atentado à liberdade é absorvido pelo crime-fim. Só constituirão delitos previstos no capítulo em estudo aqueles que não forem elementos constitutivos de outros; são eles crimes subsidiários.

9.1.2 Conceito

O primeiro dos delitos da Secção I, em que se tutela a liberdade pessoal, ou seja, a liberdade física da pessoa, é o constrangimento ilegal, definido no art. 146: "Constranger alguém, mediante violência ou grave ameaça, ou depois de lhe haver reduzido, por qualquer outro meio, a capacidade de resistência, a não fazer o que a lei permite, ou a fazer o que ela não manda: Pena – detenção, de três meses a um ano, ou multa."

---

336. *Lições de direito penal*: parte especial. São Paulo: José Bushatsky, 1976. v. 1, p. 232.

9.1.3 Objetividade jurídica

Tutela-se a liberdade individual de querer, ou seja, a autodeterminação da vontade e da ação, incluindo-se, assim, a liberdade física e psíquica da vítima. É o dispositivo corolário do art. 5º, II, da Constituição Federal: "Ninguém será obrigado a fazer ou deixar de fazer alguma coisa senão em virtude de lei."

9.1.4 Sujeito ativo

O constrangimento ilegal é crime comum, podendo ser praticado por qualquer pessoa. Entretanto, se o agente for funcionário público, praticando crime no exercício de suas funções, ocorrerá outro tipo penal (art. 322 do CP e arts. 13, 15, 24 da Lei nº 13.869, de 5-9-2019, nova Lei de abuso de autoridade).

9.1.5 Sujeito passivo

É sujeito passivo do delito a pessoa física que possui capacidade de querer. Excluídos estão, como sujeitos passivos, os doentes mentais, o ébrio total, as crianças de tenra idade e as pessoas inconscientes. Serão estes, porém, objeto do crime quando o constrangimento se exercer contra seus representantes, forçando-os a permitir que se faça algo com relação aos incapazes. A violência pode ser exercida contra pessoa diversa daquela a quem se procura constranger.[337]

9.1.6 Tipo objetivo

A conduta tem seu núcleo no verbo *constranger* que, no caso, significa coagir, compelir, forçar, obrigar. Cometerá o delito quem obrigar outrem a mudar de residência, a escrever uma carta, a não atravessar a rua etc. Registram-se na jurisprudência os casos de coação para ingerir bebida alcoólica,[1] para entregar documentos,[2] para confessar um crime[3] etc.

Pode-se obrigar a vítima a *fazer* ou a *não fazer* alguma coisa. Não registra a lei expressamente a conduta de se forçar alguém a *tolerar que se faça algo* (como a de permitir que se corte o cabelo, por exemplo), entendendo, porém, Hungria que "a tolerância não é senão uma modalidade de abstenção ou omissão".[338]

A coação pode constituir-se de *violência*, com a prática de lesões ou ato que atinja fisicamente a vítima (amarrar o ofendido, amordaçá-lo etc.), caso em que se trata de violência *imediata*, ou contra terceira pessoa ou mesmo contra coisa, casos de violência *mediata* (tirar as muletas ao aleijado, por exemplo). Exemplo de violência a coisa ocorreu nos danos causados ao automóvel da vítima.[4] O constrangimento também pode ser obtido por meio de *grave ameaça* (item 3.1.3) ou de *qualquer outro meio*, abrangendo este emprego de narcóticos, inebriantes, estimulantes, drogas da verdade e hipnose.

---

337. FRAGOSO. *Lições*. Ob. cit. v. 1, p. 234.
338. *Comentários ao código penal*. 5. ed. Rio de Janeiro: Forense, 1980. v. 6, p. 149-150.

9 • DOS CRIMES CONTRA A LIBERDADE INDIVIDUAL

Lembrada é a possibilidade do cometimento do crime por uma conduta omissiva, como, por exemplo, a não alimentação do doente pela enfermeira que quer obrigá-lo a determinado comportamento.

A ilegitimidade de coação é *absoluta* quando o agente não tem nenhum direito à ação ou omissão da vítima (obrigar alguém a tirar o chapéu, impedir que a esposa saia com determinado vestido) ou relativa, "quando não é proibida a pretensão do comportamento ativo ou passivo da vítima, porém não tem o sujeito ativo direito de empregar violência ou grave ameaça para consegui-lo" (o pagamento de uma dívida de jogo, a paga da meretriz etc.).[339] Caso o agente constranja a vítima a praticar algo que poderia ser obtido através dos meios legais (recebimento de uma promissória vencida, despejo etc.), haverá o crime de exercício arbitrário das próprias razões (art. 345).

Não haverá coação ilícita, porém, se for ela amparada pelo direito, como no caso de se impedir, ainda que com violência, a prática de crime; há no caso o exercício regular de direito. É ilícito, porém, o constrangimento destinado a impedir um ato imoral, mas não criminoso (o exercício da prostituição, por exemplo). Trata-se de conduta permitida em lei, e a coação para impedi-la é ilícita.[340]

Indispensável é a existência do nexo causal entre o emprego da violência, da grave ameaça ou de qualquer meio e o estado de submissão do ofendido. Assim, inexiste o delito se não teve a vítima anulada ou diminuída sua capacidade de resistência ou se não se viu aquela compelida a não fazer o que a lei permite ou a fazer o que ela não manda.[5]

9.1.7 Tipo subjetivo

Exige-se a vontade livre e consciente de constranger alguém, que constitui o dolo do delito quando o agente tem consciência de que age ilegitimamente. Necessário é o elemento subjetivo do injusto, que é o de obter a ação ou omissão da vítima.[341] São irrelevantes, porém, o fim da conduta praticada pela vítima ou os motivos do crime. Assinala Fragoso que, "se não houver o propósito de forçar ou constranger a vítima a fazer ou não fazer algo, o crime será apenas o que resultar da violência ou da ameaça (lesões corporais, vias de fato, ameaça)".[342]

O erro de fato sobre a ilegitimidade da ação pode excluir o dolo do delito.[6] Pela lei vigente trata-se de erro sobre a ilicitude do fato (art. 21).

---

339. JESUS, Damásio E. de. *Direito penal*: parte especial. 4. ed. São Paulo: Saraiva, 1982. v. 2, p. 258-259.
340. HUNGRIA, FRAGOSO. *Comentários*. Ob. cit. v. 6, p. 151-152; NORONHA, E. Magalhães. *Direito penal*. 13. ed. São Paulo: Saraiva, 1977. v. 2, p. 164; SILVEIRA, Euclides C. da. *Direito penal*: crimes contra a pessoa. 2. ed. São Paulo: Revista dos Tribunais, 1973. p. 276; FRAGOSO. *Lições*. Ob. cit. v. 1, p. 236; BRUNO, Aníbal. *Crimes contra a pessoa*. 3. ed. São Paulo: Rio Gráfico, 1975; JESUS, Damásio E. de. *Direito penal*. Ob. cit. v. 2, p. 261. Contra: FARIA, Bento de. *Código penal brasileiro comentado*. Rio de Janeiro: Record, 1959. v. 4, p. 252.
341. MANZINI, Vincenzo. *Trattato di diritto penale italiano*. Turim: Torinese, 1951. v. 8, p. 706, nº 3.107, II; e NORONHA. *Direito penal*. Ob. cit. v. 2, p. 165. Contra, exigindo apenas "dolo genérico": SILVEIRA, Euclides C. da. *Crimes contra a pessoa*. Ob. cit. p. 274.
342. *Lições*. Ob. cit. v. 1, p. 237-238.

9.1.8 Consumação e tentativa

Consuma-se o crime quando a vítima, submetida, toma o comportamento a que foi obrigada, fazendo o que não desejava ou não fazendo o que queria. É possível a tentativa, que ocorre quando o ofendido não cede à vontade do agente apesar da violência ou ameaça.[7]

9.1.9 Formas qualificadas

Em dois casos qualificam-se o delito e as penas de detenção e multa, alternativas no crime simples, são ambas cumuladas e duplicadas. A primeira hipótese ocorre quando, "para a prática do crime, se reúnem mais de três pessoas" (art. 146, § 1º, 1ª parte). Exige-se, no caso, que cada um participe do ato executivo do crime e, eventualmente, poderá haver concurso material com o delito de associação criminosa (art. 288).

A segunda hipótese de crime qualificado é aquela em que "há emprego de arma" (art. 146, § 1º, 2ª parte). É necessário que a arma (própria ou imprópria) seja utilizada pelo agente, para lesionar ou ameaçar, não se configurando o agravamento pelo simples porte dela. Entendemos inexistir a qualificadora quando se trata de arma simulada (item 3.1.5).

9.1.10 Distinção

O delito do art. 146 do CP é tipicamente subsidiário. A sanção penal nele prevista é um meio repressivo suplementar, predisposto para o caso em que determinado fato, compreendido no conceito do constrangimento ilegal, não seja especialmente previsto como elemento integrante de outro crime, como o roubo, a extorsão, o estupro, o exercício arbitrário das próprias razões.[8] Por essa razão é o constrangimento absorvido nos crimes de roubo,[9] desobediência[10] e exercício arbitrário das próprias razões.[11]

É crime eleitoral "exercer, no dia da eleição, qualquer forma de aliciamento, coação ou manifestação tendente a influir na vontade do eleitor" (art. 57, IV, da Lei nº 8.713, de 30-9-1993).

Constitui crime de tortura, com pena de reclusão de dois a oito anos, constranger alguém com emprego de violência ou grave ameaça, causando-lhe sofrimento físico ou mental, com o fim de obter informação, declaração ou confissão da vítima ou de terceira pessoa, para provocar ação criminosa, ou em razão de discriminação racial ou religiosa (art. 1º, I, *a*, *b* e *c*, da Lei nº 9.455, de 7-4-1997). Coagir pessoa idosa sem discernimento a outorgar procuração é crime mais grave, definido no art. 107 da Lei nº 10.741, de 1º-10-2003.

9.1.11 Concurso

Caso o constrangimento imposto à vítima não se destine a garantir a detenção da *res furtiva* nem a impunidade do delito, será reconhecido como autônomo por não integrar a violência caracterizadora do roubo.[12] Haverá, no caso, concurso material. Quando a coação se dirige a várias pessoas, há concurso formal.[13]

Quando o constrangimento for exercido para que a vítima pratique um crime (autoria mediata), haverá, segundo Fragoso, concurso material entre o crime que vier a ser praticado pelo coagido e o previsto no art. 146 do CP.[343] Parece-nos, porém, que a melhor solução é a de se ver no caso concurso formal (conduta é, ao mesmo tempo, a prática do constrangimento ilegal e a autoria mediata do crime executado pelo coacto), excluindo-se a aplicação da agravante prevista no art. 62, inciso II, diante da impossibilidade do *bis in idem*. Melhor seria a modificação da lei penal brasileira para se prever, como na lei italiana, o delito autônomo de coação para cometer crime.

No caso da prática de violência, poderá ocorrer concurso material com os delitos que atingem a vida ou a integridade corporal da vítima, somando-se as penas da coação e da violência nos termos do art. 146, § 2º.

9.1.12 Exclusão do crime

Prevê o § 3º do art. 146 dois casos de exclusão da antijuridicidade. Não há crime quando se trata de "intervenção médica ou cirúrgica, sem o consentimento do paciente ou de seu representante legal, se justificada por iminente perigo de vida" (inciso I). O tratamento médico arbitrário é um caso de estado de necessidade em que se viola a liberdade individual para salvar-se a vida do paciente. É perfeitamente admissível a inclusão na hipótese da transfusão de sangue e cirurgia contra a vontade do paciente ou de seu representante legal, ainda que por motivos religiosos, quando há iminente perigo de vida.[344] A lei civil veda a intervenção cirúrgica que cause risco de vida contra a vontade do paciente (art. 15 do CC), mas, configurada a mencionada hipótese de perigo de vida para o paciente, ainda nesse caso incidirá a excludente, em razão do disposto na norma penal.

Também não se configura o crime na "coação exercida para impedir suicídio" (inciso II). Embora o suicídio não constitua fato típico, é ele antijurídico (item 4.2.1), motivo que levou o legislador a não tornar criminosa a conduta de quem pratica violência ou ameaça para impedi-lo. Tem-se sustentado até que, conforme o caso, a conduta de impedir o suicídio é indispensável se não houver risco para o agente, constituindo a omissão o crime previsto no art. 135.

Já se decidiu que age no exercício regular de direito, também, o patrão que obtém a confissão de estar sendo furtado por seus empregados, fato verdadeiro, sob ameaça de levar a ocorrência ao conhecimento da Polícia,[14] apesar de não excluir o delito a circunstância de ser legítimo o mal prenunciado na ameaça.[345]

---

343. *Lições*. Ob. cit. v. 1, p. 237.
344. Nesse sentido: LUDWIG, Artur Arnaldo. Opor-se à transfusão de sangue ante iminente perigo de vida por motivos religiosos. *Ajuris* 58/297-9.
345. Nesse sentido: HUNGRIA, FRAGOSO. *Comentários*. Ob. cit. v. 6, p. 154; SILVEIRA, Euclides C. da. Ob. cit. p. 273-247; e NORONHA. *Direito penal*. Ob. cit. v. 2, p. 163.

9.2 INTIMIDAÇÃO SISTEMÁTICA

9.2.1 Conceito

O crime de *intimidação sistemática* (*bullying*) está definido no novo art. 146-A, inserido pela Lei nº 14.811, de 12-1-2024, com a seguinte redação: "Intimidar sistematicamente, individualmente ou em grupo, mediante violência física ou psicológica, uma ou mais pessoas, de modo intencional e repetitivo, sem motivação evidente, por meio de atos de intimidação, de humilhação ou de discriminação ou de ações verbais, morais, sexuais, sociais, psicológicas, físicas, materiais ou virtuais: Pena – multa, se a conduta não constituir crime mais grave". Trata-se, curiosamente, do único delito previsto no Código Penal punido somente com sanção pecuniária.

9.2.2 Objetividade Jurídica

O dispositivo visa tutelar a liberdade individual, em especial a saúde e o bem estar psíquicos da vítima, que podem ser gravemente afetados por diversas formas de conduta. Refere-se o projeto de lei à intenção do legislador de coibir condutas agressivas e antissociais, cada vez mais frequentes, sobretudo no âmbito de estabelecimentos de ensino. Não há, porém, no tipo qualquer vinculação do *bullying* ao ambiente em que possa ser praticado o delito.

9.2.3 Sujeito ativo

Qualquer pessoa pode ser sujeito ativo do delito de intimidação sistemática. A referência, desnecessária, à possibilidade da prática do delito "individualmente ou em grupo" somente reforça a eventualidade da coautoria.

9.2.4 Sujeito Passivo

O sujeito passivo também pode ser qualquer pessoa, homem ou mulher, adulto, criança ou adolescente. A descrição no próprio tipo de que o delito se realiza na intimidação de "uma ou mais pessoas" autoriza o reconhecimento de que na existência de diversas vítimas de uma mesma conduta de *bullying* tratar-se-á de crime único.

9.2.5 Tipo objetivo

Na esteira de algumas recentes inovações legislativas (v. item 9.5.5), o art. 146-A, de redação deplorável, carece de técnica jurídica, o que certamente dificultará a sua aplicação.

O núcleo verbal no tipo é *intimidar*, que significa causar apreensão, inibição, receio ou medo, amedrontar, atemorizar.

Exige-se no tipo que a intimidação seja praticada mediante violência física ou psicológica. A violência física empregada, no entanto, não pode ser a que se manifesta mediante agressão física a pessoa, causadora de lesão, como meio para o constrangimento ilegal da vítima ou consistente em vias de fato, porque, então, outro será o delito, mais severamente punido. Pode-se expressar, porém, mediante violência física contra coisa, desde que não se configure o crime de dano. A violência psicológica é a que afeta, por diversos modos, a liberdade e o bem estar psíquico, mas que, igualmente, não pode ser a utilizada na prática de crimes mais graves, como, por exemplo, os de ameaça ou violência psicológica contra a mulher.

A intimidação, exige-se expressamente no tipo, deve se realizar mediante atos sistemáticos, isto é, metódicos, intencionais, evidentemente, aliás, por se tratar de crime doloso, e repetitivos, ou seja, reiterados. Os atos de intimidação são os aptos a intimidar, humilhar (vexar, rebaixar moralmente) ou discriminar (tratar de modo injusto ou desigual), que podem se constituir em ações com conteúdo moral, sexual, social ou psicológico e se expressar por meios verbais, físicos, ou materiais, ou virtuais.

A menção à ausência de "motivação evidente" é descabida e se constitui em impedimento quase intransponível à aplicação da norma, porque se possível for reconhecer no caso concreto qualquer indício da motivação que levou o agente à prática do *bullying*, o fato será atípico em face do dispositivo.

Ressalte-se que o mal redigido artigo de lei foi moldado em consonância com os conceitos contidos na Lei nº 13.185, de 6-11-2015, que instituiu o programa de combate à intimidação sistemática (*bullying*). De acordo com esse diploma, que fornece base possível para a interpretação legal, a intimidação sistemática se caracteriza "quando há violência física ou psicológica em atos de intimidação, humilhação ou discriminação" e, ainda, atos consistentes em ataques físicos, insultos pessoais, comentários sistemáticos e apelidos pejorativos, ameaças por quaisquer meios, grafites depreciativos, expressões preconceituosas, isolamento social consciente e premeditado, pilhérias (art. 2º).

A mesma Lei classifica as diversas formas de *bullying* em: I - verbal: insultar, xingar e apelidar pejorativamente; II - moral: difamar, caluniar, disseminar rumores; III - sexual: assediar, induzir e/ou abusar; IV - social: ignorar, isolar e excluir; V - psicológica: perseguir, amedrontar, aterrorizar, intimidar, dominar, manipular, chantagear e infernizar; VI - físico: socar, chutar, bater; VII - material: furtar, roubar, destruir pertences de outrem; VIII - virtual: depreciar, enviar mensagens intrusivas da intimidade, enviar ou adulterar fotos e dados pessoais que resultem em sofrimento ou com o intuito de criar meios de constrangimento psicológico e social (art. 3º).

9.2.6 Tipo subjetivo

O tipo subjetivo consiste no dolo, na vontade livre e consciente de intimidar alguém, ou várias pessoas, mediante qualquer dos meios mencionados no artigo. A menção à ausência de motivação evidente do agente para a prática da conduta deve ser considerada uma excrescência do legislador, que, contudo, na maior parte dos casos, inviabilizará a

176 MANUAL DE DIREITO PENAL – PARTE ESPECIAL – ARTS. 121 A 234-B DO CP • Julio Mirabete e Renato Fabbrini

aplicação da norma, porque, evidenciada qualquer motivação, de qualquer natureza, a tipicidade deve ser excluída.

9.2.7 Consumação e tentativa

Consuma-se o delito com a prática reiterada dos atos de *bullying*, conforme expressamente descrito no tipo. Tratando-se de crime habitual, é impossível a tentativa.

9.2.8 Intimidação sistemática virtual (*cyberbullying*)

Prevê o parágrafo único do art. 146-A a forma qualificada do delito, sob a denominação "intimidação sistemática virtual (*cyberbullying*): "Se a conduta é realizada por meio da rede de computadores, de rede social, de aplicativos, de jogos *on-line* ou por qualquer outro meio ou ambiente digital, ou transmitida em tempo real: Pena – reclusão, de 2 (dois) anos a 4 (quatro) anos, e multa, se a conduta não constituir crime mais grave".

A pena é agravada em razão de serem os atos de intimidação praticados por meio da *internet*, como nos casos de textos, áudios ou vídeos gravados e disponibilizados na rede, seja por redes sociais virtuais (*Facebook, Instagram* etc.), seja por aplicativos de mensagem (*WhatsApp, Telegram* etc.) ou, ainda, por transmissões em tempo real (*Lives*). A razão da majoração da pena nesses casos reside na facilidade de acesso imediato que a *internet* propicia a um número maior e indeterminado de pessoas. De acordo com a Lei nº 13.185/2015: "Há intimidação sistemática na rede mundial de computadores (*cyberbullying*), quando se usarem os instrumentos que lhe são próprios para depreciar, incitar a violência, adulterar fotos e dados pessoais com o intuito de criar meios de constrangimento psicossocial" (art. 2º, parágrafo único).

9.2.9 Distinção

O delito previsto no art. 146-A, tanto em sua forma fundamental como na qualificada, é eminentemente subsidiário, isto é, somente deve ser reconhecido quando o fato não constituir crime mais grave. É, aliás, o que se ressalva com clareza no preceito secundário. E diversos são, de fato, os crimes passíveis de configuração na prática de *bullying*, conforme as circunstâncias do caso concreto, como os de lesão corporal, vias de fato, constrangimento ilegal, ameaça, violência psicológica contra a mulher, injúria, difamação etc.

9.3 AMEAÇA

9.3.1 Conceito

Em seu sentido usual, ameaça é a promessa da prática de mal grave feita a alguém, restringindo sua liberdade psíquica. Inclui assim o prenúncio de mal *justo*, como o de divulgar a prática de crime pelo ameaçado. O conceito jurídico da ameaça, porém, é diverso, nos termos do art. 147: "Ameaçar alguém, por palavra, escrito ou gesto, ou qualquer outro meio simbólico, de causar-lhe mal injusto e grave: Pena – detenção, de um a seis meses, ou multa."

9.3.2 Objetividade jurídica

Tutela-se com o dispositivo a liberdade psíquica, íntima, a tranquilidade de espírito, o sossego da vítima.

9.3.3 Sujeito ativo

Qualquer pessoa pode praticar o crime de ameaça. Trata-se de crime comum. Em caso de conduta de funcionário público no exercício de suas funções, pode a ameaça integrar crime de abuso de autoridade (Lei nº 13.869, de 5-9-2019).

9.3.4 Sujeito passivo

São vítimas dos delitos as pessoas físicas determinadas que têm capacidade de entender e, portanto, estão sujeitas à intimidação (item 9.1.5).

9.3.5 Tipo objetivo

A conduta típica é *ameaçar*, que significa intimidar, anunciar ou prometer castigo ou malefício (item 3.1.3).

Pode a ameaça ser praticada por meio de *palavra*, ainda que gravada, *escrito*, como a carta ou o bilhete,[15] *desenho, gesto,* como apontar uma arma de fogo em direção à vítima[16] ou qualquer outro *meio simbólico*, como na exibição de fetiches ou bonecos perfurados com agulhas, afixação à porta da casa de alguém de emblema ou sinal usado por uma associação de criminosos etc. Pode a ameaça ser *direta* (quando se promete mal à vítima) ou *indireta* ou *reflexa* (quando o mal será infligido a pessoa diversa do sujeito passivo). Pode ser ainda *explícita* (exibição de arma) ou *implícita*, no caso de ficar encoberto o desejo de intimidar (como no exemplo de Noronha de um devedor afirmar na presença do credor que só liquida suas dívidas com sangue).[346] Pode, por fim, ser *condicional*, se o mal prometido estiver na dependência de um acontecimento, desde que este não se relacione com o comportamento da vítima exigido pelo sujeito ativo, pois nesse caso ocorreria o crime de constrangimento ilegal.

O mal prenunciado deve ser, segundo a lei, *grave*, sério, capaz de intimidar.[17] Não se configurou o crime, segundo se entendeu, na ameaça feita com arma desmuniciada, circunstância que até provocou reação de hilaridade.[18] Pondera Agnes Cretella: "A

---

346. *Direito penal.* Ob. cit. v. 2, p. 170.

seriedade, porém, é valor subjetivo, cuja essência é menos importante que a aparência. Se um fato é tomado como ameaça pela vítima, é inútil indagar se teria força intimidativa." [347] Embora a sensibilidade do sujeito à intimidação seja aferida pelo padrão, ou seja, pelo homem comum, e não pelo valente ou pusilânime, ter-se-á em conta a condição psíquica do ofendido,[19] pois há nervosos, impressionáveis e supersticiosos, que se intimidam facilmente, caracterizando-se o crime. Vale dizer que a avaliação de ameaça não é abalizada pelo agente, mas sim pela vítima, contra quem é dirigida a promessa do mal.[20] Não haverá o crime, porém, na promessa de não acompanhar mais a vítima a passeio, de romper uma amizade etc.

Deve o mal prometido ser também *verossímil*, crível, não podendo constituir o ilícito a promessa de fazer cair a lua ou provocar a erupção em vulcão extinto.

Entende-se que somente haverá o crime se a ameaça for da prática de mal *iminente* e não do prenunciado para futuro *remoto*. Por outro lado, discute-se se o prenúncio de mal a ser executado no curso de entrevero ou de contenda caracteriza o crime de ameaça, como já se decidiu, por vezes[21] [348] ou se deve ser de um mal "futuro" (podendo ser próximo ou iminente) e que não se confunde com a simples etapa de um mesmo complexo material ou verbalmente agressivo.[22] Mais correta se nos afigura a conclusão de que haverá ameaça com a promessa de mal iminente, mas que será ela absorvida pela concretização do mal ou pela tentativa de causá-lo. Evidentemente, não há que se falar em crime de ameaça quando o agente se refere a um fato pretérito, de que poderia ter praticado um mal contra alguém no passado.[23] Também não se caracteriza o crime de ameaça se o agente condiciona a ação de praticar mal futuro a ato que venha a ser praticado pelo rival.[24] É possível, entretanto, que o fato constitua um crime de constrangimento ilegal.

Não há crime, também, se a ameaça não for *dependente* do agente, não se confundindo a ameaça com a praga ou esconjuro: "Que vá para o inferno"; "que um raio te parta"; "que teu gado fique nos ossos" etc.[349]

Ao contrário do que ocorre no crime de constrangimento ilegal, exige a lei, agora, que se trate de mal injusto (ferir, matar, roubar), mesmo que não criminoso, como o de molestar a vítima, por exemplo.[350] Não ocorrerá o crime de ameaça no fato de alguém afirmar que vai protestar um cheque ou promover uma ação de despejo.[351] Não é indispensável à configuração do crime de ameaça a presença física da pessoa visada no momento em que se exterioriza a intenção de causar-lhe sobressalto ou desassossego, podendo o crime ocorrer a distância.[25] O telefone pode, sem nenhuma dúvida, ser um

---

347. *A ameaça*. RT 470/301.
348. Nesse sentido: BRUNO, Aníbal. *Crimes contra a pessoa*. Ob. cit. p. 343-344; e JESUS, Damásio E. de. *Direito penal*. Ob. cit. v. 2, p. 266-267.
349. Exemplos de NORONHA. *Direito penal*. Ob. cit. v. 2, p. 170.
350. HUNGRIA, FRAGOSO. *Comentários*. Ob. cit. v. 6, p. 187; e SILVEIRA, Euclides C. da. Ob. cit. p. 278.
351. FRAGOSO. *Lições*. Ob. cit. v. 2, p. 242; e SILVEIRA, Euclides C. da. Ob. cit. p. 279.

9 • DOS CRIMES CONTRA A LIBERDADE INDIVIDUAL **179**

dos canais de comunicação utilizáveis pelo agente para proferir a ameaça.[26] O agente, aliás, pode valer-se de terceiro para que a vítima venha a ser cientificada da ameaça.[27]

9.3.6 Tipo subjetivo

A ameaça é crime doloso, exigindo-se a vontade de ameaçar, acompanhada do elemento subjetivo do injusto que é a intenção de intimidar (dolo específico para a teoria tradicionalista),[28] [352] não a caracterizando a mera bravata[29] ou a proferida *jocandi animo*.[30] [353] Caso a intenção seja a de que a vítima apresente determinado comportamento, não haverá ameaça e sim constrangimento ilegal (item 9.1.6). "Devendo o mal ser injusto, é necessária, no agente, consciência dessa injustiça. Se errando, ainda que culposamente, ele crê ser justo o dano ameaçado, falta a consciência de lesar um interesse alheio legítimo." [354]

Não é necessário para a caracterização do crime que o agente tenha, no íntimo, a intenção de realizar o mal que promete.[31] [355] Consoante a jurisprudência, não caracterizam o delito do art. 147 do CP ameaças vagas feitas sob o império de cólera passageira, uma vez que a tipificação do crime exige ânimo calmo e refletido.[32] [356] Tem-se observado, porém, que a ira não anula a vontade de intimidar; ao contrário, é a força que a determina, motivo pelo qual é superficial afirmar que a ameaça do homem irado, porque lhe falta seriedade, não incute temor, o contrário é que é verdade.[33] [357] Também por se entender que é necessária a aparência séria e que a ameaça seja formulada conscientemente, tem-se decidido que não a caracteriza a feita por pessoa embriagada,[34] embora haja decisões em sentido contrário.[35]

9.3.7 Consumação e tentativa

O delito de ameaça é um crime formal e se consuma no momento em que a vítima toma conhecimento da ameaça, independentemente de sua intimidação.[36] Basta que seja ela idônea a atemorizar.[37] [358]

A tentativa é possível nos casos de ameaça por escrito (carta ou bilhete interceptado, por exemplo), ao contrário do que afirma Hungria.[359] Nesse caso, a ameaça só terá interesse se envolver vítima incapaz; a ação penal somente poderá ser proposta sem conhecimento do ofendido se este tiver, por incapacidade, representante legal.

---

352. SILVEIRA, Euclides C. da. Ob. cit. p. 280; e NORONHA. *Direito penal*. Ob. cit. v. 2, p. 172.
353. SILVEIRA, Euclides C. da. Ob. cit. p. 280.
354. NORONHA. *Direito penal*. v. 2, p. 172.
355. HUNGRIA, FRAGOSO. *Comentários*. Ob. cit. v. 6, p. 185; NORONHA. *Direito penal*. Ob. cit. v. 2, p. 172; e SILVEIRA, Euclides C. da. Ob. cit. p. 280.
356. Assim pensam: HUNGRIA, FRAGOSO. *Comentários*. Ob. cit. v. 6, p. 188; FRAGOSO. *Lições*. Ob. cit. v. 1, p. 243; e BRUNO, Aníbal. *Crimes contra a pessoa*. Ob. cit. p. 352.
357. Nesse sentido: MANZINI. Trattato. Ob. cit. v. 8, p. 738, nº 3.123; JESUS, Damásio E. de. *Direito penal*. Ob. cit. v. 2, p. 268 e 269; e, com ressalva, NORONHA. *Direito penal*. Ob. cit. v. 2, p. 172.
358. Nesse sentido: NORONHA. *Direito penal*. Ob. cit. v. 2, p. 171; JESUS, Damásio E. de. *Direito penal*. Ob. cit. v. 2, p. 268; e MANZINI. *Trattato*. Ob. cit. v. 8, p. 737, nº 3.122.
359. *Comentários*. Ob. cit. v. 6, p. 188.

9.3.8 Distinção

Se a ameaça for meio para a prática de outro crime, como constrangimento ilegal, roubo, estupro etc., fica absorvida.[38]

9.3.9 Ação penal

A ameaça é crime que se apura mediante ação penal pública condicionada, exigindo-se a representação da vítima ou de seu representante legal (art. 147, parágrafo único).

9.4 PERSEGUIÇÃO

9.4.1 Conceito

No art. 147-A, acrescentado ao Código Penal pela Lei nº 14.132, de 31-3-2021, descreve o crime de perseguição: "Perseguir alguém, reiteradamente e por qualquer meio, ameaçando-lhe a integridade física ou psicológica, restringindo-lhe a capacidade de locomoção ou, de qualquer forma, invadindo ou perturbando sua esfera de liberdade ou privacidade: Pena – reclusão, de 6 (seis) meses a 2 (dois) anos, e multa".

9.4.2 Objetividade Jurídica

O objeto de tutela do novo dispositivo é, ainda, a liberdade pessoal da vítima. Protege-se o direito de cada pessoa a sua independência, autonomia e autodeterminação.

9.4.3 Sujeito ativo

Qualquer pessoa pode ser sujeito ativo do delito de perseguição.

9.4.4 Sujeito Passivo

O sujeito passivo também pode ser qualquer pessoa. O crime deve ser praticado contra pessoa determinada. Especiais condições da vítima ensejam punição mais severa (§ 1º, I e II).

9.4.5 Tipo Objetivo

Com o crime de perseguição visou-se à tipificação de atos reiterados consistentes em diferentes formas de assédio ou importunação potencialmente capazes de provocar uma abusiva restrição à liberdade de alguém ou uma indevida perturbação de sua esfera de privacidade.

Inspirou-se o legislador em ordenamentos estrangeiros que prevêm a figura típica do stalking (perseguição) e da punição do stalker (perseguidor), termos que se referem na origem à atividade de um caçador que rastreia e furtivamente segue, cerca, cerceia a presa, com vistas à sua captura ou morte. No ordenamento pátrio a figura mais próxima era a do art. 65 da Lei das Contravenções Penais, revogado pela lei nº 14.132/2021, que previa: "Molestar alguém ou perturbar-lhe a tranquilidade, por acinte ou motivo reprovável".

Perseguir, no tipo, tem o significado de seguir, pôr-se no encalço, atormentar, importunar, estorvar, incomodar alguém. Embora o verbo já contenha em si a ideia de um comportamento insistente, perseverante, enfatiza-se no artigo que a caracterização do crime somente se realiza com a prática reiterada de atos, exigindo-se, portanto, a habitualidade da conduta persecutória.

A perseguição pode ser realizada por qualquer meio. Configura-se o crime, assim, com a simples perseguição da vítima, o cerceamento de seu deslocamento físico, a reiteração de telefonemas o envio de publicação ou divulgação de mensagens, comentários, informações, imagens, áudios, pelos diferentes meios de comunicação, incluídos, como mais utilizados, a internet e as diferentes redes sociais (*cyberstalking*) etc.

A conduta persecutória deve consistir em uma série de comportamentos potencialmente nocivos à esfera de liberdade física e psíquica da vítima, os quais são mencionados, exemplificativamente, e, ao final do tipo, expressados por fórmula mais abrangente que autoriza a interpretação analógica.

Menciona a lei, inicialmente, os atos de importunação que se traduzam em ameaças à integridade física ou que atentem contra a "integridade psicológica", ou seja, que sejam potencialmente aptos a acarretar uma perturbação significativa da saúde psíquica da vítima, afetando o seu estado emocional e sua capacidade de autodeterminação.

Acrescenta a Lei a importunação reiterada que se traduza em uma restrição à "capacidade" de locomoção. Não se referindo o texto à "liberdade", mas à "capacidade" de locomoção, pela fórmula devem-se entender abrangidos os atos persecutórios capazes de inibir ou cercear psicologicamente o livre exercício do direito de ir, vir ou permanecer em qualquer lugar, em razão do receio gerado na vítima de que de sua livre atuação possa lhe sobrevir algum mal ou constrangimento.

Por fim, em fórmula genérica e bastante abrangente, tipifica a lei a conduta persecutória que implique a invasão ou perturbação das esferas de liberdade e privacidade da vítima. Estão abrangidos, portanto, quaisquer atos reiterados que se consubstanciem em importunação indevidas ao livre exercício pela vítima de suas atividades cotidianas, no lar, no trabalho ou em qualquer espaço público ou privado, que consistam em uma intromissão em sua vida íntima ou em perturbação de seu regular convívio social.

9.4.6 Tipo Subjetivo

O tipo subjetivo é o dolo, a vontade livre e consciente de perseguir a vítima, por qualquer meio. Não há previsão de nenhuma finalidade específica. Não se exige do agente a vontade de que a vítima se sinta ameaçada, física ou psicologicamente, que se sinta restringida em sua capacidade de locomoção ou que efetivamente se sinta perturbada em sua esfera de liberdade ou privacidade, bastando a consciência de que suas ações se mostrem potencialmente aptas a afetar a tranquilidade psíquica da vítima.

9.4.7 Consumação e Tentativa

Consuma-se o delito com prática reiterada dos atos de perseguição. Tratando-se de crime habitual, é impossível a ocorrência de tentativa.

9.4.8 Aumento de pena

Três causas de aumento de pena determinam o acréscimo de metade. A primeira é a de ser o crime cometido contra criança, adolescente ou idoso. A menor capacidade de resistência da vítima de se opor ao intento ou à ação do agente justifica a punição mais severa (§ 1º, I).

Também enseja o acréscimo a circunstância de ser o crime praticado contra mulher por razões da condição de sexo feminino, nos termos do § 2º-A do art. 121 do CP, o qual prevê o feminicídio a *violência doméstica e familiar ou menosprezo ou discriminação à condição de mulher* (§ 1º, II).

A última causa de aumento consiste no concurso de duas ou mais pessoas ou o emprego de arma, seja esta, própria ou imprópria (§ 1º, III), circunstâncias que denotam maior grau de periculosidade.

Dispõe o § 2º, que "as penas deste artigo são aplicáveis sem prejuízo das correspondentes à violência". Embora não se mencione no tipo o emprego de violência, é perfeitamente possível que dele se valha o agente na execução de sua atividade persecutória. Nessa hipótese, determina o dispositivo a aplicação também da pena prevista para o crime decorrente da violência.

9.4.9 Ação Penal

Para o crime de perseguição prevê a Lei a ação penal pública condicionada à representação da vítima ou de seu representante legal (§ 3º). Não havendo exceção legal à regra, a representação é devida, inclusive, na hipótese de violência contra a mulher em razão da condição do sexo feminino, prevista no § 1º, II.

9.5 VIOLÊNCIA PSICOLÓGICA CONTRA A MULHER

9.5.1 Conceito

O art. 147-B, incluído no Código Penal pela Lei nº 14.188, de 28-7-2021, define o crime de *violência psicológica contra a mulher* nos seguintes termos: "Causar dano emocional à mulher que a prejudique e perturbe seu pleno desenvolvimento ou que vise a degradar ou a controlar suas ações, comportamentos, crenças e decisões, mediante ameaça, constrangimento, humilhação, manipulação, isolamento, chantagem, ridicularização, limitação do direito de ir e vir ou qualquer outro meio que cause prejuízo à sua saúde psicológica e autodeterminação: Pena – reclusão, de 6 (seis) meses a 2 (dois) anos, e multa, se a conduta não constitui crime mais grave".

9.5.2 Objetividade jurídica

O bem jurídico tutelado é, a liberdade individual, em especial a liberdade psíquica da mulher. No mesmo sentido, de conceituação da violência psicológica contra a mulher, dispõe a Lei nº 11.340, de 7-8-2006, no art. 7º: "a violência psicológica, entendida como qualquer conduta que lhe cause dano emocional e diminuição da autoestima ou que lhe prejudique e perturbe o pleno desenvolvimento ou que vise degradar ou controlar suas ações, comportamentos, crenças e decisões, mediante ameaça, constrangimento, humilhação, manipulação, isolamento, vigilância constante, perseguição contumaz, insulto, chantagem, violação de sua intimidade, ridicularização, exploração e limitação do direito de ir e vir ou qualquer outro meio que lhe cause prejuízo à saúde psicológica e à autodeterminação".

9.5.3 Sujeito ativo

Qualquer pessoa, tanto o homem como a mulher, pode ser sujeito ativo do delito.

9.5.4 Sujeito passivo

Somente a mulher e toda mulher pode ser sujeito passivo do delito, independentemente de sua idade, condição familiar ou orientação sexual.

9.5.5 Tipo Objetivo

São inegáveis a extrema relevância do tema e o longo período de omissão legislativa com relação à previsão no ordenamento penal da necessária proteção da mulher contra todas as formas de violência de gênero, em especial a violência psicológica contra a mulher. É de se lastimar, somente, a péssima redação do dispositivo, tanto em termos gramaticais como da "técnica" jurídica empregada, que pode dificultar a sua aplicação. A importância do bem jurídico tutelado estava a merecer maior empenho, cuidado, qualidade e precisão no exercício da nobre missão de legislar. Mas, em que pese essa deficiente redação, que se baseou no conceito trazido pela Lei nº 11.340/2006 (Lei Maria da Penha), pode-se extrair com facilidade que o bem jurídico que o dispositivo visa tutelar é a saúde psicológica da mulher, ao proteger o natural desenvolvimento e o regular funcionamento e equilíbrio das instâncias psíquicas contra intervenções ou influências de terceiros que podem provocar perturbações nefastas ou mesmo danos permanentes. Incrimina-se a conduta de causar "dano emocional", i.é, a de provocar essas alterações, por quaisquer meios que se revelem aptos a prejudicar a saúde psicológica e a capacidade de autodeterminação, entre os quais, exemplificativamente elencados no artigo, estão ameaça, constrangimento, humilhação, manipulação, isolamento, chantagem, ridicularização e limitação do direito de ir e vir. A despeito, ainda, da tortuosa redação, pode-se concluir que incriminada está, também, a conduta, praticada por qualquer desses meios, contra a mulher, que vise degradar ou controlar suas ações, comportamentos, crenças e decisões.

Um pouco mais claro poderia estar esse dispositivo, sem profundas modificações, se estivesse ele assim redigido: Ameaçar, constranger, humilhar, manipular, isolar, chantagear, ridicularizar, limitar o direito de ir e vir ou praticar qualquer outra conduta que vise degradar ou controlar ações, comportamentos crenças e decisões da mulher e que lhe cause dano emocional ou prejuízo ao seu desenvolvimento psíquico, a sua saúde psicológica ou a sua capacidade de autodeterminação. Entendemos que esse é o sentido geral que deve nortear a compreensão do tipo penal.

9.5.6 Tipo Subjetivo

O tipo subjetivo abrange, inicialmente, o dolo consistente na vontade livre e consciente de praticar qualquer das ações descritas no dispositivo que se mostrem aptos a causar dano emocional ou prejuízo à saúde psicológica e autodeterminação da mulher. Como elemento subjetivo do tipo tem-se o fim específico do agente que há de ser o de degradar a mulher ou o de controlar suas ações, comportamentos, crenças e decisões.

9.5.7 Consumação e Tentativa

Consuma-se o crime com a ocorrência do dano ou prejuízo à saúde psicológica e à autodeterminação da mulher. Trata-se de crime material que admite a tentativa.

9.5.8 Distinção

O crime descrito no art. 147-B, a depender da ação praticada, pode se configurar como crime subsidiário, razão pela qual se determina no preceito secundário que a pena é a de 6 meses a 2 anos, "se a conduta não constitui crime mais grave". Por exemplo, quem mantiver a mulher em cárcere privado responderá nos termos do art. 148; aquele que constrange a mulher mediante ameaça à conjunção carnal, comete estupro, descrito no art. 213. Por outro lado, a violência psicológica contra a mulher é crime especial em relação a outros crimes, estes, então, subsidiários. Quem constrange ou ameaça a mulher com um dos fins especificados no art. 147-B, responde por esse delito e não por ameaça, do art. 147, ou constrangimento ilegal, do art. 146.

9.6 SEQUESTRO E CÁRCERE PRIVADO

9.6.1 Conceito

Define-se o crime de sequestro ou cárcere privado no art. 148: "Privar alguém de sua liberdade, mediante sequestro ou cárcere privado: Pena – reclusão, de um a três anos." Ensina Fragoso que se trata de uma espécie de constrangimento ilegal, em que se impede que o sujeito passivo tenha liberdade de locomoção.[360] A prática do crime de sequestro ou cárcere privado possibilita a decretação da prisão temporária do indigitado autor (art. 1º, III, *b*, da Lei nº 7.960, de 21-12-1989).

9.6.2 Objetividade jurídica

Tutela-se na lei a liberdade física do sujeito passivo, notadamente a liberdade de locomoção e movimento, ou seja, "a liberdade de movimento no espaço".[361] Pelo Decreto nº 3.413, de 14-4-2000, foi promulgada no Brasil a Convenção sobre os Aspectos Civis do Sequestro Internacional de Crianças, concluída na cidade de Haia, em 25-10-1980, e o Decreto nº 3.951, de 4-10-2001, criou o Conselho da Autoridade Central Administrativa Federal contra o Sequestro Internacional de Crianças e instituiu o Programa nacional para cooperação no regresso de crianças e adolescentes brasileiros sequestrados internacionalmente.

9.6.3 Sujeito ativo

O sequestro ou cárcere privado, crime comum; qualquer pessoa pode cometê-lo. Se for ascendente, descendente, cônjuge ou companheiro da vítima, ocorrerá crime qualificado (item 9.4.8). Caso o agente seja funcionário público no exercício de suas funções, poderá ocorrer outro delito (art. 12, IV, da Lei nº 13.869, de 5-9-2019).

9.6.4 Sujeito passivo

Ao contrário do que ocorre nos delitos examinados nos itens anteriores, qualquer pessoa pode ser sujeito passivo de sequestro, inclusive crianças,[39] insanos e pessoas

---

360. *Lições*. Ob. cit. v. 1, p. 244.
361. Nesse sentido: SILVA, A. J. da Costa e. Sequestro e cárcere privado. *Justitia* 39/5; SILVEIRA, Euclides C. da. Ob. cit. p. 281; e NORONHA. *Direito penal*. Ob. cit. v. 2, p. 173.

inconscientes ou que podem locomover-se ou movimentar-se sem auxílio de terceiros, como os embriagados, os paralíticos etc.[362] Se o sujeito passivo é pessoa menor de 18 ou maior de 60 anos o crime é qualificado (item 9.4.8).

9.6.5 Tipo objetivo

O *nomen juris* do delito é *sequestro* e *cárcere privado*, termos que, para alguns, indicam a mesma situação. Afirma Euclides C. da Silveira: "A privação dessa liberdade (de locomoção) pode decorrer de sequestro ou de cárcere privado. Consiste a diferença em que, no cárcere privado, ao contrário do sequestro, há clausura, encerramento em recinto fechado; no sequestro, a detenção ou retenção, que impossibilita a vítima de se afastar do local em que o agente a colocou, se realiza *em aberto* ou com enclausuramento. Nesse caso há *enclausuramento* e no outro *confinamento*.[363] Haverá cárcere privado quando a vítima ficar retida em uma casa, e sequestro quando for colocada em uma ilha, sítio etc., sem que possa afastar-se deles.[364] Para Costa e Silva, porém, o cárcere privado é o gênero de que o sequestro representa uma espécie, pressupondo este último, como forma mais grave do primeiro, "a separação da vítima, a sua colocação em lugar solitário e oculto (*abductio de loco ad locum*), de maneira que mais difícil se torna a sua volta à liberdade".[365] De qualquer forma, a lei não estabelece nenhuma diferença entre as duas modalidades, punindo-se o fato em que a vítima se vê privada de sua liberdade. São exemplos de sequestro colhidos na jurisprudência: deixar a vítima amarrada de pés e mãos em sítio ignorado;[40] manter o sujeito passivo em sítio ignorado ou oculto, ligado a uma árvore ou amarrado de pés e mãos ou transportá-lo num automóvel sem possibilidade de invocar socorro;[41] e encerrar a vítima no porta-malas do automóvel.[42]

A conduta típica é *privar alguém de liberdade*, pouco importando o meio utilizado pelo agente para obter o resultado.[43] Pode consistir em meio físico (violência) ou moral (ameaça) ou na utilização de fraude (mentira, levando a vítima a erro), narcóticos, hipnose etc. Até por omissão pode-se cometer o delito em estudo. Exemplo citado é o do médico que, estando o paciente curado, não lhe concede alta, retendo-o no hospital ou sanatório. Já se decidiu que a retenção do paciente em hospital pelo médico, com o fito de receber seus honorários, configura o delito de cárcere privado,[44] mas nesse caso o sequestro é apenas crime-meio, caracterizando-se o delito de exercício arbitrário das próprias razões.[45]

---

362. Nesse sentido: COSTA E SILVA. Sequestro e cárcere privado. *Justitia* 39/5; NORONHA. *Direito penal*. Ob. cit. v. 2, p. 173-174; FRAGOSO. *Lições*. Ob. cit. v. 1, p. 245; SILVEIRA, Euclides C. da. Ob. cit. p. 282; e BRUNO, Aníbal. *Crimes contra a pessoa*. Ob. cit. p. 361.
363. Ob. cit. p. 281-282.
364. Nesse sentido também: HUNGRIA, FRAGOSO. *Comentários*. Ob. cit. v. 6, p. 193; NORONHA. *Direito penal*. Ob. cit. v. 2, p. 174; e FRAGOSO. *Lições*. Ob. cit. v. 1, p. 245.
365. Sequestro e cárcere privado. *Justitia* 39/6.

9 • DOS CRIMES CONTRA A LIBERDADE INDIVIDUAL

Ainda que o sujeito passivo tenha já cerceada, legalmente, sua liberdade de locomoção, poderá ocorrer o crime se o agente a reduz ainda mais. Exemplo, nesse caso, é o de acorrentar-se, desnecessariamente, um doente mental a seu catre.

Como o sequestro é crime permanente, é coautor, ou partícipe, aquele que passa a colaborar para a privação da liberdade da vítima, mesmo após seu encarceramento.

Sendo a liberdade um bem jurídico disponível, não há que se falar no crime de sequestro quando existir o consentimento válido da vítima.[46] 366 Por isso, já se decidiu que não tipifica o crime se a vítima tem várias oportunidades para livrar-se, mas não o faz[47] Forçoso é reconhecer, entretanto, que há crime quando, em algum momento, houver o dissenso da vítima.

Sendo a vítima menor de 14 anos de idade, irrelevante é seu consentimento no sequestro.[48]

9.6.6 Tipo subjetivo

O dolo do delito é a vontade dirigida à ilegítima privação ou restrição à liberdade alheia.[49] Se tal elemento subjetivo estiver ausente, ou seja, se o agente atua por outro intento que não o de sequestrar a vítima, não se configura o sequestro, mas o crime de constrangimento ilegal.[50] Não registra a lei, no tipo fundamental, nenhuma finalidade específica, podendo ocorrer o crime por vingança, ciúme etc., mas, se é praticado com fim libidinoso, o crime é qualificado (item 9.4.8). O sequestro, porém, é um crime subsidiário e, por isso, tendo o agente a finalidade de obter vantagem ilícita, ocorrerá o crime de extorsão mediante sequestro (art. 159); se a finalidade é corretiva, pode se caracterizar o crime de maus tratos (art. 136) etc. O erro exclui a culpabilidade: não cometerá o delito aquele que, induzido em erro, encerra num quarto um homem são supondo-o louco, ou prende num aposento, por castigo, um menor julgando erroneamente que se trata do próprio filho.[367]

9.6.7 Consumação e tentativa

A consumação do crime ocorre assim que o sujeito passivo fica privado da liberdade de locomoção, de mover-se no espaço, ainda que por curto lapso de tempo.[51] 368 Já se tem afirmado, porém, que é mister que a privação ou restrição da liberdade de locomoção perdure por tempo mais ou menos longo,[52] 369 pois se for ela rápida, instantânea ou momentânea, configurará a tentativa ou o delito de constrangimento ilegal. [53] Estará consumado o sequestro, de qualquer forma, se o sujeito passivo foi privado

---

366. Nesse sentido: MANZINI. *Trattato*. Ob. cit. v. 8, p. 625, nº 3.064; FRAGOSO. *Lições*. Ob. cit. v. 1, p. 245; SILVEIRA, Euclides C. da. Ob. cit. p. 283; e HUNGRIA, FRAGOSO. *Comentários*. Ob. cit. v. 6, p. 195. Contra: MAGGIORE, Giuseppe. *Diritto penale*; parte geral: II, p. 864.
367. Exemplo de BRUNO, Aníbal. *Crimes contra a pessoa*. Ob. cit. p. 362.
368. Nesse sentido: NORONHA. *Direito penal*. Ob. cit. v. 2, p. 176; e FRAGOSO. *Lições*. Ob. cit. v. 1, p. 246.
369. Assim entende SILVEIRA, Euclides C. da. Ob. cit. p. 283.

de atuar voluntariamente em determinada série de atos volitivos, ainda que o sujeito ativo não tenha conseguido o objetivo almejado.[54] É irrelevante que o ofendido tenha sido restituído voluntariamente pelo agente, mesmo tendo sido curta a retenção.[55]

Trata-se de crime permanente e a consumação se protrai no tempo, dependente da conduta do sujeito ativo. Permite-se, assim, a autuação em flagrante delito enquanto durar a privação de liberdade da vítima.

O sequestro é crime material e admite a tentativa.[56] Isso ocorre na conduta ativa (arrebatamento da vítima de um local para confiná-la, por exemplo), mas não na forma de omissão (retenção do sujeito passivo). No último caso, a retenção já é consumação.

9.6.8 Formas qualificadas

Prevê o § 1º cinco circunstâncias que qualificam o crime de sequestro ou cárcere privado.

A primeira delas ocorre quando "a vítima é ascendente, descendente, cônjuge ou companheiro do agente ou maior de 60 (sessenta) anos" (inciso I). Além da inclusão da pessoa com mais de 60 anos pelo Estatuto da Pessoa Idosa (Lei nº 10.741, de 1º-10-2003), o inciso, com a nova redação dada pela Lei nº 11.106, de 28-3-2005, passou a abranger também o companheiro e não apenas o cônjuge. Justifica-se, assim, a exasperação da pena pelos laços de sangue ou afetivos desrespeitados pelo agente ou pela condição da vítima de pessoa idosa que, por presunção, reduz a capacidade para suportar a privação.

A segunda causa qualificadora ocorre quando "o crime é praticado mediante internação da vítima em casa de saúde ou hospital" (inciso II). Esse fato denuncia a possibilidade de maior dano e o envolvimento de perversas intenções. Como afirma Costa e Silva, "não se contenta o agente em privar a vítima de sua liberdade; mas acrescenta a esse mal a suspeita de não se achar ela em estado de integridade física ou mental".[370] O médico ou o diretor do hospital ou casa de saúde que auxilia ou consente na internação, com conhecimento de causa, concorre para o crime como coautor.[371]

Qualifica-se, ainda, delito "se a privação da liberdade dura mais de quinze dias" (inciso III). A maior reprimenda é exigida pelo maior dano causado à liberdade do sujeito passivo.

No inciso IV, inserido pela Lei nº 11.106, de 28-3-2005, é descrita outra circunstância qualificadora: "se o crime é praticado contra menor de 18 (dezoito) anos". Protegem-se com maior rigor os menores, crianças e adolescentes, que ainda têm a personalidade em formação e mais reduzida capacidade de compreensão e de resistência para suportar as privações decorrentes do crime, essa forma qualificada foi expressamente incluída

---

370. Sequestro e cárcere privado. *Justitia* 39/9.
371. Nesse sentido: COSTA E SILVA. Sequestro e cárcere privado. *Justitia* 39/9; e FRAGOSO. *Lições*. Ob. cit. v. 1, p. 247.

9 • DOS CRIMES CONTRA A LIBERDADE INDIVIDUAL

entre os crimes hediondos pela Lei nº 14.811, de 12-1-2024, que deu nova redação ao art. 1º, inciso I, da Lei nº 8.072/1990.

O mesmo diploma legal acrescentou ao § 1º do art. 148 o inciso V, prevendo como qualificado o sequestro "se o crime é praticado com fins libidinosos". Antes da revogação dos arts. 219 a 222 pela Lei nº 11.106, o sequestro com fim libidinoso constituía o crime de *rapto*, do qual, porém, somente podia ser vítima a *mulher honesta* (art. 219), prevendo, ainda, a lei anterior que o consentimento daquela que tinha mais de 14 e menos de 21 anos deslocava a tipicidade para a do crime de *rapto consensual* (art. 220). Configurando, agora, a conduta o delito de sequestro qualificado, o sujeito passivo pode ser tanto o homem como a mulher, independentemente da *honestidade* desta. Se o sequestro com fim libidinoso é cometido contra menor de 18 anos de idade há a incidência de duas qualificadoras (incisos IV e V). Não é necessária para a caracterização da qualificadora a prática de ato libidinoso, bastando que seja esta a intenção do agente. Se durante o sequestro pratica ele um crime sexual, como o estupro, corrupção de menores etc.), responderá por ambos os delitos em concurso (item 9.4.10).

A pena é ainda mais severa (reclusão de dois a oito anos) "se resulta à vítima, em razão de maus-tratos ou da natureza da detenção, grave sofrimento físico ou moral" (art. 148, § 2º). Ensina Costa e Silva: "A detenção pode efetuar-se em lugar lôbrego e insalubre, com ferro ou correntes, com privação de alimentos, enfim, com revoltante crueldade. O sofrimento físico ou moral da vítima agravará a qualidade política do crime, revelando maior perversidade do autor." [372] Sofrimento físico são lesões, doenças, perturbações à integridade corporal; sofrimentos morais são as perturbações psíquicas, a vergonha, o terror etc. Como exemplo destes últimos pode ser citado o exemplo de Noronha, que figura a hipótese do encarceramento de mulher honesta, deixada em trajes íntimos ou desvestida, exposta aos olhos dos carcereiros.[373] É indispensável, entretanto, que o maior sofrimento decorra de *maus-tratos* (violência, falta de alimentação, asseio, medicamentos etc.) ou da *natureza da detenção* (privação da liberdade em local insalubre, em cemitério etc.). Já se decidiu, porém, que a lesão corporal realizada no *ato* do sequestro não caracteriza *maus-tratos* ou sofrimento.[57] É ela apenas a violência como meio para a prática do sequestro.

9.6.9 Distinção

Caso a finalidade do encarceramento seja corretiva, havendo excesso, ocorre maus-tratos e não sequestro.[58] Provado que a intenção do agente não era privar a criança de sua liberdade de locomoção, mas, ao contrário, tê-la para si, para criá-la como se sua fora, não se configura o crime de sequestro, mas o de subtração de incapazes previsto no art. 249.[59] Se o sequestro é meio para o cometimento de outro crime, fica absorvido pelo delito-fim.[60] A privação de liberdade de locomoção de criança ou adolescente

---

372. Sequestro e cárcere privado. *Justitia* 39/10.
373. *Direito penal*. Ob. cit. v. 2, p. 177.

pode constituir o crime previsto no art. 230 da Lei nº 8.069, de 13-7-1990 (Estatuto da Criança e do Adolescente).

9.6.10 Concurso

Caso o sequestro seja executado para a prática do crime de tortura, a pena deste é aumentada de um sexto a um terço (art. 1º, § 4º, III, da Lei nº 9.455, de 7-4-1997). Nesse caso, o crime de sequestro é absorvido pelo crime de tortura, passando a ser apenas uma causa de aumento de pena deste delito.

Discutia-se a possibilidade do concurso de sequestro com o crime de roubo. Se era evidente que o réu não pretendeu privar a vítima de liberdade de locomoção e que a manteve constrangida como meio para a execução do roubo, não se tipificava o sequestro,[61] quer tivesse precedido à subtração,[62] quer se destinasse a manter a vítima no local do crime;[63] quer, enfim, tivesse como objetivo assegurar a fuga dos assaltantes[64] Há decisões, porém, pela ocorrência de concurso formal ou material,[65] como nos casos em que os agentes retinham as vítimas no porta-malas do veículo sub-traído[66] ou mantinham o ofendido amarrado,[67] em local solitário e ignorado, sendo este encontrado somente dias após o fato.[68] Entretanto, por força da Lei nº 9.426, de 24-12-1996, acrescentou-se ao art. 157, § 2º, o inciso V, que prevê o aumento de pena de um terço até a metade ao crime de roubo, "se o agente mantém a vítima em seu poder, restringindo sua liberdade". Com essa disposição, a restrição da liberdade da vítima passou a ser apenas uma causa de aumento especial da prática do crime de roubo, ex-cluindo-se a possibilidade de se falar em concurso formal ou material de crimes. Com a vigência da Lei nº 11.923, de 17-4-2009, que tipificou o sequestro relâmpago como forma qualificada de extorsão (art. 158, § 3º), configura-se esse delito se o sequestro é condição necessária para a obtenção da vantagem econômica (item 11.2.8). Entretanto, se após a consumação do roubo houver privação de liberdade da vítima sem que esta seja circunstância ligada à prática da subtração ou de extorsão, haverá concurso material de crimes de roubo e sequestro.

Pode ocorrer, dependendo das particularidades do caso concreto, o concurso de sequestro com crimes sexuais. Não há que se falar em concurso, no estupro, se a restrição à liberdade da vítima é momentânea ou é, exclusivamente, o meio suficiente empregado para o cometimento do crime sexual, caso em que responde o agente apenas por esse delito. Se, porém, antes ou depois do crime sexual, a privação da liberdade da vítima é excessiva para aquela finalidade, pode-se verificar o concurso de infrações. Assim, como exemplo, o agente que após o estupro sequestra ou mantém a vítima em cárcere privado com outra finalidade (evitar ser denunciado etc.) responde por ambos os delitos em concurso material (arts. 148, *caput*, e 213). A mesma solução se impõe se, durante o sequestro, praticado por outro motivo (vingança, ódio etc.), o agente comete um crime sexual. Tratando-se de sequestro praticado com fins libidinosos, consumada a infração com a privação da liberdade da vítima, responde o agente também pelo crime sexual que venha a cometer. Haveria no caso, concurso material de sequestro qualificado com o crime sexual (art. 148, § 1º, inciso V, e art. 213 etc.), à semelhança do que ocorria no rapto (art. 219), em razão de norma expressa (art. 222), antes da revogação desses dispositivos. Contudo, por se tratar de um mesmo contexto, em que um delito é cometido para a prática do outro, o impedimento da absorção do sequestro, nas hipóteses em que a excessiva privação da liberdade da vítima determina a punição também pelo crime contra a liberdade individual, não alcança a qualificadora, porque o fim libidinoso que é atingido se realiza e se esgota no cometimento do crime sexual, justificando-se, em consequência, a sua absorção e a punição do agente por esse delito e pelo de sequestro, em concurso material (art. 148, *caput*, e art. 213 etc.). Não sendo praticado nenhum ato libidinoso, ou não constituindo crime o eventualmente praticado, há somente o crime de sequestro qualificado.

9.6.11 Exclusão do crime

Não ocorrerá o crime de sequestro se houver justa causa para a privação da liberdade, como no caso de prisão em flagrante delito enquanto se aguarda a chegada da Polícia, no encerramento do louco furioso ou de enfermo com moléstia contagiosa enquanto não é removido para o sanatório etc.

9.7 REDUÇÃO A CONDIÇÃO ANÁLOGA À DE ESCRAVO

9.7.1 Conceito

O delito de redução a condição análoga à de escravo é definido no art. 149, com a redação dada pela Lei nº 10.803, de 11-12-2003: "Reduzir alguém a condição análoga à de escravo, quer submetendo-o a trabalhos forçados ou a jornada exaustiva, quer sujeitando-o a condições degradantes de trabalho, quer restringindo, por qualquer meio, sua locomoção em razão de dívida contraída com o empregador ou preposto: Pena – reclusão, de dois a oito anos, e multa, além da pena correspondente à violência."

Trata-se, como se afirma na exposição de motivos, de entidade criminal ignorada no Código anterior. É o crime que os antigos chamavam *plagium*. Etimologicamente, "plágio" é desvio de escravo e "plagiário" o que toma para si escravo alheio. Por extensão, porém, as palavras tomaram o sentido mais conhecido de apropriação e de apropriador de trabalho literário ou científico alheio.

9.7.2 Objetividade jurídica

O bem jurídico protegido é, primordialmente, a liberdade individual, em especial o *status libertatis* do homem, que é a de ser livre da servidão ou do poder de fato de outra pessoa. Dispõe a Convenção Americana sobre Direitos Humanos (Pacto de São José da Costa Rica), assinado pelo Brasil, no art. 6.1: "Ninguém pode ser submetido a escravidão ou a servidão, e tanto estas como o tráfico de escravos e o tráfico de mulheres são proibidos em todas as formas." Tutela-se, porém, também a dignidade da pessoa humana, que não pode ser submetida a tratamento desumano ou degradante (art. 5º, inciso III, da CF), inclusive no exercício do trabalho, objeto de especial proteção na Constituição Federal (art. 7º) e na legislação pátria. A repressão ao tráfico de pessoas para o fim de exploração por meio de trabalhos forçados, escravatura e práticas similares é um dos pontos que integram o Protocolo Adicional à Convenção das Nações Unidas contra o Crime Organizado Transnacional Relativo à Prevenção, Repressão e Punição do Tráfico de Pessoas, em Especial Mulheres e Crianças, adotado em Nova York, em 25-5-2000, e promulgado pelo Decreto nº 5.017, de 12-3-2004. Pelo Decreto s/n de 31-7-2003, foi criada a Comissão Nacional de Erradicação do Trabalho Escravo (CONATRAE), revogando o Decreto nº 1.538, de 27-6-1995, que criara o Grupo Executivo de Repressão ao Trabalho Forçado. A Constituição Federal, por força da Emenda Constitucional nº 81, de 5-6-2014, determina a expropriação das propriedades rurais e urbanas de qualquer região do País onde ocorrer a exploração de trabalho escravo bem como o confisco de qualquer bem de valor econômico dela decorrente (art. 243).

9.7.3   Sujeito ativo

Sujeito ativo pode ser qualquer pessoa que pratica a conduta por uma das formas previstas no dispositivo e não apenas o *empregador*, não se cuidando de *crime próprio*.

9.7.4   Sujeito passivo

Todo ser humano, sem distinção de raça, sexo ou idade, pode ser vítima do delito, não importando que seja pessoa civilizada ou não. Se a vítima é criança ou adolescente, incide a causa de aumento de pena prevista no § 2º.

9.7.5   Tipo objetivo

A conduta típica é a de sujeitar alguém totalmente à vontade do agente, em suma, "a escravização, de fato, da criatura humana".[374] Refere-se a lei à condição *análoga* à de escravo por não mais existir a situação jurídica de escravo no país. A escravidão é um *estado de direito* em virtude do qual o homem perde a própria personalidade, tornando-se simples coisa, e, assim, a condição a que alude a lei é a de um *estado de fato* semelhante àquele. Entende Noronha que, para a caracterização do crime, não é necessário que a vítima seja transportada de um lugar para outro, que fique enclausurada ou que lhe sejam infligidos maus-tratos. A Lei nº 10.803, de 11-12-2003, ao indicar as hipóteses em que se configura a condição análoga à de escravo, restringiu o alcance da norma incriminadora. Comentando o tipo em sua redação original, Noronha ponderava que, embora o fim quase sempre seja a prestação de trabalhos, "mesmo a vida de conforto

---

374.   SILVA, A. J. da Costa e. Plágio. *Justitia* 39/11.

e ócio pode concretizar o delito (por exemplo, a venda de uma filha ao harém de um sultão)".[375] Embora se pudesse objetar que nessa situação haveria um delito contra os costumes, a sujeição completa de uma mulher para fins libidinosos podia configurar o delito, ao menos nos casos de consentimento da vítima, pois, como observado por Aníbal Bruno, "o nosso Código alargou o alcance do tipo, a fim de abranger toda e qualquer situação em que se estabeleça praticamente a sujeição da vítima à posse e dominação de outrem, fugindo às especificações de hipóteses como em outros códigos".[376]

Nos termos da nova redação do art. 149, porém, a condição análoga à de escravo relaciona-se com a exploração ilegal e abusiva do trabalho humano.

A primeira forma de se reduzir alguém à condição análoga à de escravo é submetê-la a *trabalhos forçados*. A vítima é privada da liberdade de escolha e a execução do trabalho decorre de uma relação de dominação e sujeição, contra a qual não tem a possibilidade de se insurgir. A conduta do agente pode ser praticada com o constrangimento que incide diretamente sobre a vontade da vítima, por violência ou ameaça, mas também mediante a criação ou o aproveitamento de circunstâncias que a impossibilitem de exercer a opção de não se submeter ao trabalho. Já se decidiu que o indivíduo que, em uma fazenda, é tratado como os antigos escravos (estando impedido de deixá-la, não recebendo salários etc.) acha-se em situação análoga à de escravo.[377] Não elide o crime a circunstância de efetuar o agente o pagamento de qualquer importância à vítima pelos trabalhos forçados.

Pratica também o crime quem submete alguém a *jornada exaustiva* ou sujeita alguém a *condições degradantes de trabalho*. Em ambas as hipóteses, embora o trabalho possa ser executado em decorrência de uma relação trabalhista, e, em princípio, com o livre consentimento da vítima, há abuso na sua exigência pelo agente, quer quanto à sua quantidade, quer quanto às condições propiciadas para sua execução.

Por condições *degradantes* entendem-se as aviltantes ou humilhantes, não apenas em geral consideradas mas também em face das condições pessoais da vítima, que afrontam a sua dignidade. Para a configuração do crime, não basta a mera violação das normas tutelares das relações trabalhistas. Já se decidiu, antes da nova redação do dispositivo, que qualquer constrangimento gerado por irregularidades nas relações laborativas não é suficiente para determinar a incidência do dispositivo em estudo. [69] Exige-se que o abuso resulte de submissão ou sujeição, ou seja, que decorra de uma relação de dominação na qual a vítima está subjugada, privada de sua liberdade de escolha.

Na última hipótese prevista no *caput* do art. 149, incrimina-se outra prática odiosa existente no país, consistente na privação da liberdade de alguém em razão de dívida, muitas vezes, aliás, artificiosamente criada ou incentivada como pretexto para subse-

---

375. *Direito penal*. Ob. cit. v. 2, p. 179. Vide: SILVEIRA, Euclides C. da. Ob. cit. p. 286-287, nº 480.
376. *Crimes contra a pessoa*. Ob. cit. p. 369-370.
377. Ibidem.

quente exploração abusiva do trabalho. O crime se configura mediante a restrição da liberdade de locomoção da vítima por *qualquer meio*, abrangidos o enclausuramento e o confinamento. Exige-se, porém, que a conduta seja praticada *em razão de dívida contraída com o empregador ou preposto*, não descaracterizando a infração a circunstância de ser o crédito legítimo. Ausente essa razão, a privação da liberdade da vítima poderá configurar o crime previsto no art. 148. Pressupõe-se a existência de relação empregatícia, embora não necessariamente da vítima com o agente. Considerou-se caracterizado o delito no caso dos réus que forçavam os trabalhadores a serviços pesados e extraordinários, com a proibição de deixarem a propriedade agrícola sem liquidarem os débitos pelos quais eram responsáveis.[70]

A redução de alguém a condição análoga à de escravo, por meio de qualquer das formas que assuma a conduta, exige certa duração no estado de submissão da vítima, não se aperfeiçoando com uma única ação do agente (item 9.5.7). A inconsciência da vítima quanto a essa condição não elide o crime. O seu consentimento à submissão não afasta a ilicitude do fato, em razão da indisponibilidade dos bens tutelados pelo dispositivo.

9.7.6   Tipo subjetivo

Trata-se de crime doloso em que se exige a consciência do agente de estar reduzindo alguém a um estado de submissão por uma das formas previstas no artigo. Caso o fim da conduta seja o de criar, educar, corrigir ou proteger uma pessoa, não existirá o crime por ausência de dolo, caracterizando-se eventualmente o delito de maus-tratos ou outra infração quando houver excesso. A sujeição de alguém a outra pessoa, independentemente da vontade desta, não caracteriza o delito por não ocorrer aí a conduta típica, que é sempre comissiva.

9.7.7   Consumação e tentativa

Consumado está o crime quando o sujeito passivo passa ao domínio de outrem, mediante a supressão de sua liberdade de locomoção ou de sua vontade de não executar o trabalho que lhe é exigido. Trata-se de crime permanente, aplicando-se ao plágio o que se assinalou com relação ao crime de sequestro. Não basta, entretanto, a sujeição meramente instantânea ou momentânea da vítima, sendo necessária uma certa duração do estado de submissão.[378] Ocorre a tentativa quando o agente não consegue o resultado de submissão à sua vontade apesar das condutas praticadas.

9.7.8   Cerceamento ao trabalhador com o fim de retenção no local de trabalho

Dispõe o § 1º, inserido no art. 149 pela Lei nº 10.803, de 11-12-2003: "Nas mesmas penas incorre quem: I – cerceia o uso de qualquer meio de transporte por parte do tra-

---

378.   NORONHA. *Direito penal*. Ob. cit. v. 2, p. 180. No mesmo sentido: SILVEIRA, Euclides C. da. Ob. cit. p. 256.

9 • DOS CRIMES CONTRA A LIBERDADE INDIVIDUAL

balhador, com o fim de retê-lo no local de trabalho; II – mantém vigilância ostensiva no local de trabalho ou se apodera de documentos ou objetos pessoais do trabalhador, com o fim de retê-lo no local de trabalho."

Embora não repetida no novo dispositivo a fórmula geral da conduta prevista no *caput*, nele se preveem outros meios específicos de que pode se valer o agente para reduzir a vítima a condição análoga à de escravo. Punem-se as condutas que, por cerceamento ao uso de meio de transporte, vigilância ostensiva ou retenção de documentos ou objetos pessoais do trabalhador restringem a sua liberdade de locomoção, com a finalidade específica de impedi-lo de deixar o local do trabalho. Válidas permanecem para essas formas de conduta as considerações quanto à necessidade, para configuração do crime de um estado de submissão da vítima, em decorrência do qual se encontre privada da liberdade de locomoção, não se caracterizando o delito, igualmente, por um único ato do agente, mas pela permanência, durante certo tempo, da condição cerceadora imposta ao trabalhador. A conduta, porém, que não atende às exigências, pode configurar o crime de retenção de documentos previsto no art. 203, § 1º, inciso II (item 19.7.8).

9.7.9 Aumento de pena

Preveem-se no § 2º as formas agravadas do delito, que determinam o aumento da pena de metade, se o crime é cometido: "I – contra criança ou adolescente; II – por motivo de preconceito de raça, cor, etnia, religião ou origem."

Incide a causa de aumento se a vítima é criança ou adolescente, justificando-se o agravamento em razão da menor capacidade de resistência física e moral da vítima à dominação pelo agente.

Pune-se o delito também com pena mais grave se a motivação do agente decorre de preconceito racial ou de outra condição ostentada pela vítima e mencionada no dispositivo. Os crimes resultantes de preconceito de raça, cor, etnia, religião ou procedência nacional estão definidos na Lei nº 7.716, de 5-1-1989. O Estatuto da Igualdade Racial (Lei nº 12.288, de 20-7-2010) contém normas atinentes ao combate à discriminação e demais formas de intolerância étnica.

9.7.10 Distinção

Para a configuração do delito exige-se que a vítima seja reduzida à condição análoga de escravo, praticando-se a conduta por qualquer das formas previstas no artigo. Ausente a referida condição, a prática de uma dessas condutas pode caracterizar outro crime, como o de maus-tratos, constrangimento ilegal, sequestro ou cárcere privado, o de tortura previsto no art. 1º, inciso II, da Lei nº 9.455, de 7-4-1997, o de frustração de direito assegurado por lei trabalhista (item 19.7.4) etc. O trabalho abusivo no curso da execução da pena pode configurar delito de abuso de autoridade previsto na Lei nº 13.869, de 5-9-2019. Expor a perigo a integridade e saúde do idoso mediante a submissão a condições desumanas ou degradantes ou a sujeição a trabalho excessivo ou inadequado configura o delito previsto no art. 99 da Lei nº 10.741, de 1º-10-2003 (Estatuto da Pessoa Idosa). A submissão de criança ou adolescente à prostituição ou outra forma de exploração sexual configura o crime descrito no art. 218-B.

9.7.11 Concurso

Admite-se o concurso de delitos, material ou formal. Prevê-se expressamente no dispositivo a cumulação da pena com a cominada para a violência. O concurso pode assim ocorrer entre o crime em estudo e o de maus-tratos, tortura etc.

9.7.12 Ação penal

A redução a condição análoga à de escravo é crime contra a liberdade pessoal, conforme disciplinado no Código Penal, e não contra a organização do trabalho, e a competência para sua apuração é, em princípio, da Justiça comum estadual. Tratando-se, porém, de grave violação de direitos humanos, admite-se o deslocamento da competência para a Justiça Federal, por provocação do Procurador-Geral da República, para assegurar o cumprimento de obrigações assumidas em tratados internacionais, nos termos do art. 109, V-A, e § 5º, da Constituição Federal (item 9.5.2).

9.8 TRÁFICO DE PESSOAS

9.8.1 Conceito

O art. 149-A foi inserido pela Lei nº 13.344, de 6-10-2016, que também revogou os arts. 231 e 231-A, que tipificavam, respectivamente, os crimes de tráfico internacional de pessoa para fim de exploração sexual e tráfico interno de pessoa para fim de exploração sexual. No novo dispositivo, ampliou-se o objeto de tutela, punindo-se o tráfico de pessoas, interno ou internacional, não somente para o fim de exploração sexual, mas, também, para outras finalidades expressamente previstas em seus incisos. O art. 149-A está assim redigido: "Agenciar, aliciar, recrutar, transportar, transferir, comprar, alojar ou acolher pessoa, mediante grave ameaça, violência, coação, fraude ou abuso, com a finalidade de: I – remover-lhe órgãos, tecidos ou partes do corpo; II – submetê-la a trabalho em condições análogas à de escravo; III – submetê-la a qualquer tipo de servidão; V – adoção ilegal; ou V – exploração sexual. Pena – reclusão, de 4 (quatro) a 8 (oito) anos, e multa".

9.8.2 Objetividade jurídica

Embora inserido entre crimes contra a liberdade pessoal, no tráfico de pessoas tutelam-se não somente a liberdade individual, mas também outros bens jurídicos, como a integridade física, o estado de filiação, a liberdade e a dignidade sexual e, em termos mais amplos, a dignidade da pessoa humana.

9.8.3 Sujeito ativo

Qualquer pessoa pode ser sujeito ativo do delito. Se o agente é funcionário público e o crime praticado no exercício de suas funções ou a pretexto de exercê-la, ou se prevalece ele de sua autoridade, superioridade hierárquica ou de relações domésticas ou de dependência em relação à vítima, a pena é agravada (item 9.6.8).

9.8.4 Sujeito passivo

Não se exige qualquer capacidade especial do sujeito passivo, que também pode ser qualquer pessoa. Tratando-se de criança, adolescente, idoso ou pessoa com deficiência, há a incidência de uma causa de aumento de pena (item 9.6.8).

9.8.5 Tipo objetivo

Trata-se de crime de ação múltipla em que responde por uma única infração quem pratica duas ou mais ações descritas. Não se cuida de crime habitual e, assim, a prática de uma única conduta é suficiente para a configuração do ilícito. Pune-se quem *agenciar* (servir de agente ou intermediário), *aliciar* (atrair, seduzir, envolver, instigar), *recrutar* (atrair, convocar, reunir, alistar), *transportar* (levar de um lugar a outro), *transferir* (mudar ou remover para outra parte, lugar ou posto), *comprar* (adquirir, obter mediante pagamento), *alojar* (receber em hospedagem ou em moradia transitória) ou *acolher* (abrigar, receber, dar refúgio).

Exige-se no tipo que essas condutas sejam praticadas com a utilização de grave ameaça, violência, coação, fraude ou abuso. Já estudados os conceitos de violência, grave ameaça, coação e fraude, por abuso deve-se entender, no dispositivo, o excesso, contrário ao direito, praticado no exercício de um poder, autoridade ou mister por quem se prevalece ou se aproveita de uma situação desfavorável, desvantajosa, de dependência ou inferioridade da vítima. É o que pode ocorrer, por exemplo, nos casos do pai, que detém o poder familiar, que vende a criança a terceiro, do juiz, que se vale de sua autoridade no exercício de suas funções, para agenciar uma adoção ilegal.

Nas hipóteses de violência, grave ameaça e coação o emprego do meio impede o dissenso do sujeito passivo. Ocorrendo fraude, seu eventual consentimento é invalido, porque viciado pelo erro ao qual é induzido. No abuso, sua situação de dependência ou inferioridade também constitui impedimento à livre e válida manifestação de vontade. Em muitos casos, o sujeito passivo desconhece a realidade da situação e a motivação do agente, consentindo em razão de promessas de emprego ou por vislumbrar oportunidades inexistentes e sendo, obrigado, subsequentemente, a se submeter ao trabalho escravo, outro tipo de servidão ou à exploração sexual.

9.8.6 Tipo subjetivo

O dolo no crime em estudo é a vontade livre e consciente de praticar uma das ações típicas. Exige-se, também, a presença de um elemento subjetivo do tipo, consistente na finalidade da conduta, que há de ser uma das previstas nos incisos I a V do artigo. Se a finalidade é outra, pode ocorrer outro ilícito (item 9.6.10). A incidência do agente em erro sobre o fim almejado pelo coautor, partícipe ou terceiro que recebe o sujeito passivo também afasta a tipicidade em face do art. 149-A.

No inciso I, prevê-se a finalidade de remoção de órgãos, tecidos ou partes do corpo do sujeito passivo. O comércio ilegal de órgãos e tecidos humanos é espécie de criminalidade de ocorrência crescente, em diversos países. Entre nós, a Lei nº 9.434, de 4-2-1997, disciplina a retirada e o transplante de tecidos, órgãos e partes do corpo humano e tipifica vários crimes relacionados com tais práticas, como as de comprar ou vender tecidos, órgãos ou partes do corpo humano (art. 15); realizar transplante ou enxerto utilizando tecidos, órgãos ou partes do corpo humano de que se tem ciência terem sido obtidos em desacordo com os dispositivos da lei (art. 16); recolher, transportar, guardar ou distribuir partes do corpo humano de que se tem ciência terem sido obtidos em desacordo com os dispositivos da mesma lei (art. 17). A possibilidade de disposição em vida de órgãos, tecidos, células e partes do corpo humano, a necessidade do consentimento do doador e de eventual autorização judicial, bem como as condições para sua realização estão disciplinadas no mesmo estatuto e seu regulamento (Decreto nº 9.175, de 18-10-2017). Se o agente pratica uma das ações previstas no art. 149-A, com a consciência de colaborar para a eventual remoção ilegal de órgãos, tecidos ou partes do corpo do sujeito passivo, configura-se o crime, independentemente daquela se concretizar ou não.

No inciso II, a finalidade é a de submeter o sujeito passivo a trabalho em condições análogas à de escravo. O crime de redução a condição análoga à de escravo está descrito no art. 149 e já foi examinado (v. item 9.5). Com o novo dispositivo pune-se, aliás, mais severamente, a conduta prévia de quem, pelas ações típicas descritas, atua com a finalidade de favorecer a prática daquele crime.

Submeter o sujeito passivo a qualquer tipo de servidão é a finalidade prevista no inciso III. Por servidão, no dispositivo, deve-se compreender o estado de fato, de dependência e sujeição de uma pessoa a outra, que decorre de uma relação de dominação que suprime ou reduz drasticamente a liberdade de escolha e de autodeterminação de quem a ela está submetido. Embora se assemelhe a uma forma de escravidão, a redução de alguém a condição análoga à de escravo, a qual se referem o inciso II e o art. 149, relaciona-se exclusivamente com a exploração ilegal e abusiva do trabalho humano (v. item 9.5.5). Pretendeu o legislador abranger outras formas de servidão. Pratica, assim, o delito quem agencia ou compra mulheres ou crianças com a finalidade de as tornarem cativas ou submetidas a um estado de servidão, ainda que este não implique a execução do trabalho ou a exploração sexual.

No inciso IV, a finalidade é a da adoção ilegal. A subtração de incapazes, a subtração de menor para colocação em lar substituto, a promoção de ato destinado ao envio de criança ou adolescente ao exterior são crimes previstos no art. 249 do CP e nos arts. 237 e 239 da Lei nº 8.069, de 13-7-1990 (*Manual*, v. 3, itens 4.2.5 e 4.2.10). No art. 149-A, pune-se quem, pelas ações descritas no tipo, tem por finalidade propiciar a adoção com a violação dos requisitos e procedimentos para realização da adoção, que estão disciplinados no Estatuto da Criança e do Adolescente. Tutelam-se, no dispositivo, a liberdade do menor, o poder familiar, o estado de filiação e a observância das normas legais que regem a adoção. Tratando-se de agente funcionário público, o crime é agravado.

A última finalidade do agente, prevista no inciso V, é o da exploração sexual do sujeito passivo. A partir do final do século passado, verificou-se a necessidade de se coibir o tráfico de mulheres, levadas de país a país para o exercício de prostituição. Participa o Brasil dessas preocupações desde o Congresso realizado em Paris em 1902. Acha-se em vigor no país a "Convenção para repressão do tráfico de pessoas e do lenocínio", firmada em Lake Success em 21-3-1950, à qual o Brasil aderiu em 5-10-1951 (Decreto nº 47.907, de 11-3-1960). O Brasil também aderiu à Convenção Americana sobre Direitos Humanos (Pacto de São José da Costa Rica), que proíbe qualquer forma de tráfico de escravos e de mulheres (art. 6.1). Pelo Decreto nº 5.017, de 12-3-2004, foi promulgado o Protocolo Adicional à Convenção das Nações Unidas contra o crime organizado transnacional relativo à prevenção, repressão e punição de tráfico de pessoas, em especial, mulheres e crianças. Como resultado da mesma Convenção também se aprovou protocolo específico relativo à "venda" ou ao tráfico de crianças, à prostituição infantil e à pornografia infantil, ratificado pelo Brasil em 27-1-2004 e promulgado pelo Decreto nº 5.007, de 8-3-2004. Em nosso direito, o tráfico internacional e o tráfico interno de pessoa com o fim de exploração sexual eram crimes descritos nos arts. 231 e 231-A, que foram revogados pela Lei nº 13.344, de 5-10-2016, optando o legislador por discipliná-lo no art. 149-A, V, como forma de tráfico de pessoas.

O conceito de exploração sexual, sobre o qual não há consenso doutrinário, é examinado aprofundadamente no estudo dos crimes sexuais. Em apertada síntese e como conceito mais restritivo, por exploração deve-se entender o ato ou o efeito de explorar, que tem entre outros, o sentido de tirar proveito, beneficiar-se, extrair lucro ou compensação material de uma situação ou de alguém. Explorar sexualmente uma pessoa nesse contexto deve significar tirar proveito, beneficiar-se ou extrair lucro ou compensação material de sua sexualidade (v. item 25.2.5). Como visto, o sujeito passivo pode ser qualquer pessoa, homem ou mulher, criança ou adolescente. Nos últimos casos a pena é majorada.

A forma simples e as formas qualificadas dos incisos I a V foram expressamente incluídas entre os crimes hediondos pela Lei nº 14.811, de 12-1-2024, que deu nova redação ao art. 1º, inciso I, da Lei nº 8.072/1990.

9.8.7 Consumação e tentativa

Consuma-se o crime com a prática de uma das condutas típicas. O crime é permanente nas modalidades de transportar, transferir, alojar e acolher e instantâneo nas demais condutas. Configura-se o crime independentemente de eventual concretização de um dos fins visados pelo agente. Em tese, é possível a tentativa.

9.8.8 Aumento de pena

Quatro são as causas de aumento de pena que determinam o seu acréscimo de um terço até a metade.

A primeira é a de ser o crime cometido por funcionário público no exercício de suas funções ou a pretexto de exercê-las (inciso I). É o caso, por exemplo, do juiz de direito ou qualquer outro funcionário público que se vale do exercício do cargo ou função para praticar a conduta típica com o fim de promover a adoção ilegal. A maior reprovabilidade da conduta realizada por agentes públicos justifica a exacerbação em razão de sua infidelidade aos deveres funcionais e das maiores facilidades que o cargo público lhes propicia.

A pena também é agravada sempre que o sujeito passivo for criança, adolescente ou pessoa idosa ou com deficiência (inciso II). A incapacidade ou a reduzida capacidade de resistência da vítima para se opor ao intento ou à ação do agente também justifica a punição mais severa. A forma agravada do inciso II foi incluída entre os crimes hediondos pela Lei nº 14.811, de 12-1-2024, que deu nova redação ao art. 1º, inciso I, da Lei nº 8.072/1990.

Relaciona-se, também, de forma abrangente, o prevalecimento pelo agente de relações de parentesco, domésticas, de coabitação, de hospitalidade, de dependência econômica, de autoridade ou de superioridade hierárquica inerente ao exercício de emprego, cargo ou função (inciso III). São hipóteses em que a conduta é praticada com a violação de laços familiares, confiança, respeito ou de dependência que a posição ocupada pelo agente guarda em relação ao sujeito passivo, o que dificulta sua oposição e simultaneamente indica maior reprovabilidade.

A última causa de aumento consiste no fato de a vítima do tráfico de pessoas ser retirada do território nacional (inciso IV). Optou o legislador por tratar em um mesmo tipo penal os tráficos interno e internacional, limitando-se a prever a agravante na última hipótese. A conduta que culmina com a saída do sujeito passivo do país, além de agravar a sua situação, dificulta a ação das autoridades e a reparação das consequências do crime.

A ocorrência de mais de uma causa de aumento de pena, indicativo relevante da maior censurabilidade da conduta, deve ser considerada pelo juiz no momento da dosagem da pena. Um funcionário público, por exemplo, que se prevalece das funções e de relações de parentesco para transferir uma criança para o exterior, por exemplo, incorre em todas as referidas causas de aumento de pena, justificando-se a fixação de acréscimo maior dentro dos limites estabelecidos no dispositivo.

9.8.9 Diminuição de pena

Dispõe o § 2º do art. 149-A que a pena deve ser reduzida de um a dois terços se o agente for primário e não integrar organização criminosa. Em vez de agravar a pena em razão de indícios de integrar o agente uma organização criminosa, optou o legislador, em infeliz solução, por determinar um abrandamento na hipótese de não se configurar a circunstância. Ser primário e não integrar uma organização criminosa não são circunstâncias meritórias que, por si, justifiquem a cominação de uma pena menor para o delito. A reincidência ou a apuração de integrar ele organização dessa natureza são, sim, claramente, circunstâncias que justificariam punição mais severa. Se não configurada a participação do agente primário em uma organização criminosa, as penas cominadas nos §§ 1º e 2º, às quais o redutor é aplicável, reduzem-se de forma significativa, com prejuízo à severa repressão que, supostamente, almejava o legislador. Assim, por exemplo, quem compra pessoa para remover-lhe os órgãos ou quem agencia pessoa com o fim de submetê-la a exploração sexual (inclusive com o fim de tráfico internacional, que acaba não se realizando), na presença da causa de diminuição de pena estará sujeito a uma pena mínima de um ano e quatro meses de reclusão.

9.8.10 Distinção

O crime de tráfico de pessoas é crime que antecede e favorece a prática de outros crimes, como os de remoção de órgãos, tecidos ou partes do corpo (crimes descritos na Lei nº 9.434, de 4-2-1997, ou lesão corporal) redução a condição análoga à de escravo (art. 149), crimes contra a criança ou o adolescente (arts. 237 e 239 da Lei nº 8.069, de 13-7-1990), crimes de exploração sexual (arts. 218-B e 228). Como regra, o agente que pratica uma das condutas típicas previstas no art. 149-A para, subsequentemente, ele próprio cometer um daqueles ilícitos, somente por estes responderá.

Na ausência de uma das finalidades elencadas no art. 149-A ou se outra é a finalidade, poderá responder o agente por outro delito, como os de constrangimento ilegal, lesão corporal, promoção de migração ilegal, aliciamento para o fim de emigração ou aliciamento de trabalhadores de um local para outro do território etc.

9.8.11 Concurso

Poderá ocorrer o concurso entre tráfico de pessoas e outros delitos em diversas hipóteses em que não se deva reconhecer a absorção destes pelo primeiro. Entre outros exemplos, responderá também o agente pela lesão corporal decorrente da violência empregada, por sequestro ou cárcere privado que se verificar, constrangimento ilegal, promoção de imigração ilegal etc.

9.9 VIOLAÇÃO DE DOMICÍLIO

9.9.1 Conceito

Na antiguidade, o lar era considerado como coisa sagrada, altar dos antepassados (*deuses lares*), como lembra Fustel de Coulanges.[379] Evoluindo da condição sacrali-

---

379. *Cidade antiga*. 8. ed. Porto: Clássica, 1954.

zada para uma situação jurídica, a casa vem sendo protegida como garantia da paz doméstica e não como simples objeto de posse ou propriedade. Dispõe, por isso, o art. 5º, XI, da CF: "a casa é asilo inviolável do indivíduo, ninguém nela podendo penetrar sem consentimento do morador, salvo em caso de flagrante delito ou desastre, ou para prestar socorro, ou, durante o dia, por determinação judicial". Em consonância com essa regra constitucional, no art. 150, do CP, prevê-se o crime de violação de domicílio: "Entrar ou permanecer, clandestina ou astuciosamente, ou contra a vontade expressa ou tácita de quem de direito, em casa alheia ou em suas dependências: Pena – detenção, de um a três meses, ou multa." O *nomen juris* é impróprio porque não trata o artigo da proteção apenas ao domicílio, no seu conceito de direito civil, mas a todo lugar de habitação.

9.9.2 Objetividade jurídica

Entre os direitos às liberdades privadas, está o da inviolabilidade da casa, ou seja, o direito à tranquilidade doméstica e paz íntima dos moradores. A casa "representa para a vida privada do indivíduo a mais essencial atmosfera de sua autonomia".[380] O objeto jurídico do delito, pois, é a liberdade individual, no particular aspecto da inviolabilidade da habitação; é o interesse reconhecido a cada um de viver livre de toda a intromissão de estranhos em seu lar.[71]

9.9.3 Sujeito ativo

Qualquer pessoa pode cometer o delito, inclusive o proprietário do imóvel, quando a posse estiver legitimamente com terceiro. Havendo divórcio, ou desfeita a sociedade conjugal, devem os cônjuges respeitar a inviolabilidade do domicílio um do outro e, não o fazendo, cometem o crime em estudo. Mesmo eventuais violações anteriormente toleradas pela vítima não possuem o condão de justificar o fato.[72] O mesmo com relação a ex-companheiros.[73] Se o agente for funcionário público no exercício de suas funções, ocorrerá outro ilícito penal (art. 22 da Lei nº 13.869, de 5-9-2019).

9.9.4 Sujeito passivo

É sujeito passivo do crime o morador, aquele que pode impedir a entrada de outrem em sua casa, quer seja proprietário, locatário, possuidor legítimo, arrendatário etc. Em regra será o chefe da casa, representado na sua ausência pelos demais membros da família ou por empregados domésticos. Estes têm o direito próprio de exclusão de estranhos de seus aposentos, muito embora autores de nomeada excluam de proteção os últimos com relação ao ingresso de seus patrões em seus quartos. Nos colégios, internatos, conventos etc., o titular do direito de exclusão é o diretor da escola, o superior do convento etc. Nos prédios de apartamentos ou habitações

---

380. SILVA, A. J. da Costa e. Violação de domicílio. *Justitia* 40/58.

9 • DOS CRIMES CONTRA A LIBERDADE INDIVIDUAL 203

coletivas, qualquer morador poderá impedir a entrada de estranhos não só nos seus aposentos como nos locais de uso comum (escadas, elevadores etc.) desde que não prejudique o direito dos demais.

Em caso de dissenso entre duas pessoas que residam numa mesma habitação, podem surgir problemas com relação à possibilidade de admissão de terceiros. Como marido e mulher são titulares do direito de consentir, prevalece a sua autoridade com relação aos demais habitantes da casa (filhos, netos, sobrinhos, empregados etc.) podendo estes admitir ou excluir alguém das dependências que lhes são destinadas, desde que não entrem em conflito com os chefes da família, caso em que a vontade destes deve prevalecer para fins penais.[74] Entende-se na doutrina que há dissenso tácito quando, ausente ou insciente o titular, ingressa o sujeito ativo para fim criminoso ou imoral (furtar, seduzir a esposa ou a filha do morador etc.).[381] A Jurisprudência, contudo, se inclina no sentido de considerar que não há crime quando o agente entre na residência de outrem a convite ou autorizado pela mulher ou a filha do chefe da sociedade conjugal, ainda que para fins imorais ou ilícitos[75] Tais decisões, porém, se fundam na inexistência do "dolo específico" e não no poder de admissão da esposa ou dos dependentes. Mas também já se tem decidido que não exclui o crime o consentimento de filha menor[76] ou de empregada doméstica.[77] [78]

No regime de igualdade, como ocorre nas repúblicas de estudantes, ensina Damásio que todos os moradores são titulares do direito de admitir ou de excluir alguém,[382] mas tratando-se de coabitação e se houver divergência entre os moradores em igualdade de condições, prevalecerá a proibição (*melior est conditio prohibentis*).[383]

9.9.5 Tipo objetivo

As condutas típicas são *entrar* ou *permanecer* na casa sem consentimento de quem de direito. Entrar é ingressar, invadir, transpor os limites da casa ou de suas dependências com todo o corpo, não bastando a transposição de parte dele (um braço, uma perna etc.). Permanecer é não sair, não deixar a casa ou suas dependências, quando, tendo o agente ingressado legitimamente, se recusa a acatar a vontade do titular que manifesta o desejo de que se retire. Exige-se, nesse caso, uma certa duração nessa resistência à saída, não bastando à consumação do crime a hesitação momentânea do sujeito.

A entrada pode ser *franca*, ou seja, contra a vontade *expressa* do morador, atuando o agente com violência ou ameaça. Pode o agente forçar o ingresso contra a vontade *tácita* de quem de direito, se dedutível esta "de fatos, comportamento, de circunstân-

---

381. MANZINI. *Trattato*. Ob. cit. v. 8, p. 776, nº 3.140, *d*; HUNGRIA, FRAGOSO. *Comentários*. Ob. cit. v. 6, p. 219; NORONHA. *Direito penal*. Ob. cit. v. 2, p. 182; JESUS, Damásio E. de. *Direito penal*. Ob. cit. v. 2, p. 279; SILVEIRA, Euclides C. da. Ob. cit. p. 289; e COSTA E SILVA. Violação de domicílio. *Justitia* 40/66. Na jurisprudência: *RT* 378/312, 391/292.

382. *Direito penal*. Ob. cit. v. 2, p. 279.

383. FRAGOSO. *Lições*. Ob. cit. v. 1, p. 254.

cias no caso concreto, incompatíveis ou inconciliáveis com a vontade de consentir na entrada ou permanência".[384]

A entrada e a permanência são *clandestinas* quando se dão às ocultas, furtivamente, impedindo que o morador tenha conhecimento do fato. A entrada pode ser *astuciosa*, com o emprego de fraude. Como exemplo dessa hipótese é citado o caso dos que se fingem de empregados de companhia de gás, encanadores etc., para ingressarem, com esse expediente fraudulento, na casa ou em suas dependências.

Na entrada ou permanência clandestina ou astuciosa presume-se o não consentimento do morador; é o que se denomina dissenso *implícito*. Não se confunde ele com o dissenso *tácito*, que decorre de fato concludente, unívoco, incompatível com a vontade oposta. O segundo fundamenta-se em fatos e o primeiro em simples presunção, deduzida daquilo que normalmente acontece. O que é decisivo, porém, é a vontade do morador. "É o seu querer contrário – diz Aníbal Bruno que transforma em crime a entrada ou permanência do estranho".[385]

O conceito de *casa* pode ser dado como o de "qualquer construção, aberta ou fechada, imóvel ou móvel (um barracão tosco de madeira, um rancho, a cabine de um navio), de uso permanente ou ocupado transitoriamente (um escritório, um atelier, uma oficina etc.)".[386] Em interpretação autêntica, prevê o § 4º do artigo em estudo que a expressão "casa" compreende: I – qualquer compartimento habitado (maloca, barraca etc.); II – aposento ocupado de habitação coletiva (quartos de pensão, hotel, motel etc.); e III – compartimento não aberto ao público, onde alguém exerce profissão ou atividade (consultório, escritório, oficina, ateliê etc.). O fato de um motel receber rotineiramente casais para encontros amorosos não desnatura sua condição de habitação coletiva, e seus quartos, quando ocupados, constituem "casa" no sentido legal. Penetrar nela, sem o consentimento dos ocupantes, é crime de violação de domicílio.[79] Está protegido também o local destinado, por exemplo, a reuniões de direção do sindicato, estando proibida a entrada de terceiros.[80] Uma repartição pública, ainda que contenha restrições quanto à entrada de pessoas, não pode ser considerada "casa".[81] Também não constitui ilícito penal a violação de estabelecimento comercial quando nela não habita alguém.[82] Também não se inclui no conceito, ainda que por extensão do § 4º, III, do art. 150, em que a lei se refere ao trabalho privado numa oficina ou gabinete, a uma sala de aula, em que o professor fala a número indeterminado de estudantes.[83]

Refere-se a lei, também, às *dependências* da casa, ou seja, aos lugares que complementam a moradia como terraço,[84] quintal,[85] telhado,[86] garagem, pátio, adega etc. São os locais e construções que se incorporam funcionalmente à casa.[87] Exige-se, porém, que haja um visível obstáculo à passagem (cercas, telas, correntes etc.), não ocorrendo o ilícito quando, p. ex., o agente transita por um gramado não cercado.

---

384. NORONHA. *Direito penal*. Ob. cit. v. 2, p. 184.
385. Crimes contra a pessoa. Ob. cit. p. 380.
386. COSTA E SILVA. Violação de domicílio. *Justitia* 40/58.

9 • DOS CRIMES CONTRA A LIBERDADE INDIVIDUAL

Embora não seja necessário que a dependência esteja ligada materialmente à casa, exige-se que esteja ela em conexidade com a moradia, numa "certa relação de *necessidade* com a vida doméstica ou atividade privada".[387] Por essa razão, tem-se decidido que não ocorre o ilícito quando da violação de pastagem ou campo de uma propriedade rural,[88] podendo caracterizar-se, conforme o caso, o delito de esbulho possessório (art. 161, § 1º, inciso II).

Por força de lei, não se compreendem na expressão "casa": I – hospedaria, estalagem ou qualquer outra habitação coletiva, enquanto aberta,[89] salvo a restrição do nº II do parágrafo anterior (aposento ocupado de habitação coletiva); II – taverna, casa de jogo e outras do mesmo gênero (restaurantes, boates, prostíbulos, cassinos etc.). Pacífico, na jurisprudência, que "bar" não é "casa".[90] Protegidos, porém, estão os bordéis, casas de tolerância e a casa da meretriz nas horas de repouso ou quando o ingresso ou permanência se dá contra a vontade expressa da moradora.[91] Não são casas os templos, aviões, trens, automóveis, caminhões etc., desde que não haja local próprio para a permanência de morador (*trailer*, carro-habitação de saltimbancos, cabinas de trem ou navio etc.).

É preciso que a casa seja habitada.[92][388] mas isso não quer dizer que seja necessário para a caracterização do crime que os moradores estejam presentes no momento do fato. Como bem esclarece Costa e Silva, "é ocupada (habitada) a casa que alguém possui em uma estação balneária e que a maior parte do ano fica sem moradores".[93][389] A entrada em casa desabitada poderá, porém, caracterizar o crime de esbulho possessório (art. 161, § 1º, inciso II).

9.9.6 Tipo subjetivo

O dolo do delito é a vontade de ingressar ou permanecer na casa contra a vontade de quem de direito. Não é preciso que o agente tenha visado a um fim contrário ao Direito. Basta, pois, o chamado dolo genérico.[94] Equivocada a exclusão do crime, a nosso ver, quando a finalidade do agente não foi de violar o domicílio como propósito único da ação sob o fundamento da exigência do elemento subjetivo do injusto (dolo específico).[95] Nesses casos, ou o sujeito ativo contava com o consentimento de quem de direito ou a violação se deu para a prática de um ilícito, que absorve a invasão do domicílio (item 9.7.11).

Reconheceu-se o erro de fato no ingresso do acusado em casa não utilizada com habitação, não fechada e com aparência de abandono.[96] Também se entendeu não haver dolo na conduta de quem entrou em domicílio alheio durante uma briga, como episódio acidental desta[97] e para fugir da Polícia.[98] A embriaguez do agente não afasta o dolo,[99] embora já se tenha decidido o contrário.[100]

---

387. HUNGRIA, FRAGOSO. *Comentários*. Ob. cit. v. 6, p. 215-216.
388. JESUS, Damásio E. de. *Direito penal*. Ob. cit. v. 2, p. 278.
389. COSTA E SILVA. Violação de domicílio. *Justitia* 40/59.

9.9.7 Consumação e tentativa

Consuma-se o crime pela entrada efetiva, transposto pelo agente o limite que separa o domicílio do mundo exterior[101] ou pela permanência daquele que toma ciência de que deve sair. Trata-se de *crime de mera conduta*, que não reclama qualquer resultado danoso, bastando o perigo presumido na conduta do agente para aperfeiçoá-lo.[102] Nada impede a tentativa, como no caso daquele que força a entrada sem consegui-la, embora já se tenha entendido pela sua inadmissibilidade.[103] Entende Damásio possível a tentativa inclusive na permanência ilícita quando esta é obstada pela vontade do titular. A consumação, nesse caso, exigiria uma certa duração na conduta omissiva do agente.[390]

9.9.8 Formas qualificadas

O § 1º do art. 150 prevê várias hipóteses de crime qualificado. A primeira delas ocorre quando o crime é cometido "durante a noite", que corresponde ao período de completa obscuridade ou ausência de luz solar.[104] Noite é o tempo compreendido entre o ocaso do sol, isto é, o desaparecimento no horizonte, e o seu nascimento, ou seja, o espaço de tempo que vai desde o crepúsculo da tarde até o crepúsculo da manhã.[105] A noite não se confunde com o período de repouso noturno, mais restrito (item 10.1.13). Como a agravação deriva da maior dificuldade de defesa, entendeu-se que não responde com a pena majorada quem penetra, à noite, arbitrariamente, em casa alheia, quando nesta, profusamente iluminada, da frente aos fundos, se realiza um baile ou uma reunião festiva.[106]

Também há qualificadora quando o fato ocorre em "lugar ermo" (deserto, desabitado, despovoado, afastado, solitário), "aquele que, por falta de habitantes, ordinariamente ou no momento, oferece maior facilidade para a execução do crime e torna difícil ou impossível o auxílio à vítima".[391]

Aumenta-se a pena, também, quando houver "emprego de violência", ou seja, de força física contra a pessoa ou coisa (já que a lei não distingue),[107] ou "de arma", não bastando neste caso o simples porte, ou, ainda, "por duas ou mais pessoas". Quanto à arma é necessário que ela seja empregada ao menos para a ameaça, não se configurando a qualificadora quando se tratar de arma simulada ou de brinquedo (item 3.1.5).

Nesses casos, a pena é de detenção, de seis meses a dois anos, além da pena correspondente à violência (lesões etc.).

Há casos em que o funcionário público pode penetrar na casa contra a vontade de quem nela habita (prisão em flagrante ou por mandado, despejo, penhora, sequestro etc.). A lei estabelecia, no § 2º, o aumento da pena de um terço para o fato praticado por

---

390. JESUS, Damásio E. de. *Direito penal*. Ob. cit. v. 2, p. 284.
391. COSTA E SILVA. Violação de domicílio. *Justitia* 40/61.

9 • DOS CRIMES CONTRA A LIBERDADE INDIVIDUAL

207

funcionário público, fora dos casos legais (não permitidos), ou com inobservância das formalidades estabelecidas em lei (deficiência de mandado de despejo, penhora etc.) ou com abuso de autoridade (excesso na execução de um mandado ou diligência etc.). O dispositivo, porém, foi revogado pela nova Lei de abuso de autoridade, que passou a tipificar o ingresso de agente público em imóvel alheio ou suas dependências sem determinação judicial ou fora das condições estabelecidas em lei (art. 22, *caput*, e § 1º da Lei nº 13.869, de 5-9-2019).

9.9.9 Exclusão da antijuridicidade

Prevê o § 3º casos em que é lícito o ingresso ou a permanência de alguém na casa contra a vontade do morador. A primeira hipótese é a entrada ou permanência "durante o dia, com observância das formalidades legais, para efetuar prisão ou outra diligência" (inciso I). De acordo com a nova Constituição Federal é necessário sempre ordem judicial para qualquer diligência (busca, apreensão etc.) se não houver o consentimento do morador (art. 5º, XI, *in fine*). O mandado de prisão é ordem judicial e permite a entrada.

O inciso II permite a entrada na casa ou dependência "a qualquer hora do dia ou da noite, quando algum crime está sendo praticado ou na iminência de o ser". Há no caso legítima defesa de terceiro ou prisão em flagrante por particular, que constitui exercício regular de direito. Entendia-se que o dispositivo abrangia, até por analogia *in bonam partem*, os casos em que se pratica *contravenção*,[(108) 392] embora a Constituição Federal se referisse apenas a "crime". Diante da nova Carta, que menciona a hipótese de "flagrante delito", aquela conclusão é agora perfeitamente correta.

Também é lícita a entrada em casa alheia, sem consentimento do morador, em caso de "desastre ou para prestar socorro" (art. 5º, XI, da CF), vislumbrando-se aí situações de estado de necessidade.

9.9.10 Distinção

O crime do art. 150 subsiste como delito autônomo sempre que a violação seja um fim em si,[(109)] ou quando houver dúvida quanto ao verdadeiro propósito do agente.[(110)] Também existe se for ato preparatório para outro crime, como o caso em que o agente invadiu a residência da vítima para agredi-la não a encontrando.[(111)] Por fim, também poderá subsistir nos casos de desistência voluntária[(112)] e arrependimento eficaz quanto ao crime-fim.

---

392. Nesse sentido: HUNGRIA, FRAGOSO. *Comentários*. Ob. cit. v. 6, p. 24-225; JESUS, Damásio E. de. *Direito penal*. Ob. cit. v. 2, p. 287; BRUNO, Aníbal. Crimes contra a pessoa. Ob. cit. p. 383; FRAGOSO. *Lições*. Ob. cit. v. 1, p. 254.

9.9.11 Concurso

Comum é a prática do delito de violação de domicílio como meio para outro crime[113] Nesses casos o crime-fim absorve a violação do domicílio.[114] [393] Assim têm decidido os tribunais nos casos de roubo,[115] ameaça, extorsão,[116] delitos sexuais,[117] exercício arbitrário das próprias razões,[118] adultério[119] [394] e constrangimento ilegal.[120] Tem-se ponderado, porém, que o delito de violação de domicílio não pode ser absorvido por crime-fim menos grave, como o exercício arbitrário das próprias razões, por exemplo, dando aquela a tônica dominante para fins punitivos.[121]

9.10 VIOLAÇÃO DE CORRESPONDÊNCIA

9.10.1 Conceito

Nos arts. 151 e 152, da Seção III, cuida o Código Penal, no Capítulo VI, dos delitos contra a inviolabilidade de correspondência. No primeiro estão previstos os crimes de violação, sonegação e destruição de correspondência e violação de comunicação telegráfica, radioelétrica ou telefônica, e, no segundo, o de correspondência comercial.

Nos termos do art. 5º, XII, da CF, "é inviolável o sigilo da correspondência e das comunicações telegráficas, de dados e das comunicações telefônicas, salvo, no último caso, por ordem judicial, nas hipóteses e na forma que a lei estabelecer para fins de investigação criminal ou instrução processual penal". Essa garantia constitucional é estendida à lei penal que pune os fatos em que se viola a liberdade de sigilo da correspondência. Define-se no art. 151, *caput*, o delito de violação de correspondência: "Devassar indevidamente o conteúdo de correspondência fechada, dirigida a outrem: Pena – detenção, de um a seis meses, ou multa." Tal dispositivo, entretanto, foi revogado pela Lei nº 6.538, de 22-6-1978, que dispõe sobre os Serviços Postais, em que se define o delito, no art. 40, com a mesma redação, cominando-se, todavia, pena de detenção até seis meses, ou pagamento não excedente a vinte dias-multa.

9.10.2 Objetividade jurídica

Visa o dispositivo em vigor garantir a liberdade individual do sigilo de correspondência, como corolário da liberdade de manifestação de pensamento.

9.10.3 Sujeito ativo

Tratando-se de crime comum, sujeito ativo do delito de violação de correspondência é qualquer pessoa, excluindo-se, evidentemente, o remetente e o destinatário, a

---

393. HUNGRIA, FRAGOSO. *Comentários*. Ob. cit. v. 6, p. 209; FRAGOSO. *Lições*. Ob. cit. v. 1, p. 252-253; e DELMANTO, Celso. *Código penal anotado*. São Paulo: Saraiva, 1981. p. 49.

394. O art. 240 do CP, que previa o crime de adultério, foi revogado pela Lei nº 11.106, de 28-3-2005.

9 • DOS CRIMES CONTRA A LIBERDADE INDIVIDUAL

não ser que ocorra, quanto a este último, o crime previsto no art. 153. Se o agente atua com abuso de função em serviço postal haverá delito qualificado (item 9.13.1).

9.10.4 Sujeito passivo

A violação de correspondência é um delito de dupla subjetividade passiva: são dois os sujeitos passivos, o remetente e o destinatário. O titular exclusivo do direito é o remetente enquanto a correspondência não chegar ao seu destino. O art. 11 da Lei nº 6.538 preceitua que os "objetos postais pertencem ao remetente até a sua entrega a quem de direito" e "quando a entrega não tenha sido possível em virtude de erro ou insuficiência de endereço, o objeto permanecerá à disposição do destinatário, na forma definida em regulamento" (§ 1º). Assim, a interceptação, destruição, sonegação ou divulgação do conteúdo pelo remetente antes da entrega ao destinatário constitui simples ilícito administrativo ou o delito de divulgação de segredo. Caso morra o remetente ou o destinatário antes da entrega da correspondência, nem por isso deixa de existir o delito, cabendo às pessoas mencionadas no art. 24, § 1º, do CPP, a titularidade para representar (item 9.13.2). Também não influi na configuração do crime a circunstância de ser anônimo o remetente.[395]

9.10.5 Tipo objetivo

O objeto material do crime é a *correspondência fechada*. Na doutrina tem-se definido correspondência como a "comunicação ou transmissão de pensamento de uma pessoa a outra, reproduzida ou fixada numa coisa".[396] A Lei nº 6.538 define correspondência como "toda comunicação de pessoa a pessoa, por meio de carta, através da via postal, ou por telegrama" (art. 47), limitando, injustificadamente, o alcance do dispositivo. Estão excluídos, diante da interpretação autêntica do conceito de correspondência, não só os livros, revistas, estampas etc., que não constituem transmissão de pensamento de pessoa a pessoa, como também qualquer outro tipo de comunicação, como a de uma fita eletromagnética gravada, *e-mail*, cartas ou bilhetes por outro meio que não a via postal etc. Nesses casos, porém, poderá ocorrer outro delito, como a divulgação de segredo, a subtração de documento, invasão de dispositivo informático etc.

Exige a lei que se trate de correspondência *fechada* (por cola, lacre, costura etc.) por presumir a lei que não há interesse do remetente ou do destinatário quanto ao conhecimento por terceiro do conteúdo de correspondência remetida em envelope aberto. É necessário, também, que a correspondência seja destinada à pessoa determinada e não a uma coletividade destituída de personalidade jurídica, como a endereçada ao "público", "amigos", "eleitores" etc. Indispensável, por fim, que a correspondência tenha atualidade, ou seja, que não possua ela apenas valor efetivo, de coleção, histórico, artístico etc.[397]

---

395. FRAGOSO. *Lições*. Ob. cit. v. 1, p. 258.
396. NORONHA. *Direito penal*. Ob. cit. v. 2, p. 192.
397. NORONHA. *Direito penal*. Ob. cit. v. 2, p. 193; e JESUS, Damásio E. de. *Direito penal*. Ob. cit. v. 2, p. 262.

A conduta prevista na lei é a de *devassar*, que, no caso, significa, observar, tomar conhecimento do conteúdo da correspondência, não constituindo o crime a simples abertura do envelope. Por outro lado, comete o ilícito o agente que *toma conhecimento do conteúdo* sem a abertura do invólucro, aproveitando-se de eventual transparência quando colocado contra a luz.[398] Não é necessário para a consumação do crime que o sujeito ativo divulgue ou utilize o conteúdo da correspondência, caso em que poderá ocorrer o crime previsto no art. 153, quando o conteúdo é segredo, ou outro delito mais grave (extorsão, p. ex.). Devassar conteúdo sério ou jocoso, sigiloso ou trivialidade, constitui sempre ilícito penal.

9.10.6 Tipo subjetivo

O dolo é a vontade de conhecer o teor da correspondência. O erro afasta o dolo; não pratica o crime aquele que lê, por engano, correspondência dirigida a outrem, ainda que por negligência no verificar o nome do destinatário, uma vez que a lei não consagra a forma culposa do delito. A simples leitura de correspondência alheia, já *aberta* e *lida*, não constitui o crime com estudo, mas o seu apoderamento poderá configurar outro ilícito (sonegação ou destruição de correspondência, furto, apropriação indébita, subtração de documento etc.).

9.10.7 Elemento normativo

Segundo o tipo em estudo, só ocorrerá o crime quando o sujeito atuar *indevidamente*; inexiste o delito quando houver justa causa para a leitura da correspondência dirigida a outrem. Apontam os doutrinadores os casos em que a correspondência do filho menor ou do incapaz é devassada pelos pais ou responsáveis, do preso pelo diretor do presídio, do síndico na falência etc. Diante do art. 5º, XII, da CF, porém, só está excluído o tipo nos casos de estado de necessidade ou no exercício regular de direito (leitura da correspondência pelo pai ou responsável, por exemplo). A Carta prevê exceções por lei apenas na hipótese das conversações telefônicas e não nas demais formas de comunicação.[399] A leitura da correspondência, em todas as hipóteses, somente pode ocorrer com o consentimento do destinatário.

Tem-se entendido que é possível a devassa pelo cônjuge do destinatário, em face da comunhão íntima que se estabelece na vida do casal.[400] Fragoso afirma que "o casamento não confere a qualquer dos cônjuges direito a violar a correspondência do outro".[401] Aníbal Bruno parece-nos ter a opinião mais aceitável, ao afirmar que "em condições

---

398. NORONHA. *Direito penal*. Ob. cit. v. 2, p. 193; HUNGRIA, FRAGOSO. *Comentários*. Ob. cit. v. 6, p. nº 237; BRUNO, Aníbal. *Crimes contra a pessoa*. Ob. cit. p. 390; e JESUS, Damásio E. de. *Direito penal*. Ob. cit. v. 2, p. 292.
399. CF, art. 5º, XII.
400. HUNGRIA, FRAGOSO. *Comentários*. Ob. cit. v. 6, p. 238; JESUS, Damásio E. de. *Direito penal*. Ob. cit. v. 2, p. 293; NORONHA. *Direito penal*. Ob. cit. v. 2, p. 194; e SILVEIRA, Euclides C. da. Ob. cit. p. 301.
401. *Lições*. Ob. cit. v. 1, p. 259-260.

normais de convivência, é de presumir-se entre os cônjuges um consentimento tácito, que justificaria o fato",[402] mas, inexistindo a presunção e não abrindo mão o cônjuge do direito disponível de sigilo de correspondência, vedado é o devassamento pelo outro.

9.10.8 Consumação e tentativa

Consuma-se o crime em estudo quando o agente toma conhecimento, ainda que em parte, do conteúdo da correspondência. É possível a tentativa quando o agente é interrompido antes de tomar conhecimento do conteúdo da carta: quando já abriu o envelope mas não leu seu conteúdo; quando está procurando traduzir o conteúdo se escrita a carta em língua que não conhece; quando procura decodificá-lo se em linguagem cifrada. Nesses dois últimos casos entende Fragoso que ocorre crime impossível,[403] o que só é correto se não houver meios de tradução ou decifração da mensagem.

O erro quanto à licitude da conduta (o agente supõe que está autorizado a devassar o conteúdo) constitui erro de proibição sobre o elemento normativo do tipo (item 2.1.5).

9.10.9 Concurso

Pode ocorrer concurso material quando, além de devassar a correspondência, o agente subtrai ou se apossa de valores (furto, apropriação indébita etc.). Caso o sujeito ativo destrua ou sonegue a correspondência, será punido pelo delito previsto no art. 151, § 1º, inciso I (item 9.8.1).

9.10.10 Pena

A pena é alternativa, prevendo a lei ou a aplicação da pena de detenção ou o pagamento de até 20 dias-multa.

9.11 SONEGAÇÃO OU DESTRUIÇÃO DE CORRESPONDÊNCIA

9.11.1 Conceito

Prevê-se, no art. 151, § 1º, inciso I, o crime de "quem se apossa indevidamente de correspondência alheia, embora não fechada e, no todo ou em parte, a sonega ou destrói". O dispositivo, porém, foi revogado pelo § 1º, do art. 40, da Lei nº 6.538, que comina as mesmas penas do crime de violação de correspondência para quem "se apossa indevidamente de correspondência alheia, embora não fechada, para sonegá-la ou destruí-la, no todo ou em parte".

---

402. *Crimes contra a pessoa*. Ob. cit. p. 393-394.
403. *Lições*. Ob. cit. v. 1, p. 259.

9.11.2 Objetividade jurídica

A objetividade jurídica é, ainda, a liberdade de correspondência.

9.11.3 Sujeitos do delito

Quanto aos sujeitos ativo e passivo aplica-se o que já foi exposto quanto ao crime de violação de correspondência (itens 9.8.3 e 9.8.4).

9.11.4 Tipo objetivo

O objeto material do crime é, também, a correspondência, mas aqui há proteção também para a aberta, posto que há sério dano à liberdade de manifestação de pensamento de pessoa a pessoa na sonegação ou destruição da mensagem, seja ela fechada ou aberta.

A conduta, diversamente do que constava no art. 151, § 1º, inciso I, do CP, é *apossar-se* da correspondência, com o fim de *sonegá-la* (escondê-la, desviá-la) ou *destruí-la* (inutilizá-la) no todo ou em parte. Apossar-se significa não só subtrair, tirar a correspondência de quem legitimamente a detém, como transformar a detenção ou mera disposição dela (empregado, funcionário postal etc.) em posse indevida para sonegação ou destruição. Decidiu-se pela ocorrência do crime no caso do empregado que foi despedido e interceptou na portaria da empresa a carta da Justiça do Trabalho em que esta era notificada para a audiência de conciliação de julgamento. Na hipótese de interceptação ou destruição de correspondência eletrônica, o crime é o de invasão de dispositivo informático (art. 154-A).

9.11.5 Tipo subjetivo

A vontade de apossar-se da correspondência alheia é o dolo do delito. Exige-se o elemento subjetivo do injusto, que é o fim de sonegar ou destruir. O apossamento para, simplesmente, tomar conhecimento do conteúdo, constitui apenas ato preparatório ou tentativa do crime de violação de correspondência.

9.11.6 Elemento normativo

Vigoram para o crime em estudo os princípios mencionados anteriormente no que tange ao elemento normativo do tipo consubstanciado na expressão "indevidamente" (item 9.8.7).

9.11.7 Consumação e tentativa

Consuma-se o delito com o simples apossamento da correspondência pelo agente, desde que tenha a finalidade de sonegá-la ou destruí-la. É possível a tentativa quando, p. ex., o agente não consegue a subtração por circunstâncias alheias à sua vontade.

9.11.8 Concurso

Poderá ocorrer concurso material ou formal se a correspondência constituir um documento (art. 305 do CP). Caso o agente devasse a correspondência e depois a destrua, só responderá pelo último delito, que absorve o primeiro.

9.12 VIOLAÇÃO DE COMUNICAÇÃO TELEGRÁFICA, RADIOELÉTRICA OU TELEFÔNICA

9.12.1 Conceito

Pratica crime "quem indevidamente divulga, transmite a outrem ou utiliza abusivamente comunicação telegráfica ou radioelétrica dirigida a terceiro, ou conversação telefônica entre outras pessoas" (art. 151, § 1º, inciso II).

9.12.2 Objetividade jurídica

Ainda nesse crime é protegida a liberdade individual do sigilo de comunicação de pessoa a pessoa.

9.12.3 Sujeitos do delito

Também para o crime em estudo se aplica o já exposto quanto aos demais crimes contra a liberdade de correspondência (itens 9.8.3. e 9.8.4). Mais fácil será a prática do crime com abuso de função em serviço, ocorrendo, então, crime qualificado (item 9.13.1).

9.12.4 Tipo objetivo

As condutas previstas no dispositivo são variadas.

A primeira delas é a de *divulgar* a comunicação telegráfica ou radioelétrica dirigida a terceiro, ou seja, a de transferir a pessoas indeterminadas o conteúdo da comunicação. Também é crime *transmitir* essa comunicação, o que significa a atividade de comunicar o conteúdo da mensagem, ainda que reservadamente, a uma ou mais pessoas determinadas. Por fim, é incriminada a conduta de *utilizar* o conhecimento da mensagem, desde que o fato não constitua crime mais grave (extorsão, por exemplo). As mensagens protegidas são as transmitidas por telégrafo, telefone ou por meio de ondas hertzianas (rádio, televisão etc.) quando não dirigidas ao público, pouco importando se a intercepção ocorra de forma abusiva ou fortuita. Comete crime quem grava e divulga sem a devida autorização a conversa travada entre outras pessoas por meio de um desses meios de comunicação.[122]

A privacidade das comunicações eletrônicas é objeto de proteção no art. 154-A, § 3º. As comunicações telefônicas podem ser violadas apenas "por ordem judicial, nas hipóteses e na forma que a lei estabelecer para fins de investigação criminal ou instrução processual penal", conforme dispõe o art. 5º, inciso XII, da CF. O art. 57, II, *e*, da Lei nº 4.117, de 27-8-1962 (CBT), aliás, já dispunha que não constitui violação de telecomunicação o conhecimento dado "ao juiz competente, mediante requisição ou intimação deste".

A possibilidade de interceptação telefônica passou a ser regulada pela Lei nº 9.296, de 24-7-1996, que regulamentando o art. 5º, XII, parte final, da CF, a prevê por meio de ordem judicial e sob segredo de justiça, para a prova em investigação criminal e em instrução processual, a ela equiparando a interceptação do fluxo de comunicações em sistemas de informática e telemática (art. 1º e parágrafo único). No seu art. 10, alterado pela Lei nº 13.869, de 5-9-2019, criminaliza-se a conduta de "realizar interceptação de comunicações telefônicas, de informática ou telemática, promover escuta ambiental ou quebrar segredo da Justiça, sem autorização judicial ou com objetivos não autorizados em lei", prevendo para o fato pena de dois a quatro anos de reclusão e multa. Nos termos do novo parágrafo único, incorre na mesma pena a autoridade judicial que determina a execução daquela conduta com objetivo não autorizado em lei. A Lei 13.964, de 24-12-2019, acrescentou à Lei nº 9.296/1996, o art. 10-A, tipificando, sob as mesmas penas e de forma redundante, a captação ambiental de sinais eletromagnéticos, ópticos ou acústicos para investigação ou instrução criminal sem autorização judicial, quando esta for exigida. Pune-se, também, com o dobro da pena, o agente, funcionário público, que violar o sigilo das investigações que envolvam a captação ambiental.

A Lei nº 12.850, de 2-8-2013, que revogou a Lei nº 9.034, de 3-5-1995, prevê, também, expressamente, a possibilidade de captação de sinais eletromagnéticos, óticos ou acústicos e de interceptação de comunicações telefônicas e telemáticas, mediante autorização judicial em qualquer fase da persecução penal em crimes praticados por organizações criminosas (art. 3º, incisos II e V). A Lei nº 9.472, de 16-7-1997, dispõe sobre a organização dos serviços de telecomunicações, a criação e o funcionamento de um órgão regulador e outros aspectos institucionais, nos termos da Emenda Constitucional nº 8, de 1995.

9.12.5 Elemento subjetivo

O dolo é a vontade de praticar uma das condutas previstas na lei.

9.12.6 Consumação e tentativa

Consuma-se o crime com a divulgação, transmissão ou uso do conteúdo da comunicação, independentemente de haver qualquer vantagem para o sujeito ativo. Tratando-se de crime plurissubsistente, nada impede a tentativa (p. ex.: o agente grava a mensagem e se prepara para reproduzi-la quando é interrompido pela vítima ou terceiro); o sistema de interceptação e reprodução não opera a contento, não se constatando a divulgação ou uso abusivo da comunicação[123] etc.

9.13 IMPEDIMENTO DE TELECOMUNICAÇÃO

9.13.1 Conceito

Também é crime *impedir a comunicação ou conversação* efetuada por meio de telégrafo, rádio ou telefone (art. 151, § 1º, inciso III). Não se trata, no dispositivo, da interceptação do telegrama reduzido à escrita, o que configura o crime de sonegação ou destruição de correspondência, e sim da comunicação efetuada por meio das ondas de rádio.

9.13.2 Objetividade jurídica

Protege-se, ainda uma vez, a liberdade de transmissão de pensamento de pessoa a pessoa.

9.13.3 Sujeitos do delito

Qualquer pessoa pode cometer o delito em estudo. Prevê, contudo, o art. 72 da Lei nº 4.117, de 27-8-1962, com redação dada pelo Decreto-lei nº 236, de 28-2-1967, que "a autoridade que impedir ou embaraçar a liberdade da radiodifusão ou da televisão fora dos casos autorizados em lei, incidirá no que couber, na sanção do art. 322 do Código Penal".

Sujeitos passivos são os remetentes e destinatários da mensagem.

9.13.4 Tipo objetivo

A conduta prevista no tipo é *impedir*, ou seja, obstar ou mesmo interromper, de qualquer forma, a comunicação ou conversação. Pode-se praticar o crime cortando os fios do telefone (em que existirá também eventual crime de dano), produzindo ruídos no aparelho, interferindo na frequência das ondas hertzianas etc. Não se configura o crime na hipótese de pessoa presa. A Lei nº 10.792, de 1º-12-2003, prevê expressamente a instalação nos estabelecimentos penitenciários, especialmente nos destinados ao regime disciplinar diferenciado, de bloqueadores para telefones celulares, radiotransmissores e outros meios de telecomunicação (art. 4º).

9.13.5 Tipo subjetivo

Exige-se para a caracterização do crime o dolo, ou seja, a vontade livre e consciente de impedir a comunicação. Inexistindo a forma culposa, não ocorrerá o delito se uma pessoa, utilizando-se de aparelhos eletrônicos para um fim qualquer, impede a conversação de outras pessoas, desde que não tenha, ao menos, assumido o risco desse resultado.

9.13.6 Consumação e tentativa

Consuma-se o crime com a interrupção da comunicação ou conversação entre as vítimas. Ocorre tentativa quando houver interferência que não impede a comunicação entre os sujeitos passivos.

9.14 INSTALAÇÃO OU UTILIZAÇÃO ILEGAIS

9.14.1 Conceito e revogação

O art. 151, § 1º, inciso IV, prevê crime quando se *instala* ou se *utiliza* estação ou aparelho radioelétrico, sem observância de disposição legal. O dispositivo, entretanto, foi tacitamente revogado pelo art. 70, da Lei nº 4.117, de 27-8-1962, que instituiu o Código Brasileiro de Telecomunicação, com a redação que lhe deu o Decreto-lei nº 236, de 28-2-1967: "Constitui crime punível com a pena de detenção de 1 (um) a 2 (dois) anos, aumentada da metade se houver dano a terceiro, a instalação ou utilização de telecomunicações, sem observância do disposto nesta Lei e nos regulamentos". Pelo Decreto nº 2.615, de 3-6-1998, foi aprovado o Regulamento do Serviço de Radiodifusão Comunitária. Já se decidiu que para a caracterização do crime é indispensável a comprovação da ocorrência de danos ao sistema de telecomunicações[124] Nos termos do art. 183 da Lei nº 9.472, de 16-7-1997, comete crime, ainda, quem "desenvolver clandestinamente atividades de telecomunicações", cominando-se para o fato a pena de detenção, de dois a quatro anos, aumentada da metade se houver dano a terceiro, e multa de R$ 10.000,00 (dez mil reais), acrescentando-se, desnecessariamente, que incorrerá na mesma pena "quem, direta ou indiretamente, concorrer para o crime" (parágrafo único). De acordo com a Súmula 606 do STJ "não se aplica o princípio da insignificância a casos de transmissão clandestina de sinal de internet via radiofrequência, que caracteriza o fato típico previsto no art. 183 da Lei 9.472/1997".

É prevalente no Superior Tribunal de Justiça a orientação de que o art. 70 da Lei nº 4.117, de 27-8-1962, não foi revogado pelo art. 183 da Lei nº 9.472, de 16-7-1997, e que ambos os dispositivos continuam em vigor, o primeiro tipificando a conduta de instalação ou utilização de telecomunicações em situação irregular, isto é, em desacordo com as prescrições legais, e o segundo a conduta de desenvolver atividade de telecomunicações clandestinamente, isto é, sem a necessária concessão, permissão ou autorização legais. Há, entendimento, também, de que a previsão da multa no valor fixo de R$ 10.000,00 no art. 183 é inconstitucional por violar o princípio da individualização da pena. Embora já se tenha decidido no sentido da necessidade de comprovação da ocorrência de danos ao sistema de telecomunicações, os crimes previstos em ambos os diplomas legais são de perigo abstrato, presumindo-se o perigo que a operação clandestina ou irregular das atividades dessa natureza acarreta à segurança dos meios de comunicação regularmente instalados. A Lei nº 9.612, de 19-2-1998, que dispõe sobre o serviço de radiodifusão comunitária e que não contém dispositivos de natureza penal, também não revogou os crimes de radiodifusão previstos na Lei nº 4.117, de 27-8-1962.

9.14.2 Tipo objetivo

As condutas são as de *instalar* qualquer meio de telecomunicação, ou *utilizar* um já existente, sem que esteja o agente regularmente autorizado para essa atividade.

9 • DOS CRIMES CONTRA A LIBERDADE INDIVIDUAL **217**

Trata-se, portanto, de lei penal em branco.[125] Inclui-se a transmissão de "radioamadores"(PY), até aqueles que operam em automóveis (PX) quando o agente não possui a devida autorização da ANATEL. Pelo Decreto nº 3.241, de 11-11-1999, foi promulgada a Convenção Interamericana sobre a Permissão Internacional de Radioamador, concluída em Montrouis, Haiti, em 8-6-1995.

9.15 DISPOSIÇÕES DIVERSAS

9.15.1 Forma qualificada e aumento de pena

Prevê a lei o aumento da pena pela metade se há dano para outrem (art. 151, § 2º). Tal disposição é repetida também no art. 40, § 2º, da Lei nº 6.538, que se refere aos crimes de violação, sonegação e destruição de correspondência previstos na lei especial. O § 2º, do art. 151, porém, prevalece com relação aos crimes ainda previstos pelo Código Penal.

Os citados dispositivos se referem não ao dano ínsito, inerente à devassa ou destruição, mas a qualquer outro, econômico ou moral, causado a qualquer pessoa.

Segundo o art. 151, § 3º, há também crime qualificado, punido com detenção de uma três anos, quando o agente pratica o fato com "abuso de função em serviço postal, telegráfico, radioelétrico ou telefônico". Decidiu-se que o crime de violação de correspondência previsto no art. 151, § 3º, do CP não foi extinto pelo crime de abuso de autoridade, previsto no art. 3º, *c*, da Lei nº 4.898/65, que tratava do atentado ao sigilo de correspondência e que foi revogada pela Lei nº 13.869, de 5-9-2019. Nem todo funcionário pode ser considerado autoridade, no conceito penal, pelo que é lícito distinguir o crime praticado com abuso de função do de abuso de autoridade.[126] Necessário, porém, é verificar-se se não ocorrem os crimes previstos no art. 41 e seus incisos, da Lei nº 6.538, ou no art. 58 e seus incisos, da Lei nº 4.117, com a redação determinada pelo Decreto-lei nº 236.

Refere-se o dispositivo à *função específica* do agente (telegrafista, carteiro etc.), não ocorrendo a qualificadora apenas por ser o sujeito ativo funcionário da empresa ou serviço de telecomunicações (faxineiro, contínuo etc.).[404]

O art. 43 da Lei nº 6.538 manda agravar a pena dos crimes contra o serviço postal ou de telegrama quando o sujeito ativo atua "prevalecendo-se do cargo, ou em abuso de função". Nesse caso, não se trata de previsão de crimes qualificados (a lei não se refere aos limites da pena) e sim de mera circunstância agravante.

9.15.2 Ação penal

A ação penal com relação aos delitos estudados é sempre pública, condicionada, porém, à representação da vítima quando se tratar de crime previsto no Código Penal

---

404. Nesse sentido: HUNGRIA, FRAGOSO. *Comentários*. Ob. cit. v. 6, p. 243; NORONHA. *Direito penal*. Ob. cit. v. 2, p. 198; FRAGOSO. *Lições*. Ob. cit. v. 1, p. 262-263; JESUS, Damásio E. de. *Direito penal*. Ob. cit. v. 2, p. 302; e BRUNO, Aníbal. *Crimes contra a pessoa*. Ob. cit. p. 397.

e não excluído expressamente dessa condição (art. 151, § 4º). Nos demais é obrigatória a "representação" da autoridade administrativa ao Ministério Público Federal, "sob pena de responsabilidade" nos termos do art. 45 da Lei nº 6.538/78. Este artigo, além de eliminar as exceções previstas no art. 151, § 4º, do CP, torna obrigatória a ação penal com relação aos crimes previstos na lei especial, sem prejuízo das sanções a serem impostas a autoridade que se omitir quanto à "representação", que, na verdade, por não ser indeclinável, é mera comunicação.

A representação referida no dispositivo do Código Penal pode ser formulada pelo sujeito passivo, não só o remetente ou destinatário da mensagem, mas todo aquele que por acaso sofra algum dano provocado diretamente pelo delito.

9.16 CORRESPONDÊNCIA COMERCIAL

9.16.1 Conceito

O crime de "correspondência comercial" está definido no art. 152: "Abusar da condição de sócio ou empregado de estabelecimento comercial ou industrial para, no todo ou em parte, desviar, sonegar, subtrair ou suprimir correspondência, ou revelar a estranho seu conteúdo: Pena – detenção, de três meses a dois anos."

9.16.2 Objetividade jurídica

Tutela-se a liberdade de correspondência comercial, ou seja, a liberdade de comunicação de pensamento por meio da correspondência comercial.

9.16.3 Sujeito ativo

O crime de correspondência comercial é um delito *próprio*, uma vez que só pode ser praticado pelo *sócio* ou *empregado* do estabelecimento. É necessário, portanto, que exista uma relação contratual entre o agente e o estabelecimento, ou seja, um contrato de trabalho ou de sociedade. Incluem-se tanto o sócio ou empregado do remetente como o do destinatário. Desnecessário, por outro lado, que o sujeito ativo pratique o fato no exercício de sua função específica (secretário, gerente etc.); exige a lei apenas que tenha ele a "qualidade" de sócio ou empregado.[405]

9.16.4 Sujeito passivo

Sujeito passivo do crime é a empresa comercial ou industrial, remetente ou destinatária da correspondência.

---

405. Nesse sentido: HUNGRIA, FRAGOSO. *Comentários*. Ob. cit. v. 6, p. 245-246.

9.16.5 Tipo objetivo

O objeto material é a correspondência comercial, ou seja, a comunicação de mensagem referente às atividades ou relacionadas com o estabelecimento. Caso a comunicação do pensamento não compreenda qualquer assunto relacionado à atividade comercial ou industrial, ainda que a correspondência seja remetida ou destinada ao estabelecimento, só poderá ocorrer o delito de violação de correspondência comum.

O delito em apreço é crime de ação múltipla, podendo ser praticado quando o agente, abusando da qualidade de empregado ou sócio, *desvia* (dá destino diverso do normal), *sonega* (esconde, oculta), *subtrai* (tira, furta), ou *suprime* (destrói, elimina) a correspondência. Pune-se, também, a *revelação* (transmissão ou divulgação) do conteúdo de correspondência a estranho.

Entende-se que é necessária, ao contrário do que ocorre nos delitos antecedentes, pelo menos a possibilidade de dano moral ou econômico.[406] Na inexistência de dano efetivo ou potencial, poderá estar caracterizado um dos delitos anteriores.

9.16.6 Tipo subjetivo

O dolo do crime é a vontade de praticar uma das condutas referidas na lei (desviar, sonegar, subtrair, suprimir ou revelar), desde que o agente esteja ciente de que está abusando, ou seja, fazendo mau uso da qualidade de sócio ou empregado.

9.16.7 Consumação e tentativa

Dá-se a consumação com o desvio, sonegação, subtração ou supressão da correspondência ou com a revelação do conteúdo dela a estranho. É suficiente que se atinja parte da correspondência. Como nos crimes anteriores, é possível a tentativa.

9.16.8 Ação penal

Apura-se o crime mediante ação penal pública condicionada à representação da pessoa jurídica ofendida.

9.16.9 Concurso

Pode ocorrer concurso formal ou material com os delitos de divulgação de segredo (art. 153), violação de segredo profissional (art. 154) e contra a propriedade imaterial (art. 184 do Código Penal e Lei nº 9.279, de 14-5-1996) etc.

---

406. Nesse sentido: HUNGRIA, FRAGOSO. *Comentários*. Ob. cit. v. 6, p. 246; NORONHA. *Direito penal*. Ob. cit. v. 2, p. 199; e FRAGOSO. *Lições*. Ob. cit. v. 1, p. 264.

9.17 DIVULGAÇÃO DE SEGREDO

9.17.1 Conceito

Define o art. 153 o crime de divulgação de segredo: "Divulgar alguém, sem justa causa, conteúdo de documento particular ou de correspondência confidencial, de que é destinatário ou detentor, e cuja divulgação possa produzir dano a outrem: Pena – detenção, de um a seis meses, ou multa." É um dos dois delitos incluídos na seção IV, que trata dos crimes contra a inviolabilidade dos segredos.

9.17.2 Objetividade jurídica

Visa o dispositivo proteger a liberdade individual de manter segredos cuja divulgação pode ocasionar dano a qualquer pessoa. É assegurado ao indivíduo o sigilo da vida íntima contra a indiscrição de terceiros.

9.17.3 Sujeito ativo

Praticam o delito o destinatário ou detentor (legítimo ou ilegítimo) da correspondência e do documento. O remetente somente poderá figurar como agente em caso de participação, quando determinar, por exemplo, ao destinatário ou detentor a divulgação do segredo contido no documento ou correspondência.

9.17.4 Sujeito passivo

Podem figurar como sujeitos passivos do crime não só o remetente, o autor do documento, o destinatário (se outrem for o detentor-sujeito ativo), como qualquer pessoa. Isto porque o dispositivo se refere ao dano causado a *outrem*, ou seja, a qualquer pessoa.

9.17.5 Tipo objetivo

O objeto material do crime é o *documento particular* e a *correspondência confidencial*. Documento é o escrito fixado por uma pessoa para transmitir algo juridicamente relevante, ou, no dizer de Hungria, "todo escrito de que resulte a prova de fato juridicamente relevante, tenha ou não caráter econômico".[407] Protege a lei apenas o documento particular, uma vez que o público é acessível a todos, exceto os documentos secretos ou sigilosos.[(127)] A violação destes últimos poderá constituir, assim, um crime contra a soberania nacional ou outro (item 9.17.10).

---

407. *Comentários*. Ob. cit. v. 6, p. 250.

9 • DOS CRIMES CONTRA A LIBERDADE INDIVIDUAL **221**

Quanto à correspondência, cujo significado já foi exposto (item 9.10.5), exige-se que se trate de assunto *confidencial*, ou seja, que o conteúdo seja de algo que é secreto, o que se aplica também ao caso do documento, como se pode concluir da rubrica do dispositivo. *Segredo* é algo sigiloso (lícito ou ilícito), conhecido de um número limitado de pessoas, que alguém deseja manter oculto. É o fato que deve ficar restrito ao conhecimento de uma ou de poucas pessoas, como diz Delmanto.[408] Desnecessário, porém, que conste expressamente da correspondência ou documento a palavra "confidencial" ou "secreto", bastando que o conteúdo tenha esse caráter por disposição expressa ou por necessidade implícita. Por outro lado, não será sigiloso o conteúdo inócuo, ainda que conste do envelope que o contém ser ele "confidencial".

A lei deixa à margem da proteção penal os segredos obtidos por confidência oral e não necessária (Exposição de Motivos, item 54). A divulgação, nesse caso, porém, poderá constituir crime de difamação (item 8.2.5).

A conduta típica é *divulgar* o segredo inscrito do documento ou correspondência. Segundo alguns doutrinadores, basta que o segredo seja comunicado a uma só pessoa,[409] mas a maioria exige que seja ela feita a várias.[410] A circunstância de ter o legislador empregado o verbo *divulgar* e não o de *transmitir a outrem* ou o *revelar*, como o fez nos arts. 151, § 1º, inciso II, e 154, dá apoio à segunda orientação. A divulgação pode ser realizada de várias formas: a um grupo de várias pessoas, pela imprensa, pelo rádio, por panfletos etc.

Exige-se que a divulgação possa produzir dano a outrem mas não é indispensável efetivo prejuízo. Não havendo distinguido a lei, o dano potencial ou efetivo pode ser econômico ou moral.

9.17.6 Elemento normativo

Não constitui crime a divulgação do segredo se houver justa causa para o conhecimento público do fato. É permitido, por exemplo, apresentar a correspondência como prova em processo (exercício regular de direito) ou testemunhar revelando o segredo (estrito cumprimento do dever legal). Já se decidiu que não pratica ilícito o advogado que junta documento médico confidencial para instruir a ação judicial, pois, havendo justa causa, o fato é atípico.[(128)]

9.17.7 Tipo subjetivo

O dolo do delito é a vontade livre e consciente de divulgar o segredo, com a consciência de poder causar dano a outrem. A punição na inexistência dessa consciência

---

408. *Direito penal anotado*. Ob. cit. p. 153.
409. Nesse sentido: DELMANTO. *Código penal anotado*. Ob. cit. p. 153.
410. Nesse sentido: NORONHA. *Direito penal*. Ob. cit. v. 2, p. 202; HUNGRIA, FRAGOSO. *Comentários*. Ob. cit. v. 6, p. 251; SILVEIRA, Euclides C. da. Ob. cit. p. 305; FRAGOSO. *Lições*. Ob. cit. v. 1, p. 267; e JESUS, Damásio E. de. *Direito penal*. Ob. cit. v. 2, p. 306.

redundaria no reconhecimento de responsabilidade objetiva. O consentimento do titular do segredo, ou seja, do que pode sofrer dano, elide o dolo.

9.17.8 Consumação e tentativa

Consuma-se o delito quando um número indeterminado de pessoas toma conhecimento do segredo. A tentativa é possível, citando Noronha o exemplo daquele que vai expor um "comunicado" em local acessível a várias pessoas, relatando o segredo, sendo impedido pela vítima ou terceiro.[411]

9.17.9 Divulgação de informações sigilosas ou reservadas

O art. 2º da Lei nº 9.983, de 14-7-2000, passou a incriminar a conduta de divulgação de informações sigilosas ou reservadas, com a seguinte redação dada ao § 1º-A do art. 153: "Divulgar, sem justa causa, informações sigilosas ou reservadas, assim definidas em lei, contidas ou não nos sistemas de informações ou banco de dados da Administração Pública: Pena – detenção, de 1 (um) a 4 (quatro) anos, e multa."

Trata-se de crime comum, podendo o sujeito ativo ser qualquer pessoa, funcionária pública ou não. O sujeito passivo, entretanto, é sempre o Estado.

A conduta típica, como no *caput* do art. 153, é *divulgar*, ou seja, transmitir a terceiros, de qualquer forma, as informações sigilosas ou reservadas da Administração Pública. É necessário, para a caracterização do crime, que tais informações estejam protegidas por lei, não bastando, portanto, que a proibição provenha de outras regras jurídicas como portarias, regulamentos etc. É indiferente que elas estejam ou não contidas em sistemas de informação ou banco de dados. Assim cometerá o delito quem divulgar as informações contidas em documentos, memorandos etc.

O sigilo dos documentos públicos, cuja divulgação ponha em risco a segurança da sociedade e do Estado, bem como as restrições de acesso necessárias ao resguardo da inviolabilidade da intimidade, da vida privada, da honra e da imagem das pessoas, são disciplinados pela Lei nº 12.527, de 18-11-2011, que regulamenta o art. 5º, XXXIII, da Constituição Federal.

Como no crime de divulgação de segredo, o fato deixa de ser típico se houver justa causa para a divulgação.

A Lei nº 13.709, de 14-8-2018, que dispõe sobre a proteção de dados pessoais, estabeleceu regras para o tratamento de dados pessoais pelas pessoas jurídicas de direito público (arts. 23 a 30).

---

411. *Direito penal.* Ob. cit. v. 2, p. 202.

9.17.10 Distinção

A divulgação de segredo, dependendo dos fins do agente ou da espécie de sigilo, pode constituir um outro delito: violação de segredo profissional (art. 154), fraudes em certames de interesse público (art. 311-A), violação de sigilo funcional (art. 325), violação de sigilo de proposta de concorrência (art. 326), espionagem (art. 359-K), concorrência desleal (art. 195, XI e XII, da Lei nº 9.279, de 14-5-1996), violação de sigilo empresarial (art. 169 da Lei nº 11.101, de 9-2-2005), revelação de notícia, informação ou documento (art. 144 do CPM), etc. Descumprir determinação de sigilo das investigações que envolvam a ação controlada e a infiltração de agentes é conduta tipificada no art. 20 da Lei de organizações criminosas (Lei nº 12.850, de 2-8-2013). Se não há divulgação, mas mera obtenção de informação sigilosa mediante invasão de dispositivo informático, configura-se o crime descrito no art. 154-A, § 3º. Configura, ainda, crime previsto em lei especial o de violar sigilo processual mediante a ação de permitir que o depoimento de criança ou do adolescente seja assistido por pessoa estranha ao processo, sem autorização judicial e sem o consentimento do depoente ou de seu representante legal (art. 24 da Lei nº 13.431, de 4-4-2017).

9.17.11 Ação penal

O crime de divulgação de segredo apura-se, em regra, mediante ação penal pública condicionada à representação do ofendido, conforme dispõe o art. 153, § 1º, que substituiu o parágrafo único por força da nova redação imposta pelo art. 2º da Lei nº 9.983, de 14-7-2000. Entretanto, diante do que dispõe o novel § 2º, tanto nas hipóteses do *caput*, como do § 1º-A, havendo qualquer prejuízo para a Administração Pública, a ação penal será pública incondicionada.

9.17.12 Concurso

Ocorrendo concurso com o crime de sonegação de correspondência, o delito-fim, que é a divulgação do segredo, absorverá o crime-meio. O crime de divulgação de informação sigilosa absorve, porém, o delito previsto no art. 154-A, § 3º, se a informação é obtida mediante a invasão de dispositivo informático.

9.18 VIOLAÇÃO DO SEGREDO PROFISSIONAL

9.18.1 Conceito

Necessita muitas vezes o indivíduo de serviços, assistência ou conselhos, confiando seus segredos a pessoas que exercem determinadas atividades, certo de que não serão eles divulgados. São os chamados *confidentes necessários*, que devem "ficar ligados ao dever de guardar sigilo, honrando a confiança que neles se depositou".[412] O segredo

---

412. BRUNO, Aníbal. *Crimes contra a pessoa*. Ob. cit. p. 411.

profissional a que estão obrigados é uma instituição de ordem pública. Lembra Antônio de Souza Madeira Pinto: "A ordem pública, em nome do interesse social, com vista à tranquilidade das famílias, ao exercício de certas profissões e ao decoro de que deve revestir-se a defesa dos interesses privados e públicos, exige que se mantenham secretos fatos cuja divulgação poderia causar graves e, por vezes, irreparáveis prejuízos materiais e morais às pessoas quando se confiarem a terceiros."[413]

Protegendo o sigilo, define o Código Penal o delito de violação do segredo profissional no art. 154: "Revelar alguém, sem justa causa, segredo, de que tem ciência em razão de função, ministério, ofício ou profissão, e cuja revelação possa produzir dano a outrem: Pena – detenção, de três meses a um ano, ou multa."

9.18.2 Objetividade jurídica

Tutela o dispositivo a liberdade individual de manter segredos cuja divulgação pode produzir dano a outrem.

9.18.3 Sujeito ativo

Trata-se, no caso, de crime *próprio*, figurando como sujeito ativo aquele que revela segredo de que teve conhecimento em virtude de função, ministério, ofício ou profissão. *Função* é um encargo derivado de lei, convenção (contrato, por exemplo) ou decisão judicial. Estão nessa situação os tutores, curadores, inventariantes, síndicos, diretores de hospital ou escola etc. *Ministério* é uma atividade de origem religiosa ou mesmo social, desempenhada por sacerdotes, pastores, freiras, assistentes sociais, voluntárias etc. *Ofício* é a atividade com fim lucrativo consistente na arte mecânica ou manual, como ocorre com costureiros, sapateiros, serralheiros etc. *Profissão* indica uma atividade intelectual e, por vezes, independente, como a de médico, advogado, engenheiro etc., abrangendo toda a atividade habitual exercida com fim de lucro, desde que lícita. Respondem também pelo crime os auxiliares do profissional (estagiários, por exemplo).

É necessário que o agente tenha conhecimento do segredo *em razão* de sua atividade específica, ou seja, que exista um nexo causal entre o exercício da atividade e o conhecimento do segredo.[414] Serão os casos da confissão (sacerdote), da consulta (médico, advogado etc.). Não cometerá o ilícito o sacerdote que revelar segredo de que teve conhecimento alheio à confissão ou confidência, o médico que revela ter surpreendido sua cliente em colóquio amoroso com o amante etc. Não importa, porém, o meio pelo qual foi obtido o conhecimento, se por confidência oral, por escrito, em

---

413. O segredo profissional. *RT* 299/34.
414. Nesse sentido: HUNGRIA, FRAGOSO. *Comentários*. Ob. cit. v. 6, p. 262. NORONHA. *Direito penal*. Ob. cit. v. 2, p. 205; FRAGOSO. *Lições*. Ob. cit. v. 1, p. 272; SILVEIRA, Euclides C. da. Ob. cit. p. 308; e BRUNO, Aníbal. *Crimes contra a pessoa*. Ob. cit. p. 413.

exame médico, na consulta de documentos do interessado etc. Também não há escusa no caso em que a conduta é praticada após ter o agente deixado de exercer a atividade que exige sigilo profissional.

Como a confidência implica a existência de uma relação de confiança entre o titular do segredo e o agente, no caso de empregados domésticos (copeiras, motoristas etc.), a revelação do segredo só caracterizará o delito se se comprovar que ocorreu abuso, inexistindo o ilícito se teve o empregado conhecimento do segredo por simples indiscrição do patrão ou de terceiros.

A qualidade do sujeito ativo, aliada à natureza do segredo, pode levar à configuração de outros delitos, como o de violação de sigilo funcional (art. 325) ou violação do sigilo de proposta de concorrência, quando o agente for funcionário público (art. 326), o de violação de sigilo de instituição financeira (art. 18 da Lei nº 7.492, de 16-6-1986) ou de uso indevido de informação privilegiada no mercado de valores mobiliários (art. 27-D, da Lei nº 6.385, 7-12-1976, inserido pela Lei nº 10.303, de 31-10-2001 e alterado pela Lei nº 13.506, de 13-11-2017), violação de segredo relativo a serviço postal ou telegráfico (art. 41, da Lei nº 6.538, de 22-6-1978), violação de sigilo empresarial, previsto como crime falimentar (art. 169 da Lei nº 11.101, de 9-2-2005) etc.

9.18.4 Sujeito passivo

É vítima do crime aquele a quem interessa preservar o segredo, que pode ser fato ou circunstância referente ao sujeito passivo ou a terceiro a ele ligado, como esposa, filho etc.

9.18.5 Tipo objetivo

A conduta típica é *revelar* o segredo, ou seja, transmitir a outrem algo sobre a vida íntima de pessoa que deseja mantê-lo oculto por possibilidade de ocorrência de dano a qualquer pessoa. O dano pode ser econômico, moral, público, particular, individual ou familiar.

9.18.6 Elemento normativo

Não ocorrerá o delito caso haja justa causa para a revelação do segredo, uma vez que a proteção ao sigilo profissional dada pela lei é relativa. Não comete crime: o médico que comunica à autoridade a ocorrência de moléstia contagiosa (estrito cumprimento do dever legal nos termos do art. 269) ou revela a doença na cobrança de honorários ou na defesa pela imputação de crime de homicídio culposo (exercício regular de direito); o advogado que comunica à autoridade policial que seu constituinte irá cometer um delito (estado de necessidade etc.). O advogado, porém, pode e deve recusar-se a comparecer e depor como testemunha sobre os fatos conhecidos no exercício profissional, cuja revelação possa produzir dano a outrem.[129] Gozam também dessa isenção os parlamentares, que não estão obrigados "a testemunhar sobre informações recebidas ou prestadas em razão do exercício do mandato, nem sobre as pessoas que lhes confiaram ou deles receberam informações" (art. 53, § 6º, da CF). A denunciação de crime, ainda que por profissionais, constitui, porém, justa causa para a revelação de segredo. Trata-se de faculdade outorgada a qualquer cidadão (art. 5º, § 3º, CPP) e de dever imposto aos funcionários públicos (art. 66, inciso I, da LCP).[415]

O médico não está obrigado a revelar segredo que exponha o cliente a procedimento criminal (art. 66, II, LCP), não se desonerando do sigilo em caso de tratamento particular de pessoa envolvida em processo criminal não relacionado com a terapia.[130] Tem-se considerado lícito, inclusive, o comportamento de profissional que não atende requisição judicial a hospital de ficha clínica e relatório médico de paciente visando instruir inquérito policial.[131] Já se tem decidido, contudo, que pode haver justa causa para requisição de ficha médica de paciente contra quem se atribui a prática de aborto.[132] Isso ocorre porque a Justiça já tomou conhecimento do fato inflacionário da lei penal, não se podendo mais falar em guarda de sigilo.[133]

O consentimento do sujeito passivo torna o fato lícito. A lei proíbe apenas a revelação ilegal, a que tem como móvel simples leviandade, jactância ou maldade, não sendo o médico obrigado a guardar segredo se sua própria cliente abriu mão do sigilo.[134] O consentimento, entretanto, deve ser de todos aqueles que possam sofrer dano com a revelação do segredo.

9.18.7 Tipo subjetivo

O dolo é a vontade livre e consciente de revelar o segredo, ciente o agente da possibilidade de dano a qualquer pessoa. Não contemplando a lei a forma culposa, inexistirá delito se, por negligência, o advogado deixar documentos sigilosos a respeito de um cliente em um local público, se o médico esquecer uma ficha de cliente à vista de terceiros etc.

9.18.8 Consumação e tentativa

Ao contrário do que ocorre no delito de divulgação de segredo, basta para a consumação do crime previsto no art. 154 que o segredo seja revelado a uma só pessoa. Isso ocorre porque a conduta típica não é divulgar e sim *revelar*. A tentativa é possível, figurando-se a hipótese do sujeito passivo interceptar um bilhete profissional a terceiro em que se faz a comunicação do segredo.

---

415. FRAGOSO. *Lições*. Ob. cit. v. 1, p. 275.

9.18.9 Ação penal

Trata-se ainda de crime que se apura mediante ação penal pública condicionada à representação do ofendido (art. 154, parágrafo único).

9.19 INVASÃO DE DISPOSITIVO INFORMÁTICO

9.19.1 Conceito

No art. 154-A define-se o crime de invasão de dispositivo informático, nos seguintes termos: "Invadir dispositivo informático de uso alheio, conectado ou não à rede de computadores, com o fim de obter, adulterar ou destruir dados ou informações sem autorização expressa ou tácita do usuário do dispositivo ou instalar vulnerabilidades para obter vantagem ilícita: Pena – reclusão, de 1 (um) a 4 (quatro) anos, e multa." O art. 154-A foi inserido pela Lei nº 12.737, de 30-11-2012, e posteriormente alterada pela Lei nº 14.155, de 27-5-2021.

9.19.2 Objetividade jurídica

Os bens jurídicos tutelados são a intimidade e o sigilo de dados como aspectos da liberdade individual e da vida privada (art. 5º, X, da CF). Protegem-se, ainda, a inviolabilidade de correspondência e comunicações (art. 5º, XII, da CF), os segredos comerciais ou industriais e o sigilo de dados e informações assegurado por lei.

A inviolabilidade e o sigilo das comunicações privadas armazenadas e do fluxo de comunicações pela *internet* são expressamente assegurados pela nova Lei nº 12.965, de 23-4-2014, que estabelece os princípios, garantias, direitos e deveres relativos à utilização da rede de computadores no Brasil (art. 7º, II e III).

A proteção de dados pessoais, inclusive nos meios judiciais, foi disciplinada pela Lei nº 13.709, de 14-8-2018.

9.19.3 Sujeito ativo

Não exigindo a lei condição especial do sujeito ativo, qualquer pessoa pode praticar o delito de invasão de dispositivo informático. Não pode ser sujeito ativo tão somente o proprietário ou legítimo titular do aparelho, por se referir a lei à invasão de dispositivo de uso alheio. O acesso pelo titular a dados ou informações protegidas inseridas por terceiros no dispositivo é, portanto, fato atípico.

9.19.4 Sujeito passivo

O sujeito passivo pode ser qualquer pessoa, natural ou jurídica, titular do dispositivo informático. Tratando-se de uma das autoridades elencadas no § 5º, há a incidência de uma causa de aumento de pena. Para o crime praticado contra a administração pública direta ou indireta ou empresas concessionárias de serviços públicos prevê-se a ação pública incondicionada (art. 154-B).

9.19.5 Tipo objetivo

A ação típica descrita no *caput* do artigo é a de *invadir* dispositivo informático de uso alheio, conectado ou não à rede de computadores, com uma das finalidades especificadas. Objeto material do delito é o dispositivo informático. Dispositivo é qualquer aparelho, mecanismo ou componente construído para uma função especial. Informática é a ciência que estuda o tratamento da informação mediante o uso de computadores ou outros dispositivos de processamento de dados. Dispositivo informático, no tipo em exame, é qualquer sistema ou aparelho que viabiliza, por meio eletrônico, o armazenamento, processamento ou transferência de dados ou informações. Estão abrangidos os computadores de qualquer espécie, como *desktops, notebooks, tablets*, servidores etc., seus componentes e periféricos, bem como outros dispositivos que possibilitem aquelas operações, embora possam desempenhar também outras funções. *Invadir* o dispositivo é entrar, ingressar, penetrar em seu *software* de forma a ter acesso ao conteúdo informatizado, de qualquer natureza, como o sistema operacional, programas ou aplicativos, bancos de dados, documentos, *e-mails*, senhas etc. Explicita a lei a irrelevância de o dispositivo informático estar ou não conectado à rede de computadores. Configura-se o crime, assim, tanto na hipótese de a invasão ocorrer mediante acesso *on-line*, pela *internet* ou outra rede de comunicação entre computadores, como também mediante acesso físico direto do agente ao dispositivo informático.

A ação de invadir era vinculada na redação original do tipo à violação indevida de mecanismo de segurança. Exigia-se para a configuração do crime que o dispositivo estivesse dotado de algum aparato, físico ou não, instalado com o fim de evitar o acesso não autorizado ao seu conteúdo, tais como chaves, senhas, antivírus, *firewall* etc., e que a invasão se realizasse mediante a superação desse mecanismo de proteção. Afastava-se a tutela no caso de dispositivo desprotegido, assim mantido por ser desejável ao seu titular o livre acesso de terceiros ou porque, por desinteresse, negligência ou mesmo falta de informação. A exigência, porém, foi afastada pela Lei nº 14.155, de 27-5-2021, que deu nova redação ao art. 154-A. Na lei vigente, portanto, é indiferente para a tipicidade do fato se o dispositivo informático está ou não protegido por quaisquer mecanismos de segurança.

9.19.6 Tipo subjetivo

O dolo é a vontade de praticar a ação na forma descrita no artigo, com a consciência de agir indevidamente. Exige-se, também, como elemento subjetivo do tipo, que o agente atue com uma das finalidades previstas no artigo. Configura-se o crime se com sua conduta visa o agente obter, adulterar ou destruir dados ou informações existentes no dispositivo sem autorização expressa de seu titular. Descreve a lei as finalidades que comumente constituem os motivos que informam a ação de *hackers*. A consciência da ausência de autorização do titular do dispositivo mencionada no artigo integra o elemento subjetivo do tipo. Explicita a lei que se o agente tem por finalidade a obtenção, adulteração ou destruição dos dados consentida, ainda que tacitamente, pelo titular do dispositivo, não se caracteriza o ilícito. Configura-se, também, o crime se a invasão é realizada pelo agente com o fim de instalar vulnerabilidade. Instalar vulnerabilidade é inserir ou infiltrar algum mecanismo ou programa capaz de tornar o conteúdo do dispositivo mais suscetível a acessos não autorizados ou a ações que permitam a inserção, alteração ou destruição de dados. Preocupou-se o legislador com a repressão a práticas ilícitas difundidas na *internet* e em outras redes de comunicação informatizada, bem como na comercialização ou distribuição gratuita de programas ou aplicativos, em regra *piratas*, que promovem a inserção de *vírus* ou pacotes de *vírus* no dispositivo informático, dos quais o mais notório é o denominado *cavalo de troia*, que libera uma porta de comunicação que viabiliza posteriores invasões, o acesso indevido e a prática por terceiros daquelas ações de corrupção de dados. No curso da tramitação do projeto de lei propôs-se, como fim alternativo aos anteriores, o de obter vantagem ilícita. Alterou-se, porém, a redação, para constar do artigo de lei, em sua última parte, como finalidade última do agente, a de obter vantagem ilícita. Assim, somente se configura o crime se a ação típica é praticada com o intuito de obter, adulterar ou destruir dados ou informações ou de instalar vulnerabilidades e se atua o agente com o propósito último de obter alguma vantagem ilícita. Por vantagem ilícita deve-se entender qualquer vantagem obtida em contrariedade a normas legais, ainda que não se traduza diretamente em um ganho patrimonial. Diante da redação final do artigo, afastou-se a tipicidade da conduta na hipótese de serem outros os propósitos do agente, como o de destruir informações por mero espírito emulativo, de obter dados do titular do dispositivo por pura curiosidade ou desejo de bisbilhotar etc.

9.19.7 Consumação e tentativa

Consuma-se o crime com a invasão do dispositivo, que se caracteriza no momento em que o agente logra penetrar no *software* do dispositivo, colocando-se em condições de acessar ou por qualquer forma manipular o seu conteúdo. Não é necessária à consumação que seja atingida qualquer das finalidades previstas no tipo, isto é, que o agente obtenha os dados ou informações ali mantidos, que os adultere ou destrua, que consiga instalar a vulnerabilidade ou, tampouco, que obtenha qualquer vantagem.

Admite-se a tentativa, que se configura se o agente, embora iniciada a execução do delito mediante a prática de atos tendentes à invasão do dispositivo, em razão de qualquer circunstância alheia à sua vontade.

9.19.8 Crime assemelhado

Incriminam-se no § 1º as ações nele descritas por serem viabilizadoras ou facilitadoras da prática do crime de invasão de dispositivo informático. Pune-se com as mesmas penas previstas no *caput* quem *produz, oferece, distribui, vende* ou *difunde* dispositivo ou programa de computador, com o intuito de permitir a prática daquele delito. Houve por bem o legislador tipificar fatos que, em princípio, não passariam de meros atos preparatórios. Abrange a norma tanto mecanismos ou aparatos físicos como programas desenvolvidos especificamente para possibilitar a invasão criminosa de dispositivos informáticos. Incluem-se os programas que se constituem em *vírus* ou pacotes de *vírus*, como cavalos de troia e programas assemelhados. Exige-se, expressamente, além do dolo, que a ação seja praticada com o fim específico de permitir a prática do delito previsto no *caput*. Não comete o delito, assim, quem desenvolve programas para a mera testagem ou aperfeiçoamento de mecanismos de segurança, como *antivírus, firewall* etc. Não versa a norma legal sobre a incriminação, por disposição específica, da participação do agente em um crime determinado de invasão de dispositivo informático praticado por terceiro, a qual já é punível nos termos do art. 29. Punem-se as mencionadas ações típicas independentemente de que qualquer delito previsto no *caput* do artigo seja ou não cometido por terceiro mediante a utilização do dispositivo ou programa produzido ou fornecido pelo agente. Consuma-se o crime com a prática de uma das ações típicas, desde que realizadas com aquele fim específico. Trata-se de crime de ação múltipla em que responde por uma única infração quem pratica duas ou mais ações descritas. Quem produz o dispositivo ou programa e, subsequentemente, o utiliza para invadir um dispositivo informático, responde por esse delito, havendo que se ter por absorvida a conduta anterior, porque simples meio para a prática do subsequente.

9.19.9 Forma qualificada e aumento de pena

Nos termos do § 3º do art. 154-A, o crime é qualificado se da invasão resulta a obtenção de específicos conteúdos do dispositivo informático invadido ou por ela se viabiliza o seu controle remoto, hipótese em que as penas cominadas são de dois a cinco anos de reclusão e multa.

O primeiro resultado descrito é a obtenção pelo agente do conteúdo de comunicações eletrônicas privadas. Estão abrangidos os conteúdos de comunicações eletrônicas de todas as espécies, como o de *e-mails* ou outros meios de comunicação pela *internet* ou rede de computadores de acesso restrito, o de mensagens enviadas por telefonia celular etc., qualquer que seja a sua natureza (texto, som ou imagem, como fotos e vídeos) e independentemente de serem as mensagens acessadas no mesmo momento em que a recebe o destinatário (*on-line*) ou de já se encontrarem arquivadas no dispositivo informático. Ao exigir que a comunicação eletrônica seja *privada*, refere-se a lei não ao conteúdo da mensagem, mas à natureza da forma de comunicação, que possibilita o envio da mensagem ao seu destinatário em caráter privado. O crime não é qualificado na hipótese de se realizar a comunicação por meio que permita o acesso público ao seu conteúdo. O acesso ao conteúdo de comunicações que se realizam, por exemplo, em redes sociais pela *internet* configura o resultado agravador se a mensagem é transmitida ao destinatário por meio ou canal que lhe confira o caráter de privacidade. Não há crime,

9 • DOS CRIMES CONTRA A LIBERDADE INDIVIDUAL

porém, na hipótese de a interceptação da comunicação eletrônica ocorrer em razão de ordem judicial para investigação ou instrução criminal, na forma prevista na Lei nº 9.296, de 24-7-1996, que estendeu a possibilidade de interceptação da comunicação telefônica ao fluxo de comunicações em sistemas de informática e telemática (art. 1º, parágrafo único).

Qualifica o crime, também, a obtenção de segredos comerciais ou industriais. Protegem-se com maior rigor esses segredos pelo risco dos danos que a sua revelação ou divulgação podem causar ao seu titular. Antecipa-se, aqui, a repressão à prática de outros ilícitos penais que versam sobre a violação de sigilo empresarial (art. 195, XII e XIV, da Lei nº 9.279, de 14-5-1996, art. 169 da Lei de Falências etc.). Com a mesma finalidade é prevista como resultado qualificador a obtenção de informações que por lei são definidas como sigilosas. A divulgação, sem justa causa, de informações definidas em lei como sigilosas é crime descrito no art. 153, § 1º-A.

A última circunstância qualificadora é a de lograr o agente o controle remoto não autorizado do dispositivo invadido. Justifica-se a punição mais severa porque a instalação de um mecanismo, programa ou vírus que permita o controle a distância do dispositivo pelo agente possibilita o monitoramento e acesso ao seu conteúdo por tempo indeterminado, agravando-se a lesão ao bem tutelado. Por compreensível cautela do legislador, prevê expressamente a lei a não incidência do dispositivo na hipótese de a conduta constituir crime mais grave.

Além da forma qualificada em sentido estrito, são previstas nos §§ 2º, 4º e 5º as formas agravadas do delito. Aumenta-se a pena de um terço a dois terços se da invasão resulta prejuízo econômico (§ 2º). Porque descrita em dispositivo anterior, não é ele aplicável à forma qualificada do delito (§ 3º). Para esta é previsto o aumento da pena de um a dois terços se houver divulgação, comercialização ou transmissão a terceiro, a qualquer título, dos dados ou informações obtidos (§ 4º). Embora também menciona-das a divulgação e a comercialização dos dados ou informações, a mera transmissão a terceiro, independentemente do intuito do agente, é suficiente para a agravação.

Como já visto, no caso de informações sigilosas, a sua divulgação configura crime mais grave, previsto no art. 153, § 1º-A, e a divulgação de segredo empresarial pode caracterizar outra infração penal. Presumindo a maior lesividade da conduta em razão da qualidade do titular do dispositivo invadido, determina a lei o aumento da pena de um terço à metade se o crime for praticado contra os chefes dos poderes Executivo, Legislativo e judiciário, nos três níveis de governo, ou contra dirigente máximo da administração direta ou indireta (§ 5º). Essa última majorante é aplicável às formas simples e qualificada.

9.19.10 Distinção

A modificação não autorizada de sistemas informatizados da administração pública ou de bancos de dados por ela mantidos constitui crime distinto, na forma dos arts. 313-A e 313-B. Permitir ou facilitar acesso de pessoas não autorizadas a sistemas de informações ou banco de dados da administração pública ou utilizar indevidamente acesso restrito são condutas descritas no art. 325, § 1º, I e II. A violação e a destruição de correspondência por via postal configuram os delitos previstos no art. 151, *caput* e § 1º, I. O acesso não autorizado e a introdução de alterações no sistema de tratamento automático de dados usado pelo serviço eleitoral, com o fim de alterar a apuração ou contagem de votos constituem crimes previstos no art. 72 da Lei nº 9.504, de 30-9-1997. A interceptação de comunicações telefônicas, de informática ou telemática, a promoção de escuta ambiental e a quebra de segredo da Justiça, sem autorização judicial ou com objetivo ilegal, caracteriza o crime descrito no art. 10 da Lei nº 9.296, de 24-7-1996, alterado pela Lei nº 13.869, de 5-9-2019. A Lei 13.964, de 24-12-2019 tipificou, também, a captação ambiental de sinais eletromagnéticos, ópticos ou acústicos para investigação ou instrução criminal sem autorização judicial, quando esta for exigida (art. 10-A) e a violação da determinação de sigilo inclusive mediante a revelação do conteúdo das gravações realizadas no curso das investigações. Para a apuração de crimes contra a dignidade sexual de criança e adolescente, prevê a lei a possibilidade de infiltração, mediante prévia autorização judicial, de agentes da polícia na *internet*, hipótese em que não se configura o delito (arts. 190-A a 190-E do ECA, introduzidos pela Lei nº 13.441, de 8-5-2017).

No art. 154-A, além de tutelar o sigilo ou privacidade das informações mantidas pelo sujeito passivo em seus dispositivos informáticos, pretendeu o legislador coibir de forma antecipada a prática de outras infrações penais. A divulgação de informações obtidas mediante a invasão do dispositivo informático pode constituir delitos previstos no Código Penal e na legislação extravagante, como os descritos nos arts. 153, § 1º-A, 311-A, 359-K do CP, art. 12 da Lei nº 9.609, de 19-2-1998, que define crimes de violação de direito autoral de programa de computador, art. 195, XII e XIV, da Lei nº 9.279, de 14-5-1996, art. 169 da Lei de Falências etc. É frequente, também, a utilização dos dados ou informações obtidas para a prática de crimes diversos, contra a honra, o patrimônio, como estelionato e extorsão etc.

9.20 AÇÃO PENAL NO CRIME DE INVASÃO DE DISPOSITIVO INFORMÁTICO

9.20.1 Ação penal

Para a apuração do crime de invasão de dispositivo informático prevê a lei, como regra geral, a ação penal pública condicionada à representação do ofendido ou de seu representante legal. Procede-se, porém, mediante ação pública incondicionada se o crime é praticado contra órgãos da administração pública, entidades da administração indireta ou empresas concessionárias de serviços públicos. Tratando-se de crime praticado em detrimento de bens, serviços ou interesse da União ou de suas entidades autárquicas ou empresas públicas, a competência é da Justiça Federal (art. 109, IV, da CF).

Parte III
DOS CRIMES CONTRA O PATRIMÔNIO

10

DO FURTO

10.1 FURTO

10.1.1 Generalidades

A reunião dos crimes que atentam contra o patrimônio compõe o Título II da Parte Especial do Código Penal. Patrimônio, conforme Clóvis Beviláqua, é o "complexo de relações jurídicas de uma pessoa que tiverem valor econômico". Inclui não só a propriedade e os demais direitos reais (servidão, uso, usufruto, penhor etc.), como também os direitos obrigacionais (contratos, por exemplo). Os direitos intelectuais, objetos do denominado direito do autor (patentes, marcas etc.), embora patrimoniais, ficam protegidos no Título III, que trata dos crimes contra a propriedade imaterial, e em lei especial (Lei nº 9.279, de 14-5-1996).

Estão excluídos do Título II, também, os delitos que atingem precipuamente bens jurídicos não patrimoniais, como a vida, a integridade física, a honra etc., mas alguns desses são também tutelados, secundariamente, em crimes patrimoniais, como os de roubo (em que se atinge a integridade corporal ou a liberdade psíquica da vítima), o latrocínio (em que é lesada a vida) etc.

10.1.2 Conceito

Furto é a subtração de coisa alheia móvel para si ou para outrem (art. 155, *caput*). É, pois, o assenhoreamento da coisa com o fim de apoderar-se dela de modo definitivo. A pena prevista para o furto é a de reclusão de um a quatro anos, e multa.

10.1.3 Objetividade jurídica

Reina divergência na doutrina quanto à exata objetividade jurídica do tipo penal. Entende-se que é protegida diretamente a posse e, indiretamente, a propriedade,[1] ou, ao reverso, que a incriminação, na espécie, visa, essencial ou principalmente, à tutela da

---

1. Nesse sentido: NORONHA, E. Magalhães. *Direito penal.* 13. ed. São Paulo: Saraiva, 1977. v. 2, p. 221; JESUS, Damásio E. de. *Direito penal*: parte especial. 4. ed. São Paulo: Saraiva, 1982. v. 2, p. 315; e FRAGOSO, Heleno Cláudio. *Lições de direito penal.* 3. ed. São Paulo: José Bushatsky, 1976. v. 1, p. 293.

propriedade, e não da posse.[2] Embora propriedade e posse quase sempre se confundam num mesmo titular, não é raro que exista a diversidade de sujeitos (penhor, comodato, locação etc.), o que não torna ociosa a definição do verdadeiro objeto jurídico do crime. É inegável que o dispositivo protege não só a propriedade, como também a posse (direta ou indireta) e a detenção, devendo-se ter por primeiro o bem jurídico daquele que é afetado imediatamente pela conduta criminosa, que, no caso do furto, é somente a posse quando o possuidor não é o *dominus*. É indiferente que a vítima possua a coisa em nome próprio ou alheio ou que se trate de posse ilegítima; basta que o apoderamento por parte do agente constitua ato ilegal.

Pratica furto, pois, o ladrão que furta ladrão,[1] mesmo porque a segunda subtração torna mais distante ainda do legítimo proprietário ou possuidor.

10.1.4 Sujeito ativo

Qualquer pessoa pode praticar o crime em estudo, não exigindo a lei do sujeito ativo qualquer circunstância pessoal específica. Não pratica furto, evidentemente, o legítimo possuidor, constituindo o assenhoreamento da coisa por este o crime de apropriação indébita. A *posse vigiada*, porém, enseja subtração; o empregado de uma fábrica é mero detentor das ferramentas com que trabalha, cometendo furto se transforma a posse transitória e precária em propriedade.[2] Praticam furto, também, o balconista que subtrai mercadoria, o caixa que desvia dinheiro dos fregueses etc.

10.1.5 Sujeito passivo

Sujeito passivo é a pessoa física ou jurídica que tem a posse ou propriedade. Caso a coisa seja subtraída de quem tem apenas detenção desinteressada (caixa, balconista, empregado etc.), a vítima é apenas o proprietário.

10.1.6 Tipo objetivo

O núcleo do tipo é *subtrair*, que significa tirar, abrangendo mesmo o apossamento à vista do possuidor ou proprietário. Implica furto, evidentemente, a subtração operada por meio de animais adestrados ou instrumentos, aparelhos ou máquinas.

O objeto material é a coisa alheia móvel. *Coisa*, em direito penal, é termo que tem sentido diverso daquele empregado no direito civil (art. 82 do CC). É toda substância corpórea, material, ainda que não tangível, suscetível de apreensão e transporte, incluindo os corpos gasosos, os instrumentos ou títulos (quando não se tratar de documento, cuja subtração configura o delito previsto no art. 305), e também as partes do solo[3] ou da casa (art. 81 do CC), árvores (art. 79 do CC), navios (art. 1.473, inciso VI do CC) e

---

2. HUNGRIA, Nelson, FRAGOSO, Heleno Cláudio. *Comentários ao código penal*. 4. ed. Rio de Janeiro: Forense, 1980. v. 7, p. 17.

10 • DO FURTO

aeronaves (art. 1.473, inciso VII, do CC) etc., que são imóveis ou equiparados a estes para os efeitos civis. Já se tem decidido que os acessórios do imóvel, como árvores, por exemplo, uma vez mobilizados, constituem objeto do crime de furto.[4]

Afirma-se na doutrina que somente pode ser objeto de furto a coisa que tiver valor econômico, ou seja, valor de troca,[5]3 incluindo no conceito, alguns autores, a que tiver um valor afetivo, como mechas de cabelo, fotografias, cartas de amor etc.[4] Considerando-se que o patrimônio é um complexo de bens, por meio dos quais o homem satisfaz as suas necessidades, não há por que não incluir as coisas que possuem um valor de afeição, por sua utilização (valor de uso). A lei não exige que a coisa furtada tenha valor comercial ou de troca, bastando que seja um bem que represente alguma utilidade para quem detenha a coisa.[6]

As coisas comuns ou de uso comum (art. 99, inciso I, do CC), como ar, luz, água dos rios ou mares, somente poderão ser objeto do crime se forem destacadas, como nos casos de ar comprimido ou liquefeito, água em recipientes etc. Há furto, portanto, no desvio de entrada de água captada e servida por concessionária de maneira a impedir a passagem do líquido pelo hidrômetro.[7] O desvio da corrente de água configura o crime previsto no art. 161, § 1º, inciso I. A pesca e a caça devem obedecer ao disposto em leis especiais, podendo constituir, em caso de irregularidades, uma contravenção florestal ou um delito contra o meio ambiente (Lei nº 9.605, de 12-2-1998). Não há crime no apossamento das coisas que nunca tiveram dono (*res nullius*) (art. 1.263 do CC) [8] ou que foram abandonadas (*res derelicta*)[9] (art. 1.275, inciso III, do CC). Comete o delito de apropriação indébita (art. 169, inciso II) quem se apossa de coisa perdida (*res deperdita*) (art. 1.233 do CC), mas já se decidiu pelo furto no apossamento de coisa *esquecida*. A suposição, por parte do agente, de que trata de coisa abandonada exclui o dolo necessário à caracterização do furto.[10] Também não há furto quando não se sabe quem era o proprietário ou possuidor da coisa.[11]

A subtração de ser humano vivo não configura o crime de furto e sim sequestro (art. 148), subtração de incapaz (art. 249) etc. É possível, porém, falar em furto de parte do corpo humano (cabelos, dentes etc.),[12] assim como de membros ou objetos postiços (pernas ortopédicas, dentaduras, perucas etc.). Quanto ao cadáver, se for subtraído por seu valor econômico (estudos científicos, transplantes etc.), ocorrerá furto e não subtração de cadáver (art. 211). A subtração de animais domésticos é furto diante de seu valor econômico, independentemente do valor espiritual ou sentimental.[13]

Os direitos obrigacionais não podem ser furtados, mas os títulos que os constituem, ainda que nominativos, podem ser objeto de furto.

---

3. Nesse sentido: HUNGRIA, FRAGOSO. *Comentários*. Ob. cit. v. 7, p. 23; e DELMANTO, Celso. *Código penal anotado*. 2. ed. São Paulo: Saraiva, 1981. p. 155.
4. Nesse sentido: NORONHA. *Direito penal*. Ob. cit. v. 2, p. 231; e JESUS, Damásio E. de. *Direito penal*. Ob. cit. v. 2, p. 318.

É praticamente pacífico que não haverá furto quando da subtração de algo que tem valor econômico irrelevante, como nos casos de subtração de um alfinete, um palito, uma flor vulgar, uma folha de papel. O furto é crime material, não existindo sem que haja "efetivo desfalque do patrimônio alheio".[5] Já se tem decidido, aliás, que não se configura o ilícito quando são subtraídas coisas de ínfimo valor.[14] Aplica-se, na hipótese, o *princípio da insignificância* (*Manual*, P. G., item 3.2.13). Mas também se tem decidido pela existência do crime, por exemplo, na subtração de folhas de cheques.[15] De outro lado, já se tem tido pela inexistência do crime na subtração de cheque em branco em razão da ausência de seu valor econômico.[16]

Coisa *alheia* é a que não pertence ao agente, nem mesmo parcialmente. Por essa razão, não comete furto e sim o crime previsto no art. 346 o proprietário que subtrai coisa sua que se acha em poder legítimo de outrem, como no penhor (art. 1.431 do CC).[6]

10.1.7 Tipo subjetivo

O dolo é a vontade consciente de subtrair, acrescido do elemento subjetivo do injusto (dolo específico), que é a finalidade do agente expressa no tipo: "para si ou para outrem". É o denominado *animus furandi* ou *animus rem sibi habendi*. Independe, porém, de intuito de lucro por parte do agente,[17] que pode atuar por vingança, despeito, superstição, capricho etc. É atípico, por outro lado, o fato de fazer desaparecer a coisa (soltar um pássaro alheio da gaiola, tirar uma joia para jogá-la ao mar etc.). Diz-se, também, que o consentimento da vítima na subtração elide o crime, já que o patrimônio é um bem disponível, mas, se ele ocorre após a consumação, é evidente a existência de ilícito penal.

10.1.8 Consumação e tentativa

Várias são as teorias criadas para explicar a caracterização da consumação no furto:

(1) a *concretatio* (basta tocar a coisa);

(2) a *apprehensio rei* (é suficiente segurá-la);

(3) a *amotio* (exige-se a remoção de lugar); e

(4) a *ablatio* (a coisa é colocada no local a que se destinava, em segurança).

A jurisprudência consagrou uma situação intermediária entre as últimas teorias, a da *inversão da posse*, entendendo-se consumado o furto quando o agente tem a posse tranquila da coisa, ainda que por pouco tempo,[18] fora da esfera da vigilância da vítima.[19] Já se decidiu que, embora a *res furtiva* não tenha saído do estabelecimento comercial, porque o réu a escondeu, para posteriormente levá-la, o fato é que a vítima dela não pode

---

5. HUNGRIA, FRAGOSO. *Comentários*. Ob. cit. v. 7, p. 23.
6. Nesse sentido: HUNGRIA, FRAGOSO. *Comentários*. Ob. cit. v. 7, p. 1; JESUS, Damásio E. de. *Direito penal*. Ob. cit. v. 2, p. 316; e FRAGOSO. *Lições*. Ob. cit. v. 1, p. 294.

dispor enquanto não encontrada pela polícia, consumando-se o crime.[20] Também há posse tranquila da coisa subtraída quando ocultada em esconderijo.[21]

Tratando-se de crime material, é possível a tentativa. Fala-se em tentativa punível quando o agente, por exemplo, não consegue subtrair a carteira da vítima por ter errado de bolso, e em crime impossível quando o ofendido visado não porta qualquer objeto ou valores. Configura a tentativa a conduta do agente que esconde sob suas roupas a coisa que quer subtrair e é detido ao tentar passar pelo caixa do supermercado.[22] A adoção no estabelecimento comercial de câmeras de vigilância, alarmes ou outros dispositivos de monitoramento eletrônico ou a presença de "seguranças", por si só, não torna impossível a configuração do crime de furto (Súmula 567 do STJ). Também há tentativa e não crime impossível quando o agente não obtém a subtração diante da instalação de dispositivo antifurto em automóvel, o que não torna este em objeto absolutamente impróprio, nem o meio em absolutamente ineficaz.[23]

10.1.9 Distinção

Não responde por furto, em coautoria ou participação, e sim pelo delito previsto no art. 349 (favorecimento real), o agente que, para auxiliar o autor da subtração de veículo, modifica suas placas identificadoras a fim de assegurar-lhe a posse da *res furtiva*.[24] Responde pelo crime de exercício arbitrário das próprias razões aquele que subtrai coisa alheia para se pagar[25] ou se ressarcir de prejuízos.[26] A subtração de nota promissória e sua destruição caracteriza o crime de supressão de documento (art. 305) e não o furto.[27] Já se tem decidido, por vezes, que a denominada "trombada", desde que leve, não descaracteriza o furto,[28] mas a melhor interpretação é a de que configura a violência que compõe o roubo (item 11.1.13).

Aqueles que adquirem a coisa subtraída, sabendo de sua origem, ou por culpa, respondem por receptação dolosa ou culposa (art. 180) e os que prestarem auxílio ao agente após a consumação, não havendo concerto prévio, pelo crime de favorecimento real (art. 349). Pelo Decreto nº 3.166, de 14-9-1999, foi promulgada no país a Convenção da Unidroit sobre Bens Culturais Furtados ou Ilicitamente Exportados, concluída em Roma, em 24-6-1995.

10.1.10 Concurso

É possível o concurso material (furto e estupro), o concurso formal (subtração de coisas de pessoas diversas) e o crime continuado mesmo entre furto simples e qualificado.[29] Entendendo-se que furto e roubo são crimes da mesma espécie, já se tem decidido pela continuação entre eles, inclusive no *STF*,[30] mas na maioria dos casos tem-se negado a continuidade delitiva, mesmo no Pretório Excelso.[31] A subtração de coisas de várias vítimas na mesma conduta constitui concurso formal de delito, o que independe do conhecimento do autor de tratar-se de objetos pertencentes a diversas pessoas, quando da realização do furto, pois, ao rapinar vários objetos, assume risco de incorrer em tal hipótese.[32] Não haverá concurso formal, mas crime único, porém, tratando-se de bens de vítimas casadas em regime de comunhão de bens.

Há crimes que são absorvidos pelo furto (a violação de domicílio, o dano no crime qualificado pelo rompimento de obstáculo etc.). Já se decidiu pela absorção do estelionato pelo furto no caso de fraude com cheques furtados,[33] mas também pela absorção deste por aquele.[34] Na verdade, o ilícito praticado posteriormente ao furto, tendo por objeto a coisa subtraída, é um *post factum* não punível.[35] Há concurso material de crimes, porém, se, após a subtração, de talonário de cheques, o agente pratica o crime de falsificação das cártulas subtraídas, ou as utiliza como meio fraudulento para um estelionato.[36] Também se decidiu pelo concurso material nos crimes de furto de um automóvel e estelionato na venda posterior do veículo como próprio a terceiro.[37]

Entende-se que não existe continuidade delitiva entre furto e estelionato porque, apesar de pertencerem ao gênero de crimes contra patrimônio, são considerados como de espécies diferentes.[38] Diga-se, porém, que é possível haver extrema semelhança entre um furto com fraude e estelionato, o que poderia levar ao reconhecimento de crime continuado.

Já se decidiu que comete crime único e não continuado na ligação irregular de encanamento de água a permitir seu ingresso na residência sem passar pelo hidrômetro, no caso delito permanente.[39]

10.1.11 Furto de uso

Sob o principal argumento de que o dono deve ter sempre a disponibilidade das coisas, tem-se argumentado que o *furto de uso* configura o crime de furto comum, uma vez que não há para ele uma figura específica, pouco importando a intenção do agente quando da subtração.[40] Para a doutrina, porém, a lei penal pátria não cogitou da incriminação do furto de uso, cuja estrutura apresenta diversidade bastante acentuada em relação ao furto comum,[7] entendendo alguns doutrinadores que o agente será punido, no caso de subtração de automóvel, pelo furto de gasolina, do óleo etc.[8] O Código Penal Militar, porém, no art. 241, tipifica o furto de uso quando a coisa é subtraída para o fim de uso momentâneo e, a seguir, vem a ser imediatamente restituída ou reposta no lugar onde se achava. Há realmente diversidade entre o furto comum, em que o agente pretende realmente assenhorear-se da coisa, fazê-la sua (para si ou para outrem, nos termos da lei), e o furto de uso, em que o propósito é apenas o de fruir momentaneamente da coisa, sem o *animus rem, sibi habendi*.[41] Não há, pois, crime no furto de uso,

---

7. Assim pensam: JESUS, Damásio E. de. *Direito penal*. Ob. cit. v. 2, p. 324; FRAGOSO. *Lições*. Ob. cit. v. 1, p. 312-313; DELMANTO. *Código penal anotado*. Ob. cit. p. 156; CARVALHO, Luiz P. de. *Furto, roubo e latrocínio*. Curitiba: Juruá, 1977. p. 30. Sobre o assunto: FIGUEIREDO, Sara Ramos de. Furto de uso. *Revista de Informação Legislativa*. Brasília: Senado Federal, abr./jun. 1973. p. 133-158.
8. Assim pensam: HUNGRIA, FRAGOSO. *Comentários*. Ob. cit. v. 7, p. 24; e NORONHA. *Direito penal*. Ob. cit. v. 2, p. 238-239.

figura não prevista na legislação penal brasileira.[42] Para o reconhecimento do mero furto de uso, todavia, exige-se a devolução da *res furtiva* nas mesmas condições,[43] tendo-se incriminado o agente por crime comum quando o automóvel, por exemplo, é abandonado em local distante ou diverso daquele em que foi subtraído[44] ou é apreendido depois de danificado ou destroçado em acidente[45] e quando há uso prolongado e não momentâneo.[46] Entretanto, mesmo que ocorra acidente de trânsito que impeça o retorno do automóvel ao local de onde foi subtraído, não há crime a ser punido quando inexistiu *animus furandi* por parte do agente na subtração.[47]

10.1.12 Furto de energia

Evitando falha da legislação anterior, o legislador equiparou a coisa móvel a energia elétrica ou qualquer outra que tenha valor econômico (art. 155, § 3º). Assim, desviando o agente a energia elétrica, indevidamente, cometerá furto,[48] mas se, usando qualquer artefato, induz a vítima em erro para obtê-la (viciando o relógio de marcação de consumo, por exemplo), praticará estelionato (art. 171).

Abrange, assim, o dispositivo, por interpretação analógica, as energias térmica, solar, atômica, luminosa, mecânica etc. De acordo, aliás, com a Exposição de Motivos, "toda energia economicamente utilizável e suscetível de incidir no poder de disposição material e exclusiva de um indivíduo (como, por exemplo, a eletricidade, a radioatividade, a energia genética dos reprodutores etc.), pode ser incluída, mesmo do ponto de vista técnico entre as *coisas móveis,* a cuja regulamentação jurídica, portanto, deve ficar sujeita" (item 56). A energia genética dos reprodutores, citada como exemplo pela Exposição de Motivos, é objeto de furto comum, uma vez que o sêmen é coisa passível de apreensão.

Embora a questão seja controvertida, tanto na doutrina como na jurisprudência, o desvio de sinais de televisão a cabo caracteriza o furto de energia.[49] Os sinais que codificam o conteúdo audiovisual são transmitidos por ondas eletromagnéticas, forma de energia, por meio de fios ou cabos até os seus destinatários finais. Diversamente do que ocorre na televisão aberta, a apropriação ilícita da energia na televisão a cabo não somente possibilita ao agente o uso e gozo da energia, mas, também, implica uma redução ou perturbação com prejuízo à qualidade dos sinais disponibilizados pela empresa emissora aos seus contratantes regulares, o que permite reconhecer a ocorrência de subtração, a exemplo, aliás, do furto de energia elétrica. O reconhecimento do crime não depende, portanto, de analogia *in malam partem,* mas decorre de interpretação analógica permitida pelos termos em que o dispositivo está redigido. Há decisões, porém, em sentido contrário, sob o fundamento de que os sinais da televisão a cabo não se constituem em forma de energia e, portanto, não podem ser objeto material de furto, e o de que a matéria passou a ser disciplinada pela Lei nº 8.977, de 6-1-1995, que dispõe que "constitui ilícito penal a interceptação ou a recepção não autorizada dos sinais de TV a Cabo", sem cominar, porém, qualquer sanção (art. 35).[50]

10.1.13 Furto noturno

É furto agravado o praticado durante o repouso noturno, aumentando-se a pena de um terço (art. 155, § 1°). A razão da majorante liga-se ao maior perigo a que é submetido o bem jurídico diante da precariedade de vigilância por parte de seu titular. Não há identidade de sentido nas expressões *repouso noturno* e *noite*. Esta se caracteriza pela ausência de luz solar; aquela se identifica com o tempo em que a cidade ou local repousa.[51] O horário do repouso noturno, portanto, é variável, devendo obedecer aos costumes locais relativos à hora em que a população se recolhe e a em que desperta para a vida cotidiana.[52]

Desnecessário para a caracterização da causa agravadora é que o fato seja praticado em casa habitada e que haja moradores repousando.[53] 9 Por essa razão, tem-se por agravada subtração de automóvel estacionado na rua.[54] Há ponderável corrente, porém, que exige, para a configuração da qualificadora, que se trate de casa habitada[55] e que haja nela pessoas repousando.[56] 10 Hungria entende haver furto noturno praticado *intra* ou *extra* muros, mas, curiosamente, não o reconhece quando os moradores estão em festiva vigília.[11] Com fundamento nessa orientação já se tem decidido não ocorrer a agravação em furto praticado em casa comercial;[57] na rua;[58] na portaria de hotel em momento de ausência do encarregado da vigilância;[59] quando as vítimas estavam em festiva vigília com churrascada em temporada de veraneio[60] etc. Como a majorante visa assegurar a propriedade móvel contra a maior precariedade de vigilância por parte dos titulares, entendemos ser mais correta a primeira posição.

Não descaracteriza a agravante o fato de ter sido o furto praticado na garagem da casa.[61] Há, porém, opiniões em contrário.[62]

A agravação da pena em um terço é procedida sobre a reprimenda do furto simples e, por isso, não se refere às hipóteses de furto qualificado.[63]

10.1.14 Furto privilegiado

Prevê o art. 155, § 2°, um caso de furto privilegiado. "Se o criminoso é primário, e é de pequeno valor a coisa furtada, o juiz pode substituir a pena de reclusão pela de detenção, diminuí-la de um a dois terços, ou aplicar somente a pena de multa." Trata-se do furto de *pequeno valor* ou furto *mínimo*, em que a menor gravidade do fato e a primariedade do agente recomendam um tratamento penal menos severo.

O primeiro requisito para que ocorra o privilégio é ser o agente primário, ou seja, que não tenha sofrido, em razão de outro crime, condenação anterior transitada em julgado. Embora não seja tecnicamente reincidente, não goza do benefício o réu que já

---

9. Nesse sentido: NORONHA. *Direito penal.* Ob. cit. v. 2, p. 240-241; e FARIA, Bento de. *Código penal brasileiro comentado.* Rio de Janeiro: Record, 1959. v. 5, p. 12.
10. FRAGOSO. *Lições.* Ob. cit. v. 2, p. 300.
11. *Comentários.* Ob. cit. v. 7, p. 31.

tenha sido condenado anteriormente em outro processo, embora não tenha a decisão transitado em julgado antes do cometimento do segundo crime.[64]

O segundo requisito é ser de pequeno valor a coisa subtraída. Na jurisprudência, reconhece-se o furto mínimo quando a coisa não alcança o preço correspondente a um salário vigente à época do fato.[65] Não se pode reconhecer a figura privilegiada quando a *res furtiva* supera o valor do salário mínimo vigente à época do fato.[66]

Há distinção entre o *pequeno valor* da *res furtiva*, apurado no momento da consumação, e o *pequeno prejuízo* sofrido pela vítima, que se apura ao final. Na doutrina, somente se reconhece a existência do furto privilegiado quando a coisa for de pequeno valor.[12] Na jurisprudência, porém, há duas posições. Na primeira, prestigiada pelo STF e STJ, acompanha-se a doutrina.[67] Na segunda, pequeno valor e pequeno prejuízo são equiparados.[68] Estas últimas decisões, segundo Fragoso, "não têm qualquer fundamento".[13] A adotar-se aquela posição, aliás, haveria sempre o reconhecimento do privilégio no caso de tentativa. Nesta, porém, é também de se levar em conta o valor da coisa que o agente tentava subtrair.[69]

Por isso, não acarreta a aplicação do privilégio o ressarcimento do dano[70] e a devolução ou recuperação da coisa.[71]

Por outro lado, já se tem exigido, na doutrina e na jurisprudência, além dos dois requisitos citados, que o agente não revele má personalidade ou antecedentes comprometedores indicativos de que há probabilidade de que vai ele voltar a delinquir.[72] [14] Justifica-se a exigência desse requisito subjetivo porque o dispositivo se refere a uma faculdade do legislador (o juiz *pode* reduzir ou substituir a pena) que deve atender a essas circunstâncias pessoais na fixação da pena (art. 59). Também já se entendeu o contrário, diante da inexistência expressa da lei quanto ao requisito subjetivo.[15]

A simples colocação da matéria na lei demonstra que o privilégio somente deve ser aplicado aos crimes de furto simples e noturno.[73] [16] Sob a alegação, porém, de que a norma do § 2º é antes de mais nada um instrumento colocado à disposição do prudente arbítrio do julgador para individualizar a pena, tem-se decidido, reiteradamente, que sua aplicação é permitida também nos casos de furto qualificado.[74] [17] Nesse sentido, aliás, foi editada a Súmula 511 do STJ: "É possível o reconhecimento do privilégio previsto no § 2º do art. 155 do CP nos casos de crime de furto qualificado, se estiverem presentes a primariedade do agente, o pequeno valor da coisa e a qualificadora for de ordem objetiva".

---

12. Nesse sentido: FRAGOSO. *Lições*. Ob. cit. v. 1, p. 302; e JESUS, Damásio E. de. *Direito penal*. Ob. cit. v. 2, p. 328-333.
13. *Lições*. Ob. cit. v. 2, p. 302.
14. JESUS, Damásio E. de. *Direito penal*. Ob. cit. v. 2, p. 333-334.
15. Nesse sentido: MORAES, Sílvio Roberto Mello. Aplicabilidade do § 2º do art. 155 do CP. *RT* 625/420.
16. Nesse sentido: HUNGRIA, FRAGOSO. *Comentários*. Ob. cit. v. 7, p. 32; NORONHA. *Direito penal*. Ob. cit. v. 2, p. 252-253; e FRAGOSO. *Lições*. Ob. cit. v. 1, p. 301.
17. JESUS, Damásio E. de. *Direito penal*. Ob. cit. v. 2, p. 334-337.

Não há que se confundir o reconhecimento do benefício do *furto privilegiado*, em que a coisa subtraída pode alcançar até o valor de um salário mínimo na época dos fatos, com a exclusão da tipicidade pelo *princípio da bagatela* ou da *insignificância*, que somente ocorre quando ela tem valor irrelevante economicamente.

10.1.15 Furto qualificado

Prevê o § 4º do art. 155 inúmeras hipóteses em que se qualifica o crime de furto, cominando-se pena de dois a oito anos de reclusão e multa.

O inciso I refere-se à "destruição ou rompimento de obstáculo à subtração da coisa". Quando o agente inutiliza, desfaz, desmancha, arrebenta, rasga, fende, corta ou deteriora um obstáculo, como trincos, portas, janelas, fechaduras, fios de alarme etc., que visam impedir a subtração, caracterizada está a qualificadora em apreço. Basta a destruição total ou parcial de qualquer elemento,[75] mas não estará configurada a qualificadora por simples *estragos* na coisa.[76] É necessário que a conduta atinja o objeto que impede a apreensão ou remoção da *res furtiva* (fechaduras, cadeados, vidros etc.), mas não a própria coisa.[18] Por essa razão, não se tem reconhecido a qualificadora quando, para subtrair um veículo, o agente força o quebra-vento[77] ou rompe os fios elétricos do sistema de ignição.[78] Por outro lado, há qualificadora no rompimento do quebra-vento do veículo para subtrair coisas que se encontram no interior do automóvel.[79]

Mas, em contrário, também tem-se entendido não subsistir a qualificadora nessa hipótese, já que a violação feita para subtração do próprio veículo será simples e, cometido um fato menor (furto de objetos, acessórios etc.), não pode o agente receber pena maior[80] Todavia, já se tem defendido a tese de que há crime qualificado no rompimento dos chamados obstáculos passivos, como os aparelhos *antifurto* de automóveis, ou mesmo quebra-vento ou trinco.[81] [19]

Para a configuração da qualificadora do rompimento de obstáculo, é mister a concorrência de dano efetivo à integração da coisa. Assim, o forçar a ventarola de veículo com uma chave de fenda para, depois, alcançar o trinco da fechadura não basta para qualificar o furto.[82]

A simples remoção do obstáculo, como nos casos de desparafusamento ou de retirada de telhas, não caracteriza a qualificadora, podendo ocorrer, no segundo caso, a escalada. Afirma Noronha que somente a destruição ou rompimento anterior ou concomitante à apreensão é reconhecida como qualificadora.[20] Não é essa, porém, a opinião

---

18. Nesse sentido: HUNGRIA, FRAGOSO. *Comentários*. Ob. cit. v. 7, p. 41-42; NORONHA. *Direito penal*. Ob. cit. v. 2, p. 248; JESUS, Damásio E. de. *Direito penal*. Ob. cit. v. 2, p. 338-339; e FRAGOSO. *Lições*. Ob. cit. v. 1, p. 303.

19. FARIA, Bento de. *Código penal brasileiro*. Ob. cit. v. 5, p. 5; e MANZINI, Vincenzo. *Trattato di diritto penale italiano*. Turim: Torinese, 1951, v. 9, p. 207, § 3.243. A respeito do assunto exaustivo estudo de: BASTOS, Fernando Carlos, BERDUGO, Antonio Fernando, FERNANDES, Mário Cândido de Avelar Fernandes. Considerações sobre o conceito de furto qualificado pela destruição ou rompimento de obstáculo. *Justitia* 145/55-58.

20. *Direito penal*. Ob. cit. v. 2, p. 247-248.

majoritária.[21] Deve-se entender que existirá a qualificadora se o rompimento ocorrer antes de consumado o delito de furto; o termo *subtração*, empregado no dispositivo em estudo, equivale à *consumação*.

Indispensável para o reconhecimento da qualificadora é o exame pericial, conforme pacífica jurisprudência.[83]

Abuso de confiança, fraude, escalada e destreza são as qualificadoras previstas no inciso II do art. 155.

Abuso de confiança existe quando, aproveitando-se da menor proteção dispensada pelo sujeito passivo à coisa, diante da confiança que deposita no agente, pratica este a subtração. Inúmeras são as decisões que concluem pela existência da qualificadora quando o furto é praticado por vigia ou guarda-noturno, pois é ínsita na própria atividade a confiança nele depositada pela vítima,[84] estando no mesmo caso os empregados,[85] especialmente os domésticos.[86][22] Entretanto, a simples relação de emprego não basta à qualificação do furto, sendo indispensável a seu reconhecimento a existência de específica fidúcia decorrente de situação pessoal.[87] Inexistente a confiança, ocorrerá, no que se relaciona aos empregados domésticos, a agravante genérica prevista no art. 61, inciso II, *f*, referente às relações domésticas, da coabitação ou de hospitalidade.[23]

Necessário é, também, não se confundir o furto qualificado pelo abuso de confiança com o de apropriação indébita; naquele o agente *subtrai* a coisa, neste *torna sua* a coisa de que detém a posse.

A *fraude* é o meio enganoso, o embuste, o ardil, o artifício empregado pelo agente para subtrair a coisa alheia. Comete furto qualificado pelo emprego de fraude quem logra ser admitido no local onde pratica a subtração afirmando, falsamente, tratar-se de funcionário de concessionário de serviço público;[88] que distrai o balconista mandando-o em busca de mercadoria para subtrair outra; que se apresenta como convidado em uma festa para penetrar na residência em que vai furtar; que, como meretriz, contrata o congresso carnal apenas para subtrair a carteira do "cliente"; que obtém as chaves do veículo de que se apodera sob o pretexto de que pretende comprá-lo[89] etc. Há furto com fraude na subtração pela doméstica que se emprega apenas para praticá-lo.

Distingue-se o *furto com fraude*, em que o engodo possibilita a subtração, do *estelio*nato, em que o agente obtém a posse da coisa que lhe é transferida pela vítima por ter sido induzida em erro.[90] Na jurisprudência, apontam-se as seguintes diferenças: no primeiro há tirada contra a vontade da vítima; no segundo, a entrega é procedida livremente;[91] no primeiro, há discordância da vítima; no segundo, o consentimento;[92]

---

21. Contra a opinião de Noronha: HUNGRIA, FRAGOSO. *Comentários*. Ob. cit. v. 7, p. 40-41; FRAGOSO. *Lições*. Ob. cit. v. 1, p. 304; e JESUS, Damásio E. de. *Direito penal*. Ob. cit. v. 2, p. 338.
22. Nesse sentido: HUNGRIA, FRAGOSO. *Comentários*. Ob. cit. v. 7, p. 42; e NORONHA. *Direito penal*. Ob. cit. v. 2, p. 249.
23. Nesse sentido: JESUS, Damásio E. de. *Direito penal*. Ob. cit. v. 2, p. 339-340; e FRAGOSO. *Lições*. Ob. cit. v. 1, p. 304-305.

no furto, há amortecimento da vigilância; no estelionato, engodo;[93] naquele, o engano é concomitante com a subtração; neste, é antecedente à entrega;[94] a conduta do furto é de tirar, no estelionato é enganar para que a vítima entregue a coisa.[95]

A *escalada* é a utilização de via anormal para penetrar na casa ou local em que vai operar-se a subtração.[96] O reconhecimento dessa qualificadora exige que o agente se utilize de instrumentos (escadas, cordas etc.) ou atue com agilidade ou esforço incomum para vencer o obstáculo. Não a caracteriza, portanto, o emprego de destreza normal, como uma "pernada" para ultrapassar obstáculo de pequena altura.[97] Há escalada não só quando o agente pula um alto muro ou entra pelo telhado, com remoção das telhas,[98] como também quando se utiliza de um túnel para chegar ao local ou mesmo para deixá-lo.[99] Entretanto, é de se entender, como já se tem decidido, que a subida do agente em parte, para a subtração de fios elétricos, ainda que o seja com esforço incomum, não configura a qualificadora da escalada no furto, pois não se pode aí falar em escolha de via anormal de acesso à coisa e também porque poste não representa meio de defesa ou proteção à coisa.[100]

Por não deixar maiores vestígios, a comprovação da escalada dispensa o exame pericial,[101] embora já se tenha decidido em sentido contrário.[102]

A *destreza* é a habilidade física ou manual do agente, que possibilita a subtração sem que a vítima a perceba. Caso típico de destreza é a "punga" (subtração de carteira ou dinheiro em local onde se aglomeram pessoas). O fato de não ter o agente obtido o resultado não desconfigura, por si só, a qualificadora da destreza.[103] Não ocorrerá a citada causa, porém, se o agente é inábil, fazendo-se notar pela vítima, caso em que responderá por tentativa de furto simples,[104] mas ela se configura se, não obstante a habilidade demonstrada, é o agente apanhado por ter sido visto, casualmente, por terceiro, caracterizando-se a tentativa de furto qualificado.[105] Não há que se falar em destreza se a vítima está dormindo quando da subtração.[106]

O inciso III refere-se ao emprego de *chave falsa*, em cujo conceito se inclui não só a imitação da verdadeira, como também todo instrumento de que se utiliza o agente para fazer funcionar o mecanismo de uma fechadura ou dispositivo análogo (gazuas, grampos, tesoura, arames etc.), possibilitando ou facilitando, assim, a execução do crime.[107]

Noronha equipara à falsa a chave verdadeira furtada[24] e tem-se decidido que ocorre a qualificadora em estudo quando a chave é obtida fraudulentamente.[108] Assim o entendeu o STF no caso em que o agente a apanhou sub-repticiamente na portaria do hotel em que estava hospedada a vítima[109] e da mesma forma também já se decidiu na hipótese do empregado que a reteve após deixar o emprego.[110] Os demais doutrinadores, porém, entendem que no caso há crime mediante fraude,[25] e, assim, já se decidiu[111] Realmente, não há que se chamar de falsa a chave verdadeira. Pacífica, porém, é a opinião de que não

---

24. *Direito penal*. Ob. cit. v. 2, p. 251. Nesse sentido: CARVALHO, Luiz P. de. *Furto, roubo e latrocínio*. Ob. cit. p. 34.
25. Nesse sentido: HUNGRIA, FRAGOSO. *Comentários*. Ob. cit. v. 7, p. 46; e JESUS, Damásio E. de. *Direito penal*. Ob. cit. v. 2, p. 342.

há qualificadora quando o agente utiliza a chave verdadeira deixada ou esquecida pela vítima na fechadura ou em local de fácil acesso.[112] Também já se decidiu que não qualifica o furto o uso de chave falsa ou ligação direta para pôr o veículo em movimento.[113] Apreendida a chave falsa, impõe-se a perícia,[114] embora haja decisões em contrário.[115]

A qualificadora prevista no inciso IV existe quando o crime é praticado mediante *concurso de duas ou mais pessoas*. Essa circunstância denota maior periculosidade dos agentes, que unem seus esforços para o crime, ocorrendo a majorante ainda que um deles seja inimputável (menor, doente mental etc.).[116] Também subsiste a qualificadora ainda que não seja identificado o coautor, desde que comprovada sua existência.[117] Segundo Hungria, "é necessária a presença *in loco* dos concorrentes, ou seja, a cooperação deles na fase *executiva* do crime" [26] e assim decidiu, recentemente, o STF.[118] Essa opinião, porém, não é aceita pelos demais doutrinadores, que entendem existir a qualificadora ainda nos casos em que um dos agentes não participe da execução (mandato, ajuste etc.).[27] Não se referindo a lei à execução do crime, como o faz no art. 146, § 1º, a segunda opinião é a que tem mais amparo legal.[119]

Não há, no caso, necessidade de acordo prévio, mas o liame subjetivo deve ser estabelecido pelo menos até antes da consumação. Pouco importa o grau de participação de cada um no fato.[120] Decidiu o STF que não ocorre a qualificadora em apreço se o furto é praticado por quadrilha, pois haveria *bis in idem* quando "a circunstância associativa criminal, no caso, constitui fato anterior e autônomo, já apenado".[121] Diz Fragoso que todas as circunstâncias qualificadoras comunicam-se aos coautores, inclusive a de caráter pessoal (abuso de confiança), posto que elementares no crime.[28] Mas, como bem acentua Damásio, tratando-se de tipo qualificado e não de delito autônomo, não há que se falar de circunstância qualificadora elementar.[29] No caso de abuso de confiança, portanto, a circunstância, por ser pessoal, é incomunicável.

Caso um furto se revista de duas ou mais qualificadoras (concurso e chave falsa, por exemplo), uma delas qualifica o delito e as demais devem ser consideradas, na aplicação da pena, como agravantes.

Há divergências quanto à possibilidade de aplicação da diminuição de pena prevista no § 2º do art. 155 aos casos de furtos qualificados (item 10.1.14). No STF, vinha-se decidindo que o privilégio não alcança o furto qualificado.[122] O mesmo ocorria com relação ao STJ[123] e aos tribunais estaduais.[124] A orientação recente, porém, adotada tanto no STF como no STJ, é no sentido da admissibilidade da incidência do privilégio nas formas qualificadas do furto. Nos termos da Súmula 511 do STJ, para o reconhe-

---

26. *Comentários*. Ob. cit. v. 7, p. 46-47.
27. Nesse sentido: NORONHA. *Direito penal*. Ob. cit. v. 2, p. 252; FRAGOSO. *Lições*. Ob. cit. v. 1. p. 307-308; JESUS, Damásio E. de. *Direito penal*. Ob. cit. v. 2, p. 342-343; e FARIA, Bento de. *Código penal brasileiro*. Ob. cit. v. 5, p. 33.
28. FRAGOSO. *Lições*. Ob. cit. v. 1, p. 303. No mesmo sentido: HUNGRIA, FRAGOSO. *Comentários*. Ob. cit. v. 7, p. 38-39.
29. *Direito penal*. Ob. cit. v. 2, p. 338.

cimento do privilégio exige-se a primariedade do agente, o pequeno valor da coisa e a natureza objetiva da qualificadora (item 10.1.14).

No furto qualificado pelo concurso de pessoas, algumas decisões, entendendo exagerada a previsão legal do dobro da pena cominada para o tipo fundamental, têm fixado a pena do furto simples com o acréscimo de um terço até metade, aplicando, analogicamente, a regra contida no art. 157, § 2º. Não se justifica, porém, o uso da analogia diante da inexistência de lacuna a ser suprida, pois, no furto, a circunstância é expressamente prevista como qualificadora e não como causa de aumento de pena. Nesse sentido é a Súmula 442 do STJ: "É inadmissível aplicar, no furto qualificado, pelo concurso de agentes, a majorante do roubo."

10.1.16 Furto de veículo automotor

O art. 1º da Lei nº 9.426, de 24-12-1996, inseriu um parágrafo, o § 5º, ao art. 155, com a seguinte redação: "A pena é de reclusão de três a oito anos, se a subtração for de veículo automotor que venha a ser transportado para outro Estado ou para o exterior." Trata-se, pois, de mais uma espécie de furto qualificado, e o novo dispositivo tem em vista reprimir com mais severidade tal tipo de crime. Considerou-se, certamente, não só o fato de tratar-se de um ilícito que vem ganhando proporções alarmantes, como o de causar quase sempre prejuízo econômico elevado pela dificuldade na apreensão da *res furtiva*. É indispensável, porém, que o veículo seja transportado para outro Estado da Federação, diverso do local da subtração, ou para o exterior, para que se considere caracterizada a qualificadora. A qualificadora ocorre ainda que o transporte tenha sido efetuado por terceira pessoa. Por descuido do legislador, não se cominou a pena de multa cumulativa com a pena privativa de liberdade para essa espécie de furto.

O objeto material dessa espécie de furto qualificado é veículo automotor, ou seja, aquele que se move mecanicamente, especialmente a motor de explosão, para transporte de pessoas ou carga (automóveis, utilitários, caminhões, ônibus, motocicletas etc.).

A nova disposição legal, por ser mais severa que a anterior, que não previa a qualificadora, só pode ser aplicada aos fatos ocorridos a partir de 26-12-1996, data da publicação e de início da vigência da Lei nº 9.426/1996.

Pela Lei Complementar nº 121, de 9-2-2006, foi criado o sistema nacional de prevenção, fiscalização e repressão ao furto e roubo de veículos e cargas.

Pelo Decreto nº 2.131, de 20-1-1997, foi promulgado o acordo para restituição de veículos automotores roubados ou furtados, celebrado entre o Governo da República Federativa do Brasil e o Governo da República do Paraguai, em Brasília, em 1º-9-1994.

10.1.17 Furto de animal

No § 6º do art. 155, inserido pela Lei nº 13.330, de 2-8-2016, descreve-se outra qualificadora: "A pena é de reclusão de 2 (dois) a 5 (cinco) anos se a subtração for de semovente domesticável de produção, ainda que abatido ou dividido em partes no local da subtração". Entre as razões que inspiraram o legislador a promover o reforço da tutela penal no caso do abigeato estão o aumento do número de crimes dessa natureza, sobretudo nas zonas rurais, e os especiais malefícios que decorrem para a saúde pública do abate de animais e da comercialização de sua carne de forma clandestina, com impedimento à ação fiscalizadora dos agentes da vigilância sanitária.

Incide a qualificadora se o objeto material do furto é "semovente domesticável de produção". Para o direito penal, semovente – aquele que anda ou se move por si – é sempre coisa móvel, o animal, suscetível de apreensão e transporte, que integra o patrimônio de alguém. Refere-se a lei somente aos animais domesticáveis de produção, que são os reproduzidos, criados e mantidos sob a ação controlada do homem com finalidade de exploração econômica. Incluem-se o gado e os demais animais criados em rebanhos, como equinos, suínos, caprinos, ovinos etc. Não há razão para se excluírem as aves, como galinhas e avestruzes, ou quaisquer outras espécies, desde que domesticáveis e passíveis de produção. Excluem-se os animais que vivem livremente na natureza em estado selvagem, mesmo que em área privada, e os que não podem ser domesticados. Embora a lei vise principalmente à tutela dos animais produzidos para final abate e comercialização da carne ou outras partes, a redação do dispositivo não autoriza que se excluam cães, gatos, pássaros e outras espécies quando reproduzidos ou mantidos em canis ou criadouros para serem comercializados como animais de estimação ou guarda.

É clara a norma no sentido de que a agravação da pena se verifica ainda na hipótese de o animal ter sido abatido ou dividido em partes. O objeto material do delito, portanto, pode ser não somente o animal vivo, mas, também, o morto ou suas partes, desde que o abate tenha ocorrido no local da subtração.

A receptação do objeto do furto praticado nos termos do § 6º do art. 155 pode configurar crime específico, de receptação de animal, previsto no art. 180-A (item 16.2).

10.1.18 Furto com o emprego de explosivo ou artefato análogo

O § 4º-A do art. 155 foi inserido pela Lei nº 13.654, de 23-4-2018, por considerar necessário o legislador mais severa repressão a uma modalidade delitiva de ocorrência crescente, consistente no furto a caixas eletrônicos e agências bancárias mediante o emprego de explosivo ou de artefato análogo causador de perigo comum. Explosivo é uma substância ou um composto de substâncias que podem ensejar a explosão, processo em que a liberação, em curto espaço de tempo, de grande quantidade de energia contida em materiais ou gases é apta a ensejar uma onda de choque causando danos a pessoas ou objetos. Está abrangido pela qualificadora o emprego de dinamite, composta por nitroglicerina, bem como qualquer substância contida em artefatos análogos e igualmente capazes de provocar explosão. Exige o dispositivo que o emprego do explosivo cause perigo comum, ou seja, que acarrete risco à incolumidade de pessoas ou bens materiais. Não se exige, porém, a efetiva ocorrência de lesões ou danos, bastando a existência do perigo concreto. Por interpretação sistemática, deve-se entender que o emprego de explosivo ou artefato análogo qualifica o crime se utilizados estes como meios específicos para viabilizar a subtração. Operada, ou não, a subtração, a utilização do explosivo com outras finalidades, como a de provocar tumulto ou dificultar a ação policial, configura o crime descrito no art. 251, punido com pena de 3 a 6 anos de reclusão. Deve-se observar, aliás, que, antes da inovação legislativa, a utilização (ou a mera colocação) de engenho de dinamite ou artefato análogo com a criação de perigo à incolumidade pública determinava a punição pelo crime de furto qualificado praticado em concurso com o de explosão. Tratando-se de qualificadora, e não de causa de aumento de pena, incidindo o § 4º-A outras eventuais qualificadoras, previstas no § 4º, devem ser consideradas pelo juiz na dosagem da pena como circunstâncias judiciais. O furto com o emprego de explosivo ou artefato análogo que cause perigo comum passou a ser considerado crime hediondo por força da Lei nº 13.964, de 24-12-2019, que inseriu o inciso IX no art. 1º, da Lei nº 8.072/1990.

10.1.19 Furto de substâncias explosivas

O § 7º do art. 155 foi também inserido pela Lei nº 13.654, de 23-4-2018. Nele se prevê outra qualificadora pela qual se cominam as mesmas penas, de 4 a 10 anos de reclusão, para a subtração de substâncias explosivas ou de acessórios que possibilitem a sua fabricação, montagem ou emprego. A exemplo do que se verifica nos §§ 5º e 6º, o furto é mais severamente punido, nos termos do § 7º, em face da natureza da coisa subtraída. O fabrico, fornecimento, aquisição, posse ou transporte de explosivos ou material destinado à sua fabricação, sem licença da autoridade, são condutas tipificadas no art. 253. Justifica-se a agravação do furto no caso das substâncias explosivas não somente em razão do risco à incolumidade pública que a própria subtração pode ensejar, como, também, daquele que se pode associar a sua possível utilização criminosa. Como nas hipóteses dos §§ 4º-A a 6º, incidindo o § 7º, pode o juiz ponderar as circunstâncias previstas no § 4º como circunstâncias judiciais na exasperação da pena a ser aplicada.

10.1.20 Furto mediante fraude cometido por meio de dispositivo eletrônico ou informático

Consequência das inovações tecnológicas na área da informática, foi a proliferação na sociedade de novas práticas de transações comerciais e financeiras por meio de computadores, telefones celulares e outros dispositivos eletrônicos que frequentemente se utilizam da *internet* para a sua concretização. Os novos processos favoreceram a disseminação do emprego de uma diversificada gama de expedientes fraudulentos para a prática de furtos, que antes eram punidos nos termos do art. 155, § 4º, II.

Com a finalidade de promover mais severa repressão a essa crescente modalidade delituosa, a Lei nº 14.155, de 27-5-2021, inseriu no art. 155 o § 4º-B que dispõe: "A pena é de reclusão, de 4 (quatro) a 8 (oito) anos, e multa, se o furto mediante fraude é cometido por meio de dispositivo eletrônico ou informático, conectado ou não à rede de computadores, com ou sem a violação de mecanismo de segurança ou a utilização de programa malicioso, ou por qualquer outro meio fraudulento análogo".

Como já visto, dispositivo é qualquer aparelho, mecanismo ou componente construído para uma função especial. Informática é a ciência que estuda o tratamento da informação mediante o uso de computadores ou outros dispositivos de processamento de dados. Por dispositivo eletrônico ou informático, deve-se entender qualquer sistema ou aparelho que viabiliza, por meio eletrônico, o armazenamento, processamento ou transferência de dados ou informações, abrangidos os computadores de qualquer espécie, como *desktops*, *notebooks*, *tablets*, servidores etc., seus componentes e periféricos, bem como outros dispositivos que possibilitem aquelas operações, embora possam desempenhar também outras funções (v. item 9.19.5).

Embora a rigor desnecessário, ressalta-se no dispositivo a irrelevância das circunstâncias de estar ou não o dispositivo conectado à rede de computadores, de atuar ou não o agente mediante a violação de mecanismos de segurança ou a utilização de programa malicioso. A utilização de uma fórmula genérica ao final do artigo, "por qualquer outro meio fraudulento análogo" autoriza a interpretação analógica e se justifica diante da frequência com que se têm verificado as inovações tecnológicas na área da informática.

No § 4º-C inseriram-se duas causas de aumento de pena ao furto qualificado nos termos do § 4º-B. A primeira circunstância, que determina acréscimo de *um terço a dois terços*, é a de ser o crime praticado "mediante a utilização de servidor mantido fora do território nacional" (inciso I). Mencionando aqui o "servidor", refere-se a lei ao computador que provê recursos, dados, serviços ou programas para outros computadores, conhecidos como clientes, por meio de uma rede de computadores. Pune-se mais severamente o agente que se vale de algum servidor localizado fora dos limites territoriais do País, em razão da maior dificuldade criada para a apuração da autoria do crime e a colheita de provas no curso da persecução penal.

A segunda majorante, que enseja aumento de *um terço ao dobro*, é a de ser o crime praticado contra *idoso* ou *vulnerável* (inciso II). Justifica-se o acréscimo legal em razão da presunção de maior dificuldade de resistência da vítima à ação fraudulenta do agente, em decorrência dessas condições pessoais. Pessoa idosa é a que tem 60 anos ou mais (art. 1º do Estatuto da Pessoa Idosa). O conceito de vulnerável não é dado pelo dispositivo. Dele trata o Código Penal ao disciplinar os crimes sexuais. Podem ser considerados pessoa vulnerável o menor de idade e quem, por enfermidade ou deficiência mental, não tem o necessário discernimento para a prática do ato, ou que, por qualquer outra causa, não pode oferecer resistência.

A menção no § 4º-C à devida consideração da "relevância do resultado gravoso" deve ser entendida como a previsão de um critério que deve nortear a dosagem do acréscimo a ser aplicado no caso concreto, em ambas as hipóteses legais, que a seguir são discriminadas no dispositivo. Não se cuida de circunstância que condicione o próprio reconhecimento ou não de uma ou outra majorante, mas daquela que deve orientar o Juiz na aferição do grau de punição requerido pelo resultado concreto da ação criminosa, dentro dos limites fixados.

10.2 FURTO DE COISA COMUM

10.2.1 Conceito

Espécie de furto existe quando se trata de subtração de coisa comum, definido o ilícito no art. 156: "Subtrair o condômino, coerdeiro ou sócio, para si ou para outrem, a quem legitimamente a detém, a coisa comum." A razão da incriminação é a de que o agente subtrai coisa que pertence também a outrem.

Condomínio existe quando duas ou mais pessoas têm propriedades sobre uma mesma coisa, exercendo seu direito sem exclusão dos direitos dos demais condôminos (arts. 1.314 ss do CC). *Herança* é o patrimônio do falecido, uma universalidade de bens que se transmite aos herdeiros com o óbito do titular (arts. 1.784 e 1.791 do CC), havendo comunhão até a partilha (art. 1.791, parágrafo único, do CC). *Sociedade,* nos termos da lei civil, é a união de duas ou mais pessoas que se obrigam a contribuir, com bens ou serviços, para o exercício de atividade econômica, partilhando os resultados (art. 981 do CC). Em todos os casos, o sujeito é titular de uma parte ideal, a qual pode inclusive alienar, mas limitada. Nas *associações,* união de pessoas em que está ausente a finalidade econômica (art. 53 do CC), também é possível que sejam os associados titulares de quota ou fração ideal do patrimônio da pessoa jurídica (art. 56, parágrafo único, do CC).

10.2.2 Objetividade jurídica

Protege-se, com o dispositivo, a propriedade ou posse. Neste último caso, somente a legítima é titulada; não o sendo, ocorrerá furto comum.

10.2.3 Sujeito ativo

O art. 156 prevê um crime próprio, já que somente pode ser praticado pelo condômino, coerdeiro ou sócio.

10.2.4 Sujeito passivo

São sujeitos passivos todos os condôminos, coerdeiros ou sócios que não o agente, ou mesmo a pessoa que tem a posse legítima da coisa sobre a qual pesa condomínio ou sociedade ou pertença ao patrimônio dos bens a serem partilhados entre os herdeiros. A sociedade a que se refere o dispositivo é apenas aquela que não está revestida de personalidade jurídica. As pessoas jurídicas, inclusive as sociedades de fato, têm existência distinta da de seus membros, inclusive quanto à propriedade e posse. Nesse sentido é a lição da doutrina.[30] Entendendo haver no caso furto de coisa comum, pronunciam-se, porém, Hungria e Damásio.[31] Na melhor orientação, o sócio ou acionista de sociedade que se constitui como pessoa jurídica pratica furto comum, pois subtrai coisa *alheia* (da pessoa jurídica) e não de coisa comum (dos sócios).[125]

É possível a ocorrência do crime em apreço quando se trate de união estável, mas nesse caso é indispensável comprovar a sua caracterização.[126]

Caso o agente (condômino, coerdeiro ou sócio) tenha a posse legítima da coisa, seu apoderamento poderá constituir o crime de apropriação indébita e não o de delito em estudo.[32]

10.2.5 Tipo objetivo

Não difere a conduta daquela de crime de furto comum. É a subtração de coisa móvel ou mobilizada (item 10.1.6). É necessário que o agente tenha parte ideal da coisa para se falar em coisa *comum*, mas não importa qual o montante de sua parte na coisa.

10.2.6 Tipo subjetivo

A vontade de subtrair configura o elemento subjetivo, falando-se em dolo específico, na doutrina tradicional, quanto à expressão "para si ou para outrem".

10.2.7 Exclusão do crime

Caso o objeto material seja *coisa fungível*, que pode ser determinada por número, peso e medida, admitindo sua substituição por outra da mesma espécie, qualidade ou quantidade (art. 85 do CC), não é punível a subtração se o valor da coisa subtraída não excede a quota-parte a que tem direito o agente. É o que determina o art. 156, § 2º.[127] Assinala Damásio que se trata, no caso, de fato não criminoso e não de mera isenção de pena, já que a lei se refere à não punibilidade da *subtração* e não do agente desta.[33] A razão de ser do dispositivo funda-se no fato de que o agente está apossando-se apenas da parte que lhe pertence, embora a divisão tenha sido estabelecida sem o consentimento dos demais (ilícito civil), não privando o coproprietário da parte que lhe cabe. Havendo dúvida quanto à parte do agente, aplicar-se-á o disposto no art. 93 do CPP, mas, havendo insegurança quanto à qualidade do coerdeiro, será necessária decisão da ação civil prejudicial (art. 92 do CPP).

---

30. NORONHA. *Direito penal*. Ob. cit. v. 2, p. 256-257; FRAGOSO. *Lições*. Ob. cit. v. 1, p. 317.
31. Respectivamente: *Comentários*. Ob. cit. v. 7, p. 48-49; e *Direito penal*. Ob. cit. v. 2, p. 346.
32. Nesse sentido: HUNGRIA, FRAGOSO. *Comentários*. Ob. cit. v. 7, p. 49; JESUS, Damásio E. de. *Direito penal*. Ob. cit. v. 2, p. 346; FRAGOSO. *Lições*. Ob. cit. v. 1, p. 317; e FARIA, Bento de. *Código penal brasileiro*. Ob. cit. v. 5, p. 41.
33. *Direito penal*. Ob. cit. v. 2, p. 347.

10.2.8 Ação penal

Diante da comunidade de interesses na coisa subtraída, que envolve pessoas ligadas pelo condomínio, sociedade ou por laços de parentesco, faz a lei depender a ação penal pública da representação de pelo menos uma das vítimas (art. 156, § 1º).

11

DO ROUBO E DA EXTORSÃO

11.1 ROUBO

11.1.1 Conceito

A subtração de coisa alheia móvel, para si ou para outrem, que caracteriza o furto, quando revestida de circunstâncias especialmente relevantes previstas na lei, configura o crime de roubo, previsto no art. 157: "Subtrair coisa móvel alheia, para si ou para outrem, mediante grave ameaça ou violência a pessoa, ou depois de havê-la, por qualquer meio, reduzido à impossibilidade de resistência: Pena – reclusão, de quatro a dez anos, e multa."

Trata-se, no caso, de crime contra o patrimônio em que é atingida, também, a integridade física ou psíquica da vítima. O art. 157 abrange o roubo impróprio (§ 1º), o roubo qualificado (§§ 2º e 2º-A), o roubo qualificado por lesões corporais graves (§ 3º, I) e o latrocínio (§ 3º, II).

11.1.2 Objetividade jurídica

Tratando-se de *crime complexo*, objeto jurídico imediato do roubo é o patrimô- nio. Tutelam-se, também, a integridade corporal, a liberdade e, no latrocínio, a vida do sujeito passivo.

11.1.3 Sujeitos do delito

O roubo é um delito comum, podendo ser cometido por qualquer pessoa.

Sujeito passivo do delito não é só o proprietário, possuidor ou detentor da coisa, como qualquer pessoa atingida pela violência ou ameaça. Serão vítimas, assim, o cai- xeiro do estabelecimento, o guarda particular da residência, as pessoas que estiverem no local da subtração, quando ameaçadas ou submetidas a violência etc.

11.1.4 Tipo objetivo

Como no furto, a conduta é *subtrair* (tirar) a coisa móvel alheia, mas é necessário que o agente se utilize de violência (lesões corporais ou vias de fato), grave ameaça ou de qualquer outro meio que reduza a possibilidade de resistência do sujeito passivo (emprego de drogas, hipnose etc.). A *violência, grave ameaça* ou esse outro meio devem ser anteriores ou concomitantes com a subtração; *se forem posteriores, ocorrerá roubo impróprio* (item 11.1.7). Não é necessário que da violência resultem lesões corporais à vítima: um empurrão, uma imobilização por meio de uma "gravata" etc. configuram a violência.[1] Valem para a conceituação do roubo os conceitos expedidos anteriormente quanto à violência (item 3.1.2) e ameaça (item 3.1.3). Há crime de roubo quando o agente finge portar uma arma, já que tal atitude constitui grave ameaça, sem a qual a vítima não entregaria a *res*.[2]

No roubo, a subtração pode ser feita contra certa pessoa e a violência exercida também contra terceiro.[3]

Quando se trata de ameaça, a intimidação da vítima deve ser produzida pelo sujeito ativo; se ela se achar aterrorizada por motivos estranhos ao agente, não haverá roubo mas furto.[4] A simples violência contra a coisa não caracteriza o roubo e sim o furto qualificado pelo rompimento de obstáculo (art. 155, § 4º, inciso I – item 10.1.15). Mas a força empregada como *conditio sine qua non* para o apossamento da coisa que causa lesão ao ofendido é configuradora do delito.[5]

O objeto material do crime é a coisa alheia móvel (item 10.1.6). Mas, como no furto, não há crime quando a coisa (documentos, por exemplo) não tem valor econômico.[6] É roubo a subtração violenta de maconha ou de outros entorpecentes que têm valor patrimonial, sendo comercializados entre viciados e traficantes. Tais coisas têm até dono em condições legais (por exemplo, para fins médicos etc.).[34]

Evidentemente, não é possível no que se relaciona ao roubo a aplicação do princípio da bagatela, já que se trata de infração em que se pratica violência ou ameaça.[7] Tratando-se do uso de meios que podem lesar seriamente bens jurídicos importantes, a integridade física e a tranquilidade psíquica, não se pode considerar irrelevante o fato para os efeitos penais. Também é figura desconhecida do Direito pátrio o "roubo de uso", não servindo de base para tese absolutória, máxime em razão da violência ou grave ameaça empregada com objetivo de obter-se a subtração patrimonial, característica que o torna inconfundível com o "furto de uso".[8] Embora já se tenha reconhecido a existência de crime impossível em roubo quando a vítima nada possuía para ser subtraído,[9] na verdade na hipótese permaneceria, residualmente, o crime de ameaça.

11.1.5 Tipo subjetivo

A vontade de subtrair, com o emprego de violência, grave ameaça ou outro recurso análogo é o dolo do delito de roubo. Exige-se, porém, o elemento subjetivo do tipo (dolo específico) idêntico ao do furto (item 10.1.7).

---

34. MAZZILLI, Hugo Nigro. Observações sobre o crime de roubo. *RT* 490/267 e *Justitia* 97/225.

11.1.6 Consumação e tentativa

O delito de roubo, tal como o de furto, somente se consuma quando a coisa sai da esfera de vigilância da vítima,[10] e o sujeito ativo tem a posse tranquila da coisa, ainda que por pouco tempo.[11] Não merece apoio a orientação minoritária de que a consumação se opera com a prática da violência, independente da subtração. Se, após o emprego da violência não pode o agente, por circunstância alheia a sua vontade, executar a subtração, há tentativa de roubo.[12] 35 Mas, ganha corpo na jurisprudência, inclusive do STF, a orientação de que não é necessário que a coisa saia da esfera de disponibilidade da vítima, bastando que cesse a violência para que o poder de fato sobre ela se transforme de detenção em posse, consumando-se o delito.[13] A respeito do tema, o STJ editou a Súmula nº 582 com a seguinte redação: "Consuma-se o crime de roubo com a inversão da posse do bem mediante emprego de violência ou grave ameaça, ainda que por breve tempo e em seguida à perseguição imediata ao agente e recuperação da coisa roubada, sendo prescindível a posse mansa e pacífica ou desvigiada."

Estará consumado o crime se o agente, antes de ter a posse tranquila da coisa, se desfaz dela quando perseguido, não a recuperando a vítima, e também quando parte da *res furtiva* extravia-se na fuga.[14] Também está consumado o roubo quando, embora detido o agente, um coautor foge com parte do produto do crime.[15] Não há incompatibilidade entre a prisão em flagrante e o crime de roubo consumado, quando o agente é encontrado, após diligências, logo depois do fato, com a coisa subtraída.[16] Também deve ser reconhecida a consumação ainda que o agente tenha sido seguido ou perseguido e preso em flagrante delito.[17] É irrelevante a circunstância de não se ter locupletado o agente com a coisa roubada.[18]

11.1.7 Roubo impróprio

É denominado roubo impróprio o definido no art. 157, § 1º: "Na mesma pena incorre quem, logo depois de subtraída a coisa, emprega violência contra pessoa ou grave ameaça, a fim de assegurar a impunidade do crime ou a detenção da coisa para si ou para terceiro."

Nesse caso, a violência ou a grave ameaça ocorrem *após a consumação da subtração*, visando o agente assegurar a *posse* da coisa subtraída ou a *impunidade* do crime. Como hipóteses citem-se as de violência exercida contra o guarda-noturno quando o agente, já carregando o produto do crime, desperta a atenção do policial, ou quando, já tendo escondido a coisa subtraída, volta ao local da subtração para apanhar um documento que deixou cair e pode servir de identificação, praticando a violência contra

---

35. Nesse sentido: JESUS, Damásio E. de. *Direito penal:* parte especial. 4. ed. São Paulo: Saraiva, 1982. v. 2, p. 353; FRAGOSO, Heleno Cláudio. *Lições de direito penal:* parte especial. 3. ed. São Paulo: José Bushatsky, 1976. v. 1, p. 321; e NORONHA, E. Magalhães. *Direito penal.* 13. ed. São Paulo: Saraiva, 1977. v. 2, p. 261; e SIQUEIRA, Geraldo Batista de. Roubo, delito material ou formal? *Livro de Estudos Jurídicos.* Rio de Janeiro: Instituto de Estudos Jurídicos, 1991, v. 2, p. 296-297.

aquele que o encontrou. No primeiro caso, o agente tenta assegurar não só a detenção da coisa, como também evitar a sua prisão; no segundo, pretende a impunidade com sua não identificação.

A violência posterior ao roubo, para assegurar sua impunidade, deve ser imediata. Se entre a subtração e a violência medeia um sensível espaço de tempo e de lugar, a conexão desaparece e não há falar no delito do art. 157 e sim do art. 129 ou 121, § 2º, incisos IV e V.[19]

Refere-se a lei apenas a violência e ameaça, excluindo-se a ocorrência do roubo impróprio quando o agente, após a subtração, utiliza-se de outro meio para inutilizar ou dificultar a resistência da vítima. Embora Hungria justifique a omissão, que diz proposital, sob a alegação da impossibilidade da utilização de outros recursos após a subtração,[36] Noronha critica acertadamente a lacuna, referindo-se ao caso daquele que é detido pelo furto, ministrando narcótico ao copo de bebida do policial que aguarda a chegada da viatura para levá-lo à prisão por ter sido encontrado em situação de flagrância prevista no art. 302, inciso IV, do Código de Processo Penal.[37]

Ao elemento subjetivo do roubo próprio deve-se acrescentar, para o crime em estudo, o fim do agente, que é o de assegurar a impunidade do crime ou a detenção da coisa (elemento subjetivo do injusto).

A consumação do roubo impróprio ocorre com a violência ou grave ameaça, desde que já ocorrida a subtração. Não se consumando esta, tem-se entendido que o agente deverá ser responsabilizado por tentativa de furto e lesões corporais, em concurso.[20] [38] Não se poderia falar, assim, em tentativa de roubo impróprio, uma vez que este somente pode existir se a coisa já foi subtraída, ou seja, se já foi ela colocada fora da esfera da disponibilidade da vítima.[21] Tem-se argumentado, a nosso ver sem razão, que se caracteriza a tentativa quando o agente, perseguido ininterruptamente, não consegue, por um só momento, ter a posse tranquila da *res* e não chega a sair da esfera de vigilância da vítima.[22] Há no caso o concurso de tentativa de furto e lesões corporais. Estará entretanto consumado o roubo impróprio quando, graças à violência contra a pessoa ou grave ameaça, o agente logra demover o sujeito passivo do intento de reaver, por seus próprios meios, a coisa que lhe fora subtraída.[23]

Deve-se, porém, admitir a possibilidade de tentativa de roubo impróprio em outra circunstância, como na hipótese, formulada por Fragoso, de ter o agente completado a subtração, sendo preso quando *tenta* "emprego da violência ou da ameaça para assegurar a posse da coisa ou a impunidade".[24] [39]

---

36. *Comentários ao código penal*. 4. ed. Rio de Janeiro: Forense, 1980. v. 7, p. 56.
37. *Direito penal*. Ob. cit. v. 2, p. 262. Assim também pensa JESUS, Damásio E. de. *Direito penal*. Ob. cit. v. 2, p. 354.
38. Nesse sentido: NORONHA. *Direito penal*. Ob. cit. v. 3, p. 262; JESUS, Damásio E. de. *Direito penal*. Ob. cit. v. 2, p. 353-354; FARIA, Bento de. *Código penal brasileiro comentado*. Rio de Janeiro: Record, 1959. v. 5, p. 47.
39. *Lições*. Ob. cit. v. 1, p. 327.

Damásio exige, corretamente a nosso ver, uma quase absoluta imediatidade entre a tirada da coisa e o emprego da violência ou grave ameaça para a caracterização do roubo impróprio, pois, havendo um intervalo razoável entre os atos da subtração e da violência, haverá concurso material de furto e lesões corporais.[25][40] Como já se salientou, a expressão "logo depois de subtraída a coisa" significa: logo depois de apoderar-se da coisa e ter sua posse precária, tão precária que o agente necessita usar de violência ou grave ameaça para assegurá-la.[26]

11.1.8 Roubo agravado

Previa o § 2º do art. 157 três circunstâncias agravadoras: a do emprego de arma (inciso I, posteriormente revogado pela Lei nº 13.654/2018), a do concurso de duas ou mais pessoas (inciso II) e a do crime praticado contra aquele que está em serviço de transporte de valores (inciso III). Duas outras foram acrescentadas pelo art. 1º da Lei nº 9.426, de 24-12-1996: a da subtração de veículo automotor que venha a ser transportado para outro Estado ou para o exterior (inciso IV) e a do agente manter a vítima em seu poder, restringindo sua liberdade (inciso V). A Lei nº 13.654, de 23-4-2018 incluiu o inciso VI, em que se prevê a hipótese de subtração de substância explosiva ou acessório, e acrescentou o § 2º-A, que determina o acréscimo da pena para os casos de emprego de arma de fogo e de destruição ou rompimento de obstáculo mediante explosivo, além de alterar a redação do § 3º. Por fim, a Lei nº 13.964 de 24-12-2019, acrescentou o inciso VII no § 2º, que prevê o aumento da pena pelo emprego de arma branca no cometimento do crime.

De acordo com o inciso II do § 2º, o *concurso de duas ou mais pessoas* agrava o roubo, dada a maior periculosidade dos agentes, que se unem para a prática do crime, dificultando a defesa da vítima. Não importa que um dos dois agentes seja inimputável[27] ou que apenas um pratique o ato executório do crime.[41] Havendo *concurso*, como no caso de mandato, ocorre a qualificadora, não obstante a opinião de Hungria em contrário.[42] Evidentemente, para se definir o concurso de agentes é irrelevante a identificação do parceiro do réu; o que é indispensável é a certeza de sua existência.[28] É orientação do STF que, se os coautores forem condenados pelo crime de quadrilha, fica afastada a qualificadora que é, no caso, elemento daquele crime.[29] No mesmo sentido, o STJ.[30] Mas o Pretório Excelso também tem admitido a cumulação.[31]

Quando a vítima está em *serviço de transporte de valores* e o agente conhece essa circunstância, ocorre outra causa de aumento de pena do parágrafo em estudo, descrita no inciso III. Dá-se maior proteção aos funcionários bancários, cobradores etc., que transportam valores (dinheiro, títulos, selos ou mesmo joias, pedras preciosas etc.). É necessário, porém, que os valores não pertençam à pessoa que é deles desapossada, uma

---

40. *Direito penal*. Ob. cit. p. 354.
41. Nesse sentido: JESUS, Damásio E. de. *Direito penal*. Ob. cit. v. 2, p. 357; e FRAGOSO. *Lições*. Ob. cit. v. 1, p. 328.
42. *Comentários*. Ob. cit. v. 7, p. 58.

vez que se refere o dispositivo àquele que está *em serviço* de transporte. Indispensável é, ainda, que o agente saiba com antecedência que a pessoa está no transporte de valores.

O inciso IV, acrescentado pela Lei nº 9.426, de 24-12-1996, agrava o roubo "se a subtração for de veículo automotor que venha a ser transportado para outro Estado ou para o exterior". O objeto material, nesse caso, é o veículo *automotor* (aquele que se move mecanicamente, especialmente a motor de explosão, para transporte de pessoas ou carga, como automóveis, utilitários, caminhões, ônibus, motocicletas etc.). Só se caracteriza a circunstância, entretanto, quando o veículo é conduzido para outro Estado, diverso do local da subtração, ou para o exterior.

Também será agravado o roubo quando o "agente mantém a vítima em seu poder, restringindo sua liberdade" (inciso V, acrescentado pela Lei nº 9.426, de 24-12-1996). A privação de liberdade do ofendido pode ser meio ou elemento do roubo, perdendo o sequestro sua autonomia. Entretanto, considerando a maior gravidade do fato, decidiu o legislador que o fato merece mais severa apenação por essa circunstância. Ainda que de breve duração, a privação de liberdade de qualquer ofendido qualifica o crime de roubo. Caso a privação da liberdade permaneça após subtração consumada, configura-se o concurso material de crimes (item 11.1.14). A privação da liberdade da vítima pode ser, porém, meio de que se vale o agente para a obtenção da vantagem econômica no crime de extorsão, configurando-se, na hipótese, o denominado sequestro relâmpago (item 11.2.8). A partir da edição Lei nº 13.964, de 24-12-2019, essa qualificadora passa a ser crime hediondo (art. 1º, II, *a*, da Lei nº 8.072/1990).

No inciso VI, incluído pela Lei nº 13.654, de 23-4-2018, agrava a pena ser o bem subtraído substância explosiva ou acessório que possibilite a sua fabricação, montagem ou emprego. A circunstância é a mesma descrita no § 4º-A do art. 155 (v. item 10.1.18), justificando-se a majoração da pena em face do risco que a própria natureza da coisa enseja para a incolumidade pública, tanto em decorrência de sua subtração como de sua eventual utilização para a prática de outras atividades criminosas.

Ocorrendo duas ou mais circunstâncias, uma delas torna o crime qualificado e as demais devem ser objeto de apreciação do juiz, para a aplicação da pena, como simples agravantes. Segundo o STJ, a simples menção ao número de qualificadoras não constitui fundamento bastante para a exasperação da pena, impondo-se ao juiz a consideração das circunstâncias concretas do delito (Súmula 443).[43]

11.1.9 Roubo com emprego de arma

Arma, no sentido jurídico, é todo instrumento que serve para o ataque ou defesa, hábil a vulnerar a integridade física de alguém. Armas são tanto as próprias, como as

---

43. O STJ, em sessão de 28-4-2010, aprovou a Súmula 443, com a seguinte redação: "O aumento na terceira fase de aplicação da pena no crime de roubo circunstanciado exige fundamentação concreta, não sendo suficiente para a sua exasperação a mera indicação do número de majorantes".

armas de fogo (revólveres, pistolas, fuzis etc.), as armas brancas (punhais, estiletes etc.) e os explosivos (bombas, granadas etc.), como as impróprias, como as facas de cozinha, canivetes, barras de ferro, fios de aço etc. A partir da Lei nº 13.964, 24-12-2019, o emprego de arma branca na violência ou grave ameaça exercidas para a prática do roubo passou a ser previsto como uma causa específica de aumento de pena, agora descrita no inciso VII do § 2º, que determina a majoração de um terço a metade. O *emprego de arma de fogo*, na violência ou grave ameaça exercida como meio para a subtração está agora prevista, como uma especial majorante, no § 2º-A, inciso I, que determina o acréscimo fixo de dois terços da pena. Antes da vigência da Lei nº 13.654, de 23-4-2018, que também revogou o inciso I do § 2º, previa este como causa de aumento de pena de um terço até a metade a circunstância, mais abrangente, consistente no *emprego de arma*. Diante das sucessivas alterações legislativas, no roubo, o emprego de outro tipo de arma, que não seja arma *branca* ou *de fogo*, tornou-se circunstância do crime a ser considerada pelo juiz na dosagem da pena, nos termos do art. 59. [44]

Por se tratar de hipótese de *novatio legis in mellius*, autorizada está a retroatividade da norma penal em relação aos crimes praticados, com arma branca ou outra que não *de fogo,* anteriormente à vigência da Lei nº 13.654, de 23-4-2018.

O *emprego de arma de fogo* denota não só a maior periculosidade do agente, como também uma ameaça mais intensa à incolumidade física da vítima (item 3.1.5). Embora a arma simulada (brinquedo, por exemplo) não configure esse instrumento, a jurisprudência predominante, inclusive no STF, com apoio em parte da doutrina e fundamento no aspecto subjetivo do fato, vinha reconhecendo a qualificadora em estudo no roubo na intimidação efetuada com o emprego do simulacro de arma.[32] Diante dessa orientação, o STJ editou a Súmula 174, com a seguinte redação: "No crime de roubo, a intimidação feita com arma de brinquedo autoriza o aumento de pena". Ponderável corrente doutrinária e jurisprudência minoritária, porém, não aceitava essa orientação.[33] Realmente, embora o instrumento utilizado, simulacro de arma, seja idôneo para intimidar, quando a vítima se julga diante de arma verdadeira, não é apto para causar risco à vida ou danos à integridade física da vítima, razão da existência da agravação. Arma fictícia, se é meio idôneo para a prática de ameaça, o que é elemento do crime de roubo, não é bastante para qualificar o delito. Por essa razão, o STJ, em sessão de 24-10-2001, revogou a Súmula 174.[45] A mesma conclusão, quanto à existência de qualificadora, deve prevalecer quanto ao roubo com emprego de arma descarregada, ou defeituosa, embora se deva considerar que a inidoneidade para vulnerar é apenas acidental.

Segundo o Supremo Tribunal Federal, porém, nem a interpretação mais rigorosa, a que a doutrina tem oposto crítica demolidora, permite divisar a referida causa especial de aumento de pena, que é puramente objetiva, na circunstância de o agente

---

44. STJ: REsp 1921190-MG, j. em 25-5-2022, *DJe* de 27-5-2022 – tema repetitivo-110.
45. STJ: REsp 213.054-SP, *DJ* de 11-11-02, p. 148.

simular estar armado, mediante gesto que aparente portar o revólver sob as roupas.[34] E há decisão do Pretório Excelso de que não se configura a qualificadora no emprego de arma que não apresenta condições de disparo.[35]

Exige-se, diante do dispositivo em pauta, o efetivo emprego da arma, para intimidar, não caracterizando a qualificadora o simples porte.[36] Basta, porém, que seja ela portada *ostensivamente*, como uma ameaça implícita, para se configurar a majorante.[37]

Como o emprego de arma de fogo é uma circunstância objetiva do crime, comunica-se ao coautor; assim, basta que um deles empregue a arma para que se configure a causa especial de aumento de pena.[38]

Para a hipótese de ser a arma de fogo de uso restrito ou proibido, a Lei passou a prever especial agravação. Nos termos do § 2º-B, incluído pela Lei nº 13.964/2019, determina-se a aplicação em dobro da pena prevista no *caput*.

O emprego de arma de fogo, seja ou não de uso restrito ou proibido, configura crime hediondo nos termos do art. 1º, II, *b*, da Lei nº 8.072/1990, com a redação dada pela Lei nº 13.964, de 24-12-2019.

11.1.10 Roubo com emprego de explosivo

De acordo com o inciso II do § 2º-A, a pena é majorada de 2/3 se a subtração se realiza com a destruição ou rompimento de obstáculo mediante o emprego de explosivo ou de artefato análogo que cause perigo comum. Valem a respeito de substância explosiva as considerações expendidas sobre a qualificadora análoga prevista para o crime de furto no art. 155, § 4º-A. Tal como se verifica no furto, exige-se para a incidência do acréscimo que do uso explosivo ou do artefato análogo decorra perigo comum. Desnecessária também é a efetiva ocorrência de lesão ou dano, bastando a criação de um perigo concreto a pessoas ou bens materiais. Diferentemente do que se verifica no furto qualificado, no roubo é expressa a referência de que a utilização do explosivo há de provocar destruição ou rompimento de obstáculo à subtração. O seu uso após a subtração ou para outro fim determina a punição do agente por crimes de roubo e explosão em concurso. Se apesar da colocação do explosivo ou artefato não há explosão, afasta-se a majorante por exigir o tipo que deles resulte a destruição ou rompimento de obstáculo. Nesse caso, porém, ainda poderá responder o agente pelo crime de explosão (art. 251, *caput* e § 1º). O acréscimo previsto no dispositivo deve ser aplicado independentemente do devido às circunstâncias previstas no § 2º, sem prejuízo da eventual observância da regra contida no art. 68, parágrafo único. Incidindo as duas causas de aumento de pena previstas no § 2º-A, porque fixo o aumento previsto, uma delas pode ser considerada pelo juiz na dosagem da pena como circunstância do crime (art. 59). Por evidente lapso do legislador, o emprego de explosivo ou de artefato análogo na prática do crime, diversamente do que ocorre com o furto (art. 1º, IX da Lei nº 8.072/1990), não torna o roubo crime hediondo.

11.1.11 Roubo e lesão corporal grave

Nos termos do art. 157, § 3º, I, com a redação que lhe foi dada pela Lei nº 13.654, de 23-4-2018, é qualificado o roubo quando da violência resulta lesão corporal de natureza grave, fixando-se a pena agora de 7 a 18 anos de reclusão, e multa. Refere-se o dispositivo às lesões graves em sentido amplo (art. 129, §§ 1º e 2º) (itens 5.1.11 e 5.1.12). Cabem aqui as ponderações referentes aos crimes qualificados pelo resultado (item 2.1.7).

É indispensável que a lesão seja causada pela violência, não estando o agente sujeito às penas previstas no dispositivo em estudo se o evento letal decorre de grave ameaça (enfarte, choque nervoso, trauma psíquico etc.) ou do emprego de narcóticos, estupefacientes (coma, lesão cerebral etc.). Haverá, no caso, roubo simples e lesões corporais de natureza grave, em concurso formal.

Pela disposição dos parágrafos, é fácil concluir que a agravação existe tanto no roubo próprio, como no impróprio.

Falha na lei apontada pela doutrina, porém, era a da impossibilidade de se conjugar o disposto no § 3º com as majorantes do parágrafo anterior, ou seja, a de não se poder agravar a pena prevista para o roubo com lesão grave pelas qualificadoras estudadas nos itens anteriores.[(39) 46] Pareceu-nos sempre insustentável a opinião contrária de que havia compatibilidade entre os parágrafos.[(40)] Antes das alterações legislativas, reconhecia-se que a má disposição dos parágrafos levava a uma situação esdrúxula: utilizando-se de arma, o agente que causava lesão corporal grave estava sujeito a pena mínima de cinco anos; se não ocorresse lesão ou se esta fosse leve, o mínimo, pelo emprego de arma, seria de cinco anos e quatro meses (quatro anos mais um terço). Diante da atual redação dos dispositivos, restou afastada a incongruência, pois a pena mínima, no caso de lesão grave, passou a ser de sete anos, superior à sanção mínima pela qualificadora do emprego de arma de fogo, ora prevista no § 2º-A, I, de 6 anos e 8 meses.

Ocorrendo lesão grave, é irrelevante para a consumação do crime não ter o agente conseguido a subtração.[(41)] As razões são as mesmas invocadas quanto à ocorrência da morte (item 11.1.12).

A partir da Lei nº 13.964, de 24-12-2019 que deu nova redação ao art. 1º, da Lei nº 8.072/90, o roubo qualificado pelo resultado lesão corporal grave, a exemplo do latrocínio, passou a ser considerado crime hediondo (art. 1º, II, c).

11.1.12 Roubo e morte (latrocínio)

De acordo com o art. 157, § 3º, II do CP, com a redação que lhe foi dada pela Lei nº 13.654, de 23-4-2018, se da violência resulta morte, a pena cominada é de 20 a 30 anos de reclusão, e multa. As mesmas considerações referentes aos crimes qualificados pelo

---

46. Nesse sentido: JESUS, Damásio E. de. *Direito penal.* Ob. cit. v. 2, p. 357-358; FRAGOSO. *Lições.* Ob. cit. v. 1, p. 330; e MAZZILLI, Hugo Nigro. Observações sobre o crime de roubo. *RT* 490/261-268 e *Justitia* 97/225.

resultado podem ser aqui aplicadas (itens 11.1.9 e 2.1.7). Ressalte-se que é necessário que o exame necroscópico comprove a relação de causalidade entre o atuar do agente e a morte da vítima. Desconsiderou-se a morte em caso de que a prova técnica não elucidava o nexo causal, tendo a vítima falecido por provável enfarte do miocárdio.[42]

Fragoso, com apoio em Bohemero e Carrara, reserva para tipo penal a denominação de latrocínio somente aos casos em que a morte da vítima é *querida* pelo agente.[47] Nos termos legais, o latrocínio não exige que o evento morte esteja nos planos do agente. Basta que ele empregue violência para roubar e que dela resulte a morte para que se tenha como caracterizado o delito.[43] É mister, porém, que a violência tenha sido exercida para o fim de subtração ou para garantir, depois desta, a impunidade do crime ou a detenção da coisa subtraída.[44] Caso a motivação da violência seja outra, como a vingança, por exemplo, haverá homicídio em concurso com roubo.

Ocorre latrocínio ainda que a violência atinja pessoa diversa daquela que sofre o desapossamento; há um só crime com dois sujeitos passivos.[45] A morte de um coautor, porém, não caracteriza o latrocínio já que inexiste a relação de casualidade do evento com o objetivo dos autores.[46]

Como o latrocínio é um crime complexo, e como tal, uno, indecomponível nos fatos que o estruturam e integram, configura-se o ilícito mesmo quando o agente mata para fugir, evitando sua captura.[47]

A consumação do latrocínio ocorre com a efetiva subtração e a morte da vítima. Questões surgem quando um dos componentes desse crime complexo (subtração e morte) não se consuma. Caso ambos sejam apenas tentados, responderá o agente pelo *conatus*, conforme orientação pacífica na doutrina e na jurisprudência. Ocorrendo apenas subtração e não a morte da vítima que o agente pretendia matar, há também tentativa de latrocínio[48] [48] ou roubo com lesão corporal grave.[49] Quando, porém, ocorre a morte e não a subtração, são várias as sugestões para a capitulação do fato, referindo-se algumas delas ao homicídio qualificado, praticado para assegurar a execução, ocultação, impunidade ou vantagem de outro crime (art. 121, § 2º, inc. V). São elas: (a) tentativa de furto em concurso formal com homicídio qualificado;[49] (b) tentativa de roubo em concurso material com o homicídio qualificado;[50] (c) homicídio qualificado;[50] (d) latrocínio tentado;[51] (e) latrocínio consumado.[52] [51] Esta última orientação, adotada no STF (Súmula 610), é a menos imperfeita, embora não perfeitamente ajustada à letra da lei, que exige, para a consumação do crime complexo, a dos elementos componentes.

---

47. *Lições*. Ob. cit. v. 1, p. 330.
48. Nesse sentido: FRAGOSO. *Lições*. Ob. cit. v. 2, p. 332; NORONHA. *Direito penal*. Ob. cit. v. 2, p. 270. Contra: HUNGRIA, afirmando haver no caso tentativa de homicídio (art. 121, § 2º, v. c.c. art. 12, II), *Comentários*. Ob. cit. v. 7, p. 62-64.
49. NORONHA. *Direito penal*. Ob. cit. v. 2, p. 271.
50. HUNGRIA, FRAGOSO. *Comentários*. Ob. cit. v. 7, p. 63-64; e FRAGOSO. *Lições*. Ob. cit. v. 1, p. 331.
51. JESUS, Damásio E. de. *Direito penal*. Ob. cit. v. 2, p. 371-372; e MAZZILLI, Hugo Nigro. Observações sobre o crime de roubo. *RT* 490/265 e *Justitia* 97/223.

As duas primeiras orientações desmembram o crime complexo em duas partes, classificando-as separadamente; a terceira ignora a tentativa de subtração; e a quarta leva a uma punição absurdamente benéfica.

No caso de roubo tentado e homicídio *preterintencional* (exemplo: o agente, sem querer nem assumir o risco do resultado, mata culposamente a vítima e não consegue consumar a subtração por motivos alheios à sua vontade), aplica-se o art. 157, § 3º, II, em forma de tentativa de roubo seguida de morte.[52]

Ainda que o agente tenha querido a execução apenas do roubo, por força do art. 19 responde ele pelo resultado morte causado pelo autor quando o evento era ao menos previsível.[53] Trata-se, na hipótese, de crime qualificado pelo resultado, não se aplicando o art. 29, § 2º, que se refere apenas à cooperação dolosamente distinta nos crimes simples (básicos). Aliás, o último dispositivo refere-se apenas à "participação" e não à "coautoria", distinguidas na nova lei penal (*Manual*, P. G., item 6.1.11). No roubo a mão armada, assim, respondem pelo resultado morte, situado em pleno desdobramento causal da ação criminosa, todos os que, mesmo não participando diretamente da execução do homicídio (excesso quantitativo), planejaram e executaram o tipo básico, assumindo conscientemente o risco do resultado mais grave durante a ação criminosa. [54] É até irrelevante a identificação do acusado que disparou a arma contra a vítima.[55] Mas há decisão no sentido de aplicação do art. 29, § 2º, com a condenação pelo roubo simples, com o aumento de pena de metade pela previsibilidade do resultado morte. [56] Também somente se puniu apenas por furto o partícipe que ficou de vigia na rua, enquanto outros agentes entraram no prédio desarmados, para a realização do furto, ignorando a existência de vigia, sendo este morto de improviso, com instrumentos encontrados fortuitamente no lugar.[57] Nessa hipótese, não haveria realmente previsibilidade de resultado.

Não se ajusta à letra da lei a afirmação de Fragoso de que, havendo mais de uma morte, responderão os agentes por homicídio em concurso com o roubo.[53] Dada a defeituosa redação do dispositivo, os agentes só devem responder por um único crime de latrocínio.[58]

De acordo com o art. 9º da Lei nº 8.072/90, a pena do latrocínio, consumado ou tentado, deveria ser acrescida de metade, respeitado o limite superior de 30 anos de reclusão, estando a vítima em qualquer das hipóteses mencionadas no art. 224 do CP, que se refere ao ofendido que não é maior de 14 anos, é alienado ou débil mental, conhecendo o agente essa circunstância, ou não pode, por qualquer causa, oferecer resistência. As razões do acréscimo eram óbvias: a menor possibilidade de defesa da vítima e o elevado grau de insensibilidade do agente. Entretanto, com o aumento de metade, ainda que sobre a pena mínima, alcançava-se o limite máximo de 30 anos imposto pelo próprio artigo. Isso significava que não há diferença entre o mínimo e o máximo da pena cabível

---

52. A afirmação é de FRAGOSO. *Lições*. Ob. cit. v. 1, p. 332.
53. *Lições*. Ob. cit. v. 1, p. 332.

na hipótese, o que levou à afirmação de que, nessa parte, o dispositivo seria inconstitucional por impedir a individualização da pena, garantida pela Carta Magna.[54] A Lei nº 12.015, de 7-8-2009, que alterou a disciplina dos crimes sexuais, revogou, porém, o art. 224, esquecendo-se o legislador de que o art. 9º da Lei nº 8.072/90 aplicava-se também a crimes patrimoniais. É certo que as referidas circunstâncias, que antes constituíam causas de presunção de violência, persistem como elementares ou causas de aumento de pena de alguns dos novos crimes sexuais. Todavia, referindo-se o art. 9º da Lei dos crimes hediondos, expressamente, ao art. 224, com a revogação deste forçosamente perdeu a aplicabilidade aquele dispositivo legal. Inadvertidamente, o legislador reduziu as penas cominadas aos autores dos mais graves delitos patrimoniais.

A mesma lei definiu o latrocínio como crime hediondo (art. 1º). Posteriormente, essa classificação foi confirmada pela Lei nº 8.930/94, e pela Lei nº 13.964/2019, nos termos do que hoje descreve o art. 1º, II, *c* da Lei nº 8.072/90. Dessa forma, o autor desse delito não pode ser beneficiado com a anistia, graça ou indulto (art. 2º, I) e não tem direito à fiança (art. 2º, II), deverá cumprir a pena inicialmente em regime fechado (art. 2º, § 1º), sua prisão temporária pode estender-se por 30 dias, prorrogável por igual período em caso de extrema necessidade (art. 2º, § 4º) e, em caso de sentença condenatória, o juiz decidirá fundamentadamente se poderá apelar em liberdade (art. 2º, § 3º).

Não se aplica ao latrocínio o aumento de pena previsto no § 2º do art. 157[59] (item 11.1.12).

11.1.13 Distinção

Tem-se decidido, eventualmente, que a "trombada", mediante a qual o agente, atrapalhando os movimentos da vítima, arrebata-lhe coisa móvel, configura furto e não roubo.[60] É inegável, porém, que, havendo violência (choque, batida, colisão ou pancada com o objetivo de desequilibrar a vítima), há roubo.[61]

Distingue-se o roubo da extorsão. Aponta-se como diferença principal entre eles o fato de existir, no roubo, a subtração, ou seja, uma atividade do agente e, na extorsão, uma conduta da vítima. Se a vítima, sob ameaça, é coagida a entregar ao delinquente dinheiro e valores que trazia consigo, o caso seria de extorsão e não de roubo.[62] Mas deve se considerar que, constrangido o ofendido, a entrega do bem não pode ser considerada ato livremente voluntário, tornando tal conduta de nenhuma importância no plano jurídico e, assim, configura-se na hipótese o roubo e não a extorsão.[63] Importante, portanto, é salientar que na extorsão há sempre para a vítima alguma possibilidade de opção, o que não ocorre quando, no roubo, o ofendido é obrigado a entregar a coisa de imediato; assim, no roubo, o mal é a violência física iminente e o proveito contemporâneo, enquanto na extorsão é de ordem moral, futuro e incerto, como futura é a vantagem a que visa o agente. Outro critério de distinção comumente apontado consiste

---

54. Nesse sentido: PENTEADO. Jacques de Camargo. Pena hedionda. *RT* 674/286-8.

11 • DO ROUBO E DA EXTORSÃO   **267**

na prescindibilidade do comportamento da vítima, que caracteriza o roubo e não existe na extorsão. Há casos, porém, em que a colaboração da vítima, embora indispensável à consumação do delito, não descaracteriza o roubo, como no caso do gerente de uma agência bancária, ou do ofendido em sua residência, que, durante o roubo, é constrangido a abrir o cofre com o segredo do qual só ele tem conhecimento.

Revelando-se que o apossamento da coisa alheia não objetiva subtração, e sim a retenção do objeto até que seja saldada dívida, pratica o agente o crime de exercício arbitrário das próprias razões em concurso com eventual violência.[64]

11.1.14 Concurso

Tratando-se de roubo, ficam absorvidos por serem elementos constitutivos os crimes contra a liberdade individual[65] e as lesões corporais.[66] Mesmo a privação de liberdade, utilizada como meio ou elemento do roubo, perde a autonomia do crime de sequestro, sendo absorvido por aquele crime.[67] [55] Entretanto, por força do art. 1º da Lei nº 9.426, de 24-12-1996, que acrescentou incisos ao art. 157, "se o agente mantém a vítima em seu poder, restringindo sua liberdade" (inc. V), o roubo passa a ser qualificado, com o aumento de pena de um terço (item 9.6.10).

Quando a privação da liberdade da vítima, se verificar após a subtração, haverá concurso com o crime de sequestro.[68] [56] Já se tem decidido, porém, que a retenção da vítima, em automóvel, não configura o crime autônomo de sequestro.[69] Entretanto, tratando-se de meio para a prática de extorsão, configura-se o sequestro relâmpago. Se após a consumação do roubo, o agente pratica também o sequestro relâmpago, responde por ambos os delitos em concurso material.

É orientação atual do STF e de tribunais estaduais a possibilidade de continuação do roubo diante do entendimento de que o art. 71 adotou a teoria objetiva, que não se refere à unidade de desígnio, não impedindo a continuidade delitiva nos crimes em que se ofendem bens personalíssimos (item 3.2.3).[70] Está superada, portanto, a opinião de que não há possibilidade de continuação do crime em apreço apesar de algumas decisões em sentido contrário.[71] [57]

Há que se reconhecer, porém, que não há continuação no roubo quando se comprova a habitualidade criminosa. Firmou-se a jurisprudência do STF no sentido da descaracterização do crime continuado "quando, independentemente da homogeneidade

---

55. Ver, a respeito: PEDROSO, Fernando de Almeida. Roubo e sequestro. Concurso material de delitos ou conflito aparente de normas penais? *RT* 522/303-368 e *Justitia* 107/150-157.
56. Nesse sentido: MAZZILLI, Hugo Nigro. Observações sobre o crime de roubo. *RT* 490/264 e *Justitia* 97/222; e PEDROSO, Fernando de Almeida. Roubo e sequestro. Concurso material de delitos ou conflito aparente de normas penais? *RT* 522/305-308 e *Justitia* 107/153.
57. Damásio, em estudo exaustivo, entende haver no caso concurso material e não crime continuado. *Direito penal.* Ob. cit. v. 2, p. 360-366.

das circunstâncias objetivas, a natureza dos fatos e os antecedentes do agente identificam reiteração criminosa indicadora de delinquência habitual ou profissional".[72]

Por não serem crimes da mesma espécie, embora da mesma natureza, segundo a jurisprudência não há continuação: entre roubo e latrocínio;[73] entre roubo e furto;[74] e entre roubo e extorsão.[75] Essa orientação, porém, não é pacífica, e já se decidiu pela continuidade delitiva entre roubo e furto,[76] roubo e extorsão,[77] roubo e latrocínio.[78] Reconheceu-se também a continuação entre latrocínios,[79] mas há decisões em que se optou pelo concurso material de crimes.[80]

Dúvidas também surgem quanto à ocorrência de várias subtrações, com ameaça ou violência, praticadas mediante uma só ação desdobrada em vários atos (roubo em estabelecimento comercial com pluralidade de vítimas, por exemplo). Há nesses casos, conforme a jurisprudência majoritária, inclusive no STF, concurso formal de delitos de roubo.[81][58] Há decisões, porém, no sentido de que há crime único[82] ou mesmo crime continuado.[83]

Há crime único quando, apesar de serem objeto da violência ou ameaça várias pessoas, o patrimônio é único, por pertencer a marido e mulher[84] ou a uma mesma família.[85]

Não há *bis in idem* no reconhecimento do concurso material entre o crime de roubo qualificado pelo emprego de arma de fogo e o de associação criminosa armada (art. 288, parágrafo único).

11.1.15 Competência

Embora no latrocínio haja a morte das vítimas, é ele crime contra o patrimônio. Assim, a competência para apreciá-lo é do juiz singular, e não do Tribunal do Júri (Súmula 603 do STF).

11.2 EXTORSÃO

11.2.1 Conceito

Define-se o delito de extorsão comum no art. 158: "Constranger alguém, mediante violência ou grave ameaça, e com o intuito de obter para si ou para outrem indevida vantagem econômica, a fazer, tolerar que se faça ou deixar de fazer alguma coisa: Pena – reclusão, de quatro a dez anos, e multa." Ocorre o crime, portanto, quando o agente obriga o sujeito passivo a entregar-lhe dinheiro, a não efetuar uma cobrança, a não impedir que se lhe rasgue um título de crédito.

---

58. Nesse sentido: JESUS, Damásio E. de. *Direito penal*. Ob. cit. v. 2, p. 359-360; e FRAGOSO. *Lições*. Ob. cit. v. 1, p. 323. Ver: Equipe de Repressão a roubos, Roubo. Entendimento uniforme. Equipe de repressão a roubos. *Justitia* 105/181.

11.2.2 Objetividade jurídica

Como a extorsão é um crime contra o patrimônio, é este o tutelado pelo dispositivo, embora, indiretamente, estejam protegidas também a inviolabilidade e a liberdade individual. Ao contrário do que ocorre no furto e no roubo, entretanto, não é só a coisa móvel a ser objeto do crime; pode ocorrer a extorsão obrigando-se a vítima a transferir a propriedade de um imóvel ao agente ou terceiro.

11.2.3 Sujeito ativo

Qualquer pessoa pode praticar extorsão, mas, sendo o agente funcionário público, a simples exigência de uma vantagem indevida em razão da função caracteriza o delito de concussão (art. 316). Mas o agente da autoridade que constrange alguém, com emprego de violência ou mediante grave ameaça, para obter proveito indevido, não incorre unicamente nas penas do delito de concussão; vai mais adiante, praticando uma extorsão.[86]

11.2.4 Sujeito passivo

Uma ou várias pessoas podem ser sujeitos passivos do crime em estudo. É vítima aquele que é sujeito à violência ou ameaça, o que deixa de fazer ou tolerar que se faça alguma coisa e, ainda, o que sofre o prejuízo econômico.

11.2.5 Tipo objetivo

A conduta prevista no dispositivo é constranger (obrigar, forçar, coagir) a vítima mediante violência ou grave ameaça (itens 3.1.2 e 3.1.3), desde que sejam eles meios idôneos a intimidar.[87] Embora se tenha em vista, quanto à possibilidade de intimidação, o homem médio,[88] já se tem decidido que é indispensável que o sujeito passivo sofra ameaça de dano capaz de intimidá-lo.[89] A ameaça pode constituir-se na promessa de revelar um segredo. Diz Hungria: "Uma das mais frequentes formas de extorsão é a praticada mediante ameaça de revelação de fatos escandalosos ou difamatórios, para coagir o ameaçado a *comprar* o silêncio do ameaçador. É a *chantage*, dos franceses, ou o *blackmail*, dos ingleses." [59] Segundo se decidiu, constitui crime a ameaça de revelar segredo,[90] de aplicar elevada multa a industrial,[91] de depor em juízo em declarações desfavoráveis[92] e de prisão por falso policial.[93]

Deve a conduta visar a uma vantagem econômica injusta. A exigência de vantagem *devida*, mesmo sob ameaça, não constitui extorsão e sim exercício arbitrário das próprias razões,[94] somando-se a este a pena da eventual violência (art. 345 e seu parágrafo). A simples ameaça de recorrer à Justiça ou mover ação não configura, porém, ilícito penal.[95]

---

59. *Comentários*. Ob. cit. v. 7, p. 69-70.

Ao contrário do que ocorre quanto ao roubo, não prevê a lei, na extorsão, outros meios que não a grave ameaça ou a violência. Assim, se o constrangimento é efetuado por meio de narcóticos, por exemplo, poderá ocorrer a prática de outro crime (constrangimento ilegal, estelionato etc.).

A violência física ou moral deve ser destinada à prática de um *ato pela vítima* (entregar ao agente certa quantia), à *omissão desta* (não cobrar uma dívida) ou a sua *permissão* para algum ato (destruição de um título de crédito de que é credor).

Afirma-se que o ato juridicamente nulo, por não poder acarretar nenhum benefício de ordem econômica, em sendo praticado pelo sujeito passivo, não caracteriza o delito, havendo crime impossível por absoluta impropriedade do objeto.[60] Pode-se, todavia, figurar a hipótese de que o agente obtenha uma vantagem econômica pela prática de ato nulo (o pai resgata um documento em que há confissão de dívida de filho menor, que foi coagido a assiná-la, para honrar o nome da família).

11.2.6 Tipo subjetivo

O dolo do delito é a vontade de constranger, mediante ameaça ou violência, ou seja, a de coagir a vítima a fazer, deixar de fazer ou a tolerar que se faça alguma coisa. O elemento subjetivo do tipo (dolo específico) é a vontade de obter uma vantagem econômica ilícita, constituindo esta corolário da ameaça ou violência.[96] Na ausência de um fim econômico, o delito será outro (constrangimento ilegal, sequestro com fins libidinosos etc.).[97]

11.2.7 Consumação e tentativa

Há duas orientações quanto à consumação do crime. Na primeira delas, diz-se que a extorsão é um crime formal, consumando-se quando a vítima faz, deixa de fazer ou tolera que se faça alguma coisa.[61] Pela segunda, o delito é material e só estará consumado quando o agente obtém a vantagem econômica.[62] A redação do dispositivo, inadequada aliás por não oferecer a mesma solução encontrada para a consumação do roubo, indica que é irrelevante que o agente obtenha a vantagem indevida, bastando para a configuração do crime a simples atividade ou omissão da vítima.[98] Por vezes, contudo, tem-se exigido o proveito econômico do agente.[99] Para tentar eliminar a divergência, o STJ editou a Súmula nº 96: "O crime de extorsão consuma-se independentemente da obtenção da vantagem indevida".

---

60. Nesse sentido: NORONHA. *Direito penal*. Ob. cit. v. 2, p. 275; e FRAGOSO. *Lições*. Ob. cit. v. 1, p. 342-343.
61. Nesse sentido: HUNGRIA, NORONHA. *Comentários*. Ob. cit. v. 7. p. 74/75; FRAGOSO. *Lições*. Ob. cit. v. 1, p. 342; e JESUS, Damásio E. de. *Direito penal*. Ob. cit. v. 2, p. 382. Geraldo Batista de Siqueira, embora entendendo tratar-se de crime material, por exigir como resultado o comportamento constrangido da vítima, também acredita dispensável a obtenção da vantagem ilícita para a consumação do ilícito: Extorsão, crime material, consumação. *RT* 659/245-248.
62. NORONHA. *Direito penal*. Ob. cit. v. 2, p. 279-280.

Considerando-se como formal, no crime de extorsão somente é possível a participação ou coautoria até o momento em que a vítima faz, deixa de fazer ou tolera que se faça alguma coisa; o ato praticado por terceiro, que só atua após esse fato (vai apanhar o dinheiro, por exemplo), constitui o crime autônomo de favorecimento real (art. 349).

Embora formal o crime, é possível a ocorrência da tentativa, uma vez que o crime não se perfaz *unico actu*.[100] Ocorre a tentativa quando a ameaça não chega ao conhecimento da vítima,[101] quando esta não se intimida[102] ou quando o agente não consegue que ela faça, tolere que se faça ou deixe de fazer alguma coisa.[103]

11.2.8 Extorsão qualificada e aumento de pena

O crime é agravado, com o aumento da pena de um terço até a metade, quando é ele "cometido por duas ou mais pessoas, ou com emprego de arma" (art. 158, § 1º).

Na primeira parte, exige-se o concurso de agentes. Anote-se que, agora, o dispositivo exige que duas pessoas, pelo menos, pratiquem ato *executivo* do delito (ameaça ou violência) para qualificar-se o crime, ao contrário do que ocorre no furto e no roubo (itens 10.1.15 e 11.1.8).

Quanto ao emprego de arma, reitera-se o que foi exposto com relação ao roubo (item 11.1.9), com a observação de que "estar armado não tem a mesma tipificação de cometer o crime com emprego de arma".[104]

Aplicam-se à extorsão praticada mediante violência as penas previstas para o roubo quando ocorre lesão corporal de natureza grave ou morte (art. 158, § 2º) (itens 11.1.11 e 11.1.12). Ressalte-se que, com a alteração do § 3º, do art. 157, a pena para a hipótese de lesão corporal de natureza grave passou a ser, inclusive para a extorsão, de 7 a 18 anos de reclusão, e multa.

De acordo com o art. 9º da Lei nº 8.072/90, a pena deveria ser acrescida de metade, respeitado o limite superior de 30 anos de reclusão, estando a vítima em qualquer das hipóteses referidas no art. 224 do CP, que se referia àquele que não é maior de 14 anos, é alienado ou débil mental, conhecendo o agente essa circunstância, ou não pode, por qualquer causa, oferecer resistência. A razão do acréscimo era clara: a menor possibilidade de defesa do ofendido e o elevado grau de insensibilidade do agente. O art. 224 foi revogado, porém, pela Lei nº 12.015, de 7-8-2009, o que tornou inaplicável o art. 9º da Lei dos crimes hediondos (v. item 11.1.12). Aliás, nos termos do art. 75 do Código Penal, com a redação dada pela Lei nº 13.964, de 24-12-2019, o tempo máximo de cumprimento de pena passou a ser de 40 anos.

Nova forma qualificada do crime de extorsão passou a ser prevista no § 3º do art. 158, incluído pela Lei nº 11.923, de 17-4-2009, que dispõe: "Se o crime é cometido mediante restrição da liberdade da vítima, e essa condição é necessária para a obtenção da vantagem econômica, a pena é de reclusão, de 6 (seis) a 12 (doze) anos, além da multa; se resulta lesão corporal grave ou morte, aplicam-se as penas previstas no art. 159, §§ 2º e 3º, respectivamente".

O legislador tipificou, em norma específica, o denominado "sequestro relâmpago", anteriormente punido nos termos do art. 157, § 2º, V. O crime é qualificado se, além do emprego de violência ou grave ameaça, o agente *restringe a liberdade da vítima como condição necessária à obtenção da vantagem econômica*. Exige-se, portanto, para a configuração do sequestro relâmpago, que a vítima sofra limitação em sua liberdade de locomoção em decorrência de ato do agente e que essa restrição se constitua em meio necessário à obtenção da vantagem econômica. É o que ocorre, por exemplo, se a vítima é constrangida pelo agente a acompanhá-lo até um caixa eletrônico e lá efetuar com seu cartão e sua senha um saque em dinheiro de sua conta bancária; se o agente, mantendo a vítima em seu poder, a constrange a adquirir mercadorias com seu cartão de crédito em algum estabelecimento comercial etc. Embora por vezes difícil a distinção entre o sequestro relâmpago e o roubo qualificado (art. 157, § 2º, V), neste último a restrição à liberdade da vítima constitui-se em meio empregado pelo agente para operar ou facilitar a subtração, enquanto na extorsão qualificada é o *meio sem o qual a vantagem econômica não poderia ser por ele obtida* (itens 11.1.13 e 11.2.9). Ocorrendo lesão grave ou morte como resultado do sequestro relâmpago, determina a lei a aplicação das penas previstas no art. 159, §§ 2º e 3º. O tratamento punitivo do sequestro relâmpago na hipótese de lesão grave ou morte foi equiparado, portanto, ao da extorsão mediante sequestro (reclusão de 16 a 24 anos e de 24 a 30 anos) e não ao previsto para o roubo e a extorsão mediante violência (arts. 157, § 3º, e 158, § 2º).

Antes da Lei nº 13.964/2019, a extorsão qualificada pela morte (art. 158, § 2º) era considerada crime hediondo, nos termos do art. 1º, III, da Lei nº 8.072/1990. Com a alteração de redação desse dispositivo, somente a extorsão qualificada pela restrição da liberdade da vítima (sequestro relâmpago) da qual resulta lesão corporal grave ou morte enseja o reconhecimento da hediondez. A deficiente nova redação do inciso III, por não dispor, explicitamente, que a ocorrência da lesão corporal ou a morte há de resultar da extorsão praticada mediante restrição da liberdade da vítima (sequestro relâmpago), permite cogitar que tanto a restrição da liberdade da vítima, exercida como meio para a prática do crime, como, também, os resultados de lesão corporal ou morte alternativamente autorizariam o reconhecimento do crime hediondo. Porque o dispositivo, porém, expressamente se refere, exclusivamente, ao art. 158, § 3º, e por se cuidar de norma impositiva de maior gravame ao autor do delito, deve-se entender que não é ela aplicável ao caso de extorsão qualificada pela gravidade da lesão ou morte, nos termos do art. 158, § 2º, cc. o art. 157, § 3º, I e II. Deve-se, observar, ainda, evidentemente, que embora o inciso III do art. 1º não mencione a gravidade da lesão, é esta exigível para a declaração da hediondez por se cuidar de elemento que integra a qualificadora descrita no art. 158, § 3º, *in fine*.

11.2.9 Distinção

A extorsão é um crime semelhante ao roubo, sendo muitas vezes difícil de ser dele distinguida. Aponta-se como diferença principal entre eles o fato de existir, no roubo, a subtração, ou seja, uma atividade do agente e, na extorsão, uma conduta da vítima em entregar a coisa, praticar um ato etc.[105] Não há diferença ponderável no fato de o agente, sob ameaça, subtrair a carteira da vítima ou, na mesma circunstância, obrigar a vítima a entregá-la. No primeiro fato, porém, haveria roubo e no segundo extorsão. [106] [63] Tem-se entendido, porém, que para a extorsão deve haver para a vítima alguma possibilidade de opção, o que não ocorre quando, dominada pelos agentes, é obrigada a entregar-lhes as coisas exigidas. [107] Para outros, entretanto, a distinção reside em que no roubo o mal é a violência física iminente e o proveito é contemporâneo, enquanto na extorsão é de ordem moral, futuro e incerto, como futura é a vantagem a que se visa. [108] [64]

Na distinção entre o sequestro relâmpago e o roubo qualificado (art. 157, § 2º, V), por vezes difícil em face das peculiaridades do caso concreto, recorre-se aos critérios adotados para a distinção entre o roubo e a extorsão em seus tipos fundamentais. No exemplo citado, do agente que sequestra a vítima, leva-a a um caixa eletrônico e a constrange a efetuar um saque com seu cartão e sua senha, uma das principais hipóteses visadas pelo legislador, discute-se a tipicidade do fato diante da nova lei penal. Adotado o critério da prescindibilidade do comportamento da vítima no roubo, o fato configura o crime de extorsão qualificada; observando-se, no entanto, a inexistência de opção para a vítima, diante da iminência do mal prometido, e a contemporaneidade da vantagem econômica, há que se reconhecer o delito de roubo qualificado. Deve-se ressaltar, porém, que, em regra, no roubo qualificado a privação da liberdade da vítima, por tempo juridicamente relevante, é expediente utilizado pelo agente que visa impedir a sua reação ou a fuga e, assim, facilitar ou assegurar a consumação da subtração, enquanto no sequestro relâmpago é ela sempre condição indispensável, em acréscimo à violência ou grave ameaça, para a obtenção da vantagem patrimonial, como ocorre no exemplo mencionado.

Não se confunde o sequestro relâmpago com a extorsão mediante sequestro, em que a vantagem a ser obtida é condição ou preço do resgate da pessoa sequestrada.

A diferença entre a extorsão e o estelionato é mais fácil de ser encontrada. Reside no estado de ânimo da vítima. Naquela, há a entrega da coisa, conquanto não a queira entregar. Nesta, a vítima, de boa vontade, faz a entrega por estar iludida, sendo seu consentimento viciado. [109] Constitui estelionato, para a jurisprudência, o ato do agente que, se intitulando fiscal municipal e a pretexto de irregularidades na escrituração da vítima, dela obtém vantagem indevida para não lhe aplicar multa e regularizar a situação. [110] Responde por extorsão, porém, o meliante que se intitula agente policial para, mediante ameaça, obter vantagem ilícita de particulares. [111]

11.2.10 Concurso

Admite-se a continuidade, como no crime de roubo, ainda quando se trata de crime contra pessoas diversas. [112] Exigindo-se e obtendo-se, por várias vezes, vantagem

---

63. Assim pensam: HUNGRIA, FRAGOSO. *Comentários*. Ob. cit. v. 7, p. 66-67; JESUS, Damásio E. de. Direito penal. Ob. cit. v. 2, p. 379; e FRAGOSO, *Lições*. Ob. cit. v. 1, p. 344.
64. Assim pensam: NORONHA. *Direito penal*. Ob. cit. v. 2, p. 281, e FARIA, Bento de. *Código penal brasileiro*. Ob. cit. v. 5, p. 59.

ilícita da mesma pessoa, há crime continuado de extorsão.[113] Entretanto, se a vantagem econômica indevida é obtida de forma parcelada, ocorre uma única ação desdobrada em atos sucessivos, o que impede o reconhecimento da continuidade delitiva, caracterizando-se crime único.[114] Já se tem admitido continuação entre roubo e extorsão,[115] mas o STF não a reconhece[116] (item 11.1.14). É também inadmissível a continuação entre extorsão e furto.[117]

11.3 EXTORSÃO MEDIANTE SEQUESTRO

11.3.1 Conceito

Pode uma extorsão ser praticada tendo como meio para a obtenção da vantagem econômica a privação de liberdade de uma pessoa. Configura-se, no caso, o crime de extorsão mediante sequestro, definido no art. 159, com a redação alterada, no tocante à pena, pelo art. 6º da Lei nº 8.072, de 25-7-1990: "Sequestrar pessoa com o fim de obter, para si ou para outrem, qualquer vantagem, como condição ou preço do resgate: Pena – reclusão, de oito a quinze anos." A mesma lei conceituou a extorsão mediante sequestro, simples ou qualificada (art. 159, *caput* e seus §§ 1º, 2º e 3º), tentada ou consumada, como crime hediondo (art. 1º, IV). Dessa forma, seu autor não pode ser beneficiado com a anistia, graça, indulto e fiança, podendo sua prisão provisória estender-se por 30 dias, prorrogável por igual período em caso de extrema necessidade e comprovada necessidade (art. 2º, § 4º). O condenado por esse crime deve cumprir a pena, inicialmente, em regime fechado (art. 2º, § 1º) (v. *Manual*, P. G., item 7.2.5).

Registre-se que, por descuido do legislador, não se manteve junto à pena privativa de liberdade a pena de multa.[118] Nesse passo, o novo dispositivo é mais benigno que o anterior, sendo aplicável o princípio de retroatividade da lei favorável aos autores dos crimes anteriores à citada lei.[119]

O Decreto nº 3.018, de 6-4-1999, promulgou a Convenção para prevenir e punir os atos de terrorismo configurados em delitos contra as pessoas e a extorsão conexa, quando tiverem eles transcendência internacional, concluída em Washington, em 2 de fevereiro de 1971.

11.3.2 Objetividade jurídica

Tutela-se o patrimônio já que o fim do agente é a vantagem econômica. A liberdade individual, a incolumidade pessoal e a própria vida, estas nas formas qualificadas, são também protegidas indiretamente pelo dispositivo em estudo.

11.3.3 Sujeito ativo

Sujeito ativo do crime é o que pratica qualquer dos elementos objetivos do tipo: sequestra, leva mensagem, vigia o refém, vai apanhar o resgate etc. Tratando-se de autoridade policial, se o móvel do agente foi o de privar a vítima de sua liberdade para dela extorquir vantagem indevida, o delito tipificado é o do art. 159 do CP, que é crime comum, e não qualquer daqueles que são os próprios do funcionário público e especialmente os previstos no art. 316 ou na Lei nº 13.869, de 5-9-2019).[120]

11.3.4 Sujeito passivo

Além da pessoa sequestrada, é sujeito passivo do crime aquele que sofre o prejuízo econômico.

O cadáver, por não ser "pessoa", não pode ser sujeito passivo, nem sua subtração configura extorsão mediante sequestro. Poderá ocorrer, com a subtração do cadáver, o crime previsto no art. 211 e, havendo exigência de vantagem econômica, também o delito de extorsão (art. 158), em concurso material.

11.3.5 Tipo objetivo

A conduta típica é *sequestrar* (privar de liberdade) a vítima, ainda que por lapso temporal de curta duração. Trata-se de crime permanente, persistindo a consumação enquanto houver a privação de liberdade do refém, dependente da ação do agente.[65] Haverá, assim, participação ou coautoria daquele que, após o arrebatamento da vítima antes de sua libertação, passa a auxiliar o autor.

Afirma Noronha que fica excluído o crime quando houver não o sequestro, mas o cárcere privado. A opinião mais correta, porém, é a de que, no caso, o termo *sequestro* tem acepção ampla, envolvendo também este. Nesse sentido, pronunciam-se Hungria, Damásio e Fragoso.[66]

11.3.6 Tipo subjetivo

A vontade de sequestrar é o dolo do delito, exigindo-se, porém, o elemento subjetivo do tipo (dolo específico), que é o desejo de obter, para si ou para outrem, qualquer vantagem. Ausente essa finalidade, poderão existir outros delitos (sequestro, redução à condição análoga à de escravo etc.).

Referindo-se a lei a *qualquer* vantagem, entende Damásio que no caso não se restringe ela à econômica.[67] Tratando-se, porém, de crime contra o patrimônio, há que se entender que se trata de qualquer vantagem patrimonial (dinheiro, títulos, cargo remunerado etc.).[68]

---

65. NORONHA. *Direito penal*. Ob. cit. v. 2, p. 286.
66. *Comentários*. Ob. cit. v. 7, p. 72; *Direito penal*. Ob. cit. v. 2, p. 386, e *Lições*. Ob. cit. v. 1, p. 346, respectivamente.
67. *Direito penal*. Ob. cit. v. 2, p. 386-387.
68. Nesse sentido: NORONHA. *Direito penal*. Ob. cit. v. 2, p. 287, e FRAGOSO. *Lições*. Ob. cit. v. 1, p. 346.

Diz-se que, havendo exigência de vantagem *devida*, ocorrerá o delito de exercício arbitrário das próprias razões ou constrangimento ilegal em concurso com o de sequestro.[121][69] Pondera, porém, Damásio que a lei não distingue, como no art. 158, se a vantagem é legítima ou ilegítima.[70]

Referindo-se a *preço do resgate*, a lei indica a exigência de um valor em dinheiro ou em qualquer utilidade e, ao se referir a *condição*, a qualquer tipo de ação do sujeito passivo que possa conduzir a uma vantagem econômica (assinatura de uma promissória, entrega de um documento etc.).

11.3.7 Consumação e tentativa

A consumação do crime opera-se com o simples sequestro (privação da liberdade da vítima por tempo juridicamente relevante).[122] Trata-se de crime formal, de consumação antecipada, não havendo necessidade de que a vítima pratique o ato exigido (depósito do dinheiro em lugar determinado, assinatura de documento etc.) e muito menos que o agente obtenha a vantagem econômica, como por exemplo: o recebimento do resgate; este é mero exaurimento do delito.[123] Caso o agente seja preso quando procura apanhar o preço do resgate, haverá situação de flagrância, uma vez que a consumação se prolonga no tempo em função da atividade do agente (privação da liberdade da vítima).

Já se decidiu que, sendo a vítima libertada, sob promessa de pagamento de quantia reclamada, se desnatura o crime, respondendo o agente pelos crimes de extorsão e de sequestro em concurso material.[124]

Embora formal, o crime em estudo admite tentativa, já que a conduta permite fracionamento. Exemplo seria o da prisão do agente quando procura arrastar a vítima para o automóvel que a levará para outro local. Enquanto não se possa dizer que a vítima está, efetivamente, privada da liberdade, existirá tentativa.

11.3.8 Formas qualificadas

Em várias hipóteses, o crime de extorsão mediante sequestro será qualificado.

A primeira delas é a de durar a privação da liberdade *mais de 24 horas* (art. 159, § 1º, primeira parte). Há, no caso, maior dano à liberdade e maior sofrimento dos familiares, o que justifica a maior severidade da pena. Também é qualificado o delito quando o sequestro é de pessoa *menor de 18 (dezoito) anos* ou *maior de 60 (sessenta) anos* (§ 1º, segunda parte, com a redação dada pela Lei nº 10.741, de 1º-10-2003), protegendo-se aqueles que, por sua idade, têm reduzida a capacidade de resistir ou suportar a privação. Deu-se pela qualificadora em caso de criança mantida, por dias, em um matagal[125] É também qualificado o crime cometido por *bando* ou *quadrilha* (§ 1º, última parte). O fato indica maior periculosidade

---

69. Nesse sentido: NORONHA. *Direito penal*. Ob. cit. v. 2, p. 287; e HUNGRIA, FRAGOSO. *Comentários*. Ob. cit. v. 7, p. 72.
70. *Direito penal*. Ob. cit. v. 2, p. 386.

dos agentes e provoca maior temor às vítimas. Não é suficiente, aqui, o concurso de agentes, ainda que numerosos, mas indispensável é que ocorra a associação de três pessoas ou mais pessoas para a prática de crimes indeterminados, o que caracteriza o delito previsto no art. 288, com a nova redação dada pela Lei nº 12.850, de 2-8-2013. Devem ser os agentes, na hipótese, punidos pelos dois delitos, em concurso. No caso, a pena, determinada pelo art. 6º da Lei nº 8.072, de 25-7-1990, é de 12 a 20 anos de reclusão. É impossível, porém, reconhecer a qualificadora se tiver ocorrido simples participação ocasional de três ou mais pessoas que não se associaram para a prática de crimes indeterminados.[126]

A extorsão mediante sequestro é qualificada pelo resultado quando do fato advém *lesão corporal de natureza grave* (§ 2º) ou *morte* (§ 3º), aplicando-se, quanto à primeira hipótese, a pena de reclusão de 16 a 24 anos, e, quanto à segunda, a de reclusão de 24 a 30 anos, a maior do Código Penal, conforme a redação dada aos dispositivos pela citada lei, que, sem razão aparente, eliminou a pena de multa cumulativa. Justifica-se a severidade da sanção por serem ofendidos, além do patrimônio, a liberdade individual e, por fim, a vida. A qualificadora existe somente se a morte for do *sequestrado*.[71] Haverá homicídio se outra pessoa for morta pelo agente durante a consumação do crime, ocorrendo concurso formal com o delito de extorsão mediante sequestro. Por outro lado, não se descaracteriza o crime de extorsão mediante sequestro seguido de morte se a vítima morre no próprio momento de sua apreensão, ocultando-se o cadáver.[127]

Ao contrário do que ocorre no crime de roubo e extorsão, não exige a lei que a lesão grave ou a morte resultem de violência; ocorre a qualificadora se elas decorrerem "tanto dos maus-tratos acaso infligidos ao sequestrado, quanto da própria natureza ou modo do sequestro" (item 2.1.7).[72] É passível de crítica o dispositivo, como aliás quase todos os que se referem às qualificadoras decorrentes do resultado, por não se distinguir, para efeito da pena, quando o evento é atribuível por dolo ou culpa.

De acordo com o previsto no art. 9º da Lei nº 8.072/90, o autor do crime de extorsão mediante sequestro, em sua forma simples ou qualificada, teria sua pena acrescida de metade, respeitado o limite superior de 30 anos de reclusão, se a vítima está em qualquer das hipóteses referidas no art. 224 do CP (I – não é maior de 14 anos; II – é alienado ou débil mental, conhecendo o agente essa circunstância; e III – não pode, por qualquer outra causa, oferecer resistência). A menor ou nenhuma possibilidade de defesa do sequestrado, que facilita a conduta do agente, é uma das razões que determinavam tal causa de aumento de pena no caso dessa violência presumida. Saliente-se que, havendo morte da vítima, a pena a ser aplicada seria sempre de 30 anos de reclusão, por força do limite máximo fixado pelo artigo citado, inferior ao que seria o mínimo cabível, de 36 anos (24 + 12), motivo que levou à afirmação da inconstitucionalidade dessa disposição pela inobservância da garantia de individualização da pena.

---

71. Nesse sentido: HUNGRIA, FRAGOSO. *Comentários*. Ob. cit. v. 7, p. 74; JESUS, Damásio E. de. *Direito penal*. Ob. cit. v. 2, p. 388-389; FRAGOSO. *Lições*. Ob. cit. v. 1, p. 349 e *Exposição de motivos*, item 57.
72. HUNGRIA, FRAGOSO. *Comentários*. Ob. cit. v. 7, p. 74.

A Lei nº 12.015, de 7-8-2009, entretanto, ao alterar a disciplina dos crimes sexuais, previstos no Título VI, revogou o art. 224 do CP, tornando inócuo o art. 9º da Lei nº 8.072/90 também na parte em que se referia ao crime de extorsão mediante sequestro. Beneficiou, assim, o legislador os autores dos crimes patrimoniais mais graves (item 11.1.12). Entendimento em contrário, adotado em alguns julgados, sob o argumento de que a norma contida no art. 224 não foi extinta, mas somente realocada para o art. 217-A,[128] não é sustentável, apesar do esforço hermenêutico, em face da expressa revogação daquele dispositivo e porque as referidas circunstâncias deixaram de configurar hipóteses genéricas de presunção de violência nos crimes sexuais, constituindo-se, agora, em elementares de uma nova figura típica, específica, a de estupro de vulnerável. [129] Ressalte-se, ainda, que o limite de cumprimento de pena passou a ser de 40 anos, em decorrência da nova redação dada ao art. 75 pela Lei nº 13.964, de 24-12-2019.

11.3.9 Redução de pena

A Lei nº 8.072/90, em seu art. 7º, também acrescentou novo parágrafo ao art. 159 do CP, o 4º, com a seguinte redação: "Se o crime é cometido por quadrilha ou bando, o coautor que denunciá-lo à autoridade, facilitando a libertação do sequestrado, terá sua pena reduzida de um a dois terços." Aprimorando o dispositivo, que se referia apenas ao crime cometido por quadrilha ou bando, a Lei nº 9.269, de 2-4-1996, deu nova redação ao § 4º, dispondo: "Se o crime é cometido em concurso, o concorrente que o denunciar à autoridade, facilitando a libertação do sequestrado, terá sua pena reduzida de um a dois terços." Com o intuito de obter maiores facilidades no esclarecimento do delito em foco, que passou a ter uma incidência elevadíssima nos últimos tempos em alguns Estados da Federação, o legislador passou a acenar com uma redução expressiva da pena, de caráter obrigatório, para aquele que participa do ilícito, tenha agido como membro de uma quadrilha ou associação criminosa (art. 288) ou apenas em concurso de agentes. Para obtê-la, o agente deve, por iniciativa própria ou quando arguido pela autoridade, prestar informações que, em concreto, facilitem a libertação do sequestrado.[73] A simples confissão da prática do delito, ainda que com a denúncia dos demais coautores ou partícipes, sem tal efeito, pode ser considerada apenas como atenuante genérica (arts. 65, III, *d*, e 66 do CP e Súmula 545 do STJ).

11.4 EXTORSÃO INDIRETA

11.4.1 Conceito

Define-se no art. 160 um tipo especial de extorsão: "Exigir ou receber, como garantia de dívida, abusando da situação de alguém, documento que pode dar causa a procedimento criminal contra a vítima ou contra terceiro: Pena – reclusão, de um a três

---

73. Sobre o assunto, demonstramos o equívoco da lei que não possibilitava a redução da pena quando o crime não era cometido em quadrilha ou bando: DELMANTO, Roberto. Temas de Direito Penal. *RT* 667/387-9.

anos, e multa." É o caso do agente que, para garantir-se de uma dívida, usa meio ilícito. É a "exploração torpe do crédito – parte integrante do patrimônio – em detrimento do que, compelido pelas necessidades, recorre ao auxílio financeiro do onzenário, que, assim, constrói sua fortuna sobre a ruína econômica de outrem".[74]

11.4.2 Objetividade jurídica

Protege-se, ainda, o patrimônio, uma vez que o agente visa a uma vantagem ilícita, ou seja, a uma garantia além da contraprestação normal, a de poder dar causa a um processo criminal contra o devedor. Também é protegida a liberdade individual, uma vez que a vítima é obrigada a fazer o que a lei não manda.

11.4.3 Sujeito ativo

Pratica o crime quem exige ou recebe a garantia ilícita. Em regra é o credor, normalmente o agiota, mas nada impede que um terceiro possa praticar o delito. Aquele que exige a garantia irregular para influir no credor para liberar um empréstimo comete o crime.

11.4.4 Sujeito passivo

Sujeito passivo da extorsão indireta é quem cede à exigência ou mesmo oferece a garantia, ou terceira pessoa que possa ser envolvida no procedimento comercial. Na lei menciona-se a vítima direta ou *terceiro*, que será o sujeito passivo secundário ou remoto.

11.4.5 Tipo objetivo

A extorsão indireta é um crime de *ação múltipla* por prever a lei duas modalidades diversas de conduta: exigir ou receber. O núcleo do art. 160, portanto, é alternativo, configurando-se o crime com qualquer das duas ações. Na primeira, a de obrigar ou impor a exigência, a iniciativa é do sujeito ativo, que submete o contrato à prestação da garantia indevida; na segunda, o próprio sujeito passivo toma a resolução de oferecê-la por saber que de outro modo não obterá seu fim.

O objetivo material é o *documento* (arts. 232 ss do CPP): pode ser uma carta em que se confessa um delito (ainda que verdadeiro o fato), uma cambial com assinatura falsa, um recibo de depósito não existente, um cheque sem suficiente provisão de fundos etc. Neste último caso, embora seja pacífico na jurisprudência não existir o delito previsto no art. 171, § 2º, inciso VI, quando o tomador sabe da existência de fundos (cheque assinado em branco, pós-datado, entregue em garantia de dívida etc.), ocorre o crime de extorsão indireta.[130] Diz Hungria: "Possibilidade de instauração do processo não se

---

74. NORONHA. *Direito penal*. Ob. cit. v. 2, p. 293.

confunde com a certeza ou possibilidade de *condenação*." [75] Há divergência, contudo, na jurisprudência, a esse respeito, entendendo-se que o cheque, nas condições citadas, não dá ensejo a procedimento penal legítimo contra o emitente, não se configurando a extorsão indireta com o recebimento desse título pelo tomador.[131] Pacífica, porém, é a afirmação de que não é preciso que efetivamente seja instaurado procedimento criminal contra a vítima e muito menos que esta ou terceiro sejam condenados. Contenta-se a lei com a possibilidade *in abstracto* da persecução penal contra o devedor.[132]

É indispensável o *abuso*, ou seja, que o sujeito ativo se aproveite da situação de necessidade de alguém para a existência do crime.[133] A exigência ou o recebimento de documento incriminador não induz necessariamente a que o abuso esteja *in re ipsa*.[76] A situação aflitiva da vítima, ainda que passageira, pode decorrer de um infortúnio, de desgraça ou mesmo da necessidade de um viciado (jogo, uso de entorpecentes etc.).[77]

É possível a ocorrência do delito em qualquer espécie de contrato (mútuo, compra e venda, locação etc.).

11.4.6 Tipo subjetivo

O dolo é a vontade da prática do ato de *exigir* (impor, obrigar, constranger) ou de *receber* (aceitar) o documento que possa dar causa à instauração da ação penal. Exige-se que o sujeito ativo tenha consciência dessa circunstância. O tipo inclui, ainda, o elemento subjetivo do tipo (dolo específico) ao exigir que o agente obtenha o documento como garantia de dívida (dolo de aproveitamento). Se não existir essa finalidade, poderá ocorrer outro crime (extorsão simples, constrangimento ilegal etc.).

11.4.7 Consumação e tentativa

O delito está aperfeiçoado no momento em que é exigida ou recebida a garantia injurídica. No primeiro caso, há crime formal, admitindo-se a tentativa quando a exigência for estabelecida por escrito, não chegando ao conhecimento da vítima. No segundo, crime material, é possível o *conatus* quando o agente está para receber o documento, sendo impedido por circunstância alheia a sua vontade.

11.4.8 Concurso

É possível que o agente, não conseguindo receber seu crédito, utilize-se do documento para a instauração da ação penal contra a vítima. Não ocorre, todavia, concurso com o delito de denunciação caluniosa, pois a ação posterior fica consumida por ter sido

---

75. HUNGRIA, FRAGOSO. *Direito penal*. Ob. cit. v. 2, p. 81.
76. STEIN, Joachim Wolfgang. Extorsão indireta e denunciação caluniosa. *Justitia* 79/295-298.
77. Nesse sentido: HUNGRIA, FRAGOSO. *Comentários*. Ob. cit. v. 7, p. 82; NORONHA. *Direito penal*. Ob. cit. v. 2, p. 294; e FRAGOSO. *Lições*. Ob. cit. v. 1, p. 352.

praticada para utilizar a ação precedente e principal; trata-se, portanto, de exaurimento do crime de extorsão indireta, como *post factum* não punível.[78]

Nos casos de usura (art. 4º da Lei nº 1.521, de 26-12-1951), tem-se entendido nos Tribunais que o crime de extorsão indireta é absorvido pelo definido na lei dos crimes contra a economia popular.

---

78. Nesse sentido: STEIN, Joachim Wolfgang. Extorsão indireta e denunciação caluniosa. *Justitia* 79/296-297.

12

DA USURPAÇÃO

12.1 ALTERAÇÃO DE LIMITES

12.1.1 Generalidades

No Capítulo III, em que se trata da usurpação, passa a lei a proteger as coisas imóveis, as quais, por não serem removíveis, não podem ser, em regra, objeto dos delitos de furto, roubo etc. Embora qualquer lesão jurídica a um titular de bem imóvel possa ser reparada de modo eficaz, por meio das medidas previstas pelo direito privado, o direito penal não fica alheio aos fatos que atentam contra a propriedade imóvel (invasão, ocupação etc.), definindo os crimes de alteração de limites (art. 161, *caput*), usurpação de águas (art. 161, § 1º, inciso I) e esbulho possessório (art. 161, § 1º, inciso II). Define-se também o crime de supressão ou alteração de marca em animais (art. 162), tendo por objeto os semoventes (gado, rebanho), coisas sempre móveis para o direito penal.

12.1.2 Conceito

O crime de alteração de limites é assim definido: "Suprimir ou deslocar tapume, marco, ou qualquer outro sinal indicativo de linha divisória, para apropriar-se, no todo ou em parte, de coisa imóvel alheia: Pena – detenção, de um a seis meses, e multa."

12.1.3 Objetividade jurídica

A proteção é dirigida ao patrimônio imobiliário, visando imediatamente à posse e, indiretamente, à propriedade. Hungria entende que apenas esta é protegida.[79]

12.1.4 Sujeito ativo

Pratica o crime quem suprime ou desloca os tapumes ou os marcos indicativos da linha divisória. Afirma-se que apenas o vizinho contíguo da vítima (proprietário ou possuidor) pode cometer o crime.[80] Lembra Noronha, porém, que não se pode excluir como sujeito ativo o futuro comprador que pratica a alteração para ampliar a área do

---

79. *Comentários ao código penal*. 4. ed. Rio de Janeiro: Forense, 1980. v. 7, p. 89.
80. Nesse sentido: MANZINI, Vincenzo. *Trattato di diritto penale italiano*. Turim: Torinese, 1951. v. 9, p. 423, § 3.306; HUNGRIA, FRAGOSO. *Comentários*. Ob. cit. v. 7, p. 88; JESUS, Damásio E. de. *Direito penal*: parte

imóvel que vai adquirir.[81] O mesmo autor afirma que no condomínio *pro diviso*, em que há indivisão de direito, mas não de fato, pode o condômino praticar o crime, salientando que, embora provisória a divisão, o agente obtém, ao menos temporariamente, a posse em decorrência da alteração dos limites.[82]

12.1.5 Sujeito passivo

Sujeito passivo do crime é o proprietário ou aquele que detém a posse legítima (ainda que indireta) do imóvel cuja área é diminuída pela alteração.

12.1.6 Tipo objetivo

O objeto material do crime é *tapume* (sebes vivas, cercas de arame ou de madeira, valas etc., conforme definido no art. 1.297, § 1º, do CC), *marcos* ou *termos* (sinais de pedra, cimento, madeira, ferro etc.) e *outros sinais* indicativos da linha divisória (caminhos, estradas, fossos, árvores etc.), ainda que provisórios. *Limite* "é uma expressão genérica compreensiva de qualquer coisa, natural ou artificial, suscetível de representar com propriedade, de modo permanente, embora simbolicamente, a linha separativa dos imóveis".[83]

As condutas previstas em lei são *suprimir* (destruir, arrancar, queimar etc.) ou *deslocar* (mudar, transferir de lugar) os sinais indicativos, modificando, ainda que parcialmente, os limites do imóvel. Exige-se, assim, que a conduta cause confusão e dificuldades de monta para a restauração da linha de divisa.[1]

Apor novo marco, ainda que ele modifique a linha divisória, não constitui crime, sendo clara a omissão da lei. Assim têm decidido nossos Tribunais.[2] A opinião de Noronha, em sentido contrário, de que, apondo-se novo marco, se faz desaparecer a linha original (supressão),[84] não nos parece acertada. As condutas são de suprimir ou remover o tapume, marco etc., e não a linha imaginária fornecida por estes.

O crime de alteração de limites supõe uma ação mais ou menos clandestina, apta, porém, para confundir os limites vigentes, o que é praticamente impossível tratando-se de muro divisionário entre prédios urbanos habitados.[3]

12.1.7 Tipo subjetivo

Exige o delito como elemento subjetivo a vontade de conseguir a alteração do limite com a supressão ou remoção dos sinais. Indispensável, porém, é o elemento subjetivo do

---

especial. 4. ed. São Paulo: Saraiva, 1982. v. 2, p. 395; e FRAGOSO, Heleno Cláudio. *Lições de direito penal*: parte especial. São Paulo: José Bushatsky, 1977. v. 2, p. 5.

81. *Direito penal*. 13. ed. São Paulo: Saraiva, 1977. v. 2, p. 298-299.
82. *Direito penal*. Ob. cit. v. 2, p. 299.
83. FARIA, Bento de. *Código penal brasileiro comentado*. Rio de Janeiro: Record, 1959. v. 5, p. 71.
84. *Direito penal*. Ob. cit. v. 2, p. 301-302.

injusto (dolo específico), que é a vontade de assumir a posse do imóvel lindeiro, total ou parcialmente. Não existente essa finalidade, poderá ocorrer o crime de dano (art. 163) ou furto (art. 155). Caso o agente acredite estar errada a demarcação, poderá ocorrer o crime de exercício arbitrário das próprias razões (art. 345) e, se o fato ocorrer durante uma ação judicial, de fraude processual (art. 347).

12.1.8 Consumação e tentativa

A consumação opera-se com a simples supressão ou com o deslocamento do sinal indicativo, ainda que não obtenha o agente o resultado pretendido. Trata-se, portanto, de *crime de consumação antecipada* e o estabelecimento da posse, pelo sujeito ativo, é simples exaurimento do delito.

É possível a tentativa quando o sujeito ativo é impedido de proceder à supressão ou deslocamento do marco, sendo surpreendido quando já iniciou a execução.

12.1.9 Concurso

Havendo violência, ocorre concurso material de crimes, segundo o disposto no art. 161, § 2º. Caso à alteração de limites se siga o esbulho possessório (art. 161, § 1º, inciso II), aquela é absorvida por este.[85]

12.1.10 Ação penal

Em regra a ação penal é privada; será pública se houver violência ou se a propriedade não for privada (art. 161, § 3º).

12.2 USURPAÇÃO DE ÁGUAS

12.2.1 Conceito

No art. 161, § 1º, inciso I, está previsto que na mesma pena do crime anterior incorre quem "desvia ou represa, em proveito próprio ou de outrem, águas alheias". É o delito de usurpação de águas.

12.2.2 Objetividade jurídica

É objeto jurídico do crime em estudo o patrimônio imobiliário, no caso o direito real de posse para uso, gozo, exploração e fruição sobre águas particulares ou comuns, que são consideradas imóveis quando parte líquida do solo (art. 79 do CC).

---

85. *Comentários*. Ob. cit. v. 7, p. 88. Contra: Noronha, entendendo haver concurso material. *Direito penal*. Ob. cit. v. 2, p. 2.

12.2.3 Sujeito ativo

É sujeito ativo quem desvia ou represa as águas, seja ou não vizinho da vítima. Afirma Hungria que, no caso "de águas comuns ou em condomínio, poderá ser sujeito ativo do crime qualquer dos proprietários das terras atravessadas ou banhadas pelas águas ou qualquer dos condôminos, desde que, com o desvio ou represamento, seja impedida a utilização pelos demais proprietários ou condôminos".

12.2.4 Sujeito passivo

É sujeito passivo do delito quem pode usar, gozar ou fruir das águas (proprietário, posseiro, arrendatário etc.), sendo privado, mesmo que em parte, dessa possibilidade.

12.2.5 Tipo objetivo

O bem imóvel protegido é a massa líquida (águas em estado natural) fluentes ou estagnadas, perenes ou temporárias, nascentes, pluviais e subterrâneas (rios, lagos, lagoas, nascentes etc.). Águas *alheias* são "aquelas que não pertencem ao agente e também as águas comuns, isto é, aquelas sobre as quais não só agente, como terceiros tenham direito".[86] Disciplinam o uso e gozo das águas o Código Civil (arts. 1.288 ss) e o Código de Águas (Decreto nº 24.643, de 10-7-1934). Pelo Decreto nº 10.576, de 14-12-2020, foi regulamentada a cessão de uso de espaços físicos em corpos d'água de domínio da União para fins de aquicultura. Quando as águas são mobilizadas, ou seja, conservadas em recipientes, tornam-se objeto de furto.

A conduta pode ser de *desviar* (mudar o leito da água fluente ou estagnada) ou *represar* (conter, acumular ou reter com obstáculos) as águas para que não sigam elas seu curso natural. Podem-se desviar as águas, inclusive por meio de aparelhos mecânicos (bomba hidráulica, por exemplo). Tirar pequena quantidade de água, utilizando-se de um recipiente, não caracteriza o crime, nem mesmo o de furto, pela inexistência de valor patrimonial.

12.2.6 Tipo subjetivo

É o dolo a vontade de desviar ou represar águas alheias. Exige-se o elemento subjetivo do tipo (dolo específico) que é o de obter proveito próprio ou conduzir a benefício alheio. Inexistente essa finalidade, ocorrerá dano (art. 163), alteração de limites, se houver mudança de sinal indicativo para apropriação (art. 161, *caput*) ou exercício arbitrário das próprias razões, se o agente supõe que as águas lhe pertencem (art. 345).

---

86. FRAGOSO. *Lições*. Ob. cit. v. 2, p. 9.

12.2.7 Consumação e tentativa

Consuma-se o delito com o desvio ou represamento, não sendo necessário o proveito do agente ou de terceiro.

Perfeitamente admissível é a tentativa de usurpação de águas.

12.2.8 Concurso e distinção

Havendo violência, há concurso material, como no crime estudado no item anterior (art. 161, § 2º). Provocando-se inundação, haverá concurso formal com o crime previsto no art. 254. Caso o desvio ou represamento ocorra durante uma ação judicial, poderá ocorrer o crime de fraude processual (art. 347).

12.2.9 Ação penal

Se a propriedade é particular e não há emprego de violência, somente se procede mediante queixa (art. 161, § 3º).

12.3 ESBULHO POSSESSÓRIO

12.3.1 Conceito

Prevê o Código Civil que "o possuidor turbado, ou esbulhado, poderá manter-se ou restituir-se por sua própria força, contanto que o faça logo" (art. 1.210, § 1º, 1ª parte), além de lhe facultar a instauração de ações possessórias. Mas, ainda, concede a lei a proteção penal, mesmo que de modo mais restrito, à posse esbulhada, no art. 161, § 1º, inciso II, ao incriminar a conduta de quem "invade, com violência a pessoa ou grave ameaça, ou mediante concurso de mais de duas pessoas, terreno ou edifício alheio, para o fim de esbulho possessório".

12.3.2 Objetividade jurídica

Objetivo jurídico do esbulho possessório é ainda o patrimônio imobiliário, no caso específico a posse, embora se proteja, incidentalmente, a integridade física ou a liberdade psíquica da vítima.

12.3.3 Sujeito ativo

Qualquer pessoa que invada terreno ou edifício na posse legítima de outrem comete o crime. Entende-se que está excluído o proprietário, ainda que a posse se encontre legitimamente com terceiro, já que a lei se refere a prédio *alheio*.[(4)][87] Noronha, porém,

---

87. Nesse sentido: HUNGRIA, FRAGOSO. *Comentários*. Ob. cit. v. 7, p. 92; JESUS, Damásio E. de. *Direito penal.* Ob. cit. v. 2, p. 403; FRAGOSO. *Lições*. Ob. cit. v. 2, p. 12; FARIA, Bento de. *Código penal brasileiro.* v. 5, p. 75; e DELMANTO, Celso. *Código penal anotado*. 2. ed. São Paulo: Saraiva, 1981. p. 169.

inclui, sem justificativa, o proprietário.[88] Com relação ao condômino aplica-se o que foi exposto a respeito do crime de alteração de limites (item 12.1.4). Não comete o crime o herdeiro administrador do espólio.[5]

12.3.4 Sujeito passivo

Sujeito passivo do crime de esbulho possessório é o legítimo possuidor (proprietário, arrendatário, enfiteuta, locatário, usufrutuário etc.). Inclui-se também o possuidor indireto.[6]

12.3.5 Tipo objetivo

A conduta assinalada no tipo é *invadir*, que significa entrar, penetrar, ingressar. É necessário, porém, que a invasão ocorra com violência contra a pessoa (homicídio, lesões, vias de fato) ou grave ameaça, ou, se inexistentes estas, que o agente atue em concurso com mais de duas pessoas, caso em que se presume a violência.[7]

Embora Hungria entenda haver o delito, no caso de concurso de agentes, com um número mínimo de três pessoas,[89] a melhor interpretação é a de que são necessários pelo menos quatro participantes: o agente em concurso com mais de duas pessoas (três, no mínimo, portanto).[8][90] Não há crime, portanto, quando a invasão, sem violência ou ameaça, for praticada por apenas três pessoas,[9] restando ao prejudicado o recurso da reação imediata (art. 1.210, § 1º, do CC), ou a ação civil. Não é obrigatório, entretanto, que os quatro ou mais agentes participem do ato executivo do crime.

O objeto material é o *terreno* (espaço de terra qualquer, como lote, sítio, chácara, fazenda etc.) ou *edifício* (construção habitada ou não, oficina, fábrica etc.) particulares ou públicos, rurais ou urbanos.

Já se tem entendido que o delito de esbulho possessório não pode ser reconhecido quando sobre o objeto questionado existe litígio entre as partes.[10] Entretanto eventual dúvida quanto à propriedade ou posse da gleba tão só pode ensejar suspensão da ação penal (art. 93 do CPP) e não a exclusão do crime[11] ou o reconhecimento de mero ilícito civil.[12]

12.3.6 Tipo subjetivo

Além do denominado dolo genérico, que é a *vontade de invadir*, exige-se o elemento subjetivo do tipo (dolo específico), ou seja, o fim de esbulho possessório (vontade do agente de assumir a posse, ainda que parcial, com a exclusão do sujeito passivo).[13]

---

88. NORONHA. *Direito penal*. Ob. cit. v. 2, p. 311.
89. *Comentários*. Ob. cit. v. 7, p. 92-93.
90. Nesse sentido: NORONHA. *Direito penal*. Ob. cit. v. 2, p. 312; JESUS, Damásio E. de. *Direito penal*. Ob. cit. v. 2, p. 404; e FRAGOSO. *Lições*. Ob. cit. v. 2, p. 12-13.

Inexistente tal finalidade, não ocorrerá o delito, mas, conforme o caso, o de violação de domicílio, ou mero ilícito civil. Já se tem decidido que a invasão de propriedades rurais com a finalidade ou pretexto de pressionar as autoridades a dinamizar a reforma agrária perturba a ordem pública e importa em ilícito civil, mas não configura o delito de esbulho possessório, pois ausente o elemento subjetivo do tipo, consistente no desapossamento da terra e constituição de posse própria em substituição alheia.[14] Caso a invasão seja apenas considerada *turbação* (para colher frutos, serrar árvores, forçar servidão de passagem etc.), não se caracterizará o esbulho.[15] Melhor seria que a lei incriminasse também a simples turbação.

12.3.7 Consumação e tentativa

Consuma-se o crime de esbulho possessório com a invasão se presente a finalidade de esbulho possessório. A instalação e os atos de posse exaurem o delito. É possível a tentativa, figurada no caso de o agente ser impedido por possuidor ou terceiro de penetrar no imóvel.

12.3.8 Distinção

Não se confundem os crimes de esbulho possessório e exercício arbitrário das próprias razões. Este tem como pressuposto uma "pretensão" a que deve corresponder um direito de que o agente é ou supõe ser titular, ao passo que aquele tem como pressuposto a invasão de propriedade alheia, com o fim de esbulho.[16]

Quando o imóvel é objeto de financiamento do SFH, ocorre o crime previsto no art. 9º da Lei nº 5.741, de 1º-12-1971: "Constitui crime de ação pública, punido com a pena de detenção de 6 (seis) meses a 2 (dois) anos e multa de cinco a vinte salários-mínimos, invadir alguém, ou ocupar, com o fim de esbulho possessório, terreno ou unidade residencial, construída ou em construção, objeto de financiamento do Sistema Financeiro da Habitação." A competência, nessa hipótese, é da Justiça Estadual.[17]

12.3.9 Concurso

Havendo violência, a pena é somada à cominada ao crime do esbulho, em concurso material (art. 161, § 2º). Ocorrendo alteração de limites anterior ou usurpação de águas, haverá a absorção destes pelo crime de esbulho possessório (se estiverem em um mesmo contexto) ou concurso material de crimes.

12.3.10 Ação penal

Como ocorre com os crimes anteriormente estudados, o esbulho possessório é delito que se apura mediante ação pública se houver violência ou se se tratar de imóvel público (art. 161, § 3º). Entende Hungria, a nosso ver sem razão, que, em se tratando de vias de fato, a ação é privada.[91] Vias de fato também configuram violência (item 3.1.2).

12.4 SUPRESSÃO OU ALTERAÇÃO DE MARCA EM ANIMAIS

12.4.1 Conceito

Inovação do Código vigente, o delito de supressão ou alteração de marca em animais é definido no art. 162: "Suprimir ou alterar, indevidamente, em gado ou rebanho alheio, marca ou sinal indicativo de propriedade: Pena – detenção, de seis meses a três anos, e multa."

Constitui-se em espécie de usurpação em que a conduta tem o fim de estabelecer confusão com outros animais da mesma espécie, facilitando, assim, ao agente, irrogar-se a respectiva propriedade.

12.4.2 Objetividade jurídica

A propriedade dos semoventes, considerados às vezes como imóveis para alguns fins do Direito Civil e como móveis para o Direito Penal, é o objeto jurídico do delito em estudo.

12.4.3 Sujeito ativo

Sujeito ativo é o que suprime ou altera a marca ou sinal, podendo ser ou não o possuidor do animal. Caso haja *abigeato* (furto do animal) ou apropriação indébita anterior, não será punido o agente pelo delito previsto no art. 162; a supressão ou alteração da marca destinada a acobertar um daqueles delitos é *post factum* não punível.

12.4.4 Sujeito passivo

Vítima do delito previsto no art. 162 é o proprietário do animal ou animais cuja marca ou sinal é suprimido ou alterado.

12.4.5 Tipo objetivo

As condutas previstas no dispositivo são *suprimir* (fazer desaparecer, eliminar, extinguir) ou *alterar* (modificar, mudar, desfigurar) a marca ou sinal. É necessário que a alteração torne irreconhecível a marca ou sinal anterior, constituindo mera tentativa a conduta que não logre tal resultado. Marcar animal desmarcado, ao contrário do que

---

91. *Comentários*. Ob. cit. v. 7, p. 96.

afirma Noronha,[92] não constitui crime.[93] Trata-se de falha da lei, que seria corrigida no Código de 1969 (art. 173).

O objeto material é a marca ou sinal indicativos de propriedade apostos em animais, que servem para diferenciá-los de outros. *Marca* é o assinalamento a fogo ou por meio de substâncias químicas, constituída, em regra, por letras, figuras geométricas ou desenhos. *Sinal* "é todo distintivo artificial, diverso da marca (ex.: argolas de determinado feitio nos chifres ou focinho dos animais)".[94] Embora as marcas em animais e seus registros estejam disciplinados (Lei nº 4.714, de 29-6-1965), não é necessário, para a configuração do crime, que as marcas obedeçam às normas legais, bastando que sejam reconhecíveis como sinal indicativo de propriedade.[95]

Refere-se a lei a gado e rebanho. *Gado* é o conjunto de quadrúpedes de grande porte, geralmente empregados nos serviços de lavoura, para fins industriais, comerciais ou consumo doméstico (bois, cavalos, muares etc.). *Rebanho* significa gado, lanígero ou não, de pequeno porte (carneiros, cabritos, porcos etc.). Para a existência do crime, é necessário que o animal esteja em gado ou rebanho, e não isolado, e que seja *alheio*.

12.4.6 Tipo subjetivo

O elemento subjetivo do crime é a vontade de suprimir ou alterar a marca ou sinal. Destaca a lei o elemento normativo (*indevidamente*), não ocorrendo o crime quando a supressão ou alteração são permitidas pelo proprietário.

Afirma Noronha que, por se tratar de crime de usurpação, é necessário o elemento subjetivo do injusto (dolo específico) consistente na finalidade de apropriar-se o agente no todo ou em parte de gado ou rebanho.[96] Parece-nos mais correto, porém, afirmar que o citado elemento é a vontade de estabelecer dúvidas a respeito da propriedade dos animais a fim de facilitar a apropriação. Não existindo tal finalidade, como nos casos de alteração de sinal efetuada como injúria, provocação ou vingança, ocorrerá eventualmente outro delito (dano, injúria etc.).

O erro elide o dolo; não comete o delito do art. 162 aquele que ignorava ser alheio o gado cuja marca alterou.[18]

12.4.7 Consumação e tentativa

Consuma-se o delito em estudo com a supressão ou alteração da marca ou do sinal, sendo desnecessário o subsequente furto ou apropriação. Segundo Hungria, basta

---

92. *Direito penal*. v. 2, p. 316.
93. Nesse sentido: HUNGRIA, FRAGOSO. *Comentários*. Ob. cit. v. 7, p. 97; e Fragoso. *Lições*. Ob. cit. v. 2, p. 18.
94. HUNGRIA, FRAGOSO. *Comentários*. Ob. cit. v. 7, p. 98.
95. Nesse sentido: HUNGRIA, FRAGOSO. *Comentários*. Ob. cit. v. 7, p. 98; e FRAGOSO. *Lições*. Ob. cit. v. 2, p. 18-19.
96. *Direito penal*. Ob. cit. v. 2, p. 317-318.

que a supressão ou a alteração se operem em um só animal para que ocorra o crime.[97] Delmanto, sem convencer, afirma, referindo-se a lei a gado e rebanho, que se exige a alteração em vários.[98]

Trata-se de crime que admite tentativa por permitir o fracionamento da conduta. Ademais, não conseguindo o agente que a marca original se torne irreconhecível, o crime não se consuma.

12.4.8 Concurso

A subtração de gado ou outros animais de produção configura o crime de furto qualificado (art. 155, § 6º). Ocorrendo furto ou apropriação indébita anterior (art. 180-A), a conduta não é punível. Caso à alteração ou à supressão da marca se seguir um daqueles delitos, absorverá ele o crime previsto no art. 162.

---

97.   *Comentários*. Ob. cit. v. 7, p. 98.
98.   *Código penal anotado*. Ob. cit. p. 171.

13

DO DANO

13.1 DANO

13.1.1 Generalidades

Todo delito causa perigo ou dano, mas no Capítulo IV define o Código os fatos que têm como fim atingir as coisas em seu aspecto físico, material, como *fim em si mesmos*. Compõe-se ele dos crimes de dano (art. 163), introdução ou abandono de animais em propriedade alheia (art. 164), dano em coisa de valor artístico, arqueológico ou histórico (art. 165) e alteração de local especialmente protegido (art. 166).

13.1.2 Conceito

O crime de dano simples é definido no art. 163: "Destruir, inutilizar ou deteriorar coisa alheia: Pena – detenção, de um a seis meses, ou multa." Embora, por vezes, não esteja fora do propósito do agente um fim econômico (destruição de máquina de concorrente industrial, por exemplo), não descaracteriza o delito o fato de o agente não ter o intuito de locupletação, bastando a vontade de lesar coisa alheia.

13.1.3 Objetividade jurídica

O patrimônio, em especial a propriedade de coisas móveis ou imóveis, é o objeto jurídico do delito, protegendo-se, eventualmente, a posse.

13.1.4 Sujeito ativo

Pratica o crime quem destrói, inutiliza ou deteriora coisa alheia. Afirma Noronha que até o proprietário pode ser sujeito ativo do crime nos casos em que outrem tiver legitimamente a posse da coisa.[99] Pondera Hungria, com razão, já que o dispositivo se refere a coisa *alheia*, que, no caso, ocorrerá o crime previsto no art. 346.[100] Comete o crime de dano o condômino que danifica coisa comum, salvo se fungível e o prejuízo não exceder

---

99. *Direito penal.* 13. ed. São Paulo: Saraiva, 1977. v. 2, p. 320-321.
100. *Comentários ao código penal.* 4. ed. Rio de Janeiro: Forense, 1980. v. 7, p. 106. No mesmo sentido, FRAGOSO, Heleno Cláudio. *Lições de direito penal:* parte especial. São Paulo: José Bushatsky, 1977. v. 2, p. 23.

o valor da parte a que tem direito.[(1) 101] A exclusão ocorre por analogia com o furto de coisa comum (art. 156, § 2°), não havendo prejuízo patrimonial dos demais condôminos.

13.1.5 Sujeito passivo

Sujeito passivo do crime é o proprietário da coisa destruída, inutilizada ou deteriorada, bem como o seu possuidor.[102]

13.1.6 Tipo objetivo

Três são as modalidades de conduta: destruir, inutilizar ou deteriorar. *Destruir* é eliminar, desfazer, desmanchar, demolir (quebrar um vidro, matar um animal, derrubar um muro etc.). *Inutilizar* significa tornar inútil, imprestável, inservível a coisa (quebrar peça de uma máquina, tirar os ponteiros de um relógio etc.). *Deteriorar* é estragar, arruinar, adulterar (mutilar um animal, misturar um líquido no vinho etc.). Equivalem-se, para os efeitos penais, porém, a destruição total ou parcial, a inutilização completa e a que provoca menor utilização, a deterioração que apenas diminui o valor da coisa e a que impede seu uso. Não há delito de dano, assim, se a coisa não fica prejudicada em sua utilidade ou em seu valor.[(2)] Já se tem decidido, pois, que não há crime na pintura de propaganda comercial em imóvel alheio[(3)] ou quando a substância ou a utilidade da coisa permanecem indenes, embora sua aparência possa resultar conspurcada.[(4)] Firmou-se, porém, na jurisprudência, a orientação de que a "pichação" de muros e paredes, maculando-os de forma grave, vem a atingir sua incolumidade primitiva, resultando em deterioração e, consequentemente, em crime de dano.[(5)] Pichar ou por outro meio conspurcar edificação ou monumento urbano é agora conduta tipificada como crime contra o ordenamento urbano e o patrimônio cultural, nos termos do art. 65 da Lei n° 9.605, de 12-2-1998, com a redação dada pela Lei n° 12.408, de 25-5-2011. Ressalva-se na lei, porém, que não constitui crime a prática de grafite como manifestação artística, com o objetivo de valorizar o patrimônio público ou privado, realizada com a autorização do proprietário ou do órgão público competente e de acordo com as normas preservacionistas.

Fazem-se críticas ao legislador por não ter incluído a conduta de *fazer desaparecer* coisa alheia que, apesar da opinião de Hungria,[103] não constitui fato punível.[104] Não comete crime, assim, quem solta um pássaro de sua gaiola ou joga ao mar uma joia.

---

101. Nesse sentido: MANZINI, Vincenzo. *Trattato di diritto penale italiano.* Turim: Torinese, 1951. v. 9, p. 487, § 3.339; HUNGRIA, FRAGOSO. *Comentários.* Ob. cit. v. 7, p. 107; FRAGOSO. *Lições.* Ob. cit. v. 2, p. 23; e FARIA, Bento de. *Código penal brasileiro.* Ob. cit. v. 5, p. 80.

102. Nesse sentido: FARIA, Bento de. *Código penal brasileiro.* Ob. cit. v. 5, p. 80; FRAGOSO. *Lições.* Ob. cit. v. 2, p. 23; NORONHA. *Direito penal.* Ob. cit. v. 2, p. 321, e DELMANTO, Celso. *Código penal anotado.* 2. ed. São Paulo: Saraiva, 1981. p. 172.

103. *Comentários.* v. 7, p. 105.

104. Nesse sentido: NORONHA. *Direito penal.* Ob. cit. v. 2, p. 322; JESUS, Damásio E. de. *Direito penal:* parte especial. 4. ed. São Paulo: Saraiva, 1982. v. 2, p. 210; FRAGOSO. *Lições.* Ob. cit. v. 2, p. 23; e DELMANTO. *Código penal anotado.* Ob. cit. p. 172.

13 • DO DANO

295

Pode-se cometer o crime por comissão (serrar uma árvore) ou por omissão (deixar um produto agrícola à intempérie) desde que haja dolo por parte do agente.

O objeto material é coisa alheia (móvel, imóvel ou semovente), incluindo-se a energia, equiparada a coisa móvel. É necessário que a coisa tenha valor econômico e, assim, quebrar simples pedaços de vidro de janela não basta à configuração do crime. [6] Já se tem aplicado o princípio da insignificância, que exclui a tipicidade, em hipótese de prisioneiro que serra a grade do xadrez em uma tentativa frustrada de fuga, fato que não acarreta lesão significativa do bem público.[7]

O dano é crime que deixa vestígios, e é indispensável, para sua caracterização, o exame de corpo de delito, não podendo supri-lo a simples confissão do agente.[8]

13.1.7 Tipo subjetivo

O dolo é a vontade de praticar uma das condutas previstas no dispositivo. Divergência surge quanto à necessidade ou não da existência do elemento subjetivo do tipo (dolo específico), que seria a vontade de causar prejuízo (*animus nocendi*). Hungria entende indispensável a presença do dolo específico.[105] Dessa forma, tem-se decidido, por vezes, na jurisprudência,[9] em especial nos casos de fuga de presos que arrebentam obstáculos, serram grades etc., pois toda a vontade do preso está dirigida no sentido apenas de obter a liberdade.[10] A maioria dos doutrinadores, entretanto, dispensa a existência da finalidade de causar prejuízo, apoiada em corrente jurisprudencial, entendendo que a intenção de prejudicar está compreendida na própria ação criminosa.[11] [106]

É pacífico o entendimento de que não há necessidade de o sujeito ativo ter o intuito de locupletar-se com o resultado de sua conduta.

Não existe crime de dano culposo e, assim, ocorrendo a destruição, inutilização ou deterioração por imprudência, negligência ou imperícia, haverá apenas ilícito civil.[12]

13.1.8 Consumação e tentativa

Consuma-se o crime com a destruição, inutilização ou deterioração da coisa, ainda que parciais. Tratando-se de crime plurissubsistente, admite-se a tentativa, como no caso de atirar em um animal, errando o alvo, jogar a coisa ao fogo, não conseguindo que se queime etc.

Decidiu o STF que, sendo o dano de pequena valia e estando ressarcido pelo responsável antes da denúncia, está extinta a punibilidade.[13] A reparação do dano, porém, é mera causa de diminuição de pena (art. 16).

---

105. *Comentários*. Ob. cit. v. 7, p. 108.
106. Nesse sentido: MANZINI. *Trattato*. Ob. cit. v. 9, p. 500, § 3.342; FRAGOSO. *Lições*. Ob. cit. v. 2, p. 24-25; JESUS, Damásio E. de. *Direito penal*. Ob. cit. v. 2, p. 410-411; NORONHA. *Direito penal*. Ob. cit. v. 2, p. 325-326; e FARIA, Bento de. *Código penal brasileiro*. Ob. cit. v. 5, p. 83.

13.1.9 Distinção

Só há crime autônomo do art. 163 quando o dano for um fim em si mesmo, o que não ocorre quando é *meio* para outro delito,[14] como ocorre no furto qualificado pelo rompimento de obstáculo ou eventualmente em exercício arbitrário das próprias razões.[15] O estrago absolutamente desnecessário à consumação do furto ou sua facilitação, porém, configura crime de dano e não a qualificadora.[16] A morte de um cão de forma cruel (com estricnina, por exemplo), constitui o crime descrito no art. 32, §§ 1º-A e § 2º da Lei nº 9.605, de 12-2-1998.

Se o ladrão destrói a coisa furtada há *post factum* não punível. Isso porque a vítima já foi privada da *res furtiva*.[17]

O dano a bem especialmente protegido por lei, ato administrativo ou decisão judicial sujeita o infrator a penas mais severas, nos termos do art. 62 da Lei nº 9.605, de 12-2-1998, que em seu parágrafo único pune o dano culposo (item 13.3.1). O mesmo diploma tipifica a conduta de pichar ou por outro meio conspurcar edificação ou monumento urbano (art. 65, com a redação dada pela Lei nº 12.408, de 25-5-2011).

13.1.10 Dano qualificado

Qualifica-se o delito nas hipóteses previstas no parágrafo único do art. 163.

A primeira delas ocorre quando o crime é cometido "com violência à pessoa ou grave ameaça" (inciso I). Essa violência é a empregada pelo agente como *meio* para assegurar a execução do delito e praticada antes ou durante tal execução,[18] não se configurando a qualificadora quando é consequência ou resultado do dano.[19] Bastam as vias de fato para a caracterização da qualificadora.[20] A *vis corporalis* pode, como meio de execução, atingir a própria vítima ou terceiro, sendo punida em concurso material com o dano qualificado.

Qualifica o delito, também o "emprego de substância inflamável ou explosiva, se o fato não constitui crime mais grave" (inciso II). *Substância inflamável* é aquela em que o fogo se "gera ou propaga com rapidez ou violência",[107] quer se trate de combustível (gasolina, álcool, querosene) quer não (benzina etc.). *Explosiva* é a substância que causa detonação (dinamite, pólvora etc.). Nesses casos, os meios utilizados causam, normalmente, maiores danos, tanto que o uso dessas substâncias é regulamentado em lei. Configurando-se os delitos de incêndio ou explosão, mais graves, não é incriminado o agente pelo dano qualificado, expressamente subsidiário no caso.

É agravado ainda o crime de dano "contra o patrimônio da União, de Estado, do Distrito Federal, de Município, ou de autarquia, fundação pública, empresa pública, sociedade de economia mista ou empresa concessionária de serviços públicos" (inciso III, com a redação dada pela Lei nº 13.531, de 7-12-2017). Há violação de interesse pú-

---

107. FRAGOSO. *Lições*. Ob. cit. v. 2, p. 26-27.

blico e protegem-se bens de natureza relevante. Abrange o dispositivo não só os bens dominicais (art. 99, inciso III, do CC), como também os de uso especial (inciso II) e os de uso comum do povo (inciso I).[21] Estão excluídos os bens particulares alugados pelo poder público[22] ou utilizados na manutenção de um serviço público (não sendo concessionário o particular).[23] São protegidas, porém, as autarquias, as fundações e empresas públicas e as sociedades de economia mista.

Por fim, o delito é qualificado quando for praticado "por motivo egoístico ou com prejuízo considerável para a vítima" (inciso IV). No primeiro caso, está presente um sentimento antissocial em que o agente visa a um proveito econômico ou moral, em decorrência de ódio ou inveja. Não se tem considerado como egoístico o motivo decorrente de sentimento de vingança.[24] Citam-se como exemplos os atos do agente que destrói o automóvel ou inutiliza um animal do concorrente em corrida, o de pintor que destrói, por emulação, a obra de outro artista etc.

No segundo caso, em que se exige que o agente tenha consciência de estar causando sério prejuízo econômico, este deve ser apurado diante da situação econômica da vítima.[25] Algo que pode ser considerado de valor considerável para uma pessoa de poucos recursos pouco significará para o mais abonado.

13.1.11 Ação penal

Nos termos do art. 167, procede-se mediante queixa nos casos de dano simples ou qualificado pelo inciso IV; nos demais, a ação penal é pública incondicionada. Entretanto, por força do § 2º do art. 24 do CPP, acrescentado pelo art. 1º da Lei nº 8.699, de 27-8-1993, seja qual for o crime (o de dano incluído, portanto), quando praticado em detrimento do patrimônio ou interesse da União, Estado e Município, a ação penal será pública.

13.2 INTRODUÇÃO OU ABANDONO DE ANIMAIS EM PROPRIEDADE ALHEIA

13.2.1 Conceito

O "pastoreio ilegítimo" ou "pastagem abusiva" recebeu no Código Penal o *nomen juris* de introdução ou abandono de animais em propriedade alheia, com a seguinte definição: "Introduzir ou deixar animais em propriedade alheia, sem consentimento de quem de direito, desde que o fato resulte prejuízo: Pena – detenção, de quinze dias a seis meses, ou multa" (art. 164).

13.2.2 Objetividade jurídica

Como crime contra o patrimônio, a conduta atinge não só a propriedade, como também outros direitos reais e a posse (superfície, usufruto, arrendamento etc.). Destina-se o dispositivo a proteger especialmente a agricultura, embora tutele qualquer propriedade, rural ou urbana.

13.2.3 Sujeito ativo

Aquele que introduz ou deixa animal em propriedade alheia é o sujeito ativo do crime. Como a lei se refere à propriedade *alheia*, tem-se entendido que o dono do imóvel não pode cometer tal delito, ocorrendo no caso, eventualmente, crime de dano.[26] [108] Bento de Faria, porém, afirma que a expressão *propriedade* não é empregada no sentido restrito do domínio, mas abrange todo terreno de prédio rústico ou urbano, cultivado ou não, tomando a palavra em seu sentido vulgar. Nesse caso, mesmo o proprietário poderia ser sujeito ativo do crime ao introduzir animais em imóvel seu que se encontra na posse legítima de outrem.[109]

13.2.4 Sujeito passivo

Sujeito passivo do delito é o proprietário ou, eventualmente, o legítimo possuidor (usufrutuário, arrendatário, locatário etc.).

13.2.5 Tipo objetivo

Duas são as condutas previstas no dispositivo em estudo: introduzir ou deixar. *Introduzir* significa fazer entrar, levar para dentro. "Introdução" – afirma Bento de Faria – "pode realizar-se por qualquer forma, pouco importando que os animais entrem sozinhos ou acompanhados pelo próprio agente ou por seus prepostos ou empregados".[110] *Deixar* quer dizer abandonar, largar, não retirar, ocorrendo tal conduta omissiva quando o proprietário do animal ou quem dele cuida, avisado de que está ele em propriedade alheia, ou sabendo disso, dolosamente não o retira.

A expressão *animais*, no plural, é usada apenas para indicar o gênero e não a pluralidade deles; basta a introdução de um que seja para caracterizar-se o delito.[111]

O objeto material é propriedade alheia, ou seja, qualquer imóvel, pastagem, terreno, jardim etc. Havendo dúvida séria a respeito da propriedade e posse da área, que se encontra em litígio judicial, decidiu-se que não ocorre o crime.[27]

Só há crime, também, quando de dano efetivo. O Código refere-se ao prejuízo, que não é só o infligido diretamente a plantas, grama, vegetação, mas também a "obras ou anexos desses terrenos, como caminhos, passagens, porteiras, currais, manjedouras, ou como ainda se incide sobre o próprio terreno".[112]

---

108. Nesse sentido: HUNGRIA, FRAGOSO. *Comentários*. Ob. cit. v. 7, p. 113; FRAGOSO. *Lições*. Ob. cit. v. 2, p. 30; e JESUS, Damásio E. de. *Direito penal*. Ob. cit. v. 2, p. 417.
109. *Código penal brasileiro*. Ob. cit. v. 5, p. 85-86. No mesmo sentido, NORONHA. *Direito penal*. Ob. cit. v. 2, p. 331.
110. *Código penal brasileiro*. Ob. cit. v. 5, p. 86.
111. Nesse sentido: HUNGRIA, FRAGOSO. *Comentários*. Ob. cit. v. 7, p. 112; FARIA, Bento de. *Código penal brasileiro*. Ob. cit. v. 5, p. 87; NORONHA. *Direito penal*. Ob. cit. v. 2, p. 332; JESUS, Damásio E. de. *Direito penal*. Ob. cit. v. 2, p. 418; e FRAGOSO. *Lições*. Ob. cit. v. 2, p. 30.
112. NORONHA. *Direito penal*. Ob. cit. v. 2, p. 332.

13.2.6 Elemento normativo

Prevê o art. 164, desnecessariamente aliás, o elemento normativo ("sem consentimento de quem de direito"), para assinalar que não existirá o delito se houver anuência do proprietário, possuidor, administrador etc.

13.2.7 Tipo subjetivo

Trata o art. 164, evidentemente, de crime doloso. Basta, porém, a vontade de introduzir ou abandonar o animal ou animais, pouco importando qual a razão da conduta: vingança, inveja etc. Havendo interesse em alimentar indevidamente os animais, ocorrerá furto.[113] Se o desejo for o de causar dano, estará caracterizado o crime definido no art. 163.

Não há modalidade culposa do crime[28] e, se ocorrer a entrada, por falta de diligência ou cautela do dono dos animais, o agente responderá apenas civilmente pelo prejuízo.[29] A culpa com relação à guarda de animal perigoso configura, contudo, a contravenção de omissão de cautela na guarda ou condução de animais (art. 31 da LCP).

13.2.8 Consumação e tentativa

Consuma-se o delito com o prejuízo e não com a simples introdução dos animais, já que aquele é elemento do tipo.[114] Por isso, nega-se a possibilidade de tentativa (o fato é atípico). Fragoso entende ser o prejuízo condição objetiva de punibilidade, mas também entende inadmissível o *conatus*.[115]

13.2.9 Ação penal

O crime em estudo é apurado mediante queixa, exclusivamente (art. 167).[30]

13.3 DANO EM COISA DE VALOR ARTÍSTICO, ARQUEOLÓGICO OU HISTÓRICO

13.3.1 Conceito

Nos termos do art. 216 da Constituição Federal de 1988, constituem patrimônio cultural brasileiro, entre outros, "as obras, objetos, documentos, edificações e demais espaços destinados às manifestações artístico-culturais" (inc. IV), bem como "os conjuntos urbanos e sítios de valor histórico, paisagístico, artístico, arqueológico, paleontológico, ecológico

---

113. Nesse sentido: HUNGRIA, FRAGOSO. *Comentários*. Ob. cit. v. 7, p. 113; e NORONHA. *Direito penal*. Ob. cit. v. 2, p. 33.
114. Nesse sentido: HUNGRIA, FRAGOSO. *Comentários*. Ob. cit. v. 7, p. 112; JESUS, Damásio E. de. *Direito penal*. Ob. cit. v. 2, p. 418; e NORONHA. *Direito penal*. Ob. cit. v. 2, p. 333-334.
115. *Lições*. Ob. cit. v. 2, p. 30. Contra: NORONHA. *Direito penal*. Ob. cit. v. 2, p. 334.

e científico" (inc. V). Em consonância com tal dispositivo, o Código prevê as figuras típicas definidas nos arts. 165 e 166. Na primeira delas, prevendo pena mais severa que a do crime de dano simples, há o crime de dano em coisa de valor artístico, arqueológico ou histórico: "Destruir, inutilizar ou deteriorar coisa tombada pela autoridade competente em virtude de valor artístico, arqueológico ou histórico: Pena – detenção, de seis meses a dois anos, e multa" (art. 165). O dispositivo, porém, foi revogado tacitamente pela Lei nº 9.605, de 12-2-1998, que no art. 62, I e II, ampliou a proteção penal antes reservada à coisa tombada para qualquer bem especialmente protegido por lei, ato administrativo ou decisão judicial.[116] Dispõe o art. 62 da lei especial: "Destruir, inutilizar ou deteriorar: I – bem especialmente protegido por lei, ato administrativo ou decisão judicial; II – arquivo, registro, museu, biblioteca, pinacoteca, instalação científica ou similar protegido por lei, ato administrativo ou decisão judicial: Pena – reclusão, de um a três anos, e multa." Além da pena mais severa a essa espécie de dano, prevê-se no parágrafo único a forma culposa, punida com pena de seis meses a um ano de detenção, sem prejuízo da multa.

13.3.2 Objetividade jurídica

A inviolabilidade do patrimônio em seu aspecto mais amplo, abrangendo o caráter ideológico ou subjetivo das coisas que interessam a todos por sua raridade, antiguidade ou perfeição, é o objeto jurídico do crime em estudo. Pelo Decreto nº 5.753, de 12-4-2006, foi promulgada a Convenção para a Salvaguarda do Patrimônio Cultural Imaterial, aprovada em Paris, no âmbito da UNESCO, em 17-10-2003 e assinada em 3-11-2003.

13.3.3 Sujeito ativo

Pratica o crime quem destrói, inutiliza ou deteriora coisa tombada. Inclui-se o proprietário, uma vez que, tendo coisa de sua propriedade tombada, sofre as restrições previstas em lei, não podendo destruir, demolir ou mutilar, ou mesmo reparar, pintar, ou seja, restaurá-la sem licença do órgão competente.

13.3.4 Sujeito passivo

O sujeito passivo do crime é a pessoa jurídica de direito público (União, Estado ou Município), bem como o proprietário se não for este o sujeito ativo.

13.3.5 Tipo objetivo

As condutas previstas no dispositivo são as mesmas do delito de dano (13.1.6). O objeto material, porém, é só o imóvel (edifício, ruínas, estátuas etc.) ou móvel (mobília,

---

116. No sentido da revogação tácita do art. 165 do CP pelo art. 62 da Lei nº 9.605, de 12-2-1998: BITENCOURT, Cezar Roberto. *Tratado de Direito Penal*: parte especial. São Paulo: Saraiva, 2003. v. 3, p. 220; DELMANTO, Celso. *Código Penal Comentado*. 6. ed. São Paulo: Renovar , 2002, p. 377.

manuscritos etc.) *tombado*. O tombamento é disciplinado pelo Decreto-lei nº 25, de 30-11-1937, e pelo Decreto-lei nº 3.866, de 29-11-1941. Refere-se a lei tanto aos bens privados como aos públicos.

13.3.6 Tipo subjetivo

O dolo do delito é a vontade de destruir, inutilizar ou deteriorar coisa tombada. Ignorando o agente o tombamento, ocorre erro de tipo e responderá, ele, eventualmente, por dano qualificado (art. 163, parágrafo único, inciso III).

13.3.7 Consumação e tentativa

Como o delito em estudo só diverge do dano comum pelo objeto material, a consumação e a tentativa ocorrem nas mesmas condições deste (item 13.1.8).

13.3.8 Concurso

Divergência surge na doutrina quando a coisa tombada é pública. Noronha opina pela ocorrência de dano qualificado previsto no art. 163, parágrafo único, inciso III, por prever esse dispositivo pena mais severa.[117] Hungria entende haver concurso formal por ser a coisa pública e tombada.[118] Fragoso, com razão, propugna pela existência apenas do crime definido no art. 165, regra especial com relação ao dano comum.[119]

13.3.9 Distinção

Nos termos do art. 5º da Lei nº 3.924, de 26-7-1961, é crime contra o Patrimônio Nacional, aplicando-se as penas previstas nos arts. 163 a 167 do CP, qualquer ato que importe a destruição ou mutilação dos monumentos a que se refere o art. 2º da mesma lei. O art. 2º define o que se considera monumento arqueológico ou pré-histórico.

Na Lei nº 9.605, de 12-2-1998, além do crime previsto no art. 62 (item 13.3.1), define-se também como crime contra o ordenamento urbano e o patrimônio cultural a conduta de "pichar ou por outro meio conspurcar edificação ou monumento urbano" (art. 65, com a redação dada pela Lei nº 12.408, de 25-5-2011). A circunstância de ser o bem monumento ou coisa tombada qualifica o delito (art. 65, § 1º).

13.3.10 Ação penal

Nos termos do art. 167, apura-se o crime em estudo mediante ação penal pública incondicionada. A competência será da Justiça Federal quando lesado interesse direto da União.

---

117. *Direito penal*. Ob. cit. v. 2, p. 338.
118. *Comentários*. Ob. cit. v. 7, p. 115-116.
119. *Lições*. Ob. cit. v. 2, p. 34.

13.4 ALTERAÇÃO DE LOCAL ESPECIALMENTE PROTEGIDO

13.4.1 Conceito

Além dos bens tombados, protegem a CF e a lei "os sítios e paisagens que importe conservar e proteger pela feição notável com que tenham sido dotados pela natureza ou agenciados pela indústria humana" (art. 1º, § 2º, do Decreto-lei nº 25, de 30-11-1937, e art. 216, V, da CF). São eles objeto do crime previsto no art. 166, denominado alteração de local especialmente protegido: "Alterar, sem licença da autoridade competente, o aspecto de local especialmente protegido por lei: Pena – detenção, de um mês a um ano, ou multa."

O art. 166, porém, também foi revogado tacitamente pela Lei nº 9.605, de 12-2-1998 (que prevê crimes contra o meio ambiente).[120] Os mesmos bens jurídicos encontram-se agora penalmente protegidos nos arts. 63 e 64 da lei especial. Dispõe o art. 63: "Alterar o aspecto ou estrutura de edificação ou local especialmente protegido por lei, ato administrativo ou decisão judicial, em razão de seu valor paisagístico, ecológico, turístico, artístico, histórico, cultural, religioso, arqueológico, etnográfico ou monumental, sem autorização da autoridade competente ou em desacordo com a concedida: Pena – reclusão, de um a três anos, e multa." Nos termos do art. 64, pune-se com detenção, de seis meses a um ano, e multa, a construção, sem autorização da autoridade ou em desacordo com a que tenha sido concedida, em solo não edificável ou no entorno de bem protegido em razão dos mesmos valores referidos no artigo anterior.

13.4.2 Objetividade jurídica

Como no delito anterior, protege o dispositivo o patrimônio ideológico nacional.

13.4.3 Sujeito ativo

Qualquer pessoa pode cometer o delito, inclusive o proprietário que altera seu imóvel quando este está protegido em lei.

13.4.4 Sujeito passivo

É sujeito passivo do crime em estudo a pessoa jurídica de direito público interno (União, Estado e Município), bem como é o proprietário do imóvel quando não for este o sujeito ativo.

13.4.5 Tipo objetivo

A conduta típica é *alterar* (mudar, modificar, desfigurar, degenerar) o aspecto do local, quer implique mudança da substância, quer atinja sua simples aparência. Incluem-se não só os monumentos naturais (morros, baías etc.), como também os construídos pelo homem

---

120. BITENCOURT, Cezar Roberto. *Tratado de Direito Penal*: parte especial. São Paulo: Saraiva, 2003. v. 3, p. 228; DELMANTO, Celso. *Código Penal Comentado*. 6. ed. São Paulo: Renovar, 2002, p. 378.

(prédios, pontes etc.). Visa-se à aparência, à fisionomia dos *imóveis* exclusivamente, uma vez que, ao contrário do que ocorre no art. 165, os móveis não estão protegidos. Incluem-se também os bens tombados quando houver apenas alteração do local, configurando-se o delito do art. 165 na ocorrência de dano. Não configura o crime o atear fogo em terreno coberto de capim, com pequenos arbustos e de propriedade particular.[31] Constitui o delito, porém, a derrubada de prédio em processo de tombamento provisório situado em área de proteção ambiental de sítio já tombado.[32]

13.4.6 Elemento normativo

Nos expressos termos da lei, exige-se a presença do elemento normativo; não existirá o crime em apreço se a alteração for aprovada pela autoridade competente.

13.4.7 Tipo subjetivo

Consiste o dolo do crime na vontade de alterar o aspecto do local especialmente protegido. A ignorância do agente a respeito dessa proteção é erro de tipo, podendo ocorrer eventualmente, nesse caso, um crime de dano.

13.4.8 Consumação e tentativa

Consuma-se o delito com a modificação introduzida no local (paisagem etc.). É possível a tentativa, figurando-se a hipótese do início da construção de um muro ou a colocação de um cartaz que irá tapar a paisagem que não prossegue por interferência alheia.

13.4.9 Concurso

Pode haver concurso formal com o delito de dano caso o sujeito ativo, por exemplo, destrua coisa alheia, causando alteração estética ou histórica ao local. Há concurso material dos crimes previstos nos arts. 165 e 166 do CP quando o agente, livre e conscientemente, destrói bem imóvel tombado por seu valor histórico e pertencente ao patrimônio cultural da humanidade, alterando o aspecto visual do local especialmente protegido, sem autorização dos órgãos competentes.[33]

Florestas, parques, reservas biológicas, vegetações, plantas etc. são também protegidas pela definição de outras infrações penais na Lei nº 9.605, de 7-2-1998, que dispõe sobre as sanções penais e administrativas derivadas de condutas e atividades lesivas ao meio ambiente. A Lei nº 3.924, de 26-7-1961, dispõe sobre os monumentos arqueológicos e pré-históricos, prevendo, no art. 29, a aplicação dos arts. 163 a 167 do Código Penal, conforme o caso.

13.4.10 Ação penal

O delito de alteração de local especialmente protegido é apurado mediante ação pública incondicionada (art. 167).

14

DA APROPRIAÇÃO INDÉBITA

14.1 APROPRIAÇÃO INDÉBITA

14.1.1 Generalidades

Ao contrário do que ocorre em outros países, em que o crime é denominado "abuso de confiança", entendendo-se ser este a essência do delito, a lei brasileira definiu-o como apropriação indébita. A denominação do tipo penal, que seria uma situação intermediária entre o furto e o estelionato, é a mais apropriada, posto que o abuso de confiança é uma característica apenas, aliás não indispensável, no fato ilícito a ser estudado, podendo, por vezes, significar apenas uma das qualificadoras previstas no art. 168. O Capítulo V inclui, além da apropriação indébita comum (art. 168), o crime de apropriação indébita previdenciária (art. 168-A, tipo inserido no Código pela Lei nº 9.983, de 14-7-2000), os delitos de apropriação de coisa havida por erro, caso fortuito ou força da natureza (art. 169, *caput*), apropriação do tesouro (art. 169, parágrafo único, inciso I) e apropriação de coisa achada (art. 169, parágrafo único, inciso II).

14.1.2 Conceito

A apropriação indébita comum é definida no art. 168, *caput*: "Apropriar-se de coisa alheia móvel, de que tem a posse ou a detenção: Pena – reclusão, de um a quatro anos, e multa." Evidencia-se, desde logo, a circunstância elementar de que só existirá o crime em estudo quando houver um pressuposto básico: a posse ou detenção oriunda de um título legítimo por parte do agente.

14.1.3 Objetividade jurídica

Protege-se com o dispositivo a inviolabilidade patrimonial, em especial a da propriedade e, eventualmente, a da posse.

14.1.4 Sujeito ativo

Pratica o crime quem está na posse ou detenção de coisa móvel alheia, em razão de direito real. Podem praticar o delito o coproprietário[1] ou o coerdeiro.[2]

14.1.5 Sujeito passivo

Embora, em regra, o sujeito passivo do crime seja proprietário, considera-se vítima todo aquele que sofre a perda da coisa, inclusive o possuidor, como nos casos do credor pignoratício ou usufrutuário, por exemplo, que, tendo a posse, a transfere a outrem para guarda, não a recebendo de volta em decorrência da apropriação por parte de terceiro. Nesse caso, é também ofendido o proprietário. Em suma, é sujeito passivo aquele que sofre prejuízo.[3]

Assinala-se que a pessoa lesada pode ser diversa daquela que entregou ou confiou a coisa ao agente.[121] Em regra, o título da posse indicará quem deve ser reputado como sujeito passivo da apropriação indébita.

14.1.6 Tipo objetivo

O objeto material do ilícito é a coisa móvel, ou seja, aquela suscetível de movimento próprio ou de remoção por força alheia (art. 82 do CC), ou, mais precisamente, toda substância corpórea, material, ainda que não tangível, suscetível de apreensão. Incluem-se, portanto, os imóveis que podem ser mobilizados (edificações, materiais provisoriamente separados de um prédio, frutos, árvores etc.) e os semoventes. A coisa fungível, "confiada em empréstimo ou depósito para restituição da mesma espécie, quantidade e qualidade, não pode, normalmente, ser objeto de apropriação".[122] Ocorrerá o crime, porém, quando as coisas fungíveis forem entregues para ser transmitidas a terceiro, apropriando-se delas o intermediário ou quando destinadas a armazenagem e beneficiamento.[4] Pode o dinheiro ser objeto de apropriação, não no caso de mútuo,[5] mas naquele em que entra na posse de alguém para a entrega ao proprietário (cobradores, transportadores de valores etc.). As coisas fora do comércio podem ser objeto material do crime. Os direitos e ações, coisas imateriais, não podem ser objeto de apropriação indébita,[6] mas, desde que venham a ser representados por coisas *que tangi possunt*, já existe objeto adequado ao crime. "Assim, se entrego a outrem, para guardar, um título ao portador, e o depositário o vende ou cauciona, é reconhecível, sem dúvida alguma, a apropriação indébita".[7][123] A apropriação de objeto desprovido de valor pecuniário ou sentimental não caracteriza o crime.[8]

Por não ser suscetível de apreensão, não se pode falar de apropriação de coisa imóvel.[9]

Pressuposto material do crime é a existência da posse ou detenção pelo sujeito ativo. O conceito de posse, objeto dos arts. 1.196 e 1.197 do CC, não é totalmente pacífico. "A ideia mais geral da posse" – diz Roberto de Ruggiero – "é a de um estado de fato,

---

121. FRAGOSO, Heleno Cláudio. *Lições de direito penal*: parte especial. São Paulo: José Bushatsky, 1977. v. 2, p. 41.
122. DELMANTO, Celso. *Código penal anotado*. 2. ed. São Paulo: Saraiva, 1981. p. 176.
123. HUNGRIA, Nelson, FRAGOSO, Heleno Cláudio. *Comentários ao código penal*. 4. ed. Rio de Janeiro: Forense, 1980. v. 7, p. 134.

14 • DA APROPRIAÇÃO INDÉBITA

pelo qual uma pessoa tem em seu poder uma coisa, isto é, detém-na sob sua guarda ou para seu uso, com ou sem ânimo de a ter como própria".[124] Para nosso legislador, que seguiu a lição de Ilhering, posse é a relação de fato estabelecida entre a pessoa e a coisa, pelo fim de sua utilização econômica, diferenciando-se da detenção prevista nos arts. 1.198 e 1.208 do CC. Pelo primeiro dispositivo, é detentor "aquele que, achando-se em relação de dependência para com outro, conserva a posse em nome deste e em cumprimento de ordens ou instruções suas" e, pelo segundo, não induzem posse atos "de mera permissão ou tolerância". A rigor, a detenção é um dos elementos constitutivos da posse, como ensina Washington de Barros Monteiro. A detenção significa o *corpus* (fato material), e, para haver posse, é necessário o ânimo de ter a coisa como própria ou em nome alheio (*animus*).[125]

Observa bem Fragoso que "a posse que deve preexistir ao crime deve ser exercida pelo agente em nome alheio (*nomine alieno*), isto é, em nome de outrem, seja ou não em benefício próprio" (*posse interessada* e *posse não interessada*).[126] Também somente a posse *direta* pode dar origem ao delito, cometendo-o o locatário, o usufrutuário, o credor pignoratício, mas não o locador, o proprietário, o devedor.

Apenas a detenção não vigiada pode dar origem à apropriação indébita, pois haverá subtração e, portanto, furto na posse vigiada. Cometem esse delito, por exemplo, o empregado que se utiliza de ferramentas do empregador, o caixeiro que recebe importância do freguês, o comprador que experimenta um par de calçados e os que se assenhoreiam dessas coisas. Também há furto no caso citado por Hungria: alguém é incumbido de transportar um cofre-forte e arromba-o, apropriando-se dos valores que ele contém. O agente tem a livre disponibilidade do cofre e não de seu conteúdo. Ensina o mestre: "A posse ou detenção do *continente*, entregue *cerrado,* não importa posse ou detenção do *conteúdo.*" [127] Indispensável ao reconhecimento da apropriação indébita é que a posse ou detenção sejam legítimas.[(10)] Se o agente a conseguiu ilicitamente, por subtração, fraude ou violência, ocorreu crime anterior (receptação, furto, estelionato, roubo etc.).

Caso o agente entre na posse ou detenção de coisa de origem criminosa, só haverá apropriação se ele desconhecer essa circunstância; caso contrário, ocorrerá outro delito: receptação, favorecimento real etc. Caso seja ilícita a posse da coisa pela própria natureza desta (substância entorpecente, máquina de imprimir moeda ou destinada à falsificação), inexiste apropriação e sim crimes de tráfico de entorpecentes, petrechos para falsificação de moeda etc.

Pode-se afirmar, enfim, que a posse ou detenção, para gerar o delito de apropriação indébita, "deve revestir os seguintes requisitos: *tradição livre e consciente, origem legítima e disponibilidade de coisa pelo sujeito ativo*".[128] Observa Fragoso, acertadamente, que

---

124. *Instituições de direito civil.* 3. ed. São Paulo: Saraiva, 1977. v. 2, p. 492.
125. *Direitos das coisas.* São Paulo: Saraiva, 1961. p. 16-17.
126. *Lições.* Ob. cit. v. 2, p. 42.
127. *Comentários.* Ob. cit. v. 7, p. 132.
128. NORONHA, E. Magalhães. *Direito penal.* 13. ed. São Paulo: Saraiva, 1977. v. 2, p. 347.

"a cessação da legitimidade da posse ou detenção não exclui o crime de apropriação indébita".[129]

A origem legítima da posse é, evidentemente, uma relação obrigacional quer derive de contrato, testamento, de ordem da autoridade, quer de disposição legal. Os contratos que podem originá-la são o usufruto, a sociedade, a venda com reserva de domínio, a locação de coisas móveis, a parceria agrícola, o mandato, o penhor, a comissão mercantil, o transporte, a gestão de negócios etc. Não geram apropriação indébita, por transferirem também o domínio, a compra e venda pura e simples, a cessão de crédito, a doação, o mútuo de coisas fungíveis, a anticrese, a conta-corrente etc.

A conduta típica é *apropriar-se* o agente de coisa móvel alheia, ou seja, a disposição de fazer sua a coisa. Após ter a posse da coisa, legitimamente, o agente acomoda-a ao fim que tem em vista, usando-a como proprietário, sem intenção de restituí-la.[11] Assim, se o sujeito ativo a consome, aliena ou retém, estando obrigado a devolvê-la, comete o delito. O uso, ainda que não aquele previsto na relação obrigacional, segundo a doutrina, não configura o ilícito. Assim, se deixo um cavalo para o fim de ser tratado por um terceiro, dando ele uma volta no animal, não comete apropriação indébita.[130]

A não restituição só configura o crime quando já se houver vencido o prazo para a devolução. Caso não haja sido marcado esse prazo, depende o vencimento de prévia interpelação,[12] judicial ou extrajudicial por parte da vítima (art. 397, parágrafo único, do CC), mas não são essas medidas indispensáveis para a caracterização do delito. Figure-se o exemplo de alienação, pelo agente, antes da interpelação: cometeu ele o crime de apropriação indébita. Assim, também não é indispensável que seja o sujeito ativo constituído em mora. O simples inadimplemento contratual ou o descaso do agente, porém, por si não caracterizam o crime. Indispensável é que esteja presente o propósito de não restituir, que pode ser demonstrado por sinais externos, ou seja, pela conduta incompatível com o desejo de restituir.

Não há que se falar em apropriação indébita se, sendo coisa fungível a *res* alienada ou consumida, o agente, embora infringindo acordo por força das circunstâncias, estava no propósito de, *opportuno tempore*, tendo idoneidade econômica, restituir o *tantumdem* à vítima.[13] Não basta, porém, a simples *esperança* de poder restituir a coisa; é necessário que o agente tenha a fundada *certeza* a tal respeito, embora um superveniente e inopinado revés impeça-o de realizar o intento.[131]

A *prestação de contas* não é pressuposto do crime de apropriação indébita, sendo desnecessária a ação civil para a caracterização do ilícito.[14] É ela exigida, porém, nos casos em que há reciprocidade de créditos e débitos compensáveis, complexidade de contas, gestão de negócios, administração, mandato etc.[15]

---

129. *Lições.* Ob. cit. v. 2, p. 43.
130. Exemplo de HUNGRIA, FRAGOSO. *Comentários.* Ob. cit. v. 7, p. 137.
131. Nesse sentido: HUNGRIA, FRAGOSO. *Comentários.* Ob. cit. v. 7, p. 136-137.

14 • DA APROPRIAÇÃO INDÉBITA **309**

Fora a exigência de prévia ação de prestação de contas, quando necessária, não se exige que a vítima proponha preliminarmente quaisquer ação ou interpelação contra o agente, mesmo sendo ele seu procurador.[16]

Também somente se exige o exame pericial quando não está a apropriação demonstrada por outros meios de prova,[17] embora seja ela indispensável, por vezes, para a comprovação do ilícito.[18]

14.1.7 Tipo subjetivo

O dolo do delito é a vontade de apropriar-se da coisa alheia móvel. A ausência do *animus rem sibi habendi* exclui, subjetivamente, a apropriação indébita.[19] Se o *animus* é anterior à transferência da posse (*dolo ab initio*), ocorrerá estelionato, sendo o contrato (que o agente não deseja cumprir) o meio que possibilita ao sujeito o apossamento da coisa. O crime só se configura quando devidamente comprovado que a intenção do agente era apoderar-se da *res*, tornando-se seu dono. Assim, a simples inexecução de serviço contratado, tendo por objeto coisa recebida pelo sujeito, não tipifica o ilícito capitulado.[20]

Exige-se, para a apropriação indébita, o elemento subjetivo do tipo (dolo específico), ou seja, a vontade de ter, como proprietário, a coisa para si ou para outrem.[132] O dolo revela-se pela disposição do agente, que inverte o título da posse.[21]

Não se caracteriza o crime quando o possuidor puder, legalmente, reter a coisa: são os casos de compensação (arts. 368 a 380 do CC)[22] e de pagamento pelas despesas do depósito (art. 644 do CC). Também não há dolo nos casos em que o agente tem intenção de restituir a coisa, não o tendo feito por qualquer circunstância. Existirá o crime, porém, se, não obstante o intuito de devolver, não pode o agente fazê-lo por circunstâncias criadas voluntariamente. Não constitui crime, também, a simples mora em restituir a coisa.[23] Inexiste apropriação indébita na conduta de quem, como prestador de serviço, recebe adiantamento de dinheiro pelo trabalho que deixa de executar.[24]

14.1.8 Consumação e tentativa

Difícil é a apuração do momento consumativo do crime de apropriação indébita, uma vez que depende ele, exclusivamente, de circunstância subjetiva. A consumação opera-se quando o agente transforma a posse ou detenção em propriedade, ou seja, quando se inverte a posse em domínio.[25] Na maioria dos casos, essa disposição é revelada por uma conduta externa do agente, incompatível com a vontade de restituir ou de dar o destino certo à coisa: venda, desvio, ocultação ou negativa expressa de não devolvê-la a quem de direito.[26] A apuração do momento da consumação cria problemas práticos quanto à competência para o processo, determinada, em regra, pelo local da consuma-

---

132. Nesse sentido, NORONHA. *Direito penal*. Ob. cit. v. 2, p. 350. Contra: HUNGRIA, FRAGOSO. *Comentários*. Ob. cit. v. 7, p. 136; e FRAGOSO. *Lições*. Ob. cit. v. 2, p. 48.

ção. Por isso, tem-se decidido que se consuma o crime no lugar onde o agente converte em proveito próprio a coisa que devia restituir[27] e não no do eleito pelas partes pelo contrato.[28] No caso de transportadores de valores, cobradores etc., tem-se entendido que o foro é do local onde o agente deve prestar contas.[29]

A presença do prejuízo, nos crimes de apropriação indébita, é pressuposto inde-clinável para o reconhecimento do ilícito.[30]

Na doutrina, admite-se a possibilidade da tentativa, por se tratar de crime material, embora se reconheça a dificuldade de sua ocorrência.[133] Admitiu-a o STF.[31] Na verdade, os exemplos citados para apoiar essa orientação, como o caso do mensageiro infiel que é surpreendido ao abrir o invólucro que contém valores, para deles apropriar-se, para nós configura crime consumado, já que existentes a posse e o *animus rem sibi habendi*. Já se tem decidido que, havendo devolução, restituição, ressarcimento, composição, transação ou novação, descaracteriza-se o crime de apropriação indébita em seus elementos integrativos, quer porque se transforma o fato em negócio meramente civil, quer porque se revela a inexistência do elemento subjetivo.[32] Na verdade, consumado o delito de apropriação indébita, a composição, restituição, satisfação ou ressarcimento do prejuízo importavam tão somente em eventual atenuação de pena.[33] De acordo com o Código Penal, a reparação do dano, se precede à denúncia ou à queixa, é causa de diminuição de pena (art. 16). Nessa hipótese, deve o juiz determinar a redução da pena, quer o agente tenha ressarcido o prejuízo espontaneamente, quer tenha sido a isso levado por incentivo de terceiros ou da própria vítima.[34] É praticamente pacífico que a satisfação pelo acusado, no curso da ação penal, de prejuízo causado à vítima constitui mero ressarcimento e não forma de extinção da punibilidade.[35] Evidentemente, em nenhum momento a lei possibilita a interpretação de que a denúncia seja um divisor de águas a indicar a ocorrência ou não do delito, devendo creditar-se a tendência liberal a uma questão de política criminal.

14.1.9 Distinção

O delito de apropriação indébita difere do estelionato (art. 171), pois no primeiro o dolo somente surge após ter o agente a posse da coisa, recebida licitamente, enquanto no segundo ele se revela antes, visando o agente ao recebimento dela.[36] Existirá furto com fraude e não apropriação indébita quando o agente obtém a coisa não pela tradi-ção livre e consciente e sim por subtraí-la.[37] Trata-se de apropriação indébita e não de furto o fato de alguém desviar dinheiro e cheques que recebeu em confiança para efetuar depósito.[38]

---

133. Nesse sentido: MANZINI, Vincenzo. *Trattato di diritto penale italiano*. Turim: Torinese, 1951. v. 9, p. 825, § 3.434; HUNGRIA, FRAGOSO. *Comentários*. Ob. cit. v. 2, p. 145-146; JESUS, Damásio E. de. *Direito penal*: parte especial. 4. ed. São Paulo: Saraiva, 1982. v. 2, p. 434; . *Lições*. Ob. cit. v. 2, p. 434; e DELMANTO. *Código penal anotado*. Ob. cit. p. 168. Contra: NORONHA. *Direito penal*. Ob. cit. v. 2, p. 50-53.

14 • DA APROPRIAÇÃO INDÉBITA   **311**

A apropriação por funcionário público pode constituir o delito previsto no art. 312 (peculato).

Se o fato não configura crime de apropriação indébita ou de furto, o agente que se apropria ou desvia a finalidade de *bens, proventos, pensão, benefícios, remuneração ou qualquer rendimento* de pessoa idosa ou com deficiência pratica o crime previsto no art. 102 da Lei nº 10.741, de 1º-10-2003 (Estatuto da Pessoa Idosa) ou no art. 89 da Lei nº 13.146, de 6-7-2015 (Estatuto da Pessoa com Deficiência).

14.1.10 Concurso

Consumado o crime de apropriação indébita, não se transmuda o mesmo em estelionato pelo simples fato de o meliante, objetivando manter o delito encoberto, lançar mão de artifício enganoso.[39] Já se tem entendido, porém, que, apresentando-se, de par com a apropriação indébita, outro crime, em relação de meio a fim de/ou para dissimulá-la, como a falsidade ideológica, haverá concurso material de crimes, se este outro crime lesa interesse ou bem jurídico diversos da inviolabilidade do patrimônio.[40] Há decisões, entretanto, no sentido de que a apropriação absorve a falsidade, como meio para a realização daquele delito.[41]

É possível a continuação no crime de apropriação indébita, como no caso de cobradores, por exemplo, embora alguns enxerguem no caso crime único pela identidade de propósito.

A venda posterior da coisa apropriada não configura o delito previsto no art. 171, § 2º, inciso I, mas um *post factum* não punível.

Tratando-se de coisa comum e não prevendo a lei a hipótese semelhante ao furto de coisa comum, entende-se possível a aplicação, por analogia *in bonam partem* do art. 156 do CP.[134]

14.1.11 Aumento de pena

No art. 168, § 1º (que, aliás, é único), prevê a lei várias hipóteses de agravação do crime de apropriação indébita.

A primeira delas é a que ocorre no "depósito necessário" (inciso I). Necessários, segundo a lei civil, são o depósito *legal* (art. 647, inciso I, do CC) e o *miserável* (art. 647, inciso II, do CC). É o que se faz, portanto, no desempenho de obrigação legal, ou que se efetua por ocasião de alguma calamidade, como o incêndio, a inundação, o naufrágio e o saque. A eles equipara a lei o "das bagagens dos viajantes ou hóspedes nas hospedarias onde estiverem" (art. 649 do CC). O alcance do inciso I é, porém, discutido na doutrina. Hungria entende que abrange apenas o depósito miserável (o legal daria origem ao peculato, porque o sujeito recebe a coisa em razão de função pública e o segundo é mera

---

134. Nesse sentido, FRAGOSO. *Lições*. Ob. cit. v. 2, p. 47-48.

ficção – equiparação –, dando origem à qualificadora do inciso III).[135] Noronha inclui também o depósito legal e, com reticências, o do art. 649 do CC.[136] Bento de Faria não exclui qualquer deles.[137] Damásio refere-se apenas ao depósito miserável, incluindo o legal, quando o sujeito ativo não for funcionário público, no inciso II.[138] Entendemos que no depósito legal o agente sempre será funcionário público quer porque exerça cargo ou emprego público, quer porque desempenhe, transitoriamente, função pública (art. 327 do CP). Comete, pois, peculato. Quanto ao depósito de bagagens dos viajantes, equiparado que é aos previstos no art. 647 do CC, deve ser considerado como *necessário* e incluído no inciso I.

Agrava-se ainda a apropriação quando o sujeito ativo pratica a apropriação "na qualidade de tutor, curador, síndico, liquidatário, inventariante, testamenteiro ou depositário judicial" (inciso II). A exasperação da pena é devida à violação dos deveres inerentes aos cargos ocupados pelos agentes. Ressalte-se que o depositário judicial não é o funcionário público em sentido estrito, mas qualquer particular a quem o juiz incumbe do depósito. Se a enumeração legal for taxativa, não abrange outros cargos, *munus* ou funções, como a de concordatário, por exemplo, não incluída por evidente lapso do legislador.

Por fim, é agravado o crime quando praticado "em razão de ofício, emprego ou profissão" (inciso III). Essas situações, com exceção da segunda, já foram examinadas (item 9.16.3). *Emprego* é a prestação de serviço com subordinação e dependência, que podem não existir no ofício ou na profissão. A razão de ser da agravação é a existência de violação de um dever inerente à qualidade dessas pessoas, revelando sempre abuso de confiança.[42] Entretanto, o simples fato de se tratar de negócio decorrente de profissão entre agente e vítima não é suficiente para agravar o crime de apropriação indébita, tornando-se necessária a existência de relação de confiança entre ambos.[43] A presunção de confiança somente existe em determinados ofícios, empregos e profissões. Não é só a relação de emprego que determina a agravação; também a justificada confiança da vítima em decorrência dos misteres e ocupação do agente a configura. É o caso, por exemplo, dos corretores.[44] Tem-se exigido, porém, que possua este poder de decisão.[45]

14.1.12 Apropriação indébita privilegiada

Quando a coisa é de *pequeno valor* e o criminoso *primário*, aplica-se o disposto no art. 155, § 2º, que trata do furto privilegiado (art. 170). O pequeno valor a que se refere a lei é, segundo a jurisprudência, aquele que não excede o salário mínimo.[46] Equiparando, a nosso ver sem razão, o pequeno valor ao pequeno prejuízo, tem-se reconhecido o privilégio quando há ressarcimento antes da sentença.[47]

---

135. *Comentários.* Ob. cit. v. 7, p. 147-148. No mesmo sentido, FRAGOSO. *Lições.* Ob. cit. v. 2, p. 54.
136. *Direito penal.* Ob. cit. v. 2, p. 356.
137. *Código penal brasileiro comentado.* Rio de Janeiro: Record, 1959. v. 5, p. 115.
138. *Direito penal.* Ob. cit. v. 2, p. 436.

14.1.13 Ação penal

É pública incondicionada a ação penal nos casos de apropriação indébita, exceto se incidente a imunidade relativa prevista no art. 182, hipótese em que a ação penal passa a depender de representação (item 17.2).

14.2 APROPRIAÇÃO INDÉBITA PREVIDENCIÁRIA

14.2.1 Conceito

Substituindo o art. 95, *d*, da Lei nº 8.212, de 24-7-1991, que tratava dos crimes contra a Previdência Social, o art. 1º da Lei nº 9.983, de 14-7-2000, inseriu no Código Penal a figura típica especial denominada *apropriação indébita previdenciária* com a seguinte redação: "Art. 168-A. Deixar de repassar à previdência social as contribuições recolhidas dos contribuintes, no prazo e forma legal ou convencional: Pena – reclusão, de 2 (dois) a 5 (cinco) anos, e multa.

14.2.2 Sujeitos do delito

Sujeito ativo do delito é a pessoa que deve repassar à Previdência Social as contribuições recolhidas dos contribuintes (titular da firma individual, sócios solidários, gerentes, diretores, administradores etc.). Aliás, todos os que concorrem para o ilícito, por mandato, induzimento etc. respondem pelo crime. Na vigência da lei anterior, a jurisprudência excluía o Prefeito Municipal.[48]

Sujeito passivo é o Estado, ou seja, o órgão da Previdência Social, seja ela oficial, oficial complementar (dos Estados-membros ou Municípios), seja privada complementar com ou sem fins lucrativos. É também lesado o contribuinte.

14.2.3 Tipo objetivo

A lei prevê um crime omissivo puro, ou seja, o de deixar de repassar à Previdência Social as contribuições recolhidas dos contribuintes, no prazo e forma legal (previdência oficial) ou convencional (previdência privada). Prevê a lei ou a convenção o prazo e a forma com que deve ser arrecadada e repassada à Previdência Social a contribuição previdenciária, e a mora ou a irregularidade no repasse constitui o delito. As regras relativas à arrecadação e ao repasse à Previdência Social estão previstas na Lei nº 8.212, de 24-7-1991 (arts. 30 a 45-A), regulamentada pelo Decreto nº 3.048, de 6-5-1999. A Lei Complementar nº 109, de 29-5-2001, dispõe sobre o regime de previdência privada complementar. Por se tratar de crime de mera conduta, não se exige para sua consumação que o agente se loclupete ou o Erário sofra prejuízo efetivo.[49]

Diante da nova redação dada ao fato, é irrelevante a existência ou não de prova do vínculo empregatício do contribuinte com a empresa.

Não se exime aquele que não o faz por problemas econômicos ou financeiros, não se podendo falar em inexigibilidade de conduta diversa,[50] embora já se tenha decidido em contrário.[51]

14.2.4 Tipo subjetivo

Trata-se de crime doloso, ou seja, comete o crime aquele que, voluntariamente, deixa de recolher a contribuição, estando a isso obrigado pela legislação.

14.2.5 Consumação e tentativa

O crime consuma-se quando se esgota o prazo para que se efetue o repasse à Previdência Social.[52] Também está consumado o delito quando o repasse não obedece à forma legal ou convencional. Por se tratar de crime de mera conduta, não se exige para a consumação que o **agente se locuplete ou o Erário sofra prejuízo efetivo**, como já se decidia na vigência do art. 95, *d*, da Lei nº 8.212/91. Há, porém, decisões dos tribunais superiores de que a apropriação indébita material é crime omissivo material, exigindo-se para a sua consumação dano efetivo, que só se constata com a constituição definitiva, na via administrativa, do crédito tributário[139]

Tratando-se de crime omissivo puro, não é possível a tentativa.

14.2.6 Crimes assemelhados

No § 1º do art. 168-A, prevê a lei outros tipos penais assemelhados e com as mesmas penas à figura do *caput*: o primeiro deles é deixar de "recolher, no prazo legal, contribuição ou outra importância destinada à previdência social que tenha sido descontada de pagamento efetuado a segurados, a terceiros ou arrecadada do público" (inc. I). São segurados obrigatórios o empregado, o empregado doméstico, o empresário, o trabalhador autônomo, o trabalhador avulso e o segurado especial. Mas a lei refere-se também a terceiros, individualmente, e ao público. Assim, é indiferente de onde provenha a contribuição ou qualquer importância destinada à Previdência Social. Basta que tenha sido ela descontada de pagamento, ou seja, de qualquer remuneração. Os prazos estão estabelecidos na Lei de Custeio da Previdência (Lei nº 8.212, de 24-7-1991).

É ainda típica a conduta, anteriormente definida no art. 95, *e*, da Lei nº 8.212, de 24-7-1991, de deixar de "recolher contribuições devidas à previdência social que tenham integrado despesas contábeis ou custos relativos à venda de produtos ou à prestação de serviços" (inc. II). Nesse caso, sujeito ativo é o próprio contribuinte, ou seja, aquele que, por força da lei, deve recolher contribuições derivadas de despesas contábeis, ou custos relativos à venda de produtos, ou à prestação de serviços.

---

139. Nesse sentido a Súmula Vinculante 24. STJ: Resp 1982304-SP, j. em 17-10-2023, *DJe* de 20-10-2023 – Tema Repetitivo 1166.

14 • DA APROPRIAÇÃO INDÉBITA **315**

Por fim, é também crime, anteriormente previsto em parte no art. 95, *f*, da Lei nº 8.212/91, deixar de "pagar benefício devido a segurado, quando as respectivas cotas ou valores já tiverem sido reembolsados à empresa pela previdência social" (inc. III). No caso, a omissão criminosa é dos responsáveis pela empresa, que deixam de efetuar o pagamento devido ao segurado (salário-família, salário-maternidade, auxílio-natalidade ou outro benefício). Caso tenha a empresa sido reembolsada pela Previdência Social, a falta de recolhimento no prazo legal configura o ilícito penal.

14.2.7 Formas privilegiadas

Diante do que dispõe o art. 170, é aplicável aos delitos de apropriação indébita previdenciária e assemelhados a forma privilegiada prevista no art. 155, § 2º (item 14.1.12).

14.2.8 Suspensão da pretensão punitiva e extinção da punibilidade

Prevê o Código Penal uma causa especial de extinção da punibilidade para os crimes previstos no art. 168-A e seu § 1º, com a seguinte redação: "É extinta a punibilidade se o agente, espontaneamente, declara, confessa e efetua o pagamento das contribuições, importâncias ou valores e presta as informações devidas à previdência social, na forma definida em lei ou regulamento, antes do início da ação fiscal" (art. 168-A, § 2º). As informações e o pagamento do devido, desde que não forçado, antes do início da ação fiscal, com as devidas multas e acréscimos legais, repara a lesão. A Lei nº 10.684, de 30-5-2003, prevê, nos crimes definidos no art. 168-A, bem como nos tipificados no art. 337-A e nos arts. 1º e 2º da Lei nº 8.137, de 27-12-1990, a suspensão da pretensão punitiva no período em que a pessoa jurídica relacionada com o agente estiver incluída no regime de parcelamento de débito (art. 9º, *caput*), durante o qual não tem curso a prescrição (art. 9º, § 1º). Prevê, também, a lei que o pagamento integral do débito extingue a punibilidade, não se exigindo que seja efetuado antes da ação fiscal ou da ação penal: "extingue-se a punibilidade dos crimes referidos neste artigo quando a pessoa jurídica relacionada com o agente efetuar o pagamento integral dos débitos oriundos de tributos e contribuições sociais, inclusive acessórios" (art. 9º, § 2º). A Lei nº 11.941, de 27-5-2009, contém regras semelhantes, dispondo que o parcelamento do crédito tributário suspende a pretensão punitiva e o curso da prescrição e, se anterior ao início da ação penal, impede o oferecimento da denúncia (arts. 67 e 68). Extingue-se a punibilidade pelo pagamento integral dos débitos que tiverem sido objeto de concessão do parcelamento (art. 69). Por força de modificações inseridas pela Lei nº 12.382, de 25-2-2011, na Lei nº 9.430, de 27-12-1996, prevê esse diploma, igualmente, a suspensão da pretensão punitiva e do prazo prescricional pela inclusão do devedor no regime de parcelamento, desde que a formalização se verifique anteriormente ao recebimento da denúncia, nos mesmos crimes, descritos nos arts. 168-A e 337-A do CP e nos arts. 1º e 2º da Lei nº 8.137, de 27-12-1990 (art. 83, §§ 2º e 3º). O pagamento integral do tributo devido determina a extinção da punibilidade (§ 4º).

A Lei nº 9.964, de 10-4-2000, já dispunha sobre a suspensão da pretensão punitiva e da prescrição, referindo-se, porém, somente aos mencionados crimes contra a ordem econômica e tributária, na hipótese de inclusão da pessoa jurídica no Refis (Programa de Recuperação Fiscal), e exigindo para a extinção da punibilidade que a concessão do parcelamento ocorra antes do recebimento da denúncia (art. 15, § 3º).[140]

14.2.9 Perdão judicial ou pena de multa

O juiz pode deixar de aplicar a pena ou aplicar somente a de multa nas hipóteses mencionadas no § 3º do art. 168-A. Pressuposto para o perdão judicial é que o sujeito ativo seja primário e de bons antecedentes. No primeiro caso, é facultado ao juiz a dispensa da pena ou a aplicação exclusiva da pena de multa quando o omitente "tenha promovido, após o início da ação fiscal e antes de oferecida a denúncia, o pagamento da contribuição social previdenciária, inclusive acessórios" (inc. I). Inexistente os pressupostos de primariedade e dos bons antecedentes, é possível, na hipótese, a redução da pena pelo arrependimento posterior, prevista no art. 16 do CP. Na segunda hipótese, o perdão judicial pode ser concedido quando "o valor das contribuições devidas, inclusive acessórios, seja igual ou inferior àquele estabelecido pela previdência social, administrativamente, como sendo o mínimo para o ajuizamento de suas execuções fiscais" (inc. II). O pequeno prejuízo causado pela conduta criminosa é que permite, nessa hipótese, a concessão da dispensa da pena ou a aplicação somente de multa ainda que o sujeito ativo não tenha recolhido o valor das contribuições. A Lei nº 13.606, de 9-1-2018, inseriu o § 4º ao art. 168-A, dispondo que "a faculdade prevista no § 3º deste artigo não se aplica aos casos de parcelamento de contribuições cujo valor, inclusive dos acessórios, seja superior àquele estabelecido, administrativamente, como sendo o mínimo para o ajuizamento de suas execuções fiscais".

14.3 APROPRIAÇÃO DE COISA HAVIDA POR ERRO, CASO FORTUITO OU FORÇA DA NATUREZA

14.3.1 Conceito

Com penas menores do que as previstas para a apropriação indébita comum, devido à ausência, no caso, de abuso de confiança ou boa-fé, que deve existir nos contratos, define o Código, no art. 169, *caput*, o crime de apropriação de coisa havida por erro, caso fortuito ou força da natureza: "Apropriar-se alguém de coisa alheia vinda ao seu poder por erro, caso fortuito ou força da natureza: Pena – detenção, de um mês a um ano, ou multa."

---

140.   O Supremo Tribunal Federal aprovou, em 2-12-2009, a Súmula Vinculante 24, com o seguinte teor: "Não se tipifica crime material contra a ordem tributária, previsto no art. 1º, incisos I a IV, da Lei nº 8.137/90, antes do lançamento definitivo do tributo".

14.3.2 Objetividade jurídica

Protege-se com o dispositivo o patrimônio, em especial a propriedade das coisas móveis. O fundamento é o disposto nos arts. 876 e 884 do Código Civil, que, impedindo a locupletação sem justa causa, o enriquecimento ilícito, determinam seja obrigado a restituir aquele que recebeu o que não lhe era devido.

14.3.3 Sujeito ativo

É sujeito ativo todo aquele que se assenhora de coisa alheia que lhe foi transmitida por erro, caso fortuito ou força da natureza, obrigado que está a restituí-la.

14.3.4 Sujeito passivo

É vítima do delito o proprietário, aquele que sofre a perda da coisa. Nem sempre será o que obrou em erro, podendo este ocorrer na atividade daquele que foi incumbido da entrega, pagamento etc.

14.3.5 Tipo objetivo

O objeto material não difere daquele do crime de apropriação indébita comum, ou seja, a coisa alheia móvel, como conceituada no direito penal (item 14.1.6).

Pressuposto do delito é, ainda, a posse ou a detenção, já estudadas anteriormente (item 14.1.6). A origem da posse ou da detenção, porém, é diversa, por não se dar livremente a transferência da coisa, decorrendo esta de erro, caso fortuito ou força da natureza.

Erro é o falso conhecimento a respeito do objeto, e com ele a manifestação da vontade da entrega da coisa, esta viciada, não correspondendo àquilo que o sujeito deseja. O erro pode incidir sobre a *pessoa*, quando o sujeito, por exemplo, faz um pagamento ou entrega da coisa a alguém supondo que se trata de um homônimo, que é o verdadeiro credor ou destinatário. Pode o engano girar sobre a *coisa*: entrega-se um livro a alguém com cédulas que ficaram esquecidas entre suas páginas; vende-se uma joia de fantasia e entrega-se uma verdadeira etc. Haverá erro na *obrigação*, ou na razão da entrega, quando se faz um pagamento indevido, ou se salda, pela segunda vez, a mesma dívida etc. Ensinam os doutrinadores que há erro no que se refere a pior ou melhor qualidade da coisa, como também quanto a menor ou maior quantidade e no pagamento a maior. Configura o ilícito o saque bancário de quantia sabidamente creditada por engano na conta corrente do agente.[53]

Quanto ao *caso fortuito* e à *força da natureza*, situações semelhantes, e cuja distinção é meramente acadêmica, verificam-se "no fato necessário, cujos efeitos não era possível evitar ou impedir" (art. 393, parágrafo único, do CC). Ocorre o primeiro, na realidade do gênero, quando a causa é estranha aos sujeitos (animal de propriedade do sujeito passivo que passe para a de outro, que não o devolve),[54] e o segundo, na verdade espécie do anterior, quando o evento é determinado por forças naturais, independentemente do homem (o vento leva as roupas de um varal para o quintal vizinho, a enxurrada deposita no jardim do agente um objeto arrancado da casa da vítima etc.).

A conduta típica é, como no delito anterior, a de *apropriar-se* de coisa alheia, ou seja, a inversão da posse ou detenção em propriedade, operada pelo sujeito ativo. Não a configura, portanto, o simples recebimento (quando o agente desconhece o erro da entrega) ou o mero encontro da coisa.

14.3.6 Tipo subjetivo

Consiste o dolo do delito na vontade livre e consciente de apropriar-se da coisa alheia, que somente existe quando o agente sabe que a coisa lhe chegou às mãos por erro, caso fortuito ou força da natureza. Não comete o ilícito quem supõe, justificadamente, que está recebendo uma doação quando ela se destina a um homônimo. Exige-se o elemento subjetivo do tipo (dolo específico) que é a vontade de assenhoreamento para si ou para outrem, ou seja, o propósito do agente de não restituir ou a consciência de não mais poder fazê-lo. Revela o elemento subjetivo do tipo, por exemplo, o ato de esconder quantia percebida a título de engano.[55]

Não pratica o crime quem, verificando o erro, não sabe quem é o proprietário nem tem meios para identificá-lo. A obrigatoriedade da entrega da coisa à autoridade competente, dentro do prazo de 15 dias, só ocorre no crime de apropriação de coisa achada (art. 169, parágrafo único, inciso II – item 14.5.5).

14.3.7 Consumação e tentativa

Também nesse delito a consumação dá-se quando o agente transforma a posse em propriedade, sendo realizada, portanto, com um componente puramente subjetivo. Na maior parte das vezes, assim, somente estará demonstrada com algum ato do agente incompatível com a vontade de restituir (venda, doação etc.).

Quanto à tentativa, as discussões são as mesmas das referentes à apropriação indébita comum (item 14.1.8).

14.3.8 Forma privilegiada

Conforme dispõe o art. 170, vigora para o delito a forma privilegiada prevista no art. 155, § 2º (item 14.1.12).

14.3.9 Distinção

Quando o agente provoca o erro (apresenta-se falsamente ao carteiro como o destinatário de uma remessa de livros, por exemplo), ocorre não apropriação indébita,

14 • DA APROPRIAÇÃO INDÉBITA

mas estelionato. Também ocorre esse delito quando, embora não provocando o erro, o agente não o desfaz, mantendo a vítima ou o terceiro no engano. Em ambos os casos, a vontade de se apropriar, ou seja, o dolo, antecede a posse ou a detenção.

14.4 APROPRIAÇÃO DE TESOURO

14.4.1 Conceito

A apropriação de tesouro é também uma espécie de apropriação indébita mitigada. Define-se o art. 169, parágrafo único, inciso I, cominando a mesma pena do *caput* para "quem acha tesouro em prédio alheio e se apropria, no todo ou em parte, da quota a que tem direito o proprietário do prédio".

14.4.2 Objetividade jurídica

Tutela o dispositivo em estudo a propriedade, no caso específico, o tesouro.

14.4.3 Sujeito ativo

Qualquer pessoa que, casualmente, encontre um tesouro, pode cometer o crime. Excetua-se o proprietário, que tem direito ao tesouro por inteiro quando o descobre.

14.4.4 Sujeito passivo

O proprietário, dono do imóvel em que é encontrado o tesouro, é o sujeito passivo do crime. Noronha inclui o enfiteuta por ter ele, também, o direito à quota-parte do tesouro, nos termos do art. 1.266 do CC.[141]

14.4.5 Tipo objetivo

O objeto material do crime é o tesouro, ou seja, a coisa em princípio sem dono definida como "depósito antigo de coisas preciosas, oculto e de cujo dono não haja memória" (art. 1.264 do CC). Não se inclui no conceito a jazida de pedras preciosas ou um filão de ouro, pois, além de serem considerados imóveis, não estão propriamente enterrados ou ocultos, mas fazem parte do solo.

Como o proprietário do prédio (qualquer imóvel) tem direito à metade do tesouro se terceiro o encontrar casualmente (art. 1.264 do CC), e ao todo se o terceiro não estiver autorizado ou for mandado a pesquisar (art. 1.265 do CC), o descobridor que se apropriar da quota do proprietário comete o delito.

A conduta é, ainda, a de apropriar-se o sujeito ativo da coisa, no caso o tesouro ou a quota-parte do proprietário.

---

141. *Direito penal*. Ob. cit. v. 2, p. 366-368.

14.4.6 Tipo subjetivo

O dolo do delito em apreço é a vontade de não entregar ao proprietário a quota-parte a que tem este direito após ter encontrado o tesouro. Caso o agente não esteja autorizado pelo proprietário e, intencionalmente, pesquisar, ocorre furto e não a apropriação se ficar com o tesouro. Afirma-se que, ignorando o agente a obrigação que tem de entregar a quota-parte ao proprietário, há erro de proibição que exclui o dolo.[142] O erro de proibição, porém, exclui a culpabilidade (art. 21 do CP). Hungria via no caso erro de direito que, então, não eximia de responsabilidade.[143]

14.4.7 Consumação e tentativa

Dispensáveis são considerações a respeito da consumação ou tentativa diante do que já foi exposto nos comentários aos tipos antecedentes (itens 14.1.8 e 14.2.7).

14.5 APROPRIAÇÃO DE COISA ACHADA

14.5.1 Conceito

Também comete crime de apropriação indébita na forma mitigada "quem acha coisa alheia perdida e dela se apropria, total ou parcialmente, deixando de restituí-la ao dono ou legítimo possuidor ou de entregá-la à autoridade competente, dentro do prazo de quinze dias" (art. 169, parágrafo único, inciso II).

14.5.2 Objetividade jurídica

Tutela-se o patrimônio com o dispositivo em estudo. Eventualmente, estará protegida a simples posse da coisa móvel.

14.5.3 Sujeito ativo

Sujeito ativo do crime de apropriação de coisa achada é quem encontra e se apropria da coisa alheia perdida. O descobridor (inventor) deve entregar ao proprietário, se souber quem é ele, ou à autoridade competente, a coisa perdida que encontrar. Mesmo a pessoa que tiver sido encarregada de procurar a coisa pode cometer o crime se se apropriar dela. Caso seja ela enviada a buscar a coisa em local determinado, cometerá furto se dela se apossar.

---

142. Nesse sentido, FRAGOSO. *Lições.* Ob. cit. v. 2, p. 57. Noronha é também pela exclusão do dolo nesses casos. *Direito penal.* Ob. cit. v. 2, p. 370.
143. *Comentários.* Ob. cit. v. 7, p. 152-153.

14 • DA APROPRIAÇÃO INDÉBITA — 321

14.5.4 Sujeito passivo

É sujeito passivo do crime previsto no inciso II do parágrafo único do art. 169, o proprietário ou, eventualmente, o mero possuidor que perdeu a coisa.

14.5.5 Tipo objetivo

O objeto material do crime em estudo é a coisa alheia *perdida*. É aquela que se encontra em lugar público ou de uso público, em condições tais que faça presumir, fundadamente, seu extravio.[144] Diz-se perdida, assim, quando o possuidor, ignorando o lugar onde a coisa se acha, não pode, por isso, exercitar sobre ela o poder de fato. Não se considera perdido, porém, o pequeno brilhante que se desprendeu de um anel, sem que o percebesse o *dominus*, e foi insinuar-se na greta do soalho da casa deste. Não é, *sub specie juris*, uma coisa *perdida*, não podendo ser objeto do crime em questão, mas de furto.[145] O mesmo ocorre quando a vítima apenas *esquece* a coisa em algum lugar, para onde retorna logo após, quando o sujeito ativo dela se apossa.[56]

Não se confunde coisa perdida com coisa abandonada (*res derelicta*) (arts. 1.275, inciso III, e 1.263 do CC) ou com a coisa que jamais teve proprietário ou possuidor (*res nullius*) (art. 1.263 do CC).

O pressuposto do crime é a descoberta da coisa perdida, que pode ser casual ou intencional (como aquele que, vendo o proprietário perder a carteira, dela se apossa pacificamente). Neste último caso, entende Hungria que se trata de furto.[57] [146] Não há na hipótese, porém, subtração e sim mera apropriação. Também se reconheceu apenas a apropriação na conduta do agente que se apoderou de coisa deixada a suas vistas por pessoas que a haviam subtraído pouco antes.[58] Evidentemente, se o agente provoca a perda da coisa pelo proprietário, poderá ocorrer furto com fraude.

A conduta é, ainda, a da apropriação, já comentada anteriormente (item 14.1.6).

Conhecendo o dono, deve o agente devolver a coisa achada imediatamente; se não o conhece ou se não puder devolvê-la a este a lei lhe concede um prazo de 15 dias para a entrega à autoridade, pois a obrigação civil existe (art. 1.233 do CC), embora se conceda ao descobridor uma recompensa e as despesas que houver feito com a conservação e o transporte da coisa (art. 1.234 do CC). A entrega deverá ser feita, não se conhecendo o dono ou legítimo possuidor, à autoridade judiciária ou policial (art. 746 do CPC). Por não definir a lei qual a autoridade competente a quem deve ser entregue o objeto achado, é caso de norma penal em branco. Tal circunstância, já se decidiu, não se presume conhecida pelo "homem médio",[59] podendo ser reconhecido no caso o erro sobre o elemento do tipo. A apreensão pela polícia anterior ao quindecêndio legal não configura o delito, ressalvada a hipótese da efetiva disposição da *res*.[60] Está configurado o delito,

---

144. FARIA, Bento de. *Código penal brasileiro*. Ob. cit. v. 5, p. 127.
145. HUNGRIA, FRAGOSO. *Comentários*. Ob. cit. v. 7, p. 154.
146. *Comentários*. Ob. cit. v. 7, p. 155.

por exemplo, quando o agente procura descontar o cheque por ele encontrado mesmo que não decorrido o prazo de 15 dias.[61]

A apropriação de parte da coisa perdida já caracteriza o delito (parte do dinheiro, um dos objetos apenas, um dos componentes de uma máquina etc.).

14.5.6 Tipo subjetivo

O dolo é a vontade de não cumprir a obrigação civil de devolver a coisa ou entregá-la à autoridade, para dela se fazer dono (*animus rem sibi habendi*). É mister que fique positivado, assim, o propósito de não restituir ou a consciência de não mais poder fazê-lo,[62] não se equiparando ao dolo a simples negligência do inventor que demora a restituir a coisa ou entregá-la à autoridade.

Supondo o agente que a coisa que encontrou foi abandonada, tais as condições dela, quando se trata, na verdade, de coisa perdida, há erro de fato que exclui o dolo. É possível que, conforme as condições do sujeito, possa ocorrer o erro sobre a ilicitude do fato quando não tinha ele possibilidade de reconhecer a obrigação da entrega da coisa à autoridade.

14.5.7 Consumação e tentativa

Como visto, quando o agente sabe quem é o dono da coisa que achou, deve devolvê-la imediatamente, consumando-se o delito se não o fizer. Na ignorância de quem seja o proprietário, o agente tem o prazo de 15 dias para entregá-la à autoridade competente, não se verificando a caracterização do ilícito antes da transposição do *dies ad quem*.[63] Entretanto, se o consumo da coisa antes de findo tal prazo impossibilitar a sua entrega a quem de direito, o fato evidencia a consumação do delito.[64]

14.5.8 Forma privilegiada

O crime de apropriação de coisa achada também registra a forma privilegiada diante do disposto no art. 170 (item 14.1.12).

15

DO ESTELIONATO E OUTRAS FRAUDES

15.1 ESTELIONATO

15.1.1 Generalidades

No Capítulo VI, passa-se à definição dos fatos que, em vez da clandestinidade ou da violência à coisa ou à pessoa, o agente se utiliza da astúcia, da mistificação, do engodo, do embuste, da trapaça, da fraude, enfim, para obter uma vantagem ilícita. São as condutas praticadas pelo homem civilizado, arguto, que se aproveita das relações complexas da vida moderna para enganar o próximo, utilizando a malícia humana que não encontra freios que a impeçam de levar ao engano os incautos.

Além do estelionato típico (art. 171, *caput*), registra a lei outras formas de fraude, tanto nos parágrafos desse dispositivo, formas especiais de estelionato, como nos crimes de estelionato de ativos financeiros (art. 171-A), duplicata simulada (art. 172), abuso de incapazes (art. 173), induzimento à especulação (art. 174), fraude e abusos na fundação ou administração de sociedade por ações (art. 177), emissão irregular de conhecimento de depósito ou *warrant* (art. 178) e fraude à execução (art. 179).

15.1.2 Conceito

O estelionato, cuja denominação deriva de *stellio* (lagarto que muda de cores, iludindo os insetos de que se alimenta), é assim definido na lei: "Obter, para si ou para outrem, vantagem ilícita, em prejuízo alheio, induzindo ou mantendo alguém em erro, mediante artifício, ardil, ou qualquer outro meio fraudulento: Pena – reclusão, de um a cinco anos, e multa" (art. 171, *caput*). Existe o crime, portanto, quando o agente emprega qualquer meio fraudulento, induzindo alguém em erro ou mantendo-o nessa situação e conseguindo, assim, uma vantagem indevida para si ou para outrem, com lesão patrimonial alheia. Sem fraude antecedente, que provoca ou mantém em erro a vítima, levando-o à entrega da vantagem, não se há de falar em crime de estelionato.[1]

15.1.3 Fraude penal e fraude civil

Questão tormentosa é a de se distinguir o estelionato do mero ilícito civil impunível. Vários critérios foram sugeridos para se fazer a distinção entre a fraude civil e a fraude penal. Afirma-se que existe esta apenas quando: há propósito *ab initio* do agente de não prestar o equivalente econômico; há um dano social e não puramente individual; há a violação do mínimo ético; há um perigo social, mediato ou indireto; há uma violação da ordem jurídica que, por sua intensidade ou gravidade, tem como única sanção adequada a pena; há fraude capaz de iludir o diligente pai de família; há evidente perversidade e impostura; há uma *mise-en-scène* para iludir; há uma impossibilidade de se reparar o dano; há o intuito de um lucro ilícito e não do lucro do negócio etc. Afirma Hungria que, "tirante a hipótese de ardil grosseiro, a que a vítima se tenha rendido por indesculpável inadvertência ou omissão de sua habitual prudência, o *inadimplemento preordenado* ou *preconcebido* é talvez o menos incerto dos sinais orientadores na fixação de uma linha divisória nesse terreno *contestado* da fraude".[147] Na verdade, não há diferença de natureza, ontológica, entre a fraude civil e a penal. Não há fraude penal e fraude civil; a fraude é uma só. Pretendida distinção sobre o assunto é supérflua, arbitrária e fonte de danosíssimas confusões.[2] O que importa verificar, pois, é se, em determinado fato, se configuram todos os requisitos do estelionato, caso em que o fato é sempre punível, sejam quais forem as relações, a modalidade e a contingência do mesmo.[3]

Tem-se entendido que há fraude penal quando o escopo do agente é o lucro ilícito, e não o do negócio.[4] Isso porque a fraude penal pode manifestar-se na simples operação civil, não passando esta, na realidade, de engodo fraudulento que envolve e espolia a vítima.[5] Mas é comum nas transações civis ou comerciais certa malícia entre as partes, que procuram, por meio da ocultação de defeitos ou inconveniências da coisa, ou de uma depreciação, justa ou não, efetuar operação mais vantajosa. Mesmo em tais hipóteses, o que se tem é o dolo civil, que poderá dar lugar à anulação do negócio, por vício de consentimento, com as consequentes perdas e danos (arts. 145 ss, 171, II, e 182 do CC), não, porém, o dolo configurador do estelionato.[6] Não há crime na ausência de fraude, e o mero descumprimento do contrato, mesmo doloso, é mero ilícito civil.[7] Também não se reconheceu o ilícito na venda da coisa adquirida a prazo quando não garantida pela reserva de domínio ou alienação fiduciária, por correr o risco natural da transação por conta do vendedor,[8] e no ato do advogado que obteve vantagem excessiva na execução do mandato em que se convencionou determinada indenização para o cliente, ficando com o que excedesse esse *quantum* o mandatário.[9]

Configura-se o crime: na venda de carnês quando o agente faz a vítima acreditar que ainda trabalha para a firma que os expedira;[10] no sorteio de "bingo", quando irregularidade determinou que apenas o acusado poderia ser o vencedor do prêmio;[11] na obtenção de financiamento com garantia fiduciária inexistente; na compra a prazo e imediata venda à vista por preço menor;[12] na compra a crédito com nome falso;[13] na inadimplência contratual preconcebida[14] etc.

---

147. HUNGRIA, Nelson, FRAGOSO, Heleno Cláudio. *Comentários ao código penal*. 5. ed. Rio de Janeiro: Forense, 1981. v. 7, p. 191.

15 • DO ESTELIONATO E OUTRAS FRAUDES

15.1.4 Objetividade jurídica

Protege-se ainda uma vez com o dispositivo a inviolabilidade patrimonial e, também, a boa-fé, segurança, fidelidade e veracidade dos negócios jurídicos patrimoniais, embora esta apareça em caráter secundário, já que o estelionato é um crime contra o patrimônio.

15.1.5 Sujeito ativo

Qualquer pessoa pode ser sujeito ativo de estelionato, não sendo rara a união de duas pessoas na prática dos denominados *contos do vigário*. É possível que um agente engane a vítima em benefício de terceiro que, se estiver de má-fé, responderá pelo delito. Se o beneficiário não participar da fraude, mas descobri-la antes de obter a vantagem ilícita, cometerá o crime de receptação dolosa ou, sendo esse conhecimento posterior, o de apropriação de coisa havida por erro. Se o agente for comerciante e decretada a falência, existirá um crime falimentar; se não estiver previsto o fato na Lei de Falências, responderá por estelionato.

15.1.6 Sujeito passivo

Sujeito passivo do estelionato é a pessoa que sofre a lesão patrimonial; normalmente, é a mesma que é enganada. Pode-se, porém, enganar alguém vindo o prejuízo atingir terceiro; não é necessário que a vítima do dano patrimonial seja a mesma do erro, tanto que a lei se refere genericamente a prejuízo *alheio*.[15]

Se o enganado for irresponsável (menor, louco etc.), poderá ocorrer o crime de furto ou abuso de incapazes (art. 173), e não o de estelionato comum.

O sujeito passivo do delito deve ser pessoa certa e determinada,[16] não ocorrendo estelionato, mas crime contra a economia popular quando atingidas vítimas indeterminadas (como nos casos de aparelhos que viciam balanças, "bombas" de gasolina etc.).

15.1.7 Tipo objetivo

A conduta do estelionato é a de empregar meio fraudulento para conseguir vantagem ilícita, citando a lei o artifício, o ardil ou qualquer outro meio. *Artifício* existe quando o agente se utilizar de um aparato que modifica, ao menos aparentemente, o aspecto material da coisa, figurando entre esses meios o documento falso ou outra falsificação qualquer, o disfarce, a modificação por aparelhos mecânicos ou elétricos, filmes, efeitos de luz etc.

O *ardil* é a simples astúcia, sutileza, conversa enganosa, de aspecto meramente intelectual. Tem-se entendido, corretamente, que a simples mentira, se hábil a enganar, configura o ardil,[17] [148] embora Bento de Faria acredite que ela só possa ser incluída quando for acompanhada de artifícios ou de outras manobras suscetíveis de enganar.[149]

Referindo-se a lei no tipo penal a qualquer outro meio fraudulento, a distinção entre ardil e artifício carece de importância, configurando-se o crime sempre que a vítima for iludida pela conduta do agente. Não é necessário, assim, como previsto em outras legislações, a *mise-en-scène*, a encenação, a criação de um aparato que leve ao erro. Pode-se inserir, inclusive, o *silêncio* do agente, quando tem este o dever jurídico de esclarecer a verdade dos fatos, uma vez que, nos termos do art. 147 do CC, "nos negócios jurídicos bilaterais, o silêncio intencional de uma das partes a respeito de fato ou qualidade que a outra parte haja ignorado, constitui omissão dolosa, provando-se que sem ela o negócio não se teria celebrado". Configura-se o crime no inadimplemento contratual preconcebido.[18] Comprovado que, *ab initio,* o agente não desejava cumprir com o aventado, mas apenas obter a vantagem indevidamente, configurado está o estelionato.

O meio fraudulento deve ser idôneo a enganar a vítima. Discute-se, na aferição da idoneidade do meio empregado, se deve ser levada em consideração a prudência ordinária, o discernimento do *homo medius*, ou a pessoa da vítima, concluindo os doutrinadores por esta última hipótese.[150] Embora já se tenha decidido que as manobras fraudulentas devem ser suficientes para embair a média argúcia, a prudência normal, aquele mínimo de sagacidade que a pessoa comum usa em seus negócios,[19] é francamente predominante a jurisprudência de que a idoneidade do meio deve ser pesquisada no caso concreto, inclusive tendo-se em vista as condições pessoais da vítima.[20] Por isso já se julgou que: "o fato de inculcar-se o réu possuidor de dons sobrenaturais a fim de conseguir a confiança da vítima, pessoa crédula, rústica e analfabeta, e lesar-lhe o patrimônio, constitui figura típica e estelionato";[21] que "responde por estelionato quem, prevalecendo-se de ingenuidade, boa-fé e ignorância de homem rústico e inculto, que anui em ser avalista de terceiro, fá-lo figurar como comprador-devedor, em vez de garantidor";[22] que, tratando-se "a vítima de elemento de baixo nível intelectual, irrelevante à configuração do delito, ser o ardil empregado perceptível à inteligência ordinária, máxime porque busca o preceito penal, com maior razão, ofertar tutela legal ao ignorante e ao simplório".[23] Há apenas crime impossível, porém, se o meio empregado pelo agente não é idôneo a provocar o erro com relação à vítima.[24]

Um dos casos mais comuns no reconhecimento de crime impossível é a utilização de falsificação grosseira, perceptível a qualquer pessoa, ou aquela em que não existe a

---

148. Nesse sentido: HUNGRIA, Nelson, FRAGOSO, Heleno Cláudio. *Comentários*. Ob. cit. v. 7, p. 203-205; NORONHA, E. Magalhães. *Direito penal*. 13. ed. São Paulo: Saraiva, 1977. v. 2, p. 384; e FRAGOSO, Heleno Cláudio. *Lições de direito penal*. 3. ed. São Paulo: José Bushatsky, v. 2, p. 70.

149. FARIA, Bento de. *Código penal brasileiro comentado*. Rio de Janeiro: Record, 1959. v. 5, p. 141-142.

150. Nesse sentido: FARIA, Bento de. *Código penal brasileiro*. Ob. cit. v. 5, p. 139-140; HUNGRIA, FRAGOSO. *Comentários*. Ob. cit. v. 7, p. 210; FRAGOSO. *Lições*. Ob. cit. P. E., v. 2, p. 70; e NORONHA. *Direito penal*. Ob. cit. v. 2, p. 388.

preocupação da *imitatio veri*.[25] Evidentemente, "desde que o engano é produzido ou mantido, seguindo-se a locupletação ilícita em prejuízo da vítima, não há indagar da idoneidade do meio iludente empregado, considerado *in abstracto*. Tal indagação só tem razão de ser quando se trata de identificar a simples tentativa de estelionato".[26] [151]

A conduta típica é *induzir* ou *manter* alguém em erro. No primeiro caso, o agente toma a iniciativa de causar o erro, levando a vítima à falsa representação da realidade. No segundo, preexistindo o erro em que a vítima incorreu por qualquer acidente, o agente prolonga-o, não o desfaz, aproveitando-se dele.

Objeto do crime é a vantagem ilícita, ou seja, qualquer utilidade obtida em favor do sujeito ativo ou de terceiro: propriedade, gozo, execução de um ato, crédito etc. Inclui-se, portanto, a obtenção de vantagem indevida no pagamento a menos do consumo de energia elétrica mediante a fraude de alteração do medidor com a obtenção de um resultado em detrimento da fornecedora.[27] Embora já se tenha afirmado não ser necessário o caráter econômico da vantagem,[152] tratando-se de crime patrimonial é ele necessário.[153] Não havendo vantagem econômica a ser obtida pela fraude, não se configura o crime de estelionato. Assim, por exemplo, a utilização de aparelhos transmissor e receptor com o objetivo de, em cursos ou concursos, estabelecer contato com terceiros para obter respostas para questões formuladas nas provas não constitui, mesmo em tese, crime, mas apenas ação imoral.[28] Deve a vantagem ser ilícita, uma vez que, se devida, poderá ocorrer apenas o delito de exercício arbitrário das próprias razões (art. 345). Indispensável, ainda, para a concretização do tipo, o prejuízo efetivo da vítima, ou seja, um dano, a perda de uma utilidade econômica. Esse prejuízo pode constituir-se na falta de aquisição de uma utilidade econômica.[29] Comete estelionato, assim, aquele que, para assistir a um espetáculo, engana o porteiro para penetrar o recinto sem comprar o devido ingresso.[154] Há possibilidade, porém, de se reconhecer o crime de bagatela quando a vantagem obtida pelo agente e o prejuízo causado à vítima são insignificantes.[30]

Discute-se a respeito da existência do crime de estelionato quando se revela uma *fraude bilateral*. Em muitos casos, em especial nos denominados contos do vigário há má-fé também por parte da vítima, que pretende, evidentemente sem a menor possibilidade, obter uma vantagem indevida. No *conto do legado,* o ofendido recebe um pacote que supõe ser de cédulas, mas é papel picado (*paco*) para entregar a uma instituição de caridade, deixando dinheiro seu com o agente como garantia da entrega, com o intuito de se apropriar da "doação": no *conto da guitarra*, a vítima adquire uma máquina que pretensamente é utilizável na impressão de moeda (*guitarra*); no *conto do bilhete premiado,* a vítima adquire um bilhete de loteria supondo estar ele premiado por lhe ter sido apresentada uma lista falsa dos resultados da extração, pretendendo iludir o

---

151. HUNGRIA, FRAGOSO. *Comentários*. Ob. cit. v. 7, p. 210.
152. NORONHA. *Direito penal*. Ob. cit. v. 2, p. 390.
153. Assim pensa FRAGOSO. *Lições*. Ob. cit. v. 2, p. 71.
154. O exemplo é de NORONHA. *Direito penal*. Ob. cit. v. 2, p. 391.

vendedor;[31] no *conto da fábrica,* o lesado, supondo que vai aproveitar-se da situação difícil de um empresário, emprega numerário em uma indústria inexistente etc.[155] As razões apontadas para a impunidade, defendida veementemente por Hungria, são: a lei não deve amparar a má-fé; há impossibilidade de reparação do dano no Direito Civil por ser nulo o negócio jurídico em razão da ilicitude de seu objeto (art. 166, inc. II, do CC); é impossível a repetição de indébito para quem deu coisa com fim ilícito (art. 883 do CC) etc.[156] A favor da incriminação do fato são apresentados os seguintes argumentos: não se pode ignorar a má-fé do autor que se locupletou; a vítima foi lesada, sofreu prejuízo; a vítima tinha a intenção criminosa, mas não conseguiria jamais levá-la ao final; a reparação do dano é matéria exclusivamente civil e o direito penal visa proteger a sociedade e não simplesmente a vítima; não existe patrimônio juridicamente não protegido contra o estelionato; se a vítima age com má-fé, pode-se tomar a solução de puni-la também e não a de isentar de responsabilidade o agente etc. Predominante é a doutrina no sentido de ocorrer estelionato na fraude bilateral,[157] e na jurisprudência tem-se entendido que a torpeza simultânea não exclui o delito nem pode erigir-se em causa de isenção penal.[32] Também a fraude praticada em jogo de azar, eliminando o fator sorte, não elide o delito de estelionato.[33] Com maior razão, por se tratar de jogo lícito, configura o ilícito, segundo acentua Dante Busana, o *doping* de cavalos de corrida.[158] Já se tem decidido, porém, que a exibição de cartão de crédito falsificado, para a aquisição de fichas de jogo, não configura delito de estelionato, pois a dívida em apreço não obriga o pagamento, *ex vi* do art. 814 do CC.[34] Também se entendeu não tipificado o delito na entrega de cheque falso a prostituta em pagamento de favores sexuais, por não ser o comércio carnal atividade tutelada pela lei.[35]

Estão equiparadas ao estelionato a comercialização proibida de café (art. 2º do Decreto-lei nº 47, de 18-11-1966) e a aplicação indevida de créditos ou financiamentos governamentais ou provenientes de incentivos fiscais (art. 3º da Lei nº 7.134, de 26-10-1983).

15.1.8 Tipo subjetivo

O dolo do estelionato é a vontade de praticar a conduta, consciente o agente que está iludindo a vítima. Exige-se o elemento subjetivo do injusto (dolo específico), que é a vontade de obter ilícita vantagem patrimonial para si ou para outrem. Sem a consciência da ilicitude da locupletação, não há estelionato. Hungria cita a hipótese de um indivíduo que, supondo-se falsamente credor de outro, consegue, mediante meio fraudulento, induzi-lo em erro e captar-lhe o dinheiro a que se julga com direito, concluindo haver, no caso, exercício arbitrário das próprias razões (art. 345).

---

155. Sobre o assunto: TUCUNDUVA, Ruy Cardoso de Mello. Conto: conceito e espécies. *Justitia* 102/71-101.
156. Comentários. Ob. cit. v. 7, p. 191-202.
157. Nesse sentido: MANZINI, Vincenzo. *Trattato di diritto penale italiano.* Turim: Torinese, 1951. v. 9, p. 644-657, § 3.383; NORONHA. *Direito penal.* Ob. cit. v. 2, p. 394-398; FRAGOSO. *Lições.* Ob. cit. v. 2, p. 73-75; e FARIA, Bento de. *Código penal brasileiro.* Ob. cit. v. 5, p. 146.
158. *Doping* de cavalos de corrida: fato que constitui ilícito penal. *Justitia* 60/69-72.

15.1.9 Consumação e tentativa

Consuma-se o estelionato com a obtenção da vantagem ilícita, em prejuízo alheio, ou seja, com o dano, no momento em que a coisa passa da esfera de disponibilidade da vítima para aquela do infrator.[36] Diz-se que não está a consumação condicionada ao efetivo enriquecimento do agente, bastando apenas o dano patrimonial do ofendido. [37] Quanto ao estelionato que tem por artifício cheque falsificado, indicando a consumação, diz a Súmula 48 do STJ: "Compete ao juízo do local da obtenção da vantagem ilícita processar e julgar crime de estelionato cometido mediante falsificação de cheque" (v. item 15.7.7).

Conforme jurisprudência pacífica do STF, o ressarcimento do prejuízo não exclui o crime de estelionato, como ocorre no caso do pagamento de cheque sem suficiente provisão de fundos antes da denúncia. Influi o ressarcimento apenas na fixação da pena. [38] Diante da redação dada ao art. 16 do Código Penal, a reparação do dano anterior ao recebimento da denúncia ou da queixa é causa de diminuição da pena.[39]

Haverá tentativa se, não obtendo vantagem o agente, pudesse consegui-la (dano potencial).[40] O emprego de meio inidôneo para iludir a vítima caracteriza, porém, crime impossível.[41]

15.1.10 Distinção e concurso

Não se confunde o estelionato com o furto com fraude: neste há subtração, naquele há entrega espontânea da coisa pela vítima.[42] Assim, tratando-se de fraude que se dirige ao *amortecimento da vigilância* da *res* e não ao engodo do lesado para dele alcançar vantagem indevida, impõe-se o reconhecimento do furto qualificado.[43]

Difere o estelionato da apropriação indébita porque nesta não há um *dolus ab initio*, mas um *dolus subsequens*; a malícia do agente sobrevém à posse ou detenção da *res*.[44]

A diferença entre extorsão e estelionato reside no estado de ânimo da vítima e no modo de atuar do agente; naquela há entrega da coisa, embora a vítima não a queira entregar; nesta, de boa vontade a vítima faz a entrega, conscientemente se presta ao propósito do agente, por estar iludida.[45]

As práticas cabalísticas, os "passes", as palavras rituais que constituíam a contravenção de exploração de credulidade pública (art. 27 da LCP revogado pela Lei nº 9.521, de 27-11-1997) ou que constituem o delito de curandeirismo (art. 284 do CP) podem configurar, em concurso formal, o crime de estelionato, quando o agente se propõe a resolver problemas de saúde ou sentimentais, obtendo vantagem *ilícita* de sua vítima, em razão de fraude.[46] [47]

O uso de documento falso (cheque, escritura etc.) é comum na prática do estelionato. Era predominante o entendimento de cometer falsidade ou uso de documento falso e não estelionato aquele que produz ou usa documento falso para obter lucro ilícito. [48] Entendendo, porém, que a falsidade é apenas meio para a obtenção da vantagem ilícita, não havendo o propósito de lesar a fé pública, ponderável corrente inclina-se a reconhecer apenas o crime fim, o estelionato.[49] Noronha defende a existência de concurso formal de delitos e assim já se decidiu, inclusive no STF;[50] por sua vez, Fragoso refere-se também ao concurso material.[51] [159] A respeito do assunto, o STJ editou a Súmula 17: "Quando o falso se exaure no estelionato, sem mais potencialidade lesiva, é por este absorvido".[52] Do mesmo Tribunal a Súmula 73: "A utilização de papel-moeda grosseiramente falsificado configura, em tese, o crime de estelionato, de competência da Justiça Estadual." Embora admissível o concurso formal ou material entre o crime descrito no art. 311 e o estelionato, se a adulteração de sinal identificador de veículo automotor é empregada unicamente como meio fraudulento para a prática de crime de estelionato já se decidiu, seguindo-se a mesma orientação, pela absorção do primeiro pelo crime patrimonial.[53]

No conflito aparente de normas que ocorre na prática de fato que constitui, em tese, ao mesmo tempo os crimes de estelionato e de sonegação fiscal, resolve-se pelo princípio da especialidade, de modo que se aplica a legislação específica sobre delitos tributários praticados contra a Fazenda Pública.[54]

15.1.11 Estelionato privilegiado

Prevê-se a redução ou substituição da pena quando o criminoso é primário e é de pequeno valor o prejuízo (art. 171, § 1º). Ao contrário do que consta dos arts. 155, § 2º, e 170, a lei não se refere ao valor da coisa, mas ao pequeno desfalque patrimonial sofrido pelo ofendido,[55] considerado assim na jurisprudência aquele que não chega a atingir um salário mínimo.[56]

Tratando-se de delito instantâneo, que se consuma com a lesão patrimonial, é no momento da consumação que se deve averiguar o prejuízo para o efeito de aplicar-se ou não a minorante, como já se decidiu inclusive no STF.[57] Entretanto, nos casos em que há composição, transação, devolução da coisa ou reparação do dano, nossos Tribunais, por medida de política criminal, têm admitido a minorante quando a reparação ocorre antes do julgamento.[58] Se for ela anterior ao recebimento da denúncia ou da queixa, constitui causa de diminuição da pena, de acordo com o art.16 do Código Penal.

A razão da diminuição da pena é a pouca importância do fato e a reduzida periculosidade do agente. Por isso, tratando-se de redução ou substituição facultativas da pena, tem-se negado o benefício ao réu de maus antecedentes [59] ou em decorrência do seu *modus operandi* ou periculosidade.[60] Em suma, o benefício não está condicionado apenas aos requisitos de primariedade do réu e pequeno valor do prejuízo. Essas são condições básicas do favor, cabendo ao julgador, usando da faculdade que lhe confere a regra, examinar outras circunstâncias, para seu livre convencimento a respeito da aplicação do dispositivo.[61]

---

159. Respectivamente: *Direito penal*. Ob. cit. v. 2, p. 400; e *Lições*. Ob. cit. v. 2, p. 75-76.

A minorante é aplicável às figuras típicas mencionadas no § 2º do art. 171, ainda que conste de dispositivo anterior, porque, para estas, devem ser aplicadas as "mesmas penas".[62]

15.2 DISPOSIÇÃO DE COISA ALHEIA COMO PRÓPRIA

15.2.1 Conceito

No § 2º do art. 171 estão definidos fatos que, eventualmente, constituiriam o crime de estelionato em sua fórmula básica, mas que, a critério do legislador, mereceram referência destacada a fim de evitar-se qualquer dúvida quanto à tipificação dessas ocorrências, algumas bastante comuns. Os princípios referentes ao estelionato típico, porém, valem para as figuras penais a serem estudadas.

Em primeiro lugar, prevê-se o crime de disposição de coisa alheia como própria, cometida por quem "vende, permuta, dá em pagamento, em locação ou em garantia coisa alheia como própria" (art. 171, § 2º, inciso I).

15.2.2 Sujeito ativo

Pratica crime quem vende, permuta, dá em pagamento, locação ou garantia coisa que não lhe pertence. Inclui-se o condômino quando a conduta versa sobre a integridade da coisa ou, ao menos, sobre parte que não lhe pertence.

15.2.3 Sujeito passivo

Já se tem decidido que, no crime de venda de coisa alheia como própria, o sujeito passivo não é o *dominus* que vindica o objeto vendido, mas o comprador de boa-fé, induzido a erro pelo ardil do vendedor.[63] Vítima do crime é, realmente, quem sofre o prejuízo, podendo este recair sobre o legítimo proprietário da coisa quando não a recuperar.

15.2.4 Tipo objetivo

O objeto material do crime é a coisa alheia móvel ou imóvel, já que a lei não faz qualquer distinção entre elas no tipo em estudo.

Várias são as condutas previstas na lei. A primeira delas é a *venda* (transferência da propriedade da coisa que tem como contraprestação o preço), disciplinada nos arts. 481 ss do CC. Utiliza-se a lei do termo jurídico em seu significado restrito, ou seja, de contrato de compra e venda. Assim, não ocorre o crime em apreço na simples promessa de compra e venda, em que existe apenas uma obrigação de fazer.[64] Nesse caso, porém, deve-se reconhecer que, não estando ciente o comprador quanto a quem é o legítimo proprietário, ocorrerá o delito de estelionato definido no *caput* do art. 171.[65]

Para a caracterização do ilícito, tratando-se de venda de imóveis, basta a lavratura da escritura e o recebimento do preço, ou parte dele, pelo agente, não sendo necessária a inscrição no Registro de Imóveis. Não há que se falar no delito, porém, na conduta de quem vende imóvel já anteriormente alienado se, negligente o primeiro comprador, logra o segundo adiantar-se no registro da respectiva escritura no Registro de Imóveis.[66] 160

São necessários o engano e o erro, e, assim, o silêncio do agente, a respeito da situação da coisa alienada, é condição *sine qua non* do crime previsto no art. 171, § 2º, inciso I.[67] Nos casos de alienação fiduciária (arts. 1.361 ss do CC), o agente vende coisa alheia como própria, enganando o comprador e cometendo o delito em estudo.[68] Entretanto, se o adquirente sabia tratar-se de coisa alienada fiduciariamente e inexistiu prejuízo para o credor fiduciário, não se configura o crime.[69]

Configura o crime a venda de coisa adquirida com reserva de domínio (arts. 521 ss do CC), pois em tal caso não se transfere a propriedade.[70]

Tratando-se de coisas móveis, não é necessário que o agente efetue a tradição, bastando que tenha recebido o preço. Exclui-se o crime quando a venda é efetuada por quem não é proprietário, estando o adquirente de boa-fé, desde que o alienante adquira depois o domínio (art. 1.268 e § 1º do CC).

A segunda conduta típica é a de *permutar*, que se refere a troca, ou escambo, prevista no art. 533 do CC, e a terceira refere-se à *dação* em pagamento, em locação ou em garantia. A dação em pagamento está prevista nos arts. 356 ss do Código Civil e a locação é regida não só pelos arts. 565 ss do mesmo estatuto, como também pelas leis especiais (lei do inquilinato, lei de luvas etc.). Em regra, só o proprietário pode locar, mas a lei faz exceções ao usufrutuário (art. 1.399 do CC), ao credor anticrético (art. 1.507, § 2º, do CC), que não cometem o delito por estar no exercício regular de direito.

A dação em garantia refere-se aos direitos reais de garantia, disciplinados pelos arts. 1.419 ss do CC. São eles o *penhor*, em que a garantia de pagamento é uma coisa móvel (arts. 1.431 ss do CC); a *anticrese*, quando os frutos e rendimentos de um imóvel são o pagamento total ou parcial ou a garantia do débito (arts. 1.506 ss do CC); e a *hipoteca*, garantia de coisas imóveis por sua natureza ou por disposição de lei (arts. 1.473 ss do CC).

Não se configura o crime se a fraude se referir a outros direitos reais, que não de garantia, ocorrendo, eventualmente, o estelionato comum. Também não configura o crime a venda de coisa penhorada. A penhora é ato tipicamente processual, não podendo ser classificada entre as garantias que constituem gravame do imóvel.[71]

A cessão de direitos hereditários não se amolda a qualquer das formas da previsão legal em referência, não configurando o crime de disposição de coisa alheia como própria, mas, eventualmente, consistirá o fato em um estelionato comum.[72]

---

160. Nesse sentido, HUNGRIA, FRAGOSO. *Comentários*. Ob. cit. v. 7, p. 232.

15.2.5 Tipo subjetivo

O dolo é a vontade de praticar uma das condutas examinadas: vender, permutar etc. Exige-se, porém, que o agente esteja ciente de que se trata de coisa alheia.

15.2.6 Consumação e tentativa

Consuma-se o delito com a obtenção da vantagem, ou seja, com o recebimento do preço (venda), da coisa (permuta) ou do primeiro aluguel (locação), com a quitação (dação em pagamento) ou com o recebimento do empréstimo (dação em garantia).

Trata-se de crime plurissubsistente que admite a tentativa.

15.2.7 Distinção

Quando o autor de um crime antecedente (furto, apropriação indébita ou mesmo estelionato) vende, permuta ou dá em pagamento, garantia ou locação coisa que subtraiu ou de que se apropriou ou é produto de crime, está dispondo de coisa alheia como própria, mas tal conduta não configura o delito previsto no art. 171, § 2º, inciso I, por se tratar de exaurimento do crime anterior, ou seja, *post factum* não punível.[73]

A Lei nº 4.728, de 14-7-1965, dispõe no art. 66-B, § 2º, inserido pela Lei nº 10.931, de 2-8-2004, que o devedor que, no âmbito do mercado de capitais, alienar, ou der em garantia a terceiros, coisa que já alienara fiduciariamente em garantia, ficará sujeito à pena prevista no art. 171, § 2º, I, do Código Penal.

15.3 ALIENAÇÃO OU ONERAÇÃO FRAUDULENTA DE COISA PRÓPRIA

15.3.1 Conceito

Define-se o crime de alienação ou oneração fraudulenta de coisa própria no art. 171, § 2º, inciso II, fazendo incorrer nas penas do estelionato aquele que "vende, permuta, dá em pagamento ou em garantia coisa própria inalienável, gravada de ônus ou litigiosa, ou imóvel que prometeu vender a terceiro, mediante pagamento em prestações, silenciando sobre qualquer dessas circunstâncias".

15.3.2 Sujeito ativo

Sujeito ativo do crime é o proprietário; é ele dono, mas não pode vender a coisa por estar ela onerada, ou seja, por ser ela inalienável ou litigiosa ou por já estar prometida a venda a terceiro, mediante pagamento em prestações. Caso o comprador não desconheça a inalienabilidade ou que a coisa já era objeto de compromisso com pagamento em prestações, incorre no dispositivo ao se comprovar o conluio com o vendedor.[74]

15.3.3 Sujeito passivo

Ofendido no crime em estudo é quem sofre o prejuízo patrimonial, aquele que dá em pagamento por algo em contrato viciado e, portanto, nulo ou anulável. No caso do compromisso de venda em prestações "dependendo de produzir ou não efeitos reais o compromisso, poderá ser a pessoa que recebe a propriedade anteriormente prometida a terceiro, ou este próprio".[161]

15.3.4 Tipo objetivo

As várias modalidades de conduta (vender, permutar, dar em pagamento ou em garantia) são as mesmas examinadas no item anterior. Modifica-se agora o objeto material; no crime examinado, era a coisa alheia; neste, é a coisa própria (móvel ou imóvel) que não pode ser alienada ou onerada. Coisa *inalienável* é a que não pode ser vendida por força de *lei*, por *convenção* ou por *testamento*. Coisa *gravada de ônus* é aquela sobre a qual pesa um direito real em decorrência de lei ou de contrato (art. 1.225 do CC). Incluem-se não só os direitos reais de garantia já referidos (hipoteca, anticrese e penhor),[75] como também os demais direitos reais sobre coisa alheia previstos no Código Civil: a superfície, a servidão, o usufruto, o uso, a habitação, o direito do promitente comprador, a concessão de uso especial para fins de moradia e a concessão de direito real de uso. A *enfiteuse*, espécie de arrendamento perpétuo, previsto nos arts. 678 ss do Código Civil de 1916, não mais é contemplado na nova lei civil. *A renda constituída sobre imóvel*, prevista nos arts. 1.424 ss do anterior Código Civil não mais gera um direito real, estando disciplinado o instituto na nova lei civil tão somente como direito obrigacional (arts. 803 ss do CC).[162] *Superfície* é o direito de construir ou plantar em terreno alheio por tempo determinado (arts. 1.369 ss do CC). *Servidão* é a submissão de um prédio em favor de outro pertencente a dono diverso (arts. 1.378 ss do CC). *Usufruto* é o direito de posse, uso, administração e percepção dos frutos de uma coisa, enquanto temporariamente destacado da propriedade (arts. 1.390 ss do CC). O direito de *uso* é o direito de fruir a utilidade de coisa alheia (arts. 1.412 e 1.413 do CC). A *habitação* é o direito de habitar gratuitamente casa alheia (arts. 1.414 ss do CC). O *direito do promitente comprador*, tratando-se de coisa imóvel, desde que registrado o contrato no Cartório de Registro de Imóveis, tem, nos termos da nova lei civil, a mesma natureza de direito real (art. 1.417 do CC). Os dois últimos direitos reais estão previstos nos incisos XI e XII do art. 1.225 do CC, inseridos pela Lei nº 11.481, de 31-5-2007. A *concessão de uso especial para fins de moradia* é o direito real conferido aos possuidores e ocupantes de áreas de propriedade da União que preencham determinados requisitos legais (art. 22-A da Lei nº 9.636, de 15-5-1998). A *concessão de direito real de uso*, que pode recair sobre terrenos públicos ou particulares, destina-se a determinados fins: regularização fundiária de interesse social, urbanização, industrialização, edificação, cultivo da terra,

---

161. É a opinião de DELMANTO, Celso. *Código penal anotado*. 2. ed. São Paulo: Saraiva, 1981. p. 184.
162. VENOSA, Sílvio de Salvo. *Direito civil*. 3. ed. São Paulo: Atlas, 2003. v. 5, p. 456.

15 • DO ESTELIONATO E OUTRAS FRAUDES

aproveitamento sustentável das várzeas, preservação das comunidades tradicionais e seus meios de subsistência ou outras modalidades de interesse social em áreas urbanas (art. 7º do Decreto-lei nº 271, de 28-2-1967).

Questão controvertida é a referente à venda de coisa que foi penhorada. Embora já se tenha decidido que constitui o fato crime de alienação fraudulenta de coisa própria,[76] a penhora é instituto processual e não o ônus a que se refere o dispositivo, ou seja, o direito real sobre coisa alheia. Por essa razão, tem-se entendido ora pela atipicidade do fato e responsabilidade meramente civil do agente como depositário infiel,[77] ora pelo delito de fraude à execução,[78] ora pelo delito de estelionato na forma básica.[163]

Coisa *litigiosa* é aquela objeto de discussão em juízo (ação de reivindicação, usucapião contestado etc.). A coisa litigiosa é passível de venda, mas é necessário que o comprador seja alertado para o fato, sob pena de constituir-se o fato em crime.

Por fim, refere-se a lei a coisa imóvel que o agente *prometeu vender a* terceiro mediante o pagamento em prestações, negócio bastante comum nos dias que correm. São não só os terrenos loteados, que devem ser alienados em conformidade com lei especial, como também quaisquer outros. Tratando-se de vendas à vista, mediante recibo particular não averbado, não se configura o delito em estudo.[79]

A lei penal apresenta como núcleo do tipo somente a venda, a permuta e a dação em pagamento. Não há crime, pois, no compromisso de compra e venda;[80] na cessão de direitos sobre imóvel, vindo posteriormente o terreno a ser vendido a outrem;[81] e na hipoteca de imóvel já objeto de promessa de cessão de direitos a terceiros e na cessão de direitos.[82] Poderá ocorrer, na hipótese, estelionato comum.[83]

15.3.5 Tipo subjetivo

O tipo subjetivo do crime em tela é a vontade de praticar uma das condutas previstas na lei (venda, permuta etc.), sabendo das circunstâncias que a impedem. Existirá o delito, porém, apenas quando o agente silenciar sobre o ônus ou encargo que pesa sobre a coisa, sendo tal elemento indispensável à configuração do delito.[84] Caso o comprador conheça o ônus, não está sendo induzido ou mantido em erro, inexistindo o delito e sendo até responsável pelo crime quando em conluio com o vendedor.

Embora no direito privado haja presunção de conhecimento do que consta no registro público, em direito penal tal não ocorre, e o crime existirá se o agente silenciar sobre a circunstância impedidora da transação, mesmo que esteja ela assente no registro público. Afirma com propriedade Noronha: "Fosse a presunção de publicidade absoluta, e não haveria lugar a exigência do silêncio do agente."[164] Se o comprador for alertado para a circunstância (a litigiosidade da coisa, por exemplo), não ocorre o crime.[85]

---

163. Damásio, com razão, afirma haver fraude à execução: JESUS, Damásio E. de. *Direito penal.* 4. ed. São Paulo: Saraiva, 1982. v. 2, p. 450. Fragoso pronuncia-se, pelo estelionato comum: *Lições.* Ob. cit. v. 2, p. 81.
164. *Direito penal.* Ob. cit. v. 2, p. 412.

15.3.6 Consumação e tentativa

Consuma-se o delito com a obtenção da vantagem ilícita. Já se tem decidido que, se há composição amigável entre as partes antes da denúncia, não há justa causa para o processo penal,[86] mas não há amparo legal para essa conclusão diante da consumação do crime; trata-se de mera medida de política criminal.

15.3.7 Distinção

Há outras coisas que não podem ser vendidas, mas a alienação ilegal delas configurará outro delito (arts. 91, II, 275, 276, 277 e 278 do CP).

15.4 DEFRAUDAÇÃO DE PENHOR

15.4.1 Conceito

O crime de defraudação de penhor é cometido por quem "defrauda, mediante alienação não consentida pelo credor ou por outro modo, a garantia pignoratícia, quando tem a posse do objeto empenhado" (art. 171, § 2º, inciso III).

15.4.2 Sujeito ativo

Agente do crime em estudo é o devedor que, conservando a posse da coisa em depósito, a aliena em prejuízo do credor. Não comete tal delito, pois, o mero depositário.[87] Poderá este eventualmente praticar o crime de disposição de coisa alheia como própria (item 15.2.4) ou o estelionato comum (item 15.1.7).

15.4.3 Sujeito passivo

Vítima do delito é o credor pignoratício, que, com a alienação pelo sujeito ativo, fica sem a garantia do crédito.

15.4.4 Tipo objetivo

A coisa móvel que é dada em penhor é o objeto material do crime em exame. No penhor, há, normalmente, a transferência efetiva da posse de coisa móvel, suscetível de alienação, que, em garantia do débito, o devedor ou alguém por ele faz ao credor, ficando ela vinculada à obrigação (art. 1.431 do CC). Não pode ser objeto do crime, portanto, a coisa imóvel.[88]

Dispõe a lei que em determinadas hipóteses prescinde-se da tradição, permanecendo a coisa com o devedor, como nos casos de penhor rural (arts. 1.438 ss do CC), agrícola (arts. 1.442 e 1.443 do CC) ou pecuário (arts. 1.444 ss do CC), industrial ou mercantil (arts. 1.447 ss do CC) ou de veículos (arts. 1.461 ss do CC) (art. 1.431, parágrafo único do CC). Já no penhor legal (art. 1.467, incisos I e II, do CC), fica o bem na posse do credor. Não ocorre o crime em estudo em caso de penhora, medida processual.[89]

A conduta do crime é alienar, transferir a propriedade (vender, permutar, doar etc.) ou defraudar o objeto material *de outro modo* (destruir, desviar, ocultar, abandonar, inutilizar etc.). Decidiu-se pelo crime em apreço no fato de se utilizar o agente do ludíbrio de oferecer coisa pertencente a outrem em garantia pignoratícia, devolvendo-a, em seguida, àquele, obtido o empréstimo almejado.[90]

Não distingue a lei quanto ao objeto material do crime, coisa móvel, podendo ser ela infungível ou fungível. A fungibilidade dos bens não exclui o crime, já que a garantia pignoratícia deve, sempre, ser preservada.[91]

Não é relevante a alegação de falência superveniente de empresa, inviabilizando a devolução da coisa, nem a de ausência de posse pela inexistência de *traditio* física da coisa penhorada.[92]

15.4.5 Tipo subjetivo

A vontade de praticar a alienação ou defraudação de outra forma qualquer, com a consciência de que se trata de objeto de penhor, constitui o dolo do delito em discussão. Só existirá este, porém, se a defraudação não tiver o consentimento do credor, conforme o elemento normativo inscrito no próprio tipo penal.

15.4.6 Consumação e tentativa

A consumação dá-se quando a coisa é alienada, destruída etc. Exige Hungria a "correspondente vantagem ilícita do agente",[165] mas não é essa a conclusão que deflui da lei, uma vez que em certos casos, como na destruição, não há nenhuma vantagem para o agente. Embora seja o crime eventualmente material, consuma-se independentemente de efetiva superveniência da vantagem patrimonial para o agente.[166]

Admite-se a tentativa por se tratar de crime plurissubsistente.

15.5 FRAUDE NA ENTREGA DA COISA

15.5.1 Conceito

Pratica o crime de fraude na entrega da coisa quem "defrauda substância, qualidade ou quantidade de coisa que deve entregar a alguém" (art. 171, § 2º, inciso IV).

---

165. *Comentários*. v. 7, p. 239.
166. É a opinião de FRAGOSO. *Lições*. Ob. cit. v. 2, p. 83.

15.5.2 Sujeito ativo

O devedor, ou representante deste, que entrega a coisa, é o sujeito ativo do delito. Deve estar ele no cumprimento de uma relação obrigacional ou de um dever jurídico de entregar, prevendo a lei, expressamente, essa circunstância.

15.5.3 Sujeito passivo

Sujeito passivo do crime de fraude na entrega da coisa é o credor, ou seja, aquele que recebe a coisa defraudada, ou mesmo o que a recebe por aquele. Não é, portanto, pessoa indeterminada, como ocorre nos casos de fraude no comércio (art. 175) ou de produto ou substância adulterados (art. 275).

15.5.4 Tipo objetivo

A conduta típica é a de defraudar, que significa alterar, adulterar, desfalcar, trocar fraudulentamente. A defraudação pode ocorrer com relação à *substância* da coisa, ou seja, alteração em sua essência (entrega de objeto novo por antiguidade, de objeto de vidro vulgar por cristal etc.). Pode haver fraude em relação à *qualidade* (entrega de peça de ouro de 18 por 24 quilates, de pérolas cultivadas por naturais, de máquina usada por nova etc.).[167] Por fim, a fraude pode estar relacionada com a *quantidade* (dimensão, número, peso etc.). Até a coisa imóvel pode ser defraudada: agente que retira depósito de cristal de rocha no terreno que deve entregar (transferir a posse) a outrem.[168]

15.5.5 Elemento normativo

Refere-se a lei a um *dever* de entrega do sujeito ativo. É pressuposto do crime, portanto, a *obrigação* da entrega da coisa, quer derive da lei, de uma ordem judicial, quer de um contrato (compra e venda, dação em pagamento etc.). Se a obrigação for a título gratuito, não dá origem ao crime, porque na entrega não há prejuízo para aquele que recebe a coisa defraudada.

15.5.6 Tipo subjetivo

O dolo é a vontade de entregar a coisa defraudada, tendo consciência dessa circunstância. A culpa, ou seja, o desconhecimento do devedor de que está entregando coisa de menor valor pela substância, qualidade ou quantidade, não chega a caracterizar o delito. É necessário que haja a fraude,[93] não bastando o revelado propósito de não cumprir o contrato, entregando uma coisa por outra. Decidiu-se, aliás, que a simples falta de quantidade ou de qualidade da coisa não basta para compor o crime quando não ocorre a fraude.[94]

---

167. Exemplos de NORONHA. *Direito penal*. Ob. cit. v. 2, p. 417.
168. Exemplo de HUNGRIA, FRAGOSO. *Comentários*. Ob. cit. v. 7, p. 240.

15.5.7 Consumação e tentativa

Embora em uma interpretação puramente literal possa entender-se que o delito se consuma com a simples defraudação da coisa que deve ser entregue, observa bem Noronha que é necessária a entrega, pois a isso leva a rubrica do dispositivo.[169]

A tentativa é admissível, figurando-se a hipótese em que a vítima, ao perceber a defraudação, não recebe a coisa alterada.[95]

15.5.8 Distinção

Não se confunde o crime de fraude na entrega da coisa com o crime previsto no art. 175, que exige como sujeito ativo comerciante ou comerciário no exercício de sua atividade.[170]

15.6 FRAUDE PARA RECEBIMENTO DE INDENIZAÇÃO OU VALOR DE SEGURO

15.6.1 Conceito

Comete crime quem "destrói, total ou parcialmente, ou oculta coisa própria, ou lesa o próprio corpo ou a saúde, ou agrava as consequências da lesão ou doença, com o intuito de haver indenização ou valor de seguro". É o delito de fraude para recebimento de indenização ou valor de seguro (art. 171, § 2º, inciso V).

15.6.2 Sujeito ativo

Sujeito ativo do crime é o proprietário da coisa destruída ou ocultada ou aquele que causa a lesão em si mesmo. Trata-se de crime próprio, admitindo-se a coautoria, como no caso de alguém que lesa o agente, com o consentimento deste, para a obtenção da indenização ou valor do seguro pelo beneficiário coautor. No caso, o autor dos ferimentos responderá também pelo delito de lesões corporais, em concurso formal. Caso a lesão ou o dano sejam praticados à revelia do beneficiário, porém, não haverá o crime em apreço, mas o de lesões corporais ou dano e, se o ato levar à locupletação ilícita de alguém, o crime de estelionato descrito no *caput* do art. 171, ainda em concurso formal.

15.6.3 Sujeito passivo

Sujeito passivo é o segurador, que arca com o pagamento da indenização ou do valor do seguro. Havendo lesão provocada por terceiro (lesão consentida), o beneficiário do seguro será vítima da violência.

---

169. *Direito penal*. Ob. cit. v. 2, p. 418-419.
170. HUNGRIA, FRAGOSO. *Comentários*. Ob. cit. v. 7, p. 240.

15.6.4 Tipo objetivo

Pressuposto do delito em exame é a existência de um contrato válido e vigente de seguro, sem o qual ocorrerá crime impossível.

Várias são as modalidades de condutas previstas no disposto: (a) destruir total ou parcialmente coisa própria; (b) ocultar coisa própria; (c) lesar o próprio corpo ou a saúde; e (d) agravar lesão ou doença já existente.

A destruição, que pode ser total ou parcial, nos termos da lei, é o dano causado à coisa (item 13.1.6). Ocultar quer dizer esconder, tornar irreconhecível e até fazer desaparecer: quem atira uma joia ao mar a está ocultando. O dano e a ocultação devem operar-se sobre coisa do agente (móvel, semovente ou imóvel) que seja objeto do contrato de seguro. Causar dano a coisa alheia em proveito próprio, ainda que em prejuízo de companhia seguradora, não configura o crime em tela, mas o previsto no *caput* do art. 171, desde que não haja conluio com o proprietário. A autolesão, com o intuito de haver indenização ou valor de seguro, constitui o crime, incluindo a lei não só o ferimento como qualquer perturbação à saúde (ataques, enjoos etc.) e até o agravamento de uma lesão ou doença já existente (dar causa à infecção de uma lesão, ingerir substância que agrava a moléstia etc.).

Objeto material é o bem patrimonial do seguro, sendo a coisa ou o corpo do agente meros instrumentos do crime.

Discute-se se estará caracterizado o crime quando o agente não é o beneficiário. Pela afirmativa pronuncia-se Damásio,[171] mas parece-nos mais aceitável a opinião de Noronha: referindo-se a lei apenas ao proveito *próprio*, na expressão "intuito de haver", se for de terceiro o proveito, pode ocorrer apenas o crime de estelionato comum.[172]

O meio deve ser capaz de causar o dano ou a lesão e a conduta tal que possa provocar o resultado previsto no contrato de seguro sob pena de ocorrer apenas crime impossível.

15.6.5 Tipo subjetivo

O dolo exigido é a vontade de destruir ou ocultar a coisa ou de autolesar-se. Deve estar presente, também, o elemento subjetivo do tipo (dolo específico), que é o intuito de obter a indenização ou o valor do seguro.

15.6.6 Consumação e tentativa

Consuma-se o crime com a conduta típica (destruição, ocultação ou autolesão) desde que presente a finalidade de obtenção da vantagem ilícita. Trata-se de crime formal, de consumação antecipada, não havendo necessidade da obtenção do proveito ilícito,

---

171. *Direito penal.* Ob. cit. v. 2, p. 453.
172. *Direito penal.* Ob. cit. v. 2, p. 425.

no que se afasta o dispositivo dos demais tipos previstos no art. 171. O recebimento do seguro é mero exaurimento do delito, embora Hungria entenda que, havendo aquele, caracteriza-se o delito do *caput*.[173] Tal não ocorre, a nosso ver, porque a regra do inciso V é norma especial com relação ao tipo básico.

A tentativa é possível por se tratar de crime plurissubsistente. Responde por ela quem toma substância para agravar a doença sem conseguir esse resultado; quem atira coisa segurada ao fogo, não conseguindo sua destruição etc.

15.6.7 Distinção e concurso

Pode a conduta ser praticada por meio de incêndio, explosão ou destruição de embarcação ou aeronave; nesse caso, há concurso aparente de normas resolvido pelo princípio da especialidade, devendo o agente responder, respectivamente, apenas pelos delitos previstos nos arts. 250, § 1º, inciso I, 251, § 2º, e 261, § 2º, tipos em que se prevê como agravante especial o intuito econômico.[174] Fragoso entende, sem razão a nosso ver, que haverá concurso material com o crime em estudo quando o agente recebe a indenização do seguro.[175] Não sendo o recebimento do seguro elemento do crime, não há base sólida para essa conclusão.

Caso o agente pratique, para obter indenização ou valor do seguro, os delitos de inundação (art. 254), desastre ferroviário (art. 260, § 1º), desabamento ou desmoronamento (art. 256), haverá concurso formal por não estar previsto nesses delitos o proveito econômico.

A fraude para a obtenção de benefícios da Previdência Social é definida no art. 155, inciso IV, da Lei nº 3.807, de 26-8-1960, que determina a punição do agente por estelionato.

15.7 FRAUDE NO PAGAMENTO POR MEIO DE CHEQUE

15.7.1 Conceito

Um dos delitos de ocorrência mais comum na vida moderna é o de fraude no pagamento por meio de cheque, definido no art. 171, § 2º, inciso VI. Comete o ilícito quem "emite cheque, sem suficiente provisão de fundos em poder do sacado, ou lhe frustra o pagamento".

15.7.2 Objetividade jurídica

O objeto jurídico diretamente protegido é o patrimônio do tomador ou beneficiário do cheque. De forma secundária, porém, é tutelada a fé pública desse título de

---

173. *Comentários*. Ob. cit. v. 7, p. 244-245. No mesmo sentido: *RJDTACRIM* 1/150.
174. Nesse sentido HUNGRIA, FRAGOSO. *Comentários*. Ob. cit. v. 7, p. 244; e NORONHA. *Direito penal*. Ob. cit. v. 2, p. 426-427.
175. *Lições*. Ob. cit. v. 2, p. 86.

crédito. Constitui o cheque importante meio de circulação de riquezas e tem ele relevante papel na vida comercial como instrumento de pagamento, diante das vantagens que oferece, razão suficiente para sua proteção por meio da lei penal. Essa tutela, nos termos da legislação vigente, porém, tem se mostrado insuficiente, diante da colocação do dispositivo entre os crimes contra o patrimônio, permitindo uma interpretação jurisprudencial que avilta o título.

15.7.3 Sujeito ativo

Pratica o crime em estudo aquele que emite o cheque sem suficiente provisão de fundos em poder do sacado ou quem lhe frustra o pagamento. É, portanto, o emitente do título. Noronha entende que pratica o delito o endossante por dar ao termo "emitir" o sentido de nova emissão.[176] Tal, porém, não sucede, uma vez que se estaria aplicando a analogia (e não simples interpretação extensiva) em prejuízo do endossante, o que é vedado em direito penal.[177] Como bem assinala Damásio, pode-se cogitar de fato criminoso quando o tomador, tendo conhecimento de que o cheque não tem fundos, transfere-o a terceiro. Nesse caso, porém, ocorre estelionato em seu tipo fundamental e não o delito em apreço.[178] O avalista do emitente, todavia, comete o delito quando, de má-fé, participa da elaboração da cambial; contribui ele ao fixar sua própria responsabilidade para o livramento do cheque. Como bem nota Dirceu de Mello, "é, em suma, coautor da emissão, podendo, pois, criminalmente ser como tal chamado a responder".[179] E o mesmo autor demonstra que o avalista do tomador também responderá pelo ilícito por estar de má-fé como o avalizado. Diz: "Responderá por estelionato quando sua malícia simplesmente acompanhar a transferência do cheque; e por coautoria na emissão fraudulenta quando em conluio prévio com o emitente do cheque." [180] É coautor, também, quem convence o tomador a receber em pagamento o título emitido por outro, ciente da inexistência de fundos.(96) Também se teve como partícipe aquele que, em prévio ajuste com o emitente, inclui despesa de seu interesse entre aquelas que o autor principal simulou o pagamento.[97]

15.7.4 Sujeito passivo

Sujeito passivo do crime de fraude no pagamento por meio de cheque é o tomador (beneficiário) do cheque, aquele que o recebe para desconto, sendo lesado por não haver fundos suficientes em poder do sacado, ou por ter sido impedido, pelo agente, do desconto devido. Pode ser pessoa física ou jurídica.

---

176. *Direito penal*. Ob. cit. v. 2, p. 428-429. No mesmo sentido, HUNGRIA, FRAGOSO. *Comentários*. Ob. cit. v. 7, p. 28-249.
177. Nesse sentido: JESUS, Damásio E. de. *Direito penal*. Ob. cit. v. 2, p. 454-455; FRAGOSO. *Lições*. Ob. cit. v. 2, p. 87-88; MELLO. Dirceu de. *Aspectos penais do cheque*. São Paulo: Revista dos Tribunais/Educ, 1976. p. 121-122; e HUNGRIA, FRAGOSO. *Comentários*. Ob. cit. v. 7, p. 246.
178. *Direito penal*. Ob. cit. v. 2, p. 455.
179. *Aspectos penais do cheque*. Ob. cit. p. 125.
180. *Aspectos penais do cheque*. Ob. cit. p. 126-127.

15.7.5 Tipo objetivo

Duas são as condutas previstas no dispositivo: *emitir* o cheque ou *frustrar* seu pagamento.

A emissão não ocorre com o simples preenchimento e assinatura do emitente, mas pela circulação do título sem que haja suficiente provisão de fundos em poder do sacado, exigível no momento do saque. Pode o agente, porém, providenciar o depósito necessário antes da apresentação do título pelo tomador ao sacado, não ocorrendo prejuízo para o beneficiário. Pode ocorrer, também, que o sacado honre o pagamento, ainda na inexistência de fundos, sem que o tomador sofra qualquer dano. No primeiro caso, tem-se entendido pela inexistência do crime em estudo, que é delito material contra o patrimônio e, por isso, exige resultado lesivo. No segundo caso, o pagamento pelo sacado descaracteriza o delito com relação ao beneficiário, mas não quanto ao sacado.

A segunda conduta típica é a de frustrar indevidamente o pagamento. O cheque é emitido quando há provisão de fundos em poder do sacado, mas o agente ou os retira, ou apresenta uma contraordem de pagamento, ou emite novo cheque que sabe será cobrado antes do pagamento ao sujeito passivo a quem quer lesar. No primeiro caso, também ocorre a frustração, de modo indireto, já que na emissão havia fundos, embora na apresentação eles não mais existam.[98] Observa, acertadamente, Basileu Garcia que não se dará frustração criminosa se o bloqueio dos fundos ou a contraordem advier de justa causa (entrega por erro, fraude, coação etc.).[181]

Não há crime no cheque *visado* (em que o sacado atestou a existência de fundos) ou no cheque *marcado* (em que o sacado designou data para o pagamento do título). No primeiro caso, o devedor já não é o emitente e sim o sacado, e, no segundo, o sacado não pode deixar de efetuar o pagamento. Em ambos os casos, evidentemente, não é possível ao emitente frustrar o pagamento.

Questão a ser examinada é a dos chamados *cheques especiais*, sistema equiparado ao dos cheques a descoberto. Anteriormente, considerava-se que não se podia imputar ao emitente o crime em estudo quando o correntista ultrapassava o valor de seu crédito, respondendo ele por estelionato comum, conforme ensinamento de Dirceu de Mello.[99] [182] Com o advento da Lei do Cheque (Lei nº 7.357, de 2-9-1985), porém, consideram-se também *fundos* disponíveis, além dos créditos e saldo, "a soma proveniente de *abertura de crédito*" (art. 4º, § 2º, c), devendo o agente, no caso de emitir cheque em quantia superior à do crédito, responder pelo crime de emissão de cheque sem fundos.[100]

Está hoje assentado que a existência do crime em discussão depende da má-fé do agente, não só porque se trata de tipo especial de estelionato, como porque a essa conclusão leva a rubrica do dispositivo ao registrar o termo "fraude". Nesse sentido o STF editou a Súmula 246: "Comprovado não ter havido fraude, não se configura o

---

181. Problemas penais do cheque. *RT* 396/17.
182. *Aspectos penais do cheque*. Ob. cit. p. 144.

crime de emissão de cheque sem fundos".[101] [183] Por essa razão, nossos Tribunais têm entendido inexistir o delito em várias circunstâncias comprobatórias da inexistência de fraude. Não se configura o delito, por saber a vítima da inexistência de fundos: quando o título é desvirtuado de sua finalidade específica de ordem de pagamento à vista;[102] quando é dado sem data ou é pós-datado;[103] quando é dado em garantia de dívida [104] ou promessa de pagamento.[105]

Também se tem decidido que não se configura o crime no pagamento efetuado por meio de cheque sem fundos de títulos de crédito (promissórias, duplicatas etc.);[106] de débito trabalhista resultante de acordo homologado na Justiça do Trabalho;[107] e, também, de qualquer dívida preexistente.[108] Os motivos alegados são: (a) há nos casos simples promessa de pagamento; (b) a vantagem, na hipótese, é preexistente à emissão do cheque e não resultante deste; (c) há novação, mera substituição de títulos, sendo cheque título de maior garantia; (d) e não há proveito para o agente ou prejuízo para o tomador. Em todos os casos, porém, cabe ao agente o ônus da prova de que o cheque foi dado em substituição a título ou de dívida ou como simples garantia desta,[109] porque é presunção legal a de que é ele emitido como ordem de pagamento à vista. A apresentação ao sacado de cheque em data anterior à que consta do título evidencia a ausência de fraude.

Entende Hungria que persiste o crime quando se tratar de pagamento de dívida de jogo.[184] Noronha e Dirceu de Mello somente veem o ilícito quando se trata de jogo lícito.[185] A jurisprudência inclina-se no sentido de que não se configura estelionato na emissão de cheque sem fundos para pagamento de dívida de jogo por ser esta incobrável nos termos do art. 814 do CC e por não haver prejuízo ao patrimônio da vítima.[110] Da mesma forma, não configura o crime o pagamento com cheque sem fundos feito a prostituta pelas relações sexuais mantidas com o emitente, já que não se trata de patrimônio tutelado em lei.[111] Mas já se tem decidido o contrário por se entender que a torpeza bilateral não exclui o crime.[112]

Não desnatura o crime o fato de estar avalizado o cheque emitido sem suficiente provisão de fundos.[113]

15.7.6 Tipo subjetivo

O dolo é a vontade conscientemente dirigida de emitir o cheque que sabe sem fundos ou de frustrar o pagamento daquele título que emitiu com provisão. Tem-se entendido na doutrina que se exige o propósito de obter vantagem indevida (dolo específico).[186] O erro escusável a respeito da inexistência de fundos exclui o dolo.

---

183. Nesse sentido: GARCIA, Basileu. Problemas penais do cheque. *RT* 396/10-11; JESUS, Damásio E. de. *Direito penal*. Ob. cit. v. 2, p. 456; NORONHA. *Direito penal*. Ob. cit. v. 2, p. 432-433; e Fragoso. *Lições*. Ob. cit. v. 2, p. 89.
184. *Comentários*. Ob. cit. v. 7, p. 250-256. No mesmo sentido, GARCIA, Basileu. Problemas penais do cheque. *RT* 396/17.
185. Respectivamente: *Direito penal*. Ob. cit. v. 2, p. 442; e *Aspectos penais do cheque*. Ob. cit. p. 145.
186. Nesse sentido: FRAGOSO. *Lições*. Ob. cit. v. 2, p. 91; MELLO. Dirceu de. *Aspectos penais do cheque*. Ob. cit. p. 92-97; e NORONHA. *Direito penal*. Ob. cit. v. 2, p. 438.

15.7.7 Consumação e tentativa

Várias as opiniões a respeito da consumação do delito em apreço. Basileu Garcia, tendo-o como crime formal, entende que se consuma ele com a simples emissão do título, ou seja, no momento em que o agente lança sua assinatura.[187] Hungria, por seu turno, afirma que a consumação se dá com a emissão do título, que só ocorre quando é ele posto em circulação.[188] Noronha, por fim, considerando-o como crime material, só o tem por consumado quando o cheque é apresentado ao sacado e este recusa o pagamento pela inexistência de fundos ou em decorrência de contraordem.[189] Esta última tese foi adotada na jurisprudência, inclusive no STF, diante da Súmula 521, assim redigida: "O foro competente para o processo e julgamento dos crimes de estelionato, sob a modalidade da emissão dolosa de cheque sem provisão de fundos, é o do local onde se deu a recusa do pagamento pelo sacado." No mesmo sentido foi editada a Súmula 244 do STJ. Como a competência é determinada pelo local da consumação, admite-se a recusa do pagamento como o momento da consumação. Somente aí ocorre o prejuízo, mesmo porque a falta de provisão poderia ter sido suprida ou o cheque poderia ter sido honrado pelo sacado.[(114)] Entretanto, a questão relativa à competência em casos dessa natureza passou a ser regrada nos termos do § 4ª do art. 70 do Código de Processo Penal, inserido pela Lei nº 14.155, de 27-5-2021: "Nos crimes previstos no art. 171 do Decreto-Lei nº 2.848, de 7 de dezembro de 1940 (Código Penal), quando praticados mediante depósito, mediante emissão de cheques sem suficiente provisão de fundos em poder do sacado ou com o pagamento frustrado ou mediante transferência de valores, a competência será definida pelo local do domicílio da vítima, e, em caso de pluralidade de vítimas, a competência firmar-se-á pela prevenção."

É de salientar-se que, tratando-se de direito penal, basta uma apresentação do cheque recusado por ausência de fundos para que o crime se consume.

É admissível a tentativa do tipo em estudo.[190] Desta seria a expressão, diz Dirceu de Mello, "todo cheque a descoberto, já no ato doloso da feitura e entrega do título ao beneficiário, que, por motivos alheios à vontade do agente, não evoluísse para o aperfeiçoamento do delito, com a recusa do pagamento pelo sacado".[191] Damásio figura as hipóteses em que o banco sacado honra o cheque ou terceiro deposita a quantia suficiente para o pagamento do cheque, no caso de emissão, e a do extravio da carta de contraordem de pagamento.[192] Já se decidiu, porém: "Na modalidade de emissão, o estelionato não admite tentativa. Ou o agente entrega o cheque ou o remete ao tomador (e o crime

---

187. Problemas penais do cheque. *RT* 396/14-17.
188. *Comentários*. Ob. cit. v. 7, p. 247-248.
189. *Direito penal*. Ob. cit. v. 2, p. 444-446. No mesmo sentido: JESUS, Damásio E. de. *Direito penal*. Ob. cit. v. 2, p. 456; MELLO. Dirceu de. *Aspectos penais do cheque*. Ob. cit. p. 134-138.
190. Nesse sentido: NORONHA. *Direito penal*. Ob. cit. v. 2, p. 446; JESUS, Damásio E. de. *Direito penal*. Ob. cit. v. 2, p. 456; e DELMANTO. *Código penal anotado*. Ob. cit. p. 186.
191. *Aspectos penais do cheque*. Ob. cit. p. 142.
192. *Direito penal*. Ob. cit. v. 2, p. 456.

está consumado) ou o retém consigo (posto que assinado) e o ato é meramente preparatório".[115] No caso, entretanto, entendeu-se a consumação como a simples circulação do título, o que não corresponde ao conceito vigente. Fragoso e Basileu só admitem a tentativa no caso de frustração.[193]

Apesar do exposto quanto à consumação, o STF passou a decidir que o pagamento do cheque antes da denúncia descaracteriza o crime, inexistindo justa causa para a ação penal,[116] no que foi acompanhado por outros tribunais.[117] Têm o mesmo efeito o depósito ou a consignação judicial.[118] Essa orientação, fruto apenas de medida de política criminal, já levava alguns juízes e tribunais a julgar inexistente o crime mesmo que o pagamento fosse efetuado após a denúncia, mas o Pretório Excelso editou a Súmula 554, em sentido contrário: "O pagamento de cheque emitido sem provisão de fundos, após o recebimento da denúncia, não obsta ao prosseguimento da ação penal".[119] Questiona-se, diante do art. 16 do Código Penal, na redação dada pela Lei nº 7.209/84, se ainda prevalece a orientação do STF quanto à falta de justa causa para a ação penal pelo pagamento do cheque antes do recebimento da denúncia ou da queixa ou se é ele agora apenas causa de diminuição de pena. Tratando-se de benefício maior, concedido mesmo na ausência de dispositivo expresso, pelo Pretório Excelso, o pagamento do cheque deve continuar a ser, nessa hipótese, causa que exclui a possibilidade da ação penal.[120] Em recentes decisões, porém, o STF decidiu que só se descaracteriza o crime se não houver fraude.[121] Essas decisões, *data venia*, não contribuem para o esclarecimento da questão, já que, nessa hipótese, não se configura o crime de emissão de cheque sem fundos, *independentemente de pagamento*, conforme os termos da Súmula 246. Tranquila, porém, a orientação de que o pagamento do cheque antes do recebimento da denúncia não descaracteriza o crime previsto no art. 171, *caput*, quando se tratar de cheque furtado, emitido contra conta encerrada etc.[122]

A penhora antes ou depois da denúncia, para o pagamento, não se equipara a pagamento ou depósito.[123]

Prevê a Lei nº 7.357, de 2-9-1985, art. 33, o prazo de 30 dias para a apresentação do cheque na praça ou de 60 dias fora dela, sob pena de perder algumas de suas garantias, o que tem levado à decisão em que, no caso, se presume sua emissão como promessa de pagamento.[124] Mas, como bem lembram Dirceu de Mello e Hungria, o desrespeito aos prazos da lei comercial, para a apresentação do cheque ao sacado, não tem, em nosso Direito, o efeito de comprometer o caráter criminoso da emissão a descoberto ou da frustração do pagamento.[194]

O STF decidiu que não se desnatura o crime quando o pagamento é feito por cheque depositado para compensação em outro banco e pago *antes* da compensação, em confiança.[125] Nesse caso e naquele em que o pagamento é efetuado em confiança pelo próprio banco diretamente ao emitente ou tomador, o sujeito passivo do crime é o estabelecimento sacado.[126]

---

193. Respectivamente: *Lições*. Ob. cit. v. 2, p. 90; e Problemas penais do cheque. RT 396/9-10.
194. Respectivamente: *Aspectos penais do cheque*. Ob. cit. p. 143; e *Comentários*. Ob. cit. v. 7, p. 249-250.

15.7.8 Distinção

O uso de cheque sem fundos pode servir, e frequentemente isso ocorre, como meio fraudulento para a prática de estelionato comum.[127] Configura-se, então, a figura básica e não o crime em estudo.[128] Caracterizam também o crime previsto no *caput* do art. 171: o pagamento de dívida com cheque sem fundos emitido por terceiro, sabendo o agente dessa circunstância;[129] a emissão sobre conta que o agente sabe estar cancelada;[130] a emissão com nome falso;[131] a emissão sobre conta aberta com dados falsos.[132]

15.7.9 Forma privilegiada

Aplica-se ao delito de fraude no pagamento por meio de cheque, assim como a todas as demais figuras do art. 171, § 2º, o disposto no § 1º, que possibilita a substituição da pena de reclusão pela de detenção, a redução de qualquer delas ou a imposição de simples pena de multa se o agente é primário e é de pequeno valor o prejuízo. Embora este deva ser apurado, como já visto, na época da consumação (item 15.1.11), a jurisprudência tem se inclinado para beneficiar o réu quando há o ressarcimento do dano, mesmo durante a ação penal.[133]

15.7.10 Fraude Eletrônica

A exemplo das alterações promovidas no crime de furto em decorrência do crescimento de delitos praticados com a utilização dos dispositivos de informática e da *internet*, ocupou-se a Lei nº 14.155, de 27-5-2021, de agravar também as penas previstas para os crimes de estelionato ao criar a forma qualificada prevista no § 2º-A do art. 171. Pune-se com pena de 4 a 8 anos de reclusão, e multa, se para o cometimento da fraude vale-se o agente tanto da comunicação telefônica como das novas e usuais formas de comunicação, como as redes sociais e o correio eletrônico, para iludir a vítima a fornecer informações que possibilitem a obtenção de vantagem ilícita. São vários os meios que têm sido empregados nessa modalidade delituosa. Já prevendo a inevitável diversificação e sofisticação crescente dos meios fraudulentos utilizados pelos criminosos para iludir as vítimas, inseriu o legislador, uma fórmula genérica, a utilização de "qualquer outro meio fraudulento análogo", permitindo, assim a interpretação analógica.

No § 2º-B incluiu-se causa de aumento de pena idêntica à prevista para a figura equivalente de furto. Majora-se a pena de um a dois terços se para o cometimento da fraude utiliza o agente um servidor situado fora do território nacional (art. 155, § 4º-C, I). Determina-se no dispositivo que a "relevância do resultado gravoso" deve ser considerada na opção da fração de acréscimo a ser aplicada na dosagem da pena, entre os limites mínimo e máximo estabelecidos no parágrafo. Por relevância do resultado gravoso há que se entender a extensão do prejuízo em face das circunstâncias concretas do delito e das condições pessoais da vítima.

15.8 ESTELIONATO AGRAVADO

15.8.1 Conceito

Agrava-se o delito de estelionato tanto em sua figura básica como em seus incisos, aumentando-se a pena em um terço "se o crime é cometido em detrimento de entidade de direito público ou de instituto de economia popular, assistência social ou beneficência" (art. 171, § 3º). Estão, assim, mais protegidos não só União, Estados, Distrito Federal, Territórios e Municípios (art. 41, incisos I a III, do CC), como também autarquias e associações públicas (inciso IV) e outras entidades paraestatais (inciso V),[134] os institutos de economia popular, assistência social ou beneficência. Quanto à Previdência Social, o STJ editou a Súmula 24: "Aplica-se ao crime de estelionato, em que figure como vítima entidade autárquica da Previdência Social, a qualificadora do § 3º do art. 171 do Código Penal." A majoração da pena decorre do dano, que atinge o interesse da coletividade. Nada impede que, existente a qualificadora, seja a pena aumentada pela circunstância agravante prevista pelo art. 61, II, g (crime praticado com abuso de poder ou violação de dever inerente a cargo, ofício, ministério ou profissão), já que aquela se refere ao bem jurídico ofendido e esta a resposta mais rigorosa para aquele que se vale da condição de agente público para auferir, para si ou para outrem, a vantagem indevida.[135]

Por força da Lei nº 13.228, de 28-12-2015, já se previa a circunstância de ser o crime praticado contra idoso como majorante determinando a aplicação da pena em dobro. Com a alteração promovida pela Lei nº 14.155, de 27-5-2021, o acréscimo deve se situar entre *um terço e o dobro* da pena se presente a circunstância de ser o crime praticado contra idoso, que, por definição legal, é a pessoa com idade igual ou superior a 60 anos (art. 1º da Lei nº 10,741, de 1-10-2003). Na nova redação do dispositivo incluiu-se como vítima merecedora da tutela especial a pessoa vulnerável, assim entendidos o menor de idade e quem, por enfermidade ou deficiência mental, não tem o necessário discernimento para a prática do ato, ou que, por qualquer outra causa, não pode oferecer resistência. Justifica-se a majoração prevista no § 4º pela maior vulnerabilidade do sujeito passivo decorrente da idade avançada ou de suas especiais condições pessoais que lhe reduzem a capacidade de resistência à fraude engendrada pelo agente. Assim como previsto no § 2º-B, a relevância do resultado gravoso, i.é, a extensão do prejuízo causado diante das circunstâncias concretas da infração e das condições pessoais da vítima, deve orientar a fixação do acréscimo na dosagem da pena. Diante da posição da regra no artigo, a causa de aumento prevista no § 4º aplica-se tanto ao tipo fundamental (*caput*) como às formas agravadas de estelionato (§§ 2º, 2º-A).

15.8.2 Ação Penal

O crime de estelionato passou a ser apurado mediante ação penal pública dependente de representação do ofendido, nos termos do novel § 5º. Aplica-se a norma tanto ao estelionato descrito em seu tipo fundamental (art. 171, *caput*), como, também, às modalidades previstas nos incisos I a VI do § 2º e do § 2º-A. O dispositivo ressalva quatro hipóteses em relação às quais a ação permanece incondicionada. Referem-se elas a especiais qualidades da vítima.

A primeira delas é a de ser a vítima a Administração Pública, direta ou indireta, a qual abrange as empresas públicas, sociedades de economia mista, fundações instituídas pelo Poder Público e serviços autônomos. Justifica-se a exceção por se tratar de crime que atinge o patrimônio público (inciso I), sobre o qual não tem o administrador público o poder de livre disposição. Excepcionam-se, também, os casos em que a vítima é criança ou adolescente (inciso II), pessoa com deficiência mental (inciso III), pessoa maior de 70 anos ou incapaz (inciso IV). Como incapazes, devem ser considerados todos aqueles que por causa transitória ou permanente não puderem exprimir sua vontade (art. 4º, inciso III, do Código Civil), estando, assim, impedidos de oferecer a necessária representação. Presume-se que as vítimas relacionadas, em decorrência da falta de maturidade, de uma deficiência mental ou senilidade, teriam uma menor capacidade de discernimento e de resistência diante dos meios fraudulentos empregados pelo agente no cometimento do crime em suas diversas modalidades, a ensejar a necessidade de mais ampla repressão, bem como uma maior dificuldade para o oferecimento da representação, recomendando-se, assim, a pronta apuração do ilícito, de ofício, pela autoridade policial.

Como a regra geral é a de se tratar de ação penal pública condicionada à representação, na ausência desta está vedada à autoridade policial a abertura do inquérito para a apuração do estelionato (art. 5º, § 4º, do CPP) e ao Ministério Público o oferecimento da respectiva denúncia (art. 24, *caput*, do CPP e art. 100, § 1º, do CP). Tratando-se da instituição de uma condição de procedibilidade, que tem natureza mista, penal e processual, a nova norma aplica-se aos fatos criminosos praticados antes de sua vigência, mas não aos casos em que, nesse mesmo momento, a denúncia já fora oferecida pelo Ministério Público, em respeito aos princípios da legalidade, do *tempus regit actum* (art. 2º do CPP) e do ato jurídico perfeito. [195] Já decidiu, porém, o STF também em sentido contrário, i. é, da necessidade de representação durante a tramitação do processo, antes do trânsito em julgado. [196]

15.9 FRAUDE COM A UTILIZAÇÃO DE ATIVOS VIRTUAIS, VALORES MOBILIÁRIOS OU ATIVOS FINANCEIROS

15.9.1 Conceito

A Lei nº 14.478, de 21-12-2022, que dispõe sobre diretrizes a serem observadas na prestação de serviços de ativos virtuais e na regulamentação das prestadoras de ser-

---

195. STF: HC 187341-SP, j. em 13-10-2020, *DJe* de 04-11-2020.
196. STF: AgRg no HC 208817-RJ, j. em 13-4-2023, *DJe* de 2-5-2023 (retroatividade do § 5º do art. 171 e a consequente necessidade de intimação da vítima para prosseguimento da ação em curso, até o trânsito em julgado).

viços de ativos virtuais, incluiu no Código Penal uma nova modalidade de estelionato pela qual se tipificam fraudes relacionadas com negociações de ativos virtuais, mas que também abrangem valores mobiliários e outros ativos financeiros. O crime está assim definido no novo art. 171-A: "Organizar, gerir, ofertar ou distribuir carteiras ou intermediar operações que envolvam ativos virtuais, valores mobiliários ou quaisquer ativos financeiros com o fim de obter vantagem ilícita, em prejuízo alheio, induzindo ou mantendo alguém em erro, mediante artifício, ardil ou qualquer outro meio fraudulento. Pena – reclusão, de 4 (quatro) a 8 (oito) anos, e multa".

15.9.2 Objetividade jurídica

O objeto central de tutela no art. 171-A é, ainda aqui, o patrimônio e a segurança, lisura e boa prática dos negócios jurídicos patrimoniais (v. item 15.1.4). Protege-se, também, indiretamente, a regularidade do mercado de valores mobiliários e do funcionamento do sistema financeiro nacional, que poderiam ser afetados pela difusão de práticas fraudulentas na negociação de ativos financeiros.

15.9.3 Sujeito ativo

O crime descrito no art. 171-A não é crime próprio. O crime pode ser praticado por qualquer pessoa. Quem, fraudulentamente, organizar, gerir, ofertar ou distribuir os ativos ou intermediar as operações de que trata o artigo responderá pelo delito. Tratando-se de valores mobiliários, se o sujeito ativo que não está autorizado ou registrado na autoridade competente para atuar no mercado pode também incidir nas penas do art. 27-E da Lei nº 6.385/1976.

15.9.4 Sujeito passivo

Sujeito passivo dessa modalidade de estelionato é a pessoa, física ou jurídica, investidor ou não, que sofre uma lesão patrimonial em decorrência da conduta fraudulenta.

15.9.5 Tipo objetivo

A conduta típica da nova modalidade de estelionato é a de organizar, gerir, ofertar ou distribuir carteiras ou intermediar operações que envolvam ativos virtuais, valores mobiliários ou quaisquer ativos financeiros. *Organizar* é dar determinada ordem, dispor de forma ordenada, arrumar, ordenar; *gerir* é exercer gerência sobre, administrar, dirigir; *ofertar* é, oferecer ou proporcionar; *distribuir* é entregar, repartir, difundir ou espalhar; *intermediar* é interceder ou intervir, servindo de elo entre pessoas e aproximando os interessados. Trata-se de *crime de ação múltipla* ou de conteúdo variado, em que a prática de uma das ações típicas é bastante para o cometimento do crime. Na hipótese de prática de mais de uma delas, o agente responderá por uma única infração (v. *Manual*, P.G, item 3.6.12).

Uma *carteira* de ativos é o conjunto de aplicações financeiras escolhidas com a finalidade de obtenção de rendimentos pelo investidor.

O conceito de *ativos virtuais* é dado pela Lei 14.478/2022: "a representação digital de valor que pode ser negociada ou transferida por meios eletrônicos e utilizada para realização de pagamentos ou com propósito de investimento" (art. 3º). A própria lei exclui dessa definição as moedas nacional, estrangeiras e eletrônicas, os instrumentos que provejam ao seu titular acesso a produtos ou serviços especificados ou a benefício e as representações de ativos cuja emissão, escrituração, negociação ou liquidação esteja prevista em lei ou regulamentos.

Os *valores mobiliários* estão especificados no art. 2º da Lei nº 6.385, de 7-12-1976, as ações, debêntures e bônus de subscrição; os certificados de depósito de valores mobiliários; as cédulas de debêntures; as cotas de fundos de investimento em valores mobiliários ou de clubes de investimento em quaisquer ativos, entre outros (incisos I a IX) e as operações que os envolvem se sujeitam às regras e fiscalização da Comissão de Valores Mobiliários.

Embora a Lei nº 14.478/2022 discipline a prestação dos serviços de ativos virtuais, no art. 171-A estão abrangidos, em fórmula genérica, como elemento normativo do tipo, *quaisquer ativos financeiros* que não se incluam nas modalidades anteriores de ativos, como as operações com moedas e depósitos bancários e títulos públicos. As negociações de CDBs (certificados de depósitos bancários), CDIs (letras de crédito imobiliário), CDAs (letras de crédito do agronegócio) entre outros títulos de crédito estão abrangidos pela definição típica.

Como no estelionato comum (art. 171), a fraude consiste em induzir ou manter alguém em erro, mediante artifício, ardil ou qualquer outro meio (vide item 15.17). A obtenção de vantagem ilícita, porém, foi transmutada em elemento subjetivo do tipo.

15.9.6 Tipo subjetivo

O dolo dessa modalidade de estelionato é a vontade livre e consciente de praticar uma das ações típicas mediante fraude. Prevê-se, também, expressamente, como elemento subjetivo do tipo, a finalidade de "obter vantagem ilícita, em prejuízo alheio". O fim do agente deve abranger, portanto, tanto o objetivo de obter vantagem ilícita, como, também, a consciência de que da prática de sua conduta resulte prejuízo à vítima.

15.9.7 Consumação e tentativa

Diversamente do que ocorre no estelionato, desnecessária é a obtenção da vantagem ilícita pelo agente em prejuízo da vítima, elementos que integram o tipo subjetivo. O art. 171-A descreve crime formal que se consuma com a prática de uma das ações típicas com a ilusão da vítima mediante a fraude. A concreta obtenção da vantagem e o correlato prejuízo de outrem se constituem já em exaurimento do crime.

A tentativa é, em tese, admissível. Pode se configurar o *conatus* se praticada uma das ações típicas (organizar, gerir, ofertar etc.) com o emprego de um meio fraudulento que, embora, em abstrato seja idôneo para iludir, a vítima, por qualquer razão não se deixa enganar.

15.9.8 Distinção e concurso

A Lei nº 7.492, de 16-6-1986, define os crimes contra o Sistema Financeiro Nacional e a Lei nº 6.385, de 7-12-76, tipifica infrações contra o mercado de valores mobiliários. É possível o concurso de infrações entre o estelionato do art. 171-A, que ofende o patrimônio, e infrações disciplinadas nesses outros diplomas. Se, por exemplo, o agente do estelionato pratica a fraude exercendo atividade no mercado de valores mobiliários que exige autorização ou registro na autoridade competente, incorre também no art. 27-E da Lei nº 6.385/76). Poderá, ainda, haver concurso com algumas das infrações previstas nos arts.2º a 23 da Lei nº 7.492/86. A utilização de ativos virtuais na prática crime de lavagem de capitais é causa de aumento de pena desse delito (art. 1º, § 4º, da Lei nº 9.613, de 3-3-1998).

15.10 DUPLICATA SIMULADA

15.10.1 Conceito

Nas vendas mercantis a prazo, deve o comerciante expedir fatura e a respectiva duplicata. Deve esta conter o nome do vendedor, do comprador, a relação das notas fiscais que deram origem ao título etc., tudo nos termos da Lei nº 5.474, de 18-7-1968, alterada pelo Decreto-lei nº 436, de 27-1-1969, e pela Lei nº 6.458, de 1º-11-1977.

Expedida a duplicata, deve ser aceita pelo comprador, entrando em circulação como título de crédito de promessa de pagamento. Permite o art. 20 da Lei já citada a expedição de duplicata por prestação de serviços, devendo esta obedecer às mesmas determinações. Quando alguém simula uma duplicata, atenta contra o patrimônio do tomador, e, se este o aceita, de má-fé, pode causar prejuízos àquele que a descontar, já que a venda mercantil ou prestação de serviços não se verificaram. Ao art. 172, *caput*, do Código Penal, que definia o crime de duplicata simulada, foi dada nova redação pelo art. 19 da Lei nº 8.137, de 27-12-1990: "Emitir fatura, duplicata ou nota de venda que não corresponda à mercadoria vendida, em quantidade ou qualidade, ou ao serviço prestado: Pena – detenção, de 2 (dois) a 4 (quatro) anos, e multa." Regula-se pela Lei nº 5.474/68 a aplicação da pena mínima cominada ao delito previsto no art. 172 do CP praticado antes da vigência da Lei nº 8.137/90, observando-se, entretanto, o limite máximo contido nesta, em obediência ao princípio da retroatividade da lei mais benigna.[136]

15.10.2 Objetividade jurídica

Protege-se o patrimônio, pelo perigo de dano, em caráter prioritário, mas não há dúvida de que se tutela, também, a boa-fé de que devem estar revestidos os títulos comerciais, equiparados a documentos públicos (art. 297, § 2º).

15.10.3 Sujeito ativo

Quanto à conduta de *expedir*, pratica o crime o comerciante, o profissional liberal ou os que prestam serviços de natureza eventual, todos autorizados a expedir duplicatas, bem como os que se fazem passar por tais. Na conduta de *aceitar*, é sujeito ativo aquele que aceita a duplicata, comerciante ou não. Entende Noronha que tanto o avalista como o endossatário praticam o delito,[197] mas essa assertiva é contestada por outros doutrinadores.[198] Endossatário e avalista só respondem pelo crime quando *ab initio* participam da conduta, como coautores da expedição. Tendo o endossatário ou o avalista influído diretamente para a emissão e circulação do título, deve responder pelo crime.[137]

Sujeitos ativos são os diretores, gerentes ou administradores da empresa ou sociedade que diretamente tiverem influído na elaboração, circulação ou aceite do título, não bastando terem aquelas qualidades para ser responsabilizados pelo delito. A responsabilidade, porém, independe de terem ou não assinado o título simulado.[138]

15.10.4 Sujeito passivo

No caso do tomador de boa-fé, será ele o sujeito passivo do delito, além daquele que procede ao desconto da duplicata ou a aceita como caução; caso haja conivência do sacado, sujeito passivo é apenas o segundo.

15.10.5 Tipo objetivo

Quando vigente a anterior redação do art. 172, a conduta típica era *expedir* duplicata, ou seja, o ato de criar a duplicata com seus requisitos formais, porém simulada por não corresponder a venda ou serviço, fazendo-a entrar em circulação. Com o advento da nova lei, a conduta passou a ser *emitir* duplicata, fatura ou nota de venda, entendendo muitos que a ação típica continua a ser a de colocar-se em circulação tais documentos. Entretanto, como a fatura e a nota de venda, objetos materiais que foram acrescentados ao tipo, não podem ser postos em circulação, *emitir* só pode significar a conduta de *extrair*, produzir, sacar, preencher, assinar e não *pôr em circulação*. Assim, a mera criação do título já configura o crime de duplicata, fatura ou nota de venda simulada.[199]

---

197. *Direito penal*. Ob. cit. v. 2, p. 450.
198. FRAGOSO. *Lições*. Ob. cit. v. 2, p. 93: JESUS, Damásio E. de. *Direito penal*. Ob. cit. v. 2, p. 460; e DELMANTO. *Código penal anotado*. Ob. cit. p. 188.
199. Cf. CAPEZ, Fernando. Emissão fraudulenta de duplicata na compra e venda mercantil: fato típico ou atípico? *Ministério Público Paulista*, p. 11-12, ago. 1996; COELHO, Fábio Ulhoa. Breves notas sobre o crime de duplicata

Sustenta-se, além disso, que, para a configuração do crime, é necessário que tenha havido realmente a venda de mercadoria, não correspondendo os referidos documentos a real quantidade ou qualidade da vendida. Não havendo qualquer negócio subjacente, não se configuraria tal ilícito, mas, eventualmente, outro delito (arts. 171 e 299 do CP, art. 1º, III, da Lei nº 8.137/90 etc.).[200] O STF, porém, já decidiu pela caracterização do crime previsto no art. 172 do CP, com o argumento de que seria incongruente punir o procedimento menos gravoso (no caso de real venda), deixando o de maior alcance (inexistência de venda) sem o crivo penal.[139] Se a transação foi efetivamente realizada, embora suspensa depois pelo comprador, não há que se falar em duplicata simulada (item 15.9.6).

Já não há a incriminação de "aceitar" a duplicata simulada diante da nova redação dada ao dispositivo em estudo pelo art. 19 da Lei nº 8.137/90.

Objeto material do crime pode ser a fatura, a duplicata ou a nota de venda, esta última não mencionada na redação anterior.

Não se tratando de crime de falsidade, o reconhecimento do delito de duplicata simulada, como espécie do gênero a que pertencem os tipos de estelionato, dispensa exame grafotécnico.[140]

15.10.6 Tipo subjetivo

O elemento subjetivo do crime é o dolo, ou seja, a vontade de expedir a duplicata que não corresponda a venda ou prestação de serviço.[141] A boa-fé exclui o tipo, não ocorrendo o ilícito se emitido o título por engano.[142] Também não existe o crime se a transação foi efetivamente realizada, embora suspensa depois pela compradora[143] ou se o agente não teve a intenção de cometê-lo, expedindo duplicata simulada apenas como garantia de empréstimo, embora nesse último caso reste o crime de usura.[144] O crime pode ser praticado, porém, com dolo eventual. Assim, diretor de empresa com plena ciência dos negócios realizados por sua empresa, ao assinar duplicatas "frias", se não age com dolo direto, não pode esquivar-se à imputação de dolo eventual, por sua subscrição a títulos sem devidamente certificar-se de sua correspondência a reais causas negociais.[145]

Não há crime instruído por culpa e, se o agente procedeu só com negligência, não inutilizando a duplicata após o desfazimento do negócio, a consequência é civil e não criminal.[146]

15.10.7 Consumação e tentativa

Na antiga redação do art. 172 do CP, o crime consumava-se com a circulação do título ideologicamente falso.[147] Expedir a duplicação não era apenas formar o título;

---

simulada, *RBCCrim* 13/167-173.
200. Cf. CAPEZ, Fernando. Ob. cit.

era necessário que fosse, pelo menos, tentada sua circulação, mediante desconto ou caucionamento.[148] Com a atual redação, como a conduta inscrita no tipo é a de *emitir*, basta sua criação, ou seja, sua extração (item 15.9.5). Trata-se de crime formal,[149][201] não sendo necessária a produção de dano concreto do tomador ou de resultado estranho à ação do agente,[150] embora já se tenha decidido o contrário.[151]Mesmo que o sacado não aceite a duplicata, ou que, estando de má-fé, a pague ou que seja resgatada pelo próprio emitente, o crime está consumado.[202]

Tratando-se de crime unissubsistente, não é possível a tentativa: ou fatura, duplicata e nota de venda foram emitidas, e o ilícito se consuma, ou não foi ele produzido, podendo ocorrer apenas ato preparatório, inócuo penalmente.

O ressarcimento posterior de eventual prejuízo não elide o crime.[152]

15.10.8 Distinção

O conteúdo da duplicata simulada configura, em tese, o delito de falsidade (art. 297, § 2º), mas esta, bem como a falsificação do aceite, não configura crime autônomo, pois está ínsita na figura típica em estudo.[153] Se, desde o início, o emissor tem o propósito de não resgatar o empréstimo, se há o intuito de injusta locupletação com relação àquele que efetuou o desconto, ocorre estelionato.[154][203]

Já se decidiu, na vigência da anterior Lei de Falências (Decreto-lei nº 7.661, de 25-6-1945), que, verificada a falência da empresa emitente de duplicata simulada, a apreciação do crime deve ocorrer no juízo falimentar, por ser universal,[155] mas apenas em relação aos fatos da vida comercial do falido e aos que interessam aos bens e às dívidas da massa e não aos crimes comuns cometidos pelo falido, porque o juízo universal da falência é instituído em benefício da massa e não do falido. A atual Lei de Falências prevê para a apuração dos crimes nela descritos a jurisdição do local onde vier a ser decretada a falência, concedida a recuperação judicial ou homologado o plano de recuperação extrajudicial e a competência do "juiz criminal" (art. 183 da Lei nº 11.101, de 9-2-2005). Já se tem dado por absorvido o delito de emissão de duplicata simulada pelo crime falimentar que era previsto no art. 187 da anterior Lei de Falências[156] e que encontra seu correspondente no art. 168 da Lei nº 11.101, de 9-2-2005, mas tal não ocorre quando a emissão não visou ao prejuízo dos credores, nem representou abuso de responsabilidade de mero favor.[157] É crime de sonegação fiscal "negar ou deixar de fornecer, quando obrigatório, nota fiscal ou documento equivalente, relativa a venda de mercadoria ou prestação de serviço, efetivamente realizada, ou fornecê-la em desacordo com a legislação" (art. 1º, V, da Lei nº 8.137, de 27-12-1990).

---

201. Nesse sentido: FRAGOSO. *Lições.* Ob. cit. v. 2, p. 95; JESUS, Damásio E. de. *Direito penal.* Ob. cit. v. 2, p. 461; e NORONHA. Ob. cit. *Direito penal.* v. 2, p. 451-452.
202. Nesse sentido: NORONHA. *Direito penal.* Ob. cit. v. 2, p. 452.
203. É a opinião de HUNGRIA, FRAGOSO. *Comentários.* Ob. cit. v. 7, p. 264.

15.11 FALSIFICAÇÃO DO REGISTRO DE DUPLICATAS

15.11.1 Conceito

Desnecessariamente, no parágrafo único do art. 172 define-se como crime a conduta de quem "falsificar ou adulterar a escrituração do Livro de Registro de Duplicatas". Tal fato constituiria, na ausência do dispositivo, o crime de falsificação (art. 297, § 2º).

15.11.2 Sujeito ativo

É sujeito ativo do crime quem pratica a falsificação ou adulteração, bem como quem a determina. Vale aqui o que foi exposto quanto ao delito do *caput* (item 15.9.3).

15.11.3 Sujeito passivo

Atingindo-se com o ilícito apenas a boa-fé dos títulos e documentos, sujeito passivo do crime de falsificação ou adulteração do Livro de Registro de Duplicatas é o Estado.

15.11.4 Tipo objetivo

As condutas típicas são *falsificar* e *adulterar*, significando o primeiro verbo a criação completa do título e o segundo, a alteração do que seria o registro de um título válido. É necessário que a falsificação ou adulteração seja capaz de iludir; na grosseira, haverá crime impossível.

15.11.5 Consumação e tentativa

Consuma-se o delito com a falsificação ou adulteração. Admissível é a tentativa quando o agente é impedido de prosseguir na execução e já tenha obtido a idoneidade necessária ao registro.

15.11.6 Distinção e concurso

Caso a falsificação anteceda a expedição da duplicata simulada e ocorra esta, o primeiro delito é absorvido. Caso o falso seja posterior, será considerado impunível. Assim, só há crime autônomo quando, falsificado ou adulterado o Livro de Registro de Duplicatas, não for expedida a duplicata simulada, bem como no falso registro por pessoa diversa daquela que expede o título simulado.[204]

---

204. É a opinião de FRAGOSO. *Lições*. Ob. cit. v. 2, p. 96.

15 • DO ESTELIONATO E OUTRAS FRAUDES

15.12 ABUSO DE INCAPAZES

15.12.1 Conceito

É crime assemelhado ao estelionato o delito de abuso de incapazes, definido no art. 173: "Abusar, em proveito próprio ou alheio, de necessidade, paixão ou inexperiência de menor, ou da alienação ou debilidade mental de outrem, induzindo qualquer deles à prática de ato suscetível de produzir efeito jurídico, em prejuízo próprio ou de terceiro: Pena – reclusão, de dois a seis anos, e multa."

15.12.2 Objetividade jurídica

Protege-se com a definição do tipo o patrimônio dos menores e incapazes, bem como o de terceiros.

15.12.3 Sujeito ativo

O abuso de incapazes é um crime comum, podendo ser praticado, assim, por qualquer pessoa.

15.12.4 Sujeito passivo

Refere-se a lei, em primeiro lugar, ao *menor*. Com base no art. 9º do Código Civil de 1916, Noronha e Bento de Faria entendiam que havia que se ter em vista o menor de 21 anos, ou seja, aquele que não é ainda absolutamente capaz, e, assim, já se decidiu na jurisprudência.[(158)][205] Ponderava-se, todavia, ainda na vigência do estatuto civil anterior, que a lei não pode incluir o maior de 18 anos, uma vez que esta é a idade-limite para a imputabilidade penal e a essa idade se referem outros dispositivos penais (arts. 159, § 1º, 244 etc.). Ademais, aquele que completou 18 anos já podia ser eleitor e funcionário público. Assim, seria essa a idade em que já não necessita de maior proteção penal.[206] Com a entrada em vigor do novo Código Civil, que reduziu a idade em que se atinge a plena maioridade civil para 18 anos (art. 5º), não há mais dúvida de que se o sujeito passivo já atingiu essa idade o fato passa a, eventualmente, constituir o crime de estelionato comum. Porque também plenamente capazes, civilmente, estão excluídos os emancipados (art. 5º, parágrafo único, do CC).

O *alienado mental* é o louco e todo aquele que padece de enfermidade mental que anula ou dificulta o entendimento. *Débil mental* é o oligofrênico, portador de retardamento mental, incluindo-se os idiotas e imbecis, inferiorizados psiquicamente àqueles.

---

205. *Direito penal*. Ob. cit. v. 2, p. 455; e *Código penal brasileiro*. Ob. Cit. v. 5, p. 173, respectivamente.
206. HUNGRIA, FRAGOSO. *Comentários*. Ob. cit. v. 7, p. 266-267; FRAGOSO. *Lições*. Ob. cit. v. 2, p. 98; e JESUS, Damásio E. de. *Direito penal*. Ob. cit. v. 2, p. 463.

Têm sido excluídas na doutrina as pessoas abrangidas pelo art. 26, parágrafo único, os denominados semi-imputáveis.[207] Noronha pretende incluir como sujeito passivo o silvícola e o senil, sem razão a nosso ver.[208] Já se decidiu, porém, pela possibilidade do crime contra maior de 70 anos que, afastado dos negócios e adoentado, mal fala com os outros. No caso, porém, havia um laudo proveniente de processo de interdição em que se concluía pela alienação mental.[159] Inegável, porém, não ser necessário estar o incapaz previamente interditado. Mas a simples circunstância de ser o sujeito passivo do delito um menor não confere ao estelionato a tipicidade descrita no delito de abuso de incapazes.[160]

Terceiro que possa sofrer prejuízo em decorrência da conduta do sujeito ativo também pode ser considerado sujeito passivo do crime.

15.12.5 Tipo objetivo

Refere-se a lei ao *abuso* de incapazes. Abusar significa fazer mau uso, usar mal, aproveitar-se da necessidade, paixão ou inexperiência do incapaz, sempre mais suscetível de ser ludibriado. Não é necessário que o agente crie ou estimule a paixão, basta que a explore. A conduta é a de *induzir*, ou seja, convencer, persuadir, levar a vítima à prática de ato capaz de produzir efeitos jurídicos, pouco importando se o agente se utiliza de artifícios ou ardis ou não. Exige-se, apenas, que os meios sejam idôneos, hábeis a enganar.

Necessário é que o ato possa produzir efeito jurídico, revelando ser indispensável a existência, ao menos, de um prejuízo potencial. Por isso, tem-se entendido que não se configura o crime quando o menor é levado à prática de ato nulo, que nenhum efeito jurídico pode produzir, desde que por motivo diverso da incapacidade do sujeito passivo.[209] Inegável, porém, que, havendo prejuízo para incapaz ou terceiro, poderá ocorrer o estelionato típico. Já quanto ao ato anulável, capaz de produzir efeitos jurídicos e potencialmente prejudicial, não há qualquer dúvida quanto à ocorrência do ilícito previsto no art. 173.

Não bastando à caracterização do crime ser a vítima menor, é necessário que se verifique a circunstância de se ter o agente prevalecido de sua inexperiência. Inexistindo induzimento e tendo o incapaz praticado o ato espontaneamente, não ocorre o delito em apreço e sim simples ilícito civil.[161]

15.12.6 Tipo subjetivo

O dolo do delito é a vontade de persuadir o incapaz à prática do ato. Referindo-se a lei ao abuso, é evidentemente necessário que o agente saiba da deficiência psíquica da

---

207. Nesse sentido HUNGRIA, FRAGOSO. *Comentários*. Ob. cit. v. 7, p. 267, e Jesus, Damásio E. de. Direito penal. Ob. cit. v. 2, p. 464.
208. *Direito penal*. Ob. cit. v. 2, p. 456-457.
209. Nesse sentido: NORONHA, *Direito penal*. Ob. cit. v. 2, p. 459-460; e FRAGOSO. *Lições*. Ob. cit. v. 2, p. 100.

15 • DO ESTELIONATO E OUTRAS FRAUDES

vítima e, não havendo esse conhecimento, ocorrerá erro de tipo, e o fato será impunível.
[162] Ensina Noronha que, havendo dúvida por parte do agente quanto à capacidade de
discernimento da vítima, presente está o dolo eventual e, portanto, caracterizado o
abuso.[210]

Embora o menor entre os 16 e 18 anos não possa eximir-se de uma obrigação pela
invocação da idade quando a ocultou dolosamente (art. 180 do CC), conhecendo o
agente essa circunstância e prevalecendo-se da paixão, necessidade ou inexperiência
da vítima, não há por que se negar a ocorrência do ilícito penal.

Indispensável é, ainda, o elemento subjetivo do tipo (dolo específico), que se
constitui no propósito de conseguir a vantagem para si ou para outrem. Embora se
tenha proclamado que não é necessário ser de caráter patrimonial o prejuízo potencial,[211] incluído que está o dispositivo entre os crimes patrimoniais, exige-se o intuito de
proveito econômico.[212] Assim já se decidiu: "Para a configuração do crime do art. 173
do CP, deve haver um prejuízo patrimonial, não sendo admissível o dano moral".[163]

Note-se que, sendo devida a vantagem, existirá o crime de exercício arbitrário das
próprias razões.[213]

15.12.7 Consumação e tentativa

Embora a conduta seja a de *induzir*, o crime consuma-se apenas com a prática do ato
pelo menor, alienado ou débil mental, independentemente de haver proveito por parte
do agente ou terceiro.[164] É admissível a tentativa, pois é possível fracionar o processo
executivo: após o induzimento, a vítima inicia, sem êxito, a prática do ato ruinoso.[214]

15.12.8 Distinção

Difere o crime de estelionato por ser, em primeiro lugar, um crime formal e, em
segundo, por não ser necessário o uso de meio fraudulento. Caso o fato configure o
crime de usura, haverá concurso formal pela diversidade de resultados atingidos (contra
o patrimônio e a economia popular). Hungria, porém, entende haver apenas o delito
definido na lei de economia popular.[215]

"Induzir pessoa idosa sem discernimento de seus atos a outorgar procuração para
fins de administração de bens ou deles dispor livremente" é crime previsto no art. 106
do Estatuto da Pessoa Idosa (Lei nº 10.741, de 1º-10-2003), que também tipifica a lavra-

---

210. *Direito penal*. Ob. cit. v. 2, p. 460.
211. Nesse sentido: FARIA, Bento de. *Código penal brasileiro*. Ob. cit. v. 5, p. 178.
212. Nesse sentido: NORONHA. *Direito penal*. Ob. cit. v. 2, p. 458; JESUS, Damásio E. de. *Direito penal*. Ob. cit.
     v. 2, p. 464; e FRAGOSO. *Lições*. Ob. cit. v. 2, p. 100.
213. Nesse sentido: HUNGRIA, FRAGOSO. *Comentários*. Ob. cit. v. 7, p. 269, e JESUS, Damásio E. de. *Direito penal*.
     Ob. cit. v. 2, p. 464.
214. Nesse sentido: FRAGOSO. *Lições*. Ob. cit. v. 2, p. 100; e JESUS, Damásio E. de. *Direito penal*. Ob. cit. v. 2, p. 465.
215. *Comentários*. Ob. cit. v. 7, p. 269.

tura de ato notarial envolvendo o idoso sem discernimento que não esteja legalmente representado (art. 108) e a coação de pessoa com mais de 60 anos a doar, contratar, testar ou outorgar procuração (art. 107).

15.13 INDUZIMENTO À ESPECULAÇÃO

15.13.1 Conceito

Semelhante ao anterior é o crime de induzimento à especulação, previsto no art. 174 e assim definido: "Abusar, em proveito próprio ou alheio, da inexperiência ou da simplicidade ou inferioridade mental de outrem, induzindo-o à prática de jogo ou aposta, ou à especulação com títulos ou mercadorias, sabendo ou devendo saber que a operação é ruinosa: Pena – reclusão, de um a três anos, e multa."

15.13.2 Objetividade jurídica

Ainda uma vez, o objeto jurídico é o patrimônio, no caso o das pessoas inexperientes, simples ou portadoras de deficiência mental.

15.13.3 Sujeito ativo

O induzimento à especulação é crime comum, podendo ser praticado por qualquer pessoa que saiba das condições da vítima.

15.13.4 Sujeito passivo

Refere-se a lei, em primeiro lugar, à *inexperiência* do sujeito passivo. Pessoa inexperiente é a que não tem vivência prática da vida, é bisonha, o que é mais comum entre os menores de idade. A *simplicidade* é a situação em que o sujeito passivo não tem malícia; refere-se a lei aos simplórios, pouco atilados. Na *inferioridade mental*, não se exige que a vítima seja doente ou alienado mental, mas apenas que tenha uma deficiência psíquica, um índice de inteligência inferior ao normal. Protegidas pela lei estão, portanto, as pessoas rústicas, ignorantes, incultas, senis, facilmente sugestionáveis e, normalmente, fáceis de ser convencidas e ludibriadas.

15.13.5 Tipo objetivo

A conduta típica do delito é idêntica à do crime de abuso de incapazes, ou seja, o de abusar das condições da vítima, induzindo-a, convencendo-a, persuadindo-a à prática de um ato. No caso, o fim do agente é que a vítima participe de jogo, aposta ou especulação com títulos ou mercadorias. O *jogo* é um contrato aleatório em que o ganho ou a perda depende exclusivamente ou na maior parte da sorte. A *aposta* é

15 • DO ESTELIONATO E OUTRAS FRAUDES   **361**

também contrato aleatório em que o ganho depende da verificação de um acontecimento independente da atividade das partes. Como a lei civil protege o menor e o interdito que perde no jogo (art. 814 do CC), é lícita a afirmação de que, para a configuração do crime, não há diferença quanto à legalidade ou não deste ou da aposta. Já se decidiu pela ocorrência de crime por ter sido a vítima, pessoa simplória, induzida à prática de jogo carteado.[(165)] Prevê a lei, ainda, o induzimento à prática de *especulação* com títulos ou mercadorias. A especulação, negócio legítimo, que consiste em um empreendimento que vise a lucro, exige maior acuidade do investidor na verificação da oportunidade da transação, do preço, da qualidade e da quantidade de títulos ou mercadorias. Haverá o crime quando o sujeito passivo for persuadido a especular em uma operação ruinosa, ou seja, na que avulta a probabilidade de dano, embora não mais equipare a lei civil ao jogo a especulação sobre títulos da bolsa, mercadorias ou valores (art. 816 do CC). Não configura o crime, entretanto, o mero parecer solicitado, gratuito ou não, quando traduza a opinião individual, fundamentada ou não, mas sem o propósito de convencer o investidor.[216]

15.13.6 Tipo subjetivo

O dolo é a vontade de abusar da vítima, induzindo-a à prática do ato, tendo ciência das condições de inferioridade mental desta. A falta de conhecimento a respeito dessa circunstância caracteriza erro de tipo que exclui o crime. A dúvida, porém, informa o dolo eventual, respondendo o agente pelo delito. Exige-se, também, o elemento subjetivo do tipo (dolo específico), ou seja, que o agente atue em proveito próprio ou de terceiro. É indispensável, ainda, que o agente saiba que a operação é ruinosa ou, pelo menos, que deva saber da elevada probabilidade de perda. Entendem, alguns, que a lei tem em vista, nessa última hipótese, a presunção de conhecimento.[217] Outros se referem ao dolo eventual,[218] ou a este e à culpa em sentido estrito.[219] Hungria esclarece melhor: "O que aí se quer acentuar é que o crime não deixa de existir ainda quando o agente não tenha a *certeza* de que a operação redundará ruinosa, mas conhece fatos que não podem deixar de prognosticar o seu insucesso. A fraude, então, está em induzir o inexperiente ou desprovido de perspicácia à especulação, não obstante a contraindicação desses fatos que não podiam ter escapado, de modo algum, ao entendimento do agente." [220] Não se trata de fraude *culposa*, mas é essa uma circunstância do tipo "não relacionada diretamente com a conduta incriminada, em relação à qual o legislador julgou indiferente a consciência do agente".[221]

---

216. FARIA, Bento de. *Código penal brasileiro*. Ob. cit. v. 5, p. 180.
217. GARCIA, Basileu. *Anais do 1º Congresso Nacional do Ministério Público*, p. 164.
218. Nesse sentido: NORONHA. *Direito penal*. Ob. cit. v. 2, p. 465-466; e JESUS, Damásio E. de. *Direito penal*. Ob. cit. v. 2, p. 469.
219. FRAGOSO. *Lições*. Ob. cit. v. 2, p. 104.
220. *Comentários*. Ob. cit. v. 7, p. 271.
221. FRAGOSO. *Lições*. Ob. cit. v. 2, p. 104.

15.13.7 Consumação e tentativa

Consuma-se o delito quando da prática do ato pela vítima (aposta, jogo, especulação), ainda que o fato não acarrete proveito ao agente ou terceiro. É pacífico que ocorre o crime ainda que a vítima, surpreendentemente, venha a ganhar.[222] Isso porque se trata de crime formal que se consuma na prática do ato potencialmente prejudicial, e o ganho, posterior à consumação do crime, não pode descaracterizá-lo.

A tentativa ocorre quando o processo executivo é interrompido, não praticando o sujeito passivo o ato (aposta, jogo, especulação).

15.14 FRAUDE NO COMÉRCIO

15.14.1 Conceito

É crime de fraude no comércio: "Enganar, no exercício de atividade comercial, o adquirente ou consumidor: I – vendendo, como verdadeira ou perfeita, mercadoria falsificada ou deteriorada; II – entregando uma mercadoria por outra: Pena – detenção, de seis meses a dois anos, ou multa" (art. 175).

Comina-se ao delito pena bem inferior em quantidade e qualidade ao estelionato, uma vez que, no caso, a vítima, sabendo da tendência dos comerciantes em aproveitar-se o máximo possível de suas vendas, inclusive gabando a mercadoria das qualidades que não tem, deve melhor acautelar-se na verificação daquilo que adquire.

15.14.2 Objetividade jurídica

O art. 175 protege não só o patrimônio, mas também a moralidade do comércio, a boa-fé que deve existir nas relações comerciais.[166]

15.14.3 Sujeito ativo

Tem-se afirmado que qualquer pessoa que pratique a atividade comercial pode ser sujeito ativo do crime em estudo, não se exigindo ser ela comerciante.[223] Entretanto, ao se referir a lei à atividade comercial, está ela limitando o alcance do dispositivo aos comerciantes e comerciários.[224] Trata-se de crime próprio que só pode ser praticado por essas pessoas,[167] uma vez que não se deve confundir *ato de comércio* com *ativi-*

---

222. Nesse sentido: HUNGRIA, FRAGOSO. *Comentários*. Ob. cit. v. 7, p. 271; NORONHA. *Direito penal*. Ob. cit. v. 2, p. 466; JESUS, Damásio E. de. *Direito penal*. Ob. cit. v. 2, p. 469-470; e FRAGOSO. *Lições*. Ob. cit. v. 2, p. 105.
223. Nesse sentido: NORONHA. *Direito penal*. Ob. cit. v. 2, p. 467-468; e FARIA, Bento de. *Código penal brasileiro*. Ob. cit. v. 5, p. 190.
224. Nesse sentido: HUNGRIA, FRAGOSO. *Comentários*. Ob. cit. v. 7, p. 273; FRAGOSO. *Lições*. Ob. cit. v. 2, p. 107-108; JESUS, Damásio E. de. *Direito penal*. Ob. cit. v. 2, p. 471-472; e DELMANTO, Celso. *Código penal brasileiro*. Ob. cit. p. 191.

dade comercial. Esta é uma espécie daquele e pressupõe continuidade, habitualidade e profissionalidade; se o ato comercial for praticado por não comerciante, há crime de estelionato.[168]

15.14.4 Sujeito passivo

É sujeito passivo do crime em estudo o adquirente ou consumidor, ou seja, aquele que compra ou recebe a mercadoria, nada impedindo que seja também comerciante--revendedor.

15.14.5 Tipo objetivo

A primeira conduta prevista na lei é a de *vender* mercadoria falsificada ou deteriorada como verdadeira ou perfeita (inciso I). Nota-se que a lei incrimina apenas, no inciso em apreço, a venda, ficando excluídos os outros contratos (permuta, doação, dação em pagamento etc.) que poderão constituir, conforme o caso, o estelionato.

Pune-se também a *entrega* de uma mercadoria por outra (inciso II), resultado, agora, de qualquer obrigação jurídica.

Objeto material do delito é a *mercadoria* (coisa móvel ou semovente que pode ser objeto de comércio) *falsificada* (que imita a verdadeira, que foi alterada, adulterada e que conserva igual aparência de qualidades que não possui). Necessário, porém, que haja *fraude*, que o agente "engane" a vítima, descaracterizando-se o delito quando esta, ciente da falsificação, aceita a mercadoria; o tipo exige que se venda mercadoria falsificada como *verdadeira*.[169] Menciona a lei também a mercadoria *deteriorada* (estragada, danificada, arruinada, em mau estado de conservação). Decidiu-se, no STF, pela ocorrência do crime, na venda, como bom, de piano em péssimo estado.[170] Incrimina a lei, ainda, a entrega de uma *mercadoria por outra*, ou seja, a substituição de coisa que deve ser entregue por coisa diversa. A diversidade pode ocorrer em virtude da *origem* da coisa (*pedigree* de animal, por exemplo), da *proveniência* (renda da Ilha da Madeira), da *quantidade* (peso, número ou medida) e mesmo de sua inteireza. A colocação de peças inadequadas no objeto para conserto, com o intuito de enganar a vítima, configura o delito de fraude no comércio.[171] Pode a fraude referir-se, também, à *qualidade* da coisa.[172] Tem-se concluído pela existência do crime mesmo que a coisa entregue ou vendida seja de qualidade igual ou superior à prometida.[225] Nesse caso, porém, não há qualquer prejuízo patrimonial nem ofensa à boa-fé nos negócios, parecendo-nos não ocorrer o ilícito.

Não há crime na publicidade exagerada, na exaltação das virtudes da coisa, comuns nos comerciantes, e que nem sempre correspondem à verdade, admitindo-se certa malícia na arte do comércio em que se procura, evidentemente, a venda da mercadoria.

---

225. Nesse sentido: HUNGRIA, FRAGOSO. *Comentários.* Ob. cit. v. 7, p. 273; e FARIA, Bento de. *Código penal brasileiro.* Ob. cit. v. 5, p. 185.

15.14.6 Tipo subjetivo

O dolo é a vontade de vender ou entregar a coisa falsificada, deteriorada etc., mesmo que sem o intuito de lucro, embora seja necessário que haja pelo menos um perigo de dano patrimonial. O erro do sujeito ativo, que não sabe ser a coisa falsificada ou adulterada, exclui o crime (erro de tipo).

15.14.7 Consumação e tentativa

Consuma-se o delito em tela quando ocorre a *traditio*. Haverá tentativa quando a vítima não receber a mercadoria por descobrir a fraude ou por ter sido alertada por terceiro.

15.14.8 Fraude no comércio de metais ou pedras preciosas

Cominando penas idênticas ao do estelionato, no art. 175, § 1º, é incriminada a fraude no comércio de metais ou pedras preciosas: "Alterar em obra que lhe é encomendada a qualidade ou o peso de metal ou substituir, no mesmo caso, pedra verdadeira por falsa ou por outra de menor valor; vender pedra falsa por verdadeira; vender, como precioso, metal de outra qualidade: Pena – reclusão, de um a cinco anos, e multa." A razão da cominação de pena maior do que a prevista no *caput* do dispositivo é a de que são maiores os prejuízos e as dificuldades de descoberta da fraude.

A conduta primeira é a de *alterar* (modificar, mudar, fraudar) a qualidade do metal (combinar chumbo com ouro, por exemplo) ou seu peso (retirar parte do metal do interior de um objeto). É crime também *substituir* (trocar, colocar em lugar) pedra verdadeira por falsa ou por outra de menor valor (vidro por brilhante). Equipara-se à pedra a pérola (cultivada, de menor valor, por natural).[226] Também é crime *vender* pedra falsa por verdadeira ou metal precioso (ouro, prata, platina) por outro de qualidade diversa.

15.14.9 Fraude no comércio privilegiada

Para todos os tipos definidos no art. 175, aplica-se o disposto no art. 155, § 2º (art. 175, § 2º), em que se exige a primariedade do agente e o pequeno valor da coisa para a substituição ou diminuição da pena ou a imposição de simples multa.

15.14.10 Distinção

Não sendo o agente comerciante, o crime é o de fraude na entrega da coisa (art. 171, § 2º, inciso IV) ou, não se adaptando a conduta ao tipo, o de estelionato comum (art. 171, *caput*). Caso a mercadoria seja alimentícia ou medicinal, com perigo para a saúde

---

226. Nesse sentido: HUNGRIA, FRAGOSO. *Comentários*. Ob. cit. v. 7, p. 274; e FRAGOSO. *Lições*. Ob. cit. v. 2, p. 110.

15 • DO ESTELIONATO E OUTRAS FRAUDES

365

pública, poderá ocorrer crime diverso (arts. 273, 275, 276 e 280) e, sendo simplesmente nociva, o do art. 278. Embora já se tenha decidido que a venda de uísque nacional como estrangeiro configura o crime definido no art. 175, inciso I[173] ou inciso II,[174] ou ainda o de estelionato comum, a orientação predominante, inclusive no STF, é a de que o fato pode configurar um dos crimes contra a saúde pública (arts. 273, 275, 276 ou 278).[175] [227] Por vezes, tem-se exigido que fique comprovado ser a bebida realmente nociva à saúde.[176]

Pode o fato configurar, ainda, conforme suas circunstâncias, outro crime previsto no Código Penal (arts. 272, §§ 1º e 1º-A, 273, § 1º) ou crime contra a economia popular (art. 2º, incisos III e V, da Lei nº 1.521, de 26-12-1951), contra as relações de consumo (art. 7º, incisos III, IV, d, VII, IX, da Lei nº 8.137, de 27-12-1990) ou definido no Código de Defesa do Consumidor (arts. 63, 66, 67, 70).

15.15 OUTRAS FRAUDES

15.15.1 Conceito

Preceitua o art. 176: "Tomar refeição em restaurante, alojar-se em hotel ou utilizar-se de meio de transporte sem dispor de recursos para efetuar o pagamento: Pena – detenção, de quinze dias a dois meses, ou multa." Trata-se de um tipo de estelionato de pequena gravidade e que, por isso, é definido em separado, com penas sensivelmente diminuídas e possibilidade de aplicação do perdão judicial. A curiosa rubrica do artigo é "outras fraudes".

15.15.2 Objetividade jurídica

É objeto jurídico do crime em estudo o patrimônio dos comerciantes que se dedicam a atividade de alimentação, alojamento e transporte.

15.15.3 Sujeito ativo

Pratica o crime qualquer pessoa que lese a vítima nas circunstâncias estabelecidas no dispositivo.

15.15.4 Sujeito passivo

Sujeito passivo do crime definido no art. 176 é não só a pessoa física ou jurídica que preste o serviço, como também o empregado (garçom, porteiro, motorista etc.) que, não arcando com o prejuízo, é iludido pelo agente.

---

227. Nesse sentido, ao se referir a substância alimentícia: HUNGRIA, FRAGOSO. *Comentários*. Ob. cit. v. 7, p. 274; e FRAGOSO. *Lições*. Ob. cit. v. 2, p. 109.

15.15.5 Tipo objetivo

Nas três modalidades de condutas definidas no art. 176, o agente está contraindo obrigação que não pode solver. A primeira figura típica é a de *tomar refeição* em restaurante, incluindo-se aqui a ingestão de bebidas.[228] A palavra *restaurante* tem sentido amplo e engloba bares, *boites*,[(177)] cafés, lanchonetes etc. Como a ação típica é *tomar refeição*, não comete o crime quem é servido em sua residência ou aquele que adquire o jantar para consumi-lo em outro local. A segunda ação é a de *alojar-se* em hotel, abrangendo-se qualquer tipo de casa em que se aceitem hóspedes (pensão, pensionato, motel, albergue etc.). É crime, ainda, *utilizar-se de meio de transporte* (ônibus, trem, táxi, barco etc.) nos casos em que o pagamento é feito durante a viagem ou ao final dela. Não cabe aqui o caso em que o pagamento depende de bilhete; se o agente se introduz fraudulentamente no veículo, ou se utiliza de bilhete falsificado, ocorre estelionato e, no segundo caso, crime de falso, em concurso formal, segundo a doutrina.[229] A fraude que dá conteúdo ao tipo penal e o diferencia de uma simples obrigação civil é a de que o agente, com seu comportamento, atua como se pudesse efetuar o pagamento, iludindo a vítima; o silêncio do agente, não revelando não dispor de numerário, é o meio fraudulento.[(178)]

Não há crime quando o consumidor dispõe de numerário, mas não efetua o pagamento por não concordar, por exemplo, com a conta apresentada.

15.15.6 Tipo subjetivo

O dolo é a vontade de praticar uma das ações típicas, sabendo que não tem condições de efetuar o pagamento. Havendo erro (o agente esqueceu-se da carteira ou foi furtado sem o saber), não haverá o ilícito. Aquele que se arrisca, consumindo mais do que pode pagar, comete o delito por agir com dolo eventual. Exige-se o dolo específico, que é o de obter uma vantagem ilícita (refeição, alojamento ou transporte), ou seja, o propósito de não cumprir a obrigação.[(179) 230]

15.15.7 Consumação e tentativa

O delito consuma-se com a tomada da refeição, ainda que parcial, com o alojamento, ainda que por prazo de curta duração, ou com o transporte por pequeno percurso. Trata-se de crime formal, de consumação antecipada, segundo Noronha, e, por isso, não se exige prejuízo.[231] Outros afirmam que se trata de crime material, de dano.[232]

---

228. Nesse sentido: NORONHA. *Direito penal*. Ob. cit. v. 2, p. 476; FRAGOSO. *Lições*. Ob. cit. v. 2, p. 113; FARIA, Bento de. *Código penal brasileiro*. Ob. cit. v. 5, p. 192; e JESUS, Damásio E. de. *Direito penal*. Ob. cit. v. 2, p. 476.
229. Nesse sentido: JESUS, Damásio E. de. *Direito penal*. Ob. cit. v. 2, p. 476; FRAGOSO. *Lições*. Ob. cit. v. 2, p. 113; NORONHA. *Direito penal*. Ob. cit. v. 2, p. 447; e HUNGRIA. *Comentários*. Ob. cit. v. 7, p. 277.
230. Nesse sentido: NORONHA. *Direito penal*. Ob. cit. v. 2, p. 475.
231. *Direito penal*. Ob. cit. v. 2, p. 479-480.
232. Nesse sentido: HUNGRIA, FRAGOSO. *Comentários*. Ob. cit. v. 7, p. 278; e FRAGOSO. *Lições*. Ob. cit. v. 2, p. 114.

É possível a tentativa, apesar do que afirma Noronha.[233] Exemplo: o agente prepara-se para tomar a refeição quando o garçom descobre que não pode ele pagá-la, impedindo, assim, que se alimente. O pagamento do débito por terceira pessoa, apontado muitas vezes como tentativa, é simples reparação do dano.

15.15.8 Distinção

O pagamento do serviço com cheque sem fundos já tem sido considerado como o crime previsto no art. 176,[(180) 234] mas o fato configura, realmente, o delito previsto no art. 171, § 2º, inciso VI.[(181)] Já se decidiu, aliás, que "responde por estelionato e não pelo delito do art. 176 do CP o agente que, em pagamento de consumação em restaurante, entrega ao comerciante cheque falsificado".[(182)]

15.15.9 Ação penal

A ação penal é pública, mas depende de representação (art. 176, parágrafo único, primeira parte),[(183)] pois visa a lei resguardar o comerciante que, fraudado, prefere arcar com o prejuízo do que revelar o fato que, eventualmente, lhe pode influir negativamente em seus interesses comerciais.

15.15.10 Perdão judicial

Permite a lei que, conforme as circunstâncias (pequeno prejuízo, condições do agente etc.), não seja aplicada a pena (art. 176, parágrafo único, segunda parte). O estado famélico pode configurar estado de necessidade, excluindo-se aqui a antijuridicidade da conduta.

15.16 FRAUDE NA FUNDAÇÃO DE SOCIEDADE POR AÇÕES

15.16.1 Conceito

No art. 177, são definidos vários tipos penais consistentes nas fraudes ou nos abusos da fundação ou na administração de sociedade por ações. Prevê o *caput* o crime de fraude na fundação de sociedade por ações: "Promover a fundação de sociedade por ações, fazendo, em prospecto ou em comunicação ao público ou à assembléia, afirmação falsa sobre a constituição da sociedade, ou ocultando fraudulentamente fato a ela relativo: Pena – reclusão, de um a quatro anos, e multa, se o fato não constitui crime contra a economia popular."

---

233. Nesse sentido: HUNGRIA, FRAGOSO. *Comentários*. Ob. cit. v. 7, p. 278; FRAGOSO. *Lições*. Ob. cit. v. 2, p. 477. Contra: NORONHA. *Direito penal*. Ob. cit. v. 2, p. 480.
234. Nesse sentido: FRAGOSO. *Lições*. Ob. cit. v. 2, p. 114.

Trata-se de caso de subsidiariedade explícita, só sendo punido o agente nos termos do Código Penal se o fato não constituir um dos crimes previstos no art. 3º, incisos VI a X, da Lei nº 1.521, de 26-12-1951. A diferença entre o crime comum e o especial há de ser estabelecida, se o fato típico for subsumível nas duas leis, pelo sujeito passivo: caso se trate de uma ou mais pessoas determinadas, o crime é comum; se o dano ou perigo de dano atingir um número extenso, indefinido de pessoas, normalmente pequenos investidores, haverá crime contra a economia popular. Só ocorrerá o crime em estudo, assim, quando da formação de sociedades fechadas e excepcionalmente nas organizadas por subscrição pública que apresentam cunho nitidamente popular. Nestas, porém, ocorrerá o crime previsto no art. 177 do CP, se o fato não estiver definido na Lei nº 1.521.

15.16.2 Sujeito ativo

Sujeito ativo do crime em estudo é o que promove a constituição da sociedade por ações, o denominado *fundador*. Afirma Rubens Requião: "Na constituição *simultânea* da sociedade, na qual a subscrição é particular, são os primeiros subscritores do seu capital, qualquer que seja o seu número. Mas na constituição da sociedade por subscrição pública do capital, ou seja, constituição sucessiva, destacam-se os fundadores, que, espontaneamente e por sua iniciativa, assumem o encargo de liderar a constituição da sociedade."[235]

Pode, entretanto, haver coautoria, participando da conduta os componentes da instituição financeira intermediária na constituição da sociedade ou terceiros.

15.16.3 Tipo objetivo

Refere-se a lei às sociedades por ações, incluindo as sociedades anônimas e as sociedades em comandita por ações, previstas no Código Civil (arts. 1.088 a 1.092) e disciplinadas pela Lei nº 6.404, de 15-12-1976, conhecida como Lei das Sociedades por Ações, alterada por diversas leis posteriores. As últimas sociedades estão em desuso, e, no estudo do art. 177, limitar-nos-emos a referência às sociedades anônimas.

O crime previsto no *caput* só pode ocorrer na fase de formação da sociedade, quer seja ela *simultânea*, em que os subscritores do capital se reúnem e por instrumento particular, representado pela ata da assembleia geral, ou por escritura pública, a constituem, quer seja *sucessiva*, quando o capital se forma por apelo público aos subscritores.

A conduta é a de promover a fundação com fraude; o sujeito ativo induz ou mantém em erro os candidatos a sócios, o público ou os presentes à assembleia, fazendo falsa afirmação sobre circunstâncias referentes a sua constituição ou ocultando fato relevante desta. Podem girar elas sobre a falsa informação a respeito de subscrições ou entradas, de recursos técnicos da companhia, de nomes de pseudoinvestidores etc. Na

---

235. *Curso de direito comercial*. 8. ed. São Paulo: Saraiva, 1977. v. 2, p. 105.

forma omissiva, pode o agente cometer o crime, ocultando o nome de fundadores, de problemas técnicos etc., cujo conhecimento poderia prejudicar ou impedir a subscrição de ações e a própria constituição da sociedade.

A fraude pode constar do *prospecto* que deve instruir o pedido de registro de emissão das ações. É ele organizado e assinado pelos fundadores e pela instituição financeira intermediária e deve conter uma série de dados sobre o valor do capital, o número, as espécies e classes de ações, as obrigações e os contratos firmados pelos fundadores, as vantagens destes etc. Pode a fraude constar ainda de *comunicação*, escrita ou oral, formal ou não, publicada em jornais ou revistas ou divulgada por meio de qualquer meio de comunicação escrita ou falada, em especial na publicidade da oferta de subscrição de ações que antecedem a assembleia geral ou de constituição, ou na realização destas, durante a discussão.

15.16.4 Tipo subjetivo

O dolo é a vontade de fazer a falsa afirmação ou calar a verdade sobre fato relevante durante a fase de constituição da sociedade, que se estende até a publicação dos documentos relativos à constituição da companhia. O elemento subjetivo do tipo (dolo específico) é o intuito de constituir a sociedade.

15.16.5 Consumação e tentativa

Consuma-se o delito com a afirmação falsa ou com a ocultação de fato relevante no momento em que deveria ser ele revelado aos interessados. Trata-se de crime formal, prescindindo-se de resultado lesivo; basta a potencialidade de dano aos investidores ou interessados.

15.16.6 Concurso

Possível é a ocorrência de concurso do delito previsto no art. 177, *caput*, com o delito de falso (arts. 297 ss).

15.17 FRAUDES E ABUSOS NA ADMINISTRAÇÃO DE SOCIEDADES POR AÇÕES

15.17.1 Generalidades

Nos incisos do § 1º do art. 177, a lei prevê vários tipos penais relacionados com fraudes e abusos na administração de sociedade por ações, com a mesma ressalva de o fato não constituir crime contra a economia popular. Em todas as figuras, a objetividade jurídica é a mesma, ou seja, o patrimônio lesado ou posto em perigo pelas condutas típicas. São crimes *próprios*, designando a lei quais as pessoas que podem praticá-los:

diretor, gerente, fiscal e liquidante. O *diretor* é normalmente um dos maiores acionistas, eleito pelo conselho de administração ou, em sua inexistência, pela assembleia geral. O termo é específico, não incluindo o membro do conselho de administração.[236] Cabe ao conselho, órgão de deliberação e execução intermediário entre a assembleia geral e a diretoria, não só estabelecer a política econômica, social e financeira a ser seguida pela sociedade, mas também, nos termos do estatuto, deliberar sobre a emissão de ações ou de bônus de subscrição, autorizar a alienação de bens do ativo, constituição de ônus reais e a prestação de garantia e obrigações de terceiros, manifestar-se previamente sobre atos ou contratos, relatórios da administração e contas da diretoria etc. (art. 142 da Lei nº 6.404/76). Praticam os conselheiros, pois, atos de verdadeira administração e, como tais, deveriam estar incluídos no dispositivo, que urge corrigir. Nada impede, porém, que sejam eles sujeitos ativos dos crimes contra a economia popular em que não se menciona capacidade especial do sujeito ativo. Pode ser imputada a eles, ainda, a prática do crime comum quando houver coautoria ou participação, ou seja, quando agem a mando ou em conluio com o diretor. Responderão, também, por eventual crime de falso (arts. 297 ss do CP). *Gerente* é o administrador, muitas vezes pequeno acionista, espécie de gestor dos negócios da sociedade com alguns poderes de decisão, principalmente no aspecto interno. *Fiscal* é aquele que faz parte do conselho formado com a participação de três a cinco pessoas e que tem as atribuições indelegáveis que lhe confere o estatuto, as mais importantes previstas em lei, como a de fiscalizar os atos administrativos, denunciar aos órgãos da administração e à assembleia geral os erros, fraudes ou crimes que descobrir, analisar balancetes e demonstrações financeiras etc. (art. 163 da Lei nº 6.404/76). *Liquidante* é a pessoa nomeada pela assembleia geral ou conselho de administração para determinar o modo de dissolução da companhia e dirigir sua execução, competindo-lhe arquivar e publicar a ata da assembleia geral ou a certidão da sentença, arrecadar bens, livros e documentos, fazer levantar o balanço, ultimar negócios da companhia etc. (art. 210). Embora o liquidante somente seja mencionado no inciso VIII, do § 1º do art. 177, atua ele como diretor e *gerente*, podendo praticar os delitos mencionados no referido parágrafo (incisos I, II, III, IV, V e VII) diante do disposto no inciso VIII.

Nos termos da lei comercial o administrador não é responsável por atos ilícitos de outros administradores, *salvo* se com eles for conivente, se negligenciar em descobri-los ou se, deles tendo conhecimento, deixar de agir para impedir sua prática (art. 158, § 1º, da Lei nº 6.404/76). Essa disposição, evidentemente, não se aplica ao direito penal diante do princípio da culpabilidade; responderá pelo delito o administrador apenas quando praticar o ato ou colaborar, livre e conscientemente, com a conduta de outro administrador, ainda que omissivamente tenha o dever jurídico de evitá-la.

---

236. Nesse sentido: FRAGOSO. *Lições*. Ob. cit. v. 2, p. 131-132.

15 • DO ESTELIONATO E OUTRAS FRAUDES

Dada a afinidade entre as figuras penais previstas nos incisos do art. 177, §§ 1º e 2º, serão elas examinadas no presente Capítulo, assinalando-se as particularidades de cada uma delas.

15.17.2 Fraude sobre as condições econômicas

No inciso I, é definido o crime de fraude sobre as condições econômicas da sociedade por ações. Dispõe-se na lei que comete o crime "o diretor, o gerente ou o fiscal de sociedade por ações, que, em prospecto, relatório, parecer, balanço ou comunicação ao público ou à assembleia, faz afirmação falsa sobre as condições econômicas da sociedade, ou oculta fraudulentamente, no todo ou em parte, fato a elas relativo". Trata-se de crime praticado após a constituição da sociedade. O sujeito ativo é o diretor, gerente ou fiscal que, na prática do ato a que está obrigado ou que presta espontaneamente, falseia a verdade, por ação ou omissão, sobre as condições econômicas da sociedade. É dever legal ou oriundo dos estatutos que os administradores apresentem prospectos, relatórios, pareceres, balanços e até comunicações ao público. *Prospecto* é o que se refere à subscrição de ações e exige as mesmas formalidades do referente à constituição da sociedade (art. 170, § 6º, da Lei nº 6.404/76). *Relatório* é o documento elaborado pelos administradores sobre os negócios sociais e os principais fatos administrativos do exercício findo e que deve ser publicado até um mês antes da data marcada para a realização da assembleia geral ordinária (art. 133). *Pareceres* são as manifestações do conselho de administração sobre os relatórios e contas da diretoria, atos ou contratos etc. (art. 142) e do conselho fiscal a respeito do relatório anual, de propostas de órgãos da administração relativas à modificação do capital social, emissão de debêntures ou bônus, planos de investimento etc. (arts. 163 e 164) e que podem ser lidos na assembleia geral, independentemente de publicação e ainda que a matéria não conste da ordem do dia (art. 164, parágrafo único). O *balanço*, que deve ser elaborado e publicado ao fim de cada exercício social, obedecerá às disposições legais (arts. 176 ss). Observa Fragoso que a lei deveria referir-se ainda às *demonstrações financeiras* em que a fraude configurará apenas o crime de falso comum.[237] Entretanto, parece-nos que o termo relatório, empregado pela lei penal em sentido amplo, não se limita apenas ao *relatório anual*, supramencionado, mas também às demonstrações financeiras, que podem versar sobre os lucros ou os prejuízos acumulados (art. 186), o resultado do exercício (art. 187), a origem e a aplicação de recursos ou demonstração dos fluxos de caixa (art. 188), as consolidadas (art. 249), a alienação de controle (art. 254-A), bem como qualquer informação ou esclarecimento que prestem os administradores aos membros do conselho de administração (art. 163, § 2º). Por fim, refere-se a lei à *comunicação ao público*. Tem-se realçado na doutrina comercial moderna o dever de informar dos administradores (*disclosure*). Nas sociedades abertas, deve o público, em especial os acionistas menores, ser informado: da deliberação da assembleia geral ou dos órgãos de administração da

---

237. FRAGOSO. *Lições*. Ob. cit. v. 2, p. 132-133.

companhia; de fato relevante ocorrido em seus negócios, que possa influir, de modo ponderável, na decisão dos investidores do mercado de vender ou comprar valores mobiliários emitidos pela companhia; do número dos valores mobiliários de emissão da companhia ou de sociedades contratadas ou do mesmo grupo, que tiver adquirido ou alienado, diretamente ou por meio de outras pessoas, no exercício anterior, das opções de compra de ações de que tiver contrato; enfim, de "quaisquer atos ou fatos relevantes nas atividades da companhia" (art. 157, § 1º). Comete crime o administrador que, encarregado da elaboração de uma dessas peças, faz falsa afirmação, ou omite a verdade sobre ponto relevante, quando se refira às condições econômicas da sociedade.

O elemento subjetivo é o dolo, ou seja, a vontade de falsear a verdade, por ação ou omissão, pouco importando o motivo: necessidade de encobrir situação ruinosa, desejo de mostrar eficiência, fim de obter empréstimo ou subscrições etc. Inexistente a vontade de falsear a verdade ou ocultá-la, não ocorre o delito que não admite, também, a forma culposa.

Consuma-se o crime em estudo com a falsa declaração ou a omissão fraudulenta, independente de resultado lesivo.

15.17.3 Falsa cotação de ações ou títulos

Nos termos do inciso II, pratica crime o "diretor, o gerente ou o fiscal que promove, por qualquer artifício, falsa cotação das ações ou de outros títulos da sociedade".

A falsa cotação de ações ou outros títulos (debêntures, bônus de subscrição etc.) é, em regra, o expediente utilizado para atrair capitais, por meio de subscrição, ou de obter empréstimos, induzindo-se em erro os investidores e as pessoas jurídicas que perpetram transações com a sociedade. Nada impede que se pretenda depreciar o valor das ações para serem elas adquiridas por preço menor pelo agente ou por terceiro.

Sujeito ativo é o diretor, gerente ou fiscal que pratica o ato incriminado. A conduta é a de promover falsa cotação, fraudulentamente, ou seja, mediante artifício. Tem-se entendido que o crime somente pode ser praticado em relação a empresa cujos títulos têm cotação *regular no mercado*.[238]

O meio utilizado pelo agente é *qualquer artifício*, expressão ampla que inclui desde a simples mentira até falsificações, normalmente operações fictícias. Cabe à Comissão de Valores Mobiliários reprimir e prevenir tais expedientes fraudulentos.

O elemento subjetivo é a vontade de promover a falsa cotação, não exigindo a lei o dolo específico; ocorre o crime qualquer que seja o intuito do agente. Como os demais, trata-se de crime formal, de consumação antecipada, não se exigindo lesão efetiva ou locupletação do agente.

---

238.   Nesse sentido: FRAGOSO. *Lições*. Ob. cit. v. 2, p. 135; e DELMANTO. *Código penal anotado*. Ob. cit. p. 194.

15.17.4 Empréstimo ou uso indevido de bens ou haveres

Comete também crime "o diretor ou o gerente que toma empréstimo à sociedade ou usa, em proveito próprio ou de terceiro, dos bens ou haveres sociais, sem prévia autorização da assembleia geral" (art. 177, § 1º, inciso III).

Visa o dispositivo a proteger a sociedade dos administradores que, por sua situação na empresa, lançam mão de bens desta, em proveito próprio ou de terceiro, quando devem, nos termos da lei, servi-la com lealdade. É vedado ao administrador, sem prévia autorização da assembleia geral ou do conselho de administração, "tomar por empréstimo recursos ou bens da companhia, ou usar, em proveito próprio, de sociedade em que tenha interesse, ou de terceiros, os seus bens, serviços ou créditos" (art. 154, § 2º, *b*, da Lei nº 6.404). Aquele que tomar de empréstimo (mútuo, comodato) ou usar de bens (móveis ou imóveis) sem autorização necessária, comete tal delito.

O dolo é a vontade de praticar o ato incriminado. O erro do agente que, de boa-fé, obtém o empréstimo ou usa bens exclui o crime (erro de tipo) e, havendo culpa, a responsabilidade será apenas civil. Exige-se o elemento subjetivo do tipo (dolo específico), que é o proveito próprio ou de terceiro. Trata-se, porém, de crime de mera conduta, que dispensa o prejuízo concreto para sua configuração.[184] Não descaracteriza o crime o fato de obter o agente, posteriormente, autorização que vise a sanar a ilegalidade do empréstimo ou o uso já ocorrido.

15.17.5 Compra e venda ilegais de ações

Comete também crime o "diretor ou o gerente que compra ou vende, por conta da sociedade, ações por ela emitidas, salvo quando a lei o permite" (art. 177, § 1º, inciso IV).

Dispõe o art. 30 da Lei nº 6.404/76 um princípio básico das sociedades anônimas: "A companhia não poderá negociar com as próprias ações." Em reforço ao dispositivo, a lei penal define o fato praticado por diretor ou gerente como crime. Os que adquirem destes ou a estes vendem as ações não são sujeitos ativos de crime. Trata-se de crime próprio, que pode ser praticado apenas por pessoas que estão revestidas daquela qualificação especial (diretor ou gerente), e, embora se admita coautoria e participação na conduta, esta se dá na do agente (de vender ou comprar em nome da sociedade) e não no polo oposto (de comprar *da* ou vender *para* a sociedade).

Configura-se o crime com a compra ou a venda das ações, tidas estas como qualquer daqueles negócios jurídicos "que se reduzem ao escambo de uma coisa por um preço".[239] Excepcionalmente, a lei prevê a possibilidade de a própria sociedade vender ou comprar suas ações, não existindo nesse caso, evidentemente, o crime, a não ser que não sejam obedecidas as condições legais (art. 30, §§ 1º a 5º).

---

239. FRAGOSO. *Lições*. Ob. cit. v. 3, p. 138; PEDRAZZI, C., e COSTA JR., P. J. *Direito penal das sociedades anônimas*. São Paulo: Revista dos Tribunais, 1973. p. 13.

O elemento subjetivo é a vontade de comprar ou vender, não se exigindo qualquer fim especial.

A consumação dá-se com a compra ou a venda, independentemente de causar ela qualquer prejuízo. Trata-se de crime de perigo presumido.

15.17.6 Caução e penhor ilegais

Comete crime também "o diretor ou o gerente que, como garantia de crédito social, aceita em penhor ou em caução ações da própria sociedade" (art. 177, § 1º, inciso V).

O diretor ou o gerente que aceita como garantia de crédito da sociedade ações dessa mesma sociedade está concordando com caução ou penhor fictícios. Evidentemente, não se refere a lei às ações que são recebidas como garantia de gestão de seus diretores, e sim às que devem ser prestadas por devedores ou acionistas. É o que se depreende do art. 30, § 3º, da Lei nº 6.404/76, que não permite aquela garantia, porque, caso contrário, estaria admitindo que a sociedade fosse credora e fiadora simultaneamente.

15.17.7 Distribuição de lucros ou dividendos fictícios

Comete crime, ainda, "o diretor ou o gerente que, na falta de balanço, em desacordo com este, ou mediante balanço falso, distribui lucros ou dividendos fictícios" (art. 177, § 1º, inciso VI). A companhia somente pode pagar dividendos à conta de lucros líquidos do exercício, de lucros acumulados e de reserva de lucros, e à conta de reserva de capital, no caso de ações preferenciais (art. 201, da Lei nº 6.404/76). *Lucro líquido do exercício* é o que for apurado em balanço, depois de deduzidas as participações obrigatórias nos termos do estatuto (art. 202). Pune-se, pelo dispositivo, a distribuição de lucros ou dividendos (pagamento ou crédito aos acionistas) inexistentes, irreais, utilizando-se o agente de um balanço falso, que não corresponde à realidade, ou na ausência deste, ou mesmo em desacordo com o que ficou consignado no balanço ilegítimo ou falso. Duas são as razões da incriminação: o agente pode obter uma vantagem pessoal ilegítima em prejuízo da sociedade, uma vez que os administradores participam do lucro da companhia (art. 152 da Lei nº 6.404/76), e a distribuição de falsos lucros ou dividendos induz em erro os investidores, dando a impressão de prosperidade e obtendo, com isso, muitas vezes, captação de recursos.

O dolo do delito é a vontade de distribuir lucros ou dividendos fictícios, ciente o agente que o faz em desacordo com o balanço, na falta deste ou mediante balanço fraudulento.

Consuma-se o crime com a distribuição dos lucros ou dividendos, não havendo necessidade de que o agente obtenha proveito econômico.

Sendo elaborado falso balanço, haverá concurso material com o crime de falso (art. 299) ou de uso de documento falso (art. 304), conforme tenha sido o agente ou não o autor da falsificação.

15 • DO ESTELIONATO E OUTRAS FRAUDES **375**

15.17.8 Aprovação fraudulenta de conta ou parecer

Comete crime "o diretor, o gerente ou o fiscal que, por interposta pessoa, ou conluiado com acionista, consegue a aprovação de conta ou parecer" (art. 177, § 1º, inciso VII).

Na assembleia geral ordinária, devem ser apreciadas as contas ou pareceres (arts. 132 a 134 da Lei nº 6.404/76). Os administradores da companhia não poderão votar como acionistas ou procuradores o relatório anual, as demonstrações financeiras ou os pareceres independentes (art. 134, § 1º). Têm eles interesse na aprovação porque, sendo esta sem reservas, estarão eles exonerados de responsabilidade, assim como os fiscais (art. 134, § 3º). Podem, portanto, pretender a aprovação fraudulentamente, convencendo alguém a quem cedem suas ações para votar (é o *testa de ferro* ou *homem de palha*) ou induzindo acionistas a que aprovem as contas ou pareceres. É necessário, evidentemente, que haja fraude ou falsidade nos documentos, ou seja, "que as contas ou pareceres devam estar em contraste com a verdade, importando sua aprovação lesão ou perigo de lesão ao interesse da sociedade ou de outrem".[240] Sujeitos ativos do crime são diretores, gerentes ou fiscais que atuam em coautoria com a interposta pessoa ou acionista. A consumação ocorre com a aprovação de conta ou parecer e, se esta não for obtida, haverá tentativa. Prescreve em dois anos a ação para anular a assembleia (art. 286).

15.17.9 Crime de representante de sociedade estrangeira

Comete crime também "o representante da sociedade anônima estrangeira, autorizada a funcionar no País, que pratica os atos mencionados nos nºˢ I e II, ou dá falsa informação ao Governo" (art. 177, § 1º, inciso IX).

As sociedades anônimas estrangeiras podem funcionar no Brasil, legalmente, com a autorização, mediante decreto, do Governo (art. 64 do Decreto-lei nº 2.627/40), devendo manter no país um representante com plenos poderes para tratar e resolver qualquer questão (art. 67). Pode esse representante cometer os crimes de fraude sobre as condições econômicas da sociedade e de falsa cotação de ações ou títulos da sociedade (art. 177, § 1º, incisos I e II). Pode, ainda, dar falsa informação a respeito da sociedade ao Governo, respondendo criminalmente pelo fato. Exige-se que esteja ele consciente da falsidade da informação, sendo necessário que se refira esta a fato ou circunstância relevantes.

15.17.10 Negociação de voto por acionista

Cominando penas menos severas, a lei incrimina "o acionista que, a fim de obter vantagem para si ou para outrem, negocia o voto nas deliberações de assembleia geral" (art. 177, § 2º). Visa a lei a evitar que o acionista, para auferir benefício pessoal, negocie

---

240. HUNGRIA, FRAGOSO. *Comentários*. Ob. cit. v. 7, p. 292.

com seu voto na assembleia geral das sociedades por ações. O alcance do dispositivo restou diminuído com a Lei nº 6.404/76, que permite o acordo de acionistas, inclusive quanto ao exercício do direito de voto (art. 118). Restará a incriminação quando a negociação não estiver revestida das formalidades legais ou contrariar dispositivo expresso da lei.

O crime é de perigo, consumando-se com a simples negociação, ou seja, com o acordo ilícito efetuado pelo acionista. Caso o acordo gire sobre a aprovação de conta ou parecer, pratica o agente o crime previsto no art. 177, § 1º, inciso VII, e não o que se examina.

O dolo é a vontade livre e consciente de negociar o voto, exigindo-se o elemento subjetivo do tipo (dolo específico), que é o de obter vantagem para si ou para outrem. Entende Fragoso que a vantagem deve ser de natureza econômica, mas parece-nos ocorrer também o crime quando o intuito for diverso (desejo de ser eleito para uma função, conseguir favores destituídos de valor econômico de diretor etc.).

15.17.11 Distinção

As infrações aos dispositivos legais referentes às entidades financeiras estão agora tipificadas na Lei nº 7.492, de 16-6-1986, que define os crimes contra o Sistema Financeiro Nacional e dá outras providências (arts. 2º a 23). As condutas descritas como crimes de sonegação fiscal do art. 1º da Lei nº 4.729, de 14-7-1965, foram também redefinidas como crimes contra a ordem tributária na Lei nº 8.137, de 27-12-1990.

15.18 EMISSÃO IRREGULAR DE CONHECIMENTO DE DEPÓSITO OU *WARRANT*

15.18.1 Conceito

Define-se no art. 178 o crime de emissão irregular de conhecimento de depósito ou *warrant*: "Emitir conhecimento de depósito ou *warrant*, em desacordo com disposição legal: Pena – reclusão, de um a quatro anos, e multa."

15.18.2 Objetividade jurídica

Protege o dispositivo legal o patrimônio, em especial a normalidade das relações comerciais e a fé pública, dos títulos de crédito circuláveis por endosso.

15.18.3 Sujeito ativo

Em regra, pratica o crime o depositário da mercadoria, mas qualquer pessoa pode ser sujeito ativo do crime em apreço.

15.18.4 Sujeito passivo

Sujeito passivo do delito previsto no art. 178 é o portador ou o endossatário dos títulos, ou seja, "o adquirente de uma mercadoria onerada com o penhor constituído para garantia do portador do *warrant*".[241]

15.18.5 Tipo objetivo

O conhecimento de depósito e o *warrant* são títulos de crédito disciplinados no Decreto nº 1.102, de 21-11-1903 (Decreto do Poder Legislativo), que regula os armazéns gerais e os títulos de sua emissão relacionados às mercadorias neles depositadas, em parte modificado pela Lei Delegada nº 3, de 26-9-1962. Considera a lei "empresas de Armazéns Gerais" as que têm por fim a guarda e a conservação de mercadorias e a emissão dos títulos que as representam: conhecimento de depósito e *warrant*. Tornam-se, assim, os depositários de mercadorias que podem ser negociadas. Os títulos mencionados "nascem ligados um ao outro, como se fossem xifópagos".[242] O primeiro incorpora o direito de propriedade sobre a mercadoria que representa, o segundo refere-se à posse, a título de penhor, sobre a mesma mercadoria. Esses títulos podem ser negociados unidos (e o endossatário possuirá nesse caso a propriedade plena) ou separadamente, e sua transferência opera-se pelo endosso em branco ou preto. Devem eles conter os requisitos formais mencionados no § 1º, do art. 15, do Decreto nº 1.102; a denominação da empresa emissora e sua sede; o nome, a profissão e o domicílio do depositante ou de terceiro por aquele indicado; o lugar e o prazo do depósito etc. Em face de sua natureza peculiar e das disposições legais, "não pode ser emitido incompleto, mesmo porque os requisitos estabelecidos no art. 15 do diploma legal, regulador de tal título, são aqueles rigorosamente indispensáveis para determinar concretamente a responsabilidade do Armazém Geral e garantir a identidade da mercadoria".[243] A conduta ilícita é *emitir*, que consiste não só no preenchimento do título e na sua assinatura, como também em colocá-lo em circulação, em desacordo com as disposições legais. Comete-se o crime, pois, quando: a empresa que os emitir não estiver legalmente constituída (art. 1º do Decreto nº 1.102); não houver autorização do governo federal nos casos em que ela é exigida (arts. 2º e 4º); não existirem em depósito as mercadorias ou gêneros especificados nos títulos;[185] mais de um título for emitido para a mesma mercadoria, exceto quando a lei o permite (art. 20).

A Lei nº 11.076, de 30-12-2004, que instituiu o certificado de depósito agropecuário (CDA) e o *warrant* agropecuário (WA), dispõe que incorre nas penas do art. 178 do Código Penal quem emitir qualquer desses títulos em desacordo com as prescrições legais (art. 14).

---

241. BORGES, João Eunápio. *Títulos de crédito*. 3. ed. São Paulo: Forense, 1975. p. 253.
242. REQUIÃO, Rubens. *Curso de direito comercial*. Ob. cit. v. 2, p. 463.
243. MIRANDA JR., Darcy Arruda. *O warrant no direito brasileiro*, p. 100.

15.18.6 Tipo subjetivo

Consiste o dolo do crime em estudo na vontade de emitir os títulos, tendo o agente ciência de sua irregularidade. Não havendo forma culposa, não responderá criminalmente aquele que, por negligência, ignorava a irregularidade da constituição geral ou a ausência de autorização oficial para a emissão dos títulos.

15.18.7 Consumação e tentativa

Tratando-se de crime formal e de perigo, o delito previsto no art. 178 consuma-se com a circulação dos títulos, não se exigindo prejuízo efetivo. Não constitui crime, afirma Hungria, "a emissão de um título único (somente o conhecimento de depósito ou somente o *warrant*); não é isso uma irregularidade, pois, se a emissão dos dois títulos é um benefício do depositante, pode este contentar-se com um só deles".[244] A irregularidade, porém, de um só é criminosa.

A tentativa é impossível: ou o título foi endossado, entrando em circulação e está consumado o delito, ou não houve a transferência, ocorrendo apenas atos preparatórios.

15.18.8 Distinção

O desvio de mercadoria por parte do depositário (armazém geral) constitui apropriação indébita e a substituição das mercadorias, estelionato.

15.19 FRAUDE À EXECUÇÃO

15.19.1 Conceito

O último dos delitos do Capítulo VI é a fraude à execução, definida no art. 179: "Fraudar execução, alienando, desviando, destruindo ou danificando bens, ou simulando dívidas: Pena – detenção, de seis meses a dois anos, ou multa."

Dispõe o art. 1.228 do CC que "o proprietário tem a faculdade de usar, gozar e dispor da coisa, e o direito de reavê-la do poder de quem quer que injustamente a possua ou detenha". Às vezes, porém, o proprietário não pode dispor de seus bens, e um desses casos é o de que eles são a garantia do credor. A alienação, o desvio ou a destruição constitui o ilícito penal previsto no art. 179.

15.19.2 Objetividade jurídica

Protege-se com o dispositivo o patrimônio do credor (que é a garantia de crédito) e, indiretamente, a regular administração da justiça.

---

244. *Comentários*. Ob. cit. v. 7, p. 295.

15.19.3 Sujeito ativo

Pratica o crime o devedor que defrauda a execução com a prática de uma das condutas enumeradas na lei. O coproprietário, ciente da execução, também comete o delito, não exigindo a lei que a fraude seja praticada exclusivamente pelo devedor. Tratando-se de comerciante e advindo falência, ocorre crime falimentar; na inexistência da quebra, configura-se o crime em estudo.

15.19.4 Sujeito passivo

Sujeito passivo é o credor que, com a alienação, desvio etc., fica sem a garantia de seu crédito.

15.19.5 Tipo objetivo

Pressuposto indeclinável da existência da fraude à execução é uma ação civil em fase de execução ou uma ação executiva.[245] Refere-se Noronha à "execução aparelhada"[246] e Bento de Faria à desnecessidade da execução ajuizada ou à iminência da execução,[247] mas o tipo penal só existe quando houver fraude à *execução*. Já se tem decidido, porém, que basta haver uma lide civil com a citação do devedor para o processo, quer de conhecimento, quer de execução.[186]

Várias são as modalidades de conduta previstas na lei: *alienar* (prática de ato jurídico em que se transfere ou renuncia ao patrimônio – venda, permuta, doação etc.); *desviar* (a conduta de quem dá destino à coisa diverso do regular, ocultando, remetendo para fora do país etc.); *destruir* e *danificar* (item 13.1.6), e *simular dívidas* (fraude em que o devedor aumenta ficticiamente seu passivo). A enumeração legal é taxativa,[187] não configurando o crime, por exemplo, a renúncia a usufruto.[188] O pseudocredor será o coautor do crime, exigindo-se, porém, que promova o concurso de credores para a consumação do delito.[248]

Constitui fraude à execução o ato do executado que, após a penhora de seus bens, os vende a terceiro,[189] quer seja o agente depositário, quer não.[190] Já se decidiu, porém, pela inexistência do crime quando é vendida coisa que fora compromissada anteriormente à penhora.[191] Desnecessário, porém, para a configuração do delito, que haja penhora efetiva, bastando, como já se afirmou, ter sido efetuada a citação válida (art. 240 do CPC).

---

245. Nesse sentido: HUNGRIA, FRAGOSO. *Comentários*. Ob. cit. v. 7, p. 296; FRAGOSO. *Lições*. Ob. cit. v. 2, p. 120; e JESUS, Damásio E. de. *Direito penal*. Ob. cit. v. 2, p. 484.
246. *Direito penal*. Ob. cit. v. 2, p. 501.
247. *Código penal brasileiro*. Ob. cit. v. 5, p. 203.
248. Nesse sentido: HUNGRIA, FRAGOSO. *Comentários*. Ob. cit. v. 7, p. 298; e FRAGOSO. *Lições*. Ob. cit. v. 2, p. 120.

15.19.6 Tipo subjetivo

O dolo do delito é a vontade de praticar uma das condutas enumeradas na lei, ciente o agente de que há execução pendente. Embora não esteja expresso na lei, exige-se o dolo específico, que é o de frustrar a ação movida pelo credor, furtando-se ao cumprimento da obrigação.[249] Não importa, entretanto, qual seu motivo (vingança, interesse econômico etc.).

15.19.7 Consumação e tentativa

Consuma-se a fraude à execução com alienação, desvio, destruição, dano à coisa ou com simulação da dívida, desde que haja prejuízo para o credor, isto é, com carência ou insuficiência, real ou simulada, de bens em que se possa filiar a penhora. Não há crime, portanto, se a ação praticada não afetar o patrimônio do devedor, que continua bastante para a execução da dívida.[192]

Há tentativa quando o agente pratica a conduta ou inicia a prática desta, mas não consegue fraudar a execução por continuar com bens suficientes a garanti-la.

15.19.8 Distinção

A prática de uma das condutas antes do início da execução não configura o ilícito em apreço, mas, se a própria coisa objeto de uma ação de conhecimento for alienada etc., ocorrerá o crime de estelionato definido no art. 171, § 2º, inciso II, já que se trata de coisa *litigiosa*. O fato praticado no curso da execução que não se amolda ao tipo previsto no art. 179 pode caracterizar o crime de fraude processual (art. 347). Caso a conduta seja praticada por empresário e ocorra a falência ou a concessão da recuperação judicial ou a homologação do plano de recuperação extrajudicial, o fato pode configurar um dos crimes previstos nos arts. 168 a 178 da Lei de Falências (Lei nº 11.101, de 9-2-2005), que prevê a existência de uma dessas sentenças como condição objetiva de punibilidade (art. 180).

15.19.9 Concurso

Havendo falsidade, ocorrerá concurso material com o crime de fraude à execução.

15.19.10 Ação penal

Nos termos do art. 179, parágrafo único, o crime é apurado mediante queixa. Esqueceu-se o legislador das execuções promovidas pelo Poder Público, caso em que a fraude deveria ser objeto de ação pública incondicionada. O lapso foi corrigido pela Lei

---

249. Nesse sentido: HUNGRIA, FRAGOSO. *Comentários*. Ob. cit. v. 7, p. 298-299; FRAGOSO. *Lições*. Ob. cit. v. 2, p. 121; JESUS, Damásio E. de. *Direito penal*. Ob. cit. v. 2, p. 484; e NORONHA. *Direito penal*. Ob. cit. v. 2, p. 504.

nº 8.699, de 27-8-1993, que acrescentou o § 2º ao art. 24 do CPP, dispondo: "Seja qual for o crime, quando praticado em detrimento do patrimônio ou interesse da União, Estado e Município, a ação penal será pública."

A decadência opera-se em seis meses a contar do conhecimento do fato e da autoria, e não da publicidade do ato (registro da venda, doação etc.) que não extravasa o âmbito meramente civil, já que na esfera penal não se admite qualquer presunção.[193]

16

DA RECEPTAÇÃO

16.1 RECEPTAÇÃO

16.1.1 Conceito

Com a nova redação que lhe foi dada pelo art. 1º da Lei nº 9.426, de 24-12-1996, no art. 180, *caput,* ficou assim tipificado o crime de receptação dolosa: "Adquirir, receber, transportar, conduzir ou ocultar, em proveito próprio ou alheio, coisa que sabe ser produto de crime, ou influir para que terceiro, de boa-fé, a adquira, receba ou oculte: Pena – reclusão, de um a quatro anos, e multa." O mesmo artigo criou uma figura de receptação dolosa qualificada, como crime próprio, praticado na atividade comercial, definindo-o no § 1º do art. 180 (item 16.1.11).

Trata-se de um crime *sui generis*, criado em substituição à injusta incriminação do agente como coautor ou partícipe do crime pressuposto. A receptação é, portanto, um crime autônomo, não se podendo falar em coautoria ou participação quando o agente pratica a conduta após a consumação do delito antecedente. Evidentemente, caso ele tenha conhecimento do fato anteriormente, colaborando de alguma forma na conduta do seu autor material, responde pelo crime antecedente e não por receptação.

16.1.2 Objetividade jurídica

O objeto jurídico do crime é, ainda, o patrimônio, uma vez que há nova violação do direito do proprietário, já anteriormente atingido pelo delito antecedente. Ademais, a receptação afasta a coisa ainda mais do legítimo proprietário, embora já tenha sido ele desapossado dela. Indiretamente, a receptação viola também o interesse da administração pública, dificultando as ações policial e judicial no restabelecimento do direito.

16.1.3 Sujeito ativo

Qualquer pessoa pode ser sujeito ativo do crime de receptação. Autor, coautor ou partícipe do crime antecedente, entretanto, responde apenas por este e não pelo crime acessório.[1] Assim, o partícipe do furto que influi para que terceiro adquira a coisa subtraída responde apenas pela infração prevista no art. 155 e não pela receptação, considerada *post factum* não punível. Ensina Noronha que o proprietário da coisa receptada pode ser sujeito ativo, como no caso daquele que adquire do ladrão a própria coisa que dera em penhor por um empréstimo, a fim de frustrar a garantia pignoratícia.[250] Pode o advogado cometer o crime em exame ao receber, como pagamento de seus honorários, coisa que sabe ser produto de crime. Tratando-se de pagamento em dinheiro, além do conhecimento da origem ilícita, é necessário que fique positivado que o cliente não tinha condições de saldar a obrigação de outra forma, sabendo disso o profissional.

16.1.4 Sujeito passivo

Sujeito passivo da receptação é o proprietário da coisa que foi objeto do crime antecedente.

16.1.5 Tipo objetivo

Pressuposto indispensável do crime de receptação é a prática de um crime anterior. Trata-se de *crime acessório* ou parasitário, somente caracterizado quando a coisa é produto de crime. Não há necessidade da existência de inquérito policial, processo e muito menos sentença em que se ateste a ocorrência do crime antecedente, mas torna-se indispensável a prova da sua ocorrência.[2]

Não exige a lei que o crime antecedente esteja relacionado entre os crimes patrimoniais. Pode-se praticar receptação de coisa produto de peculato, lenocínio, falsidade, contrabando e descaminho,[3] e mesmo de receptação.[4-5]

Referindo-se a lei a produto de *crime*, não ocorrerá o delito se a infração penal anterior for *contravenção*; Hungria cita a hipótese daquele que adquire produto de caça proibida como fato impunível.[251]

Por força da Lei nº 9.426/96, nos termos do art. 180, § 4º, a "receptação é punível, ainda que desconhecido ou isento de pena o autor do crime de que proveio a coisa". Há crime, portanto, quando se adquire coisa que foi subtraída por pessoa desconhecida, bastando a prova de que houve crime antecedente e de que o receptador tinha conhecimento do fato. Há receptação, também, quando a coisa provém, por exemplo, de subtração praticada por menor ou inimputável[6] ou por uma das pessoas enumeradas no art. 181[7] (item 17.1.2). Da mesma forma é indiferente que o acusado do crime anterior tenha sido absolvido por falta de provas da autoria ou que se tenha julgado extinta a sua punibilidade (art. 108). Entende Noronha que, "se a subtração de uma coisa se der por um indivíduo em estado de necessidade, a justificativa não socorrerá ao receptador".[252]

---

250. NORONHA, E. Magalhães. *Direito penal*. 13. ed. São Paulo: Saraiva, 1977. v. 2, p. 512-513.
251. HUNGRIA, Nelson, FRAGOSO, Heleno Cláudio. *Comentários ao código penal*. 4. ed. Rio de Janeiro: Forense, 1980. v. 7, p. 306. Sobre a aquisição de palmito extraído ilegalmente (contravenção florestal) e o crime de receptação: DORES, Wilson Alencar. Palmito: furto e receptação. *RT* 698/322-324.
252. *Direito penal*, v. 2, p. 512-513.

A lei, entretanto, refere-se apenas à *isenção da pena* e nas causas justificadas *não há crime*, razão pela qual não haverá receptação nesse caso.

Prevê a lei várias condutas, distinguindo-se os casos de receptação *própria* e *imprópria*.

No primeiro, conforme a nova redação, as condutas típicas são adquirir, receber, transportar, conduzir ou ocultar. *Adquirir* significa obter a propriedade (compra, dação em pagamento, permuta, doação, herança etc.). Não há necessidade de contrato, respondendo por receptação aquele que se apropria de coisa que o ladrão atira fora quando perseguido. Nem sempre a receptação se dá por título injusto. Gerson de Franceschi Vieira exemplifica: "No caso de sucessão, o herdeiro que adquire a coisa, ciente da sua origem criminosa, pratica o delito; o credor que, para se pagar, aceita coisa que sabe ser produto de crime, é receptador."[253] *Receber* é a conduta de quem, sem o *animus rem sibi habendi*, toma posse da coisa. *Transportar* é levar, transferir ou carregar a coisa de um lugar para outro. *Conduzir* é dirigir, guiar um veículo qualquer (automóvel, caminhão, ônibus, motocicletas, bicicletas etc.) de um lugar a outro. *Ocultar* significa esconder, colocar em lugar em que não se pode encontrar a coisa, conduta que normalmente ocorre após o recebimento da coisa. Nas hipóteses de transportar, conduzir e ocultar, há crime permanente, que permite a prisão em flagrante enquanto durarem o transporte, a condução e a ocultação.[(8)]

Na receptação *imprópria* o agente influi para que terceiro, de boa-fé, adquira, receba ou oculte a coisa. *Influir* quer dizer convencer, estimular, induzir alguém a adquirir, ocultar ou receber. Não se exige que a mediação seja bem-sucedida, bastando que seja idônea e inequívoca para se configurar o delito. Caso o adquirente também esteja de má-fé, ambos responderão pelo mesmo delito de receptação.[(9)] Observa, corretamente, Arthur Cogan: "Poderá, também, ocorrer o concurso culposo de quem, adquirindo objetos furtados, apesar de não ter agido com má-fé, incidiu nas formas culposas, previstas na lei, para a receptação."[254]

A simples omissão não configura o delito e, assim, aquele que sabe onde está oculta a coisa não comete o crime por não revelar o fato, podendo incidir no art. 342, se for testemunha.

O objeto material da receptação é a coisa produto de crime. Discute-se a possibilidade de crime no caso da aquisição de coisa *imóvel*. Tem-se entendido que o dispositivo se refere apenas a coisas móveis, pelas seguintes razões: (a) só as coisas móveis podem provir de crime anterior (o que não é correto);[255] (b) a palavra "receptáculo" significa abrigo, esconderijo, e só coisas móveis podem ser ocultadas;[256] e (c) a conduta

---

253. Da receptação. *Justitia* 93/112.
254. Receptação imprópria. *Justitia* 37/166.
255. Assim pensa FARIA, Bento de. *Código penal brasileiro comentado*. Rio de Janeiro: Record, 1959. v. 5, p. 207-208.
256. É o pensamento de NORONHA. *Direito penal*. Ob. cit. v. 2, p. 516; e JESUS, Damásio E. de. *Direito penal*. 4. ed. São Paulo: Saraiva, 1982. v. 2, p. 457-458.

implica o deslocamento da coisa.[257] Fragoso, com base nas doutrinas alemã e suíça, pensa o contrário.[258] Na verdade, a lei não distingue entre coisas móveis e imóveis, nem há razão para se afirmar que é necessário o deslocamento da coisa. O *nomen juris*, por si só, não deve levar à conclusão de que o legislador quis referir-se apenas às coisas móveis, pois fácil seria limitar o dispositivo, como fez em outros tipos (arts. 155, 157 etc.). É perfeitamente possível que um imóvel possa ser produto de crime (estelionato, falsidade etc.). Na jurisprudência já se tem afirmado que essa posição é discutível,[10] mas o STF e o STJ têm decidido pela impossibilidade de receptação de bem imóvel.[11]

Não se descaracteriza o delito, porém, se a coisa produto de crime é transformada em outra, mesmo em dinheiro, para depois ser transferida ao receptador, já que a lei se refere, indistintamente, a *produto de crime* (direto ou indireto).[259] Não há receptação, porém, quando se tratar de instrumentos do crime ou da paga ou recompensa pela prática do delito.[260] Nesses casos, não se trata de produto de crime, e o fato poderá constituir o delito de favorecimento pessoal ou real (arts. 348 e 349).

16.1.6 Tipo subjetivo

No art. 180, *caput,* a lei refere-se ao dolo genérico, que é a vontade de adquirir, receber, transportar, conduzir ou ocultar a coisa, ou a de influir para que terceiro o faça. Só se tipifica a receptação, porém, quando o agente tem certeza de que a coisa provém de crime.[12] Não basta, pois, o dolo eventual.[13] Na dúvida quanto à origem da coisa, ocorre a receptação culposa[14] (item 16.1.13).

Afirma-se que se configura também o crime quando a ciência da origem criminosa da coisa é posterior à sua aquisição (*dolus subsequens*).[15][261] A solução, *data venia*, não é das melhores; não existe dolo subsequente, pois o elemento subjetivo deve estar contido na conduta típica (receber, adquirir) e o conhecimento posterior da origem criminosa não pode ser trasladado para o momento dela. Não há crime nesse caso, ocorrendo o ilícito apenas quando, após ter recebido a coisa e descobrindo o agente a sua origem ilícita, a oculta ou influi para que terceiro a adquira.[262]

---

257. HUNGRIA. *Comentários.* Ob. cit. v. 7, p. 304.
258. *Lições de direito penal.* 3. ed. São Paulo: José Bushatsky, 1977. v. 2, p. 163. Nesse sentido: ARAÚJO, Francisco Fernandes de. A coisa imóvel como objeto material do crime de receptação. *RT* 626/261-270.
259. Nesse sentido: FARIA, Bento de. *Código penal brasileiro.* Ob. cit. v. 5, p. 207; HUNGRIA, FRAGOSO. *Comentários.* Ob. cit. v. 7, p. 304-305; FRAGOSO. *Lições.* Ob. cit. v. 2, p. 163-164; e NORONHA. *Direito penal.* v. 2, p. 517.
260. Nesse sentido: HUNGRIA, FRAGOSO. *Comentários.* Ob. cit. v. 7, p. 305; FRAGOSO. *Lições.* Ob. cit. v. 2, p. 164; NORONHA. *Direito penal.* Ob. cit. v. 2, p. 518; e JESUS, Damásio E. de. *Direito penal.* Ob. cit. v. 2, p. 488. Contra: FARIA, Bento de. Ob. cit. v. 5, p. 208.
261. Nesse sentido: HUNGRIA, FRAGOSO. *Comentários.* Ob. cit. v. 7, p. 306-307.
262. Nesse sentido: NORONHA. *Direito penal.* Ob. cit. v. 2, p. 520; JESUS, Damásio E. de. *Direito penal.* Ob. cit. v. 2, p. 490; e FRAGOSO. *Lições.* Ob. cit. v. 2, p. 165-166.

16 • DA RECEPTAÇÃO   387

Exige-se o elemento subjetivo do tipo (dolo específico) que é o intuito de obter proveito próprio ou em favor de terceiro. Não há receptação, mas favorecimento real, porém, quando a conduta do agente visa ao proveito do autor do crime pressuposto.[16]

16.1.7 Consumação e tentativa

A consumação do crime de receptação própria ocorre quando o agente pratica uma das condutas inscritas na lei: aquisição (transferência da propriedade); recebimento (transferência da posse ou detenção); transporte (transferência da coisa de um lugar para outro); condução (o ato de dirigir um veículo); ocultação (o ato de esconder que, normalmente, pressupõe o recebimento).

Na receptação imprópria a consumação opera-se com o procedimento de influir, ainda que sem efeito, bastando que se trate de ato idôneo e inequívoco para alcançar o objetivo; fala-se, assim, em crime formal.[263] Já se tem exigido para a consumação, porém, que o terceiro de boa-fé efetivamente adquira, receba ou oculte a coisa.[17]

Na receptação própria, crime material, admite-se a tentativa,[18] que não pode ocorrer na imprópria, crime formal.

O simples ajuste para a compra é mero ato preparatório impunível.[19]

Praticando o agente duas ou mais condutas (adquirir e transportar, receber e conduzir etc.), responderá por um só delito, e, se vender a coisa, o fato não constitui estelionato e sim *post factum* não punível.[20]

16.1.8 Distinção

Se o objeto material do delito é semovente de produção ou comercialização, o crime é o de receptação de animal (art. 180-A). Configura-se o crime definido no art. 334-A, § 1º, V, se o agente atua no exercício de atividade comercial ou industrial, ainda que irregular, e a coisa é produto de contrabando. Embora íntima a afinidade entre a receptação e o favorecimento real, distinguem-se eles "porque aquela é dirigida contra o patrimônio alheio, ao passo que este é perpetrado contra a Administração Pública, e consiste em prestar, o agente, auxílio ao criminoso, permitindo-lhe tirar proveito do delito praticado".[21] Na receptação o agente visa a interesse patrimonial próprio ou alheio, no favorecimento real age em proveito exclusivo do autor do crime antecedente.[22] O procedimento *lucro faciendi*, assim, afasta a figura do favorecimento real, cujo escopo se situa no *amoris vel pietatis causa*.[23] Responde por furto e não por receptação o agente que instiga outrem a efetuar a subtração em seu benefício.[24] Se a coisa é produto de crime de violação de direito autoral, pode-se configurar um dos crimes descritos no art. 184, §§ 1º e 2º, do Código Penal e, tratando-se de violação de direito de autor de

---

263. Nesse sentido: FARIA, Bento de. *Código penal brasileiro*. Ob. cit. v. 5, p. 212; HUNGRIA, FRAGOSO. *Comentários*. Ob. cit. v. 7, p. 307; JESUS, Damásio E. de. *Direito penal*. Ob. cit. v. 2, p. 490; e NORONHA. *Direito Penal*. Ob. cit. v. 2, p. 490-519.

programa de computador, no art. 12, § 2º, da Lei nº 9.609, de 19-2-1998, dispositivos em que se prevê como elemento subjetivo do tipo o intuito de lucro, direto ou indireto ou o fim de comércio. Adquirir, receber, guardar ou ter em depósito bens, direitos ou valores provenientes da prática de infração penal pode configurar o crime de "lavagem" previsto na Lei nº 9.613, de 3-3-1998, com a redação dada pela Lei nº 12.683, de 9-7-2012 (art. 1º, § 1º, II). Configura-se o delito previsto na lei especial e não o de receptação se a conduta é praticada com o fim de "ocultar ou dissimular" a utilização desses bens ou valores provenientes da prática de anterior infração penal. Ausente essa finalidade específica, o crime é o de receptação.

16.1.9 Concurso

Na compra única de objetos produtos de vários crimes, ocorre uma única receptação,[25] e nas diversas aquisições de coisas produtos de vários ou de crime único, há crime continuado. Ocorrerá concurso material com o crime de quadrilha ou bando, ora denominado associação criminosa, quando houver uma associação estável para adquirir e vender objetos furtados.[26] A venda da coisa objeto de receptação não caracteriza, em regra, concurso material com o crime de estelionato. Entretanto, se o agente procura dar a ela características que não possui para obter preço maior, como a adulteração do número do chassi de um automóvel e falsificação dos documentos para apresentá-lo como mais novo, incide nas penas do art. 171 do Código Penal.[27]

16.1.10 Receptação qualificada pelo objeto material

Na receptação, diante da natureza do bem jurídico ofendido, que interessa a toda coletividade, a lei é mais rigorosa, qualificando o crime. Com nova redação, o § 6º, do art. 180 dispõe: "Tratando-se de bens do patrimônio da União, de Estado, do Distrito Federal, de Município ou de autarquia, fundação pública, empresa pública, sociedade de economia mista ou empresa concessionária de serviços públicos, aplica-se em dobro a pena prevista no *caput* deste artigo."

16.1.11 Receptação qualificada na atividade comercial ou industrial

Com o intuito de coibir mais severamente a receptação, em especial quando praticada por organização criminosa, o art. 1º da Lei nº 9.426, de 24-12-1996, criou, no art. 180, § 1º, um tipo de receptação qualificada no exercício de atividade comercial ou industrial, com pena de reclusão, de três a oito anos, e multa, assim definido: "Adquirir, receber, transportar, conduzir, ocultar, ter em depósito, desmontar, montar, remontar, vender, expor à venda, ou de qualquer forma utilizar, em proveito próprio ou alheio, no exercício de atividade comercial ou industrial, coisa que deve saber ser produto de crime."

Nessas hipóteses, o sujeito ativo deve ser comerciante ou industrial. Trata-se, pois, de crime próprio que só pode ser praticado por essas pessoas. Entretanto, é de se ressaltar que não se exige um ato de comércio legal, regular, pois a própria lei prevê, no § 2º, que está equiparada à atividade comercial, para esse efeito penal, "qualquer forma de comércio irregular ou clandestino, inclusive o exercício em residência". Tal dispositivo, porém, não dispensa a exigência de que, para a caracterização do crime qualificado, haja continuidade ou habitualidade na atividade comercial ou industrial por parte do sujeito ativo. Atividade comercial não compreende ato único, isolado, e sim habitualidade.

Além das condutas de adquirir, receber, transportar e conduzir, já examinadas (item 16.1.5), acrescentou a lei as de *ter em depósito* (guardar em lugar seguro, ter em estoque ou reter em nome próprio ou de outra pessoa), *desmontar* (desencaixar, separar peças de um todo), *montar* (armar, encaixar peças, aprontar para funcionar), *remontar* (montar o que foi desmontado, remendar, consertar, reparar, acrescentar ou substituir peças), *vender* (ato de transferir a propriedade da coisa tendo como contraprestação o preço), *expor à venda* (exibir, mostrar para venda), e *de qualquer forma utilizar* (fazer uso, usar, valer-se, empregar com utilidade, aproveitar, ganhar, lucrar). As novas condutas típicas, evidentemente, visam coibir principalmente a comercialização ilícita de veículos.

O tipo subjetivo é o dolo, ou seja, a vontade dirigida à prática de uma das condutas previstas no tipo. É indispensável, porém, o elemento subjetivo do tipo registrado na expressão "deve saber ser produto de crime", que não significa a necessidade de que o agente "saiba" dessa circunstância (caso contrário a lei teria repetido a expressão contida no *caput* do art. 180). Basta, portanto, para a caracterização do ilícito, a comprovação de que o agente, em decorrência das circunstâncias do fato, tinha todas as condições para saber da procedência ilícita da *res* adquirida, recebida etc. A expressão trata, na verdade, de uma regra probatória, de uma presunção legal, de que o agente, diante das circunstâncias do fato, não poderia desconhecer a origem espúria da coisa, tendo agido como dolo. Se assim não se entender, inscrevendo-se no artigo também a forma culposa, deve-se o princípio da redução teleológica da pena, aplicando-se o apenamento previsto para o tipo descrito no *caput* do art. 180.[28]

Reza o artigo que o crime ocorre não só quando o agente atua em proveito próprio, mas também quando o faz em favor de terceiro. É o que se revela na expressão "proveito próprio ou alheio".

Ocorrendo várias condutas típicas, tendo por objeto material a mesma *res,* o agente deverá ser punido apenas por crime único. Havendo condutas que se refiram a coisas diversas, ocorrerá crime continuado, se presentes as circunstâncias previstas no art. 71, *caput,* ou concurso material de crimes.

Não se aplica ao crime qualificado previsto no § 1º o disposto no § 6º do mesmo artigo, que se refere exclusivamente ao *caput.*

16.1.12 Receptação dolosa privilegiada

No caso de receptação dolosa, tanto a prevista no *caput,* como no § 1º, cabe o disposto no § 2º do art. 155. Assim, se o agente for primário e a coisa receptada for de pequeno valor, poder-se-á substituir ou reduzir a pena. Não se reconhece o privilégio quando o bem tem valor superior a um salário mínimo.[29]

16.1.13 Receptação culposa

Prevê a lei, no art. 180, § 3º, a receptação culposa: "Adquirir ou receber coisa que, por sua natureza ou pela desproporção entre o valor e o preço, ou pela condição de quem a oferece, deve presumir-se obtida por meio criminoso: Pena – detenção, de um mês a um ano, ou multa, ou ambas as penas."

Quem adquire alguma coisa deve ter a certeza de sua origem legítima, uma vez que os negócios jurídicos devem ser efetuados em condições normais. É proibida a aquisição e o recebimento de coisa produto de crime, ainda que o agente não tenha certeza sobre a sua procedência; havendo circunstâncias que gerem alguma dúvida sobre a origem da *res,* configura-se o ilícito.

As condutas, na receptação culposa, são apenas as de *adquirir* ou *receber.* Evidentemente, a ocultação está excluída porque o agente, se esconde a coisa, sabe ser ela de origem criminosa, cometendo receptação dolosa. Excetuando-se a hipótese em que o agente devia saber da origem ilícita da coisa, não são típicas as condutas meramente culposas de transportar, conduzir, ter em depósito, desmontar, montar, remontar, vender, expor à venda ou de qualquer forma utilizar coisa produto de crime, ainda que em atividade comercial ou industrial. Não pune a lei também, e parece-nos haver aí uma falha, a influência para que terceiro, de boa-fé, adquira ou receba a coisa quando o agente tem dúvida quanto à sua procedência.

Há culpa quando o sujeito ativo, por certos indícios, tem dúvida quanto à origem legítima da coisa, mas, ainda assim, a adquire ou recebe. Indica a lei três elementos que podem conduzir o agente a essa situação: a natureza da coisa; a desproporção entre o valor e o preço; e a condição de quem oferece a *res*. Pela *natureza* da coisa é possível presumir-se a sua origem ilícita (relíquias históricas conhecidas, objetos que levam gravado o nome de terceiro como proprietário etc.). Também é relevante sinal indicativo de origem ilegítima a desproporção entre o *valor* da coisa (econômico, relacionado com a sua utilidade e sujeito à oferta e à procura) e o *preço* pelo qual a coisa é alienada. Responde, assim, por receptação, quem adquire de terceiro objeto de preço inegavelmente desproporcionado ao real valor da coisa porque, na hipótese, tem o adquirente condições de suspeitar da origem criminosa da *res*.[30] Por fim, ocorre o crime diante da *condição de quem oferece* a coisa. Deve-se suspeitar, por exemplo, da origem de objetos de valor oferecidos por crianças ou menores,[31] mendigos ou por pessoas de modestos operários.[32]

Tais indícios, entretanto, têm valor relativo, devendo ser apreciado o fato no conjunto de seus elementos para que se possa afirmar que, no caso, diante das condições do negócio, o homem comum devia presumir ser a coisa produto de crime. Já se tem decidido, por isso, pela inocorrência de crime: quando o preço, embora menor do que o do valor, não é vil ou irrisório;[33] se a desproporção entre o valor da avaliação e o preço é discutível;[34] quando se apresenta apenas a desproporção entre o preço e o valor da coisa e não outras condições;[35] quando apenas o vendedor é menor;[36] na venda por elemento que se apresenta como da mesma profissão do agente que não exige nota fiscal; na aquisição por homem rústico que desconhece o verdadeiro valor da coisa.[37]

Caracteriza-se, porém, o ilícito no recebimento da coisa como garantia de dívida[38] ou a título legítimo de pagamento de dívida ou de empréstimo.[39]

Consuma-se o delito com a aquisição ou recebimento. Segundo a doutrina é impossível a tentativa. Enquanto o agente discute a compra ou o recebimento, existem meros atos preparatórios.

Consumado o delito culposo, o conhecimento posterior do agente com relação à origem da coisa não transforma o fato em receptação dolosa.

A devolução da coisa ou ressarcimento do dano, ainda que anterior à denúncia, não exime o sujeito ativo de responder pelo crime,[40] mas já se entendeu que não há o crime se, apenas conhecida a origem ilícita da coisa, antes da instauração da ação penal, se apressa em restituí-la ao legítimo proprietário.[41]

16.1.14 Perdão judicial

Tratando-se de *receptação culposa*, se o criminoso é primário, pode o juiz, tendo em consideração as circunstâncias, deixar de aplicar a pena (art. 180, § 5º, primeira parte). Trata-se de mais um caso de perdão judicial, não se exigindo que a coisa seja de pequeno valor. Basta primariedade do agente e a existência de circunstâncias que indiquem pouca gravidade no fato. Já se considerou o prejuízo final do autor da receptação como fator para a concessão do benefício.[42] Exigiu-se já que haja culpa levíssima e que a coisa tenha valor irrisório.[43]

Discute-se sobre a natureza da sentença em que se concede o perdão judicial (item 3.2.2). Predominava a corrente que entende ser ela condenatória, pressupondo-se a condenação do réu e afirmando-se a existência dos demais efeitos da condenação,[44] mas o STJ a tem entendido como declaratória de extinção da punibilidade.

16.1.15 Ação penal

Apura-se o crime mediante ação penal pública incondicionada, que pode ser proposta no local em que se consumou a receptação ou, havendo conexão, diante da regra do art. 76, inciso III, do CPP, no local em que se apura o crime antecedente.[45]

16.2 RECEPTAÇÃO DE ANIMAL

16.2.1 Conceito

A Lei nº 13.330, de 2-8-2016, que acrescentou o § 6º ao art. 155, qualificando o furto de animal, ou semovente (item 10.1.17), conferiu tratamento diverso para o crime de "receptação de animal". Optou o legislador por definir novo tipo penal em função do objeto material do delito. Dispõe o art. 180-A: "Adquirir, receber, transportar, conduzir, ocultar, ter em depósito ou vender, com a finalidade de produção ou de comercialização, semovente domesticável de produção, ainda que abatido ou dividido em partes, que deve saber ser produto de crime: Pena – reclusão, de 2 (dois) a 5 (cinco) anos, e multa."

16.2.2 Objetividade jurídica

O patrimônio é, mais uma vez, o objeto de tutela do crime. Intencionou-se reforçar a proteção penal no caso de ser o objeto material da infração "semovente domesticável de produção", em razão do acréscimo do número de furtos e roubos de animais de tal natureza e, também, dos riscos que a comercialização clandestina de carne, com burla à fiscalização sanitária, tem acarretado à saúde pública.

16.2.3 Sujeito ativo

Qualquer pessoa pode ser sujeito ativo do delito. Não responde, porém, pelo delito o autor, coautor ou partícipe do crime antecedente, porque na hipótese considera-se a receptação *post factum* não punível. Diferentemente da receptação qualificada (art. 180, § 1º), não é necessário que o sujeito ativo da receptação de animal seja comerciante ou industrial, bastando que tenha agido com a finalidade de produção ou comercialização (item 16.2.6).

16.2.4 Sujeito passivo

Sujeito passivo do crime é o proprietário do animal que foi objeto do crime antecedente.

16.2.5 Tipo objetivo

A receptação de animal é crime acessório que se caracteriza quando o objeto material é produto de crime antecedente. Como ocorre na receptação, não há necessidade de sentença em que se reconheça a existência do crime antecedente ou mesmo de inquérito policial instaurado para apuração de sua prática, bastando a prova de sua ocorrência. A absolvição por falta de provas ou a extinção de punibilidade de quem foi deste acusado não afasta a configuração da receptação. O crime antecedente pode ser de furto, qualificado (§ 6º) ou não, roubo, apropriação indébita ou outro delito, excluídas as contravenções, por se referir a lei ao potencial conhecimento do sujeito ativo de ser o animal produto de "crime".

As condutas típicas são as de *adquirir, receber, transportar, conduzir, ocultar, ter em depósito* e *vender*, que já foram objeto de estudo (v. itens 16.1.5 e 16.1.11). Conduzir, no crime em estudo, refere-se, porém, à ação de puxar, empurrar ou guiar o movimento do animal, levando-o para outro local. Responde por crime único o agente que pratica mais de uma conduta. Diferentemente da receptação imprópria (art. 180, *caput*), influir para que terceiro de boa-fé adquira, receba ou oculte o animal não é ação descrita no tipo. Aquele, porém, que, agindo dolosamente e com o fim de proveito econômico, sem ter participado do crime antecedente, intermedeia a venda do animal realizada pelo autor da receptação a terceiro de boa-fé, responde pelo delito em concurso de agentes.

O objeto material da receptação de animal é o "semovente domesticável de produção" (item 10.1.17). Cuida-se dos animais passíveis de ser reproduzidos, criados e mantidos mediante intervenção controlada do homem com finalidade de exploração econômica, geralmente com vistas a final abate e comercialização da carne. Incluem-se, primeiramente, os animais de rebanho, como bovinos, equinos, suínos, caprinos etc. São também objeto de especial proteção as criações de aves, como galinhas e avestruzes, e de outros animais, desde que domesticáveis. Estão excluídos os animais selvagens, que vivem livremente em um ecossistema natural, ainda que em área particular. Os animais domésticos de estimação, como cães, gatos e aves, somente podem ser objeto do delito se subtraídos de quem os reproduz ou mantém com o fim de serem comercializados, como se verifica em canis ou criadouros. Não somente o animal vivo, mas também o morto e suas partes podem ser objeto material do delito. Diversamente do que se verifica no furto qualificado, em que se prevê a necessidade de que o abate ou divisão se proceda no local da subtração (art. 155, § 6º), o local e o momento em que esses ocorrem são circunstâncias irrelevantes para a configuração da receptação de animal.

16.2.6 Tipo subjetivo

Em que pese a deficiente redação do dispositivo, que autoriza diferentes interpretações, a receptação de animal é crime doloso, não configurando forma mais gravosa de receptação culposa (art. 180, § 3º). Assemelha-se mais o tipo subjetivo da receptação de animal ao da receptação qualificada (art. 180, § 1º).

Na receptação de animal, o dolo é a vontade de praticar uma das ações descritas no artigo (adquirir, receber, transportar, conduzir, ocultar, ter em depósito ou vender). Para a configuração do delito exige-se, também, a presença de elementos subjetivos do tipo. É necessário, primeiramente, que o agente deva saber que o animal é produto de crime, o que se perfaz não somente quando tem ele o perfeito conhecimento de sua procedência, mas, também, quando, em razão das circunstâncias do fato concreto, possuía todas as condições de saber de sua origem ilícita e, mesmo assim, pratica, dolosamente, uma das ações típicas. Como elemento do tipo subjetivo exige-se, ainda, um especial fim de agir, consistente na intenção de subsequente produção ou comercialização. Configura-se o ilícito descrito no art. 180-A se o agente atua com o objetivo de dele tirar proveito econômico, mediante o início de uma criação, sua incorporação em rebanho preexistente, sua imediata ou futura comercialização, no todo ou em partes. Afasta-se o tipo na ausência desse elemento subjetivo, como nas hipóteses de destinar-se o animal ao próprio consumo do agente ou de pretender este apenas causar prejuízo ao proprietário.

A finalidade de produção ou comercialização prevista no dispositivo não se confunde com a circunstância descrita no crime de receptação qualificada prevista no art. 180, § 1º, consistente no exercício de atividade comercial ou industrial. O reconhecimento dessa circunstância, que pode se dar mesmo no comércio irregular ou clandestino (180, § 2º), depende da continuidade ou habitualidade do agente na prática de tais atividades (item 16.1.11), o que não é exigido no crime em estudo.

16.2.7 Consumação e tentativa

Consuma-se o delito com a prática de uma das modalidades de conduta descritas no tipo. O agente, que adquire, transporta e vende o animal responde por crime único. A tentativa é admissível.

16.2.8 Distinção

A principal distinção entre a receptação (art. 180, *caput*) e a receptação de animal reside no objeto material do delito que, no crime em exame, é, necessariamente, o semovente domesticável de produção. Diferenciam-se, também, os crimes com relação aos elementos subjetivos. No primeiro, o agente sabe, tem pleno conhecimento, de ser o animal produto do crime, não bastando o dolo eventual. No segundo, basta que, dadas as circunstâncias do fato, não poderia ele desconhecer a sua origem ilícita. Na receptação, em seu tipo fundamental, exige-se que atue o agente em proveito próprio ou alheio, enquanto na receptação de animal é imperiosa a finalidade de produção ou comercialização.

Distingue-se a receptação de animal da receptação culposa. Embora a má redação do dispositivo propicie novos motivos para divergências de interpretação, que já existiam com relação aos crimes previstos nos arts. 180, § 1º, e 180, § 3º, merece prevalecer o critério de diferenciação anteriormente estabelecido entre os elementos subjetivos de tais delitos (itens 16.1.11 e 16.1.13). O agente responde pelo crime de receptação culposa e não por receptação de animal somente se, não estando presentes todas as condições pelas quais devia saber de sua procedência ilícita, há circunstâncias que lhe ensejam dúvida, não obstante a natureza, a desproporção entre valor e preço ou a condição de quem o oferece autorizassem a presunção de sua origem criminosa.

Enquanto na receptação qualificada (art. 180, § 1º) a conduta deve ser praticada no exercício de atividade comercial ou industrial, ainda que clandestina, pressupondo-se a habitualidade dessas práticas (item 16.1.11), no crime descrito no art. 180-A é esta dispensável, exigindo-se no dispositivo somente que o agente atue com o especial fim de agir. É irrelevante, portanto, para sua configuração que o agente efetivamente se dedique, antes ou depois da infração, à produção ou comercialização de animais ou de suas partes. Possivelmente por novo vacilo do legislador, cominaram-se penas mais brandas para a receptação de animal do que para a receptação qualificada. Assim, a considerar-se somente a especialidade da norma em razão do objeto material do delito, quem pratica receptação de animal no exercício de atividade comercial ou industrial seria menos severamente punido do que pelo crime de receptação qualificada, impondo-se, aliás, a retroatividade da norma mais benéfica. Se não há dúvida quanto à especialidade da receptação de animal em relação à receptação, por outro lado, a única possibilidade de sua compatibilização com a "receptação qualificada", que é descrita em tipo autônomo, exige que, diante da *mens legis*, da subsunção dos elementos do tipo previsto no art. 180-A aos do art. 180, § 1º, de âmbito maior, e da mais severa punição por esta prevista, se reconheça, pelo princípio da consunção, a prevalência dessa última norma.

16.2.9 Concurso

Como também se verifica no crime de receptação (art. 180, *caput*), pratica uma única receptação de animal o agente que, por conduta única, recebe, adquire, transporta etc. diversos animais produtos de um ou vários crimes antecedentes. A prática de diversas condutas pode configurar crime continuado ou concurso material de infrações. É possível o concurso material entre o delito de receptação de animal e o de associação criminosa (art. 288) na hipótese de vincular-se o agente de forma estável aos autores dos crimes antecedentes, como de furto ou roubo.

17

IMUNIDADES NOS CRIMES CONTRA O PATRIMÔNIO

17.1 IMUNIDADES ABSOLUTAS

17.1.1 Generalidades

Nas disposições gerais do Capítulo VIII, referente aos crimes contra o patrimônio, preveem-se as imunidades concedidas a determinados sujeitos ativos desses delitos. Já se tem contestado a oportunidade de se concedê-las, mas elas se justificam pelo menos nos crimes contra o patrimônio, como medidas de oportunidade, de política criminal. Nesses casos, o fato causa menor alarme social, denunciando menor periculosidade do agente. Objetiva-se, principalmente, preservar a honra e a paz da família, consideran-do-se ainda que, se houver punição, os prejuízos serão maiores do que os benefícios à ordem pública.

As imunidades são *absolutas* ou substanciais (art. 181), quando há isenção de pena, e *relativas* ou processuais, nos casos em que o fato é punível, mas a ação penal depende de representação do ofendido (art. 182).

Existindo um caso de imunidade absoluta, não pode ser instaurado inquérito policial e muito menos ação penal por falta de interesse de agir. Não se permite a ins-tauração de um procedimento (ação penal condenatória) quando não se pode impor sanção penal. Tratando-se de imunidade relativa, a inexistência de representação impede também o inquérito e a ação penal por falta de condição de procedibilidade.

Embora as isenções abranjam todos os crimes contra o patrimônio (arts. 155 a 180), estão excluídos os delitos de roubo ou extorsão, ou, em geral, quando haja no fato emprego de grave ameaça ou violência à pessoa (art. 183, inciso I), bem como no caso dos estranhos que participam do crime (art. 183, inciso II), e na hipótese de ter a vítima idade igual ou superior a 60 anos (inciso III). A violência a que se refere a lei é apenas a real e não a presumida. Quanto aos estranhos, não se aplica a imunidade como corolário do princípio de que as circunstâncias de caráter pessoal não se estendem aos coautores ou partícipes. Não há razão para que se beneficiem da imunidade. A imunidade também é excluída se a vítima é pessoa idosa, por força do disposto no inciso inserido pela Lei nº 10.741, de 1º-10-2003.

17.1.2 Conceito

A imunidade absoluta, *escusa absolutória*, está prevista no art. 181: "É isento de pena quem comete qualquer dos crimes previstos neste Título, em prejuízo: I – do cônjuge, na constância da sociedade conjugal; II – de ascendente ou descendente, seja o parentesco legítimo ou ilegítimo, seja civil ou natural." Trata-se, no caso, de isenção obrigatória (e não facultativa, como no caso de perdão judicial) e que abrange qualquer sanção penal (medida de segurança, registro no rol de culpados etc.). A conduta é antijurídica,[1] mas descabe a aplicação da pena.[2] Não sendo possível a aplicação de pena na hipótese de imunidade absoluta, é inexistente a pretensão punitiva e, assim, não há interesse de agir do Estado para a propositura da ação penal.[3] As consequências civis, porém, permanecem, e o agente está obrigado a restituição, reparação do dano etc.

17.1.3 Cônjuge

Independentemente do regime de bens do casamento, há isenção de pena nos crimes contra o patrimônio praticados pelo marido contra a mulher e vice-versa. Utilizando-se a lei da palavra "cônjuge" estão excluídos os casos de concubinato[4] e aqueles em que houve o mero matrimônio religioso sem efeitos civis. Necessário, ainda, que estejam os sujeitos ativo e passivo na constância da sociedade conjugal, ou seja, que não tenha ocorrido a separação judicial (art. 1.571, inciso III, do novo Código Civil, que derrogou as normas de direito material relativas à separação judicial e ao divórcio previstas na Lei nº 6.515, de 26-12-1977),[264] mesmo que decretada como medida cautelar.[5] Para que se aplique o dispositivo em estudo exige-se, sempre, que seja sujeito passivo do crime, ou seja, que sofra o prejuízo o cônjuge do apontado como sujeito ativo.[6] Também não haverá imunidade, evidentemente, nos casos de divórcio (art. 1.571, inciso IV, do CC), nulidade ou anulação do casamento (art. 1.571, inciso II). A mera separação de fato, todavia, não exclui o benefício. Não há imunidade quando o fato ocorreu antes do casamento,[7] mas prevalece ela ainda que morra a vítima ou haja posterior separação judicial ou divórcio. A vigência do casamento refere-se ao tempo do crime, e não ao da instauração do processo ou da sentença.

17.1.4 Ascendente e descendente

Os parentes em linha reta também têm imunidade absoluta. Ascendentes são os pais, mães, avós etc.; descendentes são os filhos, netos, bisnetos etc. Refere-se a lei ao parentesco *legítimo* (derivado de casamento válido), *ilegítimo*, *natural* (resultante de consanguinidade) ou *civil* (adoção). Vinha-se entendendo, porém, que não há imunidade no caso de filhos *incestuosos* ou *adulterinos*, não reconhecíveis na vigência da lei civil anterior, salvo na hipótese do art. 405 do Código Civil de 1916 (reconhecimento de paternidade para o efeito de prestação de alimentos). Hoje, entretanto, como os fi-

---

264. VENOSA, Sílvio de Salvo. *Direito civil*. 3. ed. São Paulo: Atlas, 2003. v. 6, p. 209.

lhos, havidos ou não da relação de casamento, ou por adoção, têm os mesmos direitos e qualificações, proibidas quaisquer designações discriminatórias relativas à filiação (art. 227, § 6º, da CF, e art. 1.596 do CC), autorizando-se sem restrições o reconhecimento de filho havido fora do casamento, mesmo que incestuosos ou adulterinos,[265] a interpretação deve ser outra, ou seja, de que têm eles a mesma imunidade.

Não prevalece o parentesco por afinidade e já se decidiu: "O parentesco civil é tão somente o que resulta da adoção, não abrangendo a afinidade. Assim, mesmo os afins em linha reta (sogros, genros, noras) não se enquadram no nº II do art. 181 do Código Penal, que é taxativo e, portanto, inextensível".[8] O erro quanto à existência ou não do parentesco não tem qualquer influência quanto à imunidade, por não se tratar de erro de tipo.

17.2 IMUNIDADES RELATIVAS

17.2.1 Conceito

Nos termos do art. 182, somente se procede mediante representação se o crime previsto no Título II é cometido em prejuízo: I – de cônjuge desquitado ou judicialmente separado; II – de irmão, legítimo ou ilegítimo; III – de tio ou sobrinho, com quem o agente coabita.

Trata-se de imunidade relativa ou processual (condição de procedibilidade) e o fato é punível, mas, considerando as razões já apontadas (embora nos casos enumerados haja, em tese, uma ligação familiar menos acentuada), a lei torna necessário para a instauração da ação penal o assentimento da vítima. Não pode o Ministério Público dar início à ação penal sem a representação do ofendido.[9]

Evidentemente, a lei refere-se apenas aos crimes em que a ação penal é pública e não àqueles que dependem de queixa, que continuarão submetidos à ação privada.

No caso de discordância entre as vítimas, deve prevalecer a vontade daquela que deseja a instauração da ação penal.

17.2.2 Cônjuges

Refere-se a lei aos cônjuges separados judicialmente, não abrangidos pelo art. 181. Tendo já havido divórcio, declaração de nulidade ou anulação de casamento anteriores ao fato, não prevalece a imunidade.

17.2.3 Irmãos

Inclui a relação os irmãos, não fazendo distinção entre manos bilaterais ou germanos, unilaterais ou consanguíneos e uterinos, legítimos ou ilegítimos, que são os naturais e os espúrios (incestuosos ou adulterinos).

---

265. VENOSA, Sílvio de Salvo. *Direito civil*. 3. ed. São Paulo: Atlas, 2003. v. 6, p. 290.

Já se afirmou a inexistência da imunidade no crime cometido contra filha adotiva do pai do agente.[10] No entanto, nos termos da Constituição Federal (art. 227, § 6º) e da nova lei civil (art. 1.596), estão equiparados o filho legítimo, o havido fora do casamento e o adotivo. Não mais se justifica, assim, a exclusão da imunidade relativa na hipótese de crime cometido contra irmão quando um deles é adotado. Não há a imunidade na hipótese de crime cometido contra cunhado.[11] Concedeu-se a imunidade, porém, a nosso ver sem razão, na subtração pelo acusado de dinheiro do cunhado, porque teria furtado também a irmã casada com ele[12] e na apropriação por irmão de bens da irmã tutelada quando o desvio se deu em razão da tutela.[13]

17.2.4 Tio e sobrinho

Há, ainda, imunidade relativa no fato que envolve tio e sobrinho, exigindo-se, porém, que coabitem (morem juntos, sob o mesmo teto).[14] Não ocorre a imunidade se houver simples hospitalidade ocasional ou temporária.

17.2.5 Primo e espólio

Sendo a lei taxativa, não aproveitam a imunidade os que pratiquem crime contra primos.[15] Não há qualquer imunidade também se o crime for praticado contra espólio do cônjuge ou do irmão se concorrerem na herança pessoas não abrangidas pelos arts. 181 e 182.[266]

17.3 EXCLUSÃO DAS IMUNIDADES

As causas de exclusão de imunidade previstas no art. 183 aplicam-se tanto à imunidade *absoluta* como à *relativa*. Assim, ocorrendo uma das hipóteses previstas no dispositivo, o agente responderá pelo crime e a ação penal pública será incondicionada.

Na primeira hipótese, exclui-se a imunidade se o crime é de roubo ou de extorsão, ou mesmo que de outra espécie se há emprego de violência ou grave ameaça (art. 183, inciso I). Não fazendo a lei expressa referência à presunção de violência, não se pode excluir o ilícito nesse caso.

Não goza de imunidade o *estranho* coautor ou partícipe do fato (art. 183, inciso II), como também não prevalece o benefício no caso de o fato ter causado prejuízo, além da pessoa relacionada no dispositivo, a terceiro (furto de coisa comum, de coisas pertencentes a ambos etc.). Se a *res* sobre a qual versa o crime está apenas na posse (a título justo ou injusto) do cônjuge ou parente enumerado nos arts. 181 e 182, não lhes pertencendo o domínio, descabe a isenção de pena, afastada também a imunidade relativa.[16]

---

266. Nesse sentido: HUNGRIA, FRAGOSO. *Comentários*. Ob. cit. v. 7, p. 326; FARIA, Bento de. *Código penal brasileiro comentado*. Rio de Janeiro: Record, 1959. v. 5, p. 217; e FRAGOSO. *Lições*. Ob. cit. v. 2, p. 124.

Por fim, não há imunidade quando a vítima for pessoa com idade igual ou superior a 60 anos (art. 183, inciso III), conforme regra inserida pela Lei nº 10.741, de 1º-10-2003 (Estatuto da Pessoa Idosa). O agente não é beneficiado por qualquer imunidade, ainda que seja cônjuge, ascendente, descendente, irmão, tio ou sobrinho da vítima, se esta é pessoa idosa. Entendeu-se que o respeito e consideração devidos à pessoa idosa e a presunção de sua menor capacidade de reação devem prevalecer sobre o vínculo conjugal ou a relação de parentesco com o agente quanto à exigência de punição.

PARTE IV
DOS CRIMES CONTRA
A PROPRIEDADE IMATERIAL

18

DOS CRIMES CONTRA A PROPRIEDADE INTELECTUAL

18.1 VIOLAÇÃO DE DIREITO AUTORAL

18.1.1 Generalidades

Muito discutida é a natureza dos direitos sobre a produção intelectual (publicação e reprodução). Concebia-os Kant como uma fração da personalidade do autor, expressão direta de seu próprio espírito. Foram tidos como direito de propriedade pela Escola Francesa. Para outros são um privilégio ou monopólio, criado em benefício das artes, ciências e letras. Há também aqueles que os têm como um complexo de direitos reais e pessoais. Não devem ser confundidos, porém, os bens *pessoais*, que não têm valor econômico (honra, liberdade etc.), e os bens *imateriais*, que se destacam do indivíduo e possuem valor econômico quando concretizados em uma coisa (livro, tela de pintura, escultura, disco etc.).

Protegendo os direitos autorais, dispõe a nova CF que "aos autores pertence o direito exclusivo de utilização, publicação ou reprodução de suas obras, transmissível aos herdeiros pelo tempo que a lei fixar" (art. 5º, XXVII).

Poderiam os crimes contra a propriedade imaterial estar classificados entre os crimes contra o patrimônio, dado que este a abrange. Nosso Código Penal, porém, deu-lhes um título destacado. O Capítulo I do Título III, que trata dos crimes contra a propriedade imaterial, é o que se refere aos delitos contra a propriedade intelectual. Os três capítulos posteriores do Código Penal, porém, foram revogados pelo Decreto-lei nº 7.903, de 27-8-1945, antigo Código de Propriedade Industrial, que definiu os crimes contra os privilégios de invenção, os modelos de utilidade e os desenhos ou modelos industriais (art. 169), contra as marcas de indústria e de comércio (art. 175), contra o nome comercial, o título de estabelecimento e a insígnia (art. 176), contra a expressão ou sinal de propaganda (art. 177), os de concorrência desleal (art. 178) e os cometidos por meio de marcas de indústria e de comércio, nome comercial, título de estabelecimento, insígnia, expressão ou sinais de propaganda (art. 179).

Com o advento do novo Código de Propriedade Industrial, sustentou-se que os dispositivos penais contidos no Decreto-lei nº 7.903/45 estavam derrogados, mas logo se decidiu que o Decreto-lei nº 254, de 28-2-1967, não os havia revogado.[1] Posteriormente, esclareceu-se por lei, expressamente, que continuavam em vigor os referidos dispositivos (art. 128 da Lei nº 5.772/71).

Entretanto, por força do art. 244 da Lei nº 9.279, de 14-5-1996, que regula direitos e obrigações relativos à propriedade industrial, estão revogados tanto a Lei nº 5.772, de 21-12-1971, como os arts. 187 a 196 do Decreto-lei nº 2.848, de 7-12-1940 (Código Penal), e os arts. 169 a 189 do Decreto-lei nº 7.903, de 27-8-1945. A Lei nº 9.279/96 entrou em vigor em 15 de maio de 1997, definindo, em seus arts. 183 a 195, sob a rubrica "Dos crimes contra a propriedade industrial", os crimes contra a propriedade imaterial, com exceção dos delitos de violação de direito autoral e de usurpação de nome ou pseudônimo alheio. Embora com relação diversa, os novos tipos penais abrangem praticamente todos os anteriores, alcançando, pois, os autores dos crimes anteriores à vigência da lei, respeitando-se, evidentemente, a retroatividade e a ultratividade da lei mais benigna no relativo aos ilícitos e suas sanções.

Quanto aos crimes contra a propriedade intelectual previstos nos Capítulo I do Título III da Parte Especial do Código Penal, a Lei nº 10.695, de 1º-7-2003, revogou o art. 185, que definia a usurpação de nome ou pseudônimo alheio, e deu nova redação ao art. 184 (*caput* e §§ 1º, 2º e 3º), acrescentando-lhe o § 4º. A Lei nº 7.646, de 18-12-1987, que previa regras especiais referentes à violação de direito autoral, foi revogada pelo art. 16 da Lei nº 9.609, de 19-2-1998, que passou a tipificar, no art. 12, *caput* e §§ 1º e 2º, os crimes de violação de direito de autor de programa de computador, estabelecendo, no § 3º, a ação penal privada para sua apuração, salvo quando praticados em prejuízo de entidade de direito público, autarquia, empresa pública, sociedade de economia mista ou fundação instituída pelo poder público.

18.1.2 Conceito

O crime de violação de direito autoral está assim definido no art. 184, *caput*, com a redação que lhe foi dada pela Lei nº 10.695, de 1º-7-2003: "Violar direitos de autor e os que lhe são conexos: Pena – detenção, de 3 (três) meses a 1 (um) ano, ou multa." A redação, mais abrangente que as anteriores, não se limita à proteção do direito de autor de obra literária, científica ou artística, mas de todo direito de autor e também dos que lhe são conexos.[1]

18.1.3 Objetividade jurídica

Tutela-se expressamente com o dispositivo o direito autoral, que pode ser conceituado como os direitos que o criador detém sobre sua obra, fruto de sua criação, e os que lhe são conexos. Diz-se que o direito do autor refere-se ao interesse econômico e moral

---

1. Sobre o assunto PONTES NETO, Hildebrando. As sanções e o procedimento criminal dos direitos autorais. *RT* 695/288-95; PIMENTEL, Eduardo S. Direitos conexos e o direito penal. *RT* 689/311-319.

do autor de obra intelectual. Vige a respeito do assunto a Lei nº 9.610, de 19-2-1998, que alterou, atualizou e consolidou a legislação sobre direitos autorais e os que lhe são conexos. Direitos conexos ao direito de autor são os direitos dos artistas intérpretes ou executantes da obra literária ou artística, dos produtores fonográficos e das empresas de radiofusão.

18.1.4 Sujeito ativo

Sujeito ativo do crime em estudo é qualquer pessoa que viole direito autoral de outrem, nada impedindo a coautoria ou participação, comum quando atuam editores, empresários, atores etc.

18.1.5 Sujeito passivo

O sujeito passivo é o autor da obra, seus herdeiros ou sucessores. Para identificar-se como autor, poderá o criador da obra intelectual usar de seu nome civil, completo ou abreviado até por suas iniciais, de pseudônimo ou de qualquer sinal convencional (art. 12 da Lei nº 9.610/98). Nada impede que, por cessão, possa a pessoa jurídica de direito privado ou de direito público ser a titular do direito de autor. Necessário, porém, que demonstre que esse direito provém, por contrato ou outro meio, do autor, o qual, curialmente, só pode ser uma pessoa física.[2] Dispõe a Súmula 228 do STJ: "É inadmissível o interdito proibitório para a proteção do direito autoral."

Para segurança de seus direitos, o autor da obra intelectual poderá registrá-la, conforme sua natureza, na Biblioteca Nacional, na Escola de Música, na Escola de Belas-Artes da Universidade Federal do Rio de Janeiro, no Instituto Nacional do Cinema, ou no Conselho Federal de Engenharia, Arquitetura e Agronomia (art. 17 da Lei nº 5.988/73, dispositivo que permanece em vigor, nos termos do art. 115 da Lei nº 9.610/98), mas tal registro não é indispensável para conferir ao autor a titularidade, embora sirva para assegurá-la ou comprová-la. São sujeitos passivos os coautores da obra, como o letrista em música, o autor do argumento da trilha sonora e o diretor da obra cinematográfica, da peça teatral ou encenação pela televisão.

Tratando-se de violação de direitos conexos ao direito de autor, são sujeitos passivos os artistas intérpretes (atores, cantores, músicos, bailarinos etc. que, por diferentes meios e formas de expressão, executam quaisquer obras literárias ou artísticas ou expressões do folclore), os produtores (que têm a iniciativa e a responsabilidade econômica da primeira fixação do fonograma ou da obra audiovisual, qualquer que seja a natureza do suporte utilizado) fonográficos; e as empresas de radiodifusão (que têm o direito de autorizar ou proibir a retransmissão, fixação e reprodução de suas emissões).

18.1.6 Tipo objetivo

A conduta típica do crime de violação de direito autoral é ofender, infringir, transgredir o direito do autor e os direitos conexos. O art. 184 é norma penal em branco, devendo verificar-se em que se constituem os direitos autorais que, para a lei, são bens móveis (art. 3º da Lei nº 9.610/98). Abrangem eles a obra *literária* (livros e outros escritos em prosa ou em verso, discursos, sermões, conferências, artigos em jornais e revistas, cartas etc.); a obra *científica* ("livros ou escritos contendo exposição, elucidação ou crítica dos resultados reais ou pretendidamente obtidos pela ciência em todos os seus ramos, inclusive as obras didáticas e as lições de professores, proferidas em aula e apanhadas por escrito");[2] e a obra *artística* (trabalhos de pintura, escultura, arquitetura, desenhos, obras dramáticas, musicais, cinematográficas, de televisão etc.).

Viola-se o direito autoral com a publicação ou reprodução abusiva, ao que se denomina *contrafação*, incluindo-se nesta o excedente do contratado, a tradução não consentida, o plágio (atribuir-se uma obra ou parte dela de outrem). Não constitui crime, porém, a simples imitação, em que "não há reprodução mas utilização de ideias, métodos, formas ou sistemas".[3] Não há, ainda, violação de direito de autor, na reprodução, na imprensa diária ou periódica, de notícia ou de artigo informativo, publicado em diários ou periódicos, com a menção do nome do autor, se assinados, e da publicação de onde foram transcritos; em diários ou periódicos, de discursos pronunciados em reuniões públicas ou de qualquer natureza; de retratos, ou de outra forma de representação de imagem, feitos sob encomenda, quando realizada pelo proprietário do objeto encomendado, não havendo a oposição de pessoa neles representada ou de seus herdeiros etc. (art. 46 da Lei nº 9.610, de 19-2-1998). Também se configura o delito quando a conduta ensejar a violação dos direitos conexos definidos na referida lei: os dos artistas intérpretes, nos arts. 90 a 92; dos produtores fonográficos, no art. 93; e das empresas de radiodifusão, no art. 95.

18.1.7 Formas qualificadas de violação de direito autoral

A Lei nº 10.695, de 1º-7-2003, deu ao *caput* e aos §§ 1º, 2º e 3º, suas atuais redações, acrescentando ao artigo o § 4º. Em sua atual redação, dispõe o § 1º: "Se a violação consistir em reprodução total ou parcial, com intuito de lucro direto ou indireto, por qualquer meio ou processo, de obra intelectual, interpretação, execução ou fonograma, sem autorização expressa do autor, do artista intérprete ou executante, do produtor, conforme o caso, ou de quem os represente: Pena – reclusão, de 2 (dois) a 4 (quatro) anos, e multa." O dispositivo pune com pena bem mais grave se a violação do direito do autor e conexos se perfaz mediante reprodução ilegal, sem o consentimento do titular do direito, com fim lucrativo. A reprodução pode ser total ou parcial, de obra intelectual, de interpretação, execução ou de fonograma, e pode se dar por qualquer método ou processo (livros, telas, pinturas, esculturas, som gravado em fitas, discos, imagens gravadas em vídeo, como o videoteipe e o videocassete, "CDs" e "DVDs" etc.),[3] con-

---

2. HUNGRIA, Nelson, FRAGOSO, Heleno Cláudio. *Comentários ao código penal*. 4. ed. Rio de Janeiro: Forense, 1980. v. 7, p. 336.
3. FRAGOSO, Heleno Cláudio. *Lições de direito penal*. 3. ed. São Paulo: José Bushatsky, 1977. v. 2, p. 199.

18 • DOS CRIMES CONTRA A PROPRIEDADE INTELECTUAL | **409**

figurando-se a infração uma vez ausente a autorização do titular do direito autoral, do artista intérprete ou executante, ou do produtor.

No § 2º, punem-se, com as mesmas penas, outras condutas lesivas ao direito autoral e conexos, nos seguintes termos: "Na mesma pena do § 1º incorre quem, com o intuito de lucro direto ou indireto, distribui, vende, expõe à venda, aluga, introduz no País, adquire, oculta, tem em depósito, original ou cópia de obra intelectual ou fonograma reproduzido com violação do direito de autor, do direito de artista intérprete ou executante ou do direito do produtor de fonograma, ou, ainda, aluga original ou cópia de obra intelectual ou fonograma, sem a expressa autorização dos titulares dos direitos ou de quem os represente." São incriminadas, portanto, condutas posteriores, que tenham por objeto original ou cópia produzida ou reproduzida sem autorização dos titulares dos direitos de autor e conexos.[4] Exige-se, igualmente, como elemento subjetivo do tipo, o fim de lucro, seja ele direto ou indireto. A circunstância de estar disseminada no país essa prática ilícita, o que se verifica pela ampla distribuição, venda e exposição à venda de "CDs" e "DVDs" piratas não impede a caracterização do crime. Embora algumas decisões tenham reconhecido a atipicidade material da conduta sob o fundamento de que seria ela socialmente adequada, o Superior Tribunal de Justiça consolidou na Súmula 502 o entendimento em contrário, afirmando a relevância jurídico-social da conduta e sua tipicidade em face do art. 184, § 2º.

Note-se que algumas das condutas (vender, expor à venda, ocultar, ter em depósito) são punidas menos severamente no dispositivo do que o permitiria, eventualmente, o crime de receptação qualificada (art. 180, § 1º, do CP).

O § 3º encontra-se atualmente assim redigido: "Se a violação consistir no oferecimento ao público, mediante cabo, fibra ótica, satélite, ondas ou qualquer outro sistema que permita ao usuário realizar a seleção da obra ou produção para recebê-la em um tempo e lugar previamente determinados por quem formula a demanda, com intuito de lucro, direto ou indireto, sem autorização expressa, conforme o caso, do autor, do artista intérprete ou executante, do produtor de fonograma, ou de quem os represente: Pena – reclusão, de 2 (dois) a 4 (quatro) anos, e multa." O objetivo do legislador foi o de ampliar a proteção do direito autoral e dos conexos contra sua crescente violação, inclusive por práticas de comércio ilegal por meios modernos, baseados em inovações recentes não previstas nas leis anteriores. Coíbem-se, nesses termos, as formas de pirataria viabilizadas por modernos processos tecnológicos que permitem a transmissão de informações por sinais eletrônicos (por meio de cabo) ou por ondas eletromagnéticas, dispersas na atmosfera, retransmitidas por satélite ou propagadas em meio sólido (como a fibra ótica), ou, ainda, por qualquer outro sistema que torne dispensáveis os suportes físicos tradicionais utilizados para a entrega de uma obra ilegalmente produzida ou reproduzida. A conduta é a de violar direito autoral mediante o oferecimento, no sentido de disponibilização, da obra a terceiros, sem autorização do titular do direito e com intuito de lucro, facultando-lhes a seleção ou produção e o seu recebimento pelos meios citados. Responde, assim, nos termos do § 3º o agente que, sem autorização e com o intuito de lucro, possibilita a terceiros pela Internet o acesso à obra e o seu recebimento mediante *download* em seu computador de arquivos, gerados em qualquer dos possíveis formatos de codificação e compactação de informação, que contenham obras protegidas, sejam elas literárias, musicais, fotográficas, cinematográficas etc.

A Lei nº 10.695, de 1º de julho de 2003, acrescentou o § 4º ao art. 184, no qual expressamente se ressalta a não aplicação dos §§ 1º, 2º e 3º, nas hipóteses de exceções ou limitações legais ao direito de autor e conexos, e de cópia única para uso privado e sem intuito de lucro, com a seguinte redação: "O disposto nos §§ 1º, 2º e 3º não se aplica quando se tratar de exceção ou limitação ao direito de autor ou os que lhes são conexos, em conformidade com o previsto na Lei nº 9.610, de 19 de fevereiro de 1998, nem a cópia de obra intelectual ou fonograma, em um só exemplar, para uso privado do copista, sem intuito de lucro direto ou indireto." Trata-se de regra a rigor desnecessária, uma vez que se há exceção ou limitação legal ao direito do autor, não ocorre sua violação, sendo ademais o fim do lucro expressamente previsto nos parágrafos anteriores como elemento do tipo.[4]

Quanto à violação de direitos de autor de programa de computador e à venda, a exposição à venda, a importação, a aquisição, a ocultação e a manutenção em depósito, para fins de comércio, de original ou cópia de programa de computador, produzido com violação de direito autoral, passaram a ser definidas especificamente pelo art. 12 da Lei nº 9.609, de 19-2-1998. O Decreto nº 2.556, de 20-4-1998, regulamenta o registro previsto no art. 3º da Lei nº 9.609. Já se decidiu, na vigência da Lei nº 7.646/87, revogada pela nova lei, que, se a uma das partes envolvidas na controvérsia não tocam direitos autorais, mas é detentora de mero cadastramento da SEI (Secretaria Especial de Informática), para fins de comercialização, não se configura o ilícito pela reprodução por parte da outra.[5]

18.1.8 Tipo subjetivo

O dolo do delito é a vontade de violar o direito autoral praticando uma das condutas mencionadas no dispositivo. O elemento subjetivo do tipo (dolo específico), consistente no intuito de lucro, direto ou indireto, é indispensável para a configuração dos crimes previstos nos §§ 1º, 2º e 3º, não sendo exigível quando se cuidar do delito descrito no *caput* do artigo.

---

4. A Medida Provisória nº 2.228-1, de 6-9-2001, revogando a Lei nº 8.401, de 8-1-1992, que dispunha sobre o controle de autenticidade de cópias de obras audiovisuais em videograma postas em comércio, estabelece princípios gerais e normas relativas à Política Nacional do Cinema. O Decreto nº 9.574, de 22-11-2018, dispõem sobre gestão coletiva de direitos autorais e fonogramas, de que trata a mesma Lei nº 9.610, de 19-2-1998. Pelo Decreto nº 6.590, de 1º-10-2008, está disciplinado o procedimento administrativo para aplicação de penalidades administrativas por infrações cometidas nas atividades cinematográfica e videofonográfica e em outras atividades a elas vinculadas. O Decreto nº 9.875, de 27-6-2019, dispõe sobre a composição e funcionamento do Conselho Nacional de Combate à Pirataria e aos Delitos contra a Propriedade Intelectual.

18 • DOS CRIMES CONTRA A PROPRIEDADE INTELECTUAL **411**

Por intuito de lucro, direto ou indireto, deve-se entender a intenção de auferir vantagem ou ganho mediante qualquer forma de exploração comercial da obra sem a expressa autorização do titular do direito, ainda que o lucro não decorra diretamente da venda da própria obra produzida ou reproduzida ilegalmente, como na hipótese de pretender o agente valer-se da distribuição (§ 2º) gratuita de cópia não autorizada como meio de propaganda ou de facilitação da venda de algum produto, da prestação de um serviço etc. Não age, porém, com intuito de lucro quem adquire por preço inferior uma cópia não autorizada para uso próprio ou coleção particular.

O erro do agente, supondo, por exemplo, que a obra já tivesse caído no domínio público, exclui o dolo (erro de tipo).

18.1.9 Consumação e tentativa

Varia a consumação conforme a modalidade da conduta: com a reprodução, distribuição, venda, exposição à venda, locação, introdução no País etc. A reprodução com muitas cópias ou exemplares não constitui crime continuado, mas delito único. Conforme a modalidade da conduta (oculta o produto contrafeito), há crime permanente.

Possível a tentativa por se tratar de crime plurissubsistente, que admite fracionamento.

18.1.10 Ação penal

Nos termos do art. 186, com a redação dada pela Lei nº 10.695, de 1º-7-2003, a ação penal é privada se o crime é o de violação de direito autoral previsto no art. 184, *caput*. Apura-se mediante ação penal pública condicionada à representação do ofendido o delito previsto no § 3º. E são de ação penal pública incondicionada os crimes descritos nos §§ 1º e 2º do mesmo artigo (inciso II). Se o crime é cometido em prejuízo de entidade de direito público, autarquia, empresa pública, sociedade de economia mista ou fundação instituída pelo poder público (inciso III), a ação será sempre pública incondicionada, qualquer que seja a conduta típica praticada.

A ação penal tem rito processual próprio. Tratando-se de ação penal privada, devem ser obedecidas as regras contidas nos arts. 524 a 530 do CPP. Seguem-se as normas do processo comum, regulado nos Capítulos I e III do Livro II, do CPP, com as alterações constantes dos mencionados dispositivos. Cuidando-se de delito de ação penal pública, condicionada ou incondicionada, aplicam-se os arts. 530-B, 530-C, 530-D, 530-E, 530-F, 530-G e 530-H, por força do art. 530-I, todos do CPP, inseridos pela referida Lei nº 10.695, de 1º-7-2003. O rito também será o do processo comum, mas com as modificações introduzidas por esses novos artigos do CPP. Mesmo antes da referida lei, já se entendia que, sendo pública a ação penal, a instauração do inquérito policial e a diligência de busca e apreensão deviam ficar a cargo da autoridade policial, não se aplicando o art. 527 do CPP, que se refere à busca e apreensão a pedido judicial do interessado, já que tal exigência é de cunho privatístico, mas sim o art. 240 do mesmo Estatuto.[6]5 De acordo com o entendimento adotado no STJ, na ação penal em crime de violação de direito autoral, para a comprovação da materialidade basta a perícia por amostragem do produto apreendido, sendo, ademais, desnecessária a identificação dos titulares dos direitos autorais violados (Súmula nº 574).

As associações de titulares de direito de autor e conexos estão legitimadas a intervir na ação penal na qualidade de assistente de acusação quando o crime for praticado em detrimento de qualquer de seus associados, conforme disposto no art. 530-H do CPP.

No caso de crime de ação penal pública o art. 530-G do Código de Processo Penal autoriza o juiz a determinar na sentença condenatória a destruição das obras ilicitamente produzidas ou reproduzidas e a decretar o perdimento dos equipamentos apreendidos, desde que precipuamente destinados à prática do crime, em favor da Fazenda Nacional, a qual, por sua vez, poderá destruí-los, doá-los ou incorporá-los ao patrimônio da União, vedado seu retorno aos canais de comércio. A destruição das obras apreendidas também é possível se não puder ser iniciada a ação penal por falta de determinação de quem seja o autor do ilícito (art. 530-F do CPP).

---

5. Sobre o assunto, vide: Mirabete, Julio Fabbrini. *Processo Penal*. 18. ed. São Paulo: Atlas, 2006, item 16.4.2.

PARTE V
DOS CRIMES CONTRA
A ORGANIZAÇÃO DO TRABALHO

19

DOS CRIMES CONTRA A ORGANIZAÇÃO DO TRABALHO

19.1 ATENTADO CONTRA A LIBERDADE DE TRABALHO

19.1.1 Generalidades

No Brasil, a partir do Estado Novo, passou-se a intervir nas relações de trabalho a fim de garantir à parte mais fraca, o assalariado, uma proteção destinada a dar-lhe mais assistência, proteção e tutela. Organizou-se, assim, um conjunto de normas com a finalidade de disciplinar as relações decorrentes do trabalho, inclusive no campo penal.

No Título IV, da Parte Especial, foram definidos os fatos que atentam contra a "organização do trabalho", os quais, em uma conceituação de economia liberal, seriam denominados crimes contra a liberdade individual (arts. 197 a 207 do CP). Dispõe, agora, a Constituição Federal que "é livre o exercício de qualquer trabalho, ofício ou profissão, atendidas as qualificações profissionais que a lei estabelecer" (art. 5º, XIII). Sobre o assunto dispunham também a Lei nº 4.330, de 1º-6-1964 (Lei de Greve), e o Decreto-lei nº 1.632/78 (sobre greve nos serviços públicos e em atividades essenciais), mas esses diplomas legais foram revogados expressamente pela Lei nº 7.783, de 28-6-1989, que dispõe sobre o exercício de greve, define as atividades essenciais, regula o atendimento das necessidades inadiáveis à comunidade, e dá outras providências.[1]

Na Lei nº 9.029, de 13-4-1995, são previstos ilícitos relacionados com práticas discriminatórias para efeito de acesso a relação de trabalho, ou sua manutenção, por motivo de sexo, origem, raça, cor, estado civil, situação familiar, deficiência, reabilitação profissional, idade, entre outros. Constitui crime definido no art. 4º da Lei nº 7.716, de 5-1-1989, negar ou obstar emprego em empresa privada por discriminação ou preconceito de raça, cor, etnia, religião ou procedência nacional.

19.1.2 Conceito

O crime de atentado contra a liberdade do trabalho está assim definido: "Constranger alguém, mediante violência ou grave ameaça: I – a exercer ou não exercer arte,

---

1. STF: MI 670, j. em 25-10-2007, *DJe* de 31-10-2008.

ofício, profissão ou indústria, ou a trabalhar ou não trabalhar durante certo período ou em determinados dias: Pena – detenção, de um mês a um ano, e multa, além da pena correspondente à violência; II – a abrir ou fechar o seu estabelecimento de trabalho, ou a participar de parede ou paralisação de atividade econômica: Pena – detenção, de três meses a um ano, e multa, além da pena correspondente à violência" (art. 197). A segunda parte do inciso II, relativa a parede ou paralisação, foi revogada pelo art. 29, inciso VII, da Lei nº 4.330/64.

19.1.3 Objetividade jurídica

Tutela-se com o dispositivo em exame a liberdade de trabalho, ou seja, "a faculdade de livre escolha da atividade laborativa e o livre exercício da própria atividade produtiva".[2]

19.1.4 Sujeitos do delito

Sujeito ativo é qualquer pessoa que pratica alguma das condutas típicas. Sujeito passivo é a pessoa constrangida pela conduta do agente e que fica, assim, privada da liberdade de trabalho. Embora o artigo se refira, em seu inciso II, ao estabelecimento de trabalho, vítima é o proprietário ou dirigente do estabelecimento. Ofendido é também aquele que vê cerceada a sua liberdade de trabalho, embora a violência ou a ameaça seja dirigida a pessoa diversa.

19.1.5 Tipo objetivo

A conduta típica é *constranger* (obrigar, forçar, coagir) a vítima. Trata-se de um crime de constrangimento ilegal que só pode ser praticado por meio de violência ou ameaça,[1] não o caracterizando o uso de outros meios (narcóticos, hipnotismo etc.). Não se caracteriza o crime, também, na simples promessa de rescisão contratual, vez que é direito do empregador, com a extinção da estabilidade, pagos os haveres trabalhistas, a dispensa do empregado.[2]

No caso, o constrangimento se dá com o fim de forçar a vítima a *exercer arte* (atividade manual ou especialidade técnica), *ofício* (atividade predominantemente manual), *profissão* (atividade predominantemente intelectual) ou *indústria* (aperfeiçoamento de produtos). A finalidade pode ser a de obrigar alguém a *trabalhar* ou a *não trabalhar* (qualquer atividade lucrativa) em determinados dias ou períodos, ainda que à revelia do sindicato.[3]

Pelo inciso II é incriminado o constrangimento para que o sujeito passivo abra ou feche o seu estabelecimento de trabalho (loja, escritório, oficina etc.). A segunda parte do dispositivo, referente a greve ou *lockout*, foi revogada pela Lei nº 4.330/64.

---

2. FRAGOSO, Heleno Cláudio. *Lições de direito penal*. 3. ed. São Paulo: José Bushatsky, 1977. v. 2, p. 246.

19.1.6 Tipo subjetivo

O dolo é a vontade de constranger, ou seja, a de obrigar o ofendido, com o fim específico de que pratique ele ou deixe de praticar uma das atividades mencionadas no dispositivo. Se a finalidade for outra, ocorrerá o crime de constrangimento ilegal (item 9.1.6).

19.1.7 Consumação e tentativa

Consuma-se o delito quando o sujeito passivo cede, atuando de acordo com a vontade do agente (exercendo ou não a atividade, abrindo ou fechando o estabelecimento). No caso do inciso II, segunda parte, o crime pode ser de caráter permanente. Nada impede a possibilidade de tentativa.

19.1.8 Distinção

Distingue-se o crime em estudo do delito de constrangimento ilegal (art. 146) não apenas porque pode ser praticado somente mediante violência ou ameaça, mas também por exigir-se que a finalidade do constrangimento seja apenas uma daquelas mencionadas no art. 197.

19.1.9 Concurso

Havendo violência, ocorre concurso material, respondendo o agente, cumulativamente, com o delito de lesões corporais, homicídio etc.

19.1.10 Competência

Nos termos do art. 109, inciso VI, da nova CF, e do art. 10, VII, da Lei nº 5.010, de 30-5-1966, compete à *Justiça Federal* o processo dos crimes contra a organização do trabalho.[4] Estão excluídos da justiça especial, portanto, os crimes que atingem apenas determinado empregado.[5]

19.2 ATENTADO CONTRA A LIBERDADE DE CONTRATO DE TRABALHO E BOICOTAGEM VIOLENTA

19.2.1 Conceito

Define-se o delito de atentado contra a liberdade de contrato de trabalho e boicotagem violenta no art. 198: "Constranger alguém, mediante violência ou grave ameaça, a celebrar contrato de trabalho, ou a não fornecer a outrem ou não adquirir de outrem matéria-prima ou produto industrial ou agrícola: Pena – detenção, de um mês a um ano, e multa, além da pena correspondente à violência." São dois, portanto, os crimes definidos no dispositivo.

19.2.2 Atentado contra a liberdade de contrato de trabalho

Na primeira parte do dispositivo é tutelada a liberdade de trabalho daquele que é obrigado a celebrar um contrato indesejado. Trata-se, ainda, de uma espécie de constrangimento ilegal, praticado também apenas por meio de violência ou ameaça, em que se visa à assinatura do contrato de trabalho pelo sujeito passivo. É evidente a falha da lei por se ter omitido a coação para *não* celebrar o contrato de trabalho. Tal fato poderá constituir, porém, o crime previsto no art. 146 ou no art. 197, inciso I, do CP.

Refere-se a lei tanto a contrato individual como a coletivo, a escrito ou verbal, a renovação, modificação, ou adição de contrato anterior.

A consumação dá-se com a celebração do contrato, se escrito. Tratando-se de contrato verbal, tem-se entendido que a consumação somente ocorre com o início do trabalho.[3] Há tentativa quando o sujeito ativo não logra o resultado pretendido (celebração do contrato escrito ou início do trabalho após contrato verbal).

19.2.3 Boicotagem violenta

Na segunda parte do art. 198 está tutelada a realização normal das relações do trabalho no tipo denominado boicotagem (ou boicote) violenta. A denominação vem do nome James *Boycott*, administrador agrícola da Irlanda, "com quem os camponeses e fornecedores da região romperam relações (forçando-o a emigrar para a América), em represália à sua atuação vexatória".[4]

Pune-se a prática de violência ou ameaça que leva o sujeito passivo a *não fornecer* ou a *não adquirir matéria-prima* (material para a produção), *produto industrial* (resultante do trabalho manual ou mecânico) ou *agrícola* (resultante da agricultura, que abrange a pecuária, a silvicultura etc.).

A consumação opera-se com a abstenção do sujeito passivo que não fornece ou não adquire a matéria-prima ou o produto. A tentativa caracteriza-se pela não produção do resultado (fornecimento ou aquisição da matéria-prima ou produto) apesar da prática da violência ou da ameaça.

19.2.4 Concurso

Tratando-se de crimes diversos, embora previstos no mesmo dispositivo (tipo misto cumulativo), a prática das duas ações no art. 198 implica concurso de crimes.

Havendo violência, em qualquer dos tipos, ocorre concurso material e as penas são somadas às das lesões, do homicídio etc.

---

3. Nesse sentido: HUNGRIA, Nelson, FRAGOSO, Heleno Cláudio. *Comentários ao código penal*. 5. ed. Rio de Janeiro: Forense, 1981. v. 8, p. 32; FRAGOSO. *Lições*. Ob. cit. v. 2, p. 251; e NORONHA, E. Magalhães. *Direito penal*. 2. ed. São Paulo: Saraiva, 1964.
4. HUNGRIA, FRAGOSO. *Comentários*. Ob. cit. v. 8, p. 33.

19.3 ATENTADO CONTRA A LIBERDADE DE ASSOCIAÇÃO

19.3.1 Conceito

Define-se no art. 199 o crime de atentado contra a liberdade de associação: "Constranger alguém, mediante violência ou grave ameaça, a participar ou deixar de participar de determinado sindicato ou associação profissional: Pena – detenção, de um mês a um ano, e multa, além da pena correspondente à violência."

19.3.2 Objetividade jurídica

A liberdade de associação para fins lícitos é assegurada pelo art. 5º, XVII, da CF. Mais que isso, permite a Constituição Federal a livre associação profissional ou sindical, com funções delegadas de poder público (art. 8º). O art. 199 do CP objetiva tutelar essa liberdade de associação sindical ou profissional.

19.3.3 Sujeitos do delito

Qualquer pessoa pode ser sujeito ativo do crime em estudo, pertença ou não ao sindicato ou associação profissional. Vítima do delito é aquele que é obrigado a participar ou deixar de participar da entidade; assim, pode ou não ser sócio ou associado.

19.3.4 Tipo objetivo

A conduta típica é ainda a de constranger a vítima mediante violência ou grave ameaça, agora com o fim de impedir a liberdade de exercer o seu direito de se associar ou não a determinada entidade de classe.

Sindicato é uma espécie de associação em que se coordenam os interesses profissionais dos trabalhadores, representando a categoria profissional. Deve obedecer às disposições da CLT, e, assim, o art. 199 pressupõe a existência legal de um sindicato ou de uma associação.[6]

19.3.5 Tipo subjetivo

O dolo é a vontade de constranger alguém, mediante violência ou grave ameaça, a participar ou deixar de participar do sindicato ou associação profissional. Não se exige especial finalidade do agente.

19.3.6 Consumação e tentativa

Consuma-se o crime quando a vítima participa ou deixa de participar, efetivamente, do sindicato ou da associação. Já se decidiu, porém, que o art. 199 prevê um delito contra a organização do trabalho e, assim, só haverá resultado próprio desse crime ocorrendo perigo para a existência, ou o funcionamento do sindicato, ou da associação. Sendo o fato restrito à relação individual do trabalho, este, como bem despersonalizado, não é afetado.[7]

Possível é a tentativa quando, iniciada a execução, não obtém o agente o resultado pretendido (participação ou não do sujeito passivo do sindicato ou da associação).

19.3.7 Concurso

Ainda uma vez, haverá concurso material com a violência, somando-se as penas.

19.4 PARALISAÇÃO DE TRABALHO, SEGUIDA DE VIOLÊNCIA OU PERTURBAÇÃO DA ORDEM

19.4.1 Conceito

Define o art. 200 o crime de paralisação de trabalho, seguida de violência ou perturbação da ordem: "Participar de suspensão ou abandono coletivo de trabalho, praticando violência contra pessoa ou contra coisa: Pena – detenção, de um mês a um ano, e multa, além da pena correspondente à violência."

19.4.2 Objetividade jurídica

O dispositivo em estudo visa, ainda, a proteger a liberdade de trabalho.

19.4.3 Sujeitos do delito

Praticam o crime o empregado ou empregador que suspendem ou abandonam o trabalho.[5] Nos termos do art. 200, parágrafo único, exige-se um mínimo de três empregados para a existência do crime em apreço.

Qualquer pessoa no caso de agressão (violência à pessoa) ou pessoa jurídica (violência à coisa) pode ser sujeito passivo do crime.

19.4.4 Tipo objetivo

Refere-se a lei à *greve* (abandono do trabalho por empregados) e ao *lockout* (suspensão do trabalho por empregadores). O direito de greve está disciplinado agora na Lei nº 7.783, de 28-6-1989, mas o artigo refere-se tanto ao movimento legítimo e regular como ao ilícito. Como, no caso de greve, se exige o número mínimo de três participantes (parágrafo único), na suspensão de trabalho dos empregadores o mesmo ocorre, embora não seja necessário, para a caracterização do delito, a pluralidade de empresas. A essa conclusão leva o termo *participar*, empregado no tipo penal.

---

5. Nesse sentido: HUNGRIA, FRAGOSO. *Comentários*. Ob. cit. v. 8, p. 32; FRAGOSO. *Lições*. Ob. cit. v. 2, p. 251; e NORONHA. *Direito penal*. Ob. cit. v. 3, p. 70.

A conduta típica é a prática de violência que pode ser dirigida à pessoa (lesões corporais, homicídios etc.) ou à coisa (dano). Não caracteriza o crime do art. 200 do CP a simples ameaça durante a greve ou *lockout*, respondendo o agente apenas pelo delito previsto no art. 147.[8]

Evidentemente, só praticam o delito aqueles que, participando da suspensão ou abandono do trabalho, cometem o ato violento. Os demais participantes da greve ou *lockout* não respondem por qualquer ilícito.

19.4.5 Tipo subjetivo

O dolo é a vontade de, participando do movimento, praticar violência contra a pessoa, qualquer que seja o intuito do agente.

19.4.6 Consumação e tentativa

Consuma-se o delito em apreço com a prática da violência, desde que já esteja ocorrendo o processo de paralisação do trabalho. Nada impede a ocorrência de tentativa.

19.4.7 Concurso

Pune a lei em concurso material o delito em estudo com a violência contra a pessoa. Está excluída a pena do crime de dano (violência à coisa).

19.5 PARALISAÇÃO DO TRABALHO DE INTERESSE COLETIVO

19.5.1 Conceito

O crime de paralisação de trabalho de interesse coletivo está definido no art. 201: "Participar de suspensão ou abandono coletivo de trabalho, provocando a interrupção de obra pública ou serviço de interesse coletivo: Pena – detenção, de seis meses a dois anos, e multa."

19.5.2 Objetividade jurídica

No conceito amplo de organização do trabalho, a lei, no art. 201, protege não mais a liberdade de trabalhar, mas o interesse coletivo.

19.5.3 Sujeitos do delito

Qualquer pessoa, empregado ou empregador, pode praticar o delito em estudo.

Sujeito passivo é a coletividade afetada com a paralisação. Trata-se, pois, de *crime vago*.

19.5.4 Tipo objetivo

A incriminação abrange todos aqueles que participem de *greve* ou *lockout* que provoque interrupção de obra pública ou serviço de interesse coletivo. Pune-se, assim, nesse caso, a greve *pacífica* ilegal.

Obra pública é a realizada pelo próprio Estado, por meio de funcionários ou pessoas estranhas aos quadros do funcionalismo. *Serviço de interesse coletivo* "é todo aquele que afeta as necessidades da população em geral, como, por exemplo: serviços de iluminação, de água, de gás, de energia motriz, de limpeza urbana, de comunicações, de transportes (terrestres, marítimos, fluviais ou aéreos), de matadouro, de estiva etc.".[6]

Diante dos arts. 1º, 2º e 11 da Lei de Greve (Lei nº 7.783/89), deve-se entender que o art. 201 continua em vigor, mas que não basta que se trate de obra pública, porém é necessário que ela caracterize serviço ou atividade essencial, ou seja, aquelas que, não atendidas, colocam em perigo iminente a sobrevivência, a saúde ou a segurança da população.

19.5.5 Tipo subjetivo

Afirma Hungria que o dolo (ainda que eventual) inclui a finalidade da interrupção da obra pública ou do serviço de interesse coletivo.[7] Basta, entretanto, a vontade de participar do abandono ou da suspensão do trabalho, "tendo consciência de que se trata de obra pública ou de serviço de interesse coletivo".[8]

19.5.6 Consumação e tentativa

Consuma-se o delito com a interrupção de obra pública ou de serviço de interesse coletivo, que pode não coincidir com a suspensão ou o abandono do trabalho. A tentativa do crime em estudo é possível.

19.6 INVASÃO DE ESTABELECIMENTO INDUSTRIAL, COMERCIAL OU AGRÍCOLA – SABOTAGEM

19.6.1 Conceito

Várias são as condutas previstas no art. 202, que define os delitos de invasão de estabelecimento industrial, comercial ou agrícola e sabotagem: "Invadir ou ocupar estabelecimento industrial, comercial ou agrícola, com o intuito de impedir ou embaraçar o curso normal do trabalho, ou com o mesmo fim danificar o estabelecimento ou as coisas nele existentes ou delas dispor: Pena – reclusão, de um a três anos, e multa."

---

6. HUNGRIA, FRAGOSO. *Comentários*. Ob. cit. v. 8, p. 37.
7. *Comentários*. Ob. cit. v. 8, p. 38.
8. FRAGOSO. *Lições*. Ob. cit. v. 2, p. 257.

19.6.2 Objetividade jurídica

Tutela-se com o dispositivo a organização do trabalho, bem como o patrimônio da empresa ou pessoa física.

19.6.3 Sujeitos do delito

Qualquer pessoa (empregado, sócio, estranho etc.) pode praticar o crime em apreço. Além da coletividade, é vítima do crime qualquer pessoa física ou jurídica que mantenha estabelecimento industrial, comercial ou agrícola.

19.6.4 Invasão e ocupação

São dois os delitos previstos no art. 202. O primeiro deles configura-se na conduta de *invadir* (entrar à força, sem autorização, indevidamente) e de *ocupar* (tomar posse arbitrariamente) o estabelecimento. A ocupação pode ser praticada por empregados ou mesmo por clientes ou fregueses. *Estabelecimento* é todo lugar aberto ou fechado em que se desenvolve atividade industrial, comercial ou agrícola. Configura-se o crime mesmo com a ocupação *parcial* do estabelecimento.

Decidiu-se pela caracterização do crime na invasão do sujeito ativo para trocar fechaduras das portas do estabelecimento a fim de impedir o curso normal do trabalho. [9] Absolveu-se, porém, o sócio que, constatando a dilapidação do patrimônio social pelo gerente e ante a ausência prolongada deste no estabelecimento, cerrou suas portas e mudou as fechaduras para impossibilitar a entrada de outras pessoas.[10]

A consumação ocorre com a invasão ou a ocupação, dispensando-se a efetiva paralisação ou o cerceamento do trabalho. Trata-se, pois, de crime formal.

19.6.5 Sabotagem

Incrimina-se, também, a conduta de danificar o estabelecimento ou as coisas nele existentes. *Danificar* quer dizer depredar,[11] destruir, estragar, inutilizar ou quebrar, ainda que parcialmente, não só o prédio como máquinas, instrumentos, ferramentas, matérias-primas, instalação elétrica etc. É crime também *dispor* dessas coisas (usá-las, aliená-las, retê-las, fazê-las desaparecer etc.).

O crime de sabotagem consuma-se com a danificação ou a disposição do prédio ou das coisas. Também é crime formal.

19.6.6 Tipo subjetivo

Quanto à primeira parte do artigo, o dolo é a vontade de invadir ou ocupar o estabelecimento; quanto à sabotagem, é a de danificar o estabelecimento ou as coisas ou dispor delas. Em ambos os casos, porém, exige-se um fim específico, que é o de *impedir* (obstar, obstruir, fazer cessar) ou *embaraçar* (atrapalhar, dificultar, perturbar) o trabalho.

19.6.7 Distinção

Caso o fim do agente não seja o previsto no artigo em tela, o crime será outro (dano, apropriação indébita, violação de domicílio etc.).

19.7 FRUSTRAÇÃO DE DIREITO ASSEGURADO POR LEI TRABALHISTA

19.7.1 Conceito

O crime de frustração de direito assegurado por lei trabalhista é definido no art. 203: "Frustrar, mediante fraude ou violência, direito assegurado pela legislação do trabalho: Pena – detenção, de um a dois anos, e multa, além da pena correspondente à violência."

19.7.2 Objetividade jurídica

Tutela a lei os direitos trabalhistas previstos em lei, não só os assegurados constitucionalmente (art. 7º da CF) como os referidos na CLT e leis complementares.

19.7.3 Sujeitos do delito

Pratica o crime quem impede a realização do direito do trabalho. Podem cometê-lo o empregador, seu preposto, ou gerente, o empregado ou qualquer pessoa estranha à relação de trabalho. O empregado pode cometer o crime contra o patrão.[9]

Sujeito passivo é aquele que se vê lesado no direito trabalhista. Pode ocorrer que a violência seja praticada contra terceiro, sendo este também vítima do crime.

19.7.4 Tipo objetivo

Pratica o crime quem age com *violência* (somente a física, excluída que está a ameaça) ou *fraude* (qualquer meio idôneo para induzir ou manter alguém em erro). A conduta é, por meio de violência ou fraude, impedir que o sujeito passivo veja satisfeito direito que lhe confere a legislação do trabalho (estabilidade, seguro, proteção à maternidade, férias etc.). O art. 203 é, assim, norma penal em branco, preenchida pelas leis referentes ao trabalho. Estão incluídos na proteção os direitos obtidos por meio das convenções e dissídios, uma vez que são eles previstos em lei.

Configura-se o crime: no despedir empregado imediatamente, adiantando-se ao término do aviso prévio, com o fito de pagar-lhe as indenizações próprias na base do salário de menor e não daquele a que, por direito, o empregado viria a perceber dentro do próprio prazo do aviso a se expirar quando já teria completado a maioridade;[12] no

---

9. Nesse sentido: HUNGRIA, FRAGOSO. *Comentários*. Ob. cit. v. 8, p. 40; e NORONHA. *Direito penal*. Ob. cit. v. 3, p. 76.

19 • DOS CRIMES CONTRA A ORGANIZAÇÃO DO TRABALHO **425**

contrato firmado por empregado menor por tempo que não lhe permitiria indenização em caso de despedida;[13] no obrigar os empregados a assinarem pedido de demissão dando plena quitação.[14]

A lei não distingue entre direitos renunciáveis e irrenunciáveis.[15] A estes, sobretudo, terá ela visado proteger, pois, tratando-se de direitos renunciáveis, o empregado poderia legalmente abrir mão deles, e desnecessário seria o uso, pelo empregador, dos meios fraudulentos, que o legislador teve em mira coibir.[16] Apesar do que foi exposto, já se decidiu que, sendo direitos irrenunciáveis, não é possível o crime quando o fato se refere à estabilidade[17] e ao salário mínimo.[18]

Também já se entendeu que, "se as vítimas aceitarem, livre e conscientemente, a condição que lhes foi proposta pelos réus ao serem admitidas como suas empregadas, a de receberem salário inferior ao mínimo legal, não há falar em frustração de direito assegurado em lei trabalhista,[19] embora existam decisões em sentido contrário.[20] De qualquer forma, se não constituísse crime o pagamento salarial abaixo do mínimo fixado em lei, a fraude posta em prática pelo empregador para desfigurar aquela insuficiência remuneratória, com o falso preenchimento de documentos exigidos dos empregados, a fim de dar aparência legal ao que ilegalmente estava sendo feito, configura, em tese, os delitos dos arts. 203 e 299 do CP.[21]

Por outro lado, é necessário que ocorra fraude ou violência, não se integrando o delito pelo simples inadimplemento da obrigação imposta ao empregador pela legislação específica.[22] Assim, nem toda situação irregular na relação de trabalho configura o delito.[23] Também já se decidiu que não configura o crime do art. 203 a emissão de cheque sem fundos para pagamento de acordo homologado na Justiça do Trabalho ou particularmente; o fato constitui o crime de estelionato (art. 171, § 2º, inciso VI). A exploração do trabalho por meio da redução do trabalhador a condição análoga à de escravo configura o crime previsto no art. 149, com a redação dada pela Lei nº 10.803, de 11-12-2003 (item 9.7.5).

19.7.5 Tipo subjetivo

O dolo é a vontade de frustrar o sujeito passivo em seu direito trabalhista, ciente do emprego de violência ou fraude.

19.7.6 Consumação e tentativa

Consuma-se o delito com a frustração do direito. Nada impede a tentativa.

19.7.7 Coação para compra de mercadorias

A Lei nº 9.777, de 29-12-1998, criou nova figura típica, a de coação para uso de mercadorias, para quem "obriga ou coage alguém a usar mercadorias de determinado estabelecimento, para impossibilitar o desligamento do serviço em virtude de dívida" (art. 203, §

1º, inciso I). Visa o novo dispositivo impedir que trabalhadores, em especial na zona rural, sejam obrigados ao consumo de mercadorias vendidas, a prazo, pelo próprio empregador ou por interposta pessoa, o que gera débito de difícil satisfação, obrigando-os a permanecerem prestando serviços para o agente até a quitação de seus débitos. Evidentemente não proíbe a lei a venda de mercadorias pelo empregador ou preposto, exigindo-se, para a tipificação do fato, que seja a vítima obrigada a adquirir as mercadorias, por violência, ameaça expressa ou implícita, ou por qualquer outro meio, inclusive contrato, de modo a que não lhe seja possível desligar-se do serviço em virtude da dívida contraída.

19.7.8 Retenção de documentos

Também passou a ser típica a conduta de quem "impede alguém de se desligar de serviços de qualquer natureza, mediante coação ou por meio da retenção de seus documentos pessoais ou contratuais". Na primeira parte, referente à coação, há, na verdade, um crime de constrangimento ilegal específico, com pena mais severa, em que, por meio de violência, grave ameaça ou depois de lhe haver reduzido, por qualquer meio, a capacidade de resistência, o agente impede a vítima de se desligar do serviço que presta àquele ou a terceiro. Na segunda parte, o crime caracteriza-se quando o agente retém, não entrega, não devolve, sonega documentos pessoais ou contratuais de interesse da vítima com a finalidade de que continue a prestar serviços contra a sua vontade. Isso porque a retenção de documentos normalmente causa ao interessado inúmeros problemas, principalmente para a obtenção de novo emprego, tornando-se o fato, assim, uma espécie de constrangimento ilegal contra o empregado em atentado à sua liberdade de trabalho. A conduta, porém, pode configurar crime mais grave, nos termos do art. 149, § 1º, incisos I e II, inseridos pela Lei nº 10.803, de 11-12-2003 (item 9.7.8).

19.7.9 Aumento de pena

Ainda pela Lei nº 9.777, de 29-12-1998, foi criada uma forma qualificada para todos os ilícitos previstos no art. 203 e seus parágrafos do CP. A pena é aumentada de um sexto a um terço quando a vítima é menor de 18 anos, idosa, gestante, indígena ou portadora de deficiência física ou mental, ofendidos que, pela menor possibilidade de resistência à prática das condutas incriminadas, merecem maior proteção. Quanto à pessoa idosa, não tendo fixado a lei penal o limite de idade, cabia ao juiz, no caso concreto, aferir essa circunstância. Com a vigência da Lei nº 10.741, de 1º-10-2003, porém, pessoa idosa é definida como a que tem idade igual ou superior a 60 anos (art. 1º), estando esse limite agora referido em diversos dispositivos do Código Penal (arts. 61, II, *h*, 121, § 4º, 133, § 3º, III etc.).

19.7.10 Distinção

A sujeição a trabalho excessivo ou inadequado que expõe a perigo a vida ou a saúde da vítima configura o crime do art. 136, se esta se encontra sob autoridade, guarda ou vigilância do agente, e o do descrito no art. 99 do Estatuto da Pessoa Idosa, se a vítima tem idade igual ou superior a 60 anos. Possível nessa hipótese, o concurso, material ou formal, com o crime do art. 203.

A exploração do trabalho por meio da redução da vítima a condição análoga à de escravo é crime previsto no art. 149 do CP, que pune no § 1º, com as mesmas penas do *caput*, condutas, como a de se apoderar o agente de objetos ou documentos da vítima, que têm por finalidade a retenção do trabalhador no local de trabalho.

As práticas discriminatórias em relação de emprego decorrentes de preconceito de raça, cor, etnia ou procedência nacional configuram crimes previstos nos arts. 3º e 4º da Lei nº 7.716, de 5-1-1989, alterada pela Lei nº 12.288, de 20-7-2010 (Estatuto da Igualdade Racial). A Lei nº 12.984, de 2-6-2014, tipifica condutas discriminatórias contra o portador do HIV e o doente de Aids na relação trabalhista, como a de negar-lhe emprego ou trabalho, exonerá-lo ou demiti-lo de seu cargo ou emprego, ou segregá-lo no ambiente de trabalho (art. 1º, II, III e IV).

A violação de dever relativo à contribuição previdenciária pode configurar o crime de apropriação indébita previdenciária (art. 168-A) ou de sonegação de contribuição previdenciária (art. 337-A).

19.8 FRUSTRAÇÃO DE LEI SOBRE A NACIONALIZAÇÃO DO TRABALHO

19.8.1 Conceito

Nova espécie de fraude é objeto do art. 204: "Frustrar, mediante fraude ou violência, obrigação legal relativa à nacionalização do trabalho: Pena – detenção, de um mês a um ano, e multa, além da pena correspondente à violência."

19.8.2 Objetividade jurídica

A Constituição de 1988, garantindo expressamente a igualdade de direitos entre os brasileiros e os estrangeiros residentes no país, não estabeleceu qualquer diferença para fazer com que sejam protegidos aqueles em desfavor destes. Assim, passaram a ser incompatíveis com a Carta Magna as obrigações legais relativas à nacionalização do trabalho, tornado inócuo o dispositivo em estudo.

19.8.3 Sujeitos do delito

Embora, em regra, o sujeito ativo do crime em exame seja o empregador, nada obsta a prática do ilícito por empregados ou mesmo estranhos à empresa.

Sujeito passivo é sempre o Estado, ainda que prejudicados sejam, eventualmente, os trabalhadores brasileiros.

19.8.4 Tipo objetivo

Mais uma vez a prática do crime exige a violência física ou a fraude, excluindo-se a ameaça. O meio fraudulento normalmente será a alteração da escrita de livros, relações, fichários etc.

O tipo penal é também norma penal em branco, uma vez que é a lei que regula a percentagem de empregados, em especial os arts. 352 a 371 da CLT.

19.8.5 Tipo subjetivo

O crime em apreço só existe com a conduta dolosa, em que o agente tem ciência de que está frustrando o direito assegurado aos empregados nacionais pela legislação do trabalho.

19.8.6 Consumação e tentativa

Consuma-se o delito com a frustração, em que a empresa abriga um número maior de empregados estrangeiros do que a lei permite. Nada impede a tentativa.

19.8.7 Concurso

Haverá concurso material do crime previsto no art. 204 com a violência praticada. Havendo frustração de direito individual do trabalho (art. 203) na mesma conduta, ocorrerá concurso formal de delitos.

19.9 EXERCÍCIO DE ATIVIDADE COM INFRAÇÃO DE DECISÃO ADMINISTRATIVA

19.9.1 Conceito

Define o art. 205 o crime de exercício de atividade com infração de decisão administrativa: "Exercer atividade, de que está impedido por decisão administrativa: Pena – detenção, de três meses a dois anos, ou multa."

19.9.2 Objetividade jurídica

Protege-se com o dispositivo em exame o interesse do Estado na execução das decisões administrativas relativas ao desempenho de certas atividades.

19.9.3 Sujeitos do delito

Sujeito ativo do crime é aquele que viola decisão administrativa, exercendo atividade que lhe é proibida. Sujeito passivo é o Estado, titular do interesse na execução das decisões administrativas.

19.9.4 Tipo objetivo

A conduta típica do art. 205 é *exercer* (praticar, desempenhar, exercitar, agir) *atividade*, o que exige habitualidade, reiteração de atos. *Decisões administrativas* são suspensões, cancelamento e cessações de licenças ou faculdades proferidas não só pelo Ministro do Trabalho, como também por qualquer órgão da administração pública. Para que se configure o crime previsto no art. 205 é necessária a reiteração de ato próprio da conduta a qual o agente está impedido de exercer por força de decisão administrativa.[24] Decidiu-se que se configura o ilícito quando o agente exerce a advocacia em reclamação trabalhista após ter sua inscrição cancelada pelo Conselho da OAB com fundamento no, agora, Estatuto da Advocacia e da Ordem dos Advogados do Brasil (Lei nº 8.906, de 4-7-1994).[25]

Quando a proibição deriva de decisão judicial, ocorre o crime previsto no art. 359. O exercício de função pública ilegal pode constituir, por outro lado, o delito definido no art. 324.

19.9.5 Tipo subjetivo

O dolo é a vontade de exercer a atividade, ciente o agente de que ela lhe está vedada por decisão administrativa. O erro a esse respeito exclui o dolo.

19.9.6 Consumação e tentativa

Consuma-se o crime com o exercício efetivo da atividade vedada ao agente pela decisão administrativa. Exigindo-se a habitualidade, é impossível a ocorrência de tentativa.

19.9.7 Distinção

Quando o agente jamais possuiu autorização para a prática da atividade profissional, o fato poderá caracterizar o crime definido no art. 282 ou a contravenção do art. 47 da LCP.

19.10 ALICIAMENTO PARA FIM DE EMIGRAÇÃO

19.10.1 Conceito

Veda a lei o aliciamento para o fim de emigração no art. 206, que, com a Lei nº 8.683, de 15-7-1993, passou a ter a seguinte redação: "Art. 206. Recrutar trabalhadores, mediante fraude, com o fim de levá-los para território estrangeiro. Pena – detenção, de um a três anos, e multa."

19.10.2 Objetividade jurídica

Tutela-se com o artigo em tela o interesse do Estado na permanência dos trabalhadores brasileiros no país, já que, não havendo superpopulação, não lhe interessa a emigração. Esta pode prejudicar o desenvolvimento regular da produção e do comércio nacionais e a própria ordem econômica do país.

19.10.3 Sujeitos do delito

Qualquer pessoa (nacional ou estrangeira) pode praticar o delito. Sujeito passivo é o Estado, a quem interessa a permanência do trabalhador nacional no país.

19.10.4 Tipo objetivo

A conduta típica é *recrutar*, que exige a iniciativa do agente para atrair, seduzir ou angariar trabalhadores (no mínimo três) para fim de emigração. Exige a lei que haja fraude, ou seja, que o agente induza ou mantenha em erro os trabalhadores, por exemplo, com falsas informações ou promessas, convencendo-os a levá-los para território estrangeiro. Não ocorre o ilícito, portanto, no agenciamento de trabalhadores quando não é empregado qualquer artifício, ardil ou algum meio fraudulento, tendo ficado descriminalizada tal conduta (*abolitio criminis*). De outro lado, não é necessário que o convencimento se dê para a emigração (saída do país com ânimo definitivo ou, ao menos, por largo espaço de tempo); basta que sejam os trabalhadores induzidos a ir para território estrangeiro.

19.10.5 Tipo subjetivo

O dolo do crime de recrutamento de trabalhadores é a vontade de atraí-los para a sua transferência para outro país. Exige-se, porém, que o agente queira iludir os trabalhadores por meio de fraude, para induzi-los ou instigá-los à ida para outro país.

19.10.6 Distinção

Distingue-se o aliciamento para fim de emigração dos crimes de tráfico de pessoas (art. 149-A) e da promoção de migração ilegal (art. 232-A). Enquanto no primeiro visa-se coibir o recrutamento de trabalhadores para serem levados ao exterior, no tráfico de pessoas o recrutamento de qualquer pessoa deve ter por finalidade uma das elencadas no tipo penal, todas elas de natureza ilícita. No crime de promoção de migração ilegal, tutela-se a regular observância das normas legais que regem a emigração e imigração de nacionais e estrangeiros, não se referindo o tipo à finalidade da entrada do brasileiro no país estrangeiro, exigindo-se somente que o agente atue com o fim de obter vantagem econômica. Quem recruta trabalhadores para o fim de levá-los para o exterior e, subsequentemente, promove a sua entrada no país estrangeiro responde por ambos os delitos em concurso (arts. 206 e 232-A).

19.10.7 Consumação e tentativa

Consuma-se o crime com o simples recrutamento, por meio de fraude, não se exigindo que se efetive o ato de saída dos trabalhadores do país. Possível é a tentativa quando, apesar da fraude, não haja o recrutamento.

19.11 ALICIAMENTO DE TRABALHADORES DE UM LOCAL PARA OUTRO DO TERRITÓRIO NACIONAL

19.11.1 Conceito

O aliciamento para êxodo no interior do país está previsto no art. 207: "Aliciar trabalhadores, com o fim de levá-los de uma para outra localidade do território nacional: Pena – detenção, de um a três anos, e multa."

19.11.2 Objetividade jurídica

O bem jurídico tutelado no art. 207 é o interesse do Estado de que os trabalhadores fiquem radicados no local em que estão, a fim de que não se despovoe uma região com o superpovoamento de outra. Tais mudanças constituem, normalmente, fatores de desajustes econômico e social.

19.11.3 Sujeitos do delito

Qualquer pessoa pode praticar o delito em estudo. Ainda uma vez o sujeito passivo é o Estado.

19.11.4 Tipo objetivo

A conduta típica é o aliciamento de trabalhadores. No caso, o fim, porém, não é o de que saiam do território nacional, mas o de que se mudem de localidade (vila, cidade, Estado). Há crime quando se tratar de deslocamento para lugar distante da localidade de origem, não o configurando, portanto, a conduta de atrair trabalhadores de cidade vizinha. Não havendo aliciamento, não há crime. Não pratica o ilícito penal aquele que, por exemplo, simplesmente transporta os trabalhadores de uma região para outra.

19.11.5 Tipo subjetivo

O dolo do delito em foco é a vontade de aliciar, convencer, atrair, seduzir os trabalhadores com a finalidade de que se mudem para outro local.

19.11.6 Consumação e tentativa

Consuma-se o crime com o simples aliciamento, ainda que não ocorra o êxodo. Trata-se, portanto, de crime formal.

19.11.7 Recrutamento de trabalhadores

Nova figura típica foi acrescentada ao art. 207 do CP, a fim de proteger a organização do trabalho, para que os trabalhadores fiquem radicados e não migrem de forma a serem vítimas de desajustes econômico e social.

A conduta é "recrutar trabalhadores fora da localidade de execução do trabalho, dentro do território nacional, mediante fraude ou cobrança de qualquer quantia do trabalhador, ou, ainda, não assegurar condições do seu retorno ao local de origem" (§ 1º). Não se exige para a caracterização do ilícito o aliciamento, a sedução, o convencimento, mas o recrutamento, podendo a iniciativa partir do próprio trabalhador. O primeiro meio ilícito inscrito na lei é a fraude: o agente ilude, engana a vítima, fazendo promessas que não serão cumpridas, enganando-a quanto às condições de trabalho, à remuneração, ao local de prestação de serviços, aos benefícios etc. Também pode ser cometido o crime quando o agente recruta o trabalhador, cobrando qualquer quantia deste, pouco importando que sejam cumpridas as promessas feitas. O objetivo do dispositivo é evitar que o trabalhador seja explorado economicamente para a obtenção de colocação trabalhista. Por fim, incrimina a lei também o recrutamento de trabalhador sem que se assegurem condições de seu retorno ao local de origem. Findo o prazo do contrato de trabalho, ou a qualquer momento quando for ele por tempo indeterminado, tem o trabalhador o direito de exigir do empregador que lhe forneça as condições indispensáveis ao retorno; se não for atendido, configura-se o ilícito penal.

19.11.8 Forma agravada

Prevê a Lei causas de aumento de pena para os crimes de aliciamento e recrutamento de trabalhadores. A reprimenda é aumentada de um sexto a um terço se a vítima é menor de 18 anos, idosa, gestante, indígena ou portadora de deficiência física ou mental, pessoa que, por sua menor possibilidade de defesa em relação ao agente, necessita de maior proteção. Nos termos da Lei nº 10.741, de 1º-10-2003, que instituiu o Estatuto da Pessoa Idosa é pessoa que tem idade igual ou superior a 60 anos (art. 1º).

Parte VI
DOS CRIMES CONTRA
O SENTIMENTO RELIGIOSO
E CONTRA O RESPEITO AOS MORTOS

20

DOS CRIMES CONTRA O SENTIMENTO RELIGIOSO

20.1 ULTRAJE A CULTO E IMPEDIMENTO OU PERTURBAÇÃO DE ATO A ELE RELATIVO

20.1.1 Generalidades

Conhecida é a importância da religião na história da humanidade, principalmente em seus primórdios. Ligada que estava ao Estado, a ofensa à religião e aos objetos do culto era crime contra este. A religião causou profundas alterações nos modelos políticos das nações, sendo sempre considerada instituição de interesse jurídico coletivo. A fé religiosa é conteúdo da própria personalidade do homem que, na realidade, deseja a paz duradoura e permanente que não encontra no mundo imediato que o cerca e que é prometida pela religião. Esse sentimento religioso, a convicção acentuada "da existência de uma ordem universal que se eleva acima do homem",[1] é o objeto jurídico penalmente tutelado no art. 208 do CP. É, aliás, um direito constitucional o direito à prática da religião: "É inviolável a liberdade de consciência e de crença, sendo assegurado o livre exercício dos cultos religiosos e garantida, na forma da lei, a proteção aos locais de cultos e a suas liturgias." (art. 5º, VI); "ninguém será privado de direitos por motivo de crença religiosa ou de convicção filosófica ou política, salvo se as invocar para eximir-se de obrigação legal a todos imposta e recusar-se a cumprir prestação alternativa, fixada em lei" (art. 5º, VIII). O Brasil, aliás, se comprometeu, pelo Pacto de São José da Costa Rica, a respeitar o sentimento religioso, já que o art. 12.1 da Convenção diz: "Toda pessoa tem direito à liberdade de consciência e de religião. Esse direito implica a liberdade de conservar sua religião ou suas crenças, ou de mudar de religião ou de crenças, bem como a liberdade de professar e divulgar sua religião ou suas crenças, individual ou coletivamente, tanto em público como em privado."

A par da religião, protege-se também a lembrança das pessoas mortas (arts. 209 a 212).

---

1. HUNGRIA, Nelson, FRAGOSO, Heleno Cláudio. *Comentários ao código penal.* 5. ed. Rio de Janeiro: Forense, 1981. v. 8, p. 52.

20.1.2 Conceito

O crime de ultraje a culto e impedimento ou perturbação de ato a ele relativo, dividido em três modalidades, está definido no art. 208: "Escarnecer de alguém publicamente, por motivo de crença ou função religiosa; impedir ou perturbar cerimônia ou prática de culto religioso; vilipendiar publicamente ato ou objeto de culto religioso: Pena – detenção, de um mês a um ano, ou multa."

20.1.3 Objetividade jurídica

Protege-se com o dispositivo em exame o sentimento religioso, interesse ético-social em si mesmo, bem como a liberdade de culto. Embora sejam admissíveis os debates, críticas ou polêmicas a respeito das religiões em seus aspectos teológicos, científicos, jurídicos, sociais ou filosóficos, não se permitem os extremos de zombarias, ultrajes ou vilipêndios aos crentes ou coisas religiosas.

20.1.4 Sujeitos do delito

Qualquer pessoa pode praticar o crime nas suas várias modalidades, incluindo-se os próprios ministros ou crentes.

Vítima do crime na primeira modalidade é sempre uma pessoa determinada (ministro, sacerdote, crente) e nas demais a coletividade religiosa. Trata-se, nestes casos, de crime vago.

20.1.5 Ultraje por motivo de religião

O tipo penal, em sua primeira parte, constitui o ultraje por motivo de religião. A conduta é a de escarnecer de alguém por motivo de crença ou função religiosa. *Escarnecer* significa ridicularizar, achincalhar, mofar, zombar, troçar, manifestar desprezo. Exige-se que o ato seja praticado publicamente, ou seja, na presença de várias pessoas ou por meio em que o escárnio seja transmitido a pessoas indeterminadas (cartaz, imprensa, alto-falantes etc.). Não havendo publicidade, poderá ocorrer crime contra a honra (injúria, difamação). Não se torna necessária, porém, para a caracterização do ilícito em apreço, a presença da vítima.

A zombaria deve estar relacionada com a *crença* (fé religiosa) ou com a *função religiosa* (ministério exercido por quem participa da celebração do culto: padre, frade, freira, rabino, pastor, sacristão, coroinha, médium espírita etc.), embora não seja indispensável que o fato ocorra quando o sujeito passivo a desempenha.

Cumpre não confundir o escárnio, o vilipêndio, praticado com o propósito referido, com o *sacrilégio* ou o ato simplesmente pecaminoso, consoante os mandamentos da religião.[2] Não se pune, ainda, a ofensa religiosa em geral, abstratamente considerada.

---

2. FARIA, Bento de. *Código penal brasileiro comentado*. Rio de Janeiro: Record, 1959. v. 5, p. 349.

20 • DOS CRIMES CONTRA O SENTIMENTO RELIGIOSO **437**

O dolo é a vontade de escarnecer, zombar, achincalhar alguém em decorrência da crença ou função religiosa. Já se decidiu pela não caracterização do crime em estudo no insulto ao pároco quando da prática religiosa por não estar o agente animado da intenção de ferir o seu sentimento religioso.[1] Nesse caso ocorre apenas crime contra a honra.

Consuma-se o delito com a prática do escárnio, que absorve eventual delito contra a honra. Admissível é a tentativa quando não se trata de conduta verbal (neste caso o crime é unissubsistente).

20.1.6 Impedimento ou perturbação de cerimônia ou culto

A segunda modalidade do crime em estudo é o impedimento ou perturbação de cerimônia ou prática de culto religioso. A conduta é *impedir* (não permitir que se inicie ou prossiga, paralisar, impossibilitar) ou *perturbar* (tumultuar, alterar, embaraçar, desorganizar, estorvar, atrapalhar, desnormalizar) a cerimônia ou culto, qualquer que seja o meio empregado (violência, gritos, vaias etc.). Basta o sobressalto do ministro ou dos fiéis para que ocorra o crime na forma de perturbação.

Cerimônias são as práticas religiosas mais solenes (missas, procissões, casamentos, batizados etc.) e *cultos* as práticas destituídas de maiores formalidades e solenidades (sermões, catecismos, orações, novenas etc.).

Têm-se reconhecido na jurisprudência como infrações penais os seguintes fatos: altos brados durante casamento que provocaram a abreviação da cerimônia;[2] palavrões proferidos por pessoa embriagada e de *short* que irrompe na igreja durante a missa;[3] disparo de arma de fogo diante de capela em que o sacerdote proferia o sermão da missa;[4] interrupção de culto religioso com a interpelação do orador dizendo-lhe que não entendia ele do assunto que tratava;[5] barulho excessivo durante a cerimônia religiosa;[6] utilização de possantes alto-falantes em altíssimo volume e estampidos de bombas juninas[7] etc.

Já se decidiu, por outro lado, que não basta um simples desvio de atenção ou recolhimento dos fiéis para reconhecer a perturbação do culto; é necessária uma alteração material, sensível, do curso regular do ato do culto, não provocada por simples alarido.[8]

Evidentemente, a lei só protege as cerimônias ou práticas permitidas, ou seja, aquelas que não contrariem a ordem pública ou os bons costumes, bem como apenas os cultos praticados por um número relativamente extenso de pessoas.[3]

O dolo é a vontade de impedir ou tumultuar a cerimônia ou a prática do culto, não se exigindo fim específico. É irrelevante, assim, o fim último visado pelo agente,[9] admitindo-se o dolo eventual.[10][4] Em decisão majoritária, porém, absolveu-se o acusado de ter atirado pedras no prédio vizinho, onde se realizava cerimônia religiosa, por não

---

3. HUNGRIA, FRAGOSO. *Comentários*. Ob. cit. v. 8, p. 63.
4. Nesse sentido: NORONHA, E. Magalhães. *Direito penal*. 2. ed. São Paulo: Saraiva, 1964. v. 3, p. 93; e COGAN, Arthur. Crimes contra o sentimento religioso. *Justitia* 96/99.

ser seu intuito vilipendiar a religião, nem perturbar ou impedir-lhe as manifestações normais, mas tão somente como repulsa ao fato de se prolongarem noite adentro, prejudicando-lhe o sono.[11]

Consuma-se o crime com o impedimento ou perturbação da cerimônia ou culto.[12]

20.1.7 Vilipêndio de ato ou objeto de culto

Incrimina-se, por fim, o vilipêndio público de ato ou objeto de culto religioso. A conduta típica é vilipendiar (desprezar, aviltar, menoscabar, desdenhar, injuriar, tratar de modo ultrajante ou vil). Pode a conduta constituir-se de palavras, gestos, escritos etc.

O vilipêndio deve incidir diretamente sobre ou contra a coisa, objeto do culto, ou durante o decorrer do ato religioso. *Ato religioso* é expressão ampla, que abrange a cerimônia e o culto religioso. *Objeto de culto* é toda coisa corporal *consagrada*, inerente aos serviços do culto (imagens, crucifixos, relíquias, altares, cálices e o próprio prédio). Exemplos são os de atirar lixo sobre o objeto, fantasiar uma imagem, insultar durante o ato etc.

Necessário é que o ultraje seja praticado na presença do público (várias pessoas). Não está incluída no tipo a simples falta de respeito, como o de não descobrir-se quando da passagem de uma procissão.[5]

O dolo é a vontade de vilipendiar, ultrajar a coletividade durante o culto ou os objetos do culto.

Consuma-se o crime com o ultraje, sendo admissível a tentativa.

20.1.8 Aumento de pena

Nos termos do parágrafo único do art. 208, "se há emprego de violência, a pena é aumentada de um terço, sem prejuízo da correspondente à violência". Assim, além de se aumentar a pena pela violência, é punida esta cumulativamente. Entende-se que se trata de violência *física* contra *pessoa* ou *coisa*.[6]

---

5. O exemplo é de HUNGRIA, FRAGOSO. *Comentários*. Ob. cit. v. 8, p. 65.
6. Nesse sentido: HUNGRIA, FRAGOSO. *Comentários*. Ob. cit. v. 8, p. 66; NORONHA. *Direito penal*. Ob. cit. v. 3, p. 96; e FRAGOSO, Heleno Cláudio. *Lições de direito penal*. São Paulo: José Bushatsky, 1977. v. 2, p. 274.

21

DOS CRIMES CONTRA O RESPEITO AOS MORTOS

21.1 IMPEDIMENTO OU PERTURBAÇÃO DE CERIMÔNIA FUNERÁRIA

21.1.1 Conceito

O primeiro dos delitos referidos no Capítulo II do Título V, que trata dos crimes contra o respeito aos mortos, é o de impedimento ou perturbação de cerimônia funerária, previsto no art. 209: "Impedir ou perturbar enterro ou cerimônia funerária: Pena – detenção, de um mês a um ano, ou multa."

21.1.2 Objetividade jurídica

Tutela-se com o dispositivo o sentimento de respeito pelos mortos. Esse sentimento de reverência dos vivos para com os mortos não deixa de ter, também, cunho religioso.

21.1.3 Sujeitos do delito

Qualquer pessoa pode praticar o crime em estudo.

A vítima do delito não é, evidentemente, o cadáver, o morto, que não é mais titular de direitos, mas a coletividade, as pessoas da família ou amigos que tenham relação afetiva com o extinto. Trata-se, pois, de delito vago, em que se ofende uma coletividade destituída de personalidade jurídica.

21.1.4 Tipo objetivo

A conduta típica, como no delito tratado anteriormente, é a de *impedir* (impossibilitar, paralisar etc.) ou *perturbar* (embaraçar, dificultar etc.) o enterro ou a cerimônia fúnebre. O *enterro* inclui a trasladação do corpo para o local onde vai haver o sepultamento e a própria inumação. A *cerimônia fúnebre* é o ato civil em que se presta assistência ou homenagem ao falecido (amortalhamento, velório, honras fúnebres junto à sepultura, cremação etc.). Havendo cerimônia *religiosa* a sua interrupção ou perturbação caracteriza o crime previsto no art. 208.

Pode-se praticar o crime até por omissão, como no caso de não se fornecer o esquife, a viatura para transporte, as chaves do túmulo etc.

21.1.5 Tipo subjetivo

O dolo é a vontade de impedir ou perturbar o enterro ou a cerimônia, sendo indiferente o motivo ou fim determinante do ato.[7] Basta a consciência, por parte do agente, de que sua conduta perturba o ambiente de respeito próprio das cerimônias funerárias para a configuração, em tese, do delito.[1] Noronha exige o elemento subjetivo do tipo, que seria o fim de ultrajar, figurando como exemplo de fato não criminoso o do parente do morto indignado com a empresa funerária que destrói ou danifica o esquife.[8] Não é essa, porém, a interpretação mais de acordo com a descrição dada pelo art. 209.

21.1.6 Consumação e tentativa

Consuma-se o crime com o impedimento ou com a simples perturbação de enterro ou da cerimônia funerária. Admite-se a possibilidade de tentativa.

21.1.7 Forma qualificada

Nos termos do parágrafo único do art. 209, "se há emprego de violência, a pena é aumentada de um terço, sem prejuízo da correspondente à violência". Trata-se de disposição idêntica ao art. 208, parágrafo único (item 20.1.8).

21.2 VIOLAÇÃO DE SEPULTURA

21.2.1 Conceito

O crime de violação de sepultura vem definido no art. 210: "Violar ou profanar sepultura ou urna funerária: Pena – reclusão, de um a três anos, e multa."

21.2.2 Objetividade jurídica

Também no art. 210 é o sentimento de respeito aos mortos o objeto jurídico tutelado.

21.2.3 Sujeitos do delito

Qualquer pessoa, inclusive o proprietário do túmulo, pode violar ou profanar sepultura. Como no delito anterior, a violação de sepultura é também um crime vago, sendo sujeito passivo a coletividade (família, amigos do falecido etc.).

---

7. Nesse sentido: FARIA, Bento de. *Código penal brasileiro comentado*. Rio de Janeiro: Record, 1959. v. 5, p. 354; FRAGOSO, Heleno Cláudio. *Lições de direito penal*. 3. ed. São Paulo: José Bushatsky, 1977. v. 2; e HUNGRIA, Nelson, FRAGOSO, Heleno Cláudio. *Comentários ao código penal*. 5. ed. Rio de Janeiro: Forense, v. 8, p. 70.
8. *Direito penal*. 2. ed. São Paulo: Saraiva, 1964. v. 3, p. 99.

21.2.4 Tipo objetivo

A conduta típica do delito é a de *violar* (abrir, devassar, descobrir, escavar, alterar, romper, destruir) ou *profanar* (ultrajar, vilipendiar, aviltar, macular, tratar com desprezo) a sepultura. Citam-se como exemplos remover pedras, danificar ornamentos, colocar objetos grosseiros, escrever palavras injuriosas etc. Tem-se decidido pela ocorrência do ilícito na alteração chocante, de aviltamento, de grosseira irreverência,[2] na derrubada da cruz ou enfeite religioso,[3] no derramamento de bebida alcoólica sobre os símbolos funerários[4] etc.

Refere-se a lei genericamente à sepultura (local onde se acha inumado cadáver humano ou suas partes), o que abrange sepulcros, mausoléus, tumbas, túmulos, covas etc., bem como tudo quanto lhe é imediatamente conexo (lápide, ornamentos estáveis, inscrições, estátuas etc.).[9] Em qualquer caso, porém, deve a cova conter o cadáver, pois a sepultura vazia não é tutelada. Refere-se a lei, também, a *urna funerária* (ossários, caixas, cofres e vasos que contêm as cinzas ou ossos do falecido).

21.2.5 Tipo subjetivo

Afirma Fragoso que, na modalidade de *profanar*, "se exige elemento subjetivo especial, pois não há profanação sem o intuito de vilipendiar ou desprezar (dolo específico)", enquanto na modalidade de *violar* "basta a vontade consciente de alterar, abrir ou arrebentar sepultura ou urna funerária".[5] [10] Outros exigem, em ambas, a finalidade de faltar com respeito aos mortos e assim tem-se decidido.[11] Mas já se entendeu, acertadamente a nosso ver, que "é de todo irrelevante saber se o propósito dos réus era a prática de um furto, quando é certo que tinham consciência de estarem praticando uma autêntica violação de sepultura".[6] É ínsito ao ser humano o sentimento de respeito aos mortos, de não ser lícito nem justo, seja qual for o fim, violar ou profanar sepultura, não excluindo a consciência de ilicitude do fato a embriaguez voluntária do agente.[7]

21.2.6 Consumação e tentativa

Consuma-se o delito com qualquer ato de vandalismo ou profanação sobre a sepultura.[8] Admissível é a tentativa.

21.2.7 Distinção

Não é de se confundir o crime em questão com a contravenção de exumar cadáver irregularmente (art. 67 da LCP).

---

9. HUNGRIA, FRAGOSO. *Comentários*. Ob. cit. v. 8, p. 70-71.
10. *Lições*. Ob. cit. v. 2, p. 278; MAZZILLI, Hugo Nigro. Violação de sepultura. *RT* 608/283.
11. Nesse sentido: HUNGRIA, FRAGOSO. *Comentários*. Ob. cit. v. 8, p. 71; e NORONHA. *Direito penal*. Ob. cit. v. 3, p. 102.

21.2.8 Concurso

Admite-se haver apenas um crime quando para a violação se praticam atos de profanação. Existirá concurso de crimes quando se tratar de subtração de cadáver, furto etc. Hungria refere-se a concurso formal,[12] enquanto Fragoso admite haver consunção, punindo-se apenas os crimes previstos nos arts. 211 ou 212.[13] Tal solução não se ajusta à lei que prevê para o vilipêndio a cadáver pena inferior ao crime em estudo. Há, para nós, concurso material.

21.3 DESTRUIÇÃO, SUBTRAÇÃO OU OCULTAÇÃO DE CADÁVER

21.3.1 Conceito

Descreve o art. 211 o delito de destruição, subtração ou ocultação de cadáver: "Destruir, subtrair ou ocultar cadáver ou parte dele: Pena – reclusão, de um a três anos, e multa."

21.3.2 Objetividade jurídica

Ainda uma vez é tutelado o sentimento de respeito aos mortos.

21.3.3 Sujeitos do delito

Qualquer pessoa, inclusive membro da família, pode praticar o crime de destruição, subtração ou ocultação de cadáver. Sujeito passivo é ainda a coletividade formada pelas pessoas da família do morto e o próprio Estado.

21.3.4 Tipo objetivo

São três as condutas típicas referidas no art. 211: destruir, subtrair e ocultar. *Destruir* significa fazer com que não exista mais, tornar insubsistente, queimar, esmagar, reduzir a detritos ou resíduos etc. *Subtrair* é furtar, tirar da situação de proteção ou guarda da família, parentes, vigia do necrotério, guarda do cemitério etc. *Ocultar* é esconder, fazer desaparecer. Afirma Hungria: "A ocultação, diversamente da subtração, somente pode ocorrer antes do sepultamento do cadáver (isto é, pressupõe que o cadáver ainda não se ache no lugar de destino)." [14] A subtração pode dar-se antes ou depois do sepultamento.

O objeto material do crime em exame é o cadáver, corpo que ainda conserva a aparência humana, e não os restos em completa decomposição.[9] Não abrange o conceito

---

12. *Comentários*. Ob. cit. v. 8, p. 72.
13. *Lições*. Ob. cit. v. 2, p. 279.
14. *Comentários*. Ob. cit. v. 7, p. 73.

de cadáver o esqueleto ou as cinzas.[10] Essa é a opinião mais aceitável, já que apenas no art. 212 a lei se refere a estas.[15] Também não é cadáver a múmia, podendo sua subtração caracterizar o crime de furto.[16] A destruição a que se refere o art. 211 não é apenas de todo cadáver senão de parte dele.[11] As partes do cadáver não se confundem com as partes amputadas de corpo vivo, que não estão protegidas pelo dispositivo.

Discute-se a respeito do feto e do natimorto. Há três posições: (a) só é cadáver aquele que teve vida extrauterina;[12] (b) é cadáver o natimorto expulso no termo da gravidez;[13] [17] e (c) é cadáver o feto de mais de seis meses, por ser viável, nos termos do art. 1.597, I, do CC.[14] Optamos pela segunda orientação: só o natimorto, não o feto, é cadáver.

Tem-se decidido pela ocorrência do crime em apreço nos seguintes fatos: o abandono, em terreno baldio, de vítima de atropelamento que estava sendo socorrida e que vem a morrer;[15] atirar o natimorto na fossa;[16] o abandono em terreno baldio para encobrir crime;[17] o arremesso do corpo às águas de córrego ou rio;[18] e a subtração pelo agente funerário que pede remuneração para devolver o corpo.[19]

Não se reconheceu o delito na deixada do corpo, visando a que outrem, com mais recursos, promova o sepultamento, notadamente em local de fácil acesso, residencial,[20] e na condução do corpo de um lugar para outro, para despistar a polícia, pois não há que confundir a simples "remoção" com a "ocultação" de que fala a lei.[21] Também não se considerou caracterizado o crime na atitude do acusado de apenas abandonar o corpo da vítima de seu crime anterior, sem o intuito de ocultar o corpo das vistas de quem por ali passasse.[22]

21.3.5 Tipo subjetivo

Exige o dispositivo em exame apenas o dolo genérico,[23] ou seja, a vontade de destruir, subtrair ou ocultar o cadáver, qualquer que seja o motivo ou fim do agente (apagar vestígio de crime, frustrar uma sucessão, obter lucro com a ulterior venda do cadáver, vingança contra parentes do morto, necrofilia etc.).[18] Concluiu-se, porém, pela inexistência do dolo na conduta de pessoa rude e primitiva, dominada pela fé e por superstições, que enterrou cadáver fruto de relações ilícitas de uma filha solteira.[24]

21.3.6 Consumação e tentativa

Consuma-se o delito com a destruição, ainda que parcial,[25] com a subtração ou com a ocultação (desaparecimento, ainda que temporário). Reconhece-se a tentativa no caso em que fora adquirida a mala onde seria ocultado o cadáver já de dois dias e

---

15. Nesse sentido: FARIA, Bento de. *Código penal brasileiro*. v. 5, p. 358; HUNGRIA. *Comentários*. Ob. cit. v. 8, p. 73; e NORONHA. *Direito penal*. Ob. cit. v. 3, p. 105. Contra: FRAGOSO. *Lições*. Ob. cit. v. 2, p. 280.
16. Nesse sentido: HUNGRIA. *Comentários*. Ob. cit. v. 8, p. 73; e NORONHA. *Direito penal*. Ob. cit. v. 3, p. 106.
17. Entendem que o feto não é cadáver: NORONHA. *Direito penal*. Ob. cit. v. 3, p. 105; FARIA, Bento de. *Código penal brasileiro*. Ob. cit. v. 5, p. 358; e FRAGOSO. *Lições*. Ob. cit. v. 2, p. 279-280.
18. Exemplos de HUNGRIA, FRAGOSO. *Comentários*. Ob. cit. v. 8, p. 74.

aberta a valeta onde seria enterrado no quintal da residência dos agentes[26] e no caso queimaduras no corpo, substituindo, porém, o cadáver como tal.[27]

21.3.7 Distinção

Não há o crime em apreço no simples fato de enterrar um cadáver com desrespeito às disposições legais relativas ao assunto, caracterizando-se apenas a contravenção (art. 67 da LCP).

Revogando a Lei nº 8.489, de 18-11-1992, a Lei nº 9.434, de 4-2-1997, que passou a regular a remoção de órgãos, tecidos e partes do corpo humano para fins de transplante e tratamento, prevê vários crimes: comprar ou vender tecidos, órgãos ou partes do corpo humano (art. 15); realizar transplante ou enxerto utilizando tecidos, órgãos ou partes do corpo humano de que se tem ciência terem sido obtidos em desacordo com os dispositivos da citada lei (art. 16); recolher, transportar, guardar ou distribuir partes do corpo humano de que se tem ciência terem sido obtidos em desacordo com os dispositivos da mesma lei (art. 17); realizar transplante ou enxerto em desacordo com o dispositivo no art. 10 da lei e seu parágrafo único (art. 18); deixar de recompor cadáver, devolvendo-lhe aspecto condigno, para sepultamento ou deixar de entregar ou retardar a sua entrega aos familiares ou interessados (art. 19).

Não se configura o crime de ocultação de cadáver quando a vítima é enterrada ainda com vida. Trata-se, no caso, de homicídio qualificado pela circunstância de asfixia por soterramento.[28]

21.3.8 Concurso

A ocultação de cadáver para esconder crime anterior (homicídio, infanticídio etc.) configura concurso material de delitos.[29] Pode ocorrer, ainda, concurso material com o delito de violação de sepultura e concurso formal com o de vilipêndio a cadáver (art. 212). Já se decidiu, porém, pela possibilidade de absorção do crime de vilipêndio a cadáver pelo de ocultação de cadáver se o propósito do agente foi o de tornar mais fácil a remoção e ocultação dos restos da vítima.[30]

21.4 VILIPÊNDIO A CADÁVER

21.4.1 Conceito

O crime de vilipêndio a cadáver está previsto no art. 212: "Vilipendiar cadáver ou suas cinzas: Pena – detenção, de um a três anos, e multa."

21.4.2 Objetividade jurídica

Tutela-se novamente, como no art. 212, o sentimento de respeito aos mortos.

21.4.3 Sujeitos do delito

Qualquer pessoa pode praticar o crime de vilipêndio a cadáver, inclusive os parentes do morto, o ministro religioso etc.

Sujeito passivo da infração é a coletividade destituída de personalidade jurídica e formada pelas pessoas da família do falecido.

21.4.4 Tipo objetivo

A conduta típica do art. 212 é *vilipendiar*, que significa tratar com desprezo, ultrajar mediante palavra, escritos ou gestos (item 20.1.7).

Além do cadáver, cujo conceito foi descrito anteriormente (item 21.3.4), protege a lei suas cinzas. Estas são os resíduos da combustão ou cremação do corpo (autorizada, casual ou criminosa). Nota Noronha que, referindo-se a lei ao cadáver e a suas cinzas, que seriam os *extremos*, inclui as partes do corpo, o esqueleto etc.[19]

É necessário que o ato seja praticado sobre ou junto ao cadáver ou suas cinzas.[20] São exemplos do crime: tirar as vestes do cadáver, escarrar sobre ele, cortar algum membro (com o fim de escárnio), atos de necrofilia (caso em que é muito de duvidar da integridade mental do agente), derramar líquidos imundos sobre as cinzas, ou dispersá-las acintosamente.[21] Não se considerou ilícita a "enucleação dos olhos de cadáveres para fins didáticos ou científicos".[(31)] A Lei nº 9.434, de 4-2-1997, passou a regular a remoção de órgãos, tecidos e partes do corpo humano para fins de transplantes e tratamento, prevendo como crimes, nos arts. 14 a 19, a remoção irregular de órgãos ou partes de cadáver, a realização de transplante ou enxerto utilizando tecidos, órgãos ou partes do corpo humano que tenham sido obtidos em desacordo com as disposições da lei e a omissão na recomposição do cadáver, devolvendo aspecto condigno para sepultamento ou a entrega ou na mora de sua entrega aos familiares ou interessados.

21.4.5 Tipo subjetivo

É dolo a vontade de praticar a conduta e avilltar o cadáver, tendo-se decidido que indispensável é o elemento moral consistente no desejo consciente de desprezar o corpo com intenção de depreciá-lo.[(32) 22]

21.4.6 Consumação e tentativa

Consuma-se o crime com a prática do ato ultrajante (gesto, por exemplo). A tentativa é possível, salvo no caso de vilipêndio verbal.

---

19. *Direito penal.* Ob. cit. v. 3, p. 109.
20. HUNGRIA, FRAGOSO. *Comentários.* Ob. cit. v. 8, p. 74.]
21. Exemplos de HUNGRIA, FRAGOSO. *Comentários.* Ob. cit. v. 8, p. 74.
22. Contra: FARIA, Bento de. *Código penal brasileiro.* Ob. cit. v. 5, p. 362.

21.4.7 Concurso

Nada impede o concurso material com o delito definido no art. 210 ou formal com os crimes dos arts. 209 e 211 e calúnia contra os mortos (art. 138, § 2º).

PARTE VII
DOS CRIMES CONTRA A DIGNIDADE SEXUAL

22

DOS CRIMES CONTRA A LIBERDADE SEXUAL

22.1 ESTUPRO

22.1.1 Generalidades

O Código Penal, em sua redação original, previa "os costumes" como objeto central de tutela nos crimes sexuais. A anterior denominação do Título VI – "Dos crimes contra os costumes" – era reveladora da importância que o legislador de 1940 atribuía à tutela da moralidade sexual e do pudor público nos crimes sexuais em geral, ao lado, e, às vezes, acima da proteção de outros bens jurídicos relevantes como a integridade física e psíquica e a liberdade sexual. É o que se verificava claramente, por exemplo, na previsão como causa extintiva da punibilidade o casamento da ofendida com o autor do crime sexual, por se considerar este causa de desonra para a vítima e a união em matrimônio uma forma de se reparar o mal causado pelo delito, mediante a restauração do conceito que usufruía ela no meio social.[1] A anterior denominação também "transmitia a impressão de que se procurava impor às pessoas um padrão mediano no que concerne a sua atividade sexual",[2] ainda que esse comportamento tido como desviante não fosse ilícito. Exemplo de que não se tratava de mera impressão era a exclusão da proteção penal da mulher que não fosse considerada "honesta", segundo os padrões morais vigentes, nos crimes de posse sexual mediante fraude, atentado violento ao pudor mediante fraude e rapto violento ou mediante fraude, antes previstos nos arts. 215, 216 e 219.[3]

A Lei nº 11.106, de 28-3-2005, e, principalmente, a Lei nº 12.015, de 7-8-2009, promoveram uma reforma profunda do Título VI da Parte Especial do Código Penal, visando adaptar as normas penais às transformações nos modos de pensar e de agir da sociedade em matéria sexual, ocorridas desde a elaboração do Código Penal, e atualizar o Estatuto em face das inovações trazidas pela Constituição Federal e por construções doutrinárias mais recentes que lançaram novas luzes sobre a forma de se conceber e de se valorar aspectos relevantes da personalidade humana como merecedores de especial

---

1. Os incisos VII e VIII do art. 107 do CP, que previam como causas de extinção da punibilidade o casamento da vítima com o agente ou com terceiro, foram revogados pela Lei nº 11.106, de 28-3-2005.
2. ESTEFAM, André. *Comentários à Lei nº 12.015/2009*. São Paulo: Saraiva, 2009. p. 16.
3. As referências à honestidade da mulher nesses tipos penais foram eliminadas pela Lei nº 11.106, de 28-3-2005.

tutela pelo Ordenamento Jurídico, por constituírem em si mesmos direitos fundamentais ou desdobramentos desses mesmos direitos.

Abandonando a visão tradicional dos "costumes" como objeto central de tutela, o legislador eliminou alguns anacronismos, frutos de preconceitos e moralismos arraigados na sociedade à época em que foi elaborado o Código Penal. O adultério foi descriminalizado, abandonou-se a tutela penal da virgindade, excluíram-se as referências à honestidade da mulher etc.

Na nova disciplina dos crimes sexuais se reconheceu a primazia do desenvolvimento sadio da sexualidade e do exercício da liberdade sexual como bens merecedores de proteção penal, por serem aspectos essenciais da dignidade da pessoa humana e dos direitos da personalidade. Nesse sentido se orientou a reforma de vários tipos penais: buscou-se um tratamento igualitário entre homens e mulheres como sujeitos passivos dos crimes sexuais; procurou-se intensificar, pela disciplina em capítulo específico, a proteção dos menores de 18 anos, em especial os menores de 14 anos, contra os efeitos deletérios que os crimes sexuais provocam sobre a sua personalidade ainda em formação, estendendo-se essa especial proteção a outras pessoas particularmente vulneráveis em decorrência de outras causas como a enfermidade ou deficiência mental; ampliou-se a repressão a outras formas de exploração sexual além da prostituição etc.

A nova denominação dada ao Título VI – "Dos crimes contra a dignidade sexual" –,[4] embora não seja isenta de críticas,[5] tem o mérito de evidenciar o deslocamento do objeto central de tutela da esfera da moralidade pública para a do indivíduo.

O vocábulo "dignidade" possui diferentes acepções. Segundo o vernáculo, *dignidade* é qualidade moral que infunde respeito, mas também pode significar consciência do próprio valor, respeito aos próprios sentimentos e valores, e, ainda, qualidade do que é grande, nobre, elevado. No contexto normativo em que foi utilizado, o termo "dignidade" deve ser compreendido em conformidade com o sentido que lhe empresta a Constituição Federal, que prevê a "dignidade da pessoa humana" como conceito unificador de todos os direitos fundamentais do homem que se encontram na base de estruturação da ordem jurídica (art. 1º, inciso III). Nesse sentido, dignidade não pode ser entendida como sinônimo de respeitabilidade ou aprovação social ou associada a um julgamento moral coletivo, mas sim como atributo intrínseco de todo indivíduo que decorre da própria natureza da pessoa humana e não da forma de agir em sociedade.[6] Assim, ao tutelar a dignidade sexual, protege-se um dos vários aspectos essenciais da dignidade da pessoa humana, aquele que se relaciona com o sadio desenvolvimento da

---

4. No projeto original da Lei nº 12.015, de 7-8-2009, previa-se para o Título VI a denominação: "Dos Crimes contra a Liberdade e o Desenvolvimento Sexual".
5. Para Silva Franco e Tadeu Silva, a expressão "dignidade sexual" implicaria, ainda, um juízo de moralidade, ao sugerir a distinção entre atos sexuais dignos e indignos (*Código Penal e sua interpretação jurisprudencial*. 8. ed. São Paulo: Revista dos Tribunais, 2007. p. 1019).
6. A respeito do conceito de dignidade da pessoa humana na Constituição Federal: SILVA, José Afonso da. *Comentário contextual à Constituição*. 3. ed. São Paulo: Malheiros, 2007. p. 37-39.

22 • DOS CRIMES CONTRA A LIBERDADE SEXUAL

sexualidade e a liberdade de cada indivíduo de vivenciá-la a salvo de todas as formas de corrupção, violência e exploração. Manteve, porém, o legislador, no Capítulo VI, os crimes que configuram formas de ultraje público ao pudor (arts. 233 e 234). Esses dispositivos permanecem tutelando a moralidade pública e os costumes.

Dos dispositivos abrangidos pelo Título VI, o art. 217, que previa o crime de sedução, e os arts. 219 a 222, que disciplinavam os crimes de rapto violento ou mediante fraude e de rapto consensual, foram revogados pela Lei nº 11.106, de 28-3-2005. Os arts. 214 e 216, que tipificavam os crimes de atentado violento ao pudor e atentado ao pudor mediante fraude, e os arts. 223, 224 e 232, que tratavam de formas qualificadas e da presunção de violência foram revogados pela Lei nº 12.015, de 7-8-2009. Esse diploma também acrescentou ao Código Penal os arts. 217-A, 218-A, 218-B e introduziu modificações em todos os demais dispositivos, à exceção dos arts. 233 e 234, que mantêm suas redações originais. A Lei nº 13.718, 24-9-2018, criou novos tipos penais, no art. 215-A, que descreve o crime de importunação sexual, e no 218-C, que criminaliza a disponibilização a terceiros de imagens de natureza sexual, bem como alterou os arts. 217-A, 226, 234-A e 225, o qual prescreve a ação penal pública para os crimes sexuais.

Assim, de acordo com a lei vigente, no Título VI, que trata dos crimes contra a dignidade sexual, estão definidos, no Capítulo I, os crimes contra a liberdade sexual (arts. 213, 215, 215-A e 216-A); no Capítulo II, os crimes sexuais contra vulnerável (arts. 217-A, 218, 218-A e 218-B), bem como o delito descrito no art. 218-C; no Capítulo V, os de lenocínio (arts. 227, 228, 229, 230) Nos arts. 231 e 231-A eram previstos os crimes de tráfico internacional de pessoa para fim de exploração sexual e de tráfico interno de pessoa para fim de exploração sexual. Os dispositivos, porém, foram revogados pela Lei nº 13.344, de 6-10-2016, que tipificou o crime de tráfico de pessoas no novo art. 149-A com diferentes finalidades, entre as quais a de exploração sexual (inciso V) (v. item 9.8.6). A Lei nº 13.445, de 24-5-2017, inseriu no Capítulo V o art. 232-A, que prevê o crime de promoção de migração ilegal. Nesse dispositivo descrevem-se condutas relacionadas com a entrada ilegal de estrangeiro no território nacional e a saída de brasileiro ou estrangeiro para ingresso ilegal em outro país, tipos em que não tutela o mesmo bem jurídico, o da dignidade sexual. Além de tal deficiência técnica, esqueceu-se o legislador de alterar o nome do capítulo, que permanece "Do lenocínio e do tráfico de pessoa para fim de prostituição ou outra forma de exploração sexual". No Capítulo VI, são previstos os crimes de ultraje público ao pudor (arts. 233 e 234).

O Capítulo IV, denominado "Disposições gerais", contém normas relativas à ação penal e a causas de aumento de pena aplicáveis aos capítulos anteriores. O Capítulo VII, também denominado "Disposições gerais", abriga causas de aumento de pena e norma que determina o segredo de justiça no processo por crime sexual, aplicáveis a crimes previstos no Título VI.

22.1.2 Conceito

O estupro, primeiro dos crimes contra a liberdade sexual, é definido no art. 213 do CP, alterado pela Lei nº 12.015, de 7-8-2009: "Constranger alguém, mediante violência ou grave ameaça, a ter conjunção carnal ou a praticar ou permitir que com ele se pratique outro ato libidinoso: Pena – reclusão, de 6 (seis) a 10 (dez) anos".

O *nomen juris* deriva de *stuprum*, do direito romano, termo que abrangia todas as relações carnais.

A nova redação dada ao crime de estupro resulta da fusão, com alteração, de dois tipos previstos na redação original do Código Penal, o de estupro, definido no mesmo art. 213, que incriminava o constrangimento da mulher à conjunção carnal, e o de atentado violento ao pudor, antes descrito no art. 214, que punia o constrangimento de alguém, homem ou mulher, à prática de ato libidinoso diverso da conjunção carnal.[7] A prática de conjunção carnal ou outro ato libidinoso, sem violência física ou moral, contra vítima menor de 14 anos, alienada ou débil mental ou que por outra causa não podia oferecer resistência, também era punida nos termos dos arts. 213 e 214, em decorrência da presunção de violência estabelecida no revogado art. 224. Com o advento da Lei nº 12.015/2009, essas práticas passaram a configurar crime específico, o estupro de vulnerável, definido no art. 217-A.

A Lei nº 8.072, de 25-7-1990, inclui o estupro, nas formas simples e qualificadas, entre os crimes hediondos (art. 1º, V, com a redação conferida pela Lei nº 12.015, de 7-8-2009). Assim, o autor do delito de estupro não pode ser beneficiado com a anistia, com a graça ou indulto (art. 2º, I), não tem direito à fiança (art. 2º, II), deverá cumprir a pena inicialmente em regime fechado (art. 2º, § 1º), sua prisão temporária pode durar 30 dias, prazo prorrogável por igual período em caso de extrema e comprovada necessidade (art. 2º, § 4º). Eliminou-se, com a nova lei, a controvérsia antes existente a respeito da natureza hedionda do estupro e do atentado violento ao pudor em suas fórmulas fundamentais e nos casos de presunção de violência.[8]

As penas cominadas para o crime de estupro não sofrem o acréscimo de metade determinado pelo art. 9º da Lei dos Crimes Hediondos, que deve ser tido por derrogado, porque o dispositivo se refere às hipóteses de violência presumida antes disciplinadas no art. 224 do CP, que foi revogado pela Lei nº 12.015/2009.[9]

---

7. O Código Penal definia o crime de estupro no art. 213 com a seguinte redação: "Constranger mulher à conjunção carnal, mediante violência ou grave ameaça: Pena – reclusão de seis a dez anos". O atentado violento ao pudor era descrito no art. 214: "Constranger alguém, mediante violência ou grave ameaça, a praticar ou permitir que com ele se pratique ato libidinoso diverso da conjunção carnal: Pena – reclusão de seis a dez anos".

8. Havia uma orientação limitadora do conceito de crime hediondo quanto ao estupro e o atentado violento ao pudor, que somente os considerava nessa categoria quando resultasse lesão corporal grave ou morte da vítima,[1] embora fossem comuns decisões em sentido contrário.[2] Também se sustentava que estavam fora da classificação de crime hediondo os referidos delitos praticados com violência presumida.[3] O estupro de vulnerável é expressamente previsto como crime hediondo no art. 1º, VI, da Lei nº 8.072/1990, diante da redação dada pela Lei nº 12.015/2009.

9. Segundo a jurisprudência, o aumento de metade da pena previsto no art. 9º da Lei nº 8.072/90 somente se aplicava ao estupro e ao atentado violento ao pudor na hipótese de resultar do crime lesão corporal de natureza grave ou morte.

22.1.3 Objetividade jurídica

Protege-se no crime de estupro não a simples integridade física,[4] mas a liberdade sexual tanto do homem quanto da mulher, ou seja, o direito de cada indivíduo de dispor de seu corpo com relação aos atos de natureza sexual, como aspecto essencial da dignidade da pessoa humana.

O estupro contra a mulher praticado no âmbito doméstico e familiar configura forma de violência que determina a aplicação da Lei nº 11.340, de 7-8-2006 (art. 7º, III). A Lei nº 10.778, de 24-11-2003, alterada pela Lei nº 13.931, de 10-12-2019, e regulamentada pelo Decreto nº 5.099, de 3-6-2004, estabelece como caso de notificação compulsória o da existência de indícios de violência sexual contra a mulher constatada nos serviços de saúde públicos e privados. A Lei nº 12.845, de 1º-8-2013, dispõe sobre o atendimento obrigatório e integral a vítimas de violência sexual nos hospitais que integram a rede do Sistema Único de Saúde.

A Lei nº 14.069, de 1º-10-2020, criou o Cadastro Nacional de Pessoas Condenadas por Crime de Estupro contendo dados pessoais dos sentenciados, entre os quais a identificação do perfil genético (art. 9º-A da Lei de Execução Penal).[10]

22.1.4 Sujeito ativo

Diferentemente do que se verificava na anterior redação do dispositivo, tanto o homem como a mulher podem praticar o crime de estupro. Não é correta a afirmação em relação à lei em vigor de que no constrangimento à conjunção carnal somente o homem pode ser sujeito ativo do delito porque necessária a penetração do membro viril no órgão sexual da mulher. A assertiva era válida no direito anterior porque o dispositivo previa o constrangimento tão somente da *mulher*, o que exigia que o autor fosse do sexo masculino para que houvesse a cópula vagínica. Diante da norma em vigor, que incrimina o constrangimento de *alguém*, a mulher que força o homem a manter conjunção carnal comete o crime de estupro.[11] O que não é possível, tratando-se do constrangimento à conjunção carnal e ressalvadas as hipóteses de coautoria e participação, é que os sujeitos ativo e passivo sejam pessoas do mesmo sexo, porque, nesse caso, o coito normal não pode ocorrer.

O crime de estupro também pode ser praticado por pessoas de qualquer dos sexos na forma de constrangimento à prática de ato libidinoso diverso da conjunção carnal, tal como já se verificava no crime de atentado violento ao pudor (art. 214). Referindo-se a lei a atos libidinosos em geral, a mulher pode praticar o crime contra outra mulher (lesbianismo forçado) ou mesmo contra o homem.

---

10. A respeito da identificação por perfil genético dissertamos em MIRABETE, Julio Fabbrini. Execução penal, 16. ed. São Paulo, Editora Foco, 2022, item 9-A.1.
11. No direito anterior, a mulher que forçasse o homem à conjunção carnal responderia somente pelo crime de constrangimento ilegal (art. 146).

Admitem-se a coautoria e a participação no crime de estupro. É coautor aquele que concorre eficazmente no constrangimento à vítima para a consumação do estupro, ainda que com ela não tenha mantido relações sexuais ou praticado outros atos libidinosos.[5] Nada impede, também, que a mulher seja partícipe[6] ou coautora do crime, colaborando na violência ou na grave ameaça contra a vítima, seja esta do sexo masculino ou feminino. O concurso de dois agentes na prática do estupro configura causa de aumento de pena, nos termos do art. 226, IV, "a".

Muito se discutiu na doutrina a possibilidade da prática do crime de estupro do marido contra a mulher. Entendendo que o estupro pressupõe cópula *ilícita* e que a conjunção carnal é dever recíproco dos cônjuges, Hungria e Noronha opinam pela negativa, a não ser nos casos em que há ponderáveis razões para a recusa da mulher ao coito (marido atacado de moléstia venérea, por exemplo).[12] Fragoso não admite a possibilidade do crime de estupro de marido contra mulher[13] e Bento de Faria, que considera na expressão *conjunção carnal* outras espécies de coito, só vê possibilidade de delito quanto aos atos de libertinagem diversos da cópula normal e nos casos em que o marido é portador de moléstia venérea.[14] Na jurisprudência, por vezes, se negou a possibilidade de crime de estupro praticado pelo marido.[7] A melhor solução, porém, é a proposta por Celso Delmanto, que entende ocorrer estupro sempre que houver constrangimento do marido para a realização do ato sexual por constituir o fato abuso de direito. Isto porque, embora a relação carnal voluntária seja lícita ao cônjuge, é ilícita e criminosa a coação para a prática do ato por ser incompatível com a dignidade da mulher e a respeitabilidade do lar.[15] Ademais, não estando a mulher obrigada a prática de atos libidinosos que atentam contra a normalidade das relações entre os cônjuges, não fica ela, com o casamento, inteiramente à mercê dos caprichos lúbricos do esposo.[16(8)] A evolução dos costumes, que determinou a igualdade de direitos entre o homem e a mulher, justificou essa posição.

Diante da atual disciplina da matéria não remanesce qualquer dúvida de que o crime de estupro pode ser praticado contra o cônjuge. Aliás, é ele mais severamente punido diante da redação dada ao art. 226, que, no inciso II, prevê para a hipótese o aumento da pena, curiosamente, de *metade*. Assim, como remédio ao cônjuge rejeitado injustificadamente caberá apenas a separação judicial (arts. 1.571 ss do CC). Outras relações preexistentes entre o agente e a vítima, de parentesco ou autoridade, também constituem causas de aumento de pena, nos termos do mesmo dispositivo (item 24.2.2).

---

12. Respectivamente: *Comentários*. Ob. cit. v. 8, p. 114-115: e NORONHA, E. Magalhães. *Direito penal*. 2. ed. São Paulo: Saraiva, 1964. v. 3, p. 130-132.
13. FRAGOSO, Heleno Cláudio. *Lições de direito penal*. 3. ed. São Paulo: José Bushatsky, 1977. v. 3, p. 4.
14. *Código penal brasileiro comentado*. Rio de Janeiro: Record, 1959. v. 5, p. 15.
15. DELMANTO, Celso. Exercício e abuso de direito no crime de estupro. *RT* 536/258.
16. Nesse sentido: NORONHA. Direito penal. Ob. cit. v. 3, p. 157-158; HUNGRIA, FRAGOSO. *Comentários*. Ob. cit. v. 8, p. 130; FARIA, Bento de. *Código penal brasileiro*. Ob. cit. v. 6, p. 24-25; e MIRANDA, Darcy de Arruda. Do atentado violento ao pudor. *Justitia* 39/93.

22.1.5 Sujeito passivo

Referindo-se o art. 213 a *alguém*, sujeito passivo do crime de estupro é qualquer pessoa, homem ou mulher, excluídos somente os menores de 14 anos e as pessoas que por outras causas legais também são consideradas vulneráveis, porque nesses casos configura-se outro delito, o estupro de vulnerável (art. 217-A).

Tutelando a lei a liberdade sexual como bem jurídico que integra a dignidade sexual da pessoa e sendo esta um atributo intrínseco da personalidade humana, estão protegidos pelo dispositivo o homem e a mulher, independentemente de sua orientação ou comportamento sexual. Pune-se, assim, por exemplo, o delito praticado contra vítima que exerce a prostituição ou pratica a pederastia ou pedofilia.[17]

22.1.6 Tipo objetivo

Entendemos que o art. 213 descreve um tipo misto cumulativo,[12][18] punindo, com as mesmas penas, duas condutas distintas, a de constrangimento à conjunção carnal e a de constrangimento a ato libidinoso diverso. A utilização, no caso, de um único núcleo verbal (constranger) decorre da técnica legislativa, resultando da concisão propiciada pelo conteúdo das duas figuras típicas. A prática de uma ou outra conduta configura o crime de estupro e a realização de ambas enseja a possibilidade do concurso de delitos. Trata-se, em realidade, de crimes distintos, embora da mesma espécie, punidos num único dispositivo. A caracterização ou não do concurso de crimes ou da continuidade delitiva no estupro dependerá, entretanto, do contexto fático em que as ações foram praticadas (item 22.1.12).

A questão, porém, é controvertida, inclinando-se boa parte da doutrina a afirmar a existência de um tipo misto alternativo.[19] Segundo essa orientação, a prática de conjunção carnal e de atos libidinosos diversos configurará sempre crime único, o que afasta a possibilidade de concurso ou de continuidade delitiva contra a mesma vítima no mesmo contexto fático.[13]

Essa solução não nos parece a melhor. Diante da natureza do bem jurídico protegido, a liberdade sexual individual como aspecto da dignidade sexual, e da redação dada ao tipo, que mantém a distinção entre a conjunção carnal e outros atos libidinosos, é possível inferir não apenas que a prática de cada ação típica é suficiente para provocar lesão ao bem protegido, mas, também, que a realização de ambas configura, em princípio, dúplice violação à liberdade sexual da vítima, ofendendo mais gravemente

---

17. Mesmo na lei anterior não excluía o crime o fato de a vítima não ser virgem, mas deflorada,[9] não ser "honesta", ser prostituta,[10] solteira, casada ou viúva, velha ou moça.[11]
18. Nesse sentido: GRECO FILHO, Vicente. *Uma interpretação de duvidosa dignidade*. <www.grecofilho.com.br/artigos>.
19. Nesse sentido: ESTEFAM, André. *Crimes sexuais*. São Paulo: Saraiva, 2009. p. 33; NUCCI, Guilherme de Souza. *Crimes contra a dignidade sexual*. São Paulo: Revista dos Tribunais, 2009. p. 18-19.

a sua dignidade sexual.[20] Pesa, ainda, em desfavor dessa interpretação, no sentido da alternatividade do tipo, a inexistência de qualquer indício no processo legislativo de que fosse intenção do legislador punir mais brandamente os crimes sexuais do que o fazia a lei anterior. A mesma solução, que implica a inadmissibilidade do concurso e da continuidade delitiva num único contexto fático, enseja tratamento punitivo igualitário a condutas bastante diversas em termos de gravidade, independentemente do número e da natureza dos atos sexuais violentos praticados, equiparando, por exemplo, a conduta de quem, com violência, acaricia as partes pudicas da vítima àquela outra na qual o agente, após assim agir, força-a à conjunção carnal, por diversas vezes, e, subsequentemente, a outros atos libidinosos como as cópulas oral e anal. A margem, relativamente estreita, mantida entre as penas mínima e máxima cominadas para o delito (6 a 10 anos) não corrobora, a nosso ver, essa orientação.

A primeira conduta descrita no tipo é a do constrangimento à conjunção carnal. *Conjunção carnal*, no sentido da lei, é a cópula vagínica, completa ou incompleta[14] entre homem e mulher. A expressão se refere ao coito normal, que é a penetração do membro viril no órgão sexual da mulher, com ou sem o intuito de procriação. Bento de Faria inclui no conceito de conjunção carnal os coitos anal e oral.[21] Flamínio Fávero define a conjunção carnal como a cópula vaginal, "em que há introdução do membro viril em ereção, na cavidade vaginal feminina, com ou sem ejaculação".[22] Não configura, pois, a conjunção carnal a cópula vestibular ou vulvar.[15] Não depende o estupro, todavia, do rompimento do hímen que, eventualmente, pode ser complacente, podendo o congresso carnal ser determinado por outros indícios (presença de esperma na vulva etc.).[16] Não se exige, também, que tenha ocorrido a ejaculação.[17]

Comete também o estupro quem constrange a vítima a praticar ou permitir que com ela se pratique ato libidinoso diverso da conjunção carnal. *Ato libidinoso* é definido por Fragoso como "toda ação atentatória ao pudor, praticada com propósito lascivo ou luxurioso".[23] Trata-se, portanto, de ato lascivo, voluptuoso, dissoluto, destinado ao desafogo da concupiscência. Alguns são equivalentes ou sucedâneos da conjunção carnal

---

20. Difícil se torna, por vezes, a diferenciação entre os tipos mistos cumulativo e alternativo em face da técnica legislativa empregada. No tipo misto alternativo, em regra, as diferentes modalidades de conduta que o compõem seriam meras ações preparatórias, facilitadoras ou fases de outras no desenvolvimento do processo que conduz à efetiva lesão do bem jurídico tutelado, mas, por razões de prevenção e política criminal, a lei atribui a todas elas a mesma relevância penal (arts. 234, 276, 349-A, 359-G etc.). Reconhece-se, também, a alternatividade no tipo, embora ausente essa progressividade, se da descrição das modalidades de conduta se infere que a realização de mais de uma enseja um único resultado lesivo (a indisponibilidade do documento em prejuízo à fé pública em decorrência de sua destruição, supressão ou ocultação no art. 305; o desvio, sonegação, subtração ou supressão de correspondência comercial no art. 152; o suicídio da vítima ou sua tentativa em face do induzimento, instigação ou auxílio, no art. 122 etc.). No tipo misto cumulativo, diferentemente, as diversas condutas são incriminadas porque a prática isolada de cada uma delas é diretamente ofensiva ao bem jurídico que o dispositivo visa proteger e a execução de mais de uma enseja, em tese, nova lesão, como ocorre no estupro e em outros delitos (arts. 198, 248, art. 183 da Lei nº 9.279, de 14-5-1996 etc.).
21. *Código penal brasileiro*. Ob. cit. v. 6, p. 5.
22. *Medicina legal*. 7. ed. São Paulo: Martins, 1962. v. 2, p. 214.
23. *Lições*. Ob. cit. v. 3, p. 8.

22 • DOS CRIMES CONTRA A LIBERDADE SEXUAL

(coito anal, coito oral, coito *inter femora, cunnilingue, anilingue*, heteromasturbação). Outros, não o sendo, contrastam violentamente com a moralidade sexual, tendo por fim a lascívia, a satisfação da libido. É considerado ato libidinoso o beijo aplicado de modo lascivo ou com fim erótico.[18][24] Afirma Hungria que "o ato libidinoso tem de ser praticado *pela, com* ou *sobre* a vítima coagida".[25] Isso não quer dizer, porém, que seja indispensável o contato físico, corporal, entre o agente e a ofendida. Há atentado violento ao pudor, por exemplo, quando o agente, mediante ameaça, obriga a vítima a masturbar-se, tendo em vista a contemplação lasciva.[26] Não existirá o delito, porém, se o agente "se limitou à apreciação do espetáculo, sem ter concorrido para ele".[27] Observa acuradamente Noronha que não comete o crime em estudo o indivíduo que obriga a vítima a assistir a ato de libidinagem executado por terceiros, pois, então, ela não estaria praticando o ato, tampouco permitindo que com ela fosse praticado.[19][28] Poderá o fato constituir outro delito como o constrangimento ilegal (art. 146). Não é mister para a configuração do crime que se desnude qualquer parte do corpo da vítima para o contato lúbrico.[29]

A libidinosidade do ato não depende da compreensão do ofendido ou da sua maior ou menor malícia, sendo irrelevante o grau de pudor pessoal da vítima. Por outro lado, embora possa conter como elemento subjetivo o fim de satisfazer a própria lascívia, o ato somente será considerado criminoso se, objetivamente considerado, é libidinoso. Ainda que haja contato físico entre o agente e a vítima, quando não se puder ter o ato como libidinoso não se configura o crime, como ocorre, por exemplo, num beijo não lascivo, ainda que indesejado. [20]

É indispensável para a caracterização do estupro que tenha havido constrangimento mediante violência ou grave ameaça. Exige-se que a vítima se oponha com veemência ao ato de sexual, resistindo com força e energia, em dissenso sincero e positivo.[21] Não basta uma platônica ausência de adesão, uma recusa puramente verbal, uma oposição passiva e inerte ou meramente simbólica, um não querer sem maior rebeldia.[22] Deve-se configurar, portanto, uma oposição que só a violência física ou moral consiga vencer, que a vítima seja obrigada, forçada, coagida, compelida à prática da conjunção carnal ou de outro ato libidinoso. Não se deve tomar por adesão da vítima o abandono de si mesma por exaustão de forças, trauma psíquico ou inibição causada pelo medo".[30] Também em relação à prática de ato libidinoso diverso da conjunção carnal se exige o dissenso sério da vítima.[23] Já se decidiu que constitui violência a prática de ação rápida

---

24. Nesse sentido: HUNGRIA, FRAGOSO. *Comentários*. Ob. cit. v. 8, p. 124-125; FRAGOSO. *Lições*. Ob. cit. v. 3, p. 8-9; e FARIA, Bento de. *Código penal brasileiro*. Ob. cit. v. 6, p. 20-21.
25. *Comentários*. Ob. cit. v. 8, p. 125.
26. Nesse sentido: NORONHA. *Direito penal*. Ob. cit. v. 3, p. 161; e HUNGRIA, FRAGOSO. *Comentários*. Ob. cit. v. 8, p. 125.
27. FARIA, Bento de. *Código penal brasileiro*. Ob. cit. v. 6, p. 21-22.
28. *Direito penal*. Ob. cit. v. 3, p. 161-165.
29. Nesse sentido: MIRANDA, Darcy de Arruda. Do atentado violento ao pudor. *Justitia* 39/93; e HUNGRIA, FRAGOSO. *Comentários*. Ob. cit. v. 8, p. 127.
30. HUNGRIA, FRAGOSO. *Comentários*. Ob. cit. v. 8, p. 108.

e inopinada, que tenha surpreendido a vítima, impedindo-lhe a defesa.[24][31] Entretanto, diante da nova redação dada ao art. 215, há entendimento de que o fato configura o delito de violação sexual mediante fraude, porque empregado meio que impede ou dificulta a livre manifestação de vontade da vítima (item 22.2.5).

Tratando-se de ameaça, deve ela ser *grave* (promessa da prática de mal considerável), mas não importa a justiça ou não do mal ameaçado. Tem-se em conta, sempre, a capacidade de resistência da vítima. Decidiu-se que, se a menor ofendida, criada em zona rural, não teve condições morais e psíquicas de se opor aos desejos criminosos do pai, pessoa, ademais violenta e arbitrária, que ameaçava voltar a maltratar toda a família caso aquela não cedesse, configurado resultou o estupro, pela violência moral. Também se entendeu configurado o ilícito por se considerar que a resistência da vítima foi inibida pela submissão à vontade paterna decorrente do temor reverencial.[25] Por outro lado, entendeu-se não caracterizado o delito na ameaça do acusado de propalar as suas relações íntimas com a vítima aos familiares desta e aos seus colegas para denegrir-lhe a honra.[26] Não faz desaparecer o delito, porém, o fato posterior suscetível de fazer presumir o consentimento, *v. g.*, quando a vítima aceita dinheiro ou outra recompensa, após a conjunção carnal.[32] Permanece ainda o crime se a violência foi praticada originariamente para fim diverso (roubo, extorsão etc.). Quando a violência, porém, ocorre durante conjunção carnal consentida (atentado sádico), não há estupro, mas, eventualmente, lesão corporal.

A prova do estupro deve se fazer, em princípio, por exame pericial,[27] que comprove, no caso de violência, lesões corporais (equimoses, arranhões etc.). A violência moral deve ser demonstrada por outras provas (gritos, choros, notícia imediata a parentes etc.), dispensando-se a perícia.[28] Tratando-se de pessoa adulta, dotada de suficiente força para oferecer resistência ou de pessoa leviana, cumpre apreciar com redobrados cuidados a prova da violência moral.[29] Necessário, pois, que exista credibilidade na palavra da vítima.

22.1.7   Tipo subjetivo

No delito de estupro o dolo é a vontade de praticar a conduta típica, ou seja, a de constranger a vítima, mediante violência ou ameaça, à prática da conjunção carnal ou de outro ato libidinoso. O fim de manter a conjunção carnal ou praticar o ato libidinoso é o elemento subjetivo do tipo (dolo específico).

Já se tem afirmado que é necessária a existência do elemento subjetivo do injusto, ou seja, a finalidade de saciar paixão lasciva ou a própria concupiscência.[30][33] Esclarece, porém, Noronha que, embora seja necessário que o agente tenha consciência da libidinagem do ato, não se exige que procure com ele desafogar a luxúria. Realmente, não está

---

31. FRAGOSO. *Lições*. Ob. cit. v. 3, p. 9.
32. FARIA, Bento de. *Código penal brasileiro*. Ob. cit. v. 6, p. 7.
33. Nesse sentido: HUNGRIA, FRAGOSO. *Comentários*. Ob. cit. v. 8, p. 127; e FRAGOSO. *Lições*. Ob. cit. v. 3, p. 9.

inserido no tipo penal o conteúdo intencional da conduta, caracterizando-se o crime independentemente das circunstâncias subjetivas que levaram o agente a praticá-lo.[31] O motivo em mira pode ser outro que não o de satisfazer a lascívia, como o desprezo, o ridículo da vítima, embora a intenção seja sempre a mesma: praticar o ato de natureza sexual.[32] Há crime ainda que o ato seja praticado por vingança.[33][34] Se a motivação do agente é o de controlar o comportamento social ou sexual da vítima, a pena é agravada, nos termos do art. 226, IV, "b".

22.1.8 Consumação e tentativa

Consuma-se o delito com a conjunção carnal ou a prática de outro ato libidinoso. Consuma-se o estupro com a conjunção carnal, quando ocorre a introdução completa ou incompleta do pênis na vagina da mulher,[34] não sendo necessário o orgasmo ou ejaculação. Caracteriza-se o crime consumado independentemente da ocorrência de *immissio seminis* e do rompimento da membrana himenal.[35] Com relação à conduta de constrangimento à prática de ato libidinoso diverso da conjunção carnal, que configurava antes o delito de atentado violento ao pudor, o momento consumativo do estupro coincide com a prática do ato.[36]

A tentativa é possível em relação a ambas as formas de conduta. Evidentemente, se, empregada a violência, ou exteriorizada a ameaça, o agente é impedido de prosseguir, frustrando-se, de todo, o momento libidinoso, o que se pode reconhecer é a tentativa,[37] como nas hipóteses de fuga ou imediata e eficaz reação da vítima. Não se justifica, assim, a dúvida quanto à possibilidade de tentativa de estupro. Havendo constrangimento para a prática da conjunção carnal ou de outro ato libidinoso, não obtida por circunstâncias alheias à vontade do agente, há tentativa de estupro.[38] Configura-se a tentativa, assim, mesmo quando não há contato dos órgãos genitais. É exigível, porém, para a caracterização da tentativa que as circunstâncias deixem manifesto o intuito do agente,[39] em especial quando, por palavras inequívocas, o agente demonstre o seu intento de praticar a conjunção carnal ou outro ato libidinoso.[40] O delito estará consumado, porém, desde que o sujeito ativo leve a cabo qualquer prática libidinosa.[41]

Na vigência da lei anterior, discutia-se a possibilidade de caracterização da tentativa de estupro, e não de atentado violento ao pudor consumado, quando, sendo intenção do agente a conjunção carnal, não logra ele a sua consumação por circunstâncias diversas, como nas hipóteses da cópula vestibular e do agente que força a introdução do pênis na vagina da ofendida mas ejacula antes.[42] Não há dúvida de que nessas hipóteses, diante da lei nova, o crime de estupro estará consumado, porque tais práticas constituem atos libidinosos. Não se pode afastar, porém, a possibilidade de tentativa de estupro, como já visto, nos casos em que, empregada a violência ou grave ameaça, o agente é impedido

---

34. *Direito penal.* Ob. cit. v. 3, p. 168-174.

de concretizar o seu intento de manter conjunção carnal com a vítima sem que qualquer ato libidinoso tenha sido praticado.

Nada impede que, não havendo prosseguimento da execução do crime por vontade própria do agente, tenha-se por caracterizada a desistência voluntária. A desistência voluntária, porém, deve ocorrer antes da prática de qualquer ato libidinoso.[43] Desistindo o agente de realizar a conjunção carnal depois de já haver praticado ato libidinoso, o estupro estará consumado.

O convite ou a proposta à prática de conjunção carnal ou de ato libidinoso não constitui começo de execução de crime de estupro, podendo configurar, eventualmente, o crime de assédio sexual (art. 216-A).

22.1.9 Estupro qualificado pela idade da vítima

As formas qualificadas do crime de estupro estão descritas nos §§ 1º e 2º do art. 213. Referem-se elas à idade da vítima e à ocorrência, como resultados lesivos decorrentes do estupro, de lesão grave (§ 1º, 1ª parte) ou morte (§ 2º).

A primeira qualificadora a ser examinada é a circunstância de ser a vítima menor de 18 *e* maior de 14 anos, que determina a pena de 8 a 12 anos de reclusão (art. 213, § 1º, 2ª parte). Há erro evidente na redação do dispositivo que se refere ao "menor de 18 *ou* maior de 14 anos". O equívoco não prejudica a aplicação da norma. Justifica-se a pena mais grave em razão da presunção legal de que o adolescente nessa faixa etária, embora se lhe reconheça certa liberdade sexual, ainda é mais vulnerável do que o adulto aos crimes sexuais e por vezes mais danosos são os efeitos sobre a sua personalidade em formação. Incide a qualificadora se a vítima tem 14 anos no momento do crime, porque é maior de 14 anos aquele que já completou essa idade. A vítima tem 14 anos de idade a partir do primeiro instante do dia de seu aniversário (*Manual*, P. G., item 5.5.2). Tratando-se de vítima menor de 14 anos, o crime será o de estupro de vulnerável (item 23.1.6).

A ocorrência, porém, do resultado morte determina a punição do agente nos termos do § 2º, devendo o juiz considerar na aplicação da pena a circunstância de ser a vítima maior de 14 e menor de 18 anos.

22.1.10 Estupro qualificado por lesão grave ou morte

No art. 213 são previstos dois resultados lesivos que qualificam o crime de estupro. O estupro é punido com reclusão de 8 a 12 anos "se da conduta resulta lesão corporal de natureza grave" (§ 1º, 1ª parte) e com 12 a 30 anos de reclusão "se da conduta resulta morte" (§ 2º).[35]

---

35. Antes da vigência da Lei nº 12.015/2009, o revogado art. 223 previa os resultados de lesão grave e morte como qualificadoras aplicáveis aos crimes sexuais descritos nos capítulos I, II, III e V (art. 232).

Referindo-se a lei à lesão corporal de natureza grave, estão incluídas as descritas no art. 129, §§ 1º e 2º. Excluem-se as eventuais lesões leves e a contravenção de vias de fato, porque abrangidas como elementares à configuração do delito em estudo.

Nos termos da lei vigente, para a ocorrência do estupro qualificado exige-se que a lesão grave ou a morte decorra da *conduta*.

A lei anterior mencionava a lesão grave como resultado da *violência* e a morte como resultado do *fato*, o que, para parte da doutrina, determinava tratamento diferenciado entre as qualificadoras com relação ao nexo causal. Segundo essa corrente, se a lesão grave deveria ser resultado da violência, ou seja, da força física empregada, não incidiria a qualificadora nos casos em que a lesão fosse consequência da grave ameaça ou de outra causa que não a violência. Dois exemplos ilustram as hipóteses. Se a vítima, ao ser ameaçada, sofre um enfarte, a lesão correspondente não ensejava a incidência da qualificadora porque não decorrente da *violência*; mas, se lhe advém a morte, o estupro seria qualificado, porque, embora inexistente a violência, resultou ela do *fato*. Da mesma forma, fazendo o agente com que a vítima ingira, sem perceber, um narcótico violento, para adormecê-la e, assim, viabilizar a prática dos atos sexuais violentos, causando-lhe a morte, o êxito letal deveria lhe ser atribuído porque decorrente do *fato*, mas se o resultado fosse lesão grave, responderia ele por estupro simples em concurso com o outro crime (lesão culposa). Segundo a orientação contrária, não haveria que se distinguir, apesar da diferença de redação, entre lesão grave e morte, exigindo-se em ambas as hipóteses que o evento lesivo decorresse da violência.[36] Ao exigir o nexo causal com a *conduta*, tanto da lesão grave como da morte, a nova lei impediu tratamento diferenciado em relação aos dois resultados que qualificam o estupro.

A Lei nº 12.015/2009 não solucionou, porém, com perfeição, as principais questões atinentes à aplicabilidade da qualificadora, que dizem respeito ao nexo causal entre o comportamento do agente e o evento lesivo e ao elemento subjetivo exigível em relação a este.

Entendemos que ao mencionar a *conduta* nos §§ 1º e 2º do art. 213, refere-se a lei à conduta do estupro, descrita no *caput* e disciplinada no dispositivo, e não a toda e qualquer conduta. Assim, ao vincular o resultado qualificador à conduta, o legislador ampliou a solução dada pela lei anterior à hipótese de lesão corporal, que se referia ao nexo causal somente com a violência, e, simultaneamente, restringiu, ou foi mais precisa, quanto à hipótese de morte, que antes deveria resultar do *fato*.

Diante da nova disciplina da matéria, portanto, exige a lei que haja nexo causal entre a lesão grave ou morte e a conduta praticada pelo agente dirigida à realização do estupro. Evidentemente, qualifica o estupro a lesão ou a morte decorrente da violência empregada no constrangimento à vítima, da conjunção carnal ou do ato libidinoso praticado. Não há dúvida de que se deve reconhecer a qualificadora também na hipótese de lesão ou

---

36. Nesse sentido, a Exposição de motivos (item 74); e NORONHA. *Direito penal*. Ob. cit. v. 3, p. 282.

morte que resulte da grave ameaça ou, em geral, da conduta dirigida à consumação do estupro, abrangidos os meios utilizados na execução do delito.[37] Assim, se em razão da grave ameaça feita pelo agente a vítima sofre lesão grave ou morre ao saltar do veículo em que ambos se encontram, na tentativa de fuga, deve-se reconhecer a forma qualificada. Da mesma forma, se a lesão ou morte decorre do golpe desferido na vítima para facilitar o estupro ou do ato libidinoso praticado, consistente, por exemplo, na introdução de um objeto no corpo da vítima, deve ele responder por estupro qualificado.

Não nos parece correto afirmar que por *conduta* se deva entender toda a atuação criminosa do agente no contexto do fato. Adotado esse entendimento, a lei nova ampliaria o âmbito de aplicabilidade da qualificadora para abranger qualquer ação ou omissão, dolosa ou culposa, praticada pelo agente, do início ao fim da execução do crime sexual, que seja causa da lesão grave ou morte, independentemente de estar ou não vinculada à realização do estupro e do elemento subjetivo. Segundo essa orientação, o agente que, em meio à prática dos atos sexuais violentos, agindo com motivação diversa, decide eliminar a vítima, responderia por estupro qualificado (art. 213, § 2º) e não por estupro em concurso com homicídio.

Como já visto, a *conduta* a que se vincula o resultado qualificador somente pode ser a conduta que se reveste da tipicidade que lhe confere o art. 213, a conduta do estupro. Aliás, a entender por conduta, no contexto do dispositivo, não somente a conduta do estupro, mas toda e qualquer conduta praticada pelo agente, independentemente do elemento subjetivo e da tipicidade que lhes confere a lei, melhor seria a simples referência ao *fato*, termo mais abrangente e já utilizado na lei anterior, que, mesmo assim, era interpretado restritivamente. Mesmo no latrocínio exige-se, conforme entendimento doutrinário e jurisprudencial, que a morte decorra da violência empregada como *meio* para a subtração ou para assegurar a impunidade do crime ou a detenção da coisa subtraída, configurando-se o concurso de roubo e homicídio se a motivação é outra (item 11.1.12).

Além do nexo causal, deve-se examinar o elemento subjetivo exigido em relação à lesão grave ou morte para o reconhecimento do estupro qualificado.

Tratando-se de crime qualificado pelo resultado e não se admitindo a responsabilidade objetiva, pela lesão grave ou morte não pode responder o agente se estas não eram previsíveis, porque, nos termos do art. 19, o resultado que agrava especialmente a pena somente pode ser atribuído ao agente que atua ao menos culposamente. Assim, se não há culpa e a lesão ou morte decorre de caso fortuito ou força maior afasta-se a qualificadora.

---

37. Dispunha o art. 223: "Se da *violência* resulta lesão corporal de natureza grave: Pena – reclusão de quatro a doze anos. Parágrafo único – Se do *fato* resulta a morte: Pena – reclusão de doze a vinte e cinco anos". Prevalecia na doutrina o entendimento de que não cabia distinção entre as duas hipóteses, exigindo-se sempre que o resultado qualificador decorresse da violência para a configuração do estupro qualificado. A diferente redação das qualificadoras autorizava, porém, o entendimento de que na hipótese de lesão corporal que não decorresse da violência não existiria a forma qualificada, mas concurso entre estupro e lesão.

22 • DOS CRIMES CONTRA A LIBERDADE SEXUAL

Não há dúvida de que se configura o estupro qualificado quando o agente, ao praticar as ações dirigidas à realização do estupro, culposamente causa lesão grave ou morte.

Questão relevante surge se em relação à lesão grave ou à morte atuou o agente com dolo, direto ou eventual. A redação dada pela Lei nº 12.015/2009 ao art. 213 não é promissora quanto ao fim do dissídio doutrinário e jurisprudencial que já existia, porque, a exemplo da lei anterior, não é expressa em relação ao elemento subjetivo exigido em relação ao resultado que qualifica o estupro.

Alguns autores sustentam que o resultado qualificador deve ser atribuído ao agente nas hipóteses de dolo e culpa.[38] Por se tratar de crime qualificado pelo resultado e porque o legislador não estabeleceu expressa distinção em relação ao elemento subjetivo, a exemplo do que se verifica em relação ao latrocínio (art. 157, § 3º, II) e diferentemente do que ocorre na lesão corporal seguida de morte (art. 129, § 3º), o agente que atua com dolo ou culpa em relação à lesão grave ou morte deve responder, sempre, por estupro qualificado. O tratamento punitivo indica que foi intenção do legislador abranger as hipóteses de resultados lesivos decorrentes de condutas tanto culposas como dolosas. A diferença entre as penas mínima e máxima cominadas para o estupro qualificado por morte (12 a 30 anos) não se justificaria se esse resultado somente pudesse ser atribuído a título de culpa. Essa margem foi prevista justamente para permitir ao juiz a dosagem da pena inclusive em face do elemento subjetivo atinente ao resultado agravador.

Solução diversa é a que reconhece no estupro qualificado pelo resultado um delito preterintencional, na continuidade do entendimento doutrinário e jurisprudencial dominante antes da Lei nº 12.015/2009.[39] [(45)] Assim, a lesão grave que qualifica o estupro seria somente aquela que se pode atribuir a título de culpa. Se o agente atua com dolo, direto ou eventual, em relação à lesão grave ou morte, deve responder pelos delitos de estupro (art. 213, *caput*) e de lesão grave (art. 129, §§ 1º ou 2º) ou homicídio (art. 121, *caput*, e § 2º), em concurso. Quando do exame do nexo causal, observamos que a conduta a que se referem os §§ 1º e 2º do art. 213 é a conduta do estupro, descrita no *caput*. Conduta, no sentido técnico e finalístico, é o comportamento humano consciente dirigido a determinada finalidade (item 2.1.3). Assim, se, no contexto fático do estupro, o agente atua dolosamente (dolo direto ou eventual) em relação à lesão grave ou morte, pratica, além do crime sexual, conduta distinta e por ambos os crimes deve responder em concurso (estupro e lesão corporal grave ou homicídio).[40] Nesse caso, o resultado lesivo não decorre da conduta do estupro, mas de conduta

---

38. Nesse sentido: ESTEFAM, André. Ob. cit. p. 43-44. NUCCI, Guilherme de Souza. Ob. cit. 25-26.

39. No direito anterior, embora a questão fosse controvertida, prevalecia na doutrina, assim, como na jurisprudência, a orientação de ser o estupro qualificado delito preterintencional. Nesse sentido: NORONHA. *Direito penal*. Ob. cit. v. 3, p. 283-284; HUNGRIA, FRAGOSO. *Comentários*. Ob. cit. v. 8, p. 222-223; e FRAGOSO. *Lições*. Ob. cit. v. 3, p. 40-41.

40. Mesmo na hipótese de latrocínio exige-se, conforme entendimento doutrinário e jurisprudencial, que a morte decorra da violência empregada como *meio* para a subtração ou para assegurar a impunidade do crime ou a detenção da coisa subtraída, configurando-se o concurso de roubo e homicídio se a motivação é outra (item 11.1.12).

distinta que configura crime diverso, devendo-se afastar a qualificadora diante dos próprios termos do dispositivo legal (art. 213, § 1º, 1ª parte, e § 2º). Deve-se observar que essa orientação, diante do tratamento punitivo conferido pelo legislador preserva, em todas as hipóteses, a proporcionalidade devida entre a gravidade do fato e a pena cominada e baliza, com maior suficiência, a atividade do juiz no processo de individualização da pena.[41]

Entendemos que é clara a intenção do legislador de atribuir o resultado qualificador ao agente que atua com dolo ou culpa. Não se pode reconhecer, porém, a forma qualificada do estupro nas hipóteses em que a lesão grave ou a morte não resultem da conduta dirigida à consumação do estupro. Assim, o agente que, no mesmo contexto fático do estupro, atuando com motivação diversa, decide eliminar a vítima, deve responder pelo crime de estupro em concurso com o de homicídio.

Diante da redação original do Código Penal, discutia-se a questão do crime sexual *tentado* quando ocorria a lesão corporal de natureza grave ou a morte da vítima. Decidia-se que, resultando a lesão grave da violência empregada para a prática do crime sexual, ocorria tentativa qualificada. Tal solução, porém, implicaria, no caso de resultado morte, a cominação de pena mínima inferior, por exemplo, àquela prevista para o delito de lesões corporais seguidas de morte, fato de menor gravidade. A melhor solução era a de se considerar que, referindo-se a lei à lesão grave ou à morte decorrente da *violência* ou do fato (e não do crime), cabia a aplicação da pena prevista no art. 223, sem diminuição, ainda que não se consumasse o crime sexual. Não se aplicava, assim, a regra do art. 14, parágrafo único, quando se tratasse de forma qualificada em que o fato ou a violência originaram um resultado mais grave tanto na consumação quanto na tentativa do crime antecedente. Configurava-se, portanto, mais uma exceção à regra de aplicação da pena para a tentativa, como, aliás, se tem decidido no caso de roubo tentado seguido de morte (item 11.1.12). A mesma solução deve continuar a ser adotada na lei vigente. Embora elevando o legislador as penas cominadas para o estupro qualificado, a pena mínima prevista para a hipótese do estupro tentado com resultado morte é idêntica à cominada para a lesão corporal seguida de morte, de apenas 4 anos.

Aplicam-se ao crime de estupro as causas de aumento previstas no art. 226, que trata, inclusive do "estupro coletivo" e do "estupro corretivo", e no art. 234-A, III e IV. Esses dispositivos todos foram alterados pela Lei nº 13.718, de 24-9-2018 (itens 24.2.1, 24.1.2 e 27.1.2).

---

41. Como exemplos comparativos entre os tratamentos punitivos conforme a orientação adotada, as maiores diferenças se verificam em desfavor do agente nas hipóteses de concurso entre estupro e homicídio qualificado, punido com 18 a 40 anos de reclusão, enquanto para o estupro qualificado preveem-se as mesmas penas já cominadas para o homicídio qualificado, 12 a 30 anos; e de concurso de estupro com lesão gravíssima (art. 129, § 3º), punido com 8 a 18 anos de reclusão, enquanto para o estupro qualificado por morte a pena é de 8 a 12 anos de reclusão. As penas serão exatamente as mesmas, 12 a 30 anos, na hipótese de estupro e homicídio simples (art. 121, *caput*).

22.1.11 Distinção

Há grande diferença entre atos que atentam contra a liberdade sexual e atos simplesmente reprováveis, inoportunos, que apenas molestam a ofendida. Exteriorizada a violência ou a ameaça, mas não se positivando a sua intenção de manter conjunção carnal ou praticar ato libidinoso forçados com a vítima, sua conduta deixa de constituir estupro, podendo configurar, eventualmente, outro delito. Nem todos os atos atentatórios ao pudor caracterizam a prática do crime em estudo. Não o configuram, certamente, um beliscão, um ato obsceno em que a vítima não é tocada, as meras expressões verbais etc. Certos atos libidinosos praticados sem violência ou grave ameaça frequentemente eram punidos como importunação ofensiva ao pudor, nos termos do revogado art. 61 da LCP, tal como nos casos do agente que passa as mãos na perna da vítima,[47] ou tenta beijar e apalpar os seios e o órgão genital da ofendida durante alguns segundos.[48-49] Inegavelmente, também são criminosos o tateio das nádegas,[50] o ato de quem, com as mãos, procura alcançar as partes pudicas das vítimas, conseguindo tocar em seus seios e nas coxas,[51] os beijos e abraços.[52] Com a vigência da Lei nº 13.718, de 24-9-2018, fatos como esses passaram a configurar o crime de importunação sexual (art. 215-A).

Não se confunde a prática libidinosa com o ato obsceno. Neste, o agente pratica ato que contrasta com o sentimento médio de pudor ou com os bons costumes. Naquele, o que se apresenta é o desafogo da lascívia, servindo-se o agente de outra parte, subjugada pela violência real ou ficta.[53] Assim, o mero exibicionismo do agente, que se apresenta nu perante a vítima, configura ato obsceno apenas.[54]

O estupro de menor de 14 anos de idade ou de pessoa considerada vulnerável por outra causa legal (enfermidade ou deficiência mental ou outra forma de incapacidade de oferecer resistência) configura crime específico, o estupro de vulnerável previsto no art. 217-A (itens 23.1.6 e 23.1.10). Distingue-se o estupro da violação sexual mediante fraude porque no delito descrito no art. 215 o agente, para a obtenção de seu intento, não emprega violência ou grave ameaça, mas artifícios que viciam a vontade da vítima, induzindo-a em erro (item 22.2.5). No assédio sexual não há fraude e o constrangimento não é praticado mediante violência ou grave ameaça, valendo-se o sujeito ativo de sua condição de superioridade em relação à vítima na relação de trabalho, público ou particular (item 22.4.5). A prática de ato libidinoso contra alguém, sem o emprego de fraude, violência ou grave ameaça, mas, também, sem a anuência da vítima, configura o crime de importunação sexual descrito no art. 215-A.

22.1.12 Concurso

Descrevendo o art. 213 um tipo misto cumulativo (item 22.1.6), é possível o concurso de crimes no estupro quando o agente constrange a vítima tanto à conjunção carnal como à prática de atos libidinosos. Se os atos libidinosos não passam de meros atos preparatórios para a cópula violenta, esta absorve os primeiros, caracterizando-se crime único.[55] Quando, porém, além da conjunção carnal, o agente pratica atos libidinosos que não sejam simples prelúdio da cópula (cópula anal ou oral, introdução de objetos etc.), responderá por mais de um crime de estupro em concurso[56] ou continuidade delitiva apesar das opiniões em contrário.[42] Praticados somente atos libidinosos, mas autônomos, em momentos diversos, um após a consumação do outro,[57] não há crime único, mas concurso de infrações, podendo-se reconhecer, conforme o caso, a continuidade delitiva. O mesmo ocorre na repetição da conjunção carnal contra a mesma vítima.

Entendendo-se, porém, tratar-se de tipo misto alternativo, haverá crime único, ainda que praticada mais de uma conduta.

Discute-se, diante das alterações promovidas pela Lei nº 12.015/2009, a possibilidade da continuidade no estupro quando praticadas formas de conduta distintas, ou seja, quando a vítima é submetida à conjunção carnal e à prática de outros atos libidinosos. Na vigência da lei anterior, que punia as condutas como crimes distintos, a jurisprudência não era pacífica, mas prevalecia a orientação de negar a continuação entre o estupro e o atentado violento ao pudor por não serem crimes da mesma espécie, pois, enquanto neste a lei protegia a própria inviolabilidade carnal, naquele o bem jurídico objeto da tutela penal era a liberdade sexual no sentido estrito.[58] Havia, porém, ponderável corrente jurisprudencial no sentido de admitir a continuidade delitiva quanto a tais delitos,[59] sob o fundamento de que não se podia negar que, embora definidos em artigos diferentes, estupro e atentado violento ao pudor eram crimes da mesma espécie, por se tratar de condutas homogêneas em que o agente, por meio de violência ou grave ameaça, procura satisfação de seu instinto sexual, violando a liberdade sexual da vítima. Na lei vigente, ambas as condutas estão descritas no mesmo tipo penal e constituem modalidades de estupro, e, assim, com maior razão se deve admitir a continuidade delitiva.[60] É possível, assim, o crime continuado no estupro contra a mesma vítima, no mesmo contexto fático ou em contextos distintos, ou contra vítimas diversas,[61] embora personalíssimo o bem jurídico lesado,[62] desde que presentes os requisitos previstos em lei. Esta última hipótese, porém, não é aceita pacificamente.[63] Diante do concurso de dois ou mais agentes, a pena a ser imposta para cada delito deverá ser agravada nos termos do art. 226, IV, "a" (item 24.2.2). Quando houver várias conjunções carnais, praticadas por vários agentes, ocorrerá concurso material, respondendo cada um como autor do estupro e partícipe dos crimes praticados pelos demais. Não nos parece a melhor, assim, a posição de Fragoso, afirmando haver no caso apenas um crime de estupro qualificado pelo concurso de agentes.[43]

Haverá concurso material quando, após o estupro, praticar o agente homicídio ou lesões corporais. Decorrendo a lesão grave ou morte da conduta dirigida à prática do estupro, configura-se a forma qualificada do delito (item 22.1.10). As lesões corporais leves resultantes do constrangimento, da conjunção carnal ou do ato libidinoso são absorvidas pelo estupro. Sabendo o agente, ou devendo saber que está contaminado

---

42. Fragoso refere-se a crime progressivo. *Lições*. Ob. cit. v. 3, p. 6.
43. *Lições*. Ob. cit. v. 3, p. 4.

22 • DOS CRIMES CONTRA A LIBERDADE SEXUAL

de moléstia sexualmente transmissível, se não ocorre o contágio há concurso formal com o delito de perigo de contágio venéreo (art. 130), ou concurso formal impróprio se desejar transmitir a doença (art. 130, § 1º). Se a vítima vem a ser infectada, o crime é o de estupro qualificado (art. 234-A, IV). Se o agente sequestra a vítima com fins libidinosos (art. 148, § 1º, V) e, em seguida, comete o estupro, responde pelo crime sexual e pelo delito de sequestro em concurso de infrações (v. item 9.4.10). Há concurso formal de estupro com o delito de ato obsceno quando é ele praticado em lugar público ou aberto ao público (art. 233).[44]

22.2 VIOLAÇÃO SEXUAL MEDIANTE FRAUDE

22.2.1 Conceito

Chamado de *estelionato sexual* na doutrina, o crime de violação sexual mediante fraude é definido no art. 215, com a redação dada pela Lei nº 12.015, de 7-8-2009: "Ter conjunção carnal ou praticar outro ato libidinoso com alguém, mediante fraude ou outro meio que impeça ou dificulte a livre manifestação de vontade da vítima: Pena – reclusão, de 2 (dois) a 6 (seis) anos."

22.2.2 Objetividade jurídica

Protege-se com o art. 215, ainda uma vez, a liberdade sexual da vítima, no caso a sua liberdade de escolha contra a fraude ou outro meio que impeça a livre manifestação de vontade.

22.2.3 Sujeito ativo

Qualquer pessoa, tanto o homem como a mulher, pode ser sujeito ativo do delito em estudo.

Na redação original do dispositivo e na que lhe havia sido dada pela Lei nº 11.106, de 28-3-2005, somente o homem podia cometer a infração, por se referir o tipo à prática de conjunção carnal com mulher.[45]

Determinadas relações de parentesco ou autoridade existentes entre os sujeitos ativo e passivo do delito são previstas como causas de aumento de pena aplicáveis ao delito em estudo (item 24.2.2).

---

44. Nesse sentido, o parecer de: DINAMARCO, Cândido Rangel. Atentado violento ao pudor e ato obsceno. *Justitia* 63/233-239.

45. Em sua redação original, o crime era assim definido: "Ter conjunção carnal com mulher honesta, mediante fraude". A Lei nº 11.106, de 28-3-2005, conferiu ao artigo a seguinte redação: "Ter conjunção carnal com mulher, mediante fraude".

22.2.4 Sujeito passivo

De acordo com a atual redação do art. 215, dada pela Lei nº 12.015, de 7-8-2009, qualquer pessoa, homem ou mulher, pode ser sujeito passivo do crime de violação sexual mediante fraude. Excetua-se o menor de 14 anos de idade, porque a prática de conjunção carnal ou ato libidinoso diverso com pessoa nessa faixa de idade, ainda que sem o emprego de fraude, violência ou grave ameaça, configura o crime de estupro de vulnerável (art. 217-A).

Originariamente a lei restringia a proteção à mulher *honesta*, embora não exigisse fosse ela virgem.[64] A inclusão de um elemento normativo obrigava a um juízo de valor a respeito da honestidade da mulher. Honesta seria a mulher honrada, decente, de compostura, "não somente aquela cuja conduta, sob o ponto de vista da moral, é irrepreensível, senão também aquela que ainda não rompeu com o *minimum* de decência exigido pelos *bons costumes*".[46] Estavam excluídas da proteção, portanto, não só as prostitutas como as promíscuas, francamente desregradas, as mulheres fáceis, de vários leitos.[65] A razão da exclusão devia-se à maior dificuldade em se iludir a barregã e a mulher depravada, bem como o pouco relevo que merecia o coito fraudulento com tais pessoas. Ensina Hungria que "não perde a qualidade de honesta nem mesmo a amásia, a concubina, a adúltera, a atriz de cabaré, desde que não se despeça dos banais preconceitos ou elementares reservas de pudor".[47] Diante da alteração do dispositivo pela Lei nº 11.106, de 28-3-2005, qualquer mulher, honesta ou não, e mesmo a prostituta, podia ser sujeito passivo do delito. Permanecia, porém, sem proteção o homem, podendo o fato configurar o crime de corrupção de menores (art. 218) se menor de 18 anos e maior de 14 o ofendido e, se com idade inferior àquela, o delito de atentado violento ao pudor por presunção de violência (art. 214, c.c. o art. 224, *a*). Homem maior de 18 anos não podia ser vítima do crime, mesmo porque se entendia que dificilmente uma fraude lograria êxito tratando-se de pessoa normalmente desenvolvida em inteligência.

Diante da lei vigente, que não mais se refere à *mulher honesta* ou à *mulher*, mas a *alguém*, tanto o homem, ainda que maior de 18 anos, como a mulher, honesta ou não, e mesmo a prostituta podem ser sujeitos passivos do crime de violação sexual mediante fraude. Tutela-se a liberdade sexual da vítima, de ambos os gêneros, independentemente de qualquer juízo moral sobre a sua sexualidade.

22.2.5 Tipo objetivo

O crime de violação sexual mediante fraude, definido pela Lei nº 12.015, de 7-8-2009, decorre da fusão, com modificações, dos delitos de posse sexual mediante fraude (art. 215) e atentado violento ao pudor mediante fraude (art. 216).

---

46. HUNGRIA, FRAGOSO. *Comentários*. Ob. cit. v. 8, p. 139.
47. *Comentários*. Ob. cit. v. 8, p. 139.

A conduta típica no crime em tela é a prática da conjunção carnal (*intromissio penis in vaginam*), total ou parcial, ou de ato libidinoso diverso, mediante fraude ou outro meio que impeça ou dificulte a livre manifestação de vontade da vítima.

Entendemos tratar-se de tipo misto cumulativo, punindo-se no mesmo dispositivo duas condutas distintas, a exemplo do que ocorre no estupro. A prática de uma ou de outra conduta configura o crime em estudo e a realização de ambas enseja a possibilidade do concurso de delitos e da continuidade delitiva, dependendo a existência destes do contexto fático em que as ações foram executadas. Sustenta-se, porém, na doutrina, cuidar-se de tipo misto alternativo, em que a prática de uma ou das duas modalidades de conduta configura sempre crime único (v. itens 22.1.6 e 22.1.12).

Exige-se que a vítima seja levada, pela fraude ou outro meio, à prática da conjunção carnal ou outro ato concupiscente (masturbar o agente, por exemplo) ou a permitir que o agente pratique com ela a libidinagem (coito anal, por exemplo).

No crime de violação sexual mediante fraude, o agente não utiliza como meio a violência ou a ameaça, como no estupro, mas ardil, estratagema, embuste, engodo, viciando a vontade da vítima para obter a conjunção carnal ou o ato libidinoso. É indispensável o emprego de artifícios, tornando insuperável o erro. As circunstâncias devem ser tais que a vítima se engane sobre a identidade pessoal do agente ou sobre a legitimidade do ato sexual a que se presta.[66] A fraude existe ainda que o engano não seja produzido pelo agente, aproveitando-se este apenas do erro em que se encontra a vítima. A apreciação a respeito da existência do erro deve ter em conta as condições pessoais da vítima (idade, condição social, educação, modo de vida etc.).

Exemplos clássicos do delito sexual mediante fraude são os da mulher semissonolenta, que em quarto escuro se deixa possuir, supondo tratar-se do marido;[67] [48] da simulação de casamento,[68] do casamento religioso, convencendo-se a vítima de ser este o único válido, da substituição do noivo no casamento por procuração etc. A mera promessa de casamento que não leva a vítima a se enganar sobre a identidade pessoal do agente ou a legitimidade da conjunção carnal não configura a violação sexual mediante fraude, mas podia caracterizar, antes da revogação do art. 217, o crime de sedução.[69] Já se decidiu pela caracterização do delito na conduta daquele que, dizendo-se curandeiro, consegue enganar a vítima e, a pretexto de curá-la, com ela mantém conjunção carnal, desvirginando-a.[70] Decidiu-se também pela ocorrência do crime sexual mediante fraude nas condutas daquele que se valeu da condição de enfermeiro para abusar da doente, submetendo-a a atos de libidinagem, a pretexto de aplicar-lhe as injeções de que necessitava;[71] daquele que, abusando da ingenuidade da vítima, e a pretexto de dar-lhe "aula de ginecologia", com ela praticou atos libidinosos;[72] e do funcionário de posto de saúde que os praticou a pretexto de fazer na vítima um exame de "vermes".[73] Negou-se a existência do crime no caso do policial que prometeu à vítima de sedução fazer com que o sedutor com ela se casasse mediante a entrega sexual[74] e na ingestão

---

48. HUNGRIA, FRAGOSO. *Comentários*. Ob. cit. v. 8, p. 145.

pela vítima de bebida alcoólica que lhe ofereceu o agente, deixando-a tonta antes de ser por ele possuída sexualmente.[75] Quando a vítima cede voluntariamente às solicitações ou aos rogos, ou ainda às carícias do agente, claro que não há que se falar de manobras fraudulentas.[76] Por essa razão, não se reconheceu o delito no ato do acusado que introduziu o dedo na vagina da namorada, sob pretexto de constatar sua virgindade ou para satisfação lasciva com o consentimento desta.[77]

Configura também o crime de violação sexual mediante fraude a conduta do agente que faz a vítima ingerir, sem perceber, doses significativas de bebida alcoólica ou outra droga que comprometem a livre manifestação de vontade, viciando o seu consentimento na prática do ato sexual. Haverá, porém, estupro de vulnerável no caso de um narcótico violento utilizado para adormecer a vítima e assim praticar o agente a conjunção carnal ou atos libidinosos sem que possa ela oferecer resistência (art. 217-A) (itens 23.1.6 e 23.1.10).

Refere-se a lei, além da fraude, a outro meio que impeça ou dificulte a livre manifestação de vontade da vítima. Procurou o legislador com a inovação abranger outros meios que possam ser utilizados pelo agente para viciar a liberdade de escolha da vítima. Pratica o crime descrito no art. 215 o psiquiatra, analista ou psicólogo que se vale de sua condição, do conhecimento das técnicas analíticas e daquele que adquiriu no curso do tratamento a respeito do funcionamento da psique de sua paciente para viciar a sua vontade e lograr o seu assentimento na prática da conjunção carnal ou do ato libidinoso, que não seria obtido não fosse o meio empregado.[49] Havia entendimento de que a prática de ato libidinoso mediante ação rápida e inopinada do agente, que tenha surpreendido a vítima, tolhendo a possibilidade de defesa, também constituiria meio que, nos termos do dispositivo, impediria a liberdade de manifestação de vontade da vítima no sentido de se opor à intenção do agente.[50] Todavia, com a vigência da Lei nº 13.718, de 24-9-2018, esses fatos passaram a configurar crime específico, o de importunação sexual, descrito no art. 215-A.

Aplicam-se ao crime de violação sexual mediante fraude as causas de aumento de pena previstas nos arts. 226, I e II, e 234-A, III e IV (itens 24.2.1, 24.2.2 e 27.1.2).

22.2.6 Tipo subjetivo

Há dolo quando o agente atua com a vontade livre e consciente de enganar a vítima e assim comprometer a sua livre manifestação de vontade. O fim de manter a conjunção carnal ou praticar o ato libidinoso é o elemento subjetivo do tipo (dolo específico).

Como finalidade específica da conduta, que determina a aplicação também da multa, prevê-se, curiosamente, o intuito de obtenção de vantagem econômica (art. 215, parágrafo único). Trata-se, porém, de hipótese de difícil caracterização.

---

49. No caso não há propriamente fraude. O exemplo, porém, pressupõe que a vítima não possua enfermidade ou deficiência mental que lhe suprima a capacidade de discernimento porque caso contrário configura-se o estupro de vulnerável (art. 217-A, § 1º, 2ª parte).
50. Nesse sentido: ESTEFAM, André. Ob. cit. p. 66.

22.2.7 Consumação e tentativa

Consuma-se o crime de violação sexual mediante fraude com a conjunção carnal ainda que incompleta ou a prática de outro ato libidinoso. A tentativa é perfeitamente admissível.[51]

22.2.8 Distinção

Distingue-se a violação sexual mediante fraude do estupro pelo meio empregado para a supressão da liberdade de escolha da vítima em relação ao ato sexual. No estupro há emprego de violência ou grave ameaça, enquanto no crime em estudo vale-se o agente da fraude ou outro meio que lhe impede a liberdade de escolha.

Não se confunde a hipótese contemplada no art. 215 com a circunstância descrita no art. 217-A, § 1º, 2ª parte, que prevê como elemento do tipo no estupro de vulnerável a impossibilidade da vítima de oferecer resistência por outra causa, além da enfermidade ou deficiência mental. No crime de violação sexual mediante fraude, a vítima, em geral, consente em se submeter ao ato sexual, mas a sua manifestação de vontade não é livre, por incorrer em erro, em razão de uma falsa representação da realidade criada pelo agente, ou porque, em razão de outro meio por ele empregado, resta comprometida a sua capacidade volitiva. Na circunstância a que se refere o art. 217-A, § 1º, 2ª parte, o agente não obtém o consentimento da vítima, mas esta, por qualquer causa, está impedida de oferecer resistência (itens 23.1.6 e 23.1.10). Enquanto na violação sexual mediante fraude há, em regra, consentimento inválido em decorrência do meio empregado pelo agente, na outra hipótese não há consentimento. No crime de importunação sexual não se vale o agente de fraude para viciar a manifestação de vontade da vítima, praticando o ato libidinoso na ausência de consentimento.

22.3. IMPORTUNAÇÃO SEXUAL

22.3.1 Conceito

O crime de importunação sexual está descrito no art. 215-A, acrescentado ao Código pela Lei nº 13.718, de 24-9-2018, com a seguinte redação: "Praticar contra alguém e sem a sua anuência ato libidinoso com o objetivo de satisfazer a própria lascívia ou a de terceiro: Pena – reclusão, de 1 (um) a 5 (cinco) anos, se o ato não constitui crime mais grave".

O mesmo diploma revogou o art. 61 da Lei das Contravenções Penais, que descrevia o delito de importunação ofensiva ao pudor.

---

51. Nesse sentido: HUNGRIA, FRAGOSO. *Comentários*. Ob. cit. v. 8, p. 142; FRAGOSO, *Lições*. Ob. cit. v. 3, p. 11; e NORONHA. *Direito penal*. Ob. cit. v. 3, p. 180.

22.3.2 Objetividade jurídica

O objeto de tutela do novo dispositivo é, ainda, a liberdade sexual da vítima. Protege-se direito de cada pessoa de não ser mero objeto de prática libidinosa de outrem sem que com ela tenha livremente consentido.

22.3.3 Sujeito ativo

Qualquer pessoa, tanto o homem como a mulher, pode ser sujeito ativo do delito de importunação sexual.

22.3.4 Sujeito passivo

O sujeito passivo pode ser qualquer pessoa, com idade igual ou superior a 14 anos. O crime deve ser praticado contra pessoa determinada. Diferentemente da contravenção antes prevista no revogado art. 61 da LCP, em que os costumes eram o objeto central de tutela, no art. 215-A define-se crime pelo qual se protege a liberdade sexual do indivíduo. Se o sujeito passivo é menor de 14 anos de idade, o crime é o de estupro de vulnerável, para cuja configuração é desnecessário o emprego de violência ou grave ameaça e é indiferente eventual consentimento da vítima.

22.3.5 Tipo objetivo

Com o art. 215-A, pretendeu o legislador tipificar fatos de menor gravidade do que o estupro, mas merecedores de tratamento mais severo do que o previsto no crime de ato obsceno (art. 233), ou na contravenção de importunação ofensiva ao pudor (art. 61 da LCP), revogada pelo mesmo diploma legal.

O núcleo da conduta típica é o de praticar contra alguém ato libidinoso. O conceito de ato libidinoso já foi examinado (item 22.1.6). É o ato lascivo, voluptuoso, dissoluto, destinado ao desafogo da concupiscência, objetivamente considerado, independentemente do grau de pudor da vítima e da finalidade última do agente.

O ato deve ser praticado, prevê o dispositivo, *contra alguém e sem a sua anuência*, ou seja, é ele direcionado a pessoa determinada, a qual dele não participa voluntariamente e que com ele não consentiu. O ato libidinoso é praticado contra alguém, sem dúvida, se executado sobre a vítima, isto é, se há contato físico, recaindo ele sobre o corpo do sujeito passivo. É o que mais frequentemente ocorre, como no beijo lascivo repentino, em atos de bolinação, no apalpar de coxas, nádegas ou seios, no esfregar os órgãos genitais contra o corpo da vítima, ou no ato de, ostensivamente ou sub-repticiamente, sobre ela ejacular etc.

Não configura o crime de importunação sexual a prática de atos libidinosos que não são executados contra alguém, mas somente na presença de terceiros. A conduta do agente que, no interior de um coletivo, se masturba ou de um casal que pratica atos eróticos ou mesmo a conjunção carnal em local público, podem ferir o sentimento de pudor, mas não ofendem a liberdade sexual de terceiros. O terceiro que se limita a assistir ao ato libidinoso praticado pelo agente, ainda que motivado pelo sentimento de satisfazer a própria lascívia, não comete o delito.

O ato libidinoso deve ser praticado sem a anuência do sujeito passivo. Não é exigível para a caracterização do crime que a vítima ofereça firme resistência ao ato, externe claramente o dissenso no momento de sua execução ou mesmo se insurja imediatamente após, reações que nem sempre se mostram viáveis, inclusive em decorrência de eventual temor ou sentimento de pudor. Basta que o ato seja cometido na ausência de seu consentimento. Este não pode ser presumido no comportamento passivo da vítima que meramente suporta, por qualquer razão, a realização do ato até sentir-se apta a insurgir-se ou a denunciar a importunação sofrida. A anuência da vítima somente pode ser inferida de prévio e expresso consentimento ou de palavras ou atos inequívocos de aceitação do ato libidinoso praticado pelo agente, entre os quais os que indicam reciprocidade, como um comentário incentivador ou a ação de retribuir um beijo ou uma carícia. Tratando-se, porém, de menor de 14 anos, eventual anuência da vítima é irrelevante, configurando-se, na hipótese, o estupro de vulnerável (art. 217-A).

Se o agente emprega violência ou grave ameaça para a execução do ato libidinoso, o crime é o de estupro (art. 213). Se é cometido mediante fraude, configura-se o de violação sexual mediante fraude (art. 215). Antes da vigência da Lei nº 13.718, de 24-9-2018, alguns fatos que hoje configuram a importunação sexual eram tidos como típicos à luz do art. 215, por se considerá-los praticados mediante fraude, como nos casos de ato libidinoso executado de inopino, o que impedia à vítima qualquer reação.

Diversamente do que previa o revogado art. 61 da LCP e do que dispõe o art. 233, que descreve o crime de ato obsceno, no art. 215-A não se tutela o sentimento público de pudor, mas a liberdade sexual do indivíduo, razão pela qual é irrelevante perante o lugar da prática do ato libidinoso, se público ou privado.

Configura-se o crime de importunação sexual tanto nas condutas realizadas em locais públicos ou abertos ao público, como nas vias ou praças públicas, no interior de veículos de transporte coletivo, como ônibus e trens, em estabelecimentos comerciais, como cinemas e casas noturnas e quaisquer outros, como, também, nas praticadas em locais privados, como no interior de residências, condomínios, escritórios etc.

22.3.6 Tipo subjetivo

O dolo é a vontade de praticar o ato libidinoso sem a anuência do sujeito passivo. Exige-se, ainda, como elemento subjetivo do tipo, a finalidade de satisfazer a própria lascívia ou a de terceiro. Embora, o ato libidinoso, vise, em regra, à satisfação da lascívia, no exame do tipo subjetivo, a libidinosidade do ato deve ser objetivamente considerada independentemente da intenção do agente, como se verifica nos crimes de estupro e estupro de vulnerável. Nesses casos, em que não é previsto especial fim de agir, exige-se, no tipo subjetivo, somente que o agente atue dolosamente, com a consciência da libidinosidade do ato, ainda que diversa seja sua motivação. Na importunação sexual, além da libidinosidade do ato, em si mesmo considerado, para a caracterização do ilícito há a necessidade, também, de que a conduta vise à satisfação da lascívia, própria ou de terceiro. Se a intenção do agente é outra, como a de menosprezar, zombar ou humilhar a vítima, o fato é atípico em face do art. 215-A, podendo caracterizar-se outro delito.

22.3.7 Consumação e tentativa

O crime de importunação sexual se consuma com a prática do ato libidinoso. A tentativa é admissível e se caracteriza se o agente inicia a execução do delito e tem a sua ação obstaculizada pela vítima, terceiro ou por qualquer circunstância que impeça a realização do ato. É necessário, porém, que as circunstâncias do fato concreto evidenciem claramente a prática pelo agente de atos tendentes à consumação do delito.

22.3.8 Distinção

Distingue-se a importunação sexual do estupro (art. 213) porque, enquanto para a configuração do primeiro basta a ausência de consentimento da vítima, no último exige-se que o ato libidinoso seja praticado mediante violência ou grave ameaça. Se é ele praticado com o emprego de fraude, o crime é o de violação sexual mediante fraude (art. 215). Se o ato libidinoso é cometido contra menor de 14 anos, independentemente da inexistência de violência ou grave ameaça ou de eventual anuência da vítima, caracteriza-se o estupro de vulnerável (art. 217-A). No conflito aparente de normas entre os tipos de importunação sexual e outro delito mais grave, este há de prevalecer. Ressalva, aliás, expressamente, nesse sentido, o art. 215-A, que a pena cominada somente é aplicável "se o fato não constitui crime mais grave".[52]

O superior hierárquico ou que tem ascendência sobre a vítima em virtude de emprego, cargo ou função que a constrange com o fim de obter vantagem ou favorecimento sexual comete assédio sexual (art. 216-A), mas se há a prática de ato libidinoso sem a sua anuência, o crime é o de importunação sexual. A prática consentida ou recíproca de atos libidinosos ou mesmo de conjunção carnal na presença de menor de 14 anos, com o fim de satisfazer a lascívia própria ou de outrem, é crime descrito no art. 218-A. Se os atos libidinosos consentidos se revelam obscenos, porque fortemente ofensivos ao sentimento médio de pudor e são praticados em local público ou aberto ou exposto ao público, há o crime previsto no art. 233.

---

52. STJ, REsp 1684167-SC, j. em 18-6-2019, *DJe* de 1e-7-2019.

22.3.9 Concurso

O único ato libidinoso praticado contra mais de uma vítima enseja o concurso formal de infrações. É possível a configuração do concurso material ou do crime continuado nos casos de atos libidinosos praticados mediante mais de uma ação contra a mesma vítima ou vítimas diversas. Pode se verificar, ainda, concurso de infrações entre a importunação sexual e outro delito praticado no mesmo contexto, como os de lesão corporal, injúria etc.

22.4 ASSÉDIO SEXUAL

22.4.1 Conceito

A Lei nº 10.224, de 15-5-2001, inseriu no capítulo dos crimes contra a liberdade sexual o delito de assédio sexual, definido no art. 216-A: "Constranger alguém com o intuito de obter vantagem ou favorecimento sexual, prevalecendo-se o agente da sua condição de superior hierárquico ou ascendência inerentes ao exercício de emprego, cargo ou função: Pena – detenção, de 1 (um) a 2 (dois) anos."

22.4.2 Objetividade jurídica

Protege-se, com o novo dispositivo penal, a liberdade sexual da pessoa, quando o titular está submetido a outrem numa relação de poder, em decorrência de superioridade administrativa ou trabalhista. Na verdade, com o ilícito são atingidos os bens jurídicos de liberdade sexual, honra, liberdade do exercício do trabalho, de não discriminação etc.

22.4.3 Sujeito ativo

Trata-se de crime bipróprio, ou seja, exige uma situação especial tanto do sujeito ativo como do sujeito passivo. Para sua caracterização, é necessário que o agente seja superior hierárquico ou tenha ascendência com relação ao ofendido, estando, portanto, em posição de mando com relação à vítima. É indispensável que haja a referida superioridade, ou seja, de poder, decorrente de uma relação administrativa ou de uma ascendência própria de relação trabalhista. O agente pode ser homem ou mulher.

22.4.4 Sujeito passivo

Refere-se a lei aos que estão relacionados em razão de emprego, cargo ou função pública ou particular, subordinado hierárquico ou empregado em relação ao sujeito ativo, ou seja, dependentes do mando de superior hierárquico, de direito administrativo, ou de empregadores, patrões, chefes de serviço etc.

É irrelevante o sexo do sujeito passivo, podendo a conduta ter conotação heterossexual ou homossexual.

22.4.5 Tipo objetivo

A conduta típica é *constranger* alguém, o que significa, além de forçar, coagir, obrigar, compelir, sentido em que é empregado o verbo em outros dispositivos do Código Penal (arts. 146, 213), *incomodar, tolher a liberdade, cercear, embaraçar* a pessoa da vítima, o que pode ser feito por palavras, oralmente ou por escrito, gestos etc. A conduta pode ser praticada abertamente, com convites expressos ou mesmo com insinuações implícitas que traduzam matéria que implica motivos sexuais. Tais atos não podem ser confundidos com o simples flerte, o gracejo etc.

Para que haja o crime, é indispensável que o sujeito ativo se prevaleça de sua condição de superioridade, de sua relação de mando no trabalho público ou particular e que exista o temor por parte da vítima de que venha a ser demitida, que não consiga obter promoção ou outro emprego etc. pela conduta expressa ou implícita do agente.

É indispensável também para a configuração do delito que o sujeito ativo se prevaleça de sua condição de superioridade, de sua relação de mando no trabalho público ou particular.

22.4.6 Tipo subjetivo

Trata-se de crime doloso em que a vontade do agente é de forçar, compelir, coagir a vítima, ou seja, de impor seus desejos, de abusar, de aproveitar-se da vulnerabilidade ou fragilidade da vítima. Exige-se, porém, o elemento subjetivo do tipo, ou seja, que tenha o sujeito ativo a finalidade de obter vantagem ou favorecimento de natureza sexual. Inclui-se nesse fim não só a conjunção carnal, como qualquer outro ato libidinoso, ainda que não seja ele praticado efetivamente.

22.4.7 Consumação e tentativa

Consuma-se o crime com a prática do ato constrangedor, sendo desnecessário que ocorra qualquer ato de caráter sexual (beijos, abraços lascivos, toques etc.).

Embora rara, é possível a ocorrência de tentativa, que se verifica, por exemplo, na palavra escrita que não chega ao conhecimento da vítima.

22.4.8 Distinção

O mero constrangimento com intuito sexual, sem violência, ameaça ou fraude, do agente que se prevalece de relações domésticas, de coabitação ou de hospitalidade, ou que atua com abuso ou violação de dever inerente a ofício ou ministério é atípico. Se a vítima tem menos de 14 anos, a prática, consumada ou tentada, de conjunção carnal ou ato libidinoso configura o estupro de vulnerável (art. 217-A). Havendo emprego de violência ou ameaça no constrangimento à prática de ato sexual, o delito será o estupro (art. 213), na forma consumada ou tentada, e havendo fraude, o crime de violação sexual mediante fraude (art. 215). Na ausência de fraude, violência ou grave ameaça, se o ato libidinoso é efetivamente praticado sem o consentimento da vítima, o crime é o de importunação sexual (art. 215-A).

22.4.9   Aumento de pena

No crime de assédio sexual, a circunstância de ser a vítima menor de 18 anos determina o aumento da pena em até um terço, nos termos do que dispõe § 2º do art. 216-A, incluído pela Lei nº 12.015, de 7-8-2009. Esqueceu-se o legislador de renumerar os parágrafos, porque o parágrafo único, inserido pela Lei nº 10.224, de 15-5-2001, foi objeto de veto. Curiosamente, também, não se fixou o acréscimo mínimo devido em razão da circunstância, diversamente do que se verifica nas demais causas de aumento previstas no Código, que determinam ou um acréscimo fixo ou uma majoração entre um mínimo e um máximo. Assim, nada impede o juiz, na aplicação da pena, de acrescê-la de apenas um dia em razão da referida causa de aumento.

Pune a lei com maior rigor o crime praticado contra vítima menor de 18 anos, em razão de sua personalidade ainda em formação que a torna mais vulnerável ao assédio. Aplica-se, assim, a causa de aumento tanto na hipótese do maior de 16 anos, como do aprendiz, a partir de 14 anos. Embora a Constituição vede qualquer trabalho abaixo dos 14 anos (art. 7º, XXXIII) e seja essa a idade limite para a configuração do estupro de vulnerável, é possível, em tese, a aplicação da causa de aumento na hipótese de menor de 12 anos, desde que o constrangimento a que se refere o art. 216-A não configure início de execução do delito descrito no art. 217-A.

Aplicam-se, também, ao art. 216-A as causas de aumento previstas no art. 226, I e II, com a redação dada pelas Leis nº 11.106, de 28-3-2005 e nº 13.718, de 24-9-2018, sendo aumentada a pena de quarta parte se o crime é cometido em concurso de duas ou mais pessoas, e de metade se o agente é ascendente, padrasto ou madrasta, tio, irmão, cônjuge, companheiro, tutor, curador ou preceptor da vítima (item 24.2.2). Não se considera a circunstância de ser o agente empregador da vítima ou pessoa que tenha autoridade administrativa sobre ela por ser o fato circunstância elementar no crime de assédio sexual. Foi vetado o parágrafo único que previa a mesma pena para quem cometesse o crime prevalecendo-se de relações domésticas, de coabitação ou de hospitalidade, sob a alegação de serem já formas qualificadas do crime, conforme o art. 226 do CP. Na verdade, o dispositivo vetado previa a prática do crime de assédio por parte das pessoas que se revestissem das qualidades citadas, de relação de poder, o que ficou prejudicado pelo veto, já que não estão elas inseridas no *caput* do novo dispositivo penal.

22.5 REGISTRO NÃO AUTORIZADO DA INTIMIDADE SEXUAL

22.5.1   Conceito

O art. 216-B, inserido pela Lei nº 13.772, de 19-12-2018, no também novo Capítulo I-A, define o crime de registro não autorizado da intimidade sexual, com a seguinte redação: "Produzir, fotografar, filmar ou registrar, por qualquer meio, conteúdo com cena de nudez ou ato sexual ou libidinoso de caráter íntimo e privado sem autorização dos participantes: Pena – detenção, de 6 (seis) meses a 1 (um) ano, e multa".

22.5.2 Objetividade jurídica

No art. 216-B tutela-se, ainda, a dignidade sexual do sujeito passivo. Protege-se o seu sentimento de decoro com relação à sua intimidade sexual.

22.5.3 Sujeito ativo

Qualquer pessoa, tanto o homem como a mulher, pode ser sujeito ativo do crime. Não estão excluídos os cônjuges e os que mantêm relação de afeto com o sujeito passivo.

22.5.4 Sujeito passivo

O sujeito passivo também pode ser tanto o homem como a mulher. Tratando-se de criança ou adolescente, se a cena é de sexo explícito ou pornográfica, ocorre crime mais grave, previsto no art. 240 do Estatuto da Criança e do Adolescente.

22.5.5 Tipo objetivo

A ação típica é a de produzir, fotografar, filmar ou registrar, por qualquer meio, conteúdo com cena de nudez ou ato sexual ou libidinoso de caráter íntimo e privado, sem autorização dos participantes. Para a caracterização do crime basta a prática do ato de registrar por qualquer meio a cena sexual. Condutas posteriores como o armazenamento, divulgação, disponibilização ou transmissão a terceiro das imagens registradas podem configurar novo delito (art. 218-C do CP e arts. 241-A e 241-B do ECA).

As cenas de produção e registro vedados são todas as cenas de nudez, nas quais ocorra a exibição dos órgãos genitais dos participantes, e as de conteúdo sexual, abrangidos não somente o próprio ato sexual, mas, também, qualquer prática de natureza libidinosa, que tenham caráter íntimo e privado. Pode o crime ocorrer mesmo na intimidade do casamento ou de uma relação afetiva, se o ofendido não consentiu na produção ou registro da cena. Houve por bem o legislador resguardar em grau mais elevado o sentimento de decoro do sujeito passivo em relação à sua intimidade sexual, inclusive com vistas a prevenir eventual utilização indevida ou criminosa das imagens registradas. Não são típicas as ações que recaiam sobre cenas que tenham sido produzidas publicamente ou que para o público se destinem por sua natureza, como nos casos de peças teatrais, *performances* artísticas ou de protesto, filmes etc. Incorre, porém, no ilícito quem logra fotografar ou filmar, sem o conhecimento dos participantes, cenas sexuais ou de nudez que tenham o caráter íntimo e privado, ainda que realizado, eventualmente, em certos locais públicos ou passíveis de ser vistos por terceiros, como uma praia deserta, um barco próximo à costa, o jardim de uma residência etc. Comete, assim, crime o paparazzo que fotografa ou filma pessoa célebre em situação de intimidade sexual ou de nudez, ainda que não comercialize as imagens.

Para se afastar a tipicidade do fato exige a lei a autorização dos participantes, isto é, de todos os que figurem na cena a ser produzida ou registrada. É necessário que o consentimento seja válido, isto é, que não esteja viciado por fraude, coação ou outra forma constrangimento, bem como que o participante não seja incapaz de consentir. A concordância dos participantes na produção e registro da cena sexual ou de nudez não implica a autorização para a transmissão, divulgação ou disponibilização das imagens a terceiros a qualquer título. Praticada uma dessas condutas sem o válido consentimento, configura-se o crime previsto no art. 218-C.

22.5.6 Tipo subjetivo

O dolo é a vontade de proceder à produção ou registro da cena vedada na ausência de autorização de seus participantes.

22.5.7 Consumação e tentativa

Consuma-se o crime com a realização de uma das ações típicas, produzir, fotografar, filmar ou registrar a cena sexual ou de nudez. A tentativa é admissível nas diversas modalidades de conduta.

22.5.8 Distinção

Se a produção ou registro é de cena de sexo explícito ou pornográfica, envolvendo criança ou adolescente, configura-se o crime previsto no art. 240 do ECA. O oferecimento, divulgação, transmissão ou disponibilização da cena sexual ou de nudez a terceiro sem o consentimento do participante caracteriza o crime descrito no art. 218-C ou, tratando-se de sujeito passivo criança ou adolescente, um dos crimes previstos nos arts. 241 e 241-A do ECA, que também incrimina a mera posse ou armazenamento de foto dessa natureza, nos termos do art. 241-B. Os tipos previstos no § 1º do art. 240 e no art. 241-B foram incluídos entre os crimes hediondos pela Lei nº 14.811, de 12-1-2024.

22.5.9 Crime assemelhado

No parágrafo único do art. 216-B é descrito crime assemelhado ao previsto no *caput*, punido com as mesmas penas, de seis meses a um ano de detenção e multa. A conduta é a de realizar montagem, em fotografia, vídeo, áudio ou qualquer outro registro, com o fim de incluir o sujeito passivo em cena de nudez ou de natureza sexual, de caráter íntimo. Diversamente do previsto no *caput*, o sujeito passivo não é participante da cena sexual ou de nudez originalmente registrada. Pune-se a sua indevida inclusão em uma cena de tal natureza, com outros participantes, que se realize por qualquer das diversas técnicas possibilitadas pelo avanço tecnológico na área de edição de imagens e sons, mediante a seleção, organização e combinação de diferentes cenas anteriormente gravadas. Embora não previsto no dispositivo, a autorização do sujeito passivo elide a tipicidade do fato, analogamente ao que se verifica no *caput* do artigo. Se o sujeito passivo é criança ou adolescente, o crime é o previsto no art. 241-C do ECA.

Não agiu com acerto o legislador na previsão do ilícito. Incrimina-se a mera realização de uma edição de imagens e sons, sem que a intimidade do sujeito passivo tenha sido efetivamente violada pelo agente e mesmo quando o resultado da montagem não seja objeto de divulgação ou disponibilização a terceiros. Não se pode, mesmo, vislumbrar qualquer ofensa ao bem jurídico que o artigo visa tutelar na simples montagem feita pelo agente, em caráter privado, que permanece de seu conhecimento exclusivo.

23

DOS CRIMES SEXUAIS CONTRA VULNERÁVEL

23.1 ESTUPRO DE VULNERÁVEL

23.1.1 Generalidades

Uma das principais preocupações do legislador ao elaborar a Lei nº 12.015, de 7-8-2009, consistiu em conferir aos menores de 18 anos especial proteção contra os crescentes abusos sexuais e a proliferação da prostituição infantil e de diversas outras formas de exploração sexual. A repressão à exploração sexual do menor tem sido objeto de diversos tratados e convenções internacionais, tanto em razão da relevância do bem jurídico atingido por práticas dessa natureza, como também em face da dimensão internacional que vem assumindo o tráfico de menores com fins sexuais. Ao reservar um capítulo próprio aos crimes contra vulnerável, centrado na proteção ao menor de 18 anos, o legislador procurou, também, dar maior efetividade ao mandamento contido no art. 227, § 4º, da Constituição Federal, que prevê: "A lei punirá severamente o abuso, a violência e a exploração sexual da criança e do adolescente".

No Capítulo II, a lei disciplina os crimes sexuais contra vulnerável. Pessoa *vulnerável*, no sentido que lhe conferiu o Código Penal, é, primeiramente, a pessoa menor de 18 anos, que, por sua personalidade ainda em formação, se encontra particularmente sujeita aos abusos e à exploração e sofre, em maior intensidade, os efeitos danosos causados por delitos de natureza sexual. Em alguns dispositivos a lei estabeleceu tratamento diferenciado em relação ao menor de 14 anos e ao maior de 14 e menor de 18 anos, reconhecendo que em relação a esses últimos há de ser respeitada alguma liberdade sexual. Afastou-se o Código Penal da disciplina contida no Estatuto da Criança e do Adolescente que considera criança quem tem 12 anos incompletos e adolescente o que tem idade superior a esta e inferior a 18 anos. Embora se possa falar em vulnerabilidade *absoluta* e *relativa* em relação aos menores de 18 anos, de acordo com aquelas faixas etárias, a lei não concedeu ao juiz margem de discricionariedade que permita aferir no caso concreto o grau de maturidade sexual do menor para a aplicação dos diversos dispositivos legais. Ao abolir a presunção de violência contida no revogado art. 224, referindo-se à idade do menor como elemento das condutas típicas nos crimes descritos nos arts. 217-A a 218-B, o legislador teve a intenção de excluir possíveis indagações no caso concreto a respeito da maturidade, conhecimento e experiência do menor em relação às questões sexuais. Assim, o menor de 14 anos e o menor de 18 anos são especialmente protegidos nos diversos dispositivos legais em razão da idade que possuem, independentemente de terem, no caso concreto, maior ou menor discernimento ou experiência em matéria sexual.

Pessoa *vulnerável*, para o Código Penal, é também a pessoa portadora de enfermidade ou deficiência mental que não tem o discernimento necessário em relação às práticas sexuais e que, por essa razão, também se encontra particularmente sujeita aos abusos e à exploração sexual. Diferentemente, porém, do que ocorre com os menores de 14 ou 18 anos, a lei deixa claro que aquela condição deve ser aferida no caso concreto, impondo-se, portanto, não somente a constatação da existência da enfermidade ou deficiência mental, mas também a aferição do grau de discernimento em relação às questões sexuais em geral e em particular, diante das especificidades do ato sexual praticado (item 23.1.6).

Por fim, considera-se vulnerável a pessoa que "por qualquer outra causa, não pode oferecer resistência" (art. 217-A, § 1º, 2ª parte). Não se refere a lei, nesse ponto, ao menor de 18 anos ou à pessoa portadora de enfermidade ou doença mental, mas a qualquer pessoa que se encontre na situação de não poder oferecer resistência à conduta do agente. Não foi feliz o legislador na redação da norma, valendo-se de fórmula que certamente propiciará diferentes interpretações na aplicação de diversos dispositivos legais (item 23.1.6).

Os crimes sexuais contra vulnerável abrangem os crimes de estupro de vulnerável (art. 217-A), corrupção de menores (art. 218), satisfação da lascívia mediante presença de criança ou adolescente (art. 218-A) e favorecimento da prostituição ou de outra forma de exploração sexual de criança ou adolescente ou de vulnerável (art. 218-B). No art. 218-C, incluído pela Lei nº 13.718, de 24-9-2018, descreve-se o crime de divulgação de cena de estupro ou de cena de estupro de vulnerável, de cena de sexo ou de pornografia, do qual não somente o vulnerável pode ser sujeito passivo.

23.1.2 Conceito

Estupro de vulnerável é o crime definido no art. 217-A, inserido pela Lei nº 12.015, de 7-8-2009: "Ter conjunção carnal ou praticar outro ato libidinoso com menor de 14 (catorze) anos: Pena – reclusão, de 8 (oito) a 15 (quinze) anos."

O *nomen juris* abriga também a conduta prevista no § 1º, em que se punem, com as mesmas penas, as ações descritas no *caput* quando praticadas "com alguém que, por enfermidade ou deficiência mental, não tem o necessário discernimento para a prática do ato, ou que, por qualquer outra causa, não pode oferecer resistência".

O estupro de vulnerável, nas formas simples e qualificadas, é crime hediondo, nos termos do art. 1º, VI, da Lei nº 8.072/1990, com a redação dada pela Lei nº 12.015/2009.

23.1.3 Objetividade jurídica

Tutelam-se no art. 217-A, como aspectos da dignidade sexual, o sadio desenvolvimento sexual e a liberdade física e psíquica, em matéria sexual, de pessoas que a lei considera mais vulneráveis ao abuso sexual.

No *caput* do artigo, o objeto central de tutela é o desenvolvimento sexual do menor de 14 anos, presumindo a lei, de forma absoluta, que não tem ele a maturidade necessária para manter com liberdade relações de natureza sexual. No § 1º, estende-se a especial proteção às pessoas que em razão de enfermidade ou deficiência mental igualmente não possuem o discernimento mínimo exigível sobre as questões sexuais, o que as torna vítimas potenciais de abusos praticados por terceiros. Na parte final do § 1º, tutela-se a liberdade sexual da pessoa que, independentemente de sua maturidade sexual, se encontra incapacitada, por qualquer outra causa, de resistir à prática da conjunção carnal ou de outro ato libidinoso.

23.1.4 Sujeito ativo

Qualquer pessoa pode ser sujeito ativo do crime de estupro de vulnerável, tanto o homem como a mulher. Pratica, assim, o crime em estudo a mulher que tem conjunção carnal com menor de 14 anos do sexo masculino. Nessa forma de conduta, somente não pode ser autor pessoa do mesmo sexo do menor, porque nesse caso não pode haver o coito normal (item 22.1.4). Na prática de outro ato libidinoso, não há impedimento de que autor e vítima sejam pessoas do mesmo sexo.

23.1.5 Sujeito passivo

Sujeito passivo da conduta descrita no *caput* do art. 217-A é o menor de 14 anos. Se ele já completou 14 anos, o que se verifica no primeiro instante do dia de seu aniversário, pode se configurar, eventualmente, outro delito (violação sexual mediante fraude, estupro, se existente a violência ou grave ameaça etc.). Pessoas de qualquer dos sexos podem ser sujeitos passivos tanto na prática de conjunção carnal como de outro ato libidinoso. Diante da redação do art. 217-A, não há mais que se cogitar de presunção relativa de violência (item 23.1.1), configurando-se o crime na conjunção carnal ou ato libidinoso praticados com menor de 14 anos, ainda quando constatado, no caso concreto, ter ele discernimento e experiência nas questões sexuais. É irrelevante também se o menor já foi corrompido ou exerce a prostituição, porque se tutela a dignidade sexual da pessoa independentemente de qualquer juízo moral (item 22.1.1). Diante, porém, de divergências surgidas no estudo e aplicação da lei, houve por bem o legislador explicitar no § 5º do art. 217-A, introduzido pela Lei nº 13.718, de 24-9-2018, que o crime de estupro de vulnerável, nas formas simples e qualificadas, configura-se "independentemente do consentimento da vítima ou do fato de ela ter mantido relações sexuais anteriormente ao crime". Nesse sentido, aliás, posicionou-se o STJ: "O crime de estupro de vulnerável se configura com a conjunção carnal ou prática de ato libidinoso com menor de 14 anos, sendo irrelevante eventual consentimento da vítima para a prática do ato, sua experiência sexual anterior ou existência de relacionamento amoroso com o agente" (Súmula nº 593).

Na primeira parte do § 1º, prevê-se como sujeito passivo a pessoa que padece de enfermidade ou deficiência mental que a priva do discernimento necessário a respeito das questões sexuais. Não se trata aqui de presunção legal absoluta em relação a qualquer pessoa que tenha enfermidade ou deficiência mental, mas de condição que deve ser examinada no caso concreto, em geral por perícia psiquiátrica, para se aferir se de uma ou de outra resulta a ausência do discernimento exigível para consentir na prática do ato sexual. Referindo-se a lei ao *discernimento necessário para a prática do ato*, no exame deve-se não somente aquilatar o grau da doença ou deficiência mental, mas também verificar como esta afeta a capacidade de compreensão do sujeito passivo em relação às questões de natureza sexual, considerando-se, ainda, as especificidades do ato sexual praticado.

O sujeito passivo a que se refere o § 1º, 2ª parte, do art. 217-A é qualquer pessoa que se encontre impossibilitada de oferecer resistência à prática do ato sexual por qualquer causa que não seja a antes descrita no mesmo parágrafo (enfermidade ou doença mental) ou o fato de ser ela menor de 14 anos, porque nessa hipótese o fato se subsume à conduta descrita no *caput*. Enquanto nessas outras hipóteses a lei confere especial proteção a pessoas que em razão das citadas causas preexistentes não podem validamente *consentir* na prática do ato sexual, na parte final do dispositivo protege-se qualquer pessoa que, por ocasião do fato, não pode *resistir* à prática do ato. Causa que impossibilita a vítima de oferecer resistência deve ser entendida como aquela que torna desnecessário ao agente o emprego de violência ou grave ameaça como meio para a consumação do delito, embora este possa ocorrer. A última fórmula legal abrange tanto as pessoas que se encontram em estados permanentes ou episódicos de supressão de consciência ou vontade (coma, desmaio, anestesia, hipnose etc.) como aquelas que, embora presente o dissenso interior, se encontram incapacitadas de atuar a sua vontade de se opor à conduta do agente (hemiplegia, drogas que paralisam etc.) (item 23.1.6).

23.1.6 Tipo objetivo

No *estupro de vulnerável*, a conduta típica é a de ter conjunção carnal ou praticar outro ato libidinoso com menor de 14 anos ou com pessoa vulnerável nos termos do § 1º. Diferentemente do que ocorre nos crimes de estupro (art. 213) e violência sexual mediante fraude (art. 215), não se exige para a caracterização do estupro de vulnerável que o agente empregue violência, grave ameaça ou fraude para a consumação do delito, bastando a prática de um dos atos sexuais com a pessoa vulnerável.[1] Se o agente, mediante violência ou grave ameaça, constrange o menor de 14 anos, ou outra pessoa vulnerável, à prática de conjunção carnal ou ato libidinoso, ou se esta decorre de fraude por ele empregada, o crime será o de estupro de vulnerável. O delito em estudo absorve os crimes descritos nos arts. 213 e 215, porque, embora a ação típica descrita no art. 217-A seja mais abrangente, o delito guarda em relação a esses outros delitos relação de especialidade que decorre da condição do sujeito passivo de pessoa vulnerável, que justifica a punição mais severa. O emprego de violência, grave ameaça ou fraude, como meios para a consumação do delito, constitui circunstância a ser valorada pelo juiz na fixação da pena, mas, se da conduta decorre lesão grave ou morte, o crime é qualificado (item 23.1.9).

Discute-se na doutrina se o art. 217-A descreve um tipo misto alternativo ou cumulativo. Entendemos tratar-se de tipo misto cumulativo, punindo-se num único artigo condutas distintas, a de ter conjunção carnal e a de praticar ato libidinoso com menor de 14 anos, ou outra *pessoa vulnerável* (§ 1º). A prática de uma ou outra conduta configura o crime de estupro de vulnerável e a realização de ambas constitui, em princípio, duas infrações.

O reconhecimento da ocorrência de crime único, concurso material ou continuidade delitiva dependerá, porém, do contexto fático em que ações forem realizadas. Se os atos libidinosos praticados com a pessoa vulnerável constituem prelúdios ou atos preparatórios da conjunção carnal, há crime único. Se, no entanto, após a cópula vagínica o agente pratica com a vítima coito anal, comete dois crimes de estupro (item 22.1.12). Inclina-se, porém, boa parte da doutrina a reconhecer a existência de tipos mistos alternativos nos crimes de estupro (art. 213) e de estupro de vulnerável (art. 271-A) e, assim, segundo essa orientação, a prática de uma ou de ambas as condutas típicas, ainda que de forma reiterada no mesmo contexto fático, configura sempre crime único (item 22.1.6).

Os conceitos de conjunção carnal e atos libidinosos já foram examinados por ocasião do estudo do estupro (item 22.1.6). Acrescente-se que no art. 217-A refere-se a lei à prática de outro ato libidinoso *com* menor, o que abrange os atos praticados pelo agente ou pela vítima. Se o ato libidinoso é praticado pelo menor com terceiro e o agente se limita a presenciá-lo sem para ele ter concorrido, somente o terceiro comete o delito. O agente que induz o menor a presenciar a prática de atos libidinosos por terceiros pratica o crime descrito no art. 218-A.

Diante do disposto no art. 217-A, § 1º, 2ª parte, caracteriza-se o estupro de vulnerável se a vítima *não pode oferecer resistência* por qualquer outra causa que não seja a incapacidade decorrente de enfermidade ou doença mental (art. 217-A, § 1º, 1ª parte) ou a circunstância de ser menor de 14 anos (217-A, *caput*).

Em termos genéricos, a impossibilidade da vítima de resistir à prática dos atos sexuais pode decorrer de uma incapacidade de entendimento e autodeterminação, que se refere à compreensão e vontade conscientes, ou de uma incapacidade de externar o seu dissenso por meio de ações concretas de oposição à conduta do agente. Porque a lei não distingue, essa impossibilidade de resistência pode resultar de uma condição permanente ou duradoura preexistente ou ser eventual e transitória, desde que existentes no momento do crime.

Deve-se observar, também, que a violência, a grave ameaça e a fraude são meios empregados pelo agente para vencer a resistência da vítima nos crimes de estupro e violência sexual mediante fraude e, assim, interpretação por demais abrangente tornaria inócuos os arts. 213 e 215, configurando-se, em todas as hipóteses, o estupro de vulnerável (art. 217-A, § 1º, 1ª parte). Torna-se necessária, portanto, uma interpretação que limite o alcance do dispositivo em face da natureza ou grau de incapacidade da vítima de oferecer resistência.

Embora difícil a discriminação das hipóteses abrangidas pelo dispositivo, é ela necessária, inclusive porque previstas penas bem mais severas para o estupro de vulnerável. Um critério possível é o de se considerar a impossibilidade de resistência a que se refere o dispositivo como aquela que torna dispensável, embora possa ocorrer, o emprego de violência ou grave ameaça ou fraude pelo agente para a consumação do delito, por já se encontrar a vítima em situação de vulnerabilidade que a impede, de forma absoluta, de resistir ao estupro, o que pode ocorrer, por exemplo, nos estados de supressão da consciência ou da vontade (vítima em coma, desmaiada, sob a ação de anestésicos, narcóticos violentos ou hipnose etc.), e na existência de impedimento grave a fazer atuar o dissenso (vítima com tetraplegia ou hemiplegia, encontrada gravemente ferida em acidente ou encontrada amarrada e amordaçada por ter sido vítima de um sequestro etc.). Mencionando a lei situação na qual a vítima *não pode* oferecer resistência, há que se entender que essa incapacidade de resistência a que se refere o dispositivo deve ser de natureza absoluta, por impedir a mínima possibilidade de resistência da vítima. Se a incapacidade é relativa, por manter a vítima alguma capacidade de entendimento e autodeterminação e de atuação do dissenso, não se configura o estupro de vulnerável, porque então necessária a violência ou grave ameaça para a consumação do estupro, hipótese em que se caracteriza o delito descrito no art. 213.

Entendemos, também, que, diversamente das outras causas de vulnerabilidade (enfermidade ou deficiência mental e idade), a lei não exige, na parte final do § 1º do art. 217-A, que a incapacidade preexista à conduta do agente, que dela somente se aproveite, abrangendo, portanto, também a incapacidade que é por ele anteriormente criada com o fim de facilitar o estupro, por tornar desnecessário o emprego de violência ou grave ameaça para a prática dos atos sexuais. Em todas as hipóteses em que se configura o estupro de vulnerável, como já visto, o emprego de violência, grave ameaça ou fraude é desnecessário para a caracterização do delito e a sua ocorrência não desloca a tipicidade do fato para a dos crimes de estupro ou violação sexual mediante fraude. Assim, deve-se ter por configurado o estupro de vulnerável também nos casos em que o agente emprega violência, grave ameaça ou fraude para reduzir a vítima ao estado de absoluta impossibilidade de resistência antes da prática da conjunção carnal ou do ato libidinoso. É o que pode ocorrer nas hipóteses: do agente que, após desferir um golpe violento na vítima, a amarra e a amordaça para então estuprá-la; da vítima que é constrangida me-

23 • DOS CRIMES SEXUAIS CONTRA VULNERÁVEL

diante grave ameaça a ingerir um potente narcótico; do agente que sub-repticiamente insere na bebida da vítima o mesmo narcótico; do médico ou enfermeiro que, a pretexto de administrar um medicamento, injeta na vítima uma substância anestésica ou outra droga que lhe causa a perda da consciência etc. Entendimento diverso, que excluísse a situação criada pelo próprio agente, implicaria tratamento punitivo claramente injusto, penalizando-se mais gravemente quem se limita a se aproveitar da situação de incapacidade absoluta da vítima, porque responderia por estupro de vulnerável, enquanto quem dolosamente atuou para criar essa incapacidade seria punido com as penas mais leves cominadas para o estupro.

23.1.7 Tipo subjetivo

No estupro de vulnerável, o dolo é a vontade de ter conjunção carnal ou de praticar ato libidinoso com menor de 14 anos ou pessoa vulnerável nos termos do § 1º do art. 217. É necessária a consciência dessa condição de vulnerabilidade do sujeito passivo. A dúvida do agente quanto à idade ou à enfermidade ou doença mental da vítima é abrangida pelo dolo eventual. O erro, porém, quanto a essas condições exclui o dolo, podendo se configurar outro crime (arts. 213, 215).

Não se exige o elemento subjetivo do injusto consistente na finalidade de satisfazer a lascívia, configurando-se o crime quando a motivação ou o fim último é outro (item 22.1.7).

23.1.8 Consumação e tentativa

O delito de estupro de vulnerável se consuma com a conjunção carnal ou a prática de outro ato libidinoso (v. item 22.1.8). Executada qualquer prática libidinosa, o delito estará consumado. Admite-se a tentativa em ambas as formas de conduta. Configura-se a tentativa quando o agente, embora obstado antes da prática de ato libidinoso, iniciou a execução do delito com a prática de atos tendentes à sua consumação. Exige-se que as circunstâncias de fato revelem claramente o intuito do agente de praticar os atos sexuais com a pessoa vulnerável. Há tentativa, por exemplo, se o agente proferiu a grave ameaça ao menor para que se submetesse aos atos libidinosos, mas este logrou fugir; se o agente e a menor de 14 anos são surpreendidos, já despidos, no interior de um motel, quando se preparavam para a prática dos atos sexuais etc. É possível a desistência voluntária, que deve ocorrer antes de qualquer prática libidinosa.

23.1.9 Formas qualificadas

As formas qualificadas do estupro de vulnerável são as previstas nos §§ 3º e 4º do art. 217-A. Qualifica-se o crime se da conduta resulta lesão corporal de natureza grave (§ 3º), hipótese em que se comina pena de 10 a 20 anos de reclusão, ou morte (§ 4º), em que se prevê pena de 12 a 30 anos de reclusão.

Exige-se que os resultados qualificadores decorram da *conduta*, o que indica a necessidade de nexo causal entre a conduta dirigida à consumação do estupro, incluindo-se os meios utilizados pelo agente, e que estão excluídas outras condutas, com finalidades distintas, que sejam eventualmente por ele praticadas contra a vítima no mesmo contexto fático. Não abrangem, portanto, as qualificadoras toda a atuação criminosa do agente no contexto do fato e qualquer conduta por ele praticada, independentemente do elemento subjetivo e da tipicidade que lhes confere a lei, mas somente a conduta dirigida ao estupro. Assim, se a lesão grave ou a morte decorre da violência empregada pelo agente como meio para a prática do estupro, para vencer a resistência da vítima, o crime é qualificado. Configura-se também o estupro de vulnerável qualificado pelo resultado na hipótese de decorrer este do próprio ato libidinoso praticado, como, por exemplo, a introdução de um objeto no corpo da vítima. Entretanto, se o agente, em meio às práticas libidinosas com a pessoa vulnerável, decide, por qualquer razão, eliminar a vítima, ao matá-la, pratica conduta diversa, de homicídio, e deve, então, responder por ambos os delitos, em concurso material. Ressalte-se, conforme já observado anteriormente, que a lei não se refere ao evento lesivo decorrente do *fato*, como previa a lei anterior nos crimes de estupro e atentando violento ao pudor qualificados por morte (art. 223, parágrafo único), fórmula mais abrangente que mesmo assim era interpretada restritivamente (v. item 22.1.10).

Discute-se na doutrina, a exemplo do que ocorre em relação ao estupro qualificado pelo resultado (art. 213, § 1º, 2ª parte, e § 2º), se o resultado qualificador deve ser atribuído ao agente também na hipótese de dolo, ou somente a título de culpa. O tratamento punitivo previsto nos §§ 1º e 2º do art. 217-A indica que foi intenção do legislador abranger ambos os elementos subjetivos. A diferença existente entre as penas mínimas e máximas cominadas para os resultados lesivos (10 a 20 anos para a lesão grave e 12 a 30 anos para o evento morte) é de fato excessiva para a punição exclusivamente por culpa. Há, porém, entendimentos divergentes (v. item 22.1.10).

Aplicam-se ao estupro de vulnerável as causas de aumento previstas no art. 226, I e II e no art. 234-A, III e IV (itens 24.2.1, 24.2.2 e 27.1.2).

23.1.10 Distinção

A prática de violência ou grave ameaça como meio utilizado pelo agente para a prática de conjunção carnal ou ato libidinoso com pessoa vulnerável não configura estupro (art. 213), mas o delito previsto no art. 217-A, que não os prevê como elementos do tipo, mas abrange a hipótese de sua ocorrência. Nessa hipótese, no conflito entre as normas incriminadoras, prevalece o estupro de vulnerável em razão de sua especialidade, que decorre da condição da vítima de pessoa vulnerável.

A aplicação do princípio da especialidade determina, igualmente, a responsabilização por estupro de vulnerável, e não por violação sexual mediante fraude (art. 215), do agente que se utiliza da fraude como meio para praticar ato libidinoso com menor de

23 • DOS CRIMES SEXUAIS CONTRA VULNERÁVEL   **489**

14 anos ou pessoa vulnerável em razão de enfermidade ou deficiência mental. Na hipótese de maior de 14 anos, a utilização de fraude pelo agente como meio para conseguir impedir ou vencer a resistência da vítima e com ela praticar conjunção carnal ou ato libidinoso (por exemplo, inserir sonífero, narcóticos ou outra droga na bebida da vítima), é preciso distinguir o grau de incapacitação de entendimento e autodeterminação resultante para a vítima, configurando-se o estupro de vulnerável (art. 217-A, 2ª parte) na incapacidade absoluta e a violação sexual mediante fraude em hipótese diversa.[53]

Se o agente emprega violência, grave ameaça ou fraude para reduzir a vítima maior de 14 anos a uma condição em que *não pode oferecer resistência* e, então, pratica a conjunção carnal ou os atos libidinosos, deve responder por estupro de vulnerável (art. 217-A, § 1º, 2ª parte) e não por estupro (art. 213) ou violação sexual mediante fraude (art. 215) (itens 23.1.6 e 22.2.5).

Diferencia-se o estupro de vulnerável da corrupção de menores (art. 218) porque neste delito o agente não pratica ato libidinoso com o menor de 14 anos, mas o induz a satisfazer a lascívia de outrem. Se o agente não pratica o ato libidinoso com a vítima, mas com outrem, na presença do menor de 14 anos, ou o induz a presenciá-lo, o crime é o descrito no art. 218-A.

Alguns atos, como expressões verbais ou gestos obscenos, o mero exibicionismo ou um simples beliscão, embora possam ser ofensivos ao sentimento de pudor, especialmente na hipótese de menor de 14 anos, não constituem, necessariamente, atos libidinosos e assim podem não caracterizar o crime de estupro de vulnerável, podendo configurar outro delito, como o ato obsceno (art. 233).

Porque a configuração do estupro de vulnerável independe do emprego de violência ou grave ameaça e porque para a tipicidade do fato é irrelevante eventual consentimento da vítima, a mera prática de ato libidinoso contra menor de 14 anos não pode configurar o crime de importunação sexual, mas, sim, o do art. 217-A.

A disponibilização a terceiro de imagem contendo cena de estupro de vulnerável bem como a apologia ou incitação à sua prática são fatos tipificados no art. 218-C.

23.1.11 Concurso

Entendemos que é possível o concurso de crimes na hipótese de praticar o agente a conjunção carnal e ato libidinoso distinto, por descrever o art. 217-A um tipo misto cumulativo. Admite-se, também, a continuidade delitiva, porque ambas as condutas,

---

53. Nos casos de embriaguez da vítima, impõe-se, também, a diferenciação de sua causa e do grau de incapacidade resultante. Se o estado de embriaguez decorre de fraude do agente (adição sub-reptícia de *vodka* na bebida da vítima, por exemplo) e provoca uma significativa redução da capacidade de entendimento e autodeterminação da vítima que é a razão de seu assentimento para o ato sexual, o crime será o de violação sexual mediante fraude (art. 215); se a incapacidade é absoluta (coma alcoólico, por exemplo), haverá estupro de vulnerável (art. 217-A, 2ª parte); se, entretanto, apesar da embriaguez a vítima manifesta o dissenso, o que obriga o agente ao uso de violência, embora facilitada a sua ação, o crime será o de estupro (art. 213).

descritas no mesmo artigo, configuram crimes da mesma espécie. A configuração, porém, de crime único, concurso material ou continuidade delitiva dependerá do contexto fático da ação criminosa. Se os atos libidinosos constituem prelúdio para a cópula normal, devem ser por esta absorvidos, configurando-se o crime único. Se, entretanto, consumado delito com a conjunção carnal ou a prática do ato libidinoso (por exemplo, coito oral), pratica o agente outro ato libidinoso diverso (como o coito anal), deve responder por ambas as infrações. Há continuidade delitiva na repetição da cópula vagínica com a vítima no mesmo contexto. É possível, também, a continuidade delitiva na prática do estupro de vulnerável contra a mesma vítima ou vítimas distintas em diferentes contextos fáticos, ainda que diferente a forma de conduta, se presentes os requisitos legais para a sua configuração. [54]

Há, porém, orientações divergentes, por se entender que o art. 217-A descreve um tipo misto alternativo (item 22.1.6).

23.2 CORRUPÇÃO DE MENORES

23.2.1 Conceito

A Lei nº 12.015, de 7-8-2009, manteve o mesmo *nomen juris,* "corrupção de menores" para o novo tipo penal que descreve no art. 218: "Induzir alguém menor de 14 (catorze) anos a satisfazer a lascívia de outrem: Pena – reclusão, de 2 (dois) a 5 (cinco) anos".[55]

Cuida-se, em realidade, de uma espécie de lenocínio (art. 227) praticado contra menor de 14 anos.

23.2.2 Objetividade jurídica

O objeto geral de tutela é, mais uma vez, a dignidade sexual da pessoa, protegendo o dispositivo especificamente o menor de 14 anos contra influências de terceiros que possam corrompê-lo ou prejudicar o seu sadio desenvolvimento sexual.

23.2.3 Sujeito ativo

Qualquer pessoa, homem ou mulher, pode ser sujeito ativo do delito de corrupção de menores, independentemente do sexo do sujeito passivo. O destinatário das práticas sexuais do menor não comete o delito, por se referir o dispositivo a *outrem*, respondendo por crime distinto (arts. 217-A, 218-A, 1ª parte etc.).

---

54.   STJ: REsp 2029482-RJ, em 17-10-2023, *DJe* de 20-10-2023 – tema repetitivo 1202.

55.   Em sua redação original, dispunha o art. 218: "Corromper ou facilitar a corrupção de pessoa maior de 14 (catorze) e menor de 18 (dezoito) anos, com ela praticando ato de libidinagem, ou induzindo a praticá-lo ou presenciá-lo: Pena – reclusão, de um a quatro anos."

23.2.4 Sujeito passivo

Somente o menor de 14 anos pode ser sujeito passivo do delito em estudo. Estão protegidos pelo dispositivo inclusive o menor experiente nas questões sexuais, o que já foi corrompido, o que se prostitui ou que se encontra sujeito a qualquer outra forma de exploração sexual.

23.2.5 Tipo objetivo

Corromper é perverter, viciar, depravar, desnaturar, contaminar a moral da vítima. Corrupção, conforme definição doutrinária, é a contaminação da consciência da vítima pelo conhecimento de práticas imorais ou de hábitos de lascívia que se fixam no seu ânimo como elementos eróticos intempestivos ou viciosos, antes não existentes.[56] Entretanto, embora mantido o mesmo *nomen juris* que abrigava o tipo descrito no art. 218 em sua redação original, não mais se refere o dispositivo à corrupção do menor, configurando o crime a simples conduta de induzir o menor de 14 anos a satisfazer a lascívia de outrem.

Induzir é aconselhar, instigar, persuadir, incutir, levar a vítima a satisfazer a lascívia de outrem. *Lascívia* é a sensualidade, luxúria, concupiscência, libidinagem. A lei não se refere à prática da conjunção carnal ou de outros atos libidinosos, a exemplo do que se verifica no lenocínio (art. 227). Diferentemente, porém, do que ocorre em relação ao maior de 18 anos (ou maior de 14 que não se encontra em situação de exploração sexual – art. 218-B, § 2º, I), a prática pelo sujeito passivo de conjunção carnal com *outrem* em decorrência do induzimento do agente não é atípico, mas caracteriza o delito de estupro de vulnerável, praticado pelo terceiro. Porque induzir é forma de participação (art. 29), quem induz o menor a praticar conjunção carnal ou outro ato libidinoso com outrem participa do crime de estupro de vulnerável por este praticado. Há, porém, o entendimento de que o art. 218 contempla hipótese de exceção pluralística à teoria monista que impede a punição por participação no crime de estupro de vulnerável de quem *induz* o menor de 14 anos à prática de conjunção carnal ou outro ato libidinoso, respondendo o agente, nessa hipótese, por corrupção de menores. Deve-se observar, entretanto, que a satisfação da lascívia de outrem pode ocorrer por outro meio que não a prática de conjunção carnal ou outro ato libidinoso (como, por exemplo, em práticas contemplativas, no *streptease* ou no fazer poses eróticas) e que, assim, somente se configura o crime de corrupção de menores se o induzimento não visa à prática pelo menor de 14 anos daqueles atos sexuais, tratando-se, portanto, de delito subsidiário.

A simples tolerância do responsável pelo menor com relação às práticas deste não caracteriza o delito por omissão, necessário que é o induzimento.

Aplicam-se ao delito de corrupção de menores as causas de aumento previstas no art. 226, I e II (item 24.2.1 e 24.2.2).

---

56. FARIA, Bento de. Código penal brasileiro comentado. Rio de Janeiro: Record, 1959. v. 6, p. 46.

23.2.6 Tipo subjetivo

O dolo é a vontade de induzir, de convencer, de persuadir o menor. Exige-se, também, o dolo específico consistente na finalidade de satisfazer a lascívia de outrem. O parágrafo único, que determinava a imposição de multa se o agente pratica o delito com o fim de obter vantagem econômica, foi objeto de veto.

Há dolo eventual na dúvida do sujeito ativo a respeito da idade da vítima. Na hipótese de erro, configura-se o delito descrito no art. 227.

23.2.7 Consumação e tentativa

O delito se consuma com a prática pelo menor do ato que possa importar na satisfação de lascívia de terceiro, ainda que não haja a efetiva satisfação sexual deste. É possível a tentativa. Se, apesar do induzimento, o menor não pratica o ato por não ceder à influência do agente ou porque a ele não se dispõe o terceiro, configura-se o *conatus*.

23.2.8 Distinção

Não se configura a corrupção de menores mas o estupro de vulnerável se o agente induz o menor à prática de conjunção carnal ou outro ato libidinoso com outrem (item 23.2.5).

Se o sujeito passivo tem mais de 14 anos, o crime é o de mediação para servir à lascívia de outrem (art. 227), e, se tem ele entre 14 e 18 anos, o lenocínio é qualificado (art. 227, § 1º, 1ª parte).

Induzir menor de 14 anos a se prostituir ou a se submeter a outra forma de exploração sexual configura delito mais grave, descrito no art. 218-B.

23.3 SATISFAÇÃO DE LASCÍVIA MEDIANTE PRESENÇA DE CRIANÇA OU ADOLESCENTE

23.3.1 Conceito

O art. 218-A, incluído no Código Penal pela Lei nº 12.015, de 7-8-2009, define o crime de satisfação de lascívia mediante presença de criança ou adolescente nos seguintes termos: "Praticar, na presença de alguém menor de 14 (catorze) anos, ou induzi-lo a presenciar, conjunção carnal ou outro ato libidinoso, a fim de satisfazer lascívia própria ou de outrem: Pena – reclusão, de 2 (dois) a 4 (quatro) anos".

23.3.2 Objetividade jurídica

A objetividade jurídica do dispositivo é a tutela do sadio desenvolvimento sexual do menor de 14 anos, contra a influência ou ato de terceiro que possa prejudicar a formação de sua personalidade no que diz respeito às questões sexuais.

23.3.3 Sujeito ativo

O sujeito ativo do delito é qualquer pessoa, homem ou mulher.

23.3.4 Sujeito passivo

Embora se refira a lei, no *nomen juris*, ao adolescente, que, por definição do Estatuto da Criança e do Adolescente, é o menor que tem entre 12 e 18 anos de idade (art. 2º), somente o menor de 14 anos pode ser sujeito passivo do crime em estudo.

23.3.5 Tipo objetivo

As condutas descritas no tipo são as de praticar a conjunção carnal ou outro ato libidinoso na presença de menor e a de induzi-lo a presenciar ato dessas espécies. Os conceitos de conjunção carnal e ato libidinoso já foram examinados (item 22.1.6). *Praticar* é fazer, realizar, executar o ato sexual. *Induzir*, como visto no estudo da corrupção de menores, é aconselhar, instigar, persuadir, incutir, levar a vítima a presenciar o ato de conjunção carnal ou outro ato libidinoso. *Presenciar* é estar presente no momento da ocorrência do ato, assistindo-o, observando-o. Discute-se se a conduta abrangeria as hipóteses de presença *virtual*, propiciada pelos modernos meios tecnológicos de transmissão eletrônica (televisão, *internet* etc.) e do menor que assiste a filmes pornográficos. A presença, porém, a que se refere o dispositivo legal é aquela que ocorre no *momento* da prática da conjunção carnal ou do ato libidinoso e, assim, não pratica o crime em estudo aquele que induz o menor a assistir a um filme ou a uma gravação do ato sexual anteriormente praticado.

23.3.6 Tipo subjetivo

O dolo é a vontade de praticar a conjunção carnal ou o ato libidinoso na presença do menor de 14 anos, e na segunda forma de conduta, a vontade de induzi-lo a presenciar o ato. Exige-se, também, como elemento subjetivo do tipo, a finalidade de satisfazer a lascívia própria ou de outrem, que pode ser também um mero observador.

23.3.7 Consumação e tentativa

Consuma-se o crime, em ambas as modalidades de conduta, com a prática da conjunção carnal ou do ato libidinoso na presença do menor. Admite-se a tentativa nas hipóteses em que o ato sexual não chega a ser praticado.

23.3.8 Distinção

Se o menor não se limita a presenciar as práticas sexuais, mas delas também participa, configura-se o estupro de vulnerável (art. 217-A). Induzir o menor, por outra forma que não a mera presença no ato, a satisfazer a lascívia de outrem configura o crime de corrupção de menores (art. 218).

23.4 FAVORECIMENTO DA PROSTITUIÇÃO OU DE OUTRA FORMA DE EXPLORAÇÃO SEXUAL DE CRIANÇA OU ADOLESCENTE OU DE VULNERÁVEL

23.4.1 Conceito

No art. 218-B, incluído pela Lei nº 12.015, de 7-8-2009, e com o *nomen juris* modificado pela Lei nº 12.978, de 21-5-2014, é descrito o crime de favorecimento da prostituição ou de outra forma de exploração sexual de criança ou adolescente ou de vulnerável, que guarda similitude com o crime previsto no art. 228. O novo dispositivo se encontra assim redigido: "Submeter, induzir ou atrair à prostituição ou outra forma de exploração sexual alguém menor de 18 (dezoito) anos ou que, por enfermidade ou deficiência mental, não tem o necessário discernimento para a prática do ato, facilitá-la, impedir ou dificultar que a abandone: Pena – reclusão, de 4 (quatro) a 10 (dez) anos".

23.4.2 Objetividade jurídica

O dispositivo visa à tutela da liberdade sexual e do sadio desenvolvimento sexual do menor de 18 anos e do portador de enfermidade ou deficiência mental contra qualquer forma de exploração sexual, dispensando o legislador especial proteção às pessoas que por sua imaturidade em relação às questões sexuais encontram-se mais vulneráveis à influência e à ação corruptora de terceiros. A Lei nº 14.811, de 12-1-2024, entre outras disposições, prevê, no art. 4º e ss., a Política Nacional de Prevenção e Combate ao Abuso e Exploração Sexual da Criança e do Adolescente.

23.4.3 Sujeito ativo

O crime em estudo pode ser praticado por qualquer pessoa. O destinatário das práticas sexuais do menor responderá, nos termos do § 2º, I, se o sujeito passivo é pessoa maior de 14 e menor de 18 e por estupro de vulnerável se menor de 14 anos.

23.4.4 Sujeito passivo

Sujeitos passivos do delito descrito no *caput* do art. 218-B são o menor de 18 anos e a pessoa portadora de enfermidade ou doença mental que não tem discernimento com relação às práticas de natureza sexual. Na segunda hipótese, necessária, em princípio, será a realização de exame pericial para se aferir a condição de vulnerabilidade que justifica a especial proteção (item 23.1.6). Se o sujeito passivo é maior de 18 anos, o crime é o descrito no art. 228. Tratando-se de maior de 14 e menor de 18 anos, incrimina-se também a conduta de quem pratica com o menor a conjunção carnal ou outro ato libidinoso, nos termos do § 2º, I.

23.4.5 Tipo objetivo

A conduta descrita no *caput* do artigo é a de submeter, induzir ou atrair o sujeito passivo à prostituição ou outra forma de exploração sexual, facilitá-la, impedir ou dificultar que a abandone. Os conceitos de prostituição e exploração sexual são os examinados no estudo do crime descrito no art. 228 (item 25.2.5).

Submeter é dominar, subjugar, tirar a liberdade, sujeitar alguém a algo, ou reduzi-lo a um estado de obediência ou dependência. Submeter alguém à prostituição ou outra forma de exploração sexual é sujeitar a pessoa a esse estado contra a sua vontade ou sem que tenha ela liberdade de escolha. A conduta já era típica nos termos do art. 244-A,[57] que foi tacitamente revogado pela Lei nº 12.015/2009 e que se referia, como sujeito passivo, somente à criança e ao adolescente, ou seja, ao menor de 18 anos. Incide nas penas previstas no art. 218-B, por praticar essa primeira forma de conduta, por exemplo: o pai que determina à filha menor que colabore com as despesas domésticas mediante o exercício da prostituição; a mãe que sujeita a filha de 15 anos a prestar favores sexuais regulares ao seu amásio com o fim de agradá-lo ou de manter a sua permanência no lar; o rufião que, após acolher o adolescente, o submete à prostituição como forma de pagar a moradia ou a alimentação etc.

Induzir é persuadir, aconselhar, instigar etc. Por essa forma de conduta o agente não retira a liberdade de escolha do sujeito passivo, mas o influencia para que voluntariamente se sujeite ao estado de exploração sexual. É o que também ocorre na terceira modalidade, a de *atrair*, que significa seduzir, envolver, instigar e que sugere a ação de quem já se encontra no ambiente de prostituição ou exploração sexual, ainda que não a exerça. *Facilitar* é favorecer, tornar mais fácil, prestar auxílio, propiciar condições para o exercício da prostituição ou outra forma de exploração sexual. É o que ocorre, por exemplo, na conduta de quem arranja clientes, auxilia na obtenção de um local ou na instalação do sujeito passivo para o exercício da prostituição, fornece-lhe meios de divulgação dos serviços sexuais etc. A facilitação pode ocorrer para o ingresso da vítima na exploração sexual ou para a sua continuidade. As últimas modalidades são as de *impedir* (tornar impraticável, obstar, opor-se) ou *dificultar* (tornar difícil ou trabalhoso, complicar, estorvar) o abandono da prostituição ou outra forma de exploração sexual. Ambas as condutas pressupõem que o sujeito passivo já se encontre no estado de exploração sexual, praticando o agente, assim, ações que tornam impossível ou mais dificultosa a sua saída dessa condição.

As causas de aumento de pena previstas no art. 226, I e II e no art. 234-A, III e IV, são aplicáveis ao delito em estudo (itens 24.2.1, 24.2.2 e 27.1.2).

---

57. Dispõe o art. 244-A do ECA: "Submeter criança ou adolescente, como tais definidos no *caput* do art. 2º desta Lei, à prostituição ou à exploração sexual: Pena – reclusão de quatro a dez anos, e multa, além da perda de bens e valores utilizados na prática criminosa em favor do Fundo dos Direitos da Criança e do Adolescente da unidade da Federação (Estado ou Distrito Federal) em que foi cometido o crime, ressalvado o direito de terceiro de boa-fé". Embora se cuide de revogação tácita, as penas cominadas foram alteradas pela Lei nº 13.440, de 8-5-2017.

O favorecimento da prostituição ou de outra forma de exploração sexual de criança ou adolescente ou de vulnerável (art. 218-B, *caput*), bem como os crimes a este assemelhados (§§ 1º e 2º), passaram a ser considerados crimes hediondos por força da Lei nº 12.978, de 21-5-2014, que alterou a Lei nº 8.072/1990 (art. 1º, inciso VIII).

23.4.6   Tipo subjetivo

O dolo do crime em estudo é a vontade de praticar a conduta de submeter, induzir, atrair etc. Atuando o agente com o fim lucrativo, o crime é qualificado, aplicando-se também a pena de multa (§ 3º).

Atua com dolo eventual o agente que tem dúvida a respeito da idade da vítima ou da condição de enfermidade ou deficiência mental. O erro a respeito desses elementos do tipo exclui o dolo, mas se impõe a responsabilização do agente nos termos do art. 228.

23.4.7   Consumação e tentativa

Consuma-se o delito, nas quatro primeiras condutas, com a sujeição da vítima ao estado de prostituição ou outra forma de exploração sexual. Embora a habitualidade seja uma característica desse estado, para a configuração do delito em estudo não há necessidade de que a vítima execute qualquer prática sexual com terceiro, bastando que se encontre em situação de disponibilidade para a prática habitual de atos dessa natureza. Nas condutas de impedir ou dificultar, o delito se consuma com a prática dos atos de oposição ao abandono do estado de exploração sexual. Admite-se a tentativa, em todas as formas de conduta, como nos casos em que a vítima não se sujeita à exploração, embora induzida pelo agente, ou abandona a prostituição, em que pese a oposição deste etc.

23.4.8   Crimes assemelhados

Além das condutas tipificadas no *caput* do art. 218-B, a lei pune com as mesmas penas outras condutas descritas nos incisos I e II do § 2º. A equiparação se justifica porque ao praticar essas condutas o agente também contribui para a manutenção da vítima no estado de prostituição ou outra forma de exploração sexual.

A primeira conduta punida nos termos do art. 218-B, § 2º, é a de "quem pratica conjunção carnal ou outro ato libidinoso com alguém menor de 18 (dezoito) e maior de 14 (catorze) anos na situação descrita no *caput* deste artigo" (inciso I). A situação a que se refere o inciso é a da prostituição ou exploração sexual. Pune-se, assim, quem pratica o ato sexual com quem já se encontra no estado de prostituição ou exploração sexual, desde que a vítima seja maior de 14 e menor de 18 anos. Se a vítima tem menos de 14 anos, o crime é o de estupro de vulnerável (art. 217-A) e, se é maior de 18 anos, o fato é atípico. A vítima maior de 18 anos portadora de enfermidade ou deficiência mental não é protegida pelo dispositivo.

Pune-se, também por equiparação, nos termos do § 2º do art. 218-B, "o proprietário, o gerente ou o responsável pelo local em que se verifiquem as práticas referidas no *caput* deste artigo" (inciso II). Objetiva-se a punição de quem colabora para a exploração sexual do menor de 14 anos de idade ou portador de enfermidade ou deficiência mental, mediante a disponibilização do local onde ela é exercida. Diferentemente, porém, do crime de casa de prostituição (art. 229), o tipo, de má redação, não descreve uma ação típica. A mera condição de proprietário, gerente ou responsável pelo local não autoriza a responsabilização penal, ainda que tenha ele ciência da exploração sexual, nas hipóteses em que não mantém a casa para esse fim, não colaborando por qualquer forma para a sua ocorrência. Deve-se, observar, porém, que quem mantém casa onde ocorre a exploração sexual de menor, com o conhecimento de sua ocorrência, também a facilita, o que autoriza a punição nos termos do *caput* do artigo.

Prevê a lei no § 3º que constitui efeito obrigatório da condenação a cassação da licença de localização e de funcionamento do estabelecimento, à semelhança do que já dispunha o ECA (art. 244-A, § 2º).

23.4.9 Distinção

Os crimes descritos nos arts. 218-B, *caput*, e 228 se distinguem em razão do sujeito passivo que, no primeiro delito, somente pode ser o menor de 18 anos ou a pessoa portadora de enfermidade ou deficiência mental. Se a vítima não é induzida a se sujeitar à exploração sexual, mas somente à prática de ato determinado, configura-se crime distinto (arts. 217-A, 218 etc.). Tirar proveito da prostituição de menor de 18 anos caracteriza o crime de rufianismo (art. 230), mas fazer-se sustentar pela vítima pode configurar o delito do art. 218-B, se o agente a submete à exploração sexual.

23.5 DIVULGAÇÃO DE CENA DE ESTUPRO OU DE CENA DE ESTUPRO DE VULNERÁVEL, DE CENA DE SEXO OU DE PORNOGRAFIA

23.5.1 Conceito

O art. 218-C, acrescentado pela Lei nº 13.718, de 24-9-2018, descreve o crime de divulgação de cena de estupro ou de cena de estupro de vulnerável, de cena de sexo ou de pornografia e está assim redigido: "Oferecer, trocar, disponibilizar, transmitir, vender ou expor à venda, distribuir, publicar ou divulgar, por qualquer meio – inclusive por meio de comunicação de massa ou sistema de informática ou telemática –, fotografia, vídeo ou outro registro audiovisual que contenha cena de estupro ou de estupro de vulnerável ou que faça apologia ou induza a sua prática, ou, sem o consentimento da vítima, cena de sexo, nudez ou pornografia: pena – reclusão, de 1 (um) a 5 (cinco) anos, se o fato não constitui crime mais grave".

23.5.2 Objetividade jurídica

Embora incluído entre os crimes sexuais contra vulnerável, o art. 218-C visa à proteção de diferentes aspectos da dignidade sexual da pessoa humana. Tutelam-se o direito à intimidade e à imagem pessoal e o sentimento de decoro do sujeito passivo, pessoa vulnerável ou não, além do interesse social na coibição da divulgação de imagens que possam constituir estímulo à prática de graves crimes sexuais.

23.5.3 Sujeito ativo

Qualquer pessoa, homem ou mulher, pode ser sujeito ativo do delito. No Estatuto da Criança e do Adolescente, após a descrição de crimes semelhantes, dos quais podem ser sujeito passivo a criança e o adolescente, prevê-se que incorre nas mesmas penas quem assegura os meios ou serviços de armazenamento das imagens ou o seu acesso por rede de computadores, abrangendo, assim, os prestadores de serviços, de manutenção, hospedagem, gerencialmente ou operação de sites na web, que armazenem ou propiciem o acesso às imagens proibidas (art. 241-A, § 1º). Estabeleceu, porém, o legislador, como condição objetiva de punibilidade, que o responsável legal pelo serviço, após ser oficialmente notificado a desabilitar o acesso ao conteúdo ilícito, deixe de fazê-lo (v. a respeito do tema item 26.2.9). Diante da ausência de dispositivo análogo no Código Penal, aqueles que prestarem os mencionados serviços, independentemente de qualquer notificação oficial, responderão pelo mesmo crime descrito no art. 218-C, como coautores ou partícipes, se agirem dolosamente, isto é, com a consciência e vontade de contribuírem para a realização do tipo. Tratando-se de crime praticado em concurso por duas ou mais pessoas, incide causa de aumento de pena (art. 226, I). O mesmo se verifica se o agente é "ascendente, padrasto ou madrasta, tio, irmão, cônjuge, companheiro, tutor, curador, preceptor ou empregador da vítima ou por qualquer outro título tiver autoridade sobre ela" (art. 226, II).

23.5.4 Sujeito passivo

O titular do bem jurídico tutelado no art. 218-C não é somente a pessoa vulnerável. Pode ser sujeito passivo tanto o homem como a mulher, inclusive o maior de 18 anos e que não ostenta essa condição. Aliás, sendo sujeito passivo criança ou adolescente, a conduta será punida nos termos do Estatuto da Criança e do Adolescente, que tipifica condutas semelhantes, mais severamente punidas (arts. 240 a 241-E), por força, aliás, do que dispõe o próprio Código Penal (art. 218-C). O sujeito passivo do crime previsto no art. 218-C é a pessoa que tiver a sua imagem em cena pornográfica, de sexo ou nudez disponibilizada mediante a prática de uma das condutas típicas descritas no artigo 218-C, que ofendem a sua dignidade sexual. Nas duas primeiras figuras, tutela-se, também, o interesse mais geral na coibição da prática de graves crimes sexuais que são o estupro e o estupro de vulnerável. Se o sujeito passivo mantém ou manteve relação íntima de afeto com a vítima, a pena é agravada (item 23.5.8).

23.5.5 Tipo objetivo

No art. 218-C descreve-se crime de ação múltipla, em que se elencam diversas ações típicas relacionadas com a disponibilização a terceiros, por quaisquer meios, de imagens de estupro ou de estupro de vulnerável ou que façam a apologia ou induzam a prática de tais crimes. Incrimina-se, também, a conduta de disponibilizar imagens contendo cenas de sexo, nudez ou pornografia que não tenha sido autorizada pela vítima. O dispositivo guarda semelhanças com o crime descrito no art. 241-A do Estatuto da Criança e do Adolescente, inserido pela Lei nº 11.829, de 25-11-2008.

As ações típicas são as de oferecer, trocar disponibilizar, transmitir, vender ou expor à venda, distribuir, publicar ou divulgar as referidas imagens. Incrimina-se, portanto, qualquer forma de fornecimento ou disponibilização das imagens a terceiros, bem como, ainda, o seu mero oferecimento. Não estão incluídas no tipo as condutas de registrar, produzir ou armazenar as mesmas imagens, que podem configurar, eventualmente, outro delito (art. 216-B do CP e arts. 240, *caput*, e 241-B do ECA). Por ausência de restrição, o fornecimento ou a disponibilização pode ser a uma determinada pessoa, conhecida ou não pelo agente, ou a um número certo ou indeterminado de pessoas. As condutas podem ser praticadas por qualquer meio, conforme expressamente previsto no dispositivo, que ressalta, a título meramente exemplificativo, os meios de comunicação de massa e os sistemas de informática ou telemática. Estão abrangidas, evidentemente, tanto a transmissão das imagens vedadas pela internet, por correspondência eletrônica (*e-mail*), como a sua disponibilização em sítios eletrônicos (*sites*, *blogs*) ou por mídias ou redes sociais (*Facebook*, *Instagram*, *WhatsApp*, *YouTube* etc).

As imagens de disponibilização vedadas são as fotografias, vídeos e quaisquer outros registros audiovisuais, como filmes, slides etc., que contenham, primeiramente, cenas de estupro ou estupro de vulnerável. Referindo-se a lei às condutas que configuram os crimes descritos nos arts. 213 e 217-A do Código Penal, as imagens abrangem não somente a conjunção carnal, mas, também, o ato libidinoso diverso, ambos praticados mediante violência ou grave ameaça. Cuidando-se, porém, de vítima menor de 18 anos de idade, por força do disposto no art. 218-C, que ressalva no preceito secundário a hipótese de constituir o ato crime mais grave, o agente responde pelo delito previsto no art. 241-A do ECA, que tem como sujeito passivo a criança ou o adolescente e que comina as penas, mais severas, de 3 a 6 anos de reclusão. Mesmo no caso de vítima que tem entre 14 e 18 anos, hipótese em que não há que se falar em estupro de vulnerável, mas em estupro, a disponibilização da imagem também determina a aplicação do art. 241-A do ECA, que prevalece sobre o crime previsto no art. 218-C do Código Penal. Assim, com relação à imagem de estupro de vulnerável, somente é aplicável o dispositivo se o sujeito passivo, maior de 18 anos, encontra-se em uma das situações de vulnerabilidade descritas no art. 217-A, § 1º, ou seja, for alguém que por enfermidade ou deficiência mental não tem o necessário discernimento para a prática do ato, ou que, por qualquer outra causa, não pode oferecer resistência. O consentimento da vítima do estupro na divulgação da cena não elide o crime, porque aquele somente é relevante na modalidade descrita na parte final do dispositivo. Excepciona-se o caso de publicações de natureza jornalística, científica, cultural ou acadêmica, abrangidas pela excludente prevista no § 2º, em relação às quais prevê a lei a possibilidade de autorização do maior de 18 anos para que a cena seja publicada sem a ocultação de sua identidade.

Uma segunda espécie de imagens prevista no tipo é a das que fazem apologia ou induzem a prática dos crimes de estupro e estupro de vulnerável. Fazer a apologia é elogiar, louvar, enaltecer, aprovar, gabar, defender e induzir é incitar, instigar, estimular, a prática daqueles crimes. Diversamente do que preveem os crimes de apologia de incitação ao crime (art. 286) e apologia de crime ou criminoso (art. 287), não se exige para a configuração do ilícito descrito no art. 218-C que o agente dê significativa publicidade às imagens, bastando o seu fornecimento a uma única pessoa. Diversamente, também, pune-se tanto a apologia de um fato concretamente ocorrido como a incitação geral ao cometimento de crimes de estupro e estupro de vulnerável como, também, a apologia da prática desses crimes, *in abstracto*. Nessa modalidade de conduta, não se exige para a existência do crime que as imagens contenham cenas de estupro ou de atos sexuais, bastando que, por seu conteúdo, se faça a apologia ou se incite à prática de crimes daquelas espécies. Diante da redação do dispositivo, que se refere somente à fotografia, vídeo ou registro audiovisual, que pressupõem imagens como conteúdo, não se configura o crime na hipótese de registros somente de áudio, podendo se caracterizar, no entanto, um dos delitos descritos nos arts. 286 e 287.

Por fim, tipifica-se no art. 218-C a disponibilização, por quaisquer das ações mencionadas no dispositivo, sem o consentimento da vítima, de imagens que contenham cenas de sexo, nudez ou pornografia. Diferentemente do que se verifica na primeira figura, configura-se o crime independentemente de estar a imagem relacionada a um crime de estupro. Tipifica-se, de forma abrangente, a disponibilização de imagens não somente de conjunção carnal ou de ato libidinoso, mas de toda cena pornográfica, de sexo ou de nudez que não tenha sido autorizada pelo participante. A nudez se caracteriza pela exibição, total ou parcial, dos órgãos sexuais. É irrelevante se a vítima assentiu ou não à produção ou registro da cena de tal conteúdo, caracterizando-se o ilícito se não consentiu ela em sua divulgação ou disponibilização a terceiros. Configura-se o crime, portanto, em diversas situações, como na divulgação de uma foto de nudez produzida com o consentimento da vítima, mas postada em uma rede social sem a sua autorização, na divulgação de cenas de sexo ou nudez furtivamente flagradas, de imagens de tal natureza produzidas pela própria vítima que tenham sido *hackeadas* de um dispositivo informático etc.

Embora irrelevante nas hipóteses de cenas de estupro ou estupro de vulnerável e de apologia ou induzimento à prática de tais crimes, na última figura, em que a cena é de sexo, nudez ou pornografia, o consentimento da vítima para a publicação das imagens afasta a tipicidade do fato. É exigível, porém, que se cuide de consentimento válido. O crime se aperfeiçoa mesmo na existência de formal autorização, se esta é viciada porque obtida mediante fraude, coação ou outra forma de constrangimento, ou se a vítima, nos termos da lei, é incapaz de consentir.

23 • DOS CRIMES SEXUAIS CONTRA VULNERÁVEL **501**

Tratando-se de vítima criança ou adolescente, igualmente ao que se verifica com as cenas de estupro e estupro de vulnerável, afasta-se a incidência do art. 218-C, nos termos de seu § 1º, por configurar o fato o crime descrito no art. 241-B do ECA, mais severamente punido. Ressalte-se que para a aplicação desse último dispositivo, o conceito de cena de sexo explícito ou pornográfica, é dado, em interpretação autêntica, pelo art. 241-E do mesmo estatuto e compreende não somente as cenas que denotam atividades sexuais explícitas, reais ou simuladas, como, também, "a exibição dos órgãos genitais de uma criança ou adolescente para fins primordialmente sexuais". Assim, a disponibilização de cena de "nudez" do menor de 18 anos também é punida nos termos da lei especial sempre que tiver conotação sexual.

Diferentemente da normatização contida no ECA, não trata o art. 218-C das cenas em que haja mera simulação de estupro ou de outro ato sexual. A questão comporta diferentes soluções, de acordo com a modalidade de conduta. Na primeira figura, diante da literalidade do dispositivo, da referência expressa aos fatos que configuram estupro e estupro de vulnerável, crimes assim denominados no Código Penal (arts. 213 e 217-A), bem como da ausência de menção à mera simulação de tais crimes, impõe-se reconhecer, nesse caso, a atipicidade do fato. Diversamente do que se verifica em relação a alguns crimes, no caso do art. 218-C nada autoriza o recurso à interpretação extensiva ou analógica (v. Manual, PG, item 1.6.5). Não se configura, assim, o crime, por exemplo, na divulgação de uma cena pornográfica em que a atriz simula praticar a conjunção carnal ou outro ato libidinoso porque ficticiamente estaria submetida a violência ou grave ameaça. Tratando-se, porém, de induzimento ou apologia, porque a conduta típica não se refere a determinados conteúdos das imagens utilizadas, nada impede que o crime se aperfeiçoe com a disponibilização de cenas de estupro simulado, mediante as quais vise o agente enaltecer ou estimular a sua prática. Na última figura, referindo-se a lei de forma genérica a cenas de sexo, nudez ou pornografia, haverá o crime sempre que a imagem da vítima tiver essa natureza e sua disponibilização não for consentida.

23.5.6 Tipo subjetivo

O elemento subjetivo é o dolo, a vontade livre e consciente de realizar qualquer das ações descritas no tipo. Não se exige especial fim de agir, sendo indiferente para a caracterização do delito se o agente atua ou não para a satisfação da lascívia própria ou de outrem, com ou sem intuito lucrativo ou por mero entretenimento. Se sua intenção, porém, é de vingar-se da vítima ou de humilhá-la a pena é agravada.

23.5.7 Consumação e tentativa

Consuma-se o crime com a prática de uma das ações típicas descritas no tipo. A tentativa é, em tese, admissível nas diversas modalidades de conduta se o agente, por circunstância alheia a sua vontade, é obstado de consumar o delito.

23.5.8 Aumento de pena

Duas causas que determinam a agravação da pena, *de um a dois terços*, estão previstas no § 1º. A primeira é da existência, atual ou pretérita, de relação íntima de afeto entre o agente e a vítima. Justifica-se a agravação em razão da maior reprovabilidade da conduta decorrente da violação do sentimento de confiança inerente a uma relação íntima de afeto. A agravação independe da existência de coabitação ou convivência ou da maior ou menor estabilidade da relação afetiva. A segunda causa de agravação é atuar o agente com a intenção de vingar-se ou de humilhar a vítima. A circunstância não guarda relação com a anterior. Para a punição mais severa basta que o crime seja motivado por sentimento de vingança ou que, por qualquer razão, tenha o agente o intuito de aviltar moralmente a vítima ou prejudicar a sua reputação mediante a divulgação das cenas mencionadas no dispositivo.

23.5.9 Exclusão da ilicitude

No § 2º descreve-se uma causa de exclusão da ilicitude: a circunstância de ser a conduta praticada "em publicação de natureza jornalística, científica, cultural ou acadêmica". Afasta-se na hipótese a antijuridicidade do fato típico, não havendo que se cogitar de sua punibilidade. A razão justificadora da excludente é a necessária tutela de interesses sociais e de valores culturais relevantes. O dispositivo protege a liberdade de imprensa e o acesso público à informação, o desenvolvimento das ciências e a transmissão e divulgação do conhecimento acadêmico. Embora de conteúdo impreciso, dada a amplitude do termo cultural, certamente estão abrangidas as publicações de natureza artística por ser a arte forma importante de expressão cultural de um povo. As publicações autorizadas compreendem os livros, revistas, jornais e outros meios de divulgação a um número indeterminado de pessoas de matérias jornalísticas, científicas e culturais, por meio de impressos ou mídias eletrônicas, incluídas as publicações *on-line*.

Essa permissão legal, para a publicação das cenas mencionadas no tipo, é condicionada, nos termos do § 2º, à adoção de recurso que, aplicado à imagem, impossibilite a identificação da vítima. Ressalva-se no dispositivo que a utilização desse recurso é desnecessária se há prévia autorização concedida por maior de 18 anos.

23.5.10 Distinção

Produzir, fotografar, filmar ou registrar cena de nudez ou natureza sexual sem o consentimento dos participantes configura o crime descrito no art. 216-B. Se o objeto sobre o qual recai a conduta descrita no art. 218-C é cena de natureza sexual que envolve criança ou adolescente, configura-se crime previsto no art. 241-A do ECA. O registro ou produção, a posse, a aquisição ou o armazenamento das imagens vedadas no art. 218-C se também envolverem criança ou adolescente estão tipificadas nos arts. 240 e 241-B daquele estatuto, que também incrimina, no art. 241-C, a simulação da participação do menor de 18 anos em cena sexual. As figuras previstas no § 1º do art. 240 e no art. 241-B foram incluídas entre os crimes hediondos pela Lei nº 14.811, de 12-1-2024.

23.5.11 Concurso

A disponibilização tipificada de uma única cena sexual envolvendo duas vítimas configura concurso formal. Se a cena envolve pessoa capaz e uma criança ou adolescente, há concurso formal heterogêneo, entre os delitos descritos no art. 218-C do CP e no art. 241-A do ECA. É admissível a ocorrência do crime continuado na disponibilização reiterada das mesmas cenas sexuais ou de cenas distintas, contra a mesma vítima ou vítimas diversas. Pode-se configurar o concurso material entre o delito descrito no art. 218-C e outros delitos sexuais praticados por ocasião da produção ou registro da cena sexual disponibilizada, como o estupro (art. 213), estupro de vulnerável (art. 217-A), corrupção de menores (art. 218) etc. O crime do art. 216-B há, porém, que se ter por absorvido quando sua consumação é simples meio para a prática do delito descrito no art. 218-C. O concurso material pode se verificar também com crimes de naturezas diversas, como os de invasão de dispositivo informático (art. 154-A), na obtenção das imagens, e de extorsão (art. 158), na ameaça prévia de divulgação das imagens, entre outros.

24

DISPOSIÇÕES COMUNS AOS CRIMES CONTRA A LIBERDADE SEXUAL E AOS CRIMES SEXUAIS CONTRA VULNERÁVEL

24.1 AÇÃO PENAL

24.1.1 Generalidades

No Capítulo IV do Título VI, em sua redação original, previam-se normas aplicáveis aos crimes descritos nos capítulos anteriores: as formas qualificadas pela ocorrência de lesão corporal de natureza grave ou morte (art. 223); os casos de presunção de violência (art. 224); a disciplina da ação penal; e as causas de aumento de pena (art. 226). A Lei nº 12.015, de 7-8-2009, revogou os arts. 223 e 224. Os mencionados resultados qualificadores passaram a ser previstos nos próprios artigos que definem as condutas típicas (arts. 213, §§ 1º e 2º, e 217-A, §§ 3º e 4º) e as hipóteses de violência presumida tornaram-se desnecessárias em decorrência das novas definições dos crimes sexuais. No Capítulo IV persistem, portanto, no art. 225, as normas relativas à ação penal, que sofreram substanciais modificações pela Lei nº 12.015/2009, e, posteriormente, pela Lei nº 13.718, de 24-9-2018, e no art. 226, as que preveem as causas de aumento de pena aplicáveis aos crimes descritos nos capítulos I e II, com a redação que lhes foi dada pelas Leis nºs 11.106, de 28-3-2005, e 13.718, de 24-9-2018.

24.1.2 Ação penal na lei anterior

No art. 225, em sua redação original,[58] a lei previa, para a apuração dos crimes contra os costumes definidos nos capítulos anteriores, como regra geral, a ação penal de iniciativa privada. As razões básicas do dispositivo eram as de que o mal do processo, pelo *strepitus judicii*, muitas vezes, traria piores consequências para a vítima e que, sem a colaboração desta, não seria possível colher-se prova para a condenação do agente.

---

58. Dispunha o art. 225 em sua redação original: "Nos crimes definidos nos capítulos anteriores, somente se procede mediante queixa. § 1º – Procede-se, entretanto, mediante ação pública: I – se a vítima ou seus pais não podem prover às despesas do processo, sem privar-se de recursos indispensáveis à manutenção própria ou da família; II – se o crime é cometido com abuso do pátrio poder, ou da qualidade de padrasto, tutor ou curador. § 2º – No caso do nº I do parágrafo anterior, a ação do Ministério Público depende de representação."

Referindo-se a lei aos "crimes definidos nos capítulos anteriores", a maioria dos doutrinadores concluía que esses delitos deviam ser apurados mediante queixa, desde que deles não resultasse lesão corporal de natureza grave ou morte. Nestes últimos casos a ação seria pública porque as formas qualificadas estão previstas no mesmo capítulo e não nos "anteriores".[59] Para os crimes sexuais violentos em que ocorresse apenas lesão corporal de natureza leve, portanto, admitia-se apenas a instauração da ação privada, prevalecendo a regra específica do art. 225 com relação à genérica do art. 101, referente ao crime complexo.[1] Essa orientação, a nosso ver acertada, era contestada. Fragoso afirma: "Não é possível desatentar à regra claríssima contida no art. 103 do CP (agora art. 101), não podendo prevalecer a norma genérica do art. 225. Se assim fosse, o art. 103 seria inteiramente inútil e inaplicável." [60] Nesse diapasão, considerando que, havendo crime sexual complexo, em que um dos elementos é o constrangimento ilegal ou a lesão corporal leve, nossos tribunais, inclusive o Pretório Excelso, passaram a admitir, no caso, a ação penal pública.[2] Essa posição passou a ser contestada diante do art. 88 da Lei nº 9.099, de 26-9-1995, que dispõe sobre os Juizados Especiais Cíveis e Criminais, por exigir a representação no caso de lesões corporais leves, não se podendo mais proceder por ação pública incondicionada na hipótese desse ilícito. Nem se poderia alegar, para a sustentação da Súmula 608 do STF, a incidência do art. 146 do CP, que trata do constrangimento ilegal, já que este se refere também à "grave ameaça", hipótese não acolhida no enunciado referido. Mas, assim mesmo, devia ser mantida a orientação da Súmula, que não se refere expressamente ao crime de lesões corporais e sim ao emprego de violência real: "No crime de estupro, praticado mediante violência real, a ação penal é pública incondicionada." Não se aplicava referida súmula na hipótese de crime sexual praticado mediante grave ameaça, procedendo-se, assim, mediante queixa ou ação penal pública condicionada, conforme o caso.[3] A solução mais adequada à situação criada com o advento da Lei nº 9.099/95 era a de se alterar o enunciado da Súmula 608 para se lhe conferir maior abrangência sem abandono do fundamento que a inspirou, aceitando-se a aplicação do art. 101 do CP, não mais com fundamento no art. 129, mas no art. 146 do mesmo estatuto, que prevê o crime de constrangimento ilegal que é elemento constitutivo dos crimes de estupro, e também dos revogados delitos de atentado violento ao pudor e rapto violento, que eram crimes complexos em sentido amplo.[61]

Assim, nos crimes sexuais descritos nos capítulos anteriores, de acordo com o que dispunha o art. 225, em sua redação original, a ação penal podia ser: *pública incondicionada*, se ocorresse violência real (Súmula 608/STF) ou se o crime fosse cometido com abuso de pátrio poder ou na qualidade de padrasto, tutor ou curador (art. 225, § 1º, II); *pública condicionada*, se a vítima ou seus pais não podiam prover, sem privações, as despesas do processo (art. 225, § 1º, I); *privada*, nos demais casos (art. 225, *caput*).

---

59. Nesse sentido: HUNGRIA, FRAGOSO. *Comentários*. Ob. cit. v. 8, p. 237-238; NORONHA. *Direito penal*. Ob. cit. v. 3, p. 311-312; JESUS, Damásio E. de. *Questões criminais*. São Paulo: Saraiva, 1981. p. 28-32; e SIQUEIRA, Geraldo Batista de. *Estupro* – crime de ação privada. *RT* 482/281.
60. *Lições*. Ob. cit. v. 3, p. 44.
61. A respeito do assunto: *Juizados especiais criminais*. 5. ed. São Paulo: Atlas, 2002, p. 270-272.

Com a redação dada pela Lei nº 12.015, de 7-8-2009, o art. 225 passou a dispor: "Nos crimes definidos nos Capítulos I e II deste Título, procede-se mediante ação penal pública condicionada à representação. Parágrafo único. Procede-se, entretanto, mediante ação penal pública incondicionada se a vítima é menor de 18 (dezoito) anos ou pessoa vulnerável." A primeira conclusão permitida pelo dispositivo era a de que, em relação aos referidos crimes sexuais, não mais subsistiria a hipótese em que se devia proceder mediante ação penal privada exclusiva do ofendido ou de seu representante legal. A ação penal privada admissível em relação a esses delitos seria somente a subsidiária, no caso de inércia do Ministério Público.

A norma contida no revogado parágrafo único do art. 225 era a de que se procederia mediante ação pública incondicionada na hipótese de crime cometido contra menor de 18 anos ou pessoa vulnerável. Embora prevista como exceção à regra geral, aplicava-se a norma a todos os crimes sexuais contra vulnerável, definidos no Capítulo II (arts. 217-A, 218, 218-A, 218-B), bem como aos crimes definidos no Capítulo I (arts. 213, 215 e 216-A), no caso de ser a vítima menor de 18 anos ou pessoa vulnerável. Deve-se lembrar, por exemplo, que o estupro e a violação sexual mediante fraude podem ser praticados contra vítima maior de 14 anos e menor de 18 e que também o menor de 14 anos pode ser vítima de assédio sexual. Além da menoridade, referia-se a lei a estados de vulnerabilidade na hipótese de enfermidade ou deficiência mental que acarreta falta de discernimento para a prática dos atos sexuais (arts. 217-A, § 1º, 1ª parte, e 218-B) e na situação de não poder a vítima oferecer resistência (art. 217-A, § 1º, 2ª parte). Assim, exceção feita às hipóteses contempladas no parágrafo único, nos demais casos, segundo dispunha o art. 225, *caput*, proceder-se-ia mediante ação pública condicionada à representação. Essa seria a regra geral. Esqueceu-se, porém, o legislador que, na nova disciplina legal, o estupro qualificado pela lesão grave ou morte passou a ser previsto no próprio art. 213, §§ 1º e 2º, e não mais no Capítulo IV. Além do contrassenso de não se admitir a ação pública incondicionada nas hipóteses em que o estupro é de gravidade extrema, a aplicação literal do dispositivo implicaria a necessidade, no caso de morte da vítima, de representação de uma das pessoas mencionadas no art. 24, § 1º, do CPP, cônjuge, ascendente, descendente ou irmão, e, na da ausência destas, a impunidade do crime, por se tratar de rol taxativo. Por essas razões vinha-se sustentado a inconstitucionalidade do dispositivo legal.

Defendia-se, também, a continuidade na aplicação da Súmula 608, que determina a ação penal pública incondicionada no estupro praticado com violência real, abrangendo, portanto, os casos de ocorrência de lesão grave ou morte, mas excluindo a hipótese do crime cometido com grave ameaça. Sustentava-se, ainda, a ação pública incondicionada no crime de estupro, por força do disposto no art. 101, mas com fundamento no art. 146, que prevê essa espécie de ação penal para o crime de constrangimento ilegal, que é elemento constitutivo do estupro.

A interpretação baseada na literalidade da lei não raramente deve ceder diante de outros métodos que se revelem mais eficazes na busca da vontade da norma e a compatibilizem com o ordenamento jurídico. No caso do art. 225, *caput*, do CP, em sua anterior redação, para que se encontre a exata vontade da norma, impunha-se interpretação restritiva que limitasse o alcance do dispositivo, excluindo de sua aplicabilidade os crimes dos quais resulte lesão corporal grave ou morte. A abrangência das mencionadas hipóteses pela letra do dispositivo, que determinava a ação condicionada, decorria de evidente equívoco do legislador e não se justificava pela razão que inspirou a norma, que é a de evitar o *strepitus judicii*, a critério da vítima maior e capaz, porque, na ocorrência da morte ou lesão grave, que torna o delito de gravidade extrema, há de prevalecer sempre o interesse público na persecução penal, a exemplo do que prevê o Ordenamento em todos os demais crimes dos quais resultem esses eventos lesivos. Interpretação diferente também contrariava, o espírito da Lei nº 12.015/2009, que é no sentido de mais severa repressão aos crimes sexuais, conduzindo ao absurdo máximo da impunidade na mencionada hipótese de não oferecimento da representação por um dos sucessores da vítima no caso de morte. Não estavam, pois, destituídos de razão os que sustentavam que a incidência do art. 225, *caput*, do Código Penal nos casos de estupro com lesão grave ou morte feria duramente o princípio da razoabilidade. Nada justificava, também, a diferenciação entre o estupro praticado com violência real do cometido com grave ameaça para o fim de se determinar a espécie de ação penal pública cabível. Assim, a ação penal seria pública condicionada à representação em ambos os casos se o ofendido não fosse menor de 18 anos ou pessoa vulnerável (art. 225, parágrafo único) e se do delito não resultasse lesão grave ou morte. Não contemplou a Lei nº 12.015/2009 a hipótese, antes prevista no dispositivo (art. 225, § 1º, inciso II), do crime cometido com abuso do pátrio poder ou da qualidade de padrasto, tutor ou curador, circunstância que determinava a ação pública incondicionada por ser o delito praticado pela pessoa que deveria oferecer a representação ou a queixa. A regra visava evitar que o ofensor ficasse impune por ter ele a vítima sob sua discrição. Diante da Lei nº 12.15/2009, portanto, a ação penal seria pública incondicionada se a vítima fosse menor de 18 anos ou pessoa vulnerável.

Em resumo, na vigência da lei anterior, a ação seria pública incondicionada nos crimes previstos no Capítulo II (arts. 217-A, 218, 218-A e 218-B) e nos descritos no Capítulo I, quando praticados contra menor de 18 anos ou pessoa vulnerável, e, ainda, segundo entendemos, no crime de estupro quando resulte lesão grave ou morte (art. 213, §§ 1º e 2º). A ação seria pública condicionada à representação do ofendido por força do disposto no art. 225, *caput*, nos crimes de estupro sem lesão grave ou morte (art. 213, *caput*) e nos crimes de violação sexual mediante fraude (art. 215) e assédio sexual (art. 216-A) quando não praticados contra menor de 18 anos ou pessoa vulnerável.

24.1.3   Ação penal na lei vigente

A Lei nº 13.718, de 24-9-2018, conferiu ao art. 225 do CP a sua atual redação, determinando que nos crimes definidos nos Capítulos I e II, do Título VI, procede-se mediante ação penal pública incondicionada. Embora possa merecer críticas, a solução dada pelo legislador eliminou as dúvidas remanescentes a respeito da matéria, ao prever a ação pública incondicionada para todos os crimes contra a dignidade sexual. Embora o dispositivo se refira somente aos dois primeiros capítulos, diante da ausência de previsão da ação privada ou condicionada a representação, também são processados mediante ação pública incondicionada os crimes descritos nos Capítulos V e VI, do Título VI.

A literalidade do dispositivo, que menciona "os crimes definidos" nos Capítulos I e II, permite afirmar que a ação penal será pública incondicionada mesmo nos casos previstos no art. 226, I, II e IV, por não descreverem estes tipos penais autônomos, mas, simplesmente, causas de aumento de pena aplicáveis aos crimes descritos nos referidos capítulos.

Para os crimes contra a dignidade sexual praticados contra menor de 18 anos prevê a lei um termo inicial especial para o prazo prescricional, que só começa a correr a partir da data em que a vítima completa essa idade.

Nos arts. 190-A a 190-E da Lei nº 8.069/1990, introduzidos pela Lei nº 13.441, de 8-5-2017, passou-se a disciplinar a possibilidade de infiltração de agentes de polícia na internet, mediante prévia autorização judicial e a observância das formalidades especificadas na apuração dos crimes sexuais contra criança ou adolescente (arts. 217-A a 218-B). A Lei nº 13.431, de 4-4-2017, contém normas que disciplinam direitos e garantias da criança e do adolescente vítima ou testemunha de violência, inclusive com relação às cautelas e providências necessárias a colheita de seu depoimento pelas autoridades policial e judiciária (arts. 7º a 12).

24.2 AUMENTO DE PENA

24.2.1 Concurso

Prevê o art. 226 causa de aumento de pena para os crimes contra a liberdade sexual (Capítulo I) e os crimes sexuais contra vulnerável (Capítulo II). Com a redação dada pelas Leis nº 11.106, de 28-3-2005 e nº 13.718, de 24-9-2018, dispõe o art. 226: "A pena é aumentada: I – de quarta parte, se o crime é cometido com o concurso de 2 (duas) ou mais pessoas; II – de metade, se o agente é ascendente, padrasto ou madrasta, tio, irmão, cônjuge, companheiro, tutor, curador, preceptor ou empregador da vítima ou por qualquer outro título tiver autoridade sobre ela; IV – de 1/3 (um terço) a 2/3 (dois terços), se o crime é praticado: a) mediante concurso de 2 (dois) ou mais agentes" (estupro coletivo) ou "b) para controlar o comportamento social ou sexual da vítima" (estupro corretivo) (item 24.2.2).

Na primeira hipótese, referente ao concurso de 2 ou mais pessoas, considera-se que traz este mais perigo para a vítima, torna mais fácil a prática do delito e denuncia maior periculosidade dos agentes. Apesar da opinião de que só existe a qualificadora

510 MANUAL DE DIREITO PENAL – PARTE ESPECIAL – ARTS. 121 A 234-B DO CP • Julio Mirabete e Renato Fabbrini

quando a coparticipação existe para a execução do crime,[62] mais acertada se nos afigura a afirmação de que não se exige a presença simultânea de dois agentes na execução, bastando, para a caracterização da qualificadora, que haja colaboração pela instigação, conselho, planejamento etc.[63] Não fosse assim, o legislador teria utilizado fórmula semelhante à do art. 146, § 1º.[64]

24.2.2 Parentesco e autoridade

A segunda agravadora, que teve a redação meramente corrigida pela Lei nº 13.718, de 24-9-2018, determina o aumento da pena de *metade* se o agente é ascendente, padrasto, madrasta, tio, irmão, cônjuge, companheiro, tutor, curador, preceptor ou empregador da vítima ou por qualquer outro título tem autoridade sobre ela. A Lei nº 11.106 incluiu no inciso II o tio, a madrasta, o cônjuge e o companheiro, que não eram mencionados na redação original do dispositivo e excluiu a referência ao pai adotivo, porque desnecessária. Previa o art. 226 uma terceira qualificadora, a de ser o agente casado. O inciso III, porém, foi expressamente revogado pela Lei nº 11.106/2005.

Embora o incesto não seja, por si mesmo, crime, a lei agrava a pena quando um dos crimes sexuais é praticado entre parentes próximos, seja o parentesco natural ou civil (pai, inclusive o adotivo, embora não mais mencionado no dispositivo, avô, padrasto, madrasta, tio, irmão). O fato configura uma maior ofensa à dignidade sexual da vítima e acarreta maior alarma social, sendo um abuso de relações domésticas ou de situações de intimidade ou confiança. Com a inclusão do cônjuge, e do companheiro, no inciso II do art. 226, tornou-se evidente a possibilidade de configuração do crime de estupro quando praticado pelo marido da vítima, questão que era objeto de controvérsia na doutrina e na jurisprudência (item 22.1.4). Abrange a lei, também, qualquer pessoa que, pelos títulos mencionados no dispositivo ou quaisquer outros, tem autoridade, de direito ou de fato, sobre a vítima. Já se reconheceu a qualificadora, no caso do agente amásio da mãe da vítima,[5] do sogro com relação à nora etc. Não se considerou como preceptor o professor de catecismo.[6]

A existência da causa de aumento de pena exclui as agravantes genéricas correspondentes referidas pelo art. 61, II, *e* (ascendente, irmão ou cônjuge), *f* e *g*, diante do princípio *non bis in idem*.[7]

O crime sexual contra a mulher, praticado ou não pelas pessoas elencadas no inciso II, mas ocorrido no âmbito das relações domésticas e familiares, determina a incidência de normas especiais previstas na Lei nº 11.340, de 7-8-2006, como as que dispõem sobre as medidas protetivas de urgência de natureza civil (arts. 18 a 24-A); as providências a serem adotadas pela autoridade policial (arts. 10 a 12-C, II e III); a admissibilidade

---

62. Nesse sentido: HUNGRIA, FRAGOSO. *Comentários*. Ob. cit. v. 8, p. 240-241; e FARIA, Bento de. *Código penal brasileiro*. Ob. cit. v. 6, p. 86.
63. Nesse sentido: NORONHA. *Direito penal*. Ob. cit. v. 3, p. 314-315.
64. FRAGOSO. *Lições*. Ob. cit. v. 3, p. 46.

da retratação da representação somente perante o juiz (art. 16); a possibilidade de decretação da prisão preventiva para garantir a execução de medida protetiva (art. 313, III, do CPP); a competência para o processo do Juizado de Violência Doméstica e Familiar contra a Mulher (arts. 14 e 33). A Lei nº 10.778, de 24-11-2003, alterada pela Lei nº 13.931, de 10-12-2019, e regulamentada pelo Decreto nº 5.099, de 3-6-2004, prevê como objeto de notificação compulsória a existência de indícios de violência sexual contra a mulher constatada nos serviços de saúde públicos e privados (art. 1º, § 2º, I).

Novas causas de aumento de pena passaram a ser previstas no inciso IV, alíneas "a" e "b", inserido pela Lei nº 13.718, de 24-9-2018. A pena é agravada de um a dois terços, diz a Lei, "se o crime é praticado mediante concurso de 2 (dois) ou mais agentes" ou "para controlar o comportamento social ou sexual da vítima". O legislador denominou a primeira hipótese "Estupro coletivo" e a segunda "Estupro corretivo".

Embora evidente a deficiência técnica na redação do dispositivo, a denominação dada às circunstâncias permite inferir que, diversamente das causas descritas nos incisos I e II, as agravadoras previstas no inciso IV, que determinam o aumento de um terço a dois terços, não se aplicam a todos os crimes sexuais previstos nos Capítulos I e II, mas, somente, ao crime de estupro.

A primeira circunstância é a de ter sido o estupro praticado mediante concurso de duas ou mais pessoas. Igualmente ao que se verifica em relação ao inciso I, para a incidência da nova causa de aumento de pena basta a existência do concurso de agentes, não se exigindo sequer a presença do partícipe no momento de sua execução. Deve-se observar, porém, que, ocorrendo diversos estupros, executados por diferentes agentes, configura-se o concurso material de delitos, respondendo cada um pela autoria do estupro que praticou e pela participação nos crimes cometidos pelos demais, para os quais haja concorrido (item 22.1.12). Diante do concurso de dois ou mais agentes, a pena a ser imposta para cada delito deverá ser agravada nos termos do art. 226, IV, "a". Trata-se de hipótese particular da agravadora prevista no inciso I, porque determina que, especificamente no crime de estupro, a majoração da pena não será da quarte parte, mas de um a dois terços. A incidência do inciso IV, "a", afasta, portanto, a do inciso I.

Na alínea "b" é previsto o acréscimo da pena para a hipótese de "estupro corretivo". O estupro corretivo, modalidade de crescente ocorrência no mundo, é o estupro cometido em razão da suposta pretensão do autor de, mediante a prática do delito, controlar ou corrigir o comportamento sexual da vítima, por não se adequar aos padrões que entende aquele seriam os corretos e exigíveis. Embora as vítimas preferenciais dessa prática criminosa sejam as mulheres lésbicas, a norma é aplicável aos casos em geral de violência de gênero, em que o agente pratica o crime por condenar, com motivação de ordem moral, religiosa ou outra, a orientação sexual da vítima, por ser esta homossexual, bissexual ou transgênero. Diante, porém, da redação abrangente do dispositivo, o aumento de pena é devido sempre que o estupro for cometido, como forma de controle, isto é, de castigo, correção, lição ou ensinamento, com a finalidade de constranger a vítima a se submeter a um padrão de comportamento sexual ou social a este associado que, no entender do agente, deveria ser por ela observado. Incide a causa de aumento de pena, portanto, em diversas hipóteses, como nos casos do agente que estupra mulher lésbica com o fim de mudar a sua orientação sexual, ou daquele que estupra a enteada para corrigi-la de seu hábito de vestir roupas provocantes, por ser insinuante ou namoradeira na comunidade em que vivem etc.

As causas de aumento de pena previstas no inciso IV aplicam-se ao crime de estupro abrangendo, porque não disposto de forma contrária, as suas formas qualificadas pelo resultado (§§ 1º e 2º). Tratando-se de estupro de vulnerável ou qualquer outro crime descrito nos Capítulos I e II, o concurso de agentes determina o acréscimo de um quarto da pena (inciso I).

25

DO LENOCÍNIO E DO TRÁFICO DE PESSOA PARA FIM DE PROSTITUIÇÃO OU OUTRA FORMA DE EXPLORAÇÃO SEXUAL

25.1 MEDIAÇÃO PARA SERVIR A LASCÍVIA DE OUTREM

25.1.1 Generalidades

O Capítulo V teve sua denominação alterada, de "Do lenocínio e do tráfico de mulheres" para "Do lenocínio e do tráfico de pessoas", pela Lei nº 11.106, de 28-3-2005. A atual denominação decorre da redação dada pela Lei nº 12.015, de 7-8-2009: "Do lenocínio e do tráfico de pessoa para fim de prostituição ou outra forma de exploração sexual".

Lenocínio origina-se do latim *lenocinium*, que significava o tráfico de escravas para prostituição.

Não se incrimina a conduta da pessoa que exerce a prostituição ou daquela que por outra forma é explorada sexualmente, que são os sujeitos passivos dos delitos descritos nos arts. 227 a 230. Tipificam-se somente as condutas, parasitárias ou acessórias, que estimulam e fomentam a prostituição e outras formas de exploração sexual. Não prevê a lei, em dispositivo específico, a punição dos beneficiários dos serviços sexuais prestados pelos sujeitos passivos desses delitos, mas responderão penalmente se realizarem uma das condutas típicas descritas em lei.

Diante das alterações introduzidas pela Lei nº 12.015, de 7-8-2009, não mais se tutelam os bons costumes ou a moralidade pública. Protege-se, como nos capítulos anteriores, a dignidade sexual da pessoa.[65]

O capítulo abrange os crimes de mediação para servir à lascívia de outrem (art. 227), favorecimento da prostituição ou outra forma de exploração sexual (art. 228), casa de prostituição (art. 229), rufianismo (art. 230) e promoção de migração ilegal

---

65. Antes da vigência da Lei nº 12.015, de 7-8-2009, sendo os bons costumes o objeto central de tutela do Título VI, punia-se o lenocínio como atividade "tendente a proporcionar, estimular ou facilitar a devassidão ou, particularmente, a prostituição, por meio das práticas que a lei considera eficientes à realização dessa abjetíssima finalidade" – FARIA, Bento de. *Código penal brasileiro comentado*. Rio de Janeiro: Record, 1959. v. 6, p. 92.

(art. 232-A). Os crimes de tráfico internacional de pessoa para fim de exploração sexual e tráfico interno de pessoa para fim de exploração sexual eram previstos nos arts. 231 e 231-A, que foram revogados pela Lei nº 13.344, de 6-10-2016, a qual inseriu entre os crimes contra a liberdade individual o de tráfico de pessoas, que, entre outras hipóteses, se configura se a finalidade da conduta é a de exploração sexual (art. 149-A, V). Esqueceu-se o legislador de alterar o nome do Capítulo V, que não mais contém os crimes de tráfico de pessoa com o fim de exploração sexual nele enunciados. No art. 232-A, inserido pela Lei nº 13.445, de 24-5-2017, tipifica-se o crime de promoção de migração ilegal, pelo qual não se tutela a dignidade sexual, mas a regularidade das leis de migração, no que diz respeito ao ingresso e saída de estrangeiros do território nacional e da entrada de brasileiro em outro país.

25.1.2   Conceito

No art. 227, define a lei uma hipótese de lenocínio *principal*, denominado como mediação para servir à lascívia de outrem: "Induzir alguém a satisfazer a lascívia de outrem: Pena – reclusão, de um a três anos." O lenocínio *acessório* é o que pressupõe uma precedente fase de corrupção ou prostituição da vítima (arts. 229, 230 e outros).

25.1.3   Objetividade jurídica

Tutela-se no dispositivo a dignidade sexual da pessoa, protegendo-a a lei contra influências de terceiros que possam prejudicar a liberdade de escolha na vivência de sua sexualidade e contribuir para a sua sujeição a diferentes formas de exploração. Com o dispositivo, visa a lei evitar o incremento e o desenvolvimento da prostituição e de outras formas de exploração sexual[66] (v. item 25.2.5).

25.1.4   Sujeito ativo

Qualquer pessoa pode praticar o delito em apreço, mas o destinatário da conduta do agente responderá, eventualmente, por outro delito. Não está ele satisfazendo a lascívia alheia, mas à própria, podendo incidir, conforme o caso, no art. 217-A ou em outro dispositivo.

25.1.5   Sujeito passivo

Não há restrição na lei à inclusão de qualquer pessoa, homem ou mulher, como sujeito passivo do crime em estudo, uma vez que tanto um como outro pode satisfazer desejos eróticos de terceiro.[67] Se a vítima é menor de 14 anos, o crime é outro, o de cor-

---

66. Antes da vigência da Lei nº 12.015, de 7-8-2009, tutelava-se no caso a disciplina da vida sexual, de acordo com a moralidade pública e os bons costumes.

67. Entendia-se, antigamente, que se um homem fosse induzido a satisfazer a lascívia de uma mulher não ocorreria o crime por estar ele exercendo normalmente sua função sexual, caracterizando-se o ilícito apenas quando

25 • LENOCÍNIO E TRÁFICO DE PESSOA PARA PROSTITUIÇÃO OU OUTRA FORMA DE EXPLORAÇÃO SEXUAL

rupção de menores (art. 218). Sendo a vítima maior de 14 e menor de 18 anos, o crime é qualificado (item 25.1.9).

Afirma Bento de Faria, em lição que permanece válida em face da atual redação do dispositivo, que pouco importa que a vítima já esteja corrompida, desde que o lenocínio é punido *per se*, sem distinção de sexo e independentemente das qualidades morais da vítima.[68]

Tratando-se de prostitutas, porém, se não há a necessidade de induzimento à prática do ato, inocorre o crime.[69] Já se tem decidido que a meretriz não pode ser havida como vítima do delito previsto no art. 227 do CP, pois não é induzida, mas se presta, voluntariamente, à lascívia de outrem.[1]

25.1.6 Tipo objetivo

A conduta prevista em lei é induzir, que significa aconselhar, instigar, persuadir, incutir, levar a vítima a satisfazer a lascívia de outrem.[2] Para que haja induzimento, portanto, é necessário que tenham ocorrido promessas, dádivas ou súplicas.[3] Não constitui induzimento a conduta de quem serve de intermediário de proposta desonesta feita por terceiro à mulher.[4]

Lascívia é a sensualidade, luxúria, libidinagem, concupiscência, pouco importando qual a espécie do ato libidinoso, "que tanto pode ser a conjunção carnal como as práticas sexuais anormais ou meramente contemplativas, ou quaisquer outras expressivas de depravação física ou moral".[70] Não se exclui, inclusive, o ato que for praticado pelo próprio agente, limitando-se o terceiro a presenciá-lo com o fim de satisfazer a própria lascívia.

A simples tolerância por parte do sujeito, com relação à conduta de degradação de uma menor, não configura o delito por omissão. Absolveu-se a mulher que se limitou a ir buscar a ofendida, por ordem do marido, sem contudo instigá-la, de qualquer modo, a entregar-se à lascívia daquele.[5]

Somente ocorre o delito em estudo se o induzimento é efetuado tendo em vista pessoa determinada; se for dirigido a um número indeterminado de pessoas ou se presente o caráter da habitualidade, poderá ocorrer o delito previsto no art. 228. Basta apenas um caso de induzimento para a caracterização do crime previsto no art. 227.

---

for convencido à prática de atos anormais. Nesse sentido: NORONHA, E. Magalhães. *Direito penal*. 2. ed. São Paulo: Saraiva, 1964. Ob. cit. v. 3, p. 338-339; e FRAGOSO, Heleno Cláudio. *Lições de direito penal*. 3. ed. São Paulo: José Bushatsky, 1977. v. 3, p. 57.

68. *Código penal brasileiro*. Ob. cit. v. 6, p. 93-94.
69. Nesse sentido: NORONHA, *Direito penal*. Ob. cit. v. 3, p. 338; HUNGRIA, Nelson, FRAGOSO, Heleno Cláudio. *Comentários ao código penal*. 5. ed. Rio de Janeiro: Forense, 1981. v. 8, p. 274; e FRAGOSO. *Lições*. Ob. cit. v. 3, p. 57.
70. FARIA, Bento de. *Código penal brasileiro*. Ob. cit. v. 6, p. 92.

25.1.7 Tipo subjetivo

O dolo é a vontade de induzir, de convencer, de persuadir a vítima, e o elemento subjetivo do injusto (dolo específico) é a finalidade de satisfazer a lascívia de outrem. Se a conduta é praticada com intuito lucrativo, o crime é qualificado (item 25.1.9).

25.1.8 Consumação e tentativa

Consuma-se o delito com a prática do ato que possa importar na satisfação de lascívia de terceiro, independentemente da satisfação sexual efetiva deste. A tentativa é possível.

25.1.9 Formas qualificadas

Prevê o art. 227, § 1º, três hipóteses de crime qualificado, em que a pena prevista é a de reclusão, de dois a cinco anos.

A primeira qualificadora ocorre quando a vítima é "maior de 14 e menor de 18 anos", dando-se, assim, maior proteção às pessoas ainda não desenvolvidas física ou psiquicamente. Além disso, no caso, os males são maiores e o fato indica maior periculosidade do agente. Sendo a vítima menor de 14 anos, ocorre o crime de corrupção de menores (art. 218).

A segunda hipótese caracteriza o *lenocínio familiar* por ser o agente "ascendente, descendente, cônjuge ou companheiro, irmão, tutor ou curador da vítima". A Lei nº 11.106, de 28-3-2005, alterou o dispositivo, que agora se refere ao "cônjuge ou companheiro" e não somente ao "marido" como ocorria na redação original. A relação é taxativa e assim cometem apenas o crime básico o tio, o empregador etc.

Por fim, apresenta-se a qualificadora quando o agente é qualquer pessoa a quem esteja a vítima confiada para fins de educação (educadores, preceptores); tratamento (médicos, diretores de hospitais) ou guarda (pessoa a quem a vítima tenha sido entregue para vigilância, custódia etc.).[71]

No § 2º do art. 227 estão previstas outras formas qualificadas do crime em exame: "Se o crime é cometido com emprego de violência, grave ameaça ou fraude: Pena – reclusão, de dois a oito anos, além da pena correspondente à violência."

O *lenocínio questuário* é objeto do § 3º, que se refere ao *fim de lucro*. Para a hipótese a lei prevê, além da pena privativa de liberdade, a multa.

25.1.10 Distinção

Induzir menor de 14 anos a satisfazer a lascívia de outrem configura o crime de corrupção de menores (art. 218).

---

71. FRAGOSO. *Lições*. Ob. cit. v. 3, p. 59.

Ao participar, de forma secundária ou acessória, em crimes de estupro, o agente praticaria tão somente o crime do art. 227, em sua forma simples ou qualificada, e não aqueles crimes em coautoria ou participação.[72] Assim se tem decidido: "A participação no crime sexual de outrem, posto que não se trate de auxílio prestado ao próprio ato consumativo do crime, deve ser reconhecida como mediação para satisfazer a lascívia alheia em vez de ser tratada segundo a regra do art. 29 do Código Penal".[6] Entretanto, tendo o agente conhecimento de que o autor do delito se utilizará de violência ou grave ameaça para a prática de ato libidinoso, é possível a caracterização da participação no estupro. Quando a conduta é de auxílio material ao crime sexual, certamente haverá coautoria com relação a este (item 22.1.4).

Quando se tratar de condutas reiteradas, com fim de lucro, e a vítima for prostituta, poderá se configurar o crime de rufianismo (art. 230), já que o delito de mediação para servir à lascívia de outrem é crime subsidiário, ocorrendo quando não constituir o fato um dos demais crimes previstos no Capítulo V, todos mais graves.

25.2 FAVORECIMENTO DA PROSTITUIÇÃO OU OUTRA FORMA DE EXPLORAÇÃO SEXUAL

25.2.1 Conceito

No art. 228, com a redação dada pela Lei nº 12.015, de 7-8-2009, é definido o crime de favorecimento da prostituição ou outra forma de exploração sexual: "Induzir ou atrair alguém à prostituição ou outra forma de exploração sexual, facilitá-la, impedir ou dificultar que alguém a abandone: Pena – reclusão, de 2 (dois) a 5 (cinco) anos, e multa."

25.2.2 Objetividade jurídica

No direito anterior, em que o objeto geral de tutela do Título VI eram "os costumes", entendia-se que a exploração do meretrício devia ser reprimida como forma de se preservar a moralidade pública, por ser a prostituição um estado de indecência, último degrau da dissolução dos costumes, e perigoso em relação à vida sexual normal que se realiza por meio do casamento ou de relações estáveis. Mesmo enfocada a prostituição como uma atividade diretamente lesiva à moralidade pública e aos bons costumes, reconhecia o legislador que a pessoa que se dedica à prostituição encontra-se em um estado, normalmente resultante da convergência da ação de aproveitadores e de condições sociais ou familiares adversas, que lhe é prejudicial sob vários aspectos. Por essa razão, a prostituta já era sujeito passivo dos crimes descritos no Capítulo VI e por medida de política criminal não se punia o exercício do meretrício.

---

72. Nesse sentido: FRAGOSO. Lições. Ob. cit. v. 3, p. 58; e HUNGRIA, FRAGOSO. *Comentários.* Ob. cit. v. 8, p. 273-274.

De acordo com as alterações introduzidas pela Lei nº 12.015, de 7-8-2009, protege-se, em geral, nos crimes sexuais, a dignidade sexual da pessoa, como atributo intrínseco de todo indivíduo, que decorre da própria natureza da pessoa humana (item 22.1.1). Protege-se, assim, o *indivíduo* no que concerne ao seu desenvolvimento, maturidade e liberdade sexual.

Por decorrência da alteração do objeto geral de tutela penal e das modificações nos tipos penais descritos nos arts. 228 e seguintes, deve-se entender que o legislador reconheceu que, independentemente de qualquer juízo de moralidade pública, a prostituição é uma atividade ou um estado que fere a dignidade sexual da pessoa, por impedir ou dificultar o sadio desenvolvimento da sexualidade e a liberdade de cada um de vivenciá-la a salvo de diversas formas de violência e exploração. Se aquele que exerce a prostituição é vítima de exploração sexual, como deixam claro os novos dispositivos legais, justifica-se a punição daqueles que por diversas condutas contribuem para o seu ingresso ou permanência nesse estado que lhe é nefasto, mas não a da própria vítima.[73] Fortes razões, evidentemente, impedem que se cogite da punição de quem exerce a prostituição sob o pretexto de que esta lhe seria prejudicial.[74]

25.2.3 Sujeito ativo

Qualquer pessoa pode cometer o delito de favorecimento da prostituição ou outra forma de exploração sexual. Não se exclui o beneficiário dos *serviços* sexuais prestados pelo sujeito passivo, se pratica ele conduta típica.

25.2.4 Sujeito passivo

Quanto ao sujeito passivo, referindo-se a lei a alguém, incluem-se tanto o homem como a mulher adultos. Já é atividade bastante desenvolvida nos maiores centros a prostituição masculina. Excluem-se os menores 18 anos e os maiores de idade que por enfermidade ou deficiência mental não têm o necessário discernimento com relação às questões sexuais, porque nessas hipóteses, dada a condição de pessoa vulnerável, dispensa-lhe a lei especial proteção em tipo específico, com a cominação de penas mais severas (art. 218-B).

Pouco importa que o sujeito passivo seja pessoa de má reputação ou corrupta;[7] quem o induz ou atrai ao estado de exploração sexual pratica o delito.[8] Nas últimas formas de conduta (facilitar, impedir ou dificultar), pressupõe-se que a vítima já se encontre nesse estado.

---

73. Por razões de política criminal, a prostituição, em si, não foi elevada à categoria de crime.
74. A tendência do legislador é não punir condutas que acarretem lesão tão somente ao próprio agente, ainda que indisponível o bem jurídico tutelado, como na tentativa de suicídio e na autolesão, por medida de política criminal ou por se afirmar a disponibilidade da própria integridade física (itens 4.2.1 e 5.1.4). Mesmo nas condutas que envolvem drogas ilícitas para consumo pessoal (art. 28 da Lei nº 11.343, de 23-8-2006), que permanece fato típico, por ofender a saúde pública, o usuário não é punido pelo ato de consumir a droga que traz prejuízos à própria saúde.

25.2.5 Prostituição e outras formas de exploração sexual

No art. 228 incrimina-se a conduta, praticada pelas diferentes ações típicas nele descritas, de estimular ou favorecer o ingresso ou a permanência de alguém na *prostituição* ou em outro estado de *exploração sexual*. Porque à prostituição e à exploração sexual referem-se também outros tipos penais (arts. 218-B, 230), examinamos em separado esses conceitos.

Ao se referir à prostituição ou *outras formas de exploração sexual*, a lei afirma que a prostituição é uma forma de exploração sexual, sem, entretanto, definir o significado da expressão.[75] É certo, porém, que o conceito de exploração sexual é mais amplo e abrange o de prostituição e que a fórmula genérica de que se valeu o legislador permite a busca de seu significado mediante interpretação analógica, com base nas semelhanças existentes com a prostituição.

Prostituição tem sido conceituada de formas distintas. No sentido mais difundido, prostituição é "o comércio habitual do próprio corpo, para a satisfação sexual de indiscriminado número de pessoas".[76] Embora para alguns a prostituição consista simplesmente na "habitualidade de prestações carnais a um número indeterminado de pessoas",[77] independentemente do fim de lucro, não se pode afirmar que exerce a prostituição quem é somente promíscuo, por manter relações sexuais indiscriminadamente com um elevado número de pessoas visando somente à satisfação de sua própria libido. Assim, seriam características da prostituição a habitualidade, o fim lucrativo e o número indeterminado de pessoas para os quais são prestados os serviços sexuais. Dúvida, porém, pode surgir em relação a condutas nas quais, presentes a habitualidade e o fim lucrativo, os serviços sexuais são prestados a uma única pessoa, como no caso da mulher que aceita a proposta de uma remuneração mensal ou de residir graciosamente em determinado local em troca da manutenção de periódico congresso carnal com o proprietário.

Não há na doutrina um consenso sobre o exato significado e abrangência de *exploração sexual* e o termo *exploração* comporta, no vernáculo, diferentes acepções. No contexto legal, porém, deve-se entender exploração como o ato ou efeito de *explorar*, que tem, entre outros, o sentido de tirar proveito, beneficiar-se, extrair lucro ou compensação material de uma situação ou de alguém. Assim, explorar sexualmente uma pessoa deve significar tirar proveito, beneficiar-se ou extrair lucro ou compensação material de sua sexualidade.

Não é correto, a nosso ver, restringir a exploração sexual às hipóteses em que os serviços sexuais sejam prestados com fins lucrativos, em proveito de terceiros ou da

---

75. O art. 234-C, vetado, definia exploração sexual: "Para os fins deste Título, ocorre exploração sexual sempre que alguém é vítima dos crimes nele tipificados." A conceituação, tautológica, nada esclareceria.
76. DELMANTO, Celso. *Código penal comentado*. 7. ed. São Paulo: Renovar, 2007. p. 613.
77. Nesse sentido: MANZINI, Vincenzo. *Trattato di diritto penale italiano*. Turim: Turinese, 1951. v. 7, p. 496, § 2.646, II.

própria pessoa que se encontra no estado de prostituição ou análogo. Se assim o desejasse, o legislador expressamente se referiria à finalidade econômica. Costuma-se distinguir, aliás, a exploração *comercial* sexual (em que há fim lucrativo) de outras formas de exploração sexual. Ademais, a própria lei reconhece a existência de outras formas de exploração sexual diversas da prostituição, que, embora tenha no fim lucrativo um traço característico, este muitas vezes é apontado como não essencial. Aliás, no caso da prostituta que não é explorada por terceiro, mas somente por seus clientes, o único proveito que estes tiram é o da satisfação de sua própria libido e, como afirma a lei, encontra-se ela em situação de exploração sexual.[78]

Se o fim lucrativo não é essencial, a habitualidade que caracteriza a prostituição também deve estar presente nas outras formas de exploração sexual. No art. 228 e nos demais tipos penais que a elas se referem, as condutas incriminadas indicam claramente que se trata de um *estado* no qual o sujeito passivo ingressa ou já se encontra, punindo condutas que estimulam, facilitam ou que por outras formas contribuem para o início ou para a continuidade da exploração sexual. Não há, porém, a necessidade de que a vítima tenha praticado atos de natureza sexual, bastando que se encontre em situação de disponibilidade para a sua prática reiterada ou habitual. Tratando-se de situação única, pode-se configurar outro delito, como, por exemplo, os descritos nos arts. 218, 218-A, 227.

No sentido mais abrangente, configura-se a exploração sexual na prostituição ou em outras formas sempre que a sexualidade da pessoa, em detrimento de sua essencialidade natural, como aspecto de sua personalidade, passa a se constituir, de forma habitual, em *mercadoria*[79] ou *objeto de uso* em proveito de outros, qualquer que seja a natureza deste, econômica ou não, sem se excluir o proveito de natureza sexual (item 22.1.1).

Verificada essa situação genérica, deve-se ter por configurada a *exploração sexual*, independentemente de se reconhecer ou não a prostituição, nas hipóteses que para alguns já estariam abrangidas pelo conceito desta, em que a vantagem ou proveito dela decorrente não é o lucro, mas de natureza diversa, ou quando, embora presente o fim lucrativo, não se beneficia da exploração um número indeterminado de pessoas. Encontram-se sob exploração sexual, por exemplo: a mulher ou companheira de um condenado que se submete a manter relações sexuais com outros detentos, em visitas íntimas, ou funcionários do presídio, para que aquele possa usufruir de privilégios no cárcere; a pessoa que se sujeita a manter relações sexuais habituais com o proprietário

---

78. Na prostituição a sexualidade é explorada em diversos sentidos: a pessoa que exerce a prostituição explora a própria sexualidade, tirando como proveito, em regra, a remuneração pelos serviços sexuais prestados; o cliente, beneficiário desses serviços, ao explorar a sexualidade da prostituta, tira como proveito a satisfação da própria libido. Terceiros, que praticam condutas acessórias ou parasitárias em torno da prostituição, auferem, em geral, vantagens econômicas, materiais ou de outra natureza.

79. Nesse sentido, com propriedade, afirma Estefam: "Conclui-se que a exploração sexual, do mesmo modo que a prostituição (mercancia sexual do corpo) dá-se quando uma pessoa tira proveito de outra, promovendo a sua degradação, sob o aspecto da sexualidade, fazendo com que esta se comporte como objeto ou mercadoria" (ESTEFAM, André. Ob. cit. p. 111).

do imóvel em troca do abrigo ou moradia de que necessita; a filha constrangida ou induzida pela mãe a manter relações sexuais periódicas com alguém, independentemente de remuneração, para agradá-lo e assim dele obter favores de qualquer natureza ou somente a sua permanência sob o mesmo teto; a funcionária que é coagida a prestar serviços sexuais habituais ao patrão ou ao chefe como forma de manter o emprego; a mulher, coagida pelo marido a se tornar amante de seu superior apenas para favorecer a sua promoção etc.

Porque o termo *exploração* tem, também, o significado de *abuso da boa-fé ou da situação especial de alguém*, impõe-se saber se é necessário para a caracterização da exploração sexual que alguém se prevaleça ou se aproveite de uma situação desfavorável, desvantajosa ou de inferioridade da pessoa que constitua a razão de sua sujeição a esse estado. Pode a vítima se sujeitar à exploração sexual, por exemplo, em face de prementes necessidades econômicas ou por submissão à vontade de alguém que sobre ela tem ascendência, poder de mando ou influência, decorrente de relações familiares, subordinação hierárquica etc. Em todas as hipóteses acima mencionadas pressupõe-se a existência dessa condição. A se acolher essa exigência, diante da nova redação do dispositivo, pode-se questionar se a pessoa maior, capaz, de posses, que exerce o comércio sexual por decisão própria e livre vontade, movida somente pela ambição e sendo a única a tirar proveito econômico da situação, embora seja prostituta, se encontra em estado de exploração sexual. Não há, a rigor, razão suficiente para a distinção. A lei considera a prostituição contrária à dignidade sexual da pessoa e por isso incrimina as condutas tendentes a favorecer o ingresso ou a permanência nesse estado, independentemente de qualquer condição desvantajosa da pessoa. Pratica, portanto, o crime descrito no art. 228 quem induz ou atrai a pessoa maior e capaz à prostituição, ainda que não se encontre o sujeito passivo em situação desfavorável de qualquer espécie. Porque a prostituição não é fato típico, por não se interessar a lei pela punição de quem a exerce, não se configura nenhum delito na hipótese de pessoa que a exerce por sua própria e livre vontade, embora se possa falar, ainda nessa hipótese, na existência de exploração sexual. Assim, o sentido de abuso, contido na exploração sexual, se encerraria no próprio abuso da sexualidade da pessoa que, por qualquer razão ou motivação, se encontra nesse estado.

Outra questão relevante que surge diante da nova redação dada aos referidos tipos penais é a relativa à exigência ou não, nas outras formas de exploração sexual, da prática de conjunção carnal ou atos libidinosos por quem se encontra no estado de exploração. Ao se referir a lei à exploração sexual, não limitou o legislador o conceito do termo *sexual* à conjunção carnal ou à prática de atos libidinosos, expressamente mencionados em determinadas condutas (arts. 213, 215, 217-A, 218-A etc.). Entretanto, porque a expressão remete à exploração da *sexualidade*, que tem sentido muito abrangente, deve-se verificar diante das particularidades do caso concreto se não se cuida de atividade *lícita*. Não haverá dúvida, porém, em se reconhecer a existência de exploração sexual em determinadas hipóteses: da filha menor do comerciante que é por este submetida a se exibir nua no estabelecimento como meio de atrair fregueses;

da menor que é induzida ou coagida a se tornar dançarina de *striptease*, modelo para fotografias eróticas ou atriz em filmes pornográficos etc.

25.2.6 Tipo objetivo

No tipo penal em estudo estão inscritas quatro condutas. A primeira delas é a de *induzir* (persuadir, aconselhar, instigar etc.). A segunda é a de *atrair*, que tem significado semelhante ao de induzir e indica a conduta de persuadir a vítima o agente que se encontra no ambiente da prostituição ou de exploração sexual por outra forma. Na terceira hipótese, de lenocínio acessório, o agente *facilita*, favorece, torna mais fácil, presta auxílio, cria condições para a prostituição ou exploração sexual de outrem. Já se decidiu pela configuração do delito na conduta de quem promove a instalação de prostitutas,[9] arranja-lhes clientes,[10] encaminha mulheres para casa de tolerância,[11] promove a instalação de mulher em lupanar,[12] promove a ida de mulheres para uma cidade, locando-lhes imóvel para explorarem o comércio carnal,[13] alicia mulheres para seu apartamento, facilitando-lhes, ali, encontros para fins libidinosos[14] etc. Entendeu-se não haver o crime na permissão de frequência de menor a uma *boîte* ainda que sua simples presença constitua meio atrativo para a freguesia.[15] Também não se considerou caracterizado o ilícito por falta de prova de que o acusado tivesse agido com *animus lucro faciendi* em relação às moças que atendiam na agência de acompanhantes, já francamente prostituídas.[16]

A última conduta é a de *impedir de abandonar* a prostituição ou outra forma de exploração sexual, pressupondo-se, portanto, que a vítima já se encontra nesse estado e o agente opõe-se ao abandono, aconselhando, criando melhores condições materiais etc. É pacífico na doutrina que se pode cometer o delito por omissão, como ocorre no caso de tolerância à prostituição por parte do pai ou da mãe ou de quem tenha o dever jurídico de impedi-la.[17][80] Não se configura o delito, porém, se o agente, "doente e miserável", aceita a triste situação de marido traído, por não ter condições materiais e morais de se opor aos deslizes sexuais da mulher, que transformou o lar em verdadeiro meretrício.[18]

Não configura o delito alugar quartos para fins libidinosos[19] (haveria, no caso, o crime previsto no art. 229) ou meretriz convidar outras companheiras de "profissão" a irem para determinada cidade, onde há possibilidade de maiores lucros.[20]

O crime de favorecimento da prostituição não é delito habitual, bastando a prática de uma das condutas, por uma vez, para que se aperfeiçoe o ilícito.[21]

25.2.7 Tipo subjetivo

É o dolo do delito a vontade de induzir, atrair, facilitar etc. Não se distingue para efeitos gerais o *lenocinium questuarium* do *lenocinium gratuitam*, sendo irrelevante que nada se cobre pela mediação.[22] Havendo fim de lucro ocorrerá uma qualificadora.

---

80. Nesse sentido: HUNGRIA, FRAGOSO. *Comentários*. Ob. cit. v. 8, p. 276; NORONHA. *Direito penal*. Ob. cit. v. 3, p. 347-348; e FRAGOSO. *Lições*. Ob. cit. v. 3, p. 61.

25.2.8 Consumação e tentativa

A consumação do delito não se configura com a simples conduta de induzir, atrair etc., mas exige que seja produzido na vítima o efeito querido pelo agente.[23] Independe, contudo, do consórcio carnal do terceiro com o sujeito passivo.[24] Assim, quanto às três primeiras condutas, a consumação opera-se com o estado de prostituição em que a vítima já está no prostíbulo ou à disposição dos fregueses, ainda que não tenha recebido qualquer um. No último, o impedimento do abandono consuma o crime, que, nesse caso, tem caráter permanente.

A tentativa é possível em qualquer caso: apesar do induzimento, a vítima não se convence ou é impedida de colocar-se à disposição dos fregueses; não cede a vítima aos conselhos ou oferecimentos do agente e abandona a prostituição etc.

25.2.9 Formas qualificadas

Qualifica-se o crime nas hipóteses previstas nos §§ 1º, 2º e 3º do art. 228.

Nos termos do § 1º, com a redação dada pela Lei nº 12.015, de 7-8-2009, pune-se com reclusão de 3 a 8 anos, "se o agente é ascendente, padrasto, madrasta, irmão, enteado, cônjuge, companheiro, tutor ou curador, preceptor ou empregador da vítima, ou se assumiu, por lei ou outra forma, obrigação de cuidado, proteção ou vigilância". Às relações familiares previstas como qualificadoras do crime previsto no art. 227 acrescentou a lei o *padrasto*, a *madrasta* e o *enteado*. Menciona-se, também, além das condições de *tutor* ou *curador* da vítima, a de seu *preceptor* ou *empregador* e a assumida, por lei ou outra forma (contrato, por exemplo), a obrigação de cuidado, proteção ou vigilância, como nos casos dos diretores ou funcionários de hospitais, responsáveis por excursões, agentes penitenciários etc. Não se aplica, porém, o dispositivo ao menor de 18 anos, porque nessa hipótese configura-se o crime previsto no art. 218-B.

Também ocorre qualificadora quando há emprego de violência, grave ameaça ou fraude, passando a pena a ser de quatro a dez anos de reclusão, além daquela referente à violência (art. 228, § 2º). Quando há fim de lucro, é aplicada também pena de multa (art. 228, § 3º).

25.2.10 Distinção

Se o sujeito passivo é menor de 18 anos ou pessoa com enfermidade ou deficiência mental que não tem discernimento necessário em relação às questões sexuais, configura-se o crime descrito no art. 218-B, punido com reclusão de 4 a 10 anos, em razão da maior proteção conferida pela lei às pessoas vulneráveis. A conduta de *submeter* que integra esse tipo penal já era incriminada no art. 244-A do Estatuto da Criança e do Adolescente, inserido pela Lei nº 9.975, de 24-6-2000. Esqueceu-se o legislador, por ocasião da elaboração da Lei nº 12.015, de 7-8-2009, de revogar expressamente o último dispositivo.

Não se confunde o delito em estudo como o de mediação para satisfazer a lascívia de outrem. Neste, a conduta do agente se destina a servir determinada pessoa sem caráter de habitualidade. Também não se confunde com o crime previsto no art. 229. Evidentemente, quem mantém casa de prostituição também a facilita; todavia, a primeira conduta já se acha definida como fato típico, pelo que, caracterizando-se, não se pune a segunda. Trata-se de um concurso aparente de normas.[25] Há formas de favorecimento da prostituição que constituem o crime de tráfico de pessoas (art. 149-A).

25.3 CASA DE PROSTITUIÇÃO

25.3.1 Conceito

Na Antiguidade, o Estado chegou até a manter, ou pelo menos regulamentar, os lupanares, hospedarias ou banhos públicos onde se instalava a prostituição. Modernamente, porém, pune-se, como forma especial de favorecimento à prostituição, o fato de se manter locais para encontros libidinosos. Trata-se do crime de casa de prostituição, previsto pelo art. 229, com a redação dada pela Lei nº 12.015, de 7-8-2009: "Manter, por conta própria ou de terceiro, estabelecimento em que ocorra exploração sexual, haja, ou não, intuito de lucro ou mediação direta do proprietário ou gerente: Pena – reclusão, de dois a cinco anos, e multa." [81]

Originalmente referia-se o dispositivo especificamente à "casa de prostituição". O dispositivo foi alterado para abranger outras formas de exploração sexual, mas manteve-se o *nomen juris* do delito.

25.3.2 Objetividade jurídica

O objeto jurídico do delito em estudo é, ainda, a dignidade sexual da pessoa. Com a incriminação da conduta visa-se coibir uma forma específica de favorecimento da prostituição e demais formas de exploração sexual, consistente em propiciar um local próprio para o exercício dessas atividades.

25.3.3 Sujeito ativo

Qualquer pessoa que mantenha casa ou local destinado à prática da prostituição ou de outra forma de exploração sexual pode ser sujeito ativo do crime. A prostituta, porém, que recebe seus clientes em casa não pratica o crime, pois não mantém, mas *exerce* o meretrício.[26] Incriminar-se esse fato levaria à proibição de uma atividade não criminosa, que é a prostituição pura e simples.

Expressamente, a lei dispensa o fim de lucro ou a intermediação direta do agente, praticando o delito quem por conta *própria* ou de *terceiro* facilita a exploração sexual

---

81. Sobre o assunto, ver PIRES, Ariosvaldo de Campos. Casa de prostituição. *RT* 703/406.

por essa forma especial. É irrelevante à configuração do delito a circunstância de não ter o agente participação no proveito obtido da prostituição por suas pensionistas.[27] Não se ajustam à lei, portanto, decisões em sentido contrário.[28] Já se tem considerado como coautor do delito o locador do imóvel sabedor da destinação que lhe é dada.[29]

Não há crime no fato de inquilinas do agente receberem homens em seus aposentos, para prostituição, sem que tenha havido sua mediação.[30] A responsabilidade de empregado subalterno de hotel, aliás, somente pode ser admitida quando se alegue e seja demonstrada a sua participação consciente na ação típica prevista na lei.[31]

25.3.4 Sujeito passivo

Vítimas do delito são as pessoas que exercem a prostituição ou se sujeitam a outra forma de exploração sexual. Tratando-se de sujeitos passivos menores de 18 anos, configura-se o crime descrito no art. 218-B, § 2º, inciso II.

25.3.5 Tipo objetivo

A conduta típica é *manter*, ou seja, sustentar, conservar, prover, fazer com que exista a casa de prostituição ou na qual se pratica outra forma de exploração sexual (item 25.2.5). É um crime habitual, exigindo-se a repetição de atos de meretrício ou exploração sexual.[32] [82]

Incluídos no dispositivo, em sua redação original, estavam, como diz Hungria, "não só o pensionato de meretrizes, o conventilho, o bordel, o prostíbulo, o lupanar, o alcoice, a casa de *rendez-vous* ou de *passe*, o *hotel* de cômodos à hora, senão também todo e qualquer local destinado a encontros lascivos, sejam ou não com prostitutas, propriamente tais".[83] Já não se reconhecia o crime, porém, no fato de ceder alguém o cômodo de seu apartamento para casal de amantes.[33] Sendo a prostituição uma forma de exploração sexual, a conduta de manter casa na qual se pratica o exercício do meretrício permanece típica após a vigência da Lei nº 12.015, de 7-8-2009. Tornou-se, atípica, porém, diante da nova redação do dispositivo a conduta de manter "lugar destinado a encontros para fins libidinosos", prevista na lei anterior. Embora na jurisprudência já se afastasse a tipicidade do fato nas hipóteses de motéis e hotéis de *alta rotatividade*, saunas, casas de banho e outros locais comumente utilizados para "encontros com fins libidinosos", porque se destinavam a toda espécie de hóspedes e frequentadores,[84][34] diante da nova redação dada ao dispositivo, somente se configura o crime de casa de

---

82. Nesse sentido: HUNGRIA, FRAGOSO. Ob. cit. *Comentários*. Ob. cit. v. 8, p. 278-279; FRAGOSO. *Lições*. Ob. cit. v. 3, p. 265-266; NORONHA. *Direito penal*. Ob. cit. v. 3, p. 355-356; e FARIA, Bento de. *Código penal brasileiro*. Ob. cit. v. 6, p. 101-102. Para Antonio Gonçalves Gonzaga não se trata de crime habitual, mas de simples delito permanente. Casa de prostituição. *RT* 290/20-33.
83. *Comentários*. Ob. cit. v. 8, p. 280-281.
84. Nesse sentido: FRAGOSO. *Lições*. Ob. cit. v. 3, p. 64-65; e DELMANTO, Celso. *Código penal anotado*. 2. ed. São Paulo: Saraiva, 1981. p. 239.

prostituição se nesses ou em outros locais ocorrer a prostituição ou outra forma de exploração sexual. Exige-se, evidentemente, para a configuração do delito, que o agente tenha conhecimento de sua ocorrência.

Tem-se exigido, para a demonstração da habitualidade, uma sindicância prévia ou outra prova inconcussa.[35] Essa circunstância, porém, pode ser comprovada por qualquer meio, inclusive o flagrante, a mais cabal, a mais convincente das provas do crime e da autoria.[36] Havendo permanência, reiteração, continuidade no acolhimento de pessoas para os fins vedados, o crime é permanente, permitindo-se em qualquer momento a prisão em flagrante.[37]

25.3.6 Tipo subjetivo

O dolo genérico é a vontade de manter a casa ou o local, com o conhecimento de que ali se pratica a prostituição ou outra forma de exploração sexual.

Ensina Fragoso: "As casas de prostituição nas zonas de meretrício aquartelado, com o consentimento e a fiscalização da polícia, constituem fato desconcertante, que não pode deixar de se impor no momento de aplicar o direito, limitando o alcance teórico e formal da lei."[85] Por essa razão, decidia-se, reiteradamente, ocorrer nestes casos erro de fato que exclui o dolo.[38] A tolerância da polícia ou até a possibilidade de maus policiais explorarem essa situação, porém, não exclui o dolo por erro de tipo, podendo levar ao erro sobre a ilicitude do fato (art. 21). Há decisões no sentido de que, inexistindo um ou outro, persiste o crime, ainda que o estabelecimento esteja localizado em zona do meretrício.[39]

Não comporta o crime a forma culposa, não respondendo pelo ilícito o proprietário do hotel por ser desidioso na fiscalização do porteiro que se dá à prática delituosa.[40]

25.3.7 Consumação e tentativa

Consuma-se o delito com a manutenção da casa ou local. Embora se exija *habitualidade*, um só ato basta para a caracterização do ilícito quando indicar que há instalação para o fim de exploração sexual.[86]

A tentativa, diz-se, é impossível: ou há meros atos preparatórios, ou já houve a instalação destinada à prostituição e o delito consumou-se. Entretanto, é possível figurar-se exemplo do *conatus*, em tese.

25.3.8 Distinção

Os tipos dos arts. 228 e 229 são autônomos, embora o segundo seja uma espécie do primeiro. Nada impede, porém, que o agente, além de manter casa de prostituição,

---

85. *Lições*. Ob. cit. v. 3, p. 67. Rubens Zumstein sugere a reforma da lei ou a sua aplicação em qualquer circunstância. Casa de prostituição. *RT* 538/304-310.

86. Nesse sentido: NORONHA. *Direito penal*. Ob. cit. v. 3, p. 360-361; e FRAGOSO. *Lições*. Ob. cit. v. 3, p. 67.

induza alguém a se dedicar à prostituição ou a se sujeitar à exploração sexual ou a facilite, de outra forma, ocorrendo, no caso, concurso material. A manutenção de local para a prostituição ou exploração sexual de menor de 18 anos configura crime contra pessoa vulnerável (art. 218-B, § 2º, II), em que se prevê, como efeito obrigatório da condenação, a cassação da licença de localização e de funcionamento do estabelecimento (§ 3º do mesmo artigo). A conduta é descrita, também, no art. 244-A, § 1º, do Estatuto da Criança e do Adolescente, que foi derrogado tacitamente pela Lei nº 12.015/2009, que redefiniu a conduta no citado dispositivo do Código Penal.

25.4 RUFIANISMO

25.4.1 Conceito

Uma espécie de lenocínio, em que o agente explora quem exerce a prostituição, que vai servir à lascívia alheia, é o delito de rufianismo, definido no art. 230: "Tirar proveito da prostituição alheia, participando diretamente de seus lucros ou fazendo-se sustentar, no todo ou em parte, por quem a exerça: Pena – reclusão, de um a quatro anos, e multa." A Lei nº 12.015, de 7-8-2009, não alterou a descrição típica para a inclusão de formas similares de exploração sexual como fez em outros dispositivos que se referem à prostituição, mas deu nova redação às qualificadoras.

25.4.2 Objetividade jurídica

Tutela-se, ainda uma vez, a dignidade sexual da pessoa, procurando-se coibir especificamente a atividade parasitária do rufião em torno da prostituição.

25.4.3 Sujeito ativo

Pode cometer o crime qualquer pessoa, não sendo necessário que o agente coopere, proteja ou auxilie quem exerce a prostituição. São vários os tipos de rufiões: há os que utilizam a coação, inclusive pela força ou terror (*maquereau, cáften* ou *apache*); há os que atuam pelo poder de sedução ou do amor (*cafinflero*) ou o que faz apenas da atividade um comércio (comerciante). Os gigolôs (*amants du coeur*), que se servem gratuitamente da meretriz, ou que dela recebem esporádicos presentes, não praticam o crime. A meretriz também pode ser sujeito ativo do crime; prestando-se, mediante paga, a guardar outras prostitutas da polícia, enquanto se entregam estas ao comércio sexual, pratica o delito de rufianismo.[41]

25.4.4 Sujeito passivo

A pessoa que se dedica à prostituição, homem ou mulher, é o sujeito passivo do crime.

25.4.5 Tipo objetivo

Caracteriza-se o delito quando o agente *tira proveito* da prostituição, ou porque participa de seus lucros, ou porque se faz sustentar, ainda que parcialmente, por quem a exerce. No primeiro caso é o sujeito uma espécie de sócio da meretriz, não desaparecendo o crime se possui ele outra fonte de renda ou ocupação.

Não existe crime no recebimento de haveres por legado ou herança, quando a mulher já deixou de exercer a prostituição, ou quando presta ela alimentos (art. 1.694 do CC).

A segunda hipótese prevista em lei é aquela em que o agente se *faz sustentar* pela meretriz, vive à sua custa, ainda que parcialmente. Recebe ele dinheiro, alimentação, moradia, assistência (tratamento de saúde, pagamento de estudos etc.), vivendo à sombra do meretrício.[42] Inexiste o crime, porém, se o agente é sustentado por quem exerce a prostituição com rendimentos de outra fonte que não a prostituição (aluguéis, juros etc.).

Não se exige que a iniciativa parta do agente. Existe rufianismo ainda que haja oferecimento espontâneo da prostituta.[43] A passividade do rufião, que se limita a auferir proveitos da prostituição alheia, não desfigura o crime.[44]

Igualmente, não desnatura o crime o fato de o agente não colaborar, facilitar ou incentivar a prostituição da vítima. Nesse caso, o fato pode constituir ilícito mais grave, como o de favorecimento à prostituição (art. 228).

O rufianismo é *crime habitual,* que indica um sistema de vida antissocial, tornando-se necessário reiteradas entregas de lucro ou o sustento por algum tempo.[45] Não é rufião, portanto, aquele que, gratuitamente, recebe as complacências amorosas de uma prostituta, dela recebendo, também, empréstimos em dinheiro e presentes.[46] Por essa razão, não se considerou como prova do crime a autuação em flagrante.[47]

Embora a lei preveja a conduta de *participar,* é evidente, em interpretação extensiva, que se abrange o fato, raro aliás, de o agente ficar com todo o lucro da prostituta.

Referindo-se a lei especificamente à *prostituição,* não há crime se o agente se faz sustentar pela mulher com o que esta recebe de um ou vários amantes. Também não se reconhece o delito no fato de residir o agente no cômodo alugado pela meretriz, sua amante.[48]

A eventual tolerância da Polícia em relação ao lenocínio não aproveita ao rufião.[49]

25.4.6 Tipo subjetivo

O dolo do delito é a vontade livre e consciente de receber os proventos do meretrício, participando dos lucros ou fazendo-se sustentar, ainda que em parte, com estes.[50] Não se exige fim específico. O erro por parte do sujeito quanto à fonte de renda elide o dolo e exclui o crime.

25.4.7 Consumação e tentativa

Consuma-se o delito com a participação reiterada nos lucros ou com a manutenção do agente por quem exerce a prostituição. Tratando-se de crime habitual, é impossível a ocorrência de tentativa.

25.4.8 Formas qualificadas

No rufianismo há formas qualificadas semelhantes às previstas no art. 228, § 1º (art. 230, § 1º, com a redação dada pela Lei nº 12.015, de 7-8-2009). Pune-se com pena de 3 a 6 anos de reclusão, e multa, "se o crime é cometido por ascendente, padrasto, madrasta, irmão, enteado, cônjuge, companheiro, tutor ou curador, preceptor ou empregador da vítima, ou por quem assumiu, por lei ou outra forma, obrigação de cuidado, proteção ou vigilância" (item 25.2.9). Incide, também, a qualificadora se a vítima é menor de 18 e maior de 14 anos. Esqueceu-se o legislador da proteção do menor de 14 anos, porque não se previu a figura específica do rufianismo na hipótese de ser o sujeito passivo pessoa vulnerável. Entretanto, se o rufião submete o menor de 14 anos à prostituição, pratica o crime de estupro de vulnerável.

Qualifica-se o delito, também, quando há emprego de violência, grave ameaça, fraude ou outro meio que impeça ou dificulte a livre manifestação da vontade da víti- ma (art. 230, § 2º, com as alterações da Lei nº 12.015/2009). Nessas hipóteses, a pena é de 2 a 8 anos de reclusão, sem prejuízo, no caso de violência, da pena cominada para as lesões corporais dela decorrentes. Parece-nos extremamente liberal a lei ao fixar a pena de dois anos de reclusão, inferior ao mínimo das qualificadoras previstas no § 1º, já que o fato apresenta tanta ou maior gravidade que aqueles previstos no parágrafo anterior. A qualificadora prevista no § 2º só é de ser reconhecida quando o agente se faz sustentar por quem exerce a prostituição mediante recursos hauridos por este no mercadejo sexual.[51]

25.4.9 Distinção

Distingue-se o rufianismo do delito previsto no art. 228 por existir neste a ativi- dade do agente no sentido de facilitar a atividade de quem exerce a prostituição ou se sujeita a outra forma de exploração sexual, o que não se exige daquele. Não se confunde o rufianismo qualificado pela violência, grave ameaça ou fraude com o crime de ex- torsão (art. 158). Este é um crime complexo, sendo a força física ou moral elemento do tipo, enquanto aquele é um delito qualificado pela violência ou grave ameaça, sendo a primeira punida com autonomia (soma das penas).

25.4.10 Concurso

Possível é falar-se em crime continuado quando o agente explora várias pessoas que exercem a prostituição.

25.5 PROMOÇÃO DE MIGRAÇÃO ILEGAL

25.5.1 Conceito

Promoção de migração ilegal é o crime descrito no art. 232-A, inserido pela Lei nº 13.445, de 24-5-2017, que instituiu a nova Lei de Migração. Por evidente equívoco do legislador, foi ele incluído entre os crimes sexuais, no Capítulo V do Título VI, que trata dos crimes contra a dignidade sexual, embora o objeto de tutela seja completamente distinto. O tipo está assim redigido: "Promover, por qualquer meio, com o fim de obter vantagem econômica, a entrada ilegal de estrangeiro em território nacional ou de brasileiro em país estrangeiro: Pena – reclusão de 2 (dois) a 5 (cinco) anos, e multa.

25.5.2 Objetividade jurídica

Tutela-se no art. 232-A a regular observância das normas legais que disciplinam a entrada e saída de estrangeiro do território nacional e a entrada de brasileiros em país estrangeiro. Mais adequada seria, portanto, a sua inserção entre os crimes contra a administração pública.

25.5.3 Sujeito ativo

O sujeito ativo pode ser qualquer pessoa. Não há também previsão de forma agravada em razão de qualquer capacidade especial do agente.

25.5.4 Sujeito passivo

Sujeito passivo é a Administração Pública, titular do direito de fixar as regras legais que regem o fluxo de nacionais e estrangeiros e do dever de zelar pelo seu cumprimento. Sujeito passivo também pode ser, eventualmente, o estrangeiro, na primeira figura típica, ou o brasileiro, na segunda, prejudicados como resultado da conduta do agente.

25.5.5 Tipo objetivo

Trata-se de tipo misto cumulativo pelo qual se punem, com as mesmas penas, duas condutas distintas, a promoção da entrada ilegal de estrangeiro em território nacional e a de brasileiro em país estrangeiro. Duas figuras típicas são descritas no mesmo artigo, utilizando-se o legislador de um único núcleo verbal (*promover*) por técnica legislativa. A realização das duas condutas enseja o concurso material de delitos.

Não comete o crime previsto no art. 232-A a pessoa estrangeira que entra ilegalmente no Brasil (v. item 25.5.9) ou o brasileiro que entra ilegalmente no outro país. Pune-se, somente, como visto, quem promove um ou outro ingresso, por vezes alcunhado "coiote".

Por *promover* deve-se entender dar causa, tomar a iniciativa e executar. Com relação à forma de execução expresso é o dispositivo no sentido de que a ação pode ser praticada por qualquer meio, o que abrange os mais distintos, como fornecer dinheiro, papéis, passaporte ou vistos falsos, roupas ou utensílios de viagens, transportar ou conduzir alguém na travessia de fronteira com ludíbrio das autoridades encarregadas da fiscalização migratória, suborno de agentes públicos etc. Exige o tipo, porém, que a conduta seja praticada com o fim de obter vantagem econômica (item 25.5.6).

Pela primeira figura típica, incrimina-se a promoção da entrada ilegal de estrangeiro no território nacional. Cuidando-se de norma penal em branco, a tipicidade da conduta exige a verificação da contrariedade do ingresso do estrangeiro às normas legais que regulam a matéria e que estão contidas na Lei de Migração (Lei nº 13.445, de 24-5-2017), a qual elenca, no art. 45, os impedimentos ao ingresso de estrangeiro no país.

Não prevê o artigo a conduta de promover a saída ilegal de brasileiro do território nacional, o que pode ocorrer em algumas hipóteses como as decorrentes de decisões judiciais. Incrimina-se, nos termos do dispositivo, de modo abrangente, a promoção da entrada ilegal de brasileiro em país estrangeiro, sem menção ao país de saída ou às restrições contidas no ordenamento jurídico brasileiro. Interpretação literal e mais abrangente conduz a ter-se por típica, como medida de reciprocidade em relação ao estrangeiro, a conduta do agente que, com fim lucrativo, promove o ingresso ilegal de um brasileiro em outro país, ainda que já esteja no exterior ou mesmo ali resida ou tenha seu domicílio. A tutela, de acordo com tal interpretação, se estende à proteção das regras que disciplinam o ingresso de estrangeiros vigentes em qualquer que seja o país de destino, com vistas à colaboração do Brasil na disciplina internacional do fluxo migratório. Nesse contexto, se a ação (promover) não for praticada no Brasil, tratando-se de agente brasileiro, a aplicação da lei brasileira implica a adoção do princípio da nacionalidade ou personalidade ativa e exige o reconhecimento de hipótese de extraterritorialidade condicionada (art. 7º, inciso II, alínea *b*).

Por interpretação restritiva há que se ter como configurado o crime somente na promoção da saída do brasileiro do território nacional para ingresso ilegal em país estrangeiro, em correspondência com o que dispõe o § 1º que descreve crime assemelhado com relação ao estrangeiro, objetivando-se coibir, assim, a conduta do agente que promove o fluxo ilegal de nacionais para outros países, protegendo-se a própria pessoa que deixa o território nacional e evitando-se as consequências negativas que de seu ingresso ilegal em outro país possam advir ao Brasil.

A ilegalidade do ingresso do brasileiro no exterior há de se aferida à vista do que dispõe o ordenamento jurídico do país de destino, competente para definição das regras reguladoras do fluxo de pessoas por seu território.

25.5.6   Tipo subjetivo

O elemento subjetivo é o dolo, a vontade livre e consciente de praticar alguma das condutas descritas no artigo. Exige-se, também, como elemento subjetivo do tipo, o fim de obter vantagem econômica. Não comete, assim, o crime quem promove a migração ilegal por outros interesses ou motivações, como sentimento de amizade ou solidariedade, convicção política ou ideológica etc. A vantagem econômica a ser aferida é somente a almejada pelo sujeito ativo e não outra, eventualmente almejada ou obtida somente pelo estrangeiro, na primeira figura, ou pelo brasileiro, na segunda.

Não se menciona no dispositivo o emprego de violência, grave ameaça ou fraude contra a pessoa, exceto, no primeiro caso, na previsão de uma causa de aumento de pena. É irrelevante, portanto, para a configuração do ilícito, o assentimento da pessoa que ingressa ilegalmente no Brasil ou no outro país. Configura-se o crime tanto na hipótese de ter ela plena consciência e vontade de ingressar ilegalmente como na de ser induzida em erro quanto à irregularidade da migração. Na hipótese de ser ela coagida ou induzida em erro, outro delito também poderá ocorrer (item 25.5.10).

25.5.7 Consumação e tentativa

Como o núcleo do tipo reside na ação de promover, que significa, como visto, dar causa a um evento, tomar a iniciativa e executar, o crime somente se consuma com a ocorrência do resultado lesivo, consistente na entrada ilegal do estrangeiro no Brasil ou do brasileiro no país estrangeiro. Com a prática de atos tendentes à obtenção do resultado, por meios como a entrega de passaporte ou visto falsos, o suborno de agente público, o transporte ou condução da pessoa até a fronteira, inicia o agente a execução do crime. A tentativa se caracteriza se, por circunstâncias alheias a sua vontade, como no caso de eficaz intervenção de agentes fiscalizadores, a entrada ilegal do estrangeiro ou o ingresso do brasileiro no outro país não se realizar.

25.5.8 Crime assemelhado

No § 1º do art. 232-A descreve-se crime assemelhado, ao qual as mesmas penas são cominadas. A conduta é a de "promover, por qualquer meio, com o fim de obter vantagem econômica, a saída de estrangeiro do território nacional para ingressar ilegalmente em país estrangeiro". Pretende-se coibir a utilização do território nacional como ponte para o ingresso ilegal em outro país, resguardando-se os interesses nacionais e o fluxo regular da atividade migratória de estrangeiros. À semelhança do que se verifica com relação ao crime definido no *caput*, não comete o crime o estrangeiro que ingressa ilegalmente no outro país, mas somente aquele que promove esse ingresso. Exige-se, igualmente, o fim específico, de obter o agente vantagem econômica. Consuma-se o crime, ainda aqui, com o ingresso ilegal do estrangeiro no outro país. Embora se refira o tipo à *saída* do estrangeiro do território nacional, a expressão "para ingressar ilegalmente em país estrangeiro" não indica somente a intenção ou finalidade da saída, mas abrange a realização de um resultado subsequente, consistente no efetivo ingresso ilegal do estrangeiro no outro país. É perfeitamente admissível, portanto, a tentativa.

25.5.9 Aumento de pena

Duas circunstâncias são previstas no § 2º como causas que determinam o aumento da pena de um sexto a um terço, aplicáveis a todas as figuras típicas previstas no artigo. A primeira é a de ser o crime cometido com violência. Não especificando o dispositivo a pessoa que sofre a violência, há de se ter por agravada a pena sempre que esta é empregada como um dos meios para a realização dos tipos. É o que pode ocorrer, por exemplo, no uso da violência contra funcionários de controle de migração como forma de se lograr a transposição de fronteiras ou contra terceiros quaisquer para facilitá-la. A violência pode também ser empregada contra a própria pessoa, o estrangeiro ou o brasileiro, que ingressa ilegalmente no Brasil ou no país estrangeiro. Na hipótese, porém, outros crimes podem ser praticados, como o de tráfico de pessoas (item 25.5.10).

A segunda circunstância que agrava a pena é a de ser a vítima submetida a condição desumana ou degradante. Por vítima há que se considerar no dispositivo a pessoa que ingressa ilegalmente no Brasil ou no país estrangeiro. Diante da espécie delitiva, a condição desumana ou degradante há de ser aferida em relação ao procedimento e aos meios empregados para a migração ilegal e não como consequência posterior eventualmente verificada no país em a pessoa ingressou. A circunstância é descrita em termos abrangentes e torna exigível um juízo valorativo em face do fato concreto para o seu reconhecimento e para a dosagem do acréscimo em razão da intensidade do agravo. A manutenção em determinados locais ou o transporte da pessoa em condições nefastas à saúde física ou psíquica, mediante privação de água ou alimentação, confinamento extremo ou prolongado, ocultação em meio a uma carga de bovinos ou suínos, bem como diversas outras situações podem ensejar a incidência da majorante.

25.5.10 Distinção

Distingue-se claramente, por suas definições típicas, o crime de promoção de migração ilegal, em que se tutela a Administração Pública no exercício de sua competência de ordenação do fluxo migratório, do tráfico de pessoas, crime contra a liberdade individual. Quem promove, sem finalidade lucrativa, o ingresso de estrangeiro no território nacional mediante atribuição de falsa qualificação pessoal comete crime descrito no art. 309, parágrafo único. O estrangeiro que entra ou permanece ilegalmente no país valendo-se de nome falso pratica o delito previsto no art. 309, *caput*. O estrangeiro que após ser expulso reingressa no território nacional comete o crime descrito no art. 338. Promover o envio de criança ou adolescente para o exterior com inobservância das formalidades legais ou o fim de obter lucro é figura típica descrita no art. 239 do Estatuto da Criança e do Adolescente.

25.5.11 Concurso

Dispõe o § 3º que "a pena prevista para o crime será aplicada sem prejuízo das correspondentes às infrações conexas". Há que se reconhecer, assim, o concurso entre o crime e diversas outras infrações penais que pelo mesmo agente tenham sido praticados como meios destinados a promover a migração ilegal, como os de falsidade de documentos públicos (art. 297) e outros falsos (arts. 298, 299, 304, 307, 309, parágrafo único), corrupção ativa (art. 333) etc. Haverá também o concurso entre o delito em estudo e o decorrente do emprego de violência referido no § 2º, como nos casos de constrangimento ilegal, lesão corporal, sequestro ou cárcere privado (art. 148) etc. Possível é ainda o concurso com os crimes de tráfico de pessoas (art. 149-A), aliciamento para o fim de emigração (art. 206), envio ilegal de criança ou adolescente para o exterior (art. 239 do ECA), entre outros.

Haverá concurso, ainda, na realização pelo agente de mais de um dos tipos penais descritos no artigo. É possível, também, a configuração do crime continuado na reiteração das condutas de promoção de migração ilegal.

25.5.12 Competência

A competência para o processo e julgamento do crime de promoção de migração ilegal é da Justiça Federal (art. 109, IV, V, X, da Constituição Federal).

26

DO ULTRAJE PÚBLICO AO PUDOR

26.1 ATO OBSCENO

26.1.1   Generalidades

A Lei nº 12.015, de 7-8-2009, reformulou profundamente o Título VI do CP, mas não introduziu modificações no Capítulo VI, que tem a denominação "Do ultraje público ao pudor". Embora o objeto geral de tutela do Título VI seja a dignidade sexual da pessoa, mantiveram-se neste capítulo os crimes que ofendem o pudor público, como aspecto da moralidade pública e dos bons costumes.

Embora toda pessoa seja dotada de pudor, um sentimento de vergonha produzido "pelo que pode ferir a decência",[87] existe o que se denomina o pudor coletivo, aquele que atende ou está em conformidade com os costumes vigentes em determinado lugar e durante determinado tempo. O pudor, sentimento adquirido e desconhecido entre os povos primitivos, é, na expressão de Fragoso, "afirmação da cultura".[88] Quando um fato não obedece às regras costumeiras observadas pela grande maioria dos cidadãos, ofende a moralidade média da coletividade, merecendo repressão. Para a apuração da existência ou não de ofensa ao pudor público, necessário torna-se, portanto, uma apreciação dos usos e costumes quanto à época, ao lugar do fato etc.; não se deve atender, porém, "às exigências extraordinárias das sensibilidades mórbidas ou exageradas ou às austeridades do puritanismo ou aos falsos princípios sem equilíbrio na concepção da vida social".[89]

No Capítulo VI, estão definidos os crimes que constituem o ultraje público ao pudor: ato obsceno (art. 233) e escrito ou objeto obsceno (art. 234).

26.1.2   Conceito

O primeiro crime de ultraje público ao pudor é o ato obsceno, previsto no art. 233: "Praticar ato obsceno em lugar público, ou aberto ou exposto ao público: Pena – detenção, de três meses a um ano, ou multa."

---

87. FARIA, Bento de. *Código penal brasileiro comentado*. Rio de Janeiro: Record, 1959. v. 6, p. 117.
88. FRAGOSO, Heleno Cláudio. *Lições de direito penal*. 3. ed. São Paulo: José Bushatsky, 1977. v. 3, p. 28.
89. FARIA, Bento de. *Código penal brasileiro*. Ob. cit. v. 6, p. 171.

26.1.3 Objetividade jurídica

O objeto jurídico do crime é o pudor público. Trata-se, assim, da moralidade média, coletiva. Em segundo lugar, está protegido, também, o pudor individual de quem, eventualmente, presencia o fato.

26.1.4 Sujeito ativo

Qualquer pessoa pode ser sujeito ativo do crime. Não raramente, o agente é inimputável por sofrer de alienação mental (exibicionismo, p. ex.).

26.1.5 Sujeito passivo

Sujeito passivo é não só o Estado, a coletividade, já que se trata de crime contra o pudor público, mas qualquer pessoa que presenciar o ato obsceno.

26.1.6 Tipo objetivo

Ato obsceno é o ato impudico, que tenha qualquer característica sexual em sentido amplo, real ou simulado, atritando com o sentimento médio de pudor. São atos obscenos aqueles que, embora não se referindo à atividade sexual, envolvem órgãos a ela referentes. A micção é ato natural, mas, quando praticada na via pública, com exibição do pênis, é indiscutível que ofende o pudor público, representando conduta censurada pelo consenso comum.[1]

Não há que confundir a prática erótica ou libidinosa com o ato obsceno. Aquela, normalmente, está compreendida no conceito deste. No ato obsceno, porém, o agente pratica ato que contrasta com o sentimento médio de pudor ou com os bons costumes, sendo, eventualmente, libidinoso. Na prática libidinosa, o que se apresenta é o desafogo da lascívia, servindo-se o agente de outra pessoa.[2]

Em vetusta jurisprudência já se decidiu serem obscenos os atos: de *bolinação* em público;[3] de apalpar as nádegas[4] ou os seios de alguém;[5] de levantar as saias de uma mulher;[6] de exibir os órgãos genitais;[7] o *streaking* ou *chispada* (andar ou correr desnudo);[8] de andar o *travesti* com o corpo seminu[9] ou apenas com roupas íntimas de mulher.[10] O beijo, quando lascivo, também já foi considerado ato obsceno.[11] Absolveu-se, porém, casal de namorados surpreendidos aos abraços e beijos em lugar público, por se tratar de cena corriqueira que não atrita abertamente, grosseiramente, com o sentimento médio de pudor ou com os bons costumes.[12]

O sentimento de pudor é noção extremamente relativa e jurídica. Diversas, portanto, são as situações quando ocorridas em uma via pública ou quando se passam em espetáculos ou atrás de certos ambientes que frequentadores procuram, mediante pagamento de entrada, cientes do que lhes poderá ser proporcionado ver.

A conduta típica é *praticar* ato obsceno, ou seja, realizar, levar a efeito, causar ato que ofende o sentimento de pudor médio da coletividade. Está excluída, pois, a palavra, que poderá servir para a prática de injúria (art. 140). Também não tem em si nada de obsceno, por exemplo, o gesto de unir os dedos indicador e polegar, formando um círculo. Em sua materialidade nada significa. Para compreendê-lo indispensável se torna interpretá-lo, conhecer o valor que lhe dão as pessoas que já o viram ser executado. Não se trata, pois, de ato obsceno.[13]

Para que o ato obsceno constitua crime, é necessário que seja ele praticado em lugar público, ou aberto ou exposto ao público. Lugar público *por natureza* é aquele acessível a todos, a qualquer momento, sem condições (ruas, praças, caminhos, passeios etc.). Lugar aberto ao público é o lugar público *por destino*, onde podem comparecer pessoas em número indeterminado, cumpridas certas condições (pagamento de ingresso, convite transferível etc.), como igreja, teatro, cinema, hotel etc. ou lugar público *por acidente*, "eventual e temporariamente franqueado ao público, como, por exemplo, uma casa particular cedida para uma reunião eleitoral ou representação teatral".[90] Lugar exposto ao público é aquele que não é acessível a todos, mas, sendo devassado pelo público, pode este ver o que aí se faz: jardins ou quintais de uma casa,[14] terraço de um apartamento, ou até janelas de um imóvel, se abertas, permitindo a visão do que se passa no interior.[15] Em suma, é o lugar privado que permite que um número indeterminado de pessoas vejam o que nele se passa, em virtude das condições em que se situa ou pelas circunstâncias em que o fato se desenrola.[16] Pratica o delito, assim, o que comete o ato no interior de um automóvel particular.[17] Exige-se, porém, que o ato praticado em lugar privado possa ser visto de outro lugar público.[91] O ultraje ao pudor deixa de ser público quando o lugar privado, onde ele é praticado, seja visível de outro local privado e não de lugar público,[18] como no caso do quintal da casa só visível por vizinhos.[19] A publicidade deixa de existir se o fato for praticado em lugar sem iluminação e de acesso difícil ou raramente frequentado, pois nesse caso é praticamente nula a possibilidade de ser visto.[20] [92] A escuridão reinante no local não exclui, porém, o crime, conforme algumas decisões.[21]

26.1.7 Tipo subjetivo

O dolo é a vontade de praticar o ato, ciente o agente que o faz em lugar público, aberto ou exposto ao público, não se exigindo uma finalidade erótica, de desafogo da libido. Pode o agente cometer o crime, assim, quando atua por gracejo, vingança etc. Basta o dolo eventual.[22]

---

90. HUNGRIA, Nelson, FRAGOSO, Heleno Cláudio. *Comentários ao código penal.* 5. ed. Rio de Janeiro: Forense, 1981. v. 8, p. 300.
91. HUNGRIA, FRAGOSO. *Comentários.* Ob. cit. v. 8, p. 301.
92. Nesse sentido: NORONHA, E. Magalhães. *Direito penal.* 2. ed. São Paulo: Saraiva, 1964. v. 3, p. 284; FRAGOSO. *Lições.* Ob. cit. v. 3, 80-81; e HUNGRIA, FRAGOSO. *Comentários.* Ob. cit. v. 8, p. 302.

26.1.8 Consumação e tentativa

Com a prática do ato obsceno consuma-se o crime, ainda que não seja ele presenciado por qualquer pessoa ou que o assistente não se sinta ofendido. Trata-se de crime formal e de perigo.[23] É pacífica a jurisprudência no sentido de que a publicidade exigida pelo tipo refere-se exclusivamente ao local, pouco importando à consumação do delito que seja ou não a conduta praticada *coram multis personis*. Basta à configuração do delito a mera potencialidade do escândalo.[24] A tentativa, em que pese a opinião de Noronha em contrário, é possível.[93]

26.1.9 Exclusão do crime

Caracteriza-se o estado de necessidade quando o agente se apresenta despido porque perdeu sua roupa de banho, teve suas roupas rasgadas em acidente ou queimadas em incêndio etc.

26.1.10 Concurso

Pode ocorrer concurso formal com outros delitos (estupro, corrupção de menores etc.). É o que se tem entendido na jurisprudência.[25] Nada impede a continuação delitiva. Vários atos obscenos praticados na mesma oportunidade, porém, constituem delito único. Como o sujeito passivo do crime é a coletividade, a circunstância de o ato ter sido visto por mais de uma pessoa não configura concurso formal ou material, nem crime continuado, mas delito único.[26]

26.2 ESCRITO OU OBJETO OBSCENO

26.2.1 Conceito

Diversas são as modalidades de conduta que compõem os tipos de escrito ou objeto obsceno, definidos no art. 234: "Fazer, importar, exportar, adquirir ou ter sob sua guarda, para fim de comércio, de distribuição ou de exposição pública, escrito, desenho, pintura, estampa ou qualquer objeto obsceno: Pena – detenção, de seis meses a dois anos, ou multa. § 1º – Incorre na mesma pena quem: I – vende, distribui ou expõe à venda ou ao público qualquer dos objetos referidos neste artigo; II – realiza, em lugar público ou acessível ao público, representação teatral, ou exibição cinematográfica de caráter obsceno, ou qualquer outro espetáculo, que tenha o mesmo caráter; III – realiza, em lugar público ou acessível ao público, ou pelo rádio, audição ou recitação de caráter obsceno."

---

93. NORONHA. *Direito penal*. Ob. cit. v. 3, p. 385; FRAGOSO. *Lições*. Ob. cit. v. 3, p. 81.

26.2.2 Objetividade jurídica

Protege-se com o dispositivo o pudor público e particular, já se tendo afirmado que, "não violado o sentimento médio de moralidade, não há o ultraje público ao pudor". [27] Coíbe-se fato que envolva ofensa ao pudor "pela excitação dos instintos grosseiros e dos baixos apetites sexuais".[94]

26.2.3 Sujeito ativo

Pode praticar o delito qualquer pessoa. Trata-se, porém, de crime que normalmente exige participação ou coautoria, intervindo nas várias modalidades de conduta o artista (pintor, desenhista, fotógrafo etc.), o escritor, o industrial (impressor etc.), o comerciante (lojista, jornaleiro etc.). Podem alguns praticar certa modalidade das condutas típicas enquanto outros realizam outras.

26.2.4 Sujeito passivo

Sujeito passivo do crime é a coletividade, o público, ou seja, o próprio Estado. É também sujeito passivo a pessoa que, eventualmente, for ofendida pelo fato que ultraja o pudor.

26.2.5 Tipo objetivo

São objetos materiais dos crimes previstos no art. 234 as coisas obscenas, que são as que ofendem o pudor médio da coletividade. Não se configura o delito se o objeto "não se inscreve entre a pornografia que se dirige à lascívia, à concupiscência, à sensualidade, mas é apenas fescenino, de humor grosseiro e chulo" ou é "simples propaganda grosseira e imoral".[28]

Menciona a lei, em primeiro lugar, o *escrito*, que é a expressão gráfica composta de letras que exprimem um pensamento, podendo resultar de processo manuscrito ou mecânico. São escritos os impressos, jornais, revistas,[29] livros, cartazes, panfletos etc. Refere-se a lei a *desenho* (representação gráfica de um objeto, seja original ou reprodução por impressão, mimeografia etc.), *pintura* (representação colorida de pessoas ou coisas), *estampa* (gravura impressa, normalmente reprodução de quadros, fotografias etc.) e a qualquer *objeto obsceno*, abrangendo-se assim as esculturas, bonecos, filmes,[30] fotografias, pôster,[31] discos etc. Já se considerou crime expor à venda "chaveiros com desenhos e escritos de natureza pornográfica".[32]

Discute-se, quanto ao crime em apreço, o problema da obra artística, sendo sutil e contestada a diferença entre um livro realista ou um nu pintado, que podem ser considerados obras de arte, e um escrito ou pintura obscenos. Entendem uns que a arte

---

94. FARIA, Bento de. *Código penal brasileiro*. Ob. cit. v. 6, p. 128.

nunca pode ser obscena e outros que não justifica ela a obscenidade. Segundo Fragoso, "o simples propósito obsceno não basta, assim como não desculpa o propósito superior, se a obra ofende grosseiramente o pudor público".[95] É necessário, porém, que se revele o propósito, na obra, de excitar a sensualidade e a luxúria e o sentido pornográfico não pode ser aferido por uma ou outra passagem de um relato, sendo necessária uma apreciação em conjunto. "A impudicícia de um detalhe particular", diz Maggire, 590, "não pode obscurecer a obra inteira, que seja iluminada de pureza e nobreza de propósitos".[96] De qualquer forma, a obra literária, artística ou científica deve ser apreciada, para os fins de incriminação, de acordo com o seu momento histórico.[33]

Sobre a nudez humana em campanha publicitária, aliás, o STJ já decidiu que, não incursionando ela pelo chulo, pelo grosseiro, tampouco pelo imoral, é admissível, já que o art. 234 se dirige a outras circunstâncias, visando, efetivamente, resguardar o pudor público de situações que possam, evidentemente, constituir constrangimento às pessoas nos lugares públicos.[34]

Várias são as condutas inscritas no artigo em estudo. *Fazer*, no contexto do tipo, é fabricar, produzir, elaborar, criar, reproduzir, copiar, escrever, imprimir, datilografar, fotografar, filmar etc. *Importar* significa fazer entrar no país, de modo regular ou não, o material obsceno, e *exportar* é levá-lo do país para outro. *Adquirir* compreende o ato de comprar ou conseguir o material de qualquer forma, ainda que a título gratuito. *Ter sob sua guarda* indica a posse ou detenção, é guardar o material ilegal. Qualquer dessas ações deve ser praticada com o fim de comércio (venda, troca, locação, ainda que o agente não seja comerciante), *distribuição* (divulgação ou entrega a várias pessoas) ou de *exposição pública* (vitrinas, mostruários etc.). Basta, porém, a finalidade, não se exigindo o efetivo comércio, distribuição ou exposição. Trata-se de crime de perigo.[35]

Condutas típicas também são, nos termos do parágrafo único, inciso I, *vender* (transferir a propriedade para terceiro), *distribuir* (entregar, repartir ou espalhar a pessoas indeterminadas), *expor à venda* (colocar à vista de eventuais compradores) ou *expor ao público* (exibir ou permitir que seja a coisa obscena vista por um número indeterminado de pessoas). Também aqui não é necessário o efetivo comércio ou a lesão efetiva ao pudor público.

São também punidas as ações, segundo o inciso II, de realizar *representação teatral* (dramas, comédias, bailados etc. ao vivo em casa de espetáculos e pela televisão), *exibição cinematográfica* (filmes) ou qualquer outro espetáculo (sessões, reuniões, desfiles etc.). São incriminados peças, filmes ou espetáculos realizados em locais públicos, abertos ou expostos ao público. A exibição cinematográfica em recinto fechado, inacessível a estranhos, não configura o delito.[36]

---

95. *Lições*. Ob. cit. v. 3, p. 85.
96. Em FRAGOSO. *Lições*. Ob. cit. v. 3, p. 85.

26 • DO ULTRAJE PÚBLICO AO PUDOR **541**

Por fim, pratica o crime quem realiza em lugar público ou acessível ao público, ou pelo rádio (que inclui a televisão), a *audição* ou *recitação* de caráter obsceno (discursos, conferências, narrações, cantos etc.).

Tem-se entendido que não desaparece o crime ainda que a peça, o filme ou a representação tenha sido liberada pela censura oficial.[37][97] Já se decidiu, porém, em contrário.[38] Pode ocorrer, na hipótese, o erro sobre a ilicitude do fato (*Manual*, P. G., item 5.2.4).

Embora já se tenha decidido pela absolvição na ausência de laudo pericial[39] ou em decorrência de sua imprestabilidade,[40] a obscenidade reconhecível *prima facie*, a chocante imoralidade de um desenho obsceno dispensa a perícia.

Deve-se assinalar, como Fragoso, que na sociedade moderna reivindica-se também um direito à pornografia, desde que isto se faça para adultos e em recintos fechados. Afirma o autor: "A pesquisa veio demonstrar que não há dano social na *exibição de espetáculos* obscenos, que, ao contrário, podem evitar ações delituosas em matéria sexual, pela gratificação que constituem para certas pessoas." [98] Além disso, não pode o julgador, sob pena de vir a ser verdadeira caricatura de Catão, tornar-se indiferente ou procurar manter o apego a comportamentos já superados. Por isso, não se deve considerar obsceno o que "não tem o condão de ferir um sentimento médio de moral, máxime dentro da liberalidade dos tempos vigentes e do comum do linguajar da mocidade".[41] Em contrapartida, porém, não será pela circunstância de determinada conduta se achar mais ou menos generalizada que deixará de incidir na censura da lei penal. As normas repressivas, principalmente sob o aspecto moral, têm principalmente o objetivo de coibir tais condutas, impedindo que venham elas a dominar a sociedade, sufocando seus princípios éticos.[42]

26.2.6 Tipo subjetivo

O dolo do delito em apreço é a vontade do agente de praticar qualquer das condutas típicas: fazer, importar, exportar, vender, distribuir etc. Exige-se, porém, o fim específico do agir (comércio, distribuição etc.) que está ínsito nas condutas mencionadas no parágrafo do art. 234. Pouco importa, porém, a opinião do agente a respeito da obscenidade, podendo haver, no caso, ao menos o dolo eventual.[43][99] Ocorre o crime ainda que não tenha havido a vontade do agente de lesar o sentimento de moralidade médio.[44] Entendemos possível, porém, o erro invencível no caso de obras artísticas,[45] em especial quando foram aprovadas pela censura oficial.

---

97. Nesse sentido: HUNGRIA, FRAGOSO. *Comentários*. Ob. cit. v. 8, p. 314-315; FRAGOSO. *Lições*. Ob. cit. v. 3, p. 87-88; e NORONHA. *Direito penal*. Ob. cit. v. 3, p. 394-395.
98. *Lições*. Ob. cit. v. 3, p. 88. Sobre o assunto, ainda: LUNA, Everardo da Cunha. A arte e o obsceno. *Justitia* 152/61-65.
99. Nesse sentido: HUNGRIA, FRAGOSO. *Comentários*. Ob. cit. v. 8, p. 316-317; FRAGOSO. *Lições*. Ob. cit. v. 3, p. 86; e NORONHA. *Direito penal*. Ob. cit. v. 3, p. 395.

26.2.7 Consumação e tentativa

Consuma-se o crime com a prática de qualquer das condutas enumeradas no dispositivo desde que presente a finalidade específica de divulgação, comércio etc. Trata-se, porém, de crime de perigo,[46] bastando à consumação a potencialidade da ofensa ao pudor público.

Possível é a tentativa por se tratar de crime plurissubsistente.

26.2.8 Concurso

Como se trata de crime de ação múltipla, o agente que pratica várias condutas em sequência (faz, vende etc.) comete crime único, em progressão criminosa. Parecem-nos sem razão os doutrinadores que afirmam que várias importações, por exemplo, configuram crime único e não continuidade delitiva.[100]

Havendo contrabando de objetos obscenos, prevalece apenas a figura do crime contra a administração pública.

26.2.9 Crimes previstos no Estatuto da Criança e do Adolescente

O *Estatuto da Criança e do Adolescente*, com as modificações inseridas pela Lei nº 11.829, de 25-11-2008, prevê tipos penais especiais relacionados com a produção ou divulgação de cena de sexo explícito ou pornográfica envolvendo criança ou adolescente. Por definição legal, cena de sexo explícito ou pornográfica "compreende qualquer situação que envolva criança ou adolescente em atividades sexuais explícitas, reais ou simuladas, ou exibição dos órgãos genitais de uma criança ou adolescente para fins primordialmente sexuais" (art. 241-E).

Tipificam-se no art. 240, *caput*, as condutas de *produzir, reproduzir, dirigir, fotografar, filmar ou registrar, por qualquer meio*, cenas dessa natureza, para as quais se cominam as penas de 4 a 8 anos de reclusão, e multa. Nas mesmas penas incorre, nos termos do § 1º, quem *agencia, facilita, recruta, coage*, ou de qualquer modo *intermedeia* a participação de criança ou adolescente nas cenas referidas, ou com esses contracena (inciso I) e quem exibe, transmite, auxilia ou facilita a exibição ou transmissão, em tempo real, pela internet, por aplicativos, por meio de dispositivo informático ou qualquer meio ou ambiente digital, de cena de sexo explícito ou pornográfica com a participação de criança ou adolescente (inciso II, inserido pela Lei nº 14.811, de 12-1-2024). Preveem-se no § 2º as formas agravadas das infrações. Configura também crime punível com as mesmas penas *vender ou expor à venda* registros contendo as cenas ilícitas, nos termos do art. 241. Deve-se observar, porém, que, não se tratando de mera simulação, mas da prática pelo menor de 14 anos, de conjunção carnal ou outro ato libidinoso, configura-se o estupro de vulnerável (art. 217-A) e por este responderão, como autor, quem com ele executou as práticas sexuais

---

100. Pelo crime único: HUNGRIA, FRAGOSO. *Comentários*. Ob. cit. v. 8, p. 305; e FRAGOSO. *Lições*. Ob. cit. v. 3, p. 84.

e, como partícipes, todos os demais que concorreram para o delito. Na hipótese de mera simulação na qual nenhum ato libidinoso foi praticado com o menor, poderá ocorrer outro crime sexual contra vulnerável (arts. 218, 218-A ou 218-B).

De acordo com o previsto no art. 241-A, é punido com 3 a 6 anos de reclusão, e multa, quem, ainda que sem fim lucrativo, *oferecer, trocar, disponibilizar, transmitir, distribuir, publicar ou divulgar por qualquer meio, inclusive por meio de sistema de informática ou telemático, fotografia, vídeo ou outro registro* contendo cenas da mesma espécie. Algumas condutas que em princípio constituiriam formas de participação, por auxílio material, na infração descrita no *caput*, foram tipificadas no § 1º. Incorre assim nas mesmas penas quem assegura os meios ou serviços para o armazenamento das fotografias, cenas ou imagens ilícitas (inciso I) ou assegura o seu acesso por rede de computadores (inciso II). Estão abrangidos pelos dispositivos os prestadores de serviços, gratuitos ou não, de manutenção, hospedagem, gerenciamento ou operação dos *sites* na *web* que armazenem ou propiciem o acesso às imagens proibidas, bem como os que prestam serviços facilitadores de armazenamento ou acesso, público ou restrito, de outras espécies de arquivos, que possuam conteúdo da mesma natureza, em redes privadas de computadores ou na *internet*. Dispõe-se no art. 241-A, § 2º, que essas condutas são puníveis quando o responsável legal pela prestação do serviço, oficialmente notificado, deixa de desabilitar o acesso ao conteúdo ilícito. O dispositivo, tal como redigido, é desnecessário e equivocado. É evidente a preocupação do legislador com o eventual desconhecimento pelo prestador do serviço do conteúdo da imagem armazenada ou tornada acessível pela rede de computadores com a sua colaboração. Deve-se observar, porém, que, diante da redação dos incisos I e II do § 1º do art. 241-A, que se referem expressamente às cenas descritas no *caput*, a natureza ilícita da imagem deve estar coberta pelo dolo do agente para que se configure o crime. Assim, na hipótese de desconhecimento do conteúdo da imagem, não se justifica a punição do prestador dos serviços pelos fatos anteriores à notificação oficial, em face das próprias descrições das figuras típicas. Por outro lado, o dispositivo condiciona a punibilidade à notificação oficial do *responsável legal* pela prestação dos serviços porque, via de regra, são estes prestados por pessoas jurídicas. Mas as pessoas jurídicas não podem ser sujeitos ativos desses crimes e nenhuma razão lógica justifica estabelecer a notificação e a subsequente inércia do representante legal da empresa como condição objetiva de punibilidade dos crimes anteriormente praticados por seus funcionários, gerentes ou diretores, que tenham agido dolosamente. Melhor solução seria a tipificação também da omissão dos responsáveis pelos serviços após sua notificação, sem prejuízo da punição dos crimes anteriores praticados. A aplicação do dispositivo, em sua literalidade, implica o reconhecimento de uma verdadeira autorização legal para a prática de infrações penais, por qualquer pessoa no âmbito da empresa, até a notificação oficial de que trata a norma.

Os tipos previstos no art. 241-A não foram revogados, expressa ou tacitamente, pela Lei nº 13.718, de 24-9-2018, que acrescentou ao Código Penal o art. 218-C, com redação em parte semelhante. Neste não se tutela somente a dignidade sexual da criança e o adolescente. Ademais, conforme expressamente previsto no preceito secundário do dispositivo, a pena de 1 a 5 anos, somente é aplicável se o fato não constitui crime mais grave, situação à qual se enquadra a conduta que tenha sido praticada contra criança ou adolescente e esteja descrita no art. 241-A do ECA, que comina penas mais severas.

Embora com penas menos severas, de 1 a 4 anos, e multa, também é punido quem *adquirir, possuir ou armazenar* algum registro das cenas ilícitas (art. 241-B). Incriminam-se, de acordo com o art. 241-C, a simulação da participação de criança ou adolescente em cena de sexo explícito ou pornográfica e condutas relacionadas com a venda, divulgação, disponibilização, aquisição, posse e armazenamento das imagens proibidas, para as quais são previstas as penas de 1 a 3 anos de reclusão, e multa. A lei tipifica, ainda, as condutas de *aliciar, assediar, instigar* ou *constranger*, por qualquer meio de comunicação, criança, com o fim de com ela praticar ato libidinoso (art. 241-D, *caput*) e de *facilitar* ou *induzir* criança a acessar material contendo cena de sexo explícito ou pornográfica, com a mesma finalidade (parágrafo único, inciso I), cominando-lhes penas de reclusão de 1 a 3 anos, e multa. A prática dessas condutas pode configurar, porém, o crime de estupro de vulnerável (art. 217-A) na forma consumada, se realiza-do o ato libidinoso, ou tentada. Por fim, pune a lei, sob as mesmas penas, as condutas descritas no *caput* que tenham como finalidade *induzir* a criança a se exibir de forma pornográfica ou sexualmente explícita (parágrafo único, inciso II), o que pode, even-tualmente, caracterizar delito mais grave (arts. 218, 218-B).

Por modificações inseridas pela Lei nº 13.441, de 8-5-2017, prevê o ECA a pos-sibilidade de infiltração de agentes policiais na *internet* como meio de investigação na apuração de crimes previstos no Estatuto (arts. 240 a 241-D) e no Código Penal em que são vítimas crianças e adolescentes (arts. 217-A a 218-B). A medida deve ser pre-viamente autorizada pelo juiz e realizada com a observância das demais formalidades estabelecidas em lei. Expressamente dispõe, também, o ECA que não comete crime o policial, infiltrado, que oculta a sua identidade para colher indícios de materialidade e autoria daquelas infrações penais (art. 190-C).

A Lei nº 13.431, de 4-4-2017, estabelece garantias à criança e ao adolescente que são vítimas ou testemunhas de violência, prevendo, entre essas, a adoção de medidas protetivas para a colheita de seus depoimentos perante as autoridades policial e judi-ciária (arts. 7º a 12). Prevê, também, o diploma, como crime a conduta de violar sigilo processual ao permitir que o depoimento de criança ou adolescente seja assistido por pessoa estranha ao processo, sem o consentimento de seu representante legal e sem autorização judicial (art. 24).

A Lei nº 14.811, de 12-1-2024, instituiu medidas de proteção à criança e ao ado-lescente contra a violência nos estabelecimentos educacionais ou similares, prevê a Política Nacional de Prevenção e Combate ao Abuso e Exploração Sexual da Criança e do Adolescente e incluiu o art. 244-C que determina: "deixar o pai, a mãe ou o respon-sável legal, de forma dolosa, de comunicar à autoridade pública o desaparecimento de criança ou adolescente: Pena – reclusão, de 2 (dois) a 4 (quatro) anos, e multa."

27

DISPOSIÇÕES COMUNS AOS CRIMES CONTRA A DIGNIDADE SEXUAL

27.1 AUMENTO DE PENA E SEGREDO DE JUSTIÇA

27.1.1 Generalidades

O Capítulo VII, com a denominação "Disposições gerais", foi incluído pela Lei nº 12.015, de 7-8-2009, e alterado pela Lei nº 13.718, de 24-9-2018, e contém normas aplicáveis aos crimes contra a dignidade sexual previstos no Título VI do Código Penal.

No art. 234-A, incisos III e IV, são previstos dois resultados lesivos que determinam o aumento da pena: de metade a dois terços, se do crime resultar gravidez (inciso III); de um terço a dois terços, se o agente transmite à vítima doença sexualmente transmissível de que sabe ou deveria saber ser portador, ou se a vítima é idosa ou pessoa com deficiência (inciso IV). Os incisos I e II foram vetados,[101] porque as circunstâncias neles previstas já constavam, em parte, de outros dispositivos (arts. 226, I e II, 227, § 1º, 228, § 1º e 230). No art. 234-B, determina-se o segredo de justiça para os processos instaurados por crimes contra a dignidade sexual. O art. 234-C, que definia exploração sexual para os fins da lei,[102] também foi objeto de veto oportuno, porque a definição, tautológica, além de nada esclarecer, confundia exploração sexual com os crimes sexuais em geral, que em sua maioria não pressupõem a existência daquele estado para sua caracterização, e criaria, assim, enormes dificuldades para a interpretação e aplicação de diversos dispositivos legais.

Embora o art. 234-A determine a incidência dos arts. 234-B e 234-C aos crimes previstos no Título VI, esses dispositivos não são aplicáveis ao crime de promoção de migração ilegal descrito no art. 232-A. Como já visto no tipo não se tutela a dignidade sexual e a conduta prevista não guarda qualquer relação com as causas de aumento de pena ou a determinação de sigilo processual contidas naqueles artigos de lei (v. item 25.5.2).

---

101. No projeto, os incisos vetados estavam assim redigidos: "I – da quarta parte se o crime é cometido com o concurso de 2 (duas) ou mais pessoas; "II – de metade, se o agente é ascendente, padrasto, madrasta, tio, irmão, enteado, cônjuge, companheiro, tutor ou curador da vítima ou se assumiu, por lei ou outra forma, obrigação de cuidado, proteção ou vigilância".

102. O art. 234-C tinha no projeto a seguinte redação: "Para os fins deste Título, ocorre exploração sexual sempre que alguém é vítima dos crimes nele tipificados."

27.1.2 Aumento de pena

Prevê o art. 234-A, inciso III, o aumento da pena de metade a dois terços "se do crime resultar gravidez". Aplica-se o dispositivo na hipótese de a gravidez da vítima resultar da prática da conjunção carnal ou de outro ato libidinoso apto a gerar o resultado. Estão abrangidos pelo dispositivo os crimes de estupro (art. 213) e de estupro de vulnerável (217-A), em que a prática da conjunção carnal ou do ato libidinoso é elemento do tipo. Não se pode afastar, porém, a possibilidade de incidência da qualificadora em outros delitos, como, por exemplo, os previstos nos arts. 218-B e 228, se presentes o nexo causal com a conduta típica praticada pelo agente e o elemento subjetivo. Tratando-se de crime qualificado pelo resultado, este é atribuído ao agente a título de dolo, direto ou eventual, ou culpa. Vedada é a responsabilização objetiva pela forma agravada, diante do que dispõe o art. 19 do CP. Se a gravidez resulta de estupro (arts. 213 e 217-A), não se pune o aborto humanitário, praticado ou consentido pela gestante ou por seu representante legal, nos termos do que dispõe o art. 128, inciso II (item 4.4.13).

A pena é majorada de um terço a dois terços, "se o agente transmite à vítima doença sexualmente transmissível de que sabe ou deveria saber ser portador, ou se a vítima é idosa ou pessoa com deficiência" (inciso IV). Estão abrangidas não somente as doenças venéreas (sífilis, blenorragia etc.), mas qualquer doença passível de transmissão pelas práticas sexuais (hepatite B, HPV etc.). Exige o dispositivo que a vítima seja efetivamente contaminada, o que somente pode ser comprovado por perícia médica. O agente infectado, que pratica com a vítima a conjunção carnal ou o ato libidinoso, sem, porém, transmitir a doença, responderá pelo crime sexual em concurso com outro delito, perigo de contágio venéreo (art. 130) ou perigo de contágio de moléstia grave (art. 131). Se a doença transmitida pelo agente à vítima causa lesão grave ou morte, não se aplica a causa de aumento, respondendo o agente por estupro qualificado (art. 213, §§ 1º e 2º, e art. 217-A, §§ 3º e 4º) ou, em outro crime sexual, por este em concurso com outro delito, como os de perigo de contágio de moléstia grave (art. 131), lesão corporal seguida de morte (art. 129, § 3º) ou homicídio (art. 121, *caput*), conforme o resultado e o elemento subjetivo. Referindo-se a lei à doença de que o agente *sabe* ou *deveria saber*, como elementos subjetivos, impõe-se, para a aplicação da causa de aumento, a comprovação de que o agente tinha ciência de estar contaminado ou, na segunda hipótese, de que as circunstâncias concretas lhe propiciavam condições suficientes para ter esse conhecimento. Não incide a causa de aumento, também, na hipótese de vítima que já era portadora da doença, que não é sequer agravada pelo ato sexual praticado com o agente.

Embora o art. 234-A determine a incidência dos arts. 234-B e 234-C aos crimes previstos no Título VI, esses dispositivos não são aplicáveis ao crime de promoção de migração ilegal descrito no art. 232-A, porque nos tipos nele previstos não se tutela a dignidade sexual e as condutas descritas não guardam relação com as causas de aumento de pena ou a determinação de sigilo processual contidas naqueles artigos de lei.

27.1.3 Segredo de justiça

Dispõe o art. 234-B, também inserido pela Lei nº 12.015, de 7-8-2009: "Os processos em que se apuram crimes definidos neste Título correrão em segredo de justiça."

O dispositivo visa proteger a vítima das consequências do *strepitus judicii*. Embora a regra geral seja a da publicidade dos atos processuais, a Constituição Federal admite o sigilo necessário à defesa da intimidade (art. 5º, LX) e o Código de Processo Penal autoriza a decretação do segredo de justiça para a preservação da intimidade, vida privada, honra e imagem do ofendido (art. 201, § 6º). Nos crimes sexuais, além do dano decorrente da própria infração, havia de suportar a vítima, via de regra, também os malefícios da exposição pública de sua intimidade decorrente da instauração do processo penal. Com essa finalidade, a lei estabeleceu, em relação a esses delitos, como regra obrigatória, o segredo de justiça. Não se permite ao juiz, nesses casos, a mesma discricionariedade que lhe faculta a lei processual. Embora se refira a lei somente ao processo, o sigilo deve alcançar o inquérito policial, incumbindo à autoridade e ao juiz a adoção nos autos das providências necessárias à preservação da intimidade da vítima. A divulgação de dados, teor de depoimentos, laudos periciais etc. pode configurar o crime de violação de sigilo funcional (art. 325). Evidentemente, o segredo de justiça não pode ser oposto ao defensor do acusado ou do indiciado, a quem se deve facultar o acesso a todos os elementos de prova que estejam documentados nos autos do processo ou do inquérito policial, como exigência do princípio da ampla defesa, nos termos do que enuncia a Súmula vinculante nº 14.[103]

---

103. O STF aprovou, em reunião plenária de 2-2-2009, a Súmula Vinculante nº 14, com a seguinte redação: "É direito do defensor, no interesse do representado, ter acesso amplo aos elementos de prova que, já documentados em procedimento investigatório realizado por órgão com competência de polícia judiciária, digam respeito ao exercício do direito de defesa".

REFERÊNCIAS JURISPRUDENCIAIS

CAPÍTULO 3

(1) *RJDTACRIM* 10/146.

(2) *RJDTACRIM* 9/82.

(3) *RJDTACRIM* 10/152.

(4) *RJTACRIM* 21/291.

(5) *RT* 745/597.

(6) *RT* 755/648.

(7) *RJDTACRIM* 11/148.

(8) *JSTF* 247/308; *JSTJ* 42/234; *RT* 733/534, 576/450, 557/324, 523/517, 540/419, 531/401, 532/384, 530/399, 527/384, 515/395, 510/88, 500/411, 480/405; *RJTJESP* 40/367, 14/488, 10/578; *JTACrSP* 67/258, 265 e 397, 66/257 e 313, 64/54 e 341, 64/197 e 244, 59/260, 57/370, 55/385, 53/315, 52/415, 51/83, 49/43 e 232, 47/294 etc.

(9) *RT* 787/643, 566/325, 565/337, 573/401, 548/322, 543/385, 542/353, 539/352, 520/395, 483/329, 482/369; *JTACrSP* 67/264, 66/344, 65/442, 64/301, 62/349, 58/71 e 163, 57/243, 55/420, 54/287, 51/77, 259 e 427, 50/192.

(10) *JSTF* 247/308; *RSTJ* 36/407; *RT* 733/534, 738/613, 766/675.

(11) *RT* 702/438; *JTACRIM* 26/144.

(12) *RT* 540/419, 659/293, 737/624; STJ: AgRg no HC 777178-PI, j. em 7-2-2023, *DJe* de 14-2-2023.

(13) *RTJ* 97/576, 101/1132; *RT* 650/321, 630/399, 620/310, 573/376 e 399, 560/381, 561/341 e 367, 564/342, 558/341, 554/379, 552/336, 544/442, 543/357, 537/305, 504/360, 486/310 e 381, 457/438, 448/390, 447/488, 443/499, 381/205; *JTACrSP* 68/95, 67/276 e 363, 66/333, 65/418 e 452, 64/280, 61/95, 60/234, 276 e 342, 57/284, 56/177, 55/254, 311 e 340, 54/307, 53/101, 263 e 381.

(14) *RT* 659/281, 540/310, 509/392, 452/394, 429/452; *JTACrSP* 64/321, 62/284.

(15) *RT* 406/237, 318/309; *JTACrSP* 8/262 (v. vencido) e 25/255 (v. vencido).

(16) *RT* 508/413, 411/374.

(17) *RT* 674/336, 661/344, 569/362, 572/395, 569/362, 556/347, 547/336 e 345, 426/438; *JTACrSP* 65/329, 64/258, 62/280, 61/295, 58/358.

(18) *RT* 602/457; *RTJ* 116/329, 117/309, 842, 1.289, 1.307, 1.321.

(19) *RTJ* 96/279.

(20) *RTJ* 91/938, 93/715 e 930.

(21) *RT* 534/316, 536/306, 537/301, 539/291 e 317, 546/343, 550/345, 552/353, 553/345, 554/345, 569/337; *JTACrSP* 70/13.

(22) *RTJ* 121/659.

(23) *RSTJ* 78/345.

(24) STJ: REsp nº 1.250–SP, Sexta Turma, j. em 6-3-1990 – Relator Ministro Costa Leite, *DJU* de 26-3-1990; *RJDTACRIM* 6/263.

(25) *RT* 576/482 e 766/575, respectivamente.

CAPÍTULO 4

(1) *RT* 729/571, *RJDTACRIM* 34/390.

(2) *RT* 536/368.

(3) *RJTJERGS* 155/65.

(4) *RT* 352/97.

(5) *RT* 409-395.

(6) *RT* 432/327.

(7) *JTACrSP* 23/391.

(8) *RT* 728/529.

(9) *JCAT* 62/243.

(10) *RT* 527/335, 378/210; *RJTJESP* 55/316.

(11) *RT* 448/356; *RJTJESP* 21/541.

(12) *RF* 247/310; *RJTJESP* 33/283.

(13) *RT* 625/267.

(14) *RT* 439/367, 494/372, 596/311, 620/280; *RJTJESP* 26/458.

(15) *RJTJESP* 28/384, 25/487.

(16) *RT* 394/82.

(17) *RF* 163/130, 112/228.

(18) *RT* 440/361, 486/270, 521/393, 525/336, 622/268, 625/267.

(19) *RJTJERGS* 166/131.

(20) *RT* 538/348, 807/588, 811/612.

(21) *RT* 722/578.

(22) *RJTJESP* 26/401.

(23) *RJTJESP* 14/474.

(24) *RT* 438/372, 771/632, 781/677; *RJTJERGS* 170/158.

(25) *RT* 527/337, 783/673.

(26) *RT* 511/340, 771/582, 777/607; *RSTJ* 142/467; *JTJ* 163/137; *JCAT* 60/240-241.

(27) *RJTJERGS* 146/57, 147/105.

(28) *RT* 512/375, 393/132, 504/325, 671/298, 691/310, 715/448-449, 809/624.

(29) *RT* 451/370; *RJTJESP* 40/298.

(30) *RT* 404/366, 813/627.

(31) *RJTJESP* 22/446, 73/310.

(32) *RT* 545/393, 520/450.

(33) *RT* 395/119.

(34) *RT* 268/336.

(35) *RF* 207/344.

(36) *RT* 377/127.

(37) *RT* 400/133, 511/357, 622/332; *RJTJESP* 51/305; *RD* 214/354.

(38) *RT* 511/344; *RSTJ* 157/545; *RF* 211/319.

(39) *RT* 771/690, 800/691; *JCAT* 70/375; *RJTJERGS* 154/99.

(40) *RT* 537/353, 529/336, 481/370, 436/425, 379/124; *RJTJESP* 17/348.

(41) *RT* 519/426, 614/291.

(42) *RT* 584/336, 541/366, 431/378, 399/387; *RJTJESP* 62/350.

(43) *RT* 782/620, 634/282, 591/329-330, 405/134, 458/347.

(44) *RT* 775/642, 779/576 ; *RJTJESP* 26/469; *JCAT* 71/338.

(45) *RT* 811/612; *RJTJERGS* 160/149.

(46) *JCAT* 68/371; *RJTJERGS* 235/119.

(47) *RT* 532/340.

(48) *RT* 402/329.

(49) *RT* 533/335, 506/361, 588/321, 606/394, 629/310, 636/323, 771/583, 777/663, 799/578; *JTJ* 167/290.

(50) *RT* 444/328.

(51) *RJTJERGS* 153/86.

(52) *JCAT* 66/472.

(53) *RT* 172/468, 209/339.

(54) *RT* 458/337.

(55) *RT* 543/427, 507/444, 624/339.

(56) *RT* 333/500.

(57) *RT* 545/326.

(58) *RT* 519/362, 512/375, 591/330.

(59) *RSTJ* 34/374-375; *JCAT* 65/349-350.

(60) *RT* 436/352, 524/410; *RJTJESP* 53/312; *RF* 266/328.

(61) *RT* 431/310, 363/491.

(62) *RJTJESP* 62/350.

(63) *RT* 438/376, 440/376.

(64) *RT* 531/310, 783/673; *JCAT* 59/260-261.

(65) *RT* 543/427.

(66) *RT* 534/390.

(67) *RT* 524/351 e 364, 523/365, 521/463, 671/298.

(68) *RT* 525/402.

(69) *RT* 578/331, 534/333, 445/461, 459/344; *JTJ* 166/296.

(70) *RJTJESP* 26/401.

(71) *RT* 434/358.

(72) STJ: AgRg no Resp 1430724-RJ, j. em 17-03-2015, *DJe* de 24-03-2015; HC 196877-RJ, j. em 05-9-2013, *DJe* de 11-9-2013; HC 181246-RS, j. em 20-8-2013, *DJe* de 06-9-2013; HC 175816-RS, j. em 20-06-2013, *DJe* de 28-06-2013; HC 176196-RS, j. em 12-06-2012, *DJe* de 20-06-2012; CC 88027-MG, j. em 05-12-2008, *DJe* de 18-12-2008; CC 96533-MG, j. em 05-12-2008, *DJe* de 05-02-2009.

(73) *RTJ* 42/48; *RT* 525/336 e 340; 504/411.

(74) *RTJ* 61/20-21, 142/499, *RT* 813/643, 812/618, 804/648, 777/585, 764/646, 736/605, 730/491, 780, 681, 680/406, 663/318, 661/314, 619/272, 556/349, 525/350, 496/263; *JSTJ* 26/273-274; *RSTJ* 21/303, 25/279; *RF* 272/228; *RJTJERGS* 216/162.

(75) *RTJ* 90/61.

(76) *RT* 672/305, 661/307, 656/290, 526/401, 528/397; *RJTJESP* 40/338, 2/342.

(77) *RT* 550/345, 546/343, 537/301, 604/402, 625/275, 765/576, 766/588, 767/649, 772/648, 803/562.

(78) *RTJ* 121/659; *RT* 617/409; 706/377, 788/515, 803/511; *JTJ* 156/309; *RSTJ* 68/289.

(79) *RT* 543/343.

(80) *RT* 549/345.

(81) *RT* 441/477.

(82) *RT* 435/388, 446/473, 486/320; *JTACrSP* 48/347.

(83) *RT* 444/421; *JTACrSP* 50/228.

(84) *RT* 430/384.

(85) *RT* 527/382, 567/342.

(86) *RT* 331/89; *RJTJESP* 64/340.

(87) *JCAT* 68/386; *JTACrSP* 58/200.

(88) *JTACrSP* 58/270.

(89) *JTACrSP* 56/100.

(90) *RT* 558/324-325; *RJTJERGS* 206/220.

(91) *RT* 710/334; *JTAERGS* 87/143.

(92) *RT* 709/307.

(93) *RT* 544/423; *JTACrSP* 49/256, 47/283, 46/335, 45/402 e 403.

(94) *RT* 386/271, 535/323, 512/417, 419/285, 418/270; *JTACrSP* 53/37, 48/272, 38/236, 32/306 e 334.

(95) *RT* 523/395, 435/363; *JTACrSP* 59/308, 57/178, 52/194, 51/314, 22/381.

(96) *RT* 464/421; *RF* 248/414; *JTACrSP* 62/263 e 316, 57/121, 55/291 e 310, 52/388, 23/10.

(97) *RT* 538/417, 441/472, 407/355; *JTACrSP* 60/291, 61/186 e 201, 59/209-304, 56/157 e 285, 55/218 e 360.

(98) *RT* 475/304, 465/363.

(99) *RT* 472/399 e 360.

(100) *JTACrSP* 50/251.

(101) *JTACrSP* 51/409, 45/401.

(102) *JTACrSP* 59/285, 55/343.

(103) *RT* 430/418; *RJDTACRIM* 1/112, 3/133; *JTACrSP* 59/285, 55/343.

(104) *JTACrSP* 43/366.

(105) *RT* 546/377, 541/438; *JTACrSP* 51/357.

(106) *RT* 543/383, 402/299.

(107) *RT* 475/312.

(108) *RT* 402/259, 444/427, 537/376.

(109) *RT* 429/436, 539/345.

(110) *RT* 432/395.

(111) *RT* 480/384; *JTACrSP* 58/232, 55/199, 56/246.

(112) *RJTJERGS* 167/183.

(113) *JTAERGS* 167/107.

(114) *RJTJERGS* 167/86.

(115) *JTACrSP* 67/438-441, 29/293.

(116) *RT* 795/637; *JTASP* II/22.

(117) *JTASP* I/38.

(118) *JTACrSP* 60/69, 63/384, 53/366, 52/164, 42/242, 42/333, 25/185, 28/396; *RJDTACRIM* 21/241.

(119) *JTACrSP* 60/311, 61/275, 40/112.

(120) *JTACrSP* 61/223, 49/325.

(121) *JTACrSP* 67/294.

(122) *JTACrSP* 67/433.

(123) *RT* 547/336; *JTACrSP* 66/259, 59/199.

(124) *RT* 550/332.

(125) *RT* 548/374; *JTACrSP* 63/38.

(126) *RT* 537/336.

(127) *RT* 547/395.

(128) *JCAT* 71/358.

(129) *RT* 547/345.

(130) *JTACrSP* 66/398.

(131) *RT* 549/334; *JTACrSP* 66/354.

(132) *JTACrSP* 67/327.

(133) *JTACrSP* 63/318.

(134) *RT* 548/338, 545/381; *JTACrSP* 66/199, 62/291.

(135) *RT* 537/336.

(136) *RT* 547/356.

(137) *RJTJERGS* 212/159; *JTACrSP* 67/481; *RJDTA-CRIM* 21/253.

(138) *RT* 536/341.

(139) *JTAERGS* 79/41.

(140) *JCAT* 66/507, 69/497.

(141) *JCAT* 59/332.

(142) *RT* 410/88.

(143) *RT* 720/407.

(144) *RT* 410/88.

(145) *RT* 473/301; *RJTJESP* 14/391.

(146) *JCAT* 59/336.

(147) *RT* 655/272; *RJTJESP* 30/425.

(148) *JCAT* 64/330.

(149) *JTACrSP* 49/187.

(150) *RT* 497/294.

(151) *RT* 506/362, *RJTJESP* 14/391.

(152) *RT* 442/409.

(153) *RT* 491/292, 488/323 e 327.

(154) *JTACrSP* 33/229.

(155) *RT* 531/318.

(156) *RT* 397/101.

(157) *RT* 590/361.

(158) *RT* 413/112.

(159) *RT* 697/286, 556/339, 505/332, 493/284, 489/309, 485/298; *RJTJESP* 18/326.

(160) *RT* 503/326.

(161) *RJTJESP* 44/329, 50/338, 51/298.

(162) *RT* 582/340, 562/325, 514/330, 457/322; *RJT-JESP* 48/291, 49/195, 52/379.

(163) *RT* 514/345, 496/326, 440/340, 382/69, 563/320, 569/330, 623/287.

(164) *RT* 436/349; RJTJESP 19/410.

(165) *RT* 454/376; *RJTJESP* 67/322, 35/211, 28/368.

(166) STF: RHC 50.872-SP, j. em 29-3-1973, *DJU* de 31-8-73, p. 6.308; *RT* 438/328, 595/347, 598/299; *RJTJESP* 17/416, 19/360.

(167) *RT* 423/367, 449/367, 412/120, 467/303, 520/459, 579/311, 668/264; *RJTJESP* 51/313, 28/283, 24/358.

(168) *RT* 425/310.

(169) *RT* 703/333.

(170) Nesse sentido: HC 51.982-SP – j. em 22-12-2006, *DJU* 8-2-2006, p. 207; *RT* 862/591, 756/652; *JTJ* 232/391, 239/375; *JCAT* 83-84/699; *RDJ* 22/264; *RJTJERGS* 253/79, 252/86. Contra: STJ: HC 32.159-RJ – j. em 17-2-2004, *DJU* de 22-3-2004, p. 339.

(171) *RT* 781/581.

(172) *RT* 501/278, 481/300, 446/376, 436/349.

(173) *RJTJESP* 45/389.

CAPÍTULO 5

(1) *RT* 739/665.

(2) *RJDTACRIM* 11/116.

(3) *RJDTACRIM* 10/182; *JTACrSP* 67/340, 65/382, 40/89.

(4) *RT* 558/341, 555/375, 433/418, 392/327.

(5) *JTAERGS* 94/109; *RJDTACRIM* 21/208.

(6) *RT* 483/346.

(7) *RT* 576/379, 465/317, 585/340; *JTJERGS* 85/73; *RJDTACRIM* 7/125, 9/115, 19/187.

(8) *JTJCrSP*, Franceschini, v. II, p. 645, nº 3.793.

(9) *RT* 649/293.

(10) *JTACrSP* 39/160.

(11) *RT* 501/307, 345/381, 438/441, 394/293, 330/468; *JTACrSP* 54/420, 47/352.

(12) *RT* 567/362, 467/433, 386/271, 434/403, 430/402, 374/290; *JTACrSP* 67/357, 52/251, 47/321, 43/365.

(13) *RT* 504/429.

(14) *RT* 545/355; *JTACrSP* 61/256.

(15) *RT* 445/410, 615/343; *JTACrSP*, Franceschini, v. II, p. 639, nº 3.774.

(16) *RT* 475/309, 409/377, 406/241, 389/318, 393/370, 380/286; *RJDTACRIM* 6/103-104; *JTACrSP* 44/184, 32/297; *RJTACRIM* 66/105.

(17) RHC 53.705, *DJU* de 21-10-1975, p. 7.973.

(18) *RT* 424/379.

(19) *RT* 526/393; *JTACrSP* 48/267.

(20) *JTACrSP* 52/371.

(21) *JTACrSP* 43/368.

(22) *RT* 585/312; *JTACrSP* 41/284.

(23) *RT* 337/288.

(24) *RT* 549/317.

(25) *RT* 383/214, 496/327, 512/477, 499/388, 576/414, 638/324, 652/318, 689/383.

(26) *RT* 523/461.

(27) *RTJ* 84/658; *RT* 672/338, 587/292, 579/397, 553/348, 425/354, 392/377, 385/284, 444/393, 435/380; *RJTJERGS* 147/132; *JTACrSP* 49/296, 41/205.

(28) *RT* 613/317.

(29) *RT* 548/357, 785/634.

(30) *RT* 549/345.

(31) *RT* 616/276, 612/297 e 649/256; *RJTJERGS* 158/61.

(32) *RT* 449/425, 438/423; *JTACrSP*, Franceschini, p. 657, nº 3.835.

(33) *RT* 482/410.

(34) *RT* 451/436.

(35) *RT* 448/450.

(36) *RT* 431/351.

(37) *RT* 429/441; *JTACrSP* 53/350.

(38) *JTACrSP* 47/362.

(39) *JTACrSP* 46/312.

(40) *JTACrSP* 30/28; *JTACrSP*, Franceschini, p. 665, nº 3.587.

(41) *RT* 398/365.

(42) *RT* 596/336.

(43) *RT* 623/275.

(44) *RT* 661/272, 515/370, 433/410.

(45) *RTJ* 102/645; *RT* 638/324, 579/431, 568/277, 470/431, 534/415, 389/320; *RJTJERGS* 158/64; *JTACrSP* 54/249.

(46) *RT* 472/359, 338/124.

(47) *RT* 456/468.

(48) *RT* 335/261.

(49) *RT* 768/689, 569/281, 549/345-346, 511/403, 490/308, 453/399, 446/442; *JTACrSP* 63/339, 52/175, 42/297, 44/19, 29/249, 40/316.

(50) *RT* 672/307; *RJTJERGS* 148/96, 165/150.

(51) *RT* 444/381, 401/330, 451/436.

(52) *RT* 504/382, 536/341, 593/325, 611/407; *JTACrSP* 40/196.

(53) *RT* 516/347, 541/366, 379/324, 486/324.

(54) *JTACrSP* 34/298.

(55) *RT* 605/303; *RJTJERGS* 159/185-186; *JTACrSP* 33/248.

(56) *RT* 446/416, 369/280, 544/347, 612/317; *JTACrSP* 55/231, 40/252.

(57) *RT* 591/309.

(58) *RT* 551/341.

(59) *RT* 603/336, 606/329, 795/650.

(60) *JTACrSP* 29/394.

(61) *RT* 591/309.

(62) *RT* 549/345, 329/510, 606/329, 626/338.

(63) *RT* 554/329 e 335, 798/583.

(64) *RT* 563/306, 425/343.

(65) *RT* 480/346, 563/306.

(66) *RJTJERGS* 156/110-111.

(67) *RT* 542/372, 369/198; *JTACrSP* 59/161.

(68) *RT* 584/348, 529/369, 475/311; *JTACrSP* 34/264.

(69) *RT* 591/330, 499/344; *JTACrSP* 59/182, 58/22, 51/264, 46/178, 45/330, 42/231, 44/421, 30/54.

(70) *JTACrSP* 33/214.

(71) *JTACrSP* 59/191.

(72) *RT* 434/402; *JTACrSP* 47/353.

(73) *RT* 593/330, 586/307, 410/299, 406/229, 335/283; *JTJ* 154/296, 158/306; *JTACrSP* 55/231, 55/261, 32/38; *JTACrSP*, Franceschini, p. 677, nº 3.893, p. 680, nº 3.903.

(74) *RT* 505/372.

(75) *JTACrSP* 42/137.

(76) *RJTJERGS* 147/185.

(77) *RT* 667/264.

(78) *RT* 536/309, 486/260.

(79) *RT* 405/139, 707/289.

(80) *RT* 371/139.

(81) *RT* 375/163.

(82) *RT* 528/319.

(83) *RT* 350/329.

(84) *RT* 457/334.

(85) *RT* 390/90, 452/447.

(86) *RT* 505/318, 423/399.

(87) *RT* 599/322.

(88) *JTAERGS* 86/70.

(89) *RT* 330/460.

(90) *JTACrSP*, Franceschini, II, p. 684-685, nos 3.920 e 2.929-A.

(91) *RT* 495/344; *JTACrSP*, Franceschini, II, p. 689, nº 3.933.

(92) *RT* 451/421.

(93) *JTACrSP* 46/341.

(94) *RT* 654/271, 651/327, 521/433, 519/402, 490/346, 455/452, 425/347, 329/568; *JCAT* 62/256, 69/462; *RJDTACRIM* 1/118.

(95) Nesse sentido: STJ: RHC 27622-RJ, j. em 7-8-2012, *DJe* de 23-8-2012.

(96) Nesse sentido: STJ: AgRg no REsp 1122932-MG, j. em 21-6-2011, *DJe* de 3-8-2011; HC 154940-RJ, j. em 22-2-2011, *DJe* de 14-3-2011.

(97) Nesse sentido: STF: ADC 19, j. em 9-2-2012, *DJ* de 29-4-2014, HC 106212-MS, j. em 24-3-2011, *DJe* de 13-6-2011; HC 98880-MS, j. em 4-10-2011, *DJe* de 19-10-2011.

(98) Adin nº 4424-DF, j. em 9-2-2012, *DJe* de 17-2-2012.

(99) Nesse sentido: STF: HC 106212-MS, j. em 24-3-2011, *DJe* de 13-6-2011.

(100) Nesse sentido: STF: HC 106212-MS, j. em 24-3-2011, *DJe* de 13-6-2011, HC 110113-MS, j. em 20-3-2012, *DJe* de 9-4-2012. STJ: HC 201529-MS, j. em 28-5-2013, *DJe* de 17-6-2013, HC 185130-SP, j. em 18-9-2012, *DJe* de 26-9-2012, HC 120151-ES, j. em 24-5-2011, *DJe* de 24-6-2011; HC 198736-MS, j. em 24-5-2011, *DJe* de 15-6-2011.

(101) *RT* 447/485.

(102) *RT* 670/328.

(103) *RT* 705/381, 708/357, 713/363; *JTAERGS* 87/112; *JSTJ* 42/325; *RSTJ* 59/107-108.

(104) *RT* 514/385.

(105) *RJDTACRIM* 19/122.

(106) *JTAERGS* 87/152.

(107) *RT* 460/368, 634/307.

(108) *RT* 528/361, 497/384.

(109) *JTACrSP* 41/263, 44/177 E 326, 69/359.

(110) *JTACrSP* 41/314.

(111) *JTACrSP* 41/130.

(112) *RT* 405/298, 439/422; *JTACrSP* 4/130, 11/150, 13/323, 15/307.

(113) *RT* 393/350, 404/297, 765/621; *JTACrSP* 14/187, 15/366, 18/185.

(114) *RT* 405/417, 405/310; *JTACrSP* 19/305.

(115) *JTACrSP* 10/143, 11/148, 4/7.

(116) *RT* 589/354, 553/345, 381/265; *JTACrSP* 59/286; *RJDACRIM* 7/72.

(117) *RT* 587/436; *JTACrSP* 39/211.

(118) *RT* 426/406, 693/355.

(119) *RT* 504/429.

CAPÍTULO 6

(1) *RT* 514/329, 618/304.

(2) *RT* 352/351-352.

(3) *RT* 514/329; *JCAT* 63/273.

(4) *RT* 784/586.

(5) *RT* 656/286.

(6) *RT* 652/265.

(7) *JCAT* 70/394.

(8) *RT* 427/425.

(9) *JTACrSP* 43/196.

(10) *RT* 695/330.

(11) *RT* 327/389.

(12) *JTACrSP* 1/50.

(13) *JCAT* 59/330; *JTACrSP* 59/330, 34/396, 29/154 e 176; *RJDTACRIM* 22/313.

(14) *RT* 549/346; *JTACrSP* 47/43, 39/244, 30/217 e 222, 47/355, 1/66; *RJDTACRIM* 15/139.

(15) *JTACrSP* 44/235.

(16) *JTACrSP* 52/342.

(17) *RT* 549/315.

(18) *RT* 522/438.

(19) *RT* 652/265, 516/369.

(20) *RT* 550/365.

(21) *RT* 524/440, 540/311; *JTACrSP* 61/341, 34/330 e *JTA* 1/4.

(22) *RT* 588/351-352, 768/610; *JTACrSP* 76/147.

(23) *RJTJERGS* 229/122; *JTACrSP* 41/253.

(24) *RT* 425/323.

(25) *RT* 437/381.

(26) *RT* 710/301.

(27) *RT* 536/341.

(28) *RJDTACRIM* 7/141.

(29) *RT* 541/396.

(30) *RT* 715/431.

(31) *RT* 393/344.

(32) *RT* 427/360.

(33) *RT* 427/360.

(34) *RT* 439/424.

(35) *RTJ* 88/459.

(36) *JTACrSP* 47/223; *RJDTACRIM* 2/107.

(37) *JTACrSP* 47/232.

(38) *RT* 327/381.

(39) *RT* 432/365; *JTACrSP* 72/245, 56/201, 51/414, 29/153.

(40) *RT* 520/397.

(41) *JTACrSP* 38/314.

(42) *JTAERGS* 84/128.

(43) *RT* 330/511.

(44) *RT* 514/386.

(45) *RT* 538/364; *JTACrSP* 63/236.

(46) *RT* 443/499, 529/369; *JTACrSP* 52/360.

(47) *RT* 522/397; *JTACrSP* 53/466, 49/190, 30/209.

(48) *RT* 541/426.

(49) *RT* 547/394.

(50) *RT* 497/337; *JTACrSP* 40/329.

(51) *RT* 519/402, 542/373, 524/405, 588/335; *JTACrSP* 60/282, 53/397.

(52) *RT* 710/299; *RJDTACRIM* 20/132.

(53) *RJDTACRIM* 22/295.

(54) *RT* 525/378, 783/651.

(55) *JTACrSP* 60/208.

(56) *JTACrSP* 56/201.

(57) *JTACrSP* 35/152.

(58) *RT* 525/378.

(59) *RT* 707/345.

(60) *RT* 688/346-347.

(61) *JTACrSP* 56/201.

(62) *RT* 661/366.

(63) *RT* 521/433.

(64) *RJDTACRIM* 21/245.

(65) *JTAERGS* 93/75.

(66) *RT* 329/538.

(67) *RT* 434/432, 577/424.

(68) *RT* 329/536.

(69) *RT* 567/334.

(70) *RJDTACRIM* 11/127.

(71) *RT* 426/406, 651/329; *RJDTACRIM* 20/122.

(72) *JTACrSP* 61/240, 49/394.

(73) *JTACrSP* 30/214.

(74) *JTACrSP* 44/421.

(75) *JTACrSP* 60/164.

(76) *RT* 376/248.

(77) *RT* 551/371, 587/330.

(78) *JTAERGS* 75/76.

(79) *RT* 329/494.

(80) *RT* 438/345; *JTACrSP* 42/130.

(81) *RT* 675/376.

(82) *RT* 503/345.

(83) *JTACrSP* 54/233.

(84) *RT* 441/336.

(85) *JTACrSP* 41/175.

(86) *RT* 587/349.

(87) *RJDTACRIM* 21/245.

(88) *RT* 412/284.

(89) *RJDTACRIM* 14/101.

(90) *RT* 547/378.

(91) *RT* 546/332.

(92) *RT* 551/371-372.

(93) *JTACrSP* 60/164.

(94) *JTACrSP* 54/289.

(95) *RT* 546/332.

CAPÍTULO 7

(1) *RT* 327/401.

(2) *RT* 584/420.

(3) *RT* 602/306, 607/336.

(4) *RT* 578/373, 593/325; *JTAC* 1/23, nº 133.

(5) *RT* 426/397.

(6) *JCAT* 69/490-491.

(7) *RT* 626/338.

(8) *JTACrSP* 65/201.

(9) *RT* 550/354.

(10) *RT* 423/390.

(11) *RT* 551/373-374, 548/378, 540/321, 427/460, 431/344 e 361, 440/451, 496/312, 499/371, 423/405; *JTACrSP* 65/390, 60/268, 64/179, 52/184 e 266, 49/400, 43/377, 39/241.

(12) *RJDTACRIM* 6/144.

(13) *JTAERGS* 75/102.

(14) *RT* 424/374.

(15) *RJTJERGS* 154/165.

CAPÍTULO 8

(1) *JTAERGS* 83/54 e 121; *RJTACRIM* 54/191.

(2) *RT* 531/335, 791/694; *RJTJERGS* 148/71; *JTA-CrSP* 30/325, 56/88; *RJDTACRIM* 2/58, 6/227.

(3) *RT* 531/335; *RJDTACRIM* 2/58, 6/61.

(4) *JTACrSP* 60/131.

(5) *RT* 492/355.

(6) *RT* 527/381, 768/523; *JTACrSP* 53/295, 54/382.

(7) *JSTJ* 34/219; *RT* 608/351; *JTACrSP* 51/435.

(8) *RJDTACRIM* 7/221.

(9) *RT* 511/422.

(10) *RT* 686/393.

(11) *RSTJ* 152/494; *RT* 489/349, 630/321, 634/330; *JTACrSP* 66/135, 70/165.

(12) *RT* 489/377.

(13) *RT* 540/320.

(14) *RT* 544/381; *JTACrSP* 61/294.

(15) *RT* 548/335, 533/380, 474/377-378.

(16) *JTACrSP* 33/276.

(17) *JTACrSP* 62/127.

(18) *RT* 459/395-396.

(19) *JTACrSP* 64/106.

(20) *RT* 623/320.

(21) *RT* 516/311.

(22) *RT* 532/350; *JTACrSP* 55/113.

(23) *RT* 516/353 e 364.

(24) *RT* 621/328.

(25) *RT* 607/307.

(26) *RSTJ* 39/71-72.

(27) *JTACrSP* 29/317.

(28) *RT* 777/632; *RJDTACRIM* 4/76.

(29) *RT* 692/326; *RSTJ* 23/121; *JTAERGS* 84/18.

(30) *RT* 492/322.

(31) *RT* 523/404.

(32) *RT* 545/439, 510/361.

(33) *RT* 500/344.

(34) *RT* 545/344, 463/357.

(35) *JTACrSP* 59/150.

(36) *RT* 510/380, 336/309.

(37) *RSTJ* 129/412; *RTJ* 54/697; *RT* 832/495, 776/533, 775/615, 642/341, 541/382, 460/371; *JTACrSP* 69/131-132, 76/161.

(38) STF: RHC 59.290-2-*RS*, j. em 23-3-1982, *DJU* de 7-5-1982, p. 4.268 e RHC 61.993-2, j. em 26-10-1984, *DJU* de 14-12-1984, p. 21.607; *RJDTACRIM* 11/68-69, 17/72-73.

(39) *RT* 596/421, 611/363, 652/259, 670/302; *JTACrSP* 89/172.

(40) *RSTJ* 163/445; *RTJ* 714/418.

(41) *RT* 498/316; *JTACrSP* 64/156, 50/389; *RJDTACRIM* 20/224.

(42) *JTACrSP* 30/143.

(43) *JCAT* 65/329.

(44) *RT* 621/314; *JSTJ* 29/250; *JTAERGS* 76/77, 92/48; *RJDTACRIM* 22/103; *JTACrSP* 69/387; *RJTACRIM* 47/125.

(45) *RT* 519/400.

(46) *JTACrSP* 53/440, 34/75.

(47) *JTACrSP* 67/389.

(48) *RT* 544/381.

(49) *RT* 591/412.

(50) *RT* 532/444.

(51) *RT* 702/403-404.

(52) *RTJ* 88/430.

(53) *RT* 336/497.

(54) *RT* 699/331, 718/441.

(55) *RT* 545/344.

(56) *RT* 652/259, 776/609; *RTJ* 113/88; *JTAERGS* 85/44.

(57) *RT* 652/265.

(58) *RT* 715/489.

(59) *RT* 531/363, *JTACrSP* 53/438.

(60) *RT* 497/360.

(61) *JTACrSP* 59/203.

(62) *RT* 497/360.

(63) *RT* 553/378.

(64) *JTACrSP* 30/181.

(65) *RT* 516/346.

(66) *RT* 506/371, 484/301, 473/327.

(67) *RT* 507/470.

(68) *RT* 425/345, 606/414.

(69) *RT* 615/258, 623/264.

(70) *RTJ* 116/961; *JSTJ* 11/115; *RSTJ* 31/17; *RT* 625/374, 766/760; *JTACrSP* 76/358.

(71) *RT* 668/368, 810/685.

(72) *RT* 769/610525/391, 465/327, 336/412, 579/349; *JTACrSP* 55/350.

(73) *RT* 514/448.

(74) *JTACrSP* 62/127.

(75) *JCAT* 60/273.

(76) *RT* 723/525.

(77) *RT* 589/355.

(78) *JTACrSP* 59/235.

(79) *RT* 521/434.

(80) *JTAERGS* 95/108.

(81) *JTACrSP* 30/181.

(82) *JTAERGS* 76/62.

(83) *RT* 542/449.

(84) *RT* 496/354, 511/435, 513/481.

(85) *RT* 519/458, 822/691.

(86) *RT* 530/340.

(87) *JTJ* 231/374, *RT* 652/262, 589/433; *RJTJERGS* 200/64.

(88) *RT* 511/362; *JTACrSP* 50/118, *JTA* II/23.

(89) *RT* 624/376.

(90) *RT* 556/320.

(91) *RT* 618/321.

(92) *RSTJ* 160/417; *RTJ* 87/853, 91/807, 101/1.027, 102/926, 105/518, 108/586; *RT* 466/348, 493/350, 502/313, 518/388, 523/419, 535/323, 572/377 e 431, 590/449-450, 604/446, 610/429, 626/407, 640/350, 674/313, 751/553, 770/648, 774/531, 791/572, 834/530; *JTACrSP* 30/139, 33/51, 52/61, 68/148; *RJDTACRIM* 7/79 e 206; *RJTACRIM* 67/43.

(93) *RT* 620/386, 668/351.

(94) *RT* 673/329.

(95) *JTAERGS* 79/106-107.

(96) *RT* 591/339.

(97) *JTACrSP* 66/225.

(98) *RTJ* 94/1.059; *RT* 543/431, 589/433.

(99) *RT* 461/374.

(100) *RT* 459/353, 624/379.

(101) *RT* 606/358, 652/346, 651/288, 665/330, 670/299; *JSTJ* 38/234; *RJDTACRIM* 3/204; *JTACrSP* 67/120, 50/141, 62/127.

(102) *JSTF* 297/389; *JTAERGS* 94/36.

(103) STJ: RHC 4.056-4-RJ, j. em 21-11-1994, *DJU* de 6-3-1995, p. 4.373; *RT* 734/583; *RSTJ* 82/295.

(104) *RT* 524/476, 548/425, 640/350, 773/528, 798/559.

(105) *RT* 559/346, 531/363, 487/338, 580/359; *JCAT* 66/475; *JTACrSP* 71/237.

(106) *RT* 478/273.

(107) *RT* 545/423, 534/352.

(108) *RT* 619/313.

(109) *JSTF* 299/393; *RT* 722/563.

(110) *RT* 717/430, 768/679.

(111) *RT* 668/351, 703/303, 779/536; *RJDTACRIM* 6/172-173.

(112) *RT* 590/449.

(113) *JSTJ* 44/239.

(114) *RJDTACRIM* 13/52-53.

(115) *JTACrSP* 67/205; *RJDTACRIM* 12/52-53.

(116) *RJDTACRIM* 12/52-53.

(117) *RT* 534/377, 488/316, 519/402, 627/365, 709/401; *JTAERGS* 84/65; *RJDTACRIM* 1/145.

(118) *RT* 802/721; *RJDTACRIM* 11/130.

(119) *JSTJ* 9/178.

(120) *RT* 545/428.

(121) *RT* 537/334; *JTACrSP* 54/377.

(122) *RT* 448/376, *JTACrSP* 54/377.

(123) *RT* 709/401.

(124) *RT* 610/431, 613/345.

(125) *RT* 631/347.

(126) *RT* 612/345.

(127) *RT* 629/334; *JTCAT* 66/443.

(128) *RSTJ* 47/17-18, *JSTJ* 45/364.

(129) *RT* 697/362-363.

(130) *RSTJ* 51/167.

(131) *RJDTACRIM* 30/88.

(132) *RT* 542/449, 711/403, 758/475 e 509, 833/468, 835/659; *JSTF* 249/260, 312/327; *RSTJ* 113/393; *RJTJERGS* 200/169, 202/117; *RJTACRIM* 51/32.

(133) *RT* 782/601, 724/498, 672/325, 676/372, 650/334, 504/432, 545/378, 487/338; *JSTJ* 45/364.

(134) *RT* 703/299.

(135) *RT* 635/414, 663/273, 775/717, 777/644; *RSTJ* 63/111-112; *JTAERGS* 84/34-35.

(136) *JSTJ* 7/447.

(137) *RJDTCRIM* 4/246.

CAPÍTULO 9

(1) *JTACrSP* 61/182.

(2) *RT* 444/372.

(3) *RT* 503/416.

(4) *RT* 526/391.

(5) *JTACrSP* 43/242.

(6) *RT* 464/431.

(7) *RT* 651/267.

(8) *RT* 393/321, 546/344, 523/415, 492/354, 489/358, 485/324 e 331; *RJTJERGS* 213/166; *JTACrSP* 62/37, 42/141, 41/190 e 329.

(9) *JTACrSP* 40/212 e 269.

(10) *RT* 492/354.

(11) *JTACrSP* 40/71.

(12) *JTACrSP* 44/243, 41/248.

(13) *JTACrSP* 61/182.

(14) *RT* 495/351.

(15) *RT* 365/188; *JTACrSP* 60/305.

(16) *JTACrSP* 44/411; *RJTACRIM* 54/41.

(17) *RT* 531/360, 631/341; *RJTACRIM* 63/46.

(18) *RT* 531/360.

(19) *RJDTACRIM* 6/146-147.

(20) *RJDTACRIM* 1/56.

(21) *RT* 438/411, 235/331, 211/406; *JTACrSP* 44/203.

(22) *RT* 544/380, 518/386, 479/390, 400/287, 279/704; *JTACrSP* 49/323 e 284, 38/288, 36/351, 31/225; *JTA*, v. II, p. 37, nº 170; *JTACrSP* 69/233; *RJTACRIM* 64/42.

(23) *JTAERGS* 85/60.

(24) *RT* 702/372.

(25) *RJDTACRIM* 16/64.

(26) *RT* 560/328.

(27) *JTAERGS* 92/58; *RJDTACRIM* 7/49.

(28) *RT* 568/297; *JTACrSP* 60/242.

(29) *JTACrSP* 49/284, 69/233, 71/225, 70/378.

(30) *JTACrSP* 49/209.

(31) *RT* 337/260 e 375/204, 702/345; *RJDTACRIM* 18/41; *JTACrSP* 41/232.

(32) *RTJ* 54/604; *RT* 534/375, 527/387, 514/383, 510/391, 494/400, 473/388, 465/323, 448/447, 447/488, 434/399, 381/264, 378/219, 374/203, 336/303, 324/315; *JTACrSP* 23/124 e 252, 58/356, 54/409, 49/323, 329 e 346, 43/358, 38/288, 70/334; *RJDTACRIM* 2/54, 5/46, 8/74, 15/36.

(33) *RT* 804/591, 677/370, 639/310, 607/313, 582/336, 397/290, 490/344, 292/432, 250/364, 235/352, 199/454; *RF* 161/397; *RJDTACRIM* 3/76, 4/51, 19/59, 20/183; *JTACrSP* 41/232, 34/472; *RJTACRIM* 56/62, 60/43.

(34) *RT* 485/325, 383/291, 357/354, 248/399; *JCAT* 66/495; *RJDTACRIM* 1/58, 15/36; *JTACrSP* 23/124, 22/382.

(35) *RT* 451/457, 447/468.

(36) *RT* 719/439.

(37) *RT* 395/277, 414/269; *JCAT* 70/397; *JTACrSP* 33/256 e 234-235, 41/232; *RJDTACRIM* 5/218.

(38) *RT* 404/299; *RJDTACRIM* 14/131.

(39) *RT* 560/307.

(40) *RT* 389/103.

(41) *RT* 439/378.

(42) *RT* 550/304.

(43) *JTAERGS* 76/55.

(44) *RT* 503/368.

(45) *RT* 512/423.

(46) *RT* 534/406.

(47) *RT* 526/360.

(48) *RT* 627/291.

(49) *RT* 537/348, 646/275, 769/570, 821/679.

(50) *RT* 651/269.

(51) *RT* 651/269, 572/327, 534/323, 441/339; *JTJ* 154/314, 173/311.

(52) *RT* 551/324.

(53) *RT* 504/312, 507/377.

(54) *RT* 544/326.

(55) *RT* 651/269.

(56) *RT* 509/453, 489/430, 484/173.

(57) *RT* 553/425, 517/279.

(58) *RT* 547/378, 383/73.

(59) *RT* 698/327, 707/333; *JTJ* 235/172.

(60) *RT* 488/318, 579/320.

(61) *RT* 591/315, 529/370, 542/375, 537/324, 498/277, 491/275, 488/321; *JTACrSP* 69/388.

(62) *RT* 534/379.

(63) *RT* 506/369.

(64) *RT* 521/405.

(65) *RT* 780/587, 777/582, 766/591, 554/340, 503/304, 499/317, 492/291.

(66) *RT* 553/332, 550/304, 488/314.

(67) *RJTJESP* 70/371.

(68) *RT* 490/295.

(69) *RJTJERGS* 170/97.

(70) *RT* 484/280.

(71) *RT* 386/250.

(72) *RT* 660/303; *RJDTACRIM* 7/164-5.

(73) *RT* 679/388.

(74) *RT* 554/380; *JTACrSP* 62/359.

(75) *RT* 530/373, 470/437, 432/346, 425/290, 411/409, 380/258.

(76) *RT* 544/398.

(77) *RT* 568/335, 470/437, 354/317; *JTACrSP* 33/296.

(78) *RT* 457/379.

(79) *RT* 689/366.

(80) *JTAERGS* 85/47.

(81) *RT* 608/330.

(82) *RJDTACRIM* 8/168.

(83) *RT* 718/432.

(84) *RT* 467/385.

(85) *RT* 544/385, *RJDTACRIM* 9/160; *RJTACRIM* 47/301.

(86) *RJDTACRIM* 8/167.

(87) *JTACrSP* 57/316.

(88) *RT* 516/347, 597/354, *RJTJERGS* 149/93.

(89) *RT* 668/297.

(90) *RT* 427/407, 416/256, 329/485.

(91) *RT* 559/341, 456/405, 430/430, 416/393, 374/292; *JTACrSP* 70/330, 31/334; *JTA* v. I, p. 31, nº 170.

(92) *RT* 396/368, 469/411.

(93) *RT* 557/353.

(94) *RT* 474/340, 419/267, 405/325; *JCAT* 66/522; *JTACrSP* 49/204, 44/435.

(95) *RT* 535/302, 432/346; *JTACrSP* 61/279, 48/391, 29/234.

(96) *JTACrSP* 46/233.

(97) *RT* 432/352.

(98) *RT* 600/369.

(99) *JTACrSP* 56/367-368; *RJTACRIM* 46/341, 67/108.

(100) *RT* 503/334-335, 811/638.

(101) *RT* 391/292; *JTACrSP* 67/361.

(102) *RT* 333/272, 419/267.

(103) *JTA* II, p. 53, nº 236.

(104) *RT* 555/357, 796/686; *JTACrSP* 70/216; *RJTA-CRIM* 48/172, 67/108.

(105) *JTACrSP* 46/155.

(106) *RT* 370/274.

(107) *RT* 327/391; *JTACrSP* 73/235; *RJDTACRIM* 5/192.

(108) *RTJ* 84/302.

(109) *RJDTACRIM* 22/409.

(110) *RT* 419/284, 373/186; *JTACrSP* 54/365.

(111) *RT* 514/388.

(112) *RT* 327/398, 626/305; *RJTACRIM* 59/123.

(113) *RT* 336/456.

(114) *RT* 336/456, 695/339, 797/682; *RSTJ* 39/478; *JTAERGS* 84/75.

(115) *JTACrSP* 47/326.

(116) *RT* 672/342.

(117) *RT* 525/353, 584/350.

(118) *JTACrSP* 48/208, 30/322.

(119) *JTACrSP* 48/363.

(120) *RT* 535/350.

(121) *JTACrSP* 39/317.

(122) *RT* 535/326, 746/615; *JTACrSP* 48/303.

(123) *RJDTACRIM* 12/129-30.

(124) *RT* 737/701.

(125) *RT* 350/361.

(126) *RT* 527/405, 439/405.

(127) *RT* 459/328.

(128) *RT* 515/354.

(129) *RTJ* 88/847, *RSTJ* 26/76-77, 53/364; *RT* 523/438, 531/401, 625/292.

(130) *RT* 479/326.

(131) *RTJ* 24/466; *RT* 668/280.

(132) *RT* 522/342, 562/407-425.

(133) *RT* 328/379.

(134) *RT* 515/316-317.

CAPÍTULO 10

(1) *RJDTACRIM* 5/96.

(2) *JTA* I, p. 16, nº 90.

(3) *RT* 589/396, 748/734.

(4) *RTJ* 86/791; *RT* 518/441.

(5) *RT* 574/362.

(6) *RT* 425/362.

(7) *RT* 671/336-7; *RJDTACRIM* 11/90.

(8) *RT* 529/341.

(9) *RT* 481/351, 486/304, 655/328.

(10) *JTACrSP* 67/474; *RJTACRIM* 67/88.

(11) *RT* 529/341.

(12) *RT* 598/313.

(13) *RJDTACRIM* 5/195.

(14) *RT* 841/550, 823/632, 569/338, 564/357; *RJT-JERGS* 237/68; *RJDTACRIM* 22/107.

(15) *RT* 602/342, 587/428; *JTACrSP* 67/47.

(16) *RT* 693/390.

(17) *RT* 716/445.

(18) *RT* 714/444, 619/356, 580/400, 517/379, 499/397, 490/345, 439/443; *JTACrSP* 60/302, 56/33, 76/264; *RJDTACRIM* 3/121.

(19) *RT* 839/613, 831/667, 700/332, 604/424, 458/420, 445/447, 435/346-347; *JTACrSP* 64/256, 60/248, 58/237, 57/314; *RJTACRIM* 46/169, 63/90.

(20) *JTACrSP* 65/434.

(21) *JTACrSP* 60/246, 58/361.

(22) *RJDTACRIM* 2/179, 6/78.

(23) *JTAERGS* 79/70; *RJDTACRIM* 5/98.

(24) *RT* 550/283.

(25) *JTACrSP* 66/282.

(26) *RT* 554/377, 522/439.

(27) *RT* 473/388.

(28) *RT* 551/374, 582/347; *JTACrSP* 64/250.

(29) *JTACrSP* 65/451.

(30) *RTJ* 88/321, *RT* 531/423, 461/392.

(31) *RTJ* 89/1.048, 99/821, 109/345; *RT* 551/411, 547/426, 541/398, 517/359, 533/365, 592/419.

(32) *RJDTACRIM* 14/152.

(33) *RJDTACRIM* 14/71; *JCAT* 66/541-2.

(34) *RT* 523/356, 771/695.

(35) *RT* 489/379, 471/352.

(36) *RTJ* 85/78; *RT* 680/333; *RJDTACRIM* 1/67, 21/131.

(37) *RT* 701/300.

(38) *RT* 688/352, 771/638.

(39) *RT* 779/589.

(40) *RT* 327/103, 337/290, 467/380; *RJDTACRIM* 6/92 e 93; *JTACrSP* 44/416, 50/264, 52/405, 58/237, 67/370.

(41) *RJDTACRIM* 1/103-4, 12/84.

(42) *RTJ* 34/655, 36/570, 42/86, 47/82, 58/454; *RT* 231/644, 322/299, 395/416, 491/336, 486/320, 523/471, 553/369 e 387; *JTACrSP* 31/231, 41/206, 42/306, 46/265, 52/363 e 405, 56/390, 69/289.

(43) *RT* 676/318, 711/338; *RJDTACRIM* 21/169, 170; *JTACrSP* 42/306, 62/383.

(44) *RT* 336/296, 403/315, 405/309, 429/468, 431/413, 606/351, 607/368, 700/340-1; *JTACrSP* 62/177.

(45) *RT* 619/356, 334/277, 545/402; *JCAT* 65/386.

(46) *RT* 205/353, 412/267; *JTACrSP* 15/210, 62/177, 65/374.

(47) *JCAT* 65/373.

(48) *RJDTACRIM* 22/243.

(49) Nesse sentido: STJ: REsp 1123747-RS, j. em 16-12-2010, *DJe* de 1-2-2011.

(50) Nesse sentido: STF: HC 97261-RS, j. em 12-4-2011, *DJe* de 3-5-2011.

(51) *RT* 423/449.

(52) *RT* 503/431.

(53) *RTJ* 64/593; *RT* 229/578, 271/728, 276/718, 277/164, 393/348, 413/266, 432/344, 433/420, 449/445, 475/313, 537/371-372, 579/349, 590/361, 637/366, 679/386, 688/325; *JTACrSP* 10/46, 16/205, 13/278 e 341, 25/202, 29/57.

(54) *RT* 426/411; *RJDTACRIM* 11/100; *JTACrSP* 68/268.

(55) *RT* 297/450, 315/734, 342/366, 383/270, 389/332, 401/307, 403/294, 507/412, 529/321, 540/338; *JTACrSP* 26/252, 28/424, 35/37, 40/244, 42/33, 43/343, 55/405, 67/312.

(56) *RT* 330/484, 430/407, 440/442, 442/439, 498/323, 540/338, 559/358; *JCAT* 59/286, 69/532; *JTACrSP* 29/330, 66/246.

(57) *JTACrSP* 65/330; *RJDTACRIM* 1/102, 6/97.

(58) *RT* 507/413, 529/321; *JTAERGS* 85/56; *RJDTACRIM* 7/108; *JTACrSP* 66/276, 67/479.

(59) *JCAT* 66/562.

(60) *JCAT* 69/532.

(61) *RT* 541/391; *JTACrSP* 56/261, 57/282, 67/418.

(62) *JTACrSP* 58/274, 61/285.

(63) STJ: Resp 1888756-SP, j. em 14-9-2022, *Dje* de 16-9-2022. *RT* 547/355, 554/366, 775/667, 809/621; *RJTJERGS* 230/103; *RF* 270/314; *JTACrSP* 66/453, 70/324; *JCAT* 66/488; *RJDTA-*

CRIM 16/65-6; STJ: REsp 1888756-SP, j. em 14-9-2022, *DJe* de 16-9-2022..

(64) *RT* 440/443, 455/386, 798/695; *JTACrSP* 63/277.

(65) *RT* 462/460; *JTACrSP* 57/397-398, 76/340.

(66) *RT* 696/357, 700/380, 800/652; *JCAT* 90/455; *RJTJERGS* 201/210.

(67) *RTJ* 109/820, 106/1.332, 98/934, 95/887, 88/1.069; *RT* 423/395-396, 426/393, 432/367, 445/447, 499/400, 503/327, 511/424, 524/488, 533/357, 541/456, 548/422, 554/357, 555/452, 563/322, 579/435, 588/426, 589/354, 591/440, 641/405; 675/432; *JCAT* 62/263; *JTAERGS* 75/100; *JTACrSP* 57/56, 58/317, 59/194, 167 e 224, 65/348 e 453, 66/210 e 459; STJ: *RE* 1.028-SP, j. em 13-12-1989, *DJU* de 19-3-1990, p. 1952.

(68) *RTJ* 55/672; *RT* 446/429, 493/332, 527/382, 531/349, 543/382, 590/357; *JTACrSP* 56/390, 57/345, 62/187, 64/162, 66/260, 69/353; *RJD-TACRIM* 8/112; *RJTACRIM* 45/174.

(69) *RT* 717/422.

(70) *RJDTACRIM* 7/109.

(71) *RSTJ* 23/433; *RT* 696/357, 800/652; *JTAERGS* 87/155; *RJDTACRIM* 3/172, 19/112, 113, 20/97.

(72) *RT* 436/393, 439/407, 485/332; *JCAT* 62/263; *RJ-DTACRIM* 1/104; *JTACrSP* 59/190-191, 65/389; *RJTACRIM* 47/160.

(73) *RTJ* 95/887, 104/822, 109/1.271; *JSTJ* 20/230, 21/209; *RSTJ* 51/283; *RT* 462/460, 499/400, 509/439, 566/410, 569/420, 570/429, 579/396, 580/460, 582/429, 604/470, 605/424, 608/446, 617/337, 627/375, 675/356, 663/316, 670/340, 688/317, 765/561, 770/540; *JTACrSP* 58/290, 61/364, 67/369, *RJDTACRIM* 4/243, 8/114, 21/160-1, 167, 175, 22/211; *RJTACRIM* 51/107.

(74) *RT* 603/344, 437/389, 440/441, 463/379, 485/334, 524/404, 529/367, 531/349, 536/340, 543/382, 550/331, 588/351, 666/313, 718/488, 794/610; *JTAERGS* 72/69; *RJDTACRIM* 1/107, 4/101, 21/174; *JTACrSP* 56/390, 57/345 e 379, 68/45, 69/241, 364 e 403; *RJTACRIM* 56/119.

(75) *RT* 535/323, 713/368.

(76) *RT* 502/337.

(77) *RT* 433/428, 774/673.

(78) *RT* 442/453.

(79) *RSTJ* 21/252; *RT* 699/366, 772/629; *JTAERGS* 85/90; *RJDTACRIM* 1/108, 9/106; *JTACrSP* 56/30; *RJTACRIM* 63/96.

(80) *RT* 661/304, 794/610, 820/628; *RJTJERGS* 203/179; *RJDTACRIM* 7/108, 11/103, 15/93, 17/95-6, 19/83.

(81) *JTACrSP* 57/314, 65/42.

(82) *JCAT* 45/464, 71/376.

(83) *RT* 517/370, 533/367, 540/362, 541/441, 549/387, 583/385, 775/667; *JCAT* 62/306, 91/489; *JTAERGS* 85/69, 94/111; *JTACrSP* 56/302, 57/312, 58/288, 59/334, 60/264, 61/243.

(84) *RJDTACRIM* 9/105, 10/78, 21/172; *JTACrSP* 23/222, 30/53, 57/56, 59/167.

(85) *RT* 427/452, 456/440; *JCAT* 62/298.

(86) *RT* 334/267.

(87) *RT* 337/272, 355/357, 403/304, 410/293, 437/407, 536/365, 546/377, 550/331, 571/391, 620/357, 630/326; *JCAT* 65/376; *RJTJERGS* 204/201; *JTACrSP* 31/205, 32/409, 34/223, 53/341, 56/364, 59/230, 69/24.

(88) *RT* 451/418.

(89) *RT* 708/319.

(90) *RJDTACRIM* 1/98.

(91) *RT* 540/324 e 436/380; *RJDTACRIM* 5/101.

(92) *RT* 551/370-371.

(93) *RT* 523/419.

(94) *RT* 554/378, *JTACrSP* 68/233.

(95) *RT* 552/355, 653/303.

(96) *RT* 437/402, 798/695.

(97) *RT* 539/315, 542/372, 547/355, 566/339, 573/398; *JTACrSP* 56/280, 68/409, 69/456; *RJ-TACRIM* 53/105.

(98) *RT* 517/386, 776/673; *JTACrSP* 69/274.

(99) *JTA*, II, p. 51, nº 227.

(100) *RJDTACRIM* 9/98.

(101) *RT* 435/350, 445/419.

(102) *JTACrSP* 63/210; *RJDTACRIM* 5/99.

(103) *RT* 538/380.

(104) *RT* 330/196, 355/352, 356/30, 372/198, 381/223, 373/273, 435/367, 473/398, 462/433; *JTACrSP* 20/28 e 169.

(105) *RT* 391/334, 406/239, 538/380; *JTACrSP* 13/229, 75/269.

(106) *RT* 555/374, 704/331; *JTACrSP* 66/272.

(107) *RT* 479/352, 800/677; *JCAT* 95/406 *JTACrSP* 67/244; *RJDTACRIM* 6/95.

(108) *RT* 533/368.

(109) *RT* 548/427.

(110) *JTA*, II, p. 8, nº 30.

(111) *JTACrSP* 65/271.

(112) *RT* 423/412, 460/366, 550/317; *JTACrSP* 68/286.

(113) *RT* 481/408, 558/359, 692/311.

(114) *RTJ* 86/526, *RF* 191/298.

(115) *RT* 438/438; *JTACrSP* 57/252.

(116) *RT* 545/402; *RJDTACRIM* 22/216.

(117) *RJDTACRIM* 22/224-5.

(118) *RTJ* 95/1.242.

(119) *JTA*, II, p. 7, nº 26, *RT* 447/361.

(120) *RT* 545/402.

(121) *RT* 553/448.

(122) *RT* 640/390, 555/452; *RTJ* 118/858, 119/272.

(123) *JSTJ* 2/320, 49/354; *RSTJ* 29/342; *RT* 770/540, 765/561.

(124) *RT* 782/682; *RJTJERGS* 218/75; *JTAERGS* 85/115; *JCAT* 71/360, *RJDTACRIM* 13/82, 14/81, 15/97; *RJTACRIM* 57/67, 66/57.

(125) *RT* 168/492.

(126) *RT* 731/593, *RJDTACRIM* 28/116.

(127) *RT* 216/72, 255/150.

CAPÍTULO 11

(1) *RJDTACRIM* 1/149; *RJTACRIM* 55/167.

(2) *RT* 823/635, 811/633, 800/712; *JCAT* 68/381; *RJ-DTACRIM* 17/99, 18/137.

(3) *RT* 685/338.

(4) *RT* 523/401.

(5) *RT* 671/385.

(6) *RT* 616/316.

(7) *RT* 812/586, 796/623; *RJTJERGS* 214/172; *RJTACRIM* 59/125; *RJDTACRIM* 19/158.

(8) *RJDTACRIM* 9/149.

(9) *JCAT* 64/301-2; *RJTACRIM* 61/70.

(10) *RSTJ* 172/574; *RTJ* 116/1.192, 117/889, 119/392, 101/1.332, 102/1.152, 105/344; *RT* 552/357, 588/394, 657/353, 691/359, 705/429, 811/698; *JTAERGS* 70/30-1; *JTACrSP* 58/177-178, 60/317, 63/50 e 259, 64/285 e 65/428; *RJDTACRIM* 3/165, 6/145-6; *RJTACRIM* 60/92, 61/256.

(11) *RT* 546/405, 540/360, 567/411, 569/434, 608/448, 619/393; 665/343, 670/322, 674/359; 698/373, 700/343, 703/315, 711/348, 767/609, 785/618; *RSTJ* 29/493, 21/458; *JCAT* 95/475; *JTACrSP* 58/28, 155 e 274, 59/45, 211 e 218, 60/27, 61/42, 62/17 e 159, 63/266, 331 e 379, 64/23, 65/38, 319 e 459, 66/261, 247 e 355, 67/75, 305 e 314; *RJDTACRIM* 2/53; *JSTJ* 4/292; *RJTACRIM* 47/316.

(12) *RT* 405/140, 407/98, 415/79, 428/369, 647/340.

(13) *RT* 677/428, 768/697, 820/564; *RJTACRIM* 47/310.

(14) *RT* 717/424; *RJDTACRIM* 2/135, 6/145, 9/254; *JTACrSP* 58/42, 61/204; *RJTACRIM* 47/493.

(15) *RT* 612/439.

(16) *RT* 674/359, 779/552; STJ: *REsp* 17.607-0-SP, j. 29-4-1992, *DJU* de 18-05-1992, p. 6.988; *RJDTACRIM* 2/135, 3/165; *RJTACRIM* 67/128.

(17) *RT* 688/355, 691/350, 792/598, 807/641.

(18) *RTJ* 97/903, 101/439; *RT* 620/394, 605/414, 590/447, 710/286; *RJTACRIM* 45/297.

(19) *RT* 451/386, 474/296.

(20) *RT* 495/341, 513/433, 527/384, 537/322, 548/310; 682/340, 711/346; *JTAERGS* 70/94; *JTACrSP* 62/250 e 302.

(21) *RT* 527/384, 716/524, 840/652; *RJTACRIM* 57/163.

(22) *RT* 531/343, 702/364; *RJDTACRIM* 17/163, 20/172; *JTACrSP* 64/322, 68/288 e 443; *RJTACRIM* 63/177.

(23) *RJDTACRIM* 15/161.

(24) *RDJTACRIM* 2/155; *JTACrSP* 70/188.

(25) *RT* 337/120, 434/405, 492/358, 557/352.

(26) *RT* 618/315.

(27) *RT* 685/336, 791/734, 800/712.

(28) *RT* 552/357, 770/565; *RJTACRIM* 46/306.

(29) *RTJ* 120/1.052.

(30) *JSTJ* 2/242.

(31) *RT* 790/639; STF: HC 68.745-98–RJ, j. em 10-9-1991, *DJU* de 29-11-1991, p. 17.327.

(32) *JSTJ* 42/340; *RSTJ* 36/407, 56/323; *JCAT* 64/285; *RT* 707/385, 709/393, 766/675, 780/684, 814/601; *RJTJERGS* 207/179; *RJDTACRIM* 14/142.

(33) *RT* 716/482, 719/445, 787/643, 803/604; *JTAERGS* 80/87-88; *RJDTACRIM* 76/283 *RJTACRIM* 58/251, 66/129.

(34) *RT* 696/434, 705/417, 789/615.

(35) *RT* 702/438, 779/602, 834/572; *RJTACRIM* 64/109.

(36) *RT* 685/336.

(37) *RT* 496/309.

(38) *JSTF* 325/467; *RT* 792/668, 831/712; *RJDTACRIM* 14/140, 22/387.

(39) *RT* 574/326, 484/288, 533/368, 793/629; *RJDTACRIM* 5/186, 10/150; *JTACrSP* 66/280, 68/86 e 386.

(40) *RT* 499/358; *JTACrSP* 58/269, 60/218, 62/19.

(41) *RT* 616/368; *RJTJERGS* 240/92; *RJDTACRIM* 7/155.

(42) *JCAT* 63/295.

(43) *RT* 462/353, 604/352, 620/333, 765/706; *RSTJ* 167/591.

(44) *RT* 513/393.

(45) *RT* 474/289; *JCAT* 68/394.

(46) *RT* 629/308, 641/313, 702/324.

(47) *JCAT* 66/536; *RSTJ* 36/275.

(48) *RT* 622/380, 670/296, 720/480; *RJTJERGS* 219/66; *RJDTACRIM* 16/107; *RJTACRIM* 55/135, 60/74.

(49) *RT* 782/511; *JSTF* 263/339.

(50) *RT* 450/385, 482/408, 490/367.

(51) *RT* 452/345; 456/373.

(52) *JSTF* 238/307; *RT* 451/388, 467/323, 470/327, 471/320 e 333, 486/287, 491/274, 492/307, 495/304, 501/279, 505/321, 517/301, 521/393, 536/309, 537/302, 539/294, 541/448, 544/346, 566/309 e 369, 571/319 e 411, 575/365, 579/319, 580/398, 591/322 e 425, 529/395, 622/261, 624/295, 633/351, 652/323, 806/607, 819/723, 831/627; *JTJ* 159/308, 172/301; *JCAT* 63/221; *JTAERGS* 71/54; *RJTJESP* 74/356.

(53) *RT* 647/275, 654/318, 666/298, 667/272; *JSTJ* 15/232-3; STJ: *RE* 2.395–SP, j. em 2-5-1990, *DJU* de 21-5-1990, p. 4.437.

(54) *RSTJ* 36/275; *JCAT* 70/412; *RJTJERGS* 167/110.

(55) *RT* 707/291-2, 780/583; *JTJ* 156/301.

(56) *RT* 672/309.

(57) *RT* 691/352-3.

(58) *RT* 417/378, 582/378, 651/266, 685/312, STF: HC 73.433-2, *DJU* de 10-5-96, p. 15.134; *RSTJ* 32/403-4; *JSTJ* 34/314; *RJTJESP* 112/474.

(59) *RT* 544/346, 707/291-292, 780/583; *RSTJ* 20/204-205.

(60) *RT* 561/361, 571/358, 574/376, 578/357; *JTA-CrSP* 68/476.

(61) *RT* 514/375, 537/337-338, 542/374, 785/522; *JTACrSP* 59/49, 63/263, 64/278, 66/431, 67/51 e 259; STJ: *RE* 1.860, *DJU* de 19-3-90, p. 1.952.

(62) *RT* 501/311.

(63) *RT* 718/429, 781/609, 794/580.

(64) *RT* 486/326.

(65) *RT* 498/277; *JTACrSP* 62/37, 72/179.

(66) *RT* 467/401, 475/331, 550/302.

(67) *RT* 686/333, 661/261, 573/367, 579/320, 491/275.

(68) *RT* 676/284, 619/287, 570/319, 575/368, 576/366, 647/275; 684/344, 703/281, 709/323, 780/587, 782/658; *JTJ* 153/279.

(69) *RT* 488/317; *JTACrSP* 58/224.

(70) *RTJ* 91/938 e 715, 92/823, 94/278 e 760, 93/930, 96/989 e 1.260; *RT* 496/271 e 274, 498/303, 499/325, 504/380, 505/301, 506/401, 509/396, 512/367 e 408, 513/420, 514/387 e 464, 517/359, 518/386, 519/389, 520/463, 521/388, 420, 422 e 430, 522/395, 525/394, 527/454, 528/387, 530/372, 531/362 e 430, 534/457, 535/311, 537/334, 538/384, 539/320, 540/416, 546/450, 554/376, 649/316; 698/363, 777/534; *JTACrSP* 58/128, 130 e 136, 60/129, 61/220, 62/44, 63/220, 67/179; *RJTACRIM* 59/200.

(71) *RT* 467/389, 497/357, 496/315, 499/321, 502/327 e 351, 504/407, 523/521, 533/365 e 366, 534/372, 535/310, 542/359; *JTACrSP* 59/126, 61/366.

(72) *RT* 732/545, 814/500.

(73) *RTJ* 109/1.247, 121/222; *RT* 507/371, 524/457, 551/328, 546/337, 555/330, 332 e 343, 556/308, 562/307, 565/311, 569/294, 570/315, 598/321; *RSTJ* 67/318; *RJTJESP* 70/329, 73/363.

(74) *RT* 483/348, 517/359, 578/437, 709/412; *RSTJ* 24/358.

(75) *RTJ* 93/1.077; *RT* 539/392, 568/384, 603/464, 709/344; *RJDTACRIM* 19/218, 22/99; *RJDTA-CRIM* 5/55.

(76) *RT* 461/392, 564/351; *JTACrSP* 66/454.

(77) *RT* 516/312 e 344, 765/567.

(78) *RT* 499/326, 568/283, 656/258.

(79) *RT* 532/344, 783/615.

(80) *RT* 560/301; *RTJ* 99/597.

(81) *RTJ* 95/937, 96/1.403, 97/1.234 e 899, 99/1.388, 1.394 e 1.399, 101/1.340, 102/345, 108/421, 109/445, 120/198; *RT* 476/376, 489/380, 490/326, 498/309, 520/410 e 434, 522/386, 527/384, 529/366, 532/379, 536/342, 541/398 e 401, 542/337, 546/405, 553/381 e 467, 555/454, 556/428, 560/421, 562/426, 563/321, 566/409, 567/412, 568/383, 578/449, 579/441, 580/459, 584/464, 585/297, 611/379, 662/287, 664/369, 668/290, 685/388, 698/34, 714/373 e 458, 792/598, 841/684; *RJTJERGS* 202/177; *JCAT* 64/275; *RJDTACRIM* 8/141, 22/93-94; *JTACrSP* 58/50, 165, 167, 204, 260 e 348, 59/175, 60/269, 61/42 e 299, 63/209, 288 e 387, 64/26, 65, 206,

258, 453, 454, 65/468, 66/317, 354 e 497, 68/55, 296, 70/208, 76/199; *RJTACRIM* 58/68, 59/214.

(82) *RT* 466/367, 487/315, 504/366, 506/396, 514/361 e 380, 519/394, 522/399, 583/380; *JTACrSP* 58/31-32, 189, 209, 224, 330, 60/224, 257, 267, 273, 343, 61/184, 62/18 e 260, 63/258, 64/182, 190, 230, 285, 66/44, 241, 454, 67/270, 333, 69/252, 253 e 426, 70/12 e 60, 76/187 e 188.

(83) *RT* 485/280, 488/317.

(84) *RT* 582/344; *RJDTACRIM* 20/162.

(85) *RT* 591/315.

(86) *RT* 329/100, 435/296, 475/276, 714/375; *RJDTACRIM* 22/89; *JTACrSP* 54/272.

(87) *RT* 490/316; *JTACrSP* 41/220, 43/91.

(88) *RT* 429/460; *JTACrSP* 31/250, 50/231.

(89) *RT* 428/368.

(90) *RT* 554/377.

(91) *JTACrSP* 24/218.

(92) *JTACrSP* 24/171.

(93) *RT* 331/100.

(94) *RT* 422/300, 467/391, 586/380.

(95) *RT* 373/53, 392/93, 536/358; *JTACrSP* 35/167, 43/91, 64/119.

(96) *RT* 381/150; *JTACrSP* 15/268.

(97) *RT* 690/357.

(98) *RT* 447/394, 462/393, 513/412, 547/373, 600/396, 608/392, 618/372; 698/370, 699/407, 712/460, 716/454, 818/555, 814/554; *RSTJ* 25/506, 52/167; *RJDTACRIM* 11/85, 14/76; *JTACrSP* 31/250, 41/248, 42/144, 49/365, 57/362, 68/406, 72/25.

(99) *RT* 520/431, *JTACrSP* 48/316.

(100) *RT* 447/394, 462/393, 648/268, 782/676; *JTACrSP* 48/57, 35/147; *RJTACRIM* 53/88.

(101) *RT* 338/432.

(102) *RT* 525/432.

(103) *RT* 481/363, 498/357; *JTACrSP* 35/332.

(104) *RT* 379/119.

(105) *JTJ* 173/328-9; *JTACrSP* 62/26.

(106) *RT* 501/311.

(107) *RT* 604/384.

(108) *RT* 454/430.

(109) *RT* 505/357.

(110) *RT* 407/108; *JTACrSP* 18/154.

(111) *RT* 586/309; *JTACrSP* 27/129, 46/52, 53/286.

(112) *JTACrSP* 68/273.

(113) *RT* 554/377.

(114) *RJDTACRIM* 21/93-94.

(115) *RT* 516/344.

(116) *RT* 600/438, 603/464.

(117) *RT* 434/366.

(118) *RT* 709/344.

(119) *RJDTACRIM* 9/89.

(120) *RT* 503/409.

(121) *RT* 503/416-417, 507/449; *RF* 262/294.

(122) *RT* 524/387, 595/374, 644/302, 645/305, 675/359; *JTAERGS* 79/55; *RJDTACRIM* 1/224; *JTACrSP* 49/365, 55/345-346, 57/362.

(123) *JCAT* 63/235; *RJDTACRIM* 9/253, 22/188.

(124) *JTJ* 162/308.

(125) *RT* 515/393.

(126) *RJDTACRIM* 19/105; *RJTACRIM* 59/67.

(127) *RT* 552/397.

(128) TRF da 5ª Região: JSTJ 263/390.

(129) Nesse sentido: STJ: HC 111720-PE, j. em 31-5-2011, *DJe* de 15-6-2011.

(130) *RTJ* 53/580, *RT* 433/426, 542/372; *JTACrSP* 62/152.

(131) *RT* 443/502, 486/253, 538/322, 546/377, 547/283, 657/351; *JTACrSP* 41/287.

(132) *JTACrSP* 35/107.

(133) *RT* 398/73, 538/322; *RF* 259/262; *JTACrSP* 19/32, 30/86, 35/293.

CAPÍTULO 12

(1) *RT* 559/348, 423/428.

(2) *RT* 372/264, 380/173; *JTA* v. 1, p. 43, nº 243.

(3) *RT* 377/241.

(4) *RT* 342/359; *RF* 256/360; *JTACrSP* 35/137.

(5) *RT* 541/365.

(6) *RT* 515/381; *JTACrSP* 53/209.

(7) *RT* 350/173-174, 550/306, 552/354, 609/353.

(8) *RT* 469/306, 496/313.

(9) *RT* 148/398.

(10) *RT* 512/379, 545/405.

(11) *JTACrSP* 60/79.

(12) *JTACrSP* 49/83.

(13) *RT* 447/471, 547/351.

(14) *RT* 787/594; *JTJ* 239/29.

(15) *RT* 501/306; *JTACrSP* 43/334.

(16) *RT* 380/173.

(17) *JSTJ* 1/239.

(18) *RT* 377/235.

CAPÍTULO 13

(1) *RTJ* 91/834; *RT* 543/433.

(2) *RT* 329/505.

(3) *RT* 358/277, 662/306; *RJDTACRIM* 7/89, *Justitia* 48/107.

(4) *JTACrSP* 55/405.

(5) *RT* 689/367, 698/404, *Justitia* 148/169; *RJDTA-CRIM* 4/80, 11/220.

(6) *JTACrSP* 49/389.

(7) *RJDTACRIM* 9/75-6.

(8) *RT* 507/412, 514/354, 522/396, 532/381, 534/376, 817/638; *JCAT* 68/438 *RJTJERGS* 200/160; *JTACrSP* 29/393, 55/347 e 405.

(9) *RT* 477/375, 493/346, 525/390, 538/373, 541/379, 811/678; *JTACrSP* 43/334, 56/234, 68/229, 75/237; *RJTACRIM* 52/69.

(10) *RT* 343/311, 345/336, 381/266, 411/289, 477/375, 538/372-373, 545/380; 546/376 (ap. 197.303), 554/376, 560/343, 573/394, 804/677; *JTACrSP* 75/198, 76/22, 54/410, 63/181.

(11) *RT* 337/262, 406/240, 431/359, 451/418, 528/385, 572/355, 593/365, 609/351, 654/301, 667/301, 683/331, 708/345, 802/579; STF: HC 73.189-9-MS, j. em 23-2-1996, *DJU* de 29-3-1996, p. 9.346; *RJDTACRIM* 1/82, 5/86, 21/114; *JTACrSP* 35/278-9, 41/170-171, 45/275, 59/213, 65/208; *RJTACRIM* 45/118, 50/69.

(12) *RT* 538/370; *JTACrSP* 33/141, 51/405, 60/326.

(13) *RT* 555/445.

(14) *RTJ* 84/717, 93/999, 95/583; *RT* 547/403.

(15) *JTACrSP* 43/361.

(16) *JTACrSP* 31/181-182.

(17) *JTACrSP* 52/206.

(18) *RT* 541/379; *JTACrSP* 44/127, 56/307.

(19) *RTJ* 93/999; *RT* 675/412; *JTAERGS* 80/66.

(20) *RT* 537/365.

(21) *RT* 483/328; *JTACrSP* 37/267; *RJTACRIM* 58/71.

(22) *RT* 573/377, 530/340.

(23) *RT* 330/476.

(24) *RT* 484/321; *JTACrSP* 46/353.

(25) *RT* 667/301.

(26) *RT* 743/651-2.

(27) *RT* 545/405.

(28) *RT* 381/266.

(29) *RT* 419/337, 521/429.

(30) *RT* 464/389.

(31) *RT* 542/305.

(32) *RT* 620/318.

(33) *RT* 785/828.

CAPÍTULO 14

(1) *RT* 632/309.

(2) *RT* 643/322.

(3) *JTACrSP* 34/252.

(4) *RT* 620/377.

(5) *RSTJ* 32/369-70; *RT* 787/717.

(6) *RT* 692/287.

(7) *RT* 577/368.

(8) *JTACrSP* 35/328.

(9) *JTACrSP* 34/412.

(10) *RT* 522/395; *JTACrSP* 52/324.

(11) *RT* 683/316, 822/726.

(12) *RT* 597/328.

(13) *JTACrSP* 24/115.

(14) *RTJ* 96/602, 97/600; *RT* 467/364, 469/391, 477/385, 487/317 e 338, 488/408, 546/375, 550/395, 553/411, 573/436 e 439, 590/404; *RSTJ* 45/413; *JCAT* 64/306-307; *JTAERGS* 83/17; *RJDTACRIM* 2/66-7; *JTACrSP* 19/251, 26/131 e 164, 29/323, 30/306-307, 31/88, 39/98, 41/259, 45/259, 52/42, 53/342, 63/141, 66/204, 67/82.

(15) *RT* 509/462, 520/416, 522/378, 526/440, 579/346, 631/315, 653/340; *JTACrSP* 24/134, 29/323, 32/67 e 296, 33/368, 42/139, 45/317, 52/296 e 320, 55/266, 56/352, 65/91, 66/336.

(16) *JTAERGS* 84/80-81.

(17) *RT* 400/126, 434/385, 462/371, 473/367, 477/385, 508/449; *JTACrSP* 22/119, 45/259, 56/207.

(18) *RT* 418/93, 402/77, 436/386 e 389, 477/368, 520/416; *JTACrSP* 64/327-328.

(19) *RT* 504/379, 531/360, 797/637; *JTACrSP* 34/197, 37/328, 43/332, 47/178, 48/399, 53/142, 56/268.

(20) *JCAT* 70/398-9.

(21) *JTACrSP* 34/185.

(22) *RT* 493/340, 516/343, 617/344, 631/315.

(23) *RT* 510/349, 512/409, 613/345; *JTACrSP* 23/346, 29/386, 36/55, 45/394.

(24) *RT* 606/327 e 356.

(25) *RT* 530/367, 586/365-6; *JTACrSP* 76/386.

(26) *JSTJ* 1/251-252; *JTACrSP* 38/230, 41/235, 55/173, 65/203.

(27) *RT* 530/367.

(28) *RT* 501/301.

(29) *RT* 439/428, 540/302-303; *JTACrSP* 20/352, 33/41, 35/209, 65/203.

(30) *JTACrSP* 53/461.

(31) *RT* 488/420.

(32) *RT* 419/246, 426/420, 432/387, 440/428, 445/393, 467/369, 514/383, 532/416, 557/348 e 426; *JTACrSP* 19/301, 21/151, 26/130, 41/296, 44/346, 45/188, 46/177-8, 49/ 383, 51/398, 52/139 e 403, 54/167, 66/44, 71/243.

(33) *RT* 330/183, 333/69, 399/79, 445/396, 524/493, 526/390, 598/442; *JTACrSP* 19/324, 39/61, 43/378, 49/128-129, 219, 51/326, 53/421, 55/391, 62/347.

(34) *RT* 709/367.

(35) *RT* 347/96, 372/132, 430/321, 433/466, 444/300, 449/383, 451/446, 466/400, 475/369; *JTACrSP* 22/**246**, 30/35**3** e 413, 32/**43** e 2**26**, 37/3**28**, 41/259, 42/139, 209 e 307, 46/348, 47/248, 49/228, 50/198, 53/208 e 276, 55/391, 62/151.

(36) *RTJ* 83/287; *RT* 535/323, 552/353; *JTACrSP* 83/287.

(37) *RT* 589/390, 626/354.

(38) *RT* 705/336; *RJTACRIM* 53/41.

(39) *RTJ* 73/86; *JTACrSP* 29/280.

(40) *RT* 620/276, 550/299, 776/568; *JTACrSP* 52/356.

(41) *RT* 767/718; *JTACrSP* 57/395.

(42) *RT* 515/390.

(43) *JCAT* 64/306-307.

(44) *RT* 548/335; *JTACrSP* 59/350.

(45) *JTACrSP* 44/192, 63/391.

(46) *JTACrSP* 40/247, 43/170.

(47) *JTACrSP* 42/209, 46/348, 47/248, 53/276, 62/151.

(48) *RT* 750/585, 765/554.

(49) *RT* 752/721.

(50) *RT* 754/733.

(51) *RT* 744/696-7, 758/691.

(52) *RT* 754/733, 803/607, 817/701.

(53) *RT* 584/376, 585/331, 616/343; *RJDTACRIM* 35/100-1; *JTACrSP* 75/338.

(54) *RT* 542/372.

(55) *RJDTACRIM* 15/37.

(56) *RT* 545/317; *JTACrSP* 53/271; *RJDTACRIM* 22/224.

(57) *JTACrSP* 61/230.

(58) *RT* 623/309; *RJDTACRIM* 7/57.

(59) *RT* 791/616.

(60) *RT* 589/353; *JTACrSP* 23/359.

(61) *RT* 597/318; *JTAERGS* 84/74; *RJDTACRIM* 20/58.

(62) *RT* 493/345, *RJDTACRIM* 2/56-7.

(63) *RJDTACRIM* 10/42, 11/45.

(64) *RJDTACRIM* 18/43.

CAPÍTULO 15

(1) *RT* 543/427.

(2) *RT* 423/401; *JTACrSP* 58/210.

(3) *RT* 543/347-348.

(4) *RT* 423/344.

(5) *RT* 329/121.

(6) *RT* 547/342.

(7) *RT* 423/394; *RTJ* 93/978; *JTACrSP* 49/173, 50/79, 51/405; *RJTACRIM* 62/64.

(8) *RT* 516/336, 445/414.

(9) *RT* 442/434.

(10) Contra: *RT* 533/367.

(11) *RT* 396/105.

(12) *RT* 445/414, 541/429, 606/357.

(13) *JTACrSP* 59/261, 62/171.

(14) *JTACrSP* 44/166.

(15) *RT* 656/324; *RJTACRIM* 45/357.

(16) *RT* 561/398, 640/312; *JCAT* 66/441.

(17) *RT* 397/86; *RTJ* 100/598; *JTAERGS* 74/23; *RJD-TACRIM* 8/110; *JTACrSP* 70/310.

(18) *RJDTACRIM* 11/83.

(19) *RT* 483/345.

(20) *RT* 503/327.

(21) *RT* 313/72, 627/321.

(22) *JTACrSP* 51/405.

(23) *JTACrSP* 38/108.

(24) *RT* 423/421, 522/396, 624/327; *JCAT* 68/406; *JTACrSP* 35/304, 40/267, 63/321; *RJDTACRIM* 16/95.

(25) *RT* 673/356; *JCAT* 65/382-3; *RJTJESP* 53/271, 321 e 327, 55/328 e 330.

(26) *RJDTACRIM* 7/98.

(27) *JTAERGS* 87/69.

(28) *RT* 723/542, 831/688; *RJTACRIM* 60/135.

(29) *RT* 719/463, 812/710.

(30) *RT* 823/721; *RJDTACRIM* 22/106.

(31) *JCAT* 63/290-1.

(32) *RT* 335/88, 423/419, 485/352, 486/319, 542/399, 585/316, 622/387; *JTACrSP* 44/155, 45/207, 67/273; *RJTACRIM* 66/77.

(33) *RTJ* 85/1.050; *RT* 471/348; *JTACrSP* 67/260.

(34) *RT* 471/348.

(35) *RJDTACRIM* 7/98.

(36) *RT* 524/474; 525/472; *JCAT* 60/267; *RTJ* 88/853; *JTACrSP* 52/438.

(37) *RT* 369/66 e 67, rodapé, 482/351; *JTACrSP* 59/279, 65/200.

(38) *RTJ* 93/96; *RT* 473/279, 490/345, 494/368, 503/391, 506/428, 522/481, 528/385, 560/419, 587/381, 599/321, 605/422, 630/297, 702/402, 804/736, 835/534; *RJDTACRIM* 2/89, 3/125; *JTACrSP* 64/340, 65/352, 66/363; *RJTACRIM* 48/57, 58/211.

(39) *RT* 626/334, 819/682; *RJDTACRIM* 19/100; *RJ-TACRIM* 64/96.

(40) *RT* 615/339, 617/274, 809/600; *JTACrSP* 69/279; *RJDTACRIM* 6/81, 7/99; *RJTACRIM* 59/62.

(41) *RT* 669/356, 795/675; *RJTACRIM* 63/80.

(42) *RT* 579/349, 768/527; *JTACrSP* 64/273, 76/346; *RJTACRIM* 54/80.

(43) *RT* 523/419, 551/371, 552/355, 781/654.

(44) *RT* 475/354, 483/354, 517/344, 535/323, 547/354, 617/274; *JTACrSP* 64/241, 76/237.

(45) *RT* 505/357.

(46) *RT* 536/340; *JTACrSP* 51/228, 44/25 e 359, 56/339.

(47) *RT* 526/392.

(48) *RT* 626/280, 558/311, 472/311, 476/344, 478/377, 482/311, 483/305, 487/303, 489/341, 509/344, 510/350, 519/358, 528/343, 544/345, 550/300, 551/340, 580/343; *JTJ* 157/305; *RJT-JESP* 50/387, 398, 404 e 418, 60/146.

(49) *JSTJ* 11/212; *RT* 484/297, 485/295, 503/300, 509/352 e 354, 510/352, 511/356, 512/352, 514/347, 516/376, 517/296, 521/393 e 482, 523/475, 526/406, 543/348, 548/296 e 307, 554/346 e 390, 582/307, 654/274 e 365, 799/720, 820/722; *RJTJESP* 136/51; *RJTJERGS* 136/51; *RJTJESP* 56/286 e 354, 59/411, 60/392; *JTACrSP* 53/412.

(50) *RTJ* 90/830, 117/70; *STF: HC* 73.386-7-RJ, j. em 28-6-1996, *DJU* de 13-9-1996, p. 33.232; *RT* 449/374, 438/337, 582/399, 609/440, 653/320, 664/263; *RF* 231/298.

(51) *RT* 464/424, 792/616; *RTJ* 85/491.

(52) *JSTJ* 8/210-11; *RT* 676/366.

(53) *RT* 818/664.

(54) *RSTJ* 32/75.

(55) *RT* 603/411.

(56) *RT* 394/114; *JCAT* 66/483; *RJDTACRIM* 21/140.

(57) *RTJ* 102/1.162; *RT* 442/490, 547/355, 779/675; *RJDTACRIM* 5/94.

(58) *RT* 363/89, 396/121, 413/300; *JTACrSP* 62/228, 66/350, 67/387.

(59) *RT* 620/356; *JTACrSP* 65/352.

(60) *RT* 554/377.

(61) *RSTJ* 20/342; *RJTACRIM* 59/209.

(62) *JTAERGS* 71/68.

(63) *RT* 541/429.

(64) *RTJ* 36/663-66; *RT* 504/380, 614/286, 634/328; *RJDTACRIM* 11/231; *RJTACRIM* 62/229.

(65) *RJDTACRIM* 3/221.

(66) *RT* 523/402, 547/341; *JTACrSP* 63/390.

(67) *RT* 483/369, 549/344, 842/468.

(68) *RT* 439/361, 530/405.

(69) *RT* 397/58, 481/340, 522/408, 593/348; *JTACrSP* 66/119; *RF* 257/290.

(70) *RT* 303/664, 400/119; *JTACrSP* 75/274.

(71) *RT* 497/329.

(72) *RT* 507/380; *JTACrSP* 65/401.

(73) *RT* 539/319, 556/345, 562/347; *JTACrSP* 42/292, 46/355, 60/337, 68/345-346.

(74) *RT* 517/358.

(75) *RT* 503/339, 789/670; *RJTACRIM* 49/43.

(76) *RT* 417/247; *JTACrSP* 10/297.

(77) *RT* 330/173, 420/242, 430/373, 481/348, 492/380; *RF* 257/290.

(78) *RT* 282/101.

(79) *RT* 403/71.

(80) *RTJ* 36/663, *RT* 414/247, 417/377, 504/380, 550/317-318, 555/374, 625/280; *JTACrSP* 65/406 e 66/364.

(81) *RJDTACRIM* 14/37.

(82) *RT* 507/380.

(83) *STF: HC* 61.109-5-MG, j. em 2-9-1983, *DJU* de 16-3-1984, p. 13.442.

(84) *RT* 519/400.

(85) *RT* 397/58.

(86) *RT* 518/387.

(87) *RT* 626/322; *RTJ* 104/16; *RJDTACRIM* 6/218.

(88) *RT* 481/348.

(89) *RT* 461/358.

(90) *RT* 405/84-85.

(91) *RJDTACRIM* 4/195.

(92) *RSTJ* 34/41.

(93) *RT* 436/406; *JCAT* 61/209.

(94) *RT* 436/406.

(95) *JTAERGS* 95/114.

(96) *RT* 622/307.

(97) *RJDTACRIM* 9/70.

(98) *RTJ* 78/121.

(99) *RT* 564/343, 545/349.

(100) STJ: RHC 1.536–SP, j. em 30-10-1991, *DJU* de 18-11-1991, p. 16.530.

(101) *RT* 478/375, 546/451.

(102) *RT* 486/349, 520/482, 788/640.

(103) *RT* 329/199, 510/435, 521/487-8, 580/460, 584/412: *RTJ* 101/123; *JTACrSP* 62/61.

(104) *RSTJ* 134/543; *RTJ* 76/448, 82/716, 108/178; *RT* 329/79, 330/195, 414/274, 486/323, 487/339, 491/375, 504/380, 510/435, 534/411, 547/355, 553/420, 565/381, 567/380, 583/410, 585/380, 592/395 e 445, 659/322, 803/656, 812/634; *JSTJ* 31/355; *RF* 257/273, 269/360; *JTACrSP* 35/341, 36/240, 37/180, 38/236, 40/216, 64/180, 66/287, 68/279; *RJTACRIM* 50/88.

(105) *JTACrSP* 35/51.

(106) *RTJ* 77/143; *RT* 575/372, 574/419, 564/426, 433/392, 473/358 e 359, 478/375, 487/340, 502/331 e 337, 514/385, 519/400, 529/367; *RF* 258/386; *JTACrSP* 35/171 e 298, 36/269, 42/210, 48/199, 54/229, 62/196, 74/374.

(107) *RT* 476/393.

(108) *RT* 412/718, 510/351, 631/315; *RJDTACRIM* 8/105, 20/197; *JTACrSP* 35/46, 62/115; *RJTA-CRIM* 63/79.

(109) *RT* 540/348, 523/475; *JCAT* 65/394 e 418.

(110) *RT* 413/276, 506/389, 532/404; *RF* 263/313; *JTACrSP* 45/359.

(111) *RT* 591/329.

(112) *RT* 629/323.

(113) *JTACrSP* 67/288.

(114) *RT* 331/605, 335/425, 397/337, 412/350, 484/332, 512/416, 552/440, 664/341; *JTAERGS* 70/101; *JSTJ* 3/150.

(115) *RT* 487/314.

(116) *RTJ* 75/732, 77/648, 96/1.038.

(117) *RT* 390/81, 394/79, 424/362, 432/335-336, 474/381, 493/369, 495/318, 497/363, 514/435, 533/367, 541/398, 574/376, 616/377; *RF* 258/373; *JTACrSP* 61/37 e 108, 68/195 e 197.

(118) *RT* 483/389, 493/318, 504/442; *JSTJ* 12/199.

(119) *JTACrSP* 61/364, 64/23.

(120) *RT* 658/348; *RJDTACRIM* 1/96.

(121) *RTJ* 119/1.063, 120/653.

(122) STF: HC 72.944-4-SP, j. em 12-12-1995, *DJU* de 8-3-1996, p. 6.215.

(123) *RT* 545/459.

(124) *RF* 262/299, 257/308; *JTACrSP* 35/341.

(125) *RTJ* 40/323.

(126) *RT* 337/112.

(127) *JCAT* 65/355.

(128) *RT* 423/437.

(129) *RT* 491/380.

(130) *RT* 678/358, 702/402, 718/409, 823/662; *RF* 256/281; *JTACrSP* 75/272.

(131) *RT* 534/344.

(132) *RT* 517/360.

(133) *RT* 502/365.

(134) *RT* 642/382, 658/337, 683/367, 701/358, 786/777, 832/659; *JSTJ* 24/225-6.

(135) *RT* 799/563; *RSTJ* 152/612.

(136) *RT* 710/330.

(137) *RJDTACRIM* 14/166.

(138) *RT* 580/371.

(139) *RT* 726/570.

(140) *RJDTACRIM* 1/94.

(141) *RT* 790/680; *JTACrSP* 47/349, 69/422-423.

(142) *RT* 329/489.

(143) *RT* 433/396, 471/353, 691/327; *JTACrSP* 67/449.

(144) *JTACrSP* 48/342.

(145) *RJDTACRIM* 1/94.

(146) *RT* 437/360.

(147) *RT* 559/358, 624/359; *JTACRSP* 69/422.

(148) *RT* 498/318, 500/348.

(149) *RTJ* 107/962; *JTACrSP* 47/349; *RT* 438/434, 595/378, 628/327, 701/334, 784/575; *JTJ* 152/293.

(150) *RT* 504/357, 526/392, 799/597; *JTACrSP* 48/72.

(151) *RT* 446/420.

(152) *JTACrSP* 37/323, 48/72.

(153) *RT* 507/446.

(154) *RT* 424/424.

(155) *RT* 490/318-319, 699/297.

(156) *RT* 692/256, 699/296-297.

(157) *JTJ* 152/293.

(158) *RT* 311/83, 316/553.

(159) *RT* 333/92-93.

(160) *RT* 417/300.

(161) *JTACrSP* 44/165.

(162) *RT* 484/311-2, 818/599.

(163) *JTACrSP* 46/347.

(164) *RT* 613/405.

(165) *RT* 371/138.

(166) *RT* 410/423.

(167) *RT* 491/307.

(168) *JTACrSP* 38/297.

(169) *RT* 546/351.

(170) *RT* 445/484.

(171) *RT* 714/385.

(172) *RJDTACRIM* 22/209.

(173) *RT* 613/346; *JTACrSP* 22/394.

(174) TJSP: Ap. crim. 119.335-SP-1ªCâm. – *in Justitia* – Jurisprudência, 1975, p. 162-4.

(175) *RTJ* 46/23-24, *RT* 443/426, 540/271.

(176) *RT* 533/390; *JTACrSP* 42/115-116.

(177) *RJDTACRIM* 22/204-205.

(178) *RT* 404/124.

(179) *RT* 374/204; *JTA*, v. II, p. 50, nº 21.

(180) *RT* 380/155-156.

(181) *RT* 452/437.

(182) *RT* 744/589; *JTACrSP* 42/201, 72/356.

(183) *RT* 434/401.

(184) *RT* 514/442; *RTJ* 86/447.

(185) *RT* 501/265.

(186) *RT* 520/478.

(187) *RT* 502/303.

(188) *JTACrSP* 47/78-81.

(189) *RT* 431/323, 536/313; *JTACrSP* 40/104; "Franceschini", v. 2, p. 212, nº 2.449.

(190) *RT* 595/378; "Franceschini", v. 2, p. 211, nº 2.446.

(191) *RT* 363/523.

(192) *RT* 399/76, 502/303; *RJDTACRIM* 13/164-165; *JTACrSP* 47/78.

(193) *RT* 589/326.

CAPÍTULO 16

(1) *RT* 585/375.

(2) *RT* 404/288, 606/396, 718/425, 800/506.

(3) *JSTJ* 29/295; *RSTJ* 27/86.

(4) *RF* 265/363.

(5) *RT* 508/382.

(6) *RT* 628/362.

(7) *RT* 598/329.

(8) *RT* 620/345.

(9) *JTAERGS* 95/68.

(10) *JTACrSP* 60/108.

(11) HC 545395-RO, j. em 5-3-2020, *DJe* de 13-3-2020. *RTJ* 97/148, 102/48; *RT* 546/413, 554/425.

(12) *RT* 566/341, 574/378, 578/364, 592/353, 638/304, 398/282, 420/255, 457/438, 470/405, 486/321, 495/353, 517/362; *RF* 263/340, 260/326; *JCAT* 64/297; *RJDTACRIM* 20/156; *JTACrSP* 45/220, 51/207, 60/309.

(13) *RF* 196/320, 192/382; *JTACrSP* 74/303, 51/207, 29/155.

(14) *RT* 619/347.

(15) *JTACrSP* 64/268.

(16) *RT* 503/336.

(17) Franceschini, IV, nº 5.591.

(18) *RT* 583/379.

(19) *RT* 621/323.

(20) *JTACrSP* 44/40.

(21) *RT* 573/400, 542/348, 382/83, 405/331, 476/372, 503/336.

(22) *RJDTACRIM* 2/141, 6/142.

(23) *RT* 533/370.

(24) *JTACrSP* 52/338-339.

(25) *RTJ* 65/57.

REFERÊNCIAS JURISPRUDENCIAIS **573**

(26) *RT* 661/316.

(27) *JCAT* 59/312-3.

(28) *RJTJERGS* 210/123, 215/147.

(29) *JTAERGS* 92/31.

(30) *RT* 433/450, 516/392; *JTACrSP* 36/222, 48/278, 52/355; *RJDTACRIM* 1/136-137.

(31) *RT* 413/256.

(32) *RT* 385/225.

(33) *RT* 433/400, 336/61.

(34) *JTACrSP* 41/293.

(35) *RT* 447/401, 544/385; *JTACrSP* 66/283.

(36) *RT* 455/439.

(37) *JTACrSP* 28/1 e 113.

(38) *JTACrSP* 27/3, 449, Franceschini, IV, nº 5.577-A.

(39) *RT* 451/465.

(40) *JTACrSP* 40/247, 56/66.

(41) *JTACrSP* 59/84.

(42) *RJDTACRIM* 16/139.

(43) *RT* 550/333.

(44) *RT* 375/203-204, 398/311, 448/390, 504/360.

(45) *RTJ* 32/399.

CAPÍTULO 17

(1) *RJDTACRIM* 4/44.

(2) *RT* 423/450, 620/352, 831/680.

(3) *RT* 697/310.

(4) *RT* 506/431.

(5) *RT* 528/357.

(6) *RT* 790/721.

(7) *JCAT* 64/331-332.

(8) *RT* 395/105.

(9) *JCAT* 62/309.

(10) Franceschini, nº 619.

(11) *RT* 447/413.

(12) *RT* 494/343.

(13) *RT* 523/437.

(14) *RT* 517/296.

(15) *RT* 409/291, 448/407.

(16) *RT* 404/263.

CAPÍTULO 18

(1) *RTJ* 69/173; *RT* 396/311, 399/299, 402/257.

(2) *RT* 230/254.

(3) *RT* 632/293, 637/259.

(4) *RT* 613/320, 625/287, 628/311.

(5) *RT* 684/332.

(6) *JSTJ* 7/229; *RT* 670/263, 631/295, 632/293, 645/272-273, 823/582; *JCAT* 92/446.

CAPÍTULO 19

(1) *RT* 354/482.

(2) *RJDTACRIM* 25/60.

(3) *RT* 223/337.

(4) *RT* 540/415 e 416; *JSTJ* 20/184.

(5) *RTJ* 94/1.218; *JSTJ* 18/201; 26/227; *RT* 557/340, 587/327.

(6) *RT* 333/268.

(7) *RT* 730/488.

(8) *RT* 363/206.

(9) *RT* 276/674.

(10) *RT* 282/689.

(11) *RT* 330/179.

(12) *RT* 254/392.

(13) *RT* 362/248.

(14) *RT* 378/308.

(15) *RTJ* 56/600.

(16) *RT* 436/462.

(17) *RT* 229/415.

(18) *RT* 203/422.

(19) *RT* 370/80, 338/311.

(20) *RT* 312/332.

(21) *RT* 378/182.

(22) *RT* 372/174, 459/383; *JSTJ* 4/374-375.

(23) *RT* 229/415.

(24) *RT* 784/722; *RJTACRIM* 60/131.

(25) *RT* 604/371.

CAPÍTULO 20

(1) *RT* 218/413.

(2) *RT* 533/349; *JTACrSP* 57/322.

(3) *RT* 491/318.

(4) *RT* 419/293.

(5) *RT* 405/291.

(6) *RT* 299/441.

(7) *RJDTACRIM* 6/128.

(8) *RT* 324/303.

(9) *JTACrSP* 44/162.

(10) *RT* 419/293; *JTACrSP* 44/162.

(11) *RT* 312/321.

(12) *JTACrSP* 44/162.

CAPÍTULO 21

(1) *RT* 410/313.

(2) *RT* 476/339.

(3) *RT* 238/621.

(4) *RT* 238/621.

(5) *RT* 255/89, 443/435, 790/656.

(6) *RT* 305/106.

(7) *JTAERGS* 83/103.

(8) *RT* 467/339, 255/89.

(9) *RT* 479/303.

(10) *RT* 479/303.

(11) *RT* 526/350.

(12) *RT* 218/136, 415/86, 478/308.

(13) *RT* 463/339, 488/327, 380/66, 526/328, 556/317-8.

(14) *RT* 465/299, 450/366, 526/328, 624/355; *JTJ* 164/290.

(15) *RT* 537/302.

(16) *RT* 478/308.

(17) *RT* 784/530, *RJTJESP* 53/333.

(18) *RT* 350/112, 402/113.

(19) *RT* 522/324.

(20) *RT* 533/387.

(21) *RT* 275/144.

(22) *RT* 684/350.

(23) *RT* 593/317.

(24) *RT* 468/313.

(25) *RT* 526/350.

(26) *RT* 500/304.

(27) *RT* 606/361.

(28) *RT* 606/373.

(29) *RT* 478/308, 488/389.

(30) *RT* 835/556.

(31) *RTJ* 79/102, *RT* 493/368.

(32) *RT* 532/368.

CAPÍTULO 22

(1) *RT* 790/548 e 589, 797/572, 783/715; *RSTJ* 147/476.

(2) *RT* 798/548; *RJTJERGS* 206/154.

(3) *RT* 780/598, 785/549; *RSTJ* 150/474; *RJTJERGS* 201/61, 202/149.

(4) *RT* 531/383, 534/342.

(5) *RTJ* 104/978; *RT* 543/466, 545/398, 555/344, 575/479, 588/363, 591/397, 684/303, 713/341; *JTJ* 171/295.

(6) *RT* 704/369.

(7) *RT* 180/327, 274/170, 461/444; *RF* 180/327.

(8) *RT* 394/80, 516/343, 703/272.

(9) *RT* 536/307, 541/365; *RJTJERGS* 143/79.

(10) *RT* 555/344, 666/295; *RJTJERGS* 148/78.

(11) *RT* 395/63 e 92, 700/355.

REFERÊNCIAS JURISPRUDENCIAIS

(12) STJ: HC 139334-DF, j. em 3-5-2011, *DJe* de 20-5-2011, HC 104.724-MS, j. em 22-6-2010, *DJe* de 2-8-2010, HC 78.667-SP, j. em 22-6-2010, DJe de 2-8-2010. TJ: HC 990093340240-SP, j. em 29-4-2010, *DJe* de 23-6-2010.

(13) STJ: HC 178051-SP, j. em 6-9-2011, *DJe* de 5-10-2011, HC 167517-SP, j. em 17-8-2010, *DJe* de 6-9-2010, HC 144870-DF, j. em 9-2-2010, *DJe* de 24-5-2010. TJSP: Revisão Criminal 993050221172, j. em 26-10-2009, *DJe* de 8-2-2010. TJRS: Ap. 70024829517, j. em 24-9-2009, *DJRS* de 29-10-2009.

(14) *RT* 590/333.

(15) Contra: *RT* 577/353.

(16) *RT* 536/307, 584/319, 773/555; *JCAT* 66/500.

(17) *RT* 582/316-317, 584/311-312.

(18) *RT* 534/404.

(19) *RT* 573/362.

(20) *RT* 659/260, 797/583; *RJTJERGS* 238/239/96; *JCAT* 83-84/655.

(21) *RT* 448/336, 533/326.

(22) *RT* 434/341, 535/287.

(23) *RT* 614/288.

(24) *RT* 662/263.

(25) *JCAT* 69/500-501.

(26) *RT* 490/306.

(27) *RT* 532/348-349.

(28) *RTJ* 98/127.

(29) *RT* 498/292, 537/301.

(30) *RT* 561/404, 604/324.

(31) *RT* 393/116, 423/355, 702/331.

(32) *RT* 500/310.

(33) *RT* 423/355.

(34) *RT* 657/280; *RJTJERGS* 151/164-5.

(35) *RT* 395/379, 397/353, 594/454, 620/286; *JCAT* 66/500; *RJTJERGS* 154/143.

(36) *RT* 504/314, 540/268, 554/344-345, 578/330.

(37) *RT* 398/106, 464/344, 489/341, 540/268, 607/284.

(38) *RT* 559/373, 383, 532/334, 665/268; *JCAT* 71/410; *RJTJERGS* 170/135.

(39) *RT* 467/339; *JCAT* 59/315-316.

(40) *RT* 443/434.

(41) *RT* 442/396, 777/589; *JTJ* 165/339.

(42) *RT* 544/345.

(43) *RT* 542/317.

(44) *RT* 622/282.

(45) *JSTF* 255/352; *RSTJ* 54/311, 60/241; *JTJ* 159/289-90, 166/311, 169/305; *RT* 692/268, 695/308-309, 699/306, 704/324, 712/480-1, 713/411, 716/435, 719/391, 783/715; *RJTJERGS* 159/182, 160/105, 161/138, 162/122 e 127, 166/121.

(46) *RT* 447/357-358.

(47) *RT* 425/298.

(48) *RT* 701/305, 717/381; *RJTJERGS* 160/159.

(49) *RT* 391/72.

(50) *RT* 458/302.

(51) *RT* 397/83.

(52) *RT* 567/293.

(53) *RT* 504/309.

(54) *RT* 488/336, 720/414.

(55) *RT* 691/303.

(56) Nesse sentido: *RT* 547/324, 670/285; *RJTJERGS* 199/133 Em contrário: JCAT 71/392.

(57) *RT* 696/334.

(58) *RTJ* 93/1.358, 118/1.141, 120/344, 121/329; *RSTJ* 17/470, 53/291, 64/139; *JSTJ* 41/336, 45/402, 49/331; *RT* 652/275, 567/297, 583/466, 585/425, 464/346-347, 490/306, 539/404 e 407, 610/456, 615/393, 619/396, 621/412, 667/275 e 315, 674/331, 680/429, 701/390-391, 703/336, 705/429, 727/450, 773/528, 821/505, 823/563; *JTJ* 153/289-290, 156/316-317, 164/321; *JCAT* 63/281, 71/388.

MANUAL DE DIREITO PENAL – PARTE ESPECIAL – ARTS. 121 A 234-B DO CP • Julio Mirabete e Renato Fabbrini

576

(59) *RT* 558/294, 563/321, 572/324, 579/307, 581/289, 582/316, 583/350, 612/316, 659/257, 665/266, 695/315, 699/291, 706/310-311, 777/598, 836/545; *RJTJESP* 74/340; *JTJ* 152/291, 154/306-307, 169/296; *RJTJERGS* 199/133, 203/170.

(60) STF: HC 86110-SP, j. em 2-3-2010, *DJe* de 23-4-2010, HC 99265-SP, j. em 2-3-2010, *DJe* de 23-4-2010. STJ: HC 160288-MS, j. em 18-5-2010, *DJe* de 7-6-2010, HC 129398-RJ, j. em 18-5-2010, *DJe* de 14-6-2010, HC 114054-MT, j. em 5-4-2010, *DJe* de 19-4-2010.

(61) *RT* 480/305, 504/309, 531/317, 539/273, 542/452, 724/631, 807/592; *JTACrSP* 70/13; *RJTJERGS* 249/104.

(62) *RTJ* 81/551; *RT* 651/312, 631/290, 542/452, 462/344, 489/342.

(63) *RT* 476/417, 468/333, 529/325, 530/370, 548/347, 553/456, 586/426, 626/328, 817/611, 821/636; *JSTF* 301/461.

(64) *RT* 410/97.

(65) *RT* 436/342.

(66) *RT* 450/386, 464/354, 548/305.

(67) *RJTJESP* 47/374.

(68) *RT* 410/97.

(69) *RT* 424/335, 416/102 e 70, 450/386, 431/309, 540/336; *RJTJESP* 70/367.

(70) *RT* 391/77.

(71) *RT* 380/154.

(72) *RJTJESP* 19/443.

(73) *RJTJESP* 9/615.

(74) *RT* 450/386.

(75) *RT* 481/314.

(76) *RT* 503/299.

(77) *RJTJESP* 45/345.

CAPÍTULO 23

(1) STJ: EDcl no AgRg no Ag 706012-GO, j. em 23-2-2010, *DJe* de 22-3-2010.

CAPÍTULO 24

(1) *RT* 388/106, 396/323, 449/360, 456/371, 467/317, 534/317-318, 545/378, 551/315, 554/408, 556/314, 575/364; *RJTJESP* 70/310.

(2) Súmula 608 do STF e *RTJ* 95/565, 92/1.109, 81/714; *RSTJ* 71/120; *RT* 412/330, 484/297, 487/385, 504/337 e 435, 518/347, 524/495, 533/396, 534/404, 543/389, 557/410, 563/411, 564/400, 467/311, 568/284, 572/417, 575/352, 583/351, 588/427, 657/271, 659/266, 662/283, 691/294, 731/525.

(3) *RSTJ* 19/352.

(4) *RT* 429/405.

(5) *RT* 713/331.

(6) *RT* 552/320.

(7) *RT* 652/276-277.

CAPÍTULO 25

(1) *RT* 233/89, 487/347.

(2) *RT* 497/303.

(3) *RT* 519/331.

(4) *RT* 297/139.

(5) *RT* 497/303.

(6) *RT* 449/394.

(7) *RT* 560/353.

(8) *RT* 606/328.

(9) *RT* 483/306; *RJTJERGS* 238/239/115.

(10) *RT* 546/381.

(11) *RT* 546/345.

(12) *RT* 407/113, 840/656.

(13) *RT* 399/82.

(14) *RT* 532/327.

(15) *RT* 328/89; *RJTJERGS* 152/166-167.

(16) *JCAT* 71/395.

(17) *RT* 417/93, 483/306, 523/344.

(18) *RT* 510/352.

(19) *RT* 421/71.

REFERÊNCIAS JURISPRUDENCIAIS   **577**

(20) *RT* 403/130.

(21) *RT* 414/55, 449/382.

(22) *RT* 459/341, 615/332, 770/621.

(23) *RT* 501/283.

(24) *RT* 449/382.

(25) *RT* 455/339.

(26) *RT* 401/85; *RJTJERGS* 147/183.

(27) *RT* 506/341.

(28) *RT* 470/351.

(29) *JTJ* 246/330.

(30) *RTJ* 41/33; *RT* 331/103, 469/403.

(31) *RT* 413/115, 418/89.

(32) *RT* 423/323, 510/349, 532/327, 590/393, 585/291, 596/334, 598/321, 613/317, 620/279; *JTJ* 165/329; *RJTJERGS* 155/97.

(33) *RT* 338/389.

(34) *RT* 329/159, 404/95-96, 419/73, 453/372, 587/390, 634/286, 815/620. Em sentido contrário: *RT* 400/361, 404/62, 411/71, 413/69, 420/67, 422/81, 423/475, 458/412, 503/367, 527/346, 780/704.

(35) *RT* 402/83, 416/62, 488/336, 510/349, 511/355, 519/355, 522/327, 529/323.

(36) *RT* 336/66, 399/72, 401/86, 414/58, 415/90, 416/60, 488/336.

(37) *RT* 463/394, 498/338, 504/387.

(38) *RT* 405/433, 411/84, 415/323, 416/93, 475/272, 489/341, 492/267, 494/294, 512/373, 557/386.

(39) *RT* 780/704, 798/676.

(40) *RT* 329/212.

(41) *RT* 330/190.

(42) *RT* 487/305.

(43) *RT* 277/126.

(44) *RT* 329/123.

(45) *RT* 469/284.

(46) *RT* 276/159.

(47) *RT* 469/289.

(48) *RT* 225/101.

(49) *RT* 522/458.

(50) *RT* 418/67.

(51) *RT* 475/280.

CAPÍTULO 26

(1) *RT* 407/285, 517/357, 691/333; *RJTJERGS* 149/222; *JTACrSP* 19/187, 30/301, 68/293.

(2) *RT* 504/309.

(3) *RT* 420/248.

(4) *RT* 537/332.

(5) *JTACrSP* 49/166.

(6) *JTACrSP* 21/360.

(7) *JTACrSP* 20/210.

(8) *RT* 484/318, 488/349, 495/332, 504/351, 515/363; *JTACrSP* 35/342, 37/248, 53/325.

(9) *JTACrSP* 61/197; *RJDTACRIM* 2/169.

(10) *RT* 536/330.

(11) *JTACrSP* 23/136.

(12) *RT* 479/339.

(13) *RT* 501/321.

(14) *RT* 697/324; *RJDTACRIM* 4/54.

(15) *RJDTACRIM* 22/75, 76, 77.

(16) *RT* 499/344.

(17) *RT* 592/351; *JTACrSP* 17/189, 28/110.

(18) *RT* 473/360.

(19) *RT* 492/353; *JTACrSP* 41/139, 44/412, 69/440.

(20) *RT* 401/95-96, 544/380, 553/356, 557/348; *RJTJERGS* 18/176-177.

(21) *RT* 508/414; *JTACrSP* 15/247, 71/253.

(22) *RT* 517/357.

(23) *RT* 669/319, 560/335, 527/380, 498/302.

(24) *RT* 498/302, 508/414, 517/357; *JTACrSP* 15/369, 30/385, 33/392.

(25) *RT* 525/438.

(26) *JCAT* 67/361.

(27) *JTACrSP* 61/83.

(28) *RT* 375/285, 223/398.

(29) *JTACrSP* 52/376.

(30) *RT* 516/348.

(31) *JTACrSP* 58/337.

(32) *JTACrSP* 53/451.

(33) *RT* 357/363.

(34) *RT* 765/501; *STJ: HC* 7.809-SP, j. em 24-11-1998, *DJU* de 29-3-1999, p. 194.

(35) *RT* 292/383.

(36) *RT* 257/416.

(37) *RT* 252/327, 516/348.

(38) *RT* 301/362.

(39) *RT* 366/207.

(40) *RT* 526/396.

(41) *JTACrSP* 61/83-85.

(42) *RT* 527/381.

(43) *RT* 34/441.

(44) *RT* 533/352.

(45) *RT* 237/404.

(46) *RT* 292/383.

BIBLIOGRAFIA

ABREU, Waldyr de. O crime de corrupção de menores *sensu lato*. *RT* 560/277-281.

ALMEIDA JR., A., COSTA JÚNIOR, J. B. O. *Lições de medicina legal*. 14. ed. rev. São Paulo: Nacional, 1977.

ANTOLISEI, Francesco. *Manuale di diritto penale*: parte especial, 1954. v. 1 e 2.

ARAÚJO, Francisco Fernandes de. A coisa imóvel como objeto material do crime de receptação. *RT* 626/261-270.

AZEVEDO, Noé. Favorecimento da prostituição. *RT* 273/66-74.

BARBOSA, Marcelo Fortes. A denunciação caluniosa e os crimes contra a honra. *Justitia* 9/20.

_____. Condições objetivas de punibilidade. *Justitia* 85/137-140.

_____. O casamento da ofendida com terceiro como causa extintiva da punibilidade nos crimes contra os costumes. *Justitia* 109/171-179.

BARRETO, Djalma Lúcio Gabriel. Da lesão corporal seguida de morte. *Justitia* 38/73-143.

BASTOS, Fernando et al. Considerações sobre o conceito de furto qualificado pela destruição ou rompimento de obstáculo. *Justitia* 145/55-58.

BATOCHIO, José Roberto. A inviolabilidade do advogado em face da Constituição de 1988. *RT* 688/401-407.

BERDUGO, Antonio Fernando et al. Considerações sobre conceito de furto qualificado pela destruição ou rompimento de obstáculo. *Justitia* 145/55-58.

BITENCOURT, Cezar Roberto. *Tratado de direito penal*: parte especial. São Paulo: Saraiva, 2003. v. 3.

BOIATI, Orides. Crimes hediondos contra menores de 14 anos. *RT* 666/401-402.

BORGES, João Eunápio. *Títulos de crédito*. 3. ed. São Paulo: Forense, 1975.

BRUNO, Aníbal. *Crimes contra a pessoa*. 3. ed. rev. São Paulo: Rio Gráfica, 1975.

BUSANA, Dante. *Doping* de cavalo de corrida: fato que constitui ilícito penal. *Justitia* 60/69-72.

CAMPOS, Pedro Franco de. et. al. *Direito penal aplicado*. 2. ed. São Paulo: Saraiva, 2009.

CAPEZ, Fernando. Emissão fraudulenta de duplicata na compra e venda mercantil: fato típico ou atípico? *Ministério Público Paulista*, p. 11-12, ago. 1996.

CARRARA, Francesco. *Programa del curso de derecho criminal*: parte especial. Buenos Aires: Palma, 1945. v. 1.

CARVALHO, Hilário Veiga de. Transexualismo. *RT* 545/289-298.

CARVALHO, Luiz Penteado de. *Furto, roubo, latrocínio*. 3. ed. Curitiba: Juruá, 1977.

CARVALHO FILHO, Aloysio, ROMEIRO, Jorge Alberto. *Comentários ao código penal*. 4. ed. Rio de Janeiro: Forense, 1979. v. 4.

CERQUEIRA, João da Gama. *Tratado da propriedade industrial*. 1952. v. 2, t. 1, parte II.

COELHO, Fábio Ulhoa. Breves notas sobre o crime de duplicata simulada. *RBCCrim* 13/ 167-173.

COGAN, Arthur. Crimes contra o sentimento religioso. *Justitia* 96/99-100.

_____. Extinção da punibilidade pelo casamento. *Justitia* 101/69-70.

_____. O perdão judicial. *Justitia* 84/231-234.

_____. O roubo com o emprego de arma. *Justitia* 94/211-214; Receptação imprópria. *Justitia* 37/163-166.

COSTA, Roberto de Oliveira. A comunicação social e os crimes contra a honra. *Justitia* 103/7-17.

COSTA JR., J. B. O., ALMEIDA JR., A. *Lições de medicina legal*. 14. ed. rev. São Paulo: Nacional, 1977.

COSTA JR., Paulo José, PEDRAZZI, C. *Direito penal das sociedades anônimas*. São Paulo: Revista dos Tribunais, 1973.

CRETELLA, Agnes. A ameaça. *RT* 470/299-304.

DELMANTO, Celso. *Código penal anotado*. 2. ed. aumentada. São Paulo: Saraiva, 1981.

_____. *Código penal comentado*. 6. ed. São Paulo: Renovar, 2002.

_____. *Código penal comentado*. 7. ed. São Paulo: Renovar, 2007.

_____. Crime contra os costumes. O casamento como causa de aumento de pena. *RT* 567/275-77.

_____. *Crimes de concorrência desleal*. São Paulo: José Bushatsky/Edusp, 1975.

_____. Exercício e abuso de direito no crime de estupro. *RT* 536/252-259.

_____. Perdão judicial e seus efeitos. *RT* 524/311-314; e *Justitia* 102/203-207.

DELMANTO, Roberto. Temas de direito penal. *RT* 667/387-389.

DINAMARCO, Cândido Rangel. Atentado violento ao pudor e ato obsceno. *Justitia* 63/ 233-239.

DORES, Wilson Alencar. Palmito: furto e receptação. *RT* 698/322-324.

DUARTE, Maurício Alves. A incidência da majorante do artigo 9º da lei dos crimes hediondos nos artigos 213 e 214 do Código Penal. In: Uma vida dedicada ao direito: homenagem a Carlos Henrique de Carvalho. São Paulo: *RT*, p. 647-656.

ELUF, Luiz Nagib. A legislação brasileira face às convenções e aos pactos internacionais: questões especiais. *RT* 699/439-442.

FARIA, Bento de. *Código penal brasileiro comentado*. Rio de Janeiro: Record, 1959. v. 4, 5 e 6.

FÁVERO, Flamínio. *Medicina legal*. 7. ed. São Paulo: Martins, 1962. v. 2.

FERNANDES, Mário Cândido de Avelar. Considerações sobre o conceito de furto qualificado pela destruição ou rompimento de obstáculo. *Justitia* 145/55-58.

FERREIRA, Arnaldo A. O conceito de deformidade no código penal de 1940. *RT* 35/7-11.

FERREIRA, Luiz Alexandre Cruz. *Falso testemunho e falsa perícia*. Belo Horizonte: Del Rey, 1998.

FIGUEIREDO, Sara Ramos de. Furto de uso. *Revista de Informação Legislativa*. Brasília: Senado Federal, abr./jun. 1973.

FRAGOSO, Heleno Cláudio. *Lições de direito penal*: parte especial. 3. ed. São Paulo: José Bushatsky, 1976. v. 1; 1977, v. 2; v. 3 (arts. 213 a 359). Rio de Janeiro: Forense, 3. ed. 1981.

_____. *Lições de direito penal*: parte geral. 4. ed. São Paulo: Forense, 1980.

_____. Transexualismo. *RT* 545/299-304.

FRANCESCHINI, José Luiz Vicente de Azevedo. Anotações sobre o conceito forense de deformidade permanente. *RT* 377/47-69 e *Justitia* 56/101-131.

FRANCO, Alberto Silva. *Crimes hediondos*. São Paulo: Revista dos Tribunais, 1991.

FRANCO, Ary. *Crimes contra a pessoa*.

FUHRER, Maximilianus Cláudio Américo. O homicídio passional. *Justitia* 59/81-104 e *RT* 392/32-46.

GARCIA, Basileu. *Instituição de direito penal*. 5. ed. rev. São Paulo: Max Limonad, 1980. v. 1, t. 1 e 2.

_____. As inovações trazidas à legislação penal – Lei nº 6.416, de 1977. *RT* 500/289.

_____. Delito de contaminação. *RF* 94/231-232.

_____. *Instituições de direito penal*. 5. ed. São Paulo: Max Limonad, 1980. v. 1.

_____. Problemas penais do cheque. *RT* 396/19-22.

_____. Thalidomide e abortamento. *RT* 324/7-9.

GODOY, Luiz Antonio de. Individualização da pena e perdão judicial. *Justitia* 102/121-146.

GONZAGA, Antonio Gonçalves. *Casa de prostituição*. *RT* 290/20-33.

GONZAGA, João Bernardino. *O crime de omissão de socorro*. São Paulo: Max Limonad, 1957.

GRINOVER, Ada Pellegrini, COSTA JR., Paulo José da. *A nova lei penal*. São Paulo: Revista dos Tribunais, 1977.

HUNGRIA, Nelson, FRAGOSO, Heleno Cláudio. *Comentários ao código penal*. 5. ed. Rio de Janeiro: Forense, 1978. v. 1, t. 2; 5. ed., 1979, v. 5; 5. ed. 1980, v. 6; 4. ed., 1980, v. 7; 5. ed., 1981, v. 8.

JESUS, Damásio E. de. *Decisões anotadas do STF em matéria criminal*. São Paulo: Saraiva, 1978.

_____. *Direito penal*. 4. ed. São Paulo: Saraiva, 1979: parte geral. v. 1; 4. ed., rev. e ampliada, 1982. v. 2, parte especial.

_____. *Questões criminais*. São Paulo: Saraiva, 1981.

JORGE, William Wanderley. Contributo à noção do crime de tortura. *RT* 665/391-392.

KIPPER, Celso. Breves considerações sobre o não recolhimento de contribuições previdenciárias descontadas dos empregados. *RT* 694/282-286.

LEAL, João José. A convenção da ONU sobre a tortura. *RT* 671/398-401.

_____. Homicídio como crime hediondo, um ano depois. *RT* 719/361-371.

LÉVAY, Emeric. Retratação penal. *Revista de Processo*, nº 21, p. 134-164, São Paulo, 1982.

LOBÃO, José Augusto de Azevedo. Enfoque subjetivo do motivo fútil no crime de homicídio. *Justitia* 83/153-155.

LOPES, Gilberto Siqueira. Inviolabilidade do advogado no exercício da profissão. *RT* 701/ 253-255.

LUDWIG, Artur Arnaldo. Opor-se a transplante de sangue ante iminente perigo de vida por motivos religiosos. *Ajuris* 58/297-299.

LUNA, Everardo da Cunha. A arte e o obsceno. *Justitia* 152/616.

LYRA, Roberto. *Noções de direito criminal*: parte especial. v. 1.

MAGGIORE, Giuseppe. *Diritto penale*: parte geral. v. 1.

MANZINI, Vincenzo. *Trattato di diritto penale italiano*. Turim: Torinese, 1951. v. 7, 8 e 9.

MARINO JÚNIOR, Alberto. O perigo de vida no delito de lesões corporais. *RT* 340/17-28.

MARQUES, José Frederico. *Elementos de direito processual penal*. São Paulo: Forense, 1962. v. 3.

_____. *O júri no direito brasileiro*. São Paulo: Saraiva, 1955.

_____. *Tratado de direito penal*: parte especial. São Paulo: Saraiva, 1961. v. 4.

MARREY, Adriano. Induzimento, instigação e auxílio ao suicídio. *RJTJESP* 5/9-13.

_____. O crime de infanticídio – o conceito de crime próprio e o problema da coautoria no crime de infanticídio. *Justitia* 43/5-20.

_____. O crime de aborto. *RT* 329/7-17.

MARREY NETO, José Adriano. A morte e seu diagnóstico (aspectos legais). *RJDTACRIM* 6/9-14.

_____. Transplante de órgãos – nova disciplina – Lei Federal nº 8.489, de 18-11-92. *RJDTACRIM* 16/15-41.

MAZZILLI, Hugo Nigro. Observações sobre o crime de roubo. *RT* 490/261-268 e *Justitia* 97/217-227.

_____. Violação de sepultura. *RT* 608/275-290.

MELLO, Dirceu de. Algumas questões suscitadas por toda uma existência (do delito) de discrepância e contrastes. *RT* 455/292.

_____. *Aspectos penais do cheque*. São Paulo: Revista dos Tribunais/Educ, 1976.

MELLO, Rene Roberto Soares de. A injustificável permanência da sedução no futuro código penal. *RT* 508/299-308.

MENDES, Nelson Pizzotti. As pessoas jurídicas como sujeitos passivos dos crimes contra a honra. *Justitia* 103/27-41.

_____. *Súmulas de direito penal*: dos crimes contra a pessoa e patrimônio. 2. ed. 1972.

MIRANDA, Darcy Arruda. Calúnia também pode atingir pessoa jurídica. *O Estado de S. Paulo*, 5 dez. 1990, Justiça, p. 20.

_____. Do atentado violento ao pudor. *Justitia* 39/87-99.

_____. *Dos abusos na liberdade de imprensa*. 1959.

MIRANDA, Pontes de. *Tratado de direito privado*: parte especial. Rio de Janeiro: Borsói, 1954. v. 1.

MIRANDA JR., Darcy Arruda. *O warrant no direito brasileiro*. São Paulo: José Bushatsky, 1973.

MONTEIRO, Antonio Lopes. *Crimes hediondos*. São Paulo: Saraiva, 1991.

MONTEIRO, Washington de Barros. *O direito das coisas*. São Paulo: Saraiva, 1961.

MORAES, Sílvio Roberto Mello. Aplicabilidade do § 2º do artigo 155 do CP. *RT* 625/420-421.

MORAIS, Paulo Heber. *Homicídio*. 3. ed. Curitiba: Juruá.

NEVES, Serrano. *Imunidade penal*: libertas conviciandi. Guanabara: Alba, 1967.

NORONHA, E. Magalhães. *Direito penal*. 15. ed. rev. e atualizada. São Paulo: Saraiva, 1978. v. 1; 13. ed., 1977; v. 2, 2. ed., 1964. v. 3.

_____. *Curso de direito processual penal*. São Paulo: Saraiva, 1974.

OLIVEIRA, Moacyr de. A lesão consentida no direito comparado. *RT* 410/25-31.

PACHECO, Wagner Brússulo. O perdão judicial no direito brasileiro. *RT* 533/283-297, 39/20-47; *Jurispenal* 39/20-24.

PEDRAZZI, C., COSTA JR., Paulo José da. *Direito penal das sociedades anônimas*. São Paulo: Revista dos Tribunais, 1973.

PEDROSO, Fernando de Almeida. Roubo e sequestro. Concurso material de delitos ou conflito aparente de normas penais? *RT* 522/303-308 e *Justitia* 107/150-157.

_____. Corrupção de menores – Corrupção efetiva e corrupção potencial. *RT* 508/309-312.

_____. Homicídio privilegiado. *RT* 695/279-287.

PENTEADO, Jacques de Camargo. Pena hedionda. *RT* 674/286-288.

PEREIRA, Victor, MARREY NETO, José Adriano. O momento da morte. *RJDTACRIM* 14/15.

PEREZ, Gabriel Netuzzi. *Crime de difamação*. São Paulo: Tributária, 1976. Resenha Universitária.

BIBLIOGRAFIA 583

PIMENTEL, Eduardo S. Direitos conexos e o direito penal. *RT* 689/311-319.

PINHEIRO, Geraldo de Faria Lemos. Apreensão da carteira nacional de habilitação, para renovação de exames, quando houve ocorrência de acidente grave. *JTASCrSP* 57/9.

_____. Os automotores e suas implicações com o direito. *JTACrSP* 67/9-27.

PINTO, Antonio de Souza M. O segredo profissional. *RT* 299/26-37.

PIRES, Ariosvaldo de Campos. Casa de prostituição. *RT* 703/406.

PONTES NETO, Hildebrando. As sanções e o procedimento criminal dos direitos autorais. *RT* 695/288-295.

PORTO, Hermino A. Marques. Homicídio privilegiado – violenta emoção. *Justitia* 41/19-26.

_____. *Júri*. 2. ed. São Paulo: Revista dos Tribunais, 1980.

PRADO, Fernando de A. Queixa-crime por difamação e injúria contra vereador. *Justitia* 59/207-208.

RABINOWICZ, Leon. *O crime passional*. 2. ed. Coimbra: Armenio Amado, 1961.

RAMALHO, Paulo. Presunção de violência e crimes hediondos. *Revista de Estudos Jurídicos* 6/340-347.

REIS, Dagma Paulino. Aborto; a polêmica interrupção voluntária ou necessária da gravidez – uma questão criminal ou de Saúde Pública? *RT* 709/277-284.

REQUIÃO, Rubens. *Curso de direito comercial*. 8. ed. São Paulo: Saraiva, 1977. v. 2.

RIBEIRO, Gilberto Quintanilha. Lesão corporal do hímen. *Justitia* 54/177-179.

ROMEIRO, Jorge Alberto, CARVALHO FILHO, Aloysio. *Comentários ao código penal*. 5. ed. São Paulo: Forense, 1979. v. 4.

ROSA, Fabio Bittencourt da. Pena e culpa nos delitos culposos. *RT* 532/310-313.

RUGGIERO, Roberto. *Instituições de direito civil*. 3. ed. São Paulo: Saraiva. 1977. v. 2.

SABINO JÚNIOR, Vicente. *Direito penal*. São Paulo: Sugestões Literárias, 1967. v. 3.

SALGADO, Murilo Rezende. O transexual e a cirurgia para a pretendida mudança de sexo. *RT* 491/241-247.

SANDRIM, Carlos Fernandes. Violação de direito autoral. *Diversos*. São Paulo: Associação Paulista do Ministério Público.

SANTOS, Edgard de Oliveira Cardoso. A nova lei sobre crimes hediondos. *RT* 711/287-291.

SANTOS, Geraldino Rosa dos. O delito de rixa. *Justitia* 110/36-46.

SEGURADO, Milton Duarte. *Sedução*. 2. ed. São Paulo: Juruá, 1977.

SHOLZ, Leônidas Ribeiro. Crimes sexuais contra menores e as incoerências da lei. *Livro de Estudos Jurídicos*. Rio de Janeiro: Instituto de Estudos Jurídicos, 1991, v. 3, p. 234-237.

SILVA, A. J. da Costa e. Da rixa. *Justitia* 50/47-40.

_____. Delito de contágio. *Justitia* 54/5-10.

_____. Do homicídio. *Justitia* 42/15-34.

_____. Induzimento, instigação e auxílio ao suicídio. *Justitia* 43/13-20.

_____. Infanticídio. *Justitia* 44/7-10.

_____. Lesões corporais. *Justitia* 52/73-88.

_____. Omissão de socorro. *Justitia* 32/7-9.

_____. Plágio. *Justitia* 39/10-12.

_____. Sequestro e cárcere privado. *Justitia* 39/5-10.

_____. Violação de domicílio. *Justitia* 40/57-63.

SILVEIRA, Euclides Custódio da. *Direito penal:* crimes contra a pessoa. 2. ed. rev. São Paulo: Revista dos Tribunais, 1973.

SIQUEIRA, Galdino. *Tratado de direito penal.* 1921.

SIQUEIRA, Geraldo Batista de. Aborto humanitário: autorização judicial. *RT* 675/299-303.

_____. Estupro – crime de ação privada. *RT* 482-277-281.

_____. Extorsão, crime material, consumação. *RT* 659/245-248.

_____. Roubo, delito material ou formal? *Livro de Estudos Jurídicos.* Rio de Janeiro: Instituto de Estudos Jurídicos, 1991,v. 2, p. 296-297.

SOUSA, Deusdedith. Eutanásia, ortotanásia e distanásia. *RT* 706/283.

SOUZA, José Guilherme de. O perdão judicial nos delitos de circulação. *RT* 574/464-470.

STEIN, Joachim Wolfgang. Extorsão indireta e denunciação caluniosa. *Justitia* 79/295-298.

SZNICK, Valdir. Do delito de rixa a dois. *RT* 424/279-285 e *Justitia* 71/127-135.

TORRES, José Henrique Rodrigues. Sentença. *Revista Brasileira de Ciências Criminais* 8/239-246.

TOURINHO FILHO, Fernando da Costa. *Processo penal.* 3. ed. Bauru: Jalovi, v. 1 e 4.

TUCCI, Rogerio Lauria. Pedido de explicações. *RT* 538/297-304.

_____. Isenção de pena no Direito Penal brasileiro e seu equívoco tratamento como "perdão judicial". *RT* 559/285-297.

TUCUNDUVA, Ruy Cardoso de Mello. Conto: conceito e espécies. *Justitia* 102/71-101.

VARGAS, José Cirilo de. *Introdução ao estudo dos crimes em espécie.* Belo Horizonte: Del Rey, 1993.

VENOSA, Silvio de Salvo. *Direito civil.* 3. ed. São Paulo: Atlas, 2003. v. 5 e 6.

VERGARA, Pedro. *Delito de homicídio.* Jacinto, 1943. v. 1.

VIEIRA, Gerson de Franceschi. Da receptação. *Justitia* 93/109-115.

ZUMSTEIN, Rubens. Casa de prostituição. *RT* 538/304-310.

ÍNDICE REMISSIVO

A

ABANDONO

de incapaz:

- 6.4.1 a 6.4.9
- aumento de pena, 6.4.8
- conceito, 6.4.1
- consumação e tentativa, 6.4.7
- distinção, 6.4.9
- objetividade jurídica, 6.4.2
- sujeito ativo, 6.4.3
- sujeito passivo, 6.4.4
- tipo objetivo, 6.4.5
- tipo subjetivo, 6.4.6

exposição ou – de recém-nascido, 6.5

introdução ou – de animais em propriedade alheia, 13.2

ABORTO

auto – e – consentido, 4.4.8

conceito, 4.4.1

concurso, 4.4.17

consensual, 4.4.10

consumação e tentativa, 4.4.7

distinção, 4.4.16

eugenésico, 4.4.14

honoris causa, 4.4.15

legal, 4.4.12

necessário, 4.4.12

objetividade jurídica, 4.4.2

provocado por terceiro, 4.4.9

qualificado, 4.4.11

sentimental, 4.4.13

social, 4.4.15

sujeito ativo, 4.4.3

sujeito passivo, 4.4.4

tipo objetivo, 4.4.5

tipo subjetivo, 4.4.6

ABUSO(S)

de incapazes:

- 15.12.1 a 15.12.8
- conceito, 15.12.1
- consumação e tentativa, 15.12.7
- distinção, 15.12.8
- objetividade jurídica, 15.12.2
- sujeito ativo, 15.12.3
- sujeito passivo, 15.12.4
- tipo objetivo, 15.12.5
- tipo subjetivo, 15.12.6

fraudes e – na administração de sociedade por ações, 15.17

AÇÃO PENAL

alteração de limites, 12.1.10

alteração de local especialmente protegido, 13.4.10

ameaça, 9.3.9

apropriação indébita, 14.1.13

correspondência comercial, 9.16.8

crimes contra a honra, 8.4.5

crimes contra a liberdade sexual, 24.1

crimes sexuais contra vulnerável, 24.1

dano, 13.1.11

divulgação de segredo, 9.16.10

esbulho possessório, 12.3.10

estelionato, 15.8.2

fraude à execução, 15.19.10

homicídio, 4.1.18

introdução ou abandono de animais em propriedade alheia, 13.2.9

invasão de dispositivo informático, 9.18.1

lesão corporal culposa, 5.1.18

lesão corporal leve, 5.1.10

outras fraudes, 15.15.9

perigo de contágio venéreo, 6.1.10

receptação, 16.1.15

redução a condição análoga à de escravo, 9.7.12

usurpação de águas, 12.2.9

violação de direito autoral, 18.1.10

violação do segrego profissional, 9.16.9

ACIONISTA

negociação de voto por –, 15.17.10

AÇÕES

compra e venda ilegais de –, 15.17.5

falsa cotação de – ou títulos, 15.17.3

fraude na fundação de sociedade por –, 15.16

fraudes e abusos na administração de sociedades por –, 15.17

ADMINISTRAÇÃO

fraudes e abusos na – de sociedade por ações, 15.17

ADOLESCENTE

satisfação de lascívia mediante presença de criança ou –, 23.3

AGRESSÃO

lesão corporal, 5.1

AGRÍCOLA

invasão de estabelecimento industrial, comercial ou – sabotagem, 19.6

ÁGUAS

usurpação de –, 12.2

ALICIAMENTO

de trabalhadores de um local para outro do território nacional:

– 19.11.1 a 19.11.8

– conceito, 19.11.1

– consumação e tentativa, 19.11.6

– forma agravada, 19.11.8

– objetividade jurídica, 19.11.2

– recrutamento de trabalhadores, 19.11.7

– sujeitos do delito, 19.11.3

– tipo objetivo, 19.11.4

– tipo subjetivo, 19.11.5

para fim de emigração:

– 19.10.1 a 19.10.6

– conceito, 19.10.1

– consumação e tentativa, 19.10.6

– objetividade jurídica, 19.10.2

– sujeitos do delito, 19.10.3

– tipo objetivo, 19.10.4

– tipo subjetivo, 19.10.5

ALIENAÇÃO

ou oneração fraudulenta de coisa própria:

– 15.3.1 a 15.3.7

– conceito, 15.3.1

– consumação e tentativa, 15.3.6

– distinção, 15.3.7

– sujeito ativo, 15.3.2

– sujeito passivo, 15.3.3

– tipo objetivo, 15.3.4

– tipo subjetivo, 15.3.5

ALTERAÇÃO

de limites:

– 12.1.1 a 12.1.10

– ação penal, 12.1.10

– conceito, 12.1.2

– concurso, 12.1.9

– consumação e tentativa, 12.1.8

– objetividade jurídica, 12.1.3

– sujeito ativo, 12.1.4

– sujeito passivo, 12.1.5

– tipo objetivo, 12.1.6

- tipo subjetivo, 12.1.7

de local especialmente protegido:

- 13.4.1 a 13.4.10
- ação penal, 13.4.10
- conceito, 13.4.1
- concurso, 13.4.9
- consumação e tentativa, 13.4.8
- elemento normativo, 13.4.6
- objetividade jurídica, 13.4.2
- sujeito ativo, 13.4.3
- sujeito passivo, 13.4.4
- tipo objetivo, 13.4.5
- tipo subjetivo, 13.4.7

supressão ou – de marca em animais, 12.4

AMEAÇA

9.3.1 a 9.3.9

- ação penal, 9.3.9
- conceito, 9.3.1
- consumação e e tentativa, 9.3.7
- distinção 9.3.8
- elemento normativo, 9.3.6
- objetividade jurídica, 9.3.2
- sujeito ativo, 9.3.3
- sujeito passivo, 9.3.4
- tipo objetivo, 9.3.5
- tipo subjetivo, 9.3.6

ANIMAIS

introdução ou abandono de – em propriedade alheia, 13.2

furto de –, 10.1.17

supressão ou alteração de marca em –, 12.4

receptação de -, 16.2

ANTIJURIDICIDADE

exclusão da –:

- violação de domicílio, 9.9.9

APROPRIAÇÃO

de coisa achada:

- 14.5.1 a 14.5.8
- conceito, 14.5.1
- consumação e tentativa, 14.5.7
- forma privilegiada, 14.5.8
- objetividade jurídica, 14.5.2
- sujeito ativo, 14.5.3
- sujeito passivo, 14.5.4
- tipo objetivo, 14.5.5
- tipo subjetivo, 14.5.6

de coisa havida por erro, caso fortuito ou
força da natureza:

- 14.3.1 a 14.3.9
- conceito, 14.3.1
- consumação e tentativa, 14.3.7
- distinção, 14.3.9
- forma privilegiada, 14.3.8
- objetividade jurídica, 14.3.2
- sujeito ativo, 14.3.3
- sujeito passivo, 14.3.4
- tipo objetivo, 14.3.5
- tipo subjetivo, 14.3.6

de tesouro:

- 14.4.1 a 14.4. 7
- conceito, 14.4.1
- consumação e tentativa, 14.4.7
- objetividade jurídica, 14.4.2
- sujeito ativo, 14.4.3
- sujeito passivo, 14.4.4
- tipo objetivo, 14.4.5
- tipo subjetivo, 14.4.6

indébita:

- 14.1.1 a 14.1.13
- ação penal, 14.1.13
- aumento de pena, 14.1.11
- conceito, 14.1.2
- concurso, 14.1.10

- consumação e tentativa, 14.1.8
- distinção, 14.1.9
- exame pericial, 14.1.6
- objetividade jurídica, 14.1.3
- privilegiada, 14.1.12
- sujeito ativo, 14.1.4
- sujeito passivo, 14.1.5
- tipo objetivo, 14.1.6
- tipo subjetivo, 14.1.7

indébita previdenciária:
- 14.2.1 a 14.2.9
- conceito, 14.2.1
- consumação e tentativa, 14.2.5
- crimes assemelhados, 14.2.6
- formas privilegiadas, 14.2.7
- perdão judicial ou pena de multa, 14.2.9
- sujeitos do delito, 14.2.2
- suspensão da pretensão punitiva e extinção da punibilidade, 14.2.8
- tipo objetivo, 14.2.3
- tipo subjetivo, 14.2.4

APROPRIAÇÃO INDÉBITA
14.1 a 14.5

apropriação de coisa achada, 14.5

apropriação de coisa havida por erro, caso fortuito ou força da natureza, 14.3

apropriação de tesouro, 14.4

apropriação indébita, 14.1

apropriação indébita previdenciária, 14.2

generalidades, 14.1.1

APROVAÇÃO
fraudulenta de conta ou parecer, 15.17.8

ARMA
conceito, espécies e noções gerais, 3.1.5

ARQUEOLÓGICO
dano em coisa de valor artístico, – ou histórico, 13.3

ARTÍSTICO
dano em coisa de valor –, arqueológico ou histórico, 13.3

ASCENDENTE
imunidades nos crimes contra o patrimônio, 17.1.4

ASSÉDIO SEXUAL
- 22.4.1 a 22.4.9
- aumento de pena, 22.4.9
- conceito, 22.4.1
- consumação e tentativa, 22.4.7
- distinção, 22.4.8
- objetividade jurídica, 22.4.2
- sujeito ativo, 22.4.3
- sujeito passivo, 22.4.4
- tipo objetivo, 22.4.5
- tipo subjetivo, 22.4.6

ASSOCIAÇÃO
atentado contra a liberdade de –, 19.3

ATENDIMENTO
condicionamento de – médico – hospitalar emergencial, 6.7.1 a 6.7.9

ATENTADO
contra a liberdade de associação:
- 19.3.1 a 19.3.6
- conceito, 19.3.1
- concurso, 19.3.6
- consumação e tentativa, 19.3.5
- objetividade jurídica, 19.3.2
- sujeitos do delito, 19.3.3
- tipo objetivo, 19.3.4
- tipo subjetivo, 19.3.5

contra a liberdade de contrato de trabalho e boicotagem violenta:
- 19.2.1 a 19.2.4
- atentado contra a liberdade de contrato de trabalho, 19.2.2
- boicotagem violenta, 19.2.3
- conceito, 19.2.1

- concurso, 19.2.4

contra a liberdade de trabalho:

- 19.1.1 a 19.1.10
- competência, 19.1.10
- conceito, 19.1.2
- concurso, 19.1.9
- consumação e tentativa, 19.1.7
- distinção, 19.1.8
- generalidades, 19.1.1
- objetividade jurídica, 19.1.3
- sujeitos do delito, 19.1.4
- tipo objetivo, 19.1.5
- tipo subjetivo, 19.1.6

ATIVIDADE

exercício de – com infração de decisão administrativa, 19.9

ATO

obsceno:

- 26.1.1 a 26.1.10
- conceito, 26.1.2
- concurso, 26.1.10
- consumação e tentativa, 26.1.8
- exclusão do crime, 26.1.9
- generalidades, 26.1.1
- objetividade jurídica, 26.1.3
- sujeito ativo, 26.1.4
- sujeito passivo, 26.1.5
- tipo objetivo, 26.1.6
- tipo subjetivo, 26.1.7

ultraje a culto e impedimento ou perturbação de – a ele relativo, 20.1

vilipêndio de – ou objeto de culto, 20.1.7

AUMENTO DE PENA

abandono de incapaz, 6.4.8

aborto, 4.4.11

aliciamento de trabalhadores de um local para outro do território nacional, 19.11.8

apropriação indébita, 14.1.11

assédio sexual, 22.4.9, 24.2 e 27.1

ato obsceno, 27.1

casa de prostituição, 27.1

constrangimento ilegal, 9.1.9

corrupção de menores, 27.1

crimes contra a dignidade sexual, 27.1

crimes contra a honra, 8.4.1

crimes contra a liberdade sexual, 24.2 e 27.1

crimes sexuais contra vulnerável, 24.2 e 27.1

dano, 13.1.10

escrito ou objeto obsceno, 27.1

estelionato, 15.8

estupro, 24.2 e 27.1

estupro de vulnerável, 23.1.9 e 27.1

estupro qualificado pela idade da vítima, 22.1.9

estupro qualificado por lesão grave ou morte, 22.1.10

exposição ou abandono de recém-nascido, 6.5.8

extorsão, 11.2.8

extorsão mediante sequestro, 11.3.8

favorecimento da prostituição ou outra forma de exploração sexual, 25.2.9 e 27.1

favorecimento da prostituição ou outra forma de exploração sexual de vulnerável, 27.1

frustração de direito assegurado por lei trabalhista, 19.7.9

furto, 10.1.15

furto de veículo automotor, 10.1.16

furto de animal, 10.1.17

furto noturno, 10.1.13

homicídio, 4.1.10 e 4.1.15

impedimento ou perturbação de cerimônia funerária, 21.1.7

induzimento, instigação ou auxílio a suicídio ou a automutilação, 4.2.8

injúria qualificada, 8.4.1

instalação ou utilização ilegais, 9.14.1

lenocínio e tráfico de pessoa para fim de prostituição ou outra forma de exploração sexual, 27.1

lesão corporal agravada contra menor ou idoso, 5.1.14

lesão corporal culposa, 5.1.18

maus-tratos, 6.7.9

mediação para servir a lascívia de outrem, 25.1.9 e 27.1

omissão de socorro, 6.6.9

perigo para a vida ou saúde de outrem, 6.3.7

receptação qualificada na atividade comercial ou industrial, 16.1.11

receptação qualificada pelo objeto material, 16.1.10

retenção de documentos, 19.7.9

roubo, 11.1.8

roubo e lesão corporal grave, 11.1.11

roubo e morte (latrocínio), 11.1.12

roubo com o emprego de arma, 11.1.9

rufianismo, 25.4.8 e 27.1

satisfação de lascívia mediante presença de criança ou adolescente, 27.1

sequestro e cárcere privado, 9.6.8 e 9.6.10

subtração de substâncias explosivas, 10.1.19 e 11.1.10

ultraje a culto e impedimento ou perturbação de ato a ele relativo, 20.1.8

ultraje público ao pudor, 27.1

violação de direito autoral, 18.1.7

violação de domicílio, 9.9.8

violação sexual mediante fraude, 24.2 e 27.1

AUTO

aborto e aborto consentido, 4.4.8

AUTOMÓVEL

delito de –, 4.1.14

AUTOMUTILAÇÃO

induzimento, instigação ou auxílio ao suicídio ou -, 4.2

AUTORIDADE

parentesco e –, 24.2.2

AUXÍLIO

induzimento, instigação ou – a suicídio ou a automutilação, 4.2

B

BENS

empréstimo ou uso indevido de – ou haveres, 15.17.4

BOICOTAGEM

atentado contra a liberdade de contrato de trabalho e – violenta, 19.2

C

CADÁVER

destruição, subtração ou ocultação de –, 21.3

vilipêndio a –, 21.4

CALÚNIA

8.1.1 a 8.1.13

conceito, 8.1.2

concurso, 8.1.13

consumação e tentativa, 8.1.8

distinção, 8.1.12

exceção da verdade, 8.1.11

exclusão do crime, 8.1.9

generalidades, 8.1.1

objetividade jurídica, 8.1.3

propalação e divulgação, 8.1.10

sujeito ativo, 8.1.4

sujeito passivo, 8.1.5

tipo objetivo, 8.1.6

tipo subjetivo, 8.1.7

CÁRCERE PRIVADO

sequestro e –, 9.6

CASA DE PROSTITUIÇÃO

25.3.1 a 25.3.8

conceito, 25.3.1

ÍNDICE REMISSIVO 591

consumação e tentativa, 25.3.7

distinção, 25.3.8

objetividade jurídica, 25.3.2

sujeito ativo, 25.3.3

sujeito passivo, 25.3.4

tipo objetivo, 25.3.5

tipo subjetivo, 25.3.6

CASO FORTUITO

apropriação de coisa havida por erro, – ou força da natureza, 14.3

CAUÇÃO

e penhor ilegais, 15.17.6

CERIMÔNIA

impedimento ou perturbação de –:

– funerária, 21.1

– ou culto, 20.1.6

CHEQUE

fraude no pagamento por meio de –, 15.7

COAÇÃO

para compra de mercadorias, 19.7.7

CÓDIGO BRASILEIRO DE TELECOMUNI-CAÇÕES

crimes contra a honra, 8.1.1, 8.1.12 e 8.4.1

difamação, 8.2.4

instalação ou utilização ilegais, 9.14.1

violação de comunicação telegráfica, radioe-létrica ou telefônica, 9.12.4

CÓDIGO CIVIL

abandono de incapaz, 6.4.3

aborto, 4.4.4

abuso de incapazes, 15.12.4 e 15.12.6

alienação ou oneração fraudulenta de coisa própria, 15.3.4

alteração de limites, 12.1.6

apropriação de coisa achada, 14.5.5

apropriação de coisa havida por erro, caso fortuito ou força da natureza, 14.3.2 e 14.3.5

apropriação de tesouro, 14.4.4 e 14.4.5

apropriação indébita, 14.1.6 e 14.1.7

constrangimento ilegal, 9.1.12

dano qualificado, 13.1.10

defraudação de penhor, 15.4.4

difamação, 8.2.4

disposição de coisa alheia como própria, 15.2.4

esbulho possessório, 12.3.1 e 12.3.5

estelionato, 15.1.3 e 15.1.7

estelionato aumento de pena, 15.8.1

estupro, 22.1.4

fraude à execução, 15.19.1

fraude na fundação de sociedade por ações, 15.16.3

fraude no pagamento por meio de cheque, 15.7.5

furto, 10.1.6

furto de coisa comum, 10.2.1 e 10.2.7

imunidades nos crimes contra o patrimô-nio, 17.1.3 e 17.1.4

imunidades relativas, 17.2.3

induzimento à especulação, 15.13.5

induzimento, instigação ou auxílio a suicí-dio ou a automutilação, 4.2.8

lesão corporal, 5.1.5

usurpação de águas, 12.2.5

CÓDIGO DE ÁGUAS

usurpação de águas, 12.2.5

CÓDIGO DE DEFESA DO CONSUMIDOR

fraude no comércio, 15.14.10

CÓDIGO DE ÉTICA MÉDICA

aborto sentimental, 4.4.13

lesão corporal, 5.1.8

CÓDIGO DE PROCESSO CIVIL

apropriação de coisa achada, 14.5.5

fraude à execução, 15.19.5

imunidades nos crimes contra o patrimô-nio, 17.1.3

CÓDIGO DE PROCESSO PENAL

crimes contra a dignidade sexual, 27.1.3

crimes contra a honra, 8.4.5

dano, 13.1.11

difamação, 8.2.5

esbulho possessório, 12.3.5

extorsão indireta, 11.4.5

fraude à execução, 15.19.10

furto de coisa comum, 10.2.7

homicídio, 4.1.18

lesão corporal culposa, 5.1.18

lesão corporal grave, 5.1.11

receptação, 16.1.15

roubo impróprio, 11.1.7

violação de correspondência, 9.5.4 e 9.10.7

violação de direito autoral, 18.1.10

violação do segredo profissional, 9.18.6

CÓDIGO DE PROPRIEDADE INDUSTRIAL

violação de direito autoral, 18.1.1

CÓDIGO DE TRÂNSITO BRASILEIRO

homicídio, 4.1.14, 4.1.15 e 4.1.16

lesão corporal culposa, 5.1.18 e 5.1.20

omissão de socorro, 6.6.10

perigo para a vida ou saúde de outrem, 6.3.7 e 6.3.8

CÓDIGO ELEITORAL

crimes contra a honra, 8.1.1

CÓDIGO FLORESTAL

alteração de local especialmente protegido, 13.4.9

CÓDIGO PENAL MILITAR

crimes contra a honra, 8.1.1

divulgação de segredo, 9.17.1

furto de uso, 10.1.11

lesão corporal, 5.1.4

COISA

alienação ou oneração fraudulenta de – própria, 15.3

apropriação de –:

– achada, 14.5

– havida por erro, caso fortuito ou força da natureza, 14.3

conceito, 10.1.6

dano em – de valor artístico, arqueológico ou histórico, 13.3

disposição de – alheia como própria, 15.2

fraude na entrega da –, 15.5

furto de – comum, 10.2

COMERCIAL

correspondência –, 9.16

invasão de estabelecimento industrial, – ou agrícola – sabotagem, 19.6

COMÉRCIO

fraude no –, 15.14

COMPRA

coação para – de mercadorias, 19.7.7

e venda ilegais de ações, 15.17.5

COMUNICAÇÃO

violação de – telegráfica, radioelétrica ou telefônica, 9.12

CONCURSO DE CRIMES

aborto, 4.4.17

alteração de limites, 12.1.9

alteração de local especialmente protegido, 13.4.9

apropriação indébita, 14.1.10

atentado contra a liberdade de associação, 19.3.6

atentado contra a liberdade de trabalho, 19.1.9

atentado contra a liberdade de contrato de trabalho e boicotagem violenta, 19.2.4

ato obsceno, 26.1.10

calúnia, 8.1.13

correspondência comercial, 9.16.9

crimes contra a liberdade sexual, 24.2.1

crimes sexuais contra vulneráveis, 24.2.1

dano em coisa de valor artístico, arqueológico ou histórico, 13.3.8

destruição, subtração ou ocultação de cadáver, 21.3.8

difamação, 8.2.10

divulgação de segredo, 9.17.11

esbulho possessório, 12.3.9

escrito ou objeto obsceno, 26.2.8

estupro, 22.1.12

estupro de vulnerável, 23.1.11

extorsão, 11.2.10

extorsão indireta, 11.4.8

falsificação do registro de duplicatas, 15.11.6

fraude à execução, 15.19.9

fraude na fundação de sociedade por ações, 15.16.6

fraude para recebimento de indenização ou valor de seguro, 15.6.7

frustração de lei sobre a nacionalização do trabalho, 19.8.7

furto, 10.1.10

homicídio, 4.1.12

homicídio culposo qualificado, 4.1.16

infanticídio, 4.3.9

lesão corporal, 5.1.19

maus-tratos, 6.7.11

paralisação de trabalho seguida de violência ou perturbação da ordem, 19.4.7

perigo de contágio de moléstia grave, 6.2.7

perigo de contágio venéreo, 6.1.9

perigo para a vida ou saúde de outrem, 6.3.9

receptação, 16.1.9

redução a condição análoga à de escravo, 9.7.11

rixa, 7.1.11

rufianismo, 25.4.10

sequestro e cárcere privado, 9.6.10

sonegação ou destruição de correspondência, 9.11.8

supressão ou alteração de marca em animais, 12.4.8

usurpação de águas, 12.2.8

vilipêndio a cadáver, 21.4.7

violação de correspondência, 9.10.9

violação de domicílio, 9.9.11

violação de sepultura, 21.2.8

CONDICIONAMENTO

de atendimento médico-hospitalar emergencial:

– 6.7.1 a 6.7.9

– aumento de pena, 6.7.8

– conceito, 6.7.1

– consumação e tentativa, 6.7.7

– distinção, 6.7.9

– objetividade jurídica, 6.7.2

– sujeito ativo, 6.7.3

– sujeito passivo, 6.7.4

– tipo objetivo, 6.7.5

– tipo subjetivo, 6.7.6

CONDIÇÕES

fraude sobre as – econômicas da sociedade por ações, 15.17.2

objetivas de punibilidade, 3.2.1

CONDUTA

estrutura do tipo penal, 2.1.3

CONHECIMENTO DE DEPÓSITO

emissão irregular de – ou *warrant*, 15.18

CÔNJUGE(S)

imunidades nos crimes contra o patrimônio, 17.1.3 e 17.3

CONSENSUAL

aborto –, 4.4.10

CONSOLIDAÇÃO DAS LEIS DO TRABALHO

atentado contra a liberdade de associação, 19.3.4

frustração de direito assegurado por lei trabalhista, 19.7.2

frustração de lei sobre a nacionalização do trabalho, 19.8.4

CONSTITUIÇÃO FEDERAL

alteração de local especialmente protegido, 13.4.1

assédio sexual, 23.4.9

atentado contra a liberdade de associação, 19.3.2

atentado contra a liberdade de trabalho, 19.1.10

constrangimento ilegal, 9.1.3

crimes contra a dignidade sexual, 27.1.3

crimes contra a honra, 8.4.2 e 8.4.5

crimes contra a liberdade individual, 9.1.1

crimes contra a organização do trabalho, 19.1.1

dano em coisa de valor artístico, arqueológico ou histórico, 13.3.1

divulgação de informações sigilosas ou reservadas, 9.17.9

frustração de direito assegurado por lei trabalhista, 19.7.2

frustração de lei sobre a nacionalização do trabalho, 19.8.2

homicídio, 4.1.3, 4.1.10 e 4.1.18

imunidades nos crimes contra o patrimônio, 17.1.4 e 17.2.3

induzimento, instigação ou auxílio a suicídio ou a automutilação, 4.2.1

lesão corporal culposa, 5.1.19

redução a condição análoga à de escravo, 9.7.2 e 9.7.12

violação de comunicação telegráfica, radioelétrica ou telefônica, 9.12.4

violação de correspondência, 9.9.1 e 9.9.7

violação de direito autoral, 18.1.1

violação de domicílio, 9.9.1 a 9.9.11

violação do segredo profissional, 9.18.6

CONSTRANGIMENTO ILEGAL

9.1.1 a 9.1.12

aumento de pena, 9.1.9

conceito, 9.1.2

concurso, 9.1.11

consumação e tentativa, 9.1.8

distinção, 9.1.10

exclusão do crime, 9.1.12

formas qualificadas, 9.1.9

generalidades, 9.1.1

objetividade jurídica, 9.1.3

sujeito ativo, 9.1.4

sujeito passivo, 9.1.5

tipo objetivo, 9.1.6

tipo subjetivo, 9.1.7

CONSUMAÇÃO

e tipo penal, 2.2.1

CONTA

aprovação fraudulenta de – ou parecer, 15.17.8

CONTÁGIO

perigo de –:

– de moléstia grave, 6.2

– venéreo, 6.1

CONTRATO

atentado contra a liberdade de – de trabalho e boicotagem violenta, 19.2

CONVENÇÃO AMERICANA SOBRE DIREITOS HUMANOS (PACTO DE SÃO JOSÉ DA COSTA RICA)

crimes contra a honra, 8.1.1

homicídio, 4.1.3

lesão corporal, 5.1.3

redução a condição análoga à de escravo, 9.7.2

CONVENÇÃO PARA A SALVAGUARDA DO PATRIMÔNIO CULTURAL IMATERIAL

dano em coisa de valor artístico, arqueológico ou histórico, 13.3.5

CONVENÇÃO SOBRE OS ASPECTOS CIVIS DO SEQUESTRO INTERNACIONAL DE CRIANÇAS

sequestro e cárcere privado, 9.6.2

CORPORAL (IS)

lesão (ões), 5

CORRESPONDÊNCIA

sonegação ou destruição de –, 9.11

violação de –, 9.10

comercial:

9.16.1 a 9.16.9

– ação penal, 9.16.8

– conceito, 9.16.1

– concurso, 9.16.9

– consumação e tentativa, 9.16.7

– objetividade jurídica, 9.16.2

– sujeito ativo, 9.16.3

– sujeito passivo, 9.16.4

– tipo objetivo, 9.16.5

– tipo subjetivo, 9.16.6

CORRUPÇÃO

de menores:

– 23.2.1 a 23.2.8

– conceito, 23.2.1

– consumação e tentativa, 23.2.7

– distinção, 23.2.8

– objetividade jurídica, 23.2.2

– sujeito ativo, 23.2.3

– sujeito passivo, 23.2.4

– tipo objetivo, 23.2.5

– tipo subjetivo, 23.2.6

COTAÇÃO

falsa – de ações ou títulos, 15.17.3

CRIANÇA

satisfação de lascívia mediante presença de – ou adolescente, 23.3

CRIME(S)

continuado, 3.2.3

contra a dignidade sexual, Parte VII

contra a honra, 8

contra a liberdade individual, 9

contra a liberdade sexual, 22

contra a organização do trabalho, 19

contra a pessoa, Parte II

contra a propriedade imaterial, Parte IV

contra a vida, 4

contra o patrimônio, Parte III

contra o sentimento religioso e contra o respeito aos mortos, Parte VI

culposo, 2.1.6

de representante de sociedade estrangeira, 15.17.9

de trânsito, 4.1.14

exclusão do –:

– ato obsceno, 26.1.9

– calúnia, 8.1.9

– constrangimento ilegal, 9.1.12

– crimes contra a honra, 8.4.2

– furto de coisa comum, 10.2.7

– lesão corporal, 5.1.8

– maus tratos, 6.8.8

– omissão de socorro, 6.6.8

– rixa, 7.1.8

– sequestro e cárcere privado, 9.6.11

imunidades nos – contra o patrimônio, 17

qualificados pelo resultado, 2.1.7

CRIME AUTÔNOMO

casa de prostituição, 25.3.8

falsificação do registro de duplicatas, 15.11.6

favorecimento da prostituição ou outra forma de exploração sexual, 25.3.8

fuga do local do acidente de trânsito para evitar prisão em flagrante, 4.1.15

lesão corporal, 5.1.20

receptação, 16.1.1

violação de domicílio, 9.9.10

CRIME BIPRÓPRIO

assédio sexual, 22.4.3

conceito, 2.1.9

CRIME COMISSIVO POR OMISSÃO

conceito, 2.1.3

CRIME COMPLEXO

lesão corporal, 5.1.19

roubo, 11.1.2

roubo e morte (latrocínio), 11.1.12

CRIME COMUM

abuso de incapazes, 15.12.3

ameaça, 9.3.3

calúnia, 8.1.4

conceito, 2.1.8

constrangimento ilegal, 9.1.4

difamação, 8.2.3

divulgação de informações sigilosas ou
reservadas, 9.17.9

extorsão mediante sequestro, 11.3.3

induzimento à especulação, 15.13.3

injúria, 8.3.3

lesão corporal, 5.1.4

roubo, 11.1.3

sequestro e cárcere privado, 9.6.3

violação de correspondência, 9.10.3

CRIME CONTINUADO

conceito, 3.2.3

estupro, 22.1.12

lesão corporal, 5.1.19

rufianismo, 25.4.10

CRIME CONTRA A INVIOLABILIDADE DO DOMICÍLIO

violação de domicílio, 9.9

CRIME CULPOSO

conceito, 2.1.6

crimes de trânsito, 4.1.14

homicídio, 4.1.1 e 4.1.13

lesão corporal, 5.1.18

receptação, 16.1.13

CRIME CULPOSO QUALIFICADO

homicídio, 4.1.15

CRIME DE AÇÃO LIVRE

homicídio, 4.1.6

CRIME DE AÇÃO MÚLTIPLA

correspondência comercial, 9.16.5

escrito ou objeto obsceno, 26.2.7

extorsão indireta, 11.4.5

invasão de dispositivo informático, 9.19.8

CRIME DE CONCURSO NECESSÁRIO

conceito, 2.1.8

rixa, 7.1.3

CRIME DE CONDUTA CONTRAPOSTA

conceito, 2.1.8

CRIME DE CONDUTA CONVERGENTE

conceito, 2.1.8

CRIME DE CONDUTA PARALELA

conceito, 2.1.8

CRIME DE CONSUMAÇÃO ANTECIPADA

alteração de limites, 12.1.8

conceito, 2.2.1

extorsão mediante sequestro, 11.3.7

falsa cotação de ações ou títulos, 15.17.3

fraude para recebimento de indenização ou
valor de seguro, 15.6.6

outras fraudes, 15.15.7

CRIME DE DUPLA SUBJETIVIDADE PASSIVA

conceito, 2.1.9

violação de correspondência, 9.10.4

CRIME DE EFEITOS PERMANENTES

abandono de incapaz, 6.4.7

CRIME DE FORMA LIVRE

conceito, 2.1.3

CRIME DE FORMA VINCULADA

conceito, 2.1.3

CRIME DE MÃO PRÓPRIA

conceito, 2.1.8

CRIME DE MERA CONDUTA

apropriação indébita previdenciária, 14.2.3

empréstimo ou uso indevido de bens ou
haveres, 15.17.4

violação de domicílio, 9.9.7

CRIME DE PERIGO ABSTRATO

ato obsceno, 26.1.8

conceito, 6.1.1

escrito ou objeto obsceno, 26.2.7

CRIME DE PERIGO COMUM OU COLE-
TIVO

conceito, 6.1.1

CRIME DE PERIGO CONCRETO

abandono de incapaz, 6.4.7

conceito, 6.1.1

exposição ou abandono de recém-nascido,
6.5.5

perigo para a vida ou saúde de outrem, 6.3.4

CRIME DE PERIGO INDIVIDUAL

conceito, 6.1.1

CRIME DE PERIGO PRESUMIDO

compra e venda ilegais de ações, 15.17.5

CRIME ESPECIAL

aborto, 4.4.3

calúnia, 8.1.4

conceito, 2.1.8

CRIME FORMAL

abuso de incapazes, 15.12.8

aliciamento de trabalhadores de um local
para outro do território nacional,
19.11.6

ameaça, 9.2.7

ato obsceno, 26.1.8

calúnia, 8.1.8

conceito, 2.2.1

condicionamento de atendimento médico-
-hospitalar emergencial, 6.7.7

duplicata simulada, 15.10.7

emissão irregular de conhecimento de depósito ou *warrant*, 15.18.7

extorsão, 11.2.7

extorsão mediante sequestro, 11.3.7

falsa cotação de ações ou títulos, 15.17.3

fraude na fundação de sociedade por ações,
15.15.5

fraude para recebimento de indenização ou
valor de seguro, 15.6.6

induzimento à especulação, 15.13.7

injúria, 8.3.7

invasão de estabelecimento industrial,
comercial ou agrícola – sabotagem,
19.6.5

outras fraudes, 15.15.7

perigo de contágio de moléstia grave, 6.2.6

receptação imprópria, 16.1.7

CRIME HABITUAL

conceito, 2.2.1

CRIME HEDIONDO

estupro, 22.1.2

extorsão mediante sequestro, 11.3.1

furto qualificado pelo emprego de explosivo
ou de artefato análogo, 10.1.18

homicídio praticado por grupo de extermínio, 4.1.2

roubo com emprego de arma, 11.1.9

roubo e lesão corporal, 11.1.11

roubo e morte (latrocínio), 11.1.12

CRIME INSTANTÂNEO

abandono de incapaz, 6.4.7

estelionato, 15.1.11

exposição ou abandono de recém-nascido,
6.5.7

omissão de socorro, 6.6.7

CRIME MATERIAL

apropriação indébita, 14.1.8

conceito, 2.2.1

fraude no pagamento por meio de cheque,
15.7.5 e 15.7.7

furto, 10.1.6

receptação própria, 16.1.7

sequestro e cárcere privado, 9.6.7

CRIME OMISSIVO IMPRÓPRIO

conceito, 2.1.3

CRIME OMISSIVO PRÓPRIO

conceito, 2.1.3

CRIME OMISSIVO PURO

apropriação indébita previdenciária, 14.2.3

conceito, 2.2.1

omissão de socorro, 6.6.5 e 6.6.7

CRIME PERMANENTE

conceito, 2.2.1

extorsão mediante sequestro, 11.3.5

redução a condição análoga à de escravo, 9.7.7

sequestro e cárcere privado, 9.6.5

violação de direito autoral, 18.1.9

CRIME PLURISSUBJETIVO

conceito, 2.1.8

rixa, 7.1.3

CRIME PLURISSUBSISTENTE

dano, 13.1.8

defraudação de penhor, 15.4.6

disposição de coisa alheia como própria, 15.2.6

escrito ou objeto obsceno, 26.2.7

fraude para recebimento de indenização ou valor de seguro, 15.6.6

infanticídio, 4.3.7

perigo de contágio venéreo, 6.1.8

perigo para a vida ou saúde de outrem, 6.3.6

violação de comunicação telegráfica, radioe-létrica ou telefônica, 9.12.6

violação de direito autoral, 18.1.9

CRIME POLÍTICO

homicídio, 4.1.10

CRIME PRETERDOLOSO

aborto qualificado pelo resultado, 4.4.11

lesão corporal seguida de morte, 5.1.13

CRIME PRIVILEGIADO

apropriação de coisa achada, 14.5.8

apropriação de coisa havida por erro, caso fortuito ou força da natureza, 14.3.8

apropriação indébita, 14.1.12

apropriação indébita previdenciária, 14.2.7

estelionato, 15.1.11

fraude no comércio, 15.14.9

fraude no pagamento por meio de cheque, 15.7.9

furto, 10.1.14

homicídio, 4.1.9

lesão corporal, 5.1.15

receptação dolosa, 16.1.12

CRIME PRÓPRIO

abandono de incapaz, 6.4.3

aborto, 4.4.3

compra e venda ilegais de ações, 15.17.5

conceito, 2.1.8

condicionamento de atendimento médico--hospitalar emergencial, 6.7.3

correspondência comercial, 9.16.3

exposição ou abandono de recém-nascido, 6.5.3

fraude no comércio, 15.14.3

fraude para recebimento de indenização ou valor de seguro, 15.6.1

fraudes e abusos na administração de socie-dades por ações, 15.17.1

furto de coisa comum, 10.2.3

infanticídio, 4.3.3

maus-tratos, 6.7.3

receptação qualificada na atividade comer-cial ou industrial, 16.1.11

violação do segredo profissional, 9.18.3

CRIME QUALIFICADO

aborto, 4.4.11

constrangimento ilegal, 9.1.9

crimes contra a honra, 8.4.1

dano, 13.1.10

estupro de vulnerável, 23.1.9

estupro qualificado pela idade da vítima, 22.1.9

extorsão, 11.2.8

extorsão mediante sequestro, 11.3.8

favorecimento da prostituição ou outra forma de exploração sexual, 25.2.9

frustração de direito assegurado por lei trabalhista, 19.7.9

furto, 10.1.15

furto de animal, 10.1.17

furto de veículo automotor, 10.1.16

furto noturno, 10.1.13

homicídio, 4.1.10

impedimento ou perturbação de cerimônia funerária, 21.1.7

induzimento, instigação ou auxílio a suicídio ou a automutilação, 4.2.8

injúria, 8.3.11

mediação para servir a lascívia de outrem, 25.1.9

pelo resultado:

– conceito, 2.1.7

– estupro qualificado por lesão grave ou morte, 22.1.10

– exposição ou abandono de recém-nascido, 6.5.8

– lesão corporal grave, 5.1.19

– roubo e lesão corporal grave, 11.1.11

– roubo e morte (latrocínio), 11.1.12

por transporte irregular:

– perigo para a vida ou saúde de outrem, 6.3.7

receptação qualificada na atividade comercial ou industrial, 16.1.11

receptação qualificada pelo objeto material, 16.1.10

redução a condição análoga à de escravo, 9.6.9

rufianismo, 25.4.8

sequestro e cárcere privado, 9.5.8

violação de direito autoral, 18.1.7

violação de domicílio, 9.8.8

CRIMES CONTRA A DIGNIDADE SEXUAL

Parte VII

crimes contra a liberdade sexual, 22

crimes sexuais contra vulnerável, 23

disposições comuns aos crimes contra a dignidade sexual, 27

disposições comuns aos crimes contra a liberdade sexual e aos crimes sexuais contra vulnerável, 24

lenocínio e tráfico de pessoa para fim de prostituição ou outra forma de exploração sexual, 25

ultraje público ao pudor, 26

CRIMES CONTRA A HONRA

8.1 a 8.4

calúnia, 8.1

difamação, 8.2

disposições gerais nos –, 8.4

generalidades, 8.1.1

injúria, 8.3

CRIMES CONTRA A INVIOLABILIDADE DE CORRESPONDÊNCIA

9.10 a 9.16

violação de correspondência, 9.10

correspondência comercial, 9.16

impedimento de telecomunicação, 9.13

instalação ou utilização ilegais, 9.14

sonegação ou destruição de correspondência, 9.11

violação de comunicação telegráfica, radioelétrica ou telefônica, 9.12

CRIMES CONTRA A INVIOLABILIDADE DOS SEGREDOS

9.17 e 9.18

divulgação de segredo, 9.17

violação do segredo profissional, 9.18

CRIMES CONTRA A LIBERDADE INDIVIDUAL

ameaça, 9.3

constrangimento ilegal, 9.1

correspondência comercial, 9.16

disposições diversas, 9.15

divulgação de segredo, 9.17

generalidades, 9.1.1

impedimento de telecomunicação, 9.13

instalação ou utilização ilegais, 9.14

redução a condição análoga a de escravo, 9.7

sequestro e cárcere privado, 9.6

sonegação ou destruição de correspondência, 9.11

violação:

– de comunicação telegráfica, radioelétrica ou telefônica, 9.12

– de correspondência, 9.10

– de domicílio, **9.9**

– do segredo profissional, 9.18

CRIMES CONTRA A LIBERDADE PESSOAL

9.1 a 9.7

ameaça, 9.3

constrangimento ilegal, 9.1

redução a condição análoga à de escravo, 9.7

sequestro e cárcere privado, 9.6

CRIMES CONTRA A LIBERDADE SEXUAL

22.1 a 22.3

assédio sexual, 22.4

disposições comuns aos – e aos crimes sexuais contra vulnerável:

– 24.1 a 24.2

– ação penal, 24.1

• na lei anterior, 24.1.2

• na lei vigente, 24.1.3

• generalidades, 24.1.1

– aumento de pena, 24.2

• concurso, 24.2.1

• parentesco e autoridade, 24.2.2

estupro, 22.1

generalidades, 22.1.1

violação sexual mediante fraude, 22.2

CRIMES CONTRA A ORGANIZAÇÃO DO TRABALHO

Parte V

aliciamento:

– de trabalhadores de um local para outro do território nacional, 19.11

– para fim de emigração, 19.10

atentado contra a liberdade:

– de associação, 19.3

– de contrato de trabalho e boicotagem violenta, 19.2

– de trabalho, 19.1

exercício de atividade com infração de decisão administrativa, **19.9**

frustração:

– de direito assegurado por lei trabalhista, 19.7

– de lei sobre a nacionalização do trabalho, 19.8

generalidades, 19.1.1

invasão de estabelecimento industrial, comercial ou agrícola – sabotagem, 19.6

paralisação de trabalho:

– de interesse coletivo, 19.5

– seguida de violência ou perturbação da ordem, 19.4

CRIMES CONTRA A PESSOA

Parte II

crimes contra a:

– honra, 8

– liberdade individual, 9

– vida, 4

generalidades, 4.1.1

lesões corporais, 5

periclitação da vida e da saúde, 6

rixa, 7

CRIMES CONTRA A PROPRIEDADE IMATERIAL

Parte IV

crimes contra a propriedade intelectual, 18

CRIMES CONTRA A PROPRIEDADE IN-TELECTUAL

18.1.1 a 18.1.10

generalidades, 18.1.1

violação de direito autoral, 18.1

CRIMES CONTRA A VIDA

4.1 a 4.4

aborto, 4.4

generalidades, 4.1.1

homicídio, 4.1

induzimento, instigação ou auxílio a suicídio ou a automutilação, 4.2

infanticídio, 4.3

CRIMES CONTRA O PATRIMÔNIO

Parte III

apropriação indébita, 14

dano, 13

estelionato e outras fraudes, 15

furto, 10

imunidades nos –, 17

receptação, 16

roubo e extorsão, 11

usurpação, 12

CRIMES CONTRA O RESPEITO AOS MORTOS

21.1 a 21.4

destruição, subtração ou ocultação de cadáver, 21.3

impedimento ou perturbação de cerimônia funerária, 21.1

vilipêndio a cadáver, 21.4

violação de sepultura, 21.2

CRIMES CONTRA O SENTIMENTO RELI-GIOSO

20.1.1 a 20.1.8

– generalidades, 20.1.1

ultraje a culto e impedimento ou perturbação de ato a ele relativo, 20.1

CRIMES DE TRÂNSITO

homicídio culposo, 4.1.14

lesão corporal culposa, 4.1.14

CRIMES SEXUAIS CONTRA VULNERÁ-VEL

23.1 a 23.4

Corrupção de menores, 23.2

Disposições comuns aos crimes contra a liberdade sexual e aos crimes sexuais contra vulnerável, 24

Divulgação de cena de estupro ou de cena de estupro de vulnerável, 23.5

Estupro de vulnerável, 23.1

Favorecimento da prostituição ou outra forma de exploração sexual de vulnerável, 23.4

Satisfação de lascívia mediante presença de criança ou adolescente, 23.3

CRIME SUBSIDIÁRIO

constrangimento ilegal, 9.1.10

perigo para a vida ou saúde de outrem, 6.3.1

sequestro e cárcere privado, 9.6.6

CRIME UNISSUBSISTENTE

conceito, 2.2.1

duplicata simulada, 15.10.7

rixa, 7.1.7

ultraje por motivo de religião, 20.1.5

CRIME VAGO

conceito, 2.1.9

impedimento ou perturbação de cerimônia funerária, 21.1.3

ultraje a culto e impedimento ou perturbação de ato a ele relativo, 20.1.4

violação de sepultura, 21.2.3

CULPA

consciente e inconsciente, 2.1.6

CULTO

impedimento ou perturbação de cerimônia ou –, 20.1.6

ultraje a – e impedimento ou perturbação de ato a ele relativo, 20.1

vilipêndio de ato ou objeto de –, 20.1.7

D

DANO
13.1 a 13.4

alteração de local especialmente protegido, 13.4

dano:
- 13.1.1 a 13.1.11
- ação penal, 13.1.11
- conceito, 13.1.2
- consumação e tentativa, 13.1.8
- distinção, 13.1.9
- objetividade jurídica, 13.1.3
- qualificado, 13.1.10
- sujeito ativo, 13.1.4
- sujeito passivo, 13.1.5
- tipo objetivo, 13.1.6
- tipo subjetivo, 13.1.7

dano em coisa de valor artístico, arqueológico ou histórico:
- 13.3.1 a 13.3.10
- ação penal, 13.3.10
- conceito, 13.3.1
- concurso, 13.3.8
- consumação e tentativa, 13.3.7
- distinção, 13.3.9
- objetividade jurídica, 13.3.2
- sujeito ativo, 13.3.3
- sujeito passivo, 13.3.4
- tipo objetivo, 13.3.5
- tipo subjetivo, 13.3.6

generalidades, 13.1.1

introdução ao abandono de animais em propriedade alheia, 13.2

DECISÃO
exercício de atividade com infração de – administrativa, 19.9

DEFRAUDAÇÃO
de penhor:
- 15.4.1 a 15.4.6
- conceito, 15.4.1
- consumação e tentativa, 15.4.6
- sujeito ativo, 15.4.2
- sujeito passivo, 15.4.3
- tipo objetivo, 15.4.4
- tipo subjetivo, 15.4.5

DELITO
de automóvel, 4.1.14

DEPÓSITO
emissão irregular de conhecimento de – ou *warrant*, 15.18

DESCENDENTE
imunidades nos crimes contra o patrimônio, 17

DESTRUIÇÃO
sonegação ou – de correspondência, 9.11

subtração ou ocultação de cadáver:
- 21.3.1 a 21.3.8
- conceito, 21.3.1
- concurso, 21.3.8
- consumação e tentativa, 21.3.6
- distinção, 21.3.7
- objetividade jurídica, 21.3.2
- sujeitos do delito, 21.3.3
- tipo objetivo, 21.3.4
- tipo subjetivo, 21.3.5

DIFAMAÇÃO
8.2.1 a 8.2.10

conceito, 8.2.1

concurso, 8.2.10

consumação e tentativa, 8.2.7

distinção, 8.2.9

exceção da verdade, 8.2.8

objetividade jurídica, 8.2.2

sujeito ativo, 8.2.3

sujeito passivo, 8.2.4

tipo objetivo, 8.2.5

tipo subjetivo, 8.2.6

ÍNDICE REMISSIVO

DIGNIDADE

crimes contra a – sexual, Parte VII

disposições comuns aos crimes contra a – sexual, 27

DIMINUIÇÃO DE PENA

apropriação indébita, 14.1.8

apropriação indébita previdenciária, 14.2.9

dano, 13.1.8

estelionato, 15.1.9 e 15.1.11

extorsão mediante sequestro, 11.3.9

fraude no comércio, 15.14.9

fraude no pagamento por meio de cheque, 15.7.7 e 15.7.9

furto, 10.1.14

furto qualificado, 10.1.15

homicídio, 4.1.9

infanticídio, 4.3.3

lesão corporal privilegiada, 5.1.15

outras fraudes, 15.15.1

receptação culposa, 16.1.13

receptação dolosa privilegiada, 16.1.12

DIREITO

frustração de – assegurado por lei trabalhista, 19.7

violação do –:

– autoral, 18.1

DISPOSIÇÃO

de coisa alheia como própria:

– 15.2.1 a 15.2.7

– conceito, 15.2.1

– consumação e tentativa, 15.2.6

– distinção, 15.2.7

– sujeito ativo, 15.2.2

– sujeito passivo, 15.2.3

– tipo objetivo, 15.2.4

– tipo subjetivo, 15.2.5

DISPOSIÇÕES COMUNS AOS CRIMES CONTRA A DIGNIDADE SEXUAL

aumento de pena e segredo de justiça:

– 27.1.1 a 27.1.3

– aumento de pena, 27.1.2

– generalidades, 27.1.1

– segredo de justiça, 27.1.3

DISPOSIÇÕES COMUNS AOS CRIMES CONTRA A LIBERDADE SEXUAL E AOS CRIMES SEXUAIS CONTRA VULNERÁVEL

24.1 e 24.2

ação penal:

– 24.1.1 a 24.1.3

– ação penal na lei anterior, 24.1.2

– ação penal na lei vigente, 24.1.3

– generalidades, 24.1.1

aumento de pena:

– 24.2.1 e 24.2.2

– concurso, 24.2.1

– parentesco e autoridade, 24.2.2

DISPOSIÇÕES GERAIS NOS CRIMES CONTRA A HONRA

8.4.1 a 8.4.5

ação penal, 8.4.5

aumento de pena, 8.4.1

exclusão do crime, 8.4.2

formas qualificadas, 8.4.1

pedido de explicações, 8.4.4

retratação, 8.4.3

DISPOSITIVO INFORMÁTICO

ação penal no crime de invasão de –, 9.19.1

invasão de –, 9.19.1 a 9.19.10

DISTRIBUIÇÃO

de lucros ou dividendos fictícios, 15.17.7

DIVIDENDOS

distribuição de lucros ou – fictícios, 15.17.7

DIVULGAÇÃO

de segredo:

9.17.1 a 9.17.11

ação penal, 9.17.10

conceito, 9.17.1

concurso, 9.17.11

consumação, 9.17.8

distinção 9.17.10

divulgação de informações sigilosas ou reservadas, 9.17.9

elemento normativo, 9.17.6

objetividade jurídica, 9.17.2

sujeito ativo, 9.17.3

sujeito passivo, 9.17.4

tipo objetivo, 9.17.5

tipo subjetivo, 9.17.7

de cena de estupro ou de cena de estupro de vulnerável, de cena de sexo ou de pornografia:

- 23.5.1 a 23.5.11

– aumento de pena, 23.5.8

– conceito, 23.5.1

– concurso, 23.5.11

– consumação e tentativa, 23.5.7

– distinção, 23.5.10

– exclusão da ilicitude, 23.5.9

– objetividade jurídica, 23.5.2

– sujeito ativo, 23.5.3

– sujeito passivo, 23.5.4

– tipo objetivo, 23.5.5

– tipo subjetivo, 23.5.6

DOCUMENTOS

retenção de –, 19.7.8

DOLO

alternativo, 2.1.4

direto e indireto, 2.1.4

específico e genérico, 2.1.4

eventual, 2.1.4

DOMICÍLIO

violação de –, 9.7

DUPLICATA(S)

falsificação do registro de –, 15.11

simulada:

– 15.10.1 a 15.10.8

– conceito, 15.10.1

– consumação e tentativa, 15.10.7

– distinção, 15.10.8

– objetividade jurídica, 15.10.2

– sujeito ativo, 15.10.3

– sujeito passivo, 15.10.4

– tipo objetivo, 15.10.5

– tipo subjetivo, 15.10.6

E

ECONÔMICAS

fraude sobre as condições – da sociedade por ações, 15.17.2

ELEMENTO(S)

do tipo penal, 2.1.2 e 2.1.4

normativo:

– alteração de local especialmente protegido, 13.4.6

– conceito, 2.1.4

– divulgação de segredo, 9.17.6

– fraude na entrega de coisa, 15.5.5

– introdução ou abandono de animais em propriedade alheia, 13.2.6

– sonegação ou destruição de correspondência, 9.11.6

– violação de correspondência, 9.8.7

– violação do segredo profissional, 9.18.6

objetivo:

– conceito, 2.1.2 e 2.1.4

subjetivo:

– conceito, 2.1.2 e 2.1.4

– do injusto ou do tipo, 2.1.4

– violação de comunicação telegráfica, radioelétrica ou telefônica, 9.12.5

EMERGENCIAL

condicionamento de atendimento médico-hospitalar –, 6.7.1 a 6.7.9

EMIGRAÇÃO

aliciamento para fim de –, 19.10

EMISSÃO

irregular de conhecimento de depósito ou *warrant*:

- 15.18.1 a 15.18.8
- conceito, 15.18.1
- consumação e tentativa, 15.18.7
- distinção, 15.18.8
- objetividade jurídica, 15.18.2
- sujeito ativo, 15.18.3
- sujeito passivo, 15.18.4
- tipo objetivo, 15.18.5
- tipo subjetivo, 15.18.6

EMPRÉSTIMO

ou uso indevido de bens ou haveres, 15.17.4

ERRO

apropriação de coisa havida por –, caso fortuito ou força da natureza, 14.3

de tipo, 2.1.5

ESBULHO POSSESSÓRIO

12.3.1 a 12.3.10

ação penal, 12.3.10

conceito, 12.3.1

concurso, 12.3.9

consumação e tentativa, 12.3.7

distinção, 12.3.8

objetividade jurídica, 12.3.2

sujeito ativo, 12.3.3

sujeito passivo, 12.3.4

tipo objetivo, 12.3.5

tipo subjetivo, 12.3.6

ESCRAVO

redução a condição análoga a de –, 9.7

ESCRITO

ou objeto obsceno:

- 26.2.1 a 26.2.9
- conceito, 26.2.1
- concurso, 26.2.8
- consumação e tentativa, 26.2.7

- crimes previstos no Estatuto da Criança e do Adolescente, 26.2.9
- objetividade jurídica, 26.2.2
- sujeito ativo, 26.2.3
- sujeito passivo, 26.2.4
- tipo objetivo, 26.2.5
- tipo subjetivo, 26.2.6

ESPECIAL – vide PARTE ESPECIAL

ESPECULAÇÃO

induzimento à –, 15.13

ESTABELECIMENTO

invasão de – industrial, comercial ou agrícola – sabotagem, 19.6

ESTATUTO DA ADVOCACIA E DA OAB

crimes contra a honra, 8.4.2

exercício de atividade com infração de decisão administrativa, 19.9.4

ESTATUTO DA CRIANÇA E DO ADOLESCENTE

abandono de incapaz, 6.4.3

escrito ou objeto obsceno, 26.2.9

estupro de vulnerável, 23.1.1

favorecimento da prostituição ou outra forma de exploração sexual, 25.2.10

homicídio, 4.1.10

lesão corporal agravada contra menor ou idoso, 5.1.14

maus-tratos, 6.7.9 e 6.7.10

sequestro e cárcere privado, 9.6.9

ESTATUTO DO IDOSO

abandono de incapaz, 6.4.3

abuso de incapazes, 15.12.8

aliciamento de trabalhadores de um local para outro do território nacional, 19.11.8

apropriação indébita, 14.1.9

homicídio, 4.1.10

imunidades nos crimes contra o patrimônio, 17.3

lesão corporal agravada contra menor ou idoso, 5.1.14

maus-tratos, 6.7.10

omissão de socorro, 6.6.10

redução a condição análoga à de escravo, 9.7.10

sequestro e cárcere privado, 9.6.8

ESTELIONATO

e outras fraudes:

– 15.1 a 15.19

– abuso de incapazes, 15.12

– alienação ou oneração fraudulenta de coisa própria, 15.3

– defraudação de penhor, 15.4

– disposição de coisa alheia como própria, 15.2

– duplicata simulada, 15.10

– emissão irregular de conhecimento de depósito ou *warrant*, 15.18

– fraude eletrônica, 15.7.10

– estelionato:

•   15.1.1 a 15.1.11

• ação penal, 15.8.2

• conceito, 15.1.2

• consumação e tentativa, 15.1.9

• distinção e concurso, 15.1.10

• fraude penal e fraude civil, 15.1.3

• objetividade jurídica, 15.1.4

• privilegiado, 15.1.11

• sujeito ativo, 15.1.5

• sujeito passivo, 15.1.6

• tipo objetivo, 15.1.7

• tipo subjetivo, 15.1.8

– estelionato agravado

• 15.8

• conceito, 15.8.1

– falsificação do registro de duplicatas, 15.11

– fraude(s):

• à execução, 15.19

• e abusos na administração de sociedade por ações, 15.17

• na entrega da coisa, 15.5

• na fundação de sociedade por ações, 15.15

• no comércio, 15.14

• no pagamento por meio de cheques, 15.7

• outras –, 15.15

• para recebimento de indenização ou valor de seguro, 15.6

– generalidades, 15.1.1

– induzimento à especulação, 15.13

ESTRANGEIRA

crime de representante de sociedade –, 15.17.9

ESTRANHO

imunidade nos crimes contra o patrimônio, 17

ESTUPRO

aborto, 4.4.13

conceito, 22.1.2

concurso, 22.1.12

consumação e tentativa, 22.1.8

de vulnerável:

– 23.1.1 a 23.1.11

– conceito, 23.1.2

– concurso, 23.1.11

– consumação e tentativa, 23.1.8

– distinção, 23.1.10

– formas qualificadas, 23.1.9

– generalidades, 23.1.1

– objetividade jurídica, 23.1.3

– sujeito ativo, 23.1.4

– sujeito passivo, 23.1.5

– tipo objetivo, 23.1.6

– tipo subjetivo, 23.1.7

distinção, 22.1.11

generalidades, 22.1.1

objetividade jurídica, 22.1.3

qualificado pela idade da vítima, 22.1.9

qualificado por lesão grave ou morte, 22.1.10

sujeito ativo, 22.1.4

sujeito passivo, 22.1.5

tipo objetivo, 22.1.6

tipo subjetivo, 22.1.7

EUGENIA

aborto eugenésico, 4.4.14

EUTANÁSIA

homicídio, 4.1.9

EXCEÇÃO

da verdade:

– calúnia, 8.1.11

– difamação, 8.2.8

EXCLUSÃO

da antijuridicidade:

– violação de domicílio, 9.9.9

do crime:

– ato obsceno, 26.1.9

– calúnia, 8.1.9

– constrangimento ilegal, 9.1.12

– crimes contra a honra, 8.4.2

– furto de coisa comum, 10.2.7

– lesão corporal, 5.1.8

– maus tratos, 6.8.8

– omissão de socorro, 6.6.8

– rixa, 7.1.8

– sequestro e cárcere privado, 9.5.11

EXECUÇÃO

meios e modos de –, 3.1

fraude à –, 15.19

EXERCÍCIO

de atividade com infração de decisão administrativa:

– 19.9.1 a 19.9.7

– conceito, 19.9.1

– consumação e tentativa, 19.9.6

– distinção, 19.9.7

– objetividade jurídica, 19.9.2

– sujeitos do delito, 19.9.3

– tipo objetivo, 19.9.4

– tipo subjetivo, 19.9.5

EXPLICAÇÕES

pedido de –, 8.4.4

EXPLORAÇÃO

favorecimento da prostituição ou outra forma de – sexual, 25.2

favorecimento da prostituição ou outra forma de – sexual de vulnerável, 23.4

lenocínio e tráfico de pessoa para fim de prostituição ou outra forma de – sexual, 25

EXPOSIÇÃO

ou abandono de recém-nascido:

– 6.5.1 a 6.5.9

– conceito, 6.5.1

– consumação e tentativa, 6.5.7

– distinção, 6.5.9

– formas qualificadas, 6.5.8

– objetividade jurídica, 6.5.2

– sujeito ativo, 6.5.3

– sujeito passivo, 6.5.4

– tipo objetivo, 6.5.5

– tipo subjetivo, 6.5.6

EXTERMÍNIO

grupo de –:

– homicídio, 4.1.11

– lesão corporal, 5.1.15

EXTINÇÃO

da punibilidade:

– apropriação indébita previdenciária, 14.2.8

– fraudes e abusos na administração de sociedades por ações, 15.17.12

EXTORSÃO

11.2.1 a 11.2.10

conceito, 11.2.1

concurso, 11.2.10

consumação e tentativa, 11.2.7

distinção, 11.2.9

indireta:

– 11.4.1 a 11.4.8

– conceito, 11.4.1

– concurso, 11.4.8

– consumação e tentativa, 11.4.7

– objetividade jurídica, 11.4.2

– sujeito ativo, 11.4.3

– sujeito passivo, 11.4.4

– tipo objetivo, 11.4.5

– tipo subjetivo, 11.4.6

mediante sequestro:

– 11.3.1 a 11.3.9

– conceito, 11.3.1

– consumação e tentativa, 11.3.7

– formas qualificadas, 11.3.8

– objetividade jurídica, 11.3.2

– redução de pena, 11.3.9

– sujeito ativo, 11.3.3

– sujeito passivo, 11.3.4

– tipo objetivo, 11.3.5

– tipo subjetivo, 11.3.6

objetividade jurídica, 11.2.2

qualificada e aumento de pena, 11.2.8

roubo e –, 11

sujeito ativo, 11.2.3

sujeito passivo, 11.2.4

tipo objetivo, 11.2.5

tipo subjetivo, 11.2.6

F

FALSA

cotação de ações ou títulos, 15.17.3

FALSIFICAÇÃO

do registro de duplicatas:

– 15.11.1 a 15.11.6

– conceito, 15.11.1

– consumação e tentativa, 15.11.5

– distinção e concurso, 15.11.6

– sujeito ativo, 15.11.2

– sujeito passivo, 15.11.3

– tipo objetivo, 15.11.4

FAVORECIMENTO

da prostituição ou outra forma de exploração sexual:

– 25.2.1 a 25.2.10

– conceito, 25.2.1

– consumação e tentativa, 25.2.8

– distinção, 25.2.10

– formas qualificadas, 25.2.9

– objetividade jurídica, 25.2.2

– prostituição e outras formas de exploração sexual, 25.2.5

– sujeito ativo, 25.2.3

– sujeito passivo, 25.2.4

– tipo objetivo, 25.2.6

– tipo subjetivo, 25.2.7

da prostituição ou outra forma de exploração sexual de vulnerável:

– 23.4.1 a 23.4.9

– conceito, 23.4.1

– consumação e tentativa. 23.4.7

– crimes assemelhados, 23.4.8

– distinção. 23.4.9

– objetividade jurídica. 23.4.2

– sujeito ativo, 23.4.3

– sujeito passivo, 23.4.4

– tipo objetivo, 23.4.5

– tipo subjetivo, 23.4.6

FORMA(S)

privilegiada, 14.2.7, 14.3.8, 15.7.9

qualificadas, 4.2.8, 6.5.8, 6.7.9, 8.4.1, 9.1.9, 9.4.8, 9.7.8, 9.14.1, 11.3.8, 21.1.7, 22.3.9, 23.1.9, 25.1.9, 25.2.9, 25.4.8

FRAUDE(S)

à execução:
- 15.19.1 a 15.19.10
- ação penal, 15.19.10
- conceito, 15.19.1
- concurso, 15.19.9
- consumação e tentativa, 15.19.7
- distinção, 15.19.8
- objetividade jurídica, 15.19.2
- sujeito ativo, 15.19.3
- sujeito passivo, 15.19.4
- tipo objetivo, 15.19.5
- tipo subjetivo, 15.19.6
- conceito e noções gerais, 3.1.4

com utilização de ativos virtuais, valores mobiliários ou ativos financeiros:
- 15.9 a 15.9.8

e abusos na administração de sociedade por ações:
- 15.17.1 a 15.17.12
- aprovação fraudulenta de conta ou parecer, 15.17.8
- caução e penhor ilegais, 15.17.6
- compra e venda ilegais de ações, 15.17.5
- crime de representante de sociedade estrangeira, 15.17.9
- distinção, 15.17.11
- distribuição de lucros ou dividendos fictícios, 15.17.7
- empréstimo ou uso indevido de bens ou haveres, 15.17.4
- extinção da punibilidade, 15.17.12
- falsa cotação de ações ou títulos, 15.17.3
- fraude sobre as condições econômicas, 15.17.2
- generalidades, 15.17.1
- negociação de voto por acionista, 15.17.10

eletrônica, 15.7.10

estelionato e outras –, 15

na entrega de coisa:
- 15.5.1 a 15.5.8
- conceito, 15.5.1
- consumação e tentativa, 15.5.7
- distinção, 15.5.8
- elemento normativo, 15.5.5
- sujeito ativo, 15.5.2
- sujeito passivo, 15.5.3
- tipo objetivo, 15.5.4
- tipo subjetivo, 15.5.6

na fundação de sociedade por ações:
- 15.16.1 a 15.16.6
- conceito, 15.16.1
- concurso, 15.16.6
- consumação e tentativa, 15.16.5
- sujeito ativo, 15.16.2
- tipo objetivo, 15.16.3
- tipo subjetivo, 15.16.4

no comércio:
- 15.14.1 a 15.14.10
- conceito, 15.14.1
- consumação e tentativa, 15.14.7
- de metais ou pedras preciosas, 15.14.8
- distinção, 15.14.10
- objetividade jurídica, 15.14.2
- privilegiada, 15.14.9
- sujeito ativo, 15.14.3
- sujeito passivo, 15.14.4
- tipo objetivo, 15.14.5
- tipo subjetivo, 15.14.6

no pagamento por meio de cheque:
- 15.7.1 a 15.7.9
- conceito, 15.7.1
- consumação e tentativa, 15.7.7
- distinção, 15.7.8
- forma privilegiada, 15.7.9
- objetividade jurídica, 15.7.2
- sujeito ativo, 15.7.3

- sujeito passivo, 15.7.4
- tipo objetivo, 15.7.5
- tipo subjetivo, 15.7.6

outras –:
- 15.15.1 a 15.15.10
- ação penal, 15.15.9
- conceito, 15.15.1
- consumação e tentativa, 15.15.7
- distinção, 15.15.8
- objetividade jurídica, 15.15.2
- sujeito ativo, 15.153
- sujeito passivo, 15.15.4
- tipo objetivo, 15.15.5
- tipo subjetivo, 15.15.6

para recebimento de indenização ou valor de seguro:
- 15.6.1 a 15.6.7
- conceito, 15.6.1
- consumação e tentativa, 15.6.6
- distinção e concurso, 15.6.7
- sujeito ativo, 15.6.2
- sujeito passivo, 15.6.3
- tipo objetivo, 15.6.4
- tipo subjetivo, 15.6.5

penal e – civil, 15.1.3

sobre as condições econômicas da sociedade por ações, 15.13.5

violação sexual mediante –, 22.2

FRUSTRAÇÃO

de direito assegurado por lei trabalhista:
- 19.7.1 a 19.7.9
- aumento de pena, 19.7.9
- coação para compra de mercadorias, 19.7.7
- conceito, 19.7.1
- consumação e tentativa, 19.7.6
- objetividade jurídica, 19.7.2
- retenção de documentos, 19.7.8

- sujeitos do delito, 19.7.3
- tipo objetivo, 19.7.4
- tipo subjetivo, 19.7.5

de lei sobre a nacionalização do trabalho:
- 19.8.1 a 19.8.7
- conceito, 19.8.1
- concurso, 19.8.7
- consumação e tentativa, 19.8.6
- objetividade jurídica, 19.8.2
- sujeitos do delito, 19.8.3
- tipo objetivo, 19.8.4
- tipo subjetivo, 19.8.5

FUNDAÇÃO

fraude na – de sociedade por ações, 15.15

FUNERÁRIA

impedimento ou perturbação de cerimônia –, 21.1

FURTO

10.1.1 a 10.2.8

furto:
- aumento de pena, 10.1.13
- com o emprego de explosivo ou artefato análogo, 10.1.18
- conceito, 10.1.2
- concurso, 10.1.10
- consumação e tentativa, 10.1.8
- de animal, 10.1.17
- de energia, 10.1.12
- de veículo automotor, 10.1.16
- de substâncias explosivas, 10.1.19
- distinção, 10.1.9
- de uso, 10.1.11
- exame pericial, 10.1.15
- generalidades, 10.1.1
- mediante fraude cometido por meio de dispositivo eletrônico ou informático, 10.1.20
- noturno, 10.1.13

ÍNDICE REMISSIVO **611**

- objetividade jurídica, 10.1.3
- privilegiado, 10.1.14
- qualificado, 10.1.15
- sujeito ativo, 10.1.4
- sujeito passivo, 10.1.5
- tipo objetivo, 10.1.6
- tipo subjetivo, 10.1.7

furto de coisa comum:
- 10.2.1 a 10.2.8
- ação penal, 10.2.8
- conceito, 10.2.1
- exclusão do crime, 10.2.7
- objetividade jurídica, 10.2.2
- sujeito ativo, 10.2.3
- sujeito passivo, 10.2.4
- tipo objetivo, 10.2.5
- tipo subjetivo, 10.2.6

G

GENOCÍDIO
homicídio, 4.1.10
GERAL vide PARTE GERAL
GESTANTE
aborto, 4.4.3
GRAVIDEZ
aborto, 4.4.1
GRUPO
de extermínio:
- homicídio, 4.1.11
- lesão corporal, 5.1.15

H

HISTÓRICO
dano em coisa de valor artístico, arqueológico ou –, 13.3
HOMICÍDIO
4.1.1 a 4.1.19
ação penal, 4.1.19

Aumento de pena, 4.1.11 a 4.1.16
conceito, 4.1.2
concurso, 4.1.12 e 4.1.16
condicionado, 4.1.2
consentido, 4.2.5
consumação e tentativa, 4.1.8
crimes de trânsito, 4.1.15
culposo, 4.1.14
culposo qualificado, 4.1.16
delito do automóvel, 4.1.15
distinção, 4.1.12
generalidades, 4.1.1
grupo de extermínio, 4.1.2
mercenário, 4.1.10
milícia privada, 4.1.11
objetividade jurídica, 4.1.3
passional, 4.1.9
perdão judicial, 4.1.18
preterdoloso ou preterintencional, 5.1.14
privilegiado, 4.1.9
qualificado, 4.1.10
simples, 4.1.2
sujeito ativo, 4.1.4
sujeito passivo, 4.1.5
tipo objetivo, 4.1.6
tipo subjetivo, 4.1.7
HONRA
conceito, 8.1.1
classificações:
- honra comum e honra especial ou profissional, 8.1.1
- honra decoro, 8.1.1
- honra dignidade, 8.1.1
- honra subjetiva e honra objetiva, 8.1.1
crimes contra a –, 8
disposições gerais nos crimes contra a –, 8.4
HOSPITALAR
condicionamento de atendimento médico – emergencial, 6.7.1 a 6.7.9

I

IMPEDIMENTO

de telecomunicação:

9.13.1 a 9.13.6

– conceito, 9.13.1

– consumação e tentativa, 9.13.6

– objetividade jurídica, 9.13.2

– sujeitos do delito, 9.13.3

– tipo objetivo, 9.13.4

– tipo subjetivo, 9.13.5

ou perturbação de cerimônia funerária:

– 21.1.1 a 21.1.7

– conceito, 21.1.1

– consumação e tentativa, 21.1.6

– forma qualificada, 21.1.7

– objetividade jurídica, 21.1.2

– sujeitos do delito, 21.1.3

– tipo objetivo, 21.1.4

– tipo subjetivo, 21.1.5

ou perturbação de cerimônia ou culto, 20.1.6

ultraje a culto e – ou perturbação de ato a ele relativo, 20.1

IMPORTUNAÇÃO

sexual:

– 22.3.1 a 22.3.9

– conceito, 22.3.1

– concurso, 22.3.9

– consumação e tentativa, 22.3.7

– distinção, 22.3.8

– objetividade jurídica, 22.3.2

– sujeito ativo, 22.3.3

– sujeito passivo, 22.3.4

– tipo objetivo, 22.3.5

– tipo subjetivo, 22.3.6

IMUNIDADES

nos crimes contra o patrimônio:

– 17.1 a 17.3

– exclusão das imunidades, 17.3

– generalidades, 17.1.1

– imunidades absolutas:

• 117.1.1 a 17.1.4

• ascendente e descendente, 17.1.4

• conceito, 17.1.2

• cônjuge, 17.1.3

– imunidades relativas:

• 17.2.1 a 17.2.5

• conceito, 17.2.1

• cônjuges, 17.2.2

• irmãos, 17.2.3

• primos e espólio, 17.2.5

• tio e sobrinho, 17.2.4

INCAPAZ(ES)

abandono de –, 6.4

abuso de –, 15.12

INDENIZAÇÃO

fraude para recebimento de – ou valor de seguro, 15.6

INDUSTRIAL

invasão de estabelecimento –, comercial ou agrícola – sabotagem, 19.6

INDUZIMENTO

à especulação:

– 15.13

– conceito, 15.13.1

– consumação e tentativa, 15.13.7

– objetividade jurídica, 15.13.2

– sujeito ativo, 15.13.3

– sujeito passivo, 15.13.4

– tipo objetivo, 15.13.5

– tipo subjetivo, 15.13.6

instigação ou auxílio a suicídio ou a auto-mutilação:

– 4.2.1 a 4.2.9

– conceito, 4.2.1

– consumação e tentativa, 4.2.7

– distinção, 4.2.9

ÍNDICE REMISSIVO **613**

- formas qualificadas e aumento de pena, 4.2.8
- homicídio consentido, 4.2.5
- objetividade jurídica, 4.2.2
- sujeito ativo, 4.2.3
- sujeito passivo, 4.2.4
- tipo objetivo, 4.2.5
- tipo subjetivo, 4.2.6

INFANTICÍDIO

conceito, 4.3.1

concurso, 4.3.9

consumação e tentativa, 4.3.7

distinção, 4.3.8

objetividade jurídica, 4.3.2

prova pericial, 4.3.5

sujeito ativo, 4.3.3

sujeito passivo, 4.3.4

tipo objetivo, 4.3.5

tipo subjetivo, 4.3.6

INFORMÁTICO

ação penal no crime de invasão de dispositivo –, 9.20.1

invasão de dispositivo –, 9.19.1 a 9.19.10

INFRAÇÃO

exercício de atividade com – de decisão administrativa, 19.9

INJÚRIA

8.3.1 a 8.3.11

aumento de pena, 8.3.11

classificações:
- injúria condicionada, 8.3.5
- injúria equívoca, 8.3.5
- injúria implícita, 8.3.5
- injúria indireta ou reflexa, 8.3.5
- injúria interrogativa, 8.3.5
- injúria irônica, 8.3.5
- injúria mediata e imediata, 8.3.5
- injúria oblíqua, 8.3.5

- injúria simbólica, 8.3.5
- injúria truncada, 8.3.5

conceito, 8.3.1

consumação e tentativa, 8.3.7

distinção, 8.3.8

objetividade jurídica, 8.3.2

por preconceito, 8.3.11

provocação e retorsão, 8.3.9

real, 8.3.10

sujeito ativo, 8.3.3

sujeito passivo, 8.3.4

tipo objetivo, 8.3.5

tipo subjetivo, 8.3.6

INSIGNIFICÂNCIA vide PRINCÍPIO DA INSIGNIFICÂNCIA

INSTALAÇÃO

ou utilização ilegais:

9.14.1 a 9.14.2
- aumento de pena, 9.14.1
- conceito e revogação, 9.14.1
- tipo objetivo, 9.14.2

INSTIGAÇÃO

induzimento, – ou auxílio a suicídio ou a automutilação, 4.2

INTEGRIDADE

corporal:
- lesão corporal, 5.1

INTERESSE

paralisação do trabalho de – coletivo, 19.5

INTIMIDAÇÃO SISTEMÁTICA

9.2.1 a 9.2.9
- consumação e tentativa, 9.2.7
- distinção, 9.2.9
- objetividade jurídica, 9.2.2
- sujeito ativo, 9.2.3
- sujeito passivo,9.2.4
- tipo objetivo, 9.2.5

- tipo subjetivo, 9.2.6
- virtual 9.2.9

INTRODUÇÃO

ou abandono de animais em propriedade
alheia:

- 13.2.1 a 13.2.9
- ação penal, 13.2.9
- conceito, 13.2.1
- consumação e tentativa, 13.2.8
- elemento normativo, 13.2.6
- objetividade jurídica, 13.2.2
- sujeito ativo, 13.2.3
- **sujeito passivo**, 13.2.4
- tipo objetivo, 13.2.5
- tipo subjetivo, 13.2.7

INVASÃO

de dispositivo informático:

- 9.19.1 a 9.19.10
- ação penal, 9.19.1
- causas de aumento de pena, 9.19.9
- conceito, 9.19.1
- consumação e tentativa, 9.19.7
- crime assemelhado, 9.19.8
- distinção, 9.19.10
- objetividade jurídica, 9.19.2
- sujeito ativo, 9.19.3
- sujeito passivo, 9.19.4
- tipo objetivo, 9.19.5
- tipo subjetivo, 9.19.6

de estabelecimento industrial, comercial ou
agrícola – sabotagem:

- 19.6.1 a 19.6.7
- conceito, 19.6.1
- distinção, 19.6.7
- invasão e ocupação, 19.6.4
- objetividade jurídica, 19.6.2
- sabotagem, 19.6.5
- sujeitos do delito, 19.6.3

- tipo subjetivo, 19.6.6

IRMÃOS

imunidades nos crimes contra o patrimônio, 17.2.3

J

JUIZADOS ESPECIAIS CRIMINAIS

lesão corporal culposa, 5.1.18

violência doméstica e familiar contra a
mulher, 5.1.17

L

LASCÍVIA

mediação para servir a lascívia de outrem,
25.1

satisfação de – mediante presença de criança ou adolescente, 23.3

LATROCÍNIO

roubo e morte, 11.1.12

LEI

frustração de direito assegurado por – trabalhista, 19.7

frustração de – sobre a nacionalização do
trabalho, 19.8

LEI DAS SOCIEDADES POR AÇÕES

fraude na fundação de sociedade por ações,
15.16

LEI DE ASSISTÊNCIA AOS ALIENADOS

abandono de incapaz, 6.4

LEI DE CONTRAVENÇÕES PENAIS

aborto, 4.4.16

dano, 13.1.9

destruição, subtração ou ocultação de cadáver, 21.3.7

difamação, 8.2.5

estupro de vulnerável, 23.1.10

exercício de atividade com infração de decisão administrativa, 19.9.7

homicídio, 4.1.16

introdução ou abandono de animais em propriedade alheia, 13.2.7

perigo para a vida ou saúde de outrem, 6.3.5 e 6.3.8

violação do segredo profissional, 9.18.6

violação de sepultura, 21.2.7

LEI DE CUSTEIO DA PREVIDÊNCIA

apropriação indébita previdenciária, 14.2.6

LEI DE FALÊNCIAS

condições objetivas de punibilidade, 3.2.1

estelionato, 15.1.5

fraude à execução, 15.19.8

violação de correspondência, 9.10.7

LEI DE GREVE

atentado contra a liberdade de trabalho, 19.1.1

paralisação do trabalho de interesse coletivo, 19.5.4

LEI DE IMPRENSA

calúnia, 8.1.12

crimes contra a honra, 8.1.1 e 8.4.1

difamação, 8.2.4

LEI DE LUVAS

disposição de coisa alheia como própria, 15.2.4

LEI DO CHEQUE

fraude no pagamento por meio de cheque, 15.7.5

LEI DOS CRIMES HEDIONDOS

estupro, 22.1.2

homicídio, 4.1.2 e 4.1.10

LEI DO INQUILINATO

disposição de coisa alheia como própria, 15.2.4

LEI DOS JUIZADOS ESPECIAIS

crimes contra a liberdade sexual, 24.1.2

crimes sexuais contra vulnerável, 24.1.2

lesão corporal, 5.1.10 e 5.1.17

LENOCÍNIO

– 25.1 a 25.5

– casa de prostituição, 25.3

– favorecimento da prostituição ou outra forma de exploração sexual, 25.2

– mediação para servir a lascívia de outrem, 25.1

– questuário, 25.1.9

– rufianismo, 25.4

LESÃO(ÕES) CORPORAL(AIS)

agravada contra menor ou idoso, 5.1.14

aumento de pena, 5.1.14, 5.1.17, 5.1.19

conceito, 5.1.2

concurso, 5.1.20

consumação e tentativa, 5.1.9

crimes de trânsito, 4.1.14

culposa, 5.1.19

distinção, 5.1.21

exame pericial, 5.1.11

exclusão do crime, 5.1.8

generalidades, 5.1.1

grave, 5.1.11

gravíssima, 5.1.12

leve, 5.1.10

objetividade jurídica, 5.1.3

praticada por milícias ou grupo de extermínio, 5.1.15

privilegiada, 5.1.16

seguida de morte, 5.1.13

sujeito ativo, 5.1.4

sujeito passivo, 5.1.5

tipo objetivo, 5.1.6

tipo subjetivo, 5.1.7

violência doméstica, 5.1.17

violência doméstica e familiar contra a mulher, 5.1.18

LIBERDADE

atentado contra a –:

– de associação, 19.3

– de contrato de trabalho e boicotagem violenta, 19.2

- de trabalho, 19.1

crimes contra a – individual, 9.1 a 9.20

crimes contra a – sexual, 22.1 a 22.3

disposições comuns aos crimes contra a – e
aos crimes sexuais contra vulnerável,
24

LIMITES

alteração de –, 21.1

LUCROS

distribuição de – ou dividendos fictícios,
15.17.7

M

MATAR

homicídio, 4.1.2

infanticídio, 4.3.5

MAUS-TRATOS

6.8.1 a 6.8.11

aumento de pena, 6.8.9

conceito, 6.8.1

concurso, 6.8.11

consumação e tentativa, 6.8.7

distinção, 6.8.10

exclusão do crime, 6.8.8

objetividade jurídica, 6.8.2

sujeito ativo, 6.8.3

sujeito passivo, 6.8.4

tipo objetivo, 6.8.5

tipo subjetivo, 6.8.6

MEDIAÇÃO

para servir a lascívia de outrem:

– 25.1.1 a 25.1.10

– conceito, 25.1.2

– consumação e tentativa, 25.1.8

– distinção, 25.1.10

– formas qualificadas, 25.1.9

– generalidades, 25.1.1

– objetividade jurídica, 25.1.3

– sujeito ativo, 25.1.4

– sujeito passivo, 25.1.5

– tipo objetivo, 25.1.6

– tipo subjetivo, 25.1.7

MÉDICO-HOSPITALAR

condicionamento de atendimento – emergencial, 6.7.1 a 6.7.9

MENORES

corrupção de –, 23.2

MERCADORIAS

coação para compra e venda de mercadorias, 19.7.7

MILÍCIA

privada:

– homicídio, 4.1.11

– lesão corporal, 5.1.15

MOLÉSTIA

perigo de contágio de – grave, 6.2

MORTE

estupro qualificado por lesão grave ou –,
22.1.10

lesão corporal seguida de –, 5.1.13

roubo e –, 11.1.12

MORTOS

crimes contra o sentimento religioso e contra o respeito aos –, 21

N

NACIONALIZAÇÃO

frustração de lei sobre a – do trabalho, 19.8

NATUREZA

apropriação de coisa havida por erro, caso
fortuito ou força da –, 14.3

NECESSÁRIO

aborto –, 4.4.12

NEGOCIAÇÃO

de voto por acionista, 15.17.10

NOME

ÍNDICE REMISSIVO **617**

usurpação de – ou pseudônimo alheio, 18.1.1

NORMA PENAL EM BRANCO

apropriação de coisa achada, 14.5.5

frustração de direito assegurado por lei trabalhista, 19.7.4

frustração de lei sobre a nacionalização do trabalho, 19.8.4

instalação ou utilização ilegais, 9.14.2

perigo de contágio de moléstia grave, 6.2.4

violação de direito autoral, 18.1.6

O

OBJETO

escrito ou – obsceno, 26.2

vilipêndio de ato ou – de culto, 20.1.7

OBSCENO

ato –, 26.1

escrito ou objeto –, 26.2

OCULTAÇÃO

destruição, subtração ou – de cadáver, 21.3

OCUPAÇÃO

invasão e –, 19.6.4

OMISSÃO

de socorro:

– 6.6.1 a 6.6.10

– aumento de pena, 6.6.9

– conceito, 6.6.1

– consumação e tentativa, 6.6.7

– distinção, 6.6.10

– exclusão do crime, 6.6.8

– objetividade jurídica, 6.6.2

– sujeito ativo, 6.6.3

– sujeito passivo, 6.6.4

– tipo objetivo, 6.6.5

– tipo subjetivo, 6.6.6

ONERAÇÃO

alienação ou – fraudulenta de coisa própria, 15.3

ORDEM

paralisação de trabalho, seguida de violência ou perturbação da –, 19.4

ORGANIZAÇÃO

crimes contra a – do trabalho, 19

ORTOTANÁSIA

homicídio, 4.1.9

P

PAGAMENTO

fraude no – por meio de cheque, 15.7

PARALISAÇÃO

de trabalho seguida de violência ou perturbação da ordem:

– 19.4.1 a 19.4.7

– conceito, 19.4.1

– concurso, 19.4.7

– consumação e tentativa, 19.4.6

– objetividade jurídica, 19.4.2

– sujeitos do delito, 19.4.3

– tipo objetivo, 19.4.4

– tipo subjetivo, 19.4.5

do trabalho de interesse coletivo:

– 19.5.1 a 19.5.6

– conceito, 19.5.1

– consumação e tentativa, 19.5.6

– objetividade jurídica, 19.5.2

– sujeitos do delito, 19.5.3

– tipo objetivo, 19.5.4

– tipo subjetivo, 19.5.5

PARECER

aprovação fraudulenta de conta ou, 15.17.8

PARENTESCO

e autoridade, 24.2.2

PARRICÍDIO

homicídio, 4.1.10

PARTE ESPECIAL

classificação da –, 1.2

distinção, 1.1.1

generalidades, 1.1

parte geral e –, 1

temas e questões gerais da –:

– meios e modos de execução:

• ameaça, 3.1.3

• arma, 3.1.5

• fraude, 3.1.4

• generalidades, 3.1.1

• violência, 3.1.2

– outros temas gerais:

• condições objetivas de punibilidade, 3.2.1

• crime continuado, 3.2.3

• perdão judicial, 3.2.2

Teoria Geral da –, 1.1.2

PARTE GERAL

distinção, 1.1.1

e parte especial, 1

generalidades, 1.1

PATRIMÔNIO vide CRIMES CONTRA O PATRIMÔNIO

PEDIDO

de explicações; crimes contra a honra, 8.4.4

PENA

aumento de –, vide AUMENTO DE PENA

violação de correspondência, 9.10.10

PENHOR

caução e – ilegais, 15.17.6

defraudação de –, 15.4

PERDÃO JUDICIAL

apropriação indébita previdenciária, 14.2.9

conceito e noções gerais, 3.2.2

homicídio culposo, 4.1.17

injúria, 8.3.9

lesão corporal culposa, 5.1.18

outras fraudes, 15.15.10

receptação, 16.1.14

PERICLITAÇÃO DA VIDA E DA SAÚDE

6.1 a 6.7

abandono de incapaz, 6.4

exposição ou abandono de recém-nascido, 6.5

generalidades, 6.1.1

maus-tratos, 6.7

omissão de socorro, 6.6

perigo:

– de contágio de moléstia grave, 6.2

– de contágio venéreo, 6.1

– para a vida ou saúde de outrem, 6.3

PERSEGUIÇÃO

9.4 a 9.4.9

– ação penal, 9.4.9

– aumento de pena, 9.4.8

– conceito, 9.4.1

– consumação e tentativa, 9.4.7

– objetividade jurídica, 9.4.2

– sujeito ativo, 9.4.3

– sujeito passivo, 9.4.4

– tipo objetivo, 9.4.5

– tipo subjetivo, 9.4.6

PERIGO

de contágio de moléstia grave:

– 6.2.1 a 6.2.7

– conceito, 6.2.1

– concurso, 6.2.7

– consumação e tentativa, 6.2.6

– exame pericial, 6.2.4

– objetividade jurídica, 6.2.2

– sujeitos do delito, 6.2.3

– tipo objetivo, 6.2.4

– tipo subjetivo, 6.2.5

de contágio venéreo:

– 6.1.1 a 6.1.10

– ação penal, 6.1.10

– conceito, 6.1.2

– concurso, 6.1.9

– consumação e tentativa, 6.1.8

- objetividade jurídica, 6.1.3
- sujeito ativo, 6.1.4
- sujeito passivo, 6.1.5
- tipo objetivo, 6.1.6
- tipo subjetivo, 6.1.7

de vida:

- conceito, 5.1.11
- lesão corporal grave, 5.1.11

para a vida ou saúde de outrem:

- 6.3.1 a 6.3.9
- aumento de pena por transporte irregular, 6.3.7
- conceito, 6.3.1
- concurso, 6.3.9
- consumação e tentativa, 6.3.6
- distinção, 6.3.8
- objetividade jurídica, 6.3.2
- sujeitos do delito, 6.3.3
- tipo objetivo, 6.3.4
- tipo subjetivo, 6.3.5

PERTURBAÇÃO

impedimento ou – de cerimônia:

- funerária, 21.1
- ou culto, 20.1.6

paralisação de trabalho, seguida de violência ou – da ordem, 19.4

ultraje a culto e impedimento ou – de ato a ele relativo, 20.1

PESSOA(S)

crimes contra a –, 4 a 9

tráfico de –, 9.8

lenocínio e tráfico contra a – para fim de prostituição ou outra forma de exploração sexual, 25

POSSESSÓRIO

esbulho –, 12.3

PREVIDENCIÁRIA

apropriação indébita –, 14.2

PRINCÍPIO DA INSIGNIFICÂNCIA

lesão corporal, 5.1.6

PRIVADA

milícia –:

- homicídio, 4.1.11
- lesão corporal, 5.1.15

PROFISSIONAL

violação do segredo –, 9.16

PROMOÇÃO DE MIGRAÇÃO ILEGAL, 25.5

PROPRIEDADE

crimes contra a – imaterial, 18

crimes contra a – intelectual, 18.1

introdução ou abandono de animais em – alheia, 13.2

PROSTITUIÇÃO

casa de –, 25.3

favorecimento da – ou outra forma de exploração sexual, 25.2

favorecimento da – ou outra forma de exploração sexual de vulnerável, 23.4

lenocínio e tráfico de pessoa para fim de – ou outra forma de exploração sexual, 25

PROVOCAÇÃO

e retorsão; injúria, 8.3.9

PSEUDÔNIMO

usurpação de nome ou – alheio, 18.1.1

PÚBLICO

ultraje – ao pudor, 26

PUDOR

ultraje público ao –:

- 26.1 e 26.2
- ato obsceno, 26.1
- escrito ou objeto obsceno, 26.2

PUNIBILIDADE

condições objetivas de –, 3.2.1

extinção da –:

- apropriação indébita previdenciária, 14.2.8

– fraudes e abusos na administração de sociedade por ações, 15.17.12

Q

QUESTUÁRIO

lenocínio –, 25.1.9

R

RADIOELÉTRICA

violação de comunicação telegráfica, – ou telefônica, 9.12

RECEBIMENTO

fraude para – de indenização ou valor de seguro, 15.6

RECÉM-NASCIDO

exposição ou abandono de –, 6.5

RECEPTAÇÃO

16.1.1 a 16.2.19

ação penal, 16.1.15

classificação:

– receptação própria e imprópria, 16.1.5

conceito, 16.1.1

concurso, 16.1.9

consumação e tentativa, 16.1.7

culposa, 16.1.13

distinção, 16.1.8

dolosa privilegiada, 16.1.12

objetividade jurídica, 16.1.2

perdão judicial, 16.1.14

qualificada na atividade comercial ou industrial, 16.1.11

qualificada pelo objeto material, 16.1.10

sujeito ativo, 16.1.3

sujeito passivo, 16.1.4

tipo objetivo, 16.1.5

tipo subjetivo, 16.1.6

de animal, 16.2

RECRUTAMENTO

de trabalhadores, 19.11.7

REDUÇÃO

a condição análoga à de escravo:

– 9.7.1 a 9.7.12

– ação penal, 9.7.12

– aumento de pena, 9.7.9

– cerceamento ao trabalhador com o fim de retenção no local de trabalho, 9.7.8

– conceito, 9.7.1

– concurso, 9.7.11

– consumação e tentativa, 9.7.7

– distinção, 9.7.10

– objetividade jurídica, 9.7.2

– sujeito ativo, 9.7.3

– sujeito passivo, 9.7.4

– tipo objetivo, 9.7.5

– tipo subjetivo, 9.7.6

REGISTRO

falsificação do – de duplicatas, 15.11

RELIGIÃO

ultraje por motivo de religião, 20.1.5

REPRESENTAÇÃO

da vítima:

– lesão corporal leve, 5.1.10

REPRESENTANTE

crime de – de sociedade estrangeira, 15.17.9

RESPEITO

crimes contra o sentimento religioso e contra o – aos mortos, 20 e 21

RESULTADO

consumação e tipo penal, 2.2.1

RETENÇÃO

de documentos, 19.7.8

RETORSÃO

provocação e –; injúria, 8.3.9

RETRATAÇÃO

crimes contra a honra, 8.4.3

RIXA

7.1.1 a 7.1.11

conceito, 7.1.1

concurso, 7.1.11

consumação e tentativa, 7.1.7

distinção, 7.1.10

exclusão do crime, 7.1.8

objetividade jurídica, 7.1.2

qualificada, 7.1.9

sujeito ativo, 7.1.3

sujeito passivo, 7.1.4

tipo objetivo, 7.1.5

tipo subjetivo, 7.1.6

ROUBO E EXTORSÃO

11.1.1 a 11.4.8

extorsão, 11.2

extorsão indireta, 11.4

extorsão mediante sequestro, 11.3

roubo:

- 11.1.1 a 11.1.15
- com o emprego de arma, 11.1.9
- com emprego de explosivo, 11.1.10
- competência, 11.1.15
- conceito, 11.1.1
- concurso, 11.1.14
- consumação e tentativa, 11.1.6
- distinção, 11.1.13
- e extorsão, 11
- e lesão corporal grave, 11.1.11
- e morte (latrocínio), 11.1.12
- impróprio, 11.1.7
- objetividade jurídica, 11.1.2
- agravado, 11.1.8
- sujeitos do delito, 11.1.3
- tipo objetivo, 11.1.4
- tipo subjetivo, 11.1.5

RUFIANISMO

25.4.1 a 25.4.10

conceito, 25.4.1

concurso, 25.4.10

consumação e tentativa, 25.4.7

distinção, 25.4.9

formas qualificadas, 25.4.8

objetividade jurídica, 25.4.2

sujeito ativo, 25.4.3

sujeito passivo, 25.4.4

tipo objetivo, 25.4.5

tipo subjetivo, 25.4.6

S

SABOTAGEM

invasão de estabelecimento industrial, comercial ou agrícola, 19.6

SATISFAÇÃO

de lascívia mediante presença de criança ou adolescente:

- 23.3.1 a 23.3.8
- conceito, 23.3.1
- consumação e tentativa, 23.3.7
- distinção, 23.3.8
- objetividade jurídica, 23.3.2
- sujeito ativo, 23.3.3
- sujeito passivo, 23.3.4
- tipo objetivo, 23.3.5
- tipo subjetivo, 23.3.6

SAÚDE

periclitação da vida e da –, 6

perigo – para a vida ou – de outrem, 6.3

SEGREDO

de justiça:

- assédio sexual, 24.2 e 27.1
- ato obsceno, 27.1
- casa de prostituição, 27.1
- corrupção de menores, 27.1
- crimes contra a dignidade sexual, 27.1
- crimes contra a liberdade sexual, 24.2 e 27.1

- crimes sexuais contra vulnerável, 24.2 e 27.1
- escrito ou objeto obsceno, 27.1
- estupro, 24.2 e 27.1
- estupro de vulnerável, 27.1
- favorecimento da prostituição ou outra forma de exploração sexual, 27.1
- favorecimento da prostituição ou outra forma de exploração sexual de vulnerável, 27.1
- lenocínio e tráfico de pessoa para fim de prostituição ou outra forma de exploração sexual, 27.1
- mediação para servir a lascívia de outrem, 27.1
- rufianismo, 27.1
- satisfação de lascívia mediante presença de criança ou adolescente, 27.1
- ultraje público ao pudor, 27.1
- violação sexual mediante fraude, 24.2 e 27.1

divulgação de –, 9.17

violação do – profissional, 9.16

SEGURO

fraude para recebimento de indenização ou valor de –, 15.6

SENTIMENTO RELIGIOSO

crimes contra o – e contra o respeito aos mortos, 20 e 21

SEPULTURA

violação de –, 21.2

SEQUESTRO

e cárcere privado:

9.6.1 a 9.6.11

- aumento de pena, 9.6.8 e 9.6.10
- conceito, 9.6.1
- concurso, 9.6.10
- consumação e tentativa, 9.6.7
- distinção, 9.6.9
- exclusão do crime, 9.6.11

- formas qualificadas, 9.6.8
- objetividade jurídica, 9.6.2
- sujeito ativo, 9.6.3
- sujeito passivo, 9.6.4
- tipo objetivo, 9.6.5
- tipo subjetivo, 9.6.6

extorsão mediante –, 11.3

SEXUAL(IS)

assédio –, 22.3

crimes contra a dignidade –, Parte VII

crimes contra a liberdade –, 22

crimes – contra vulnerável, 23

disposições comuns aos crimes contra a dignidade –, 27

disposições comuns aos crimes contra a liberdade – e aos crimes – contra vulnerável, 24

favorecimento da prostituição ou outra forma de exploração –, 25.2

favorecimento da prostituição ou outra forma de exploração – de vulnerável, 23.4

importunação – 22.3

lenocínio e tráfico de pessoa para fim de prostituição ou outra forma de exploração –, 25

registro não autorizado da intimidade -, 22.5

violação – mediante fraude, 22.2

SOBRINHO

imunidades nos crimes contra o patrimônio, 17.2.1

SOCIEDADE(S)

crime de representante de – estrangeira, 15.17.9

fraude na fundação de – por ações, 15.16

fraudes e abusos na administração de – por ações, 15.17

SOCORRO

omissão de – 6.6

SONEGAÇÃO

ou destruição de correspondência:

- – 9.11.1 a 9.11.8
- – conceito, 9.11.1
- – concurso, 9.11.8
- – consumação e tentativa, 9.11.7
- – elemento normativo, 9.11.6
- – objetividade jurídica, 9.11.2
- – sujeitos do delito, 9.11.3
- – tipo objetivo, 9.11.4
- – tipo subjetivo, 9.11.5

SUBTRAÇÃO

destruição,– ou ocultação de cadáver, 21.3

SUICÍDIO

induzimento, instigação ou auxílio ao, 4.2,

SUJEITO(S)

ativo:

- – conceito, 2.1.8

passivo:

- – conceito, 2.1.9
- – constante ou formal, 2.1.9
- – eventual ou material, 2.1.9

SUPRESSÃO

ou alteração de marca em animais:

- – 12.4.1 a 12.4.8
- – conceito, 12.4.1
- – concurso, 12.4.8
- – consumação e tentativa, 12.4.7
- – objetividade jurídica, 12.4.2
- – sujeito ativo, 12.4.3
- – sujeito passivo, 12.4.4
- – tipo objetivo, 12.4.5
- – tipo subjetivo, 12.4.6

T

TELECOMUNICAÇÃO

impedimento de –, 9.13

TELEFÔNICA

violação de comunicação telegráfica, radioelétrica ou –, 9.12

TELEGRÁFICA

violação de comunicação –, radioelétrica ou
telefônica, 9.12

TENTATIVA

e tipo penal, 2.2.2

TERCEIRO

aborto provocado por –, 4.4.9

TERRITÓRIO

aliciamento de trabalhadores de um local
para outro do – nacional, 19.11

TESOURO

apropriação de –, 14.4

TIPO

erro de –, 2.1.5

estrutura do – penal:

- – conduta, 2.1.3
- – crime culposo, 2.1.6
- – crimes qualificados pelo resultado, 2.1.7
- – elementos do tipo penal, 2.1.2
- – erro de tipo, 2.1.5
- – generalidades, 2.1.1
- – sujeito ativo, 2.1.8
- – sujeito passivo, 2.1.9
- – tipo subjetivo, 2.1.4

misto cumulativo, 2.1.3

outras questões sobre o –:

- – consumação e – penal, 2.2.1
- – tentativa e – penal, 2.2.2

TÍTULO(S)

falsa cotação de ações ou –, 15.17.3

TRABALHADORES

aliciamento de – de um local para outro do
território nacional, 19.11

recrutamento de –, 19.11.7

TRABALHO

atentado contra:

– a liberdade de –, 19.1

– a liberdade de contrato de – e boicotagem violenta, 19.2

crimes contra a organização do –, 19

frustração de lei sobre a nacionalização do –, 19.8

paralisação de –:

– de interesse coletivo, 19.5

– seguida de violência ou perturbação da ordem, 19.4

TRÁFICO

lenocínio e – de pessoa para fim de prostituição ou outra forma de exploração sexual, 25

de pessoa – 9.8

TRÂNSITO

crimes de –, 4.1.14

U

ULTRAJE

a culto e impedimento ou perturbação de ato a ele relativo:

– 20.1.1 a 20.1.8

– aumento de pena, 20.1.8

– conceito, 20.1.2

– impedimento ou perturbação de cerimônia ou culto, 20.1.6

– objetividade jurídica, 20.1.3

– sujeitos do delito, 20.1.4

– ultraje por motivo de religião, 20.1.5

– vilipêndio de ato ou objeto de culto, 20.1.7

público ao pudor:

– ato obsceno, 26.1

– escrito ou objetivo obsceno, 26.2

USO

empréstimo ou – indevido de bens ou haveres, 15.17.4

furto de –, 10.1.11

USURPAÇÃO

12.1.1 a 12.4.8

alteração de limites, 12.1

de águas:

– 12.2.1 a 12.2.9

– ação penal, 12.2.9

– conceito, 12.2.1

– concurso e distinção, 12.2.8

– consumação e tentativa, 12.2.7

– objetividade jurídica, 12.2.2

– sujeito ativo, 12.2.3

– sujeito passivo, 12.2.4

– tipo objetivo, 12.2.5

– tipo subjetivo, 12.2.6

esbulho possessório, 12.3

generalidades, 12.1.1

supressão ou alteração de marca em animais, 12.4

UTILIZAÇÃO

instalação ou – ilegais, 9.12

V

VALOR

dano em coisa de – artístico, arqueológico ou histórico, 13.3

fraude para recebimento de indenização ou – de seguro, 15.6

VENDA

compra e – ilegais de ações, 15.17.5

VENÉREO

perigo de contágio –, 6.1

VERDADE

exceção da –:

– calúnia, 8.1.11

– difamação, 8.2.8

VIDA

crimes contra a –, 4 a 9

periclitação da – e da saúde, 6

perigo para a – ou saúde de outrem, 6.3

ÍNDICE REMISSIVO

VILIPÊNDIO

a cadáver:

- 21.4.1 a 21.4.7
- conceito, 21.4.1
- concurso, 21.4.7
- consumação e tentativa, 21.4.6
- objetividade jurídica, 21.4.2
- sujeitos do delito, 21.4.3
- tipo objetivo, 21.4.4
- tipo subjetivo, 21.4.5

de ato ou objeto de culto, 20.1.7

VIOLAÇÃO

de comunicação telegráfica, radioelétrica ou telefônica:

- 9.12.1 a 9.12.6
- conceito, 9.12.1
- consumação e tentativa, 9.12.6
- elemento subjetivo, 9.12.5
- objetividade jurídica, 9.12.2
- sujeitos do delito, 9.12.3
- tipo objetivo, 9.12.4

de correspondência:

- 9.10.1 a 9.10.10
- conceito, 9.10.1
- concurso, 9.10.9
- consumação e tentativa, 9.10.8
- elemento normativo, 9.10.7
- objetividade jurídica, 9.10.2
- pena, 9.10.10
- sujeito ativo, 9.10.3
- sujeito passivo, 9.10.4
- tipo objetivo, 9.10.5
- tipo subjetivo, 9.10.6

de direito autoral:

- 18.1.1 a 18.1.10
- ação penal, 18.1.10
- conceito, 18.1.2
- consumação e tentativa, 18.1.9

- formas qualificadas, 18.1.7
- generalidades, 18.1.1
- objetividade jurídica, 18.1.3
- sujeito ativo, 18.1.4
- sujeito passivo, 18.1.5
- tipo objetivo, 18.1.6
- tipo subjetivo, 18.1.8

de domicílio:

- 9.9.1 a 9.9.11
- conceito, 9.9.1
- concurso, 9.8.11
- consumação e tentativa, 9.9.7
- distinção, 9.9.10
- exclusão da antijuridicidade, 9.9.9
- formas qualificadas, 9.9.8
- objetividade jurídica, 9.9.2
- sujeito ativo, 9.9.3
- sujeito passivo, 9.9.4
- tipo objetivo, 9.9.5
- tipo subjetivo, 9.9.6

de sepultura:

- 21.2.1 a 21.2.8
- conceito, 21.2.1
- concurso, 21.2.8
- consumação e tentativa, 21.2.6
- distinção, 21.2.7
- objetividade jurídica, 21.2.2
- sujeitos do delito, 21.2.3
- tipo objetivo, 21.2.4
- tipo subjetivo, 21.2.5

do segredo profissional:

- 9.18.1 a 9.18.9
- ação penal, 9.18.9
- conceito, 9.18.1
- consumação e tentativa, 9.18.8
- elemento normativo, 9.18.6
- objetividade jurídica, 9.18.2

- sujeito ativo, 9.18.3
- sujeito passivo, 9.18.4
- tipo objetivo, 9.18.5
- tipo subjetivo, 9.18.7

sexual mediante fraude:
- 22.2.1 a 22.2.8
- conceito, 22.2.1
- consumação e tentativa, 22.2.7
- distinção, 22.2.8
- objetividade jurídica, 22.2.2
- sujeito ativo, 22.2.3
- sujeito passivo, 22.2.4
- tipo objetivo, 22.2.5
- tipo subjetivo, 22.2.6

VIOLÊNCIA

conceito e noções gerais, 3.1.2

doméstica, 5.1.16

doméstica e familiar contra a mulher, 5.1.17

paralisação de trabalho, seguida de – ou perturbação da ordem, 19.4

psicológica
- 9.5 a 9.8.8

- conceito, 9.5.1
- consumação e tentativa, 9.5.7
- distinção, 9.5.8
- objetividade jurídica, 9.5.2
- sujeito ativo, 9.5.3
- sujeito passivo, 9.5.4
- tipo objetivo, 9.5.5
- tipo subjetivo, 9.5.6

VOTO

negociação de – por acionista, 15.17.10

VULNERÁVEL

crimes sexuais contra –, 23

disposições comuns aos crimes contra a liberdade sexual e aos crimes sexuais contra –, 24

favorecimento da prostituição ou outra forma de exploração sexual de –, 23.4

W

WARRANT

emissão irregular de conhecimento de depósito ou –, 15.18

ANOTAÇÕES